国家出版基金项目
NATIONAL PUBLICATION FOUNDATION

中国近代画报大系

公牍档案卷

天津市档案馆
上海市档案馆 编
北京市档案馆

周雅男 周利成 主编

上海书店出版社
SHANGHAI BOOKSTORE PUBLISHING HOUSE

"十四五"国家重点出版物出版规划项目

国家出版基金资助项目

上海市促进文化创意产业发展财政扶持资金资助项目

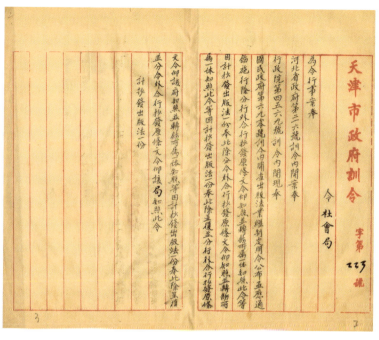

天津市政府訓令　字第二三三號

令　社會局

為令行事案奉

河北省政府第二三六號訓令內開案奉

行政院第四五六九號訓令內開奉

國民政府第六四二〇號訓令內開直出版法業經制定開令公布並應通

飭施行除分行外合行抄發原條文令仰遵照並轉飭所屬一體知照並轉飭而

為計抄發出版法一份奉此除分令外合行抄發原條文令仰遵照並分行外合行抄發原條

為一體知照此令等因計抄發出版法一份奉此除令分復並分行外合行抄發原條

文令仰該府知照並轉飭所屬一體知照等因計抄發出版法一份奉此除具檐

並分令外合行抄發原條文令仰該局知照此令

計抄發出版法一份

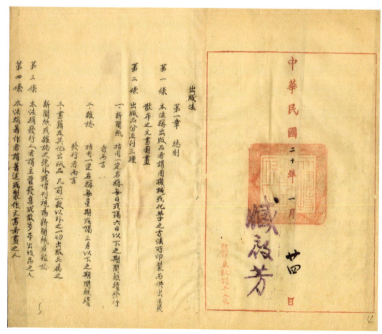

中華民國二十年一月廿四日

出版法

第一章　總則

第一條　本法稱出版品者謂用機械或化學之方法所印製石供出售或散布之文書圖畫

第二條　出版品分左列三種

一、新聞紙　指用一定名稱等日或隔六日以下之期間繼續發行者而言

二、雜誌　指用一定名稱等星期或隔三月以下之期間繼續發行者而言

三、書籍及其他出版品　凡前二款以外之一切出版品均屬之

第三條　本法稱發行人者謂主管發售或散布本市出版品或雜誌新聞紙或雜誌之發行人

第四條　本法稱著作者指著述或製作文書圖畫之人

1931年1月24日天津市政府为抄发《出版法》事训令社会局

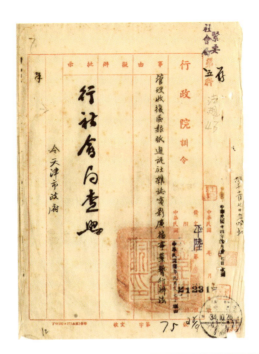
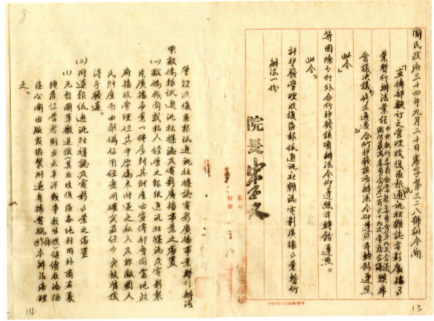

1945 年 9 月 27 日行政院
为抄发《管理收复区报纸通讯社杂志电影广播事业暂行办法》事训令天津市政府

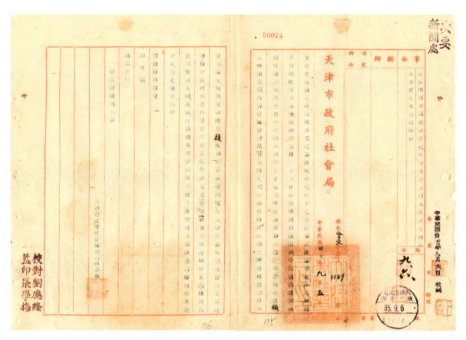

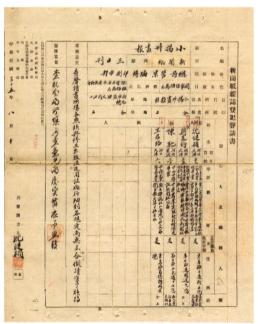

1946 年 9 月 5 日天津市政府社会局

为《小扬州画报》声请登记事呈天津市政府文并附新闻纸杂志登记声请书

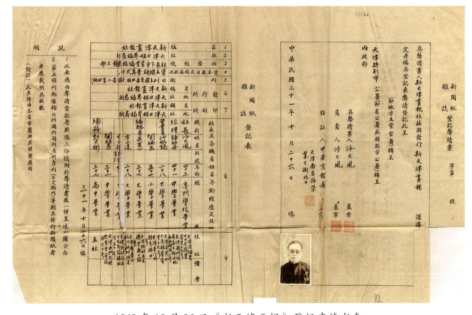

呈奉

钧局勘版字第一一六一号通知内开「荣据市民李君呈以
该报刊登之刘云若所著故国啼鹃小说描写近于性
史猥亵不取缔等情令行抄发来而仰即参阅切实改良
以正社会风气亚将遵办情形呈复为要」等因奉此
窃敝报发刊以来恪遵功令谨慎从事习于编辑方面
尤深注意所有社会小说以奖善罚恶警惕人心为旨
趣过去发行各期敝报迭期呈奉
钧局查阅在案诸奉前因当即函询该小说著者刘云
若据其覆信解释略云「阅于故国啼鹃描写汉奸之

忠行题虎士谋奸女侦而女侦扶持救诈纺无提亵之行
为史无不堪之描写如原呈所摘录一节逢有断章取
有意困纳之嫌」等语经查阅该小说实与其呈
人李君所摘出斯情节大有不同之义发係有意改入
人非三姝除嘱刘云若删他叙述小说意辞如雅填捡此外
故报亦谨遵违法令至嘉理令将遵解情形备文呈请
钧局赐正社会风气之至嘉理令将遵解情形备
鉴拨实为德便　谨呈
天津市政府社会局

天津星期五画报社曹天培　（印）谨呈

1947年12月30日星期五画报社曹天培
为改良《故国啼鹃》小说遵办情形事呈天津市政府社会局文

1942年10月26日《新天津画报》登记声请书表

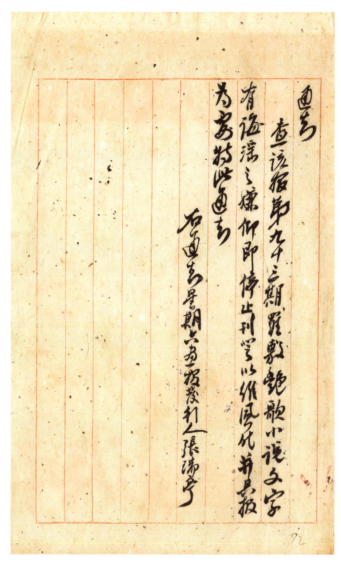

查該報第九十三期罗敷艷歌小説文字
有誨淫之嫌仰即停止刋登等以維風化仰書具報
為要特此通知
右通知星期六画報發行人張瑞亭

1948年3月4日天津市政府社会局为《罗敷艳歌》小说文字
有伤风化饬停止刊登事通知星期六画报社

总　序

陈平原

从事学术研究的，不见得非十八般武艺样样精通不可，因不同研究课题，难度、重点、理论框架与突破口迥异。比如近代画报研究，论述固然不易，但资料积累是第一位的。我在 2008 年香港三联书店版《左图右史与西学东渐——晚清画报研究》的前言中称："不登大雅之堂的'画报'，难入藏书家法眼，故当初虽曾风风火火，很快就星流云散，隐入历史深处了。等到学者们意识到其研究价值，已是'百年一觉'。随着中外学界兴趣陡增，若干晚清画报得以影印刊行；但若想了解全貌，还是得像傅斯年说的那样：'上穷碧落下黄泉，动手动脚找东西。'"这个努力搜寻的过程，会有很多意外的惊喜，但更多的是让人难以释怀的失落。

十年后，北京的生活·读书·新知三联书店刊行《左图右史与西学东渐——晚清画报研究》增订版，篇幅增加了一倍，论述上也有很多推进，这与我多年来四海奔波，进出国内外各大图书馆有关，也得益于众多晚清画报的整理与影印。除若干单行本外，尤其值得推荐的是全国图书馆文献缩微复制中心编印的《清代报刊图画集成》（2001）、《清末民初报刊图画集成》（2003）、《清末民初报刊图画集成续编》（2003）。这三套大书的制作，虽有不少错漏，但还是给我的研究提供了很大便利，故心怀感激。

记得三十多年前我写作《二十世纪中国小说史》第一卷（北京大学出版社，1989/1997 年；后改题《中国现代小说的起点——清末民初小说研究》，北京大学出版社，2005/2010 年），同时配套编辑《二十世纪中国小说理论资料》第一卷（与夏晓虹合编，北京大学出版社，1989/1997 年；后改题《清末民初小说理论资料》，北京大学出版社，2021 年），那种两条腿走路，相互促进的感觉，确实很不错。如此兼及史料整理与专著写作，是向鲁迅学习的，即希望每个重要论述"我都有我独立的准备"（参见《不是信》，《鲁迅全集》第三卷第 229 页，人民文学出版社，1981）。学界都知道，鲁迅的《中国小说史略》之所以在同时代著作中鹤立鸡群，很大程度缘于其有《古小说钩沉》《唐宋传奇集》《小说旧闻钞》三书垫底。我做晚清画报研究时，也很想学，但最后放弃了，原因是难度太大。

正因深知其中的利害与难处，当看到天津市档案馆周利成先生与上海书店出版社合作，拟编辑出版《中国近代画报大系》，我马上答应为其撰写申请国家出版基金的推荐信。这套大书共8册，涵盖了1874—1949年近代中国的大部分画报，包括画报图录提要（附画报存目提要）、报刊文论卷、公牍档案卷、中国近代画报史稿等四大部分。即便自撰的画报史稿不够尽善尽美，单是这巨量的资料辑存，也都将大大嘉惠中外学界。

周利成先生1989年开始从事档案工作，编写过《天津老画报》《北京老画报》《上海老画报》《民国画报人物志》《老画报风尚志》等书籍，还主持或合编若干天津档案图书，对画报及档案这两个领域均学有专长。由他来负责这个重大出版工程，我以为再合适不过了。

大概是研究档案出身，周先生汇编中国近代画报资料时，并不满足于作为文本的报刊文章或图像，而是兼及整个画报的生产机制以及政策制定，尤其第七册"中国近代画报大系·公牍档案卷"，涉及画报的备案、登记、监督、检查、取缔等规章制度与实施办法，我相信对日后研究新闻出版、文化批评、图像叙事的学者，都会有很好的启迪作用。

我与晚清画报纠缠了二十年，深知其中的甘苦。也曾试图将视野延伸到近代中国或整个二十世纪中国，最后搁置的理由，是搜集原始资料的工作量实在太大。如今有了周先生编纂的画报大系，我相信会有很多年轻学者涌入这一很有发展前景的研究领域。

2023年10月31日于京西圆明园花园

凡　例

一、本书所辑档案为天津市档案馆、上海市档案馆、北京市档案馆馆藏档案，时间跨度为 1913—1949 年。主要包括新闻纸、杂志或通讯社声请登记、备案、变更登记等呈文、函，政府主管部门查禁、责令停刊或注销等训令、通知、函、代电，政府主管部门的法规条例、政令通告、调查报表、公文函电以及其他与画报、画刊相关呈文、函、代电等，共计档案 980 件。

二、本书所辑档案按专题分类，专题之下按档案形成时间顺序排列，直接采用公元纪年。有年份、月份但无日期的，列于当月末；只有年份的列于当年末。

三、档案标题为编者撰拟，包括发文者、事由、收文者、文种、时间等要素。标示的时间以具文和发文时间为准，无具文和发文时间的以收文时间为准；个别档案未注明时间，编者依据事件发生顺序加注时间，并在其上标注"＊"。

四、档案原件大部分没有标点，不分段落，现文内标点均为编者所加，并按照各文种档案编辑加工常规、档案内容划分段落。

五、档案原件中的错字或疑似错字，以正字注其后，用〔〕表示；个别字词确为衍文，予以删除；凡漏字或酌情补注的字，用［］表示；凡残缺、污损字句不能辨识者用□表示；大段残缺者用〈上残〉〈中残〉〈下残〉表示；原文中补充说明的文字用（）表示。删略的内容以〈略〉标注；部分档案在文末标有附件，但实际案卷中并未收入的，以〈佚〉标注。

六、本书所辑档案原件均为繁体字，现录排为简体字；异体字改为选用字，如"迳启者"改为"径启者"，"仝"改为"同"等。为避免讹错，档案原件中的统计数字、文号、行文中的数字及其格式一律保持原状。本书所辑档案多数为函稿，部分省略发文或收文机关名称，以"○"或"○○"表示；部分省略内容，以"……"表示，以上情况均保持原文照录。

七、本书所辑档案原件中文字均为由右向左书写，为保证档案的原始性，"如左""左列事项"等字样未作改动。

八、本书所辑档案均为民国时期档案，其中因政治立场而出现的一些表述，为保证档案的原始性、真实性，未作改动。为保持档案完整性、连续性，本书所辑日伪时期档案未以单独章节列出。

九、为方便读者查考，每件档案均注名出处，排列顺序为全宗号、类别号、案卷号，并在全宗号前标注"津""沪""京"字样。

目　录
Contents

1947 年 3 月 27 日

市政府函（附新闻纸杂志登记声请书）

1947 年 5 月 27 日

1947 年 7 月 15 日

391 | 524. 中国国民党天津特别市执行委员会为《星期五画报》登记查核事复天津市
政府函（附新闻纸杂志登记声请书）

1947 年 7 月 16 日

392 | 525. 郝文荣为发行《维纳丝画报》声请登记事呈天津市政府社会局文

1947 年 7 月 16 日

393 | 526. 中国国民党天津特别市执行委员会为《星期五画报》等已核准登记等事致
天津市政府社会局函

1947 年 7 月 17 日

393 | 527. 金城为《艺声》声请登记事呈上海市社会局新闻纸杂志登记声请书

1947 年 7 月 17 日

394 | 528. 大都会画报社代表人张元贤为依法送检出版品事呈上海市社会局文

1947 年 7 月 22 日

395 | 529. 国民党北平市党部张东轩为请准《燕京五日画报》先行发刊事致北平市政
府社会局局长温崇信函

1947 年 7 月 23 日

395 | 530. 上海市社会局为转发《联合画报》登记证事呈上海市政府文

1947 年 7 月 24 日

396 | 531. 天津市政府为艺威画报周刊社换领登记证等事训令天津市政府社会局暨复
内政部函

1947 年 7 月 28 日

396 | 532. 天津市政府为《黄河画报》等报刊登记事致内政部咨暨指令社会局

1947 年 7 月 30 日

397 | 533. 中国国民党天津特别市执行委员会为《天津画报》变更登记事复天津市政
府函（附新闻纸杂志变更登记声请书）

1947 年 7 月 31 日

398 | 534. 中国国民党天津特别市执行委员会为核准《天津画报》变更登记事致天津
市政府社会局函

1947 年 7 月 31 日

398 | 535. 星期六画报社为换领登记证事呈天津市政府社会局文

1947 年 8 月 2 日

1947 年 10 月 6 日

422　|　576. 陆子尧为《骆驼画报》声请登记事呈天津市政府社会局文

1947 年 10 月 6 日

422　|　577. 北平市政府社会局为《人人画刊》《燕京五日画刊〔报〕》声请登记鉴核事
　　　　　　呈市政府文

1947 年 10 月 7 日

423　|　578. 北平市政府社会局为奉经核准前不得发行事批复曲濯缨及樊梵

1947 年 10 月 7 日

423　|　579. 天津市政府社会局为《太平画报》声请登记事呈天津市政府文（附新闻纸
　　　　　　杂志登记声请书）

1947 年 10 月 8 日

425　|　580. 天津市政府社会局为《维纳丝画报》声请登记事呈天津市政府文（附新闻
　　　　　　纸杂志登记声请书）

1947 年 10 月 9 日

426　|　581. 天津市政府为《扶风画报》声请登记及《国民新闻》声请变更登记事致内
　　　　　　政部咨暨指令社会局

1947 年 10 月 11 日

427　|　582. 天津市政府新闻处科员扈宸环为调查银光画报社情况事签呈梁处长文

1947 年 10 月 15 日

427　|　583. 天津市政府新闻处科员扈宸环为调查《太平画报》情况事签呈梁处长文

1947 年 10 月 16 日

428　|　584. 天津市政府社会局为登记声请已咨转内政部核办事致扶风画报社代电

1947 年 10 月 17 日

428　|　585. 天津市政府新闻处科员扈宸环为调查《美艺画报》情况事签呈梁处长文

1947 年 10 月 18 日

428　|　586. 上海市社会局为复刊申请不予呈转事批复儿童周刊等社

1947 年 10 月 18 日

429　|　587. 天津市政府为《银光画报》声请登记查核事致内政部咨暨指令天津市政府
　　　　　　社会局

1947 年 10 月 20 日

429　|　588. 天津市政府为《太平画报》声请登记事致内政部咨暨指令社会局

党部执行委员会、天津市政府警察局函

1947 年 6 月 11 日

事致警察局函

1948 年 9 月 27 日

1946 年 3 月 15 日

1947 年 3 月 3 日

1945 年 2 月

第一部分

新闻纸、杂志或通讯社声请登记、复刊、备案及变更登记

1. 妇女画报馆为登记注册事致上海法租界卢家湾巡捕房函

1926 年 9 月 5 日

卢家湾巡捕房：

　　敬启者：敝报设于治下，志在提创文学、研究美术，无关政治，更无党派。兹特遵章报告贵捕房，至希准予注册为荷。

谨启

计开

馆址：法租界辣斐德路冠华里廿四号

主任：汪小闲，上海人

宗旨：提创文学、研究美术

出版：每月出版一册，第一册拟于中秋日出版

售价：每册售价二角

妇女画报馆

〈略〉

（沪 U38 - 2 - 649）

2. 中国科学图书仪器公司为《科学画报》声请登记事呈上海市社会局文

1937 年 10 月 18 日

声请书式（一）

新闻纸或杂志之发行人依《出版法》第九条及同法施行细则第九条声请登记者适用之。

新闻纸杂志登记声请书			
名　　称	科学画报		
刊　　期	每月一日及十六日	类别	普及科学杂志
社务组织	由中国科学社编辑，中国科学图书仪器公司发行，编辑部设总编辑一人，编辑员及绘图员十一人，特约撰述每一科门自三四人至十余人，此外凡中国科学社社员皆有为本报编辑之义务		
资本数目	无指定数目，开支及盈亏皆由中国科学社与中国科学图书仪器公司分担	经济状况	自创办以来收支差可相抵，但撰稿均系义务，拟俟销数推广、收支有余，对撰稿者略致薄酬

发行所	名　称	中国科学图书仪器公司	地址	上海福煦路六四九号	电话	七四五七七
印刷所	名　称	同上	地址	同上	电话	同上

发行人及编辑人	姓　名	发行人	编　辑　人						
		杨孝述	杨孝述	曹惠群	卢于道	刘咸	周仁	徐韦曼	张延祥	于渊曾
	籍　贯	江苏	江苏	江苏						
	年　龄	四十七岁	四十七岁							
	学　历									
	经　历	现任中国科学社总干事	现任中国科学社总干事	现任大同大学校长	现任国立中央研究院专任研究员	现任中国科学社总编辑	现任国立中央研究院工程研究所所长	现任国立中央研究院专任研究员	现任交通部技正	现任中国科学图书馆员
	是否党员及党证字号									
	住　所	上海亚尔培路五百三十三号	上海亚尔培路五百三十三号							

附　注	本报于廿二年七月廿五日领得内政部登记证警字第二五七三号
考查意见	
复核意见	

　　兹因发行《科学画报》，谨依《出版法》第九条及同法施行细则第九条之规定开具右列事项，声请登记。

　　谨呈上海市社会局

具声请书人　中国科学图书仪器公司

发行人　杨孝述

中华民国廿六年十月十八日

说明

　　一、凡为新闻纸或杂志之发行者，应由发行人向地方主管官署领取此项声请书，依式填具四份声请之；

　　二、类别栏须填明新闻纸或杂志或通讯稿；

三、刊期系指日刊、周刊、旬刊、月刊、季刊等刊期而言，应于本栏内填明之；

四、发行人指主办新闻纸或杂志之人，如有二人以上时，应互推一人具名声请之；

五、编辑人指掌管编辑之人，应于本栏内分别填明；

六、考查意见栏由地方主管官署填写，复核意见栏由省政府或直隶于行政院之市政府填写。

（上海市非常时期新闻纸杂志审查委员会审查表）

新闻纸或刊物名称		科学画报	性质	杂志	社址	福煦路 649 号	
资本总额		无定额		经济来源	由科学社及中国科学图书仪器公司分担		
发行人	姓名	杨孝述	性别	男	声请书所填各项是否属实		是
	学历				资本总额是否符合		是
	经历	中国科学社总干事			发行人资格是否符合		是
调查意见		过去登记仍属有效，请总务股通知按期送审					
调查股主任		朱敦春	调查者		曹润身		

民国廿六年十月廿一日交办

民国廿六年十月廿三日查竣

内容概要	该报系杂志性质，图文并重，以阐扬各种科学常识为宗旨		
审查意见	内容尚无不妥		
审查股主任	克成	审查者	钱镈

民国廿六年十月廿四日交审

民国廿六年十月廿六日查竣

（沪 Q6 - 18 - 287）

3. 上海市社会局为《科学画报》不必再行登记事批复中国科学仪器公司

1937 年 11 月 8 日

具呈人中国科学仪器公司杨孝述呈一件，为发行《科学画报》声请呈转登记由。呈件均悉。查该具呈人所发行之《科学画报》，既经于民国二十二年领有登记证，毋庸再行登记，仰即遵照《出版法》第八条之规定，将出版物按期呈缴为要。

此批

件存

局长　潘○○

（沪 Q6－18－287）

4. 吕献勋为《世界画报》登记备案事呈伪天津市新闻事业管理所文

1939 年 2 月 9 日

为呈请发给《世界画报》出版执照并立案事。献勋等鉴于华北新闻纸虽属进步，而对调剂人民新兴智识未免仍感不足。在政府领导之下，极应唤醒一般市民新兴之脑筋，以为市民新智识之灌输，使市民注意而感兴趣者，莫过于画报效力□□，故献勋等筹办资本一千五百元，发起组织世界画报社，社址暂设于本市南市广兴大街《晨报》旧址，暂定每日出四开报纸画刊一张，定名为《世界画报》，计分□□□□□□为发扬东亚文化，关于戏剧、电影、跳舞、杂耍等富有兴趣之上等文字，铜版照片、商业广告及免费社会服务、婚姻介绍等项，纯作循规对社会有益之服务，以尽新闻界之天职。理合呈请钧所照准立案，并发给出版执照，俾便出版，实为公便。除呈请天津市政府备案外，谨此呈请鉴核。

谨呈天津市新闻管理所

《世界画报》发起人　吕献勋谨呈

社址暂设本市南市广兴大街《晨报》旧址

（津 J7－1－17）

5. 李枕流为创办《大华北》周刊声请备案事呈伪天津市新闻
事业管理所文

1939 年 3 月 23 日

呈为陈明创办《大华北》周刊，恳请准予备案事。窃以推进新政必先矫正各界思想，欲正各界思想尤须有良好刊物为其辅佐，借以发扬我新政权一切仁德，策进智识阶级男女青年共作新民。而于一般智识薄弱分子，更可促其振作自觉之精神，俾能同跻进境，荷负建设新秩序一分责任。为此，鄙人等特拟创办《大华北》，暂定每星期发刊一次，至于内容宗旨〈中残〉，采稿方面则取综合体裁，〈中残〉新颖精美。为此，恳请贵〈中残〉，谨定于三月二十八日先行出版。

谨呈天津市新闻事业管理所

宗旨：以吸收学界及智识阶级之读者，俾现代青年得有相当之良好刊物。

内容：

(一)〈中残〉；

(二)照片：名媛闺秀、艺术摄影、艺人及电影明星照相；

(三)文艺：长短篇小说、小品、诗词、特写、妇女、家庭、漫谈、通讯；

(四)漫画：连续及滑稽漫画；

(五)戏剧：评论、研究；

(六)电影：评论、研究、翻译；

(七)舞场消息；

(八)学宫消息；

(九)周间大事记；

(十)其他。

附呈表乙纸、报样乙纸〈佚〉

李枕流呈

（住本市南市大舞台东大北报社）

（津 J1‐2‐698）

6. 伪天津市新闻事业管理所职员赵仙舟为调查
《大华北》周刊筹备情况事呈所长文

1939 年 3 月 25 日

为呈报事。案据李枕流呈称，拟创办《大华北》周刊，请鉴核备案。等情。奉批调查后再□□□□□遵令本月二十五日前往南市平安大街该社筹备□□□□□。据原呈报人李枕流声称，该周刊以二千元现款作为资金，并有极完善之印刷设备，每星期一出刊一次，以磨道纸印刷为一适应新时代之青年读物，内部编者均属思想纯正、愿为新国家努力之青年。经职检视准备付印之原稿及印刷设备，均尚相符，理合将调查情形呈报所长钧鉴。

职　赵仙舟谨呈

（津 J1‐2‐698）

7. 伪天津市新闻事业管理所为准予发行《大华北》周刊事批复李枕流

1939 年 3 月 27 日

原具呈人李枕流呈一件，为陈明创办《大华北》周刊，恳请赐予批准备案由。呈暨附件均悉。经查尚无不合，姑准发行，仰仍遵照向章□□□送所检查，然后付印，勿违为□。

(津 J1‑2‑698)

8. 李枕流为《大华北》星期画刊加印增刊事呈伪天津市
新闻事业管理所文

1939 年 5 月 21 日

呈为呈请《大华北》星期画刊拟于每星期三加印增刊事。窃属报自承钧所批准发行以来，颇受津市大部阅户欢迎，故销路日渐增加。兹为便利阅户起见，拟在每星期三日加印增刊一份，报型及内容均与星期刊无异，每期并遵章照常 [送检]。仰希〈中残〉公便。

谨呈 [天津市新闻事业管理] 所

[《大华北》星期] 画刊社长李枕流

(津 J1‑2‑698)

9. 尹梅伯为《妇女新都会画报》备案登记事呈伪天津
新闻事业管理所文（附计划书）

1939 年 5 月 23 日

呈为呈请准予登记发刊《妇女新都会画报》，以提倡新民主义而保持妇女固有道德，并指导妇女使其生活上正轨，以图家庭之改善而使国家早日达到美满之境事。窃今我新政权初奠，吾人极应以新民之精神贡献身心，努力辅助国家，俾其早日达到明朗之境地。既然家庭为国家之细胞，吾人欲增进国家社会之福利，必须先事改善家庭；改善家庭更须使妇女之生活先入正轨，即新民学说所谓"回到厨房去"者是也。然津市对于优良之妇女教育读物素感缺乏，故妇女界多失正当之适从。同人等有鉴于斯，拟刊行《妇女新都会画报》一种，以提倡新民主义而保持妇女固有之道德，并介绍世界妇女文化，俾家庭间之为妻为母者有所皈依，庶儿童之生活亦可因之改善，以播将来国家新兴之种子，而固新东亚之基础。另附计划书乙份，伏祈鉴核准予登记发刊，实为德便。

谨呈天津新闻事业管理所

具呈人　尹梅伯

年龄　二十八岁

籍贯　北京

职业　商

地址　特一区福州路勤艺里六十五号

《妇女新都会画报》计划书及内容组织

（一）定名：《妇女新都会画报》；

（二）种类：画报；

（三）宗旨：提倡新民主义，保持妇女道德，宣传文化，沟通艺术，引导妇女组织新家庭，建设东亚新秩序；

（四）资本：暂定五千元，至必要时临时增加之；

（五）报纸：造模纸，四开型，一张或一张半，彩色印刷；

（六）出版次数：每周二次，每逢星期三、六出版；

（七）印刷数目：每次出版印刷以两千份起码；

（八）内容：

图画方面：妇女人像，艺术摄影，风景照片，家庭设计，漫画等；

文字方面：家庭教育，妇女智识，介绍日本妇女之良好习惯，教导儿童及主持家务探讨及诗歌著作、软性新闻等；

（九）社址：特别一区福州路勤艺里六十五号；

（十）出版日期：二十八年六月；

（十一）负责人：尹梅伯；

（十二）编辑人：李效时；

（十三）发行人：何锐；

（十四）印刷者：庸报馆。

（津 J7-1　13）

10. 伪天津市新闻事业管理所为准予《大华北》星期画刊
发行增刊事批复李枕流

1939 年 5 月 31 日

具呈人《大华北》星期画刊社长李枕流呈一件，为《大华北》星期画刊拟于每星期三加印增刊一份，呈请俯准由。呈悉。准予发行。一切手续仍按向章办理，勿得遗误。

此批

（津 J1－2－698）

11. 伪天津市新闻事业管理所为准予试办事批复《妇女新都会画报》

1939 年 6 月 5 日

具呈人尹梅伯呈一件，为呈请发刊《妇女新都会画报》，检同计划书、报样恳祈备案登记由。呈暨附件均悉。查核计划内容尚属可行，姑准试办，俟查看成绩如何再行正式转请登记，仰即遵照定章按期将原稿送呈本所检查，并于报面刊明"天津特别市新闻事业管理所许可试办"字样，以资识别。仍将出版日期呈报备查。附件存。

此批

（津 J7－1－13）

12. 尹梅伯为《妇女新都会画报》于六月十五日出版事
呈伪天津市新闻事业管理所文

1939 年 6 月 6 日

为呈报《妇女新都会画报》决于六月十五日出版由。接奉六月五日批示内开：呈暨附件均悉。查核内容计划尚属可行，姑准试办，查看成绩如何再行正式转请登记，并将出版日呈报备查。等因。奉此，梅伯等当共同商酌出版日期，拟于六月十五日正式发刊创刊号。刻正积极筹备中，一俟稿件汇齐，当按期呈送钧所检查，并祈予以严密纠正，伏望钧所鉴察，实为公便。

谨呈天津特别市新闻事业管理所

具呈人 尹梅伯谨呈

（津 J7－1－13）

13. 吕献勋为请发给《世界游艺画刊》出版执照并备案事
呈伪天津市新闻事业管理所文

1939 年 6 月 7 日

为呈请发给《世界游艺画刊》出版执照并立案事。献勋等鉴于华北新闻纸游艺方面虽属进步，对调剂人民新兴智识未免仍感不足。在政府领导之下，极应唤醒一般市民新兴之脑筋，以为新智识之灌输。故献勋等筹办资本一千元，发起组织世界游艺画刊社，社址暂设于本市日租界蓬莱街春兴〔星〕里五九号内，所用职员皆系有中日亲善思想新兴之脑筋、在钧所指导下极守规律之良好国民。定每星期（七日）出刊一次，系用十六开报纸印刷，定名为《世界游艺画刊》，每期暂行二十页至五十页，内容材料纯为发□东亚有兴趣之文字，关于戏剧、电影、跳舞、文艺、无线电学理、体育、家庭、卫生、学府等，所包括皆为极有兴趣之上等文字，并有铜版照片、商业广告及免费社会服务、婚姻介绍等项，纯作对社会有循规利益之服务，以尽新闻界之天职。献勋刻已将社内诸务筹备就绪，印刷地点暂定为本市正文印刷局。拟在六月二十五日以前出刊。理合呈请钧所照准立案，并发给执照，俾便出版，实为公便。

谨呈天津市新闻管理所

具呈人　世界游艺画刊社发起人吕献勋

（津 J7‑1‑17）

14. 伪天津市新闻事业管理所为《世界游艺画刊》
呈请出版事批复吕献勋

1939 年 6 月 8 日

具呈人吕献勋呈一件，为呈请发给《世界游艺画刊》出版执照俾便出版由。呈悉。查核所拟大致尚可，仰将拟办画刊式样及组织内容详细补报来所，以凭核示。在未正式批准之前，不准出版。仰即知照。

此批

（津 J7‑1‑17）

15. 伪天津特别市新闻事业管理所为刊物检阅呈送事批复 《妇女新都会画报》

1939 年 6 月 8 日

具呈人《妇女新都会画报》尹梅伯呈一件,为呈报《妇女新都会画报》决于六月十五日出版,请鉴察由。呈悉。仰即按照定章于出版前送所检阅,始准出版,并于出版后按期送呈本所四份,以资分别存阅。

此批

(津 J7 - 1 - 13)

16. 吕献勋为呈送世界游艺画刊社组织及内容材料表事呈伪天津市 新闻事业管理所文(附组织及内容材料)

1939 年 6 月 14 日

顷奉钧所批令内开:呈悉。查核所拟大致尚可,仰将拟办画刊式样及组织内容详细补报来所,以凭核示。在未正式批准之前,不准出版。仰即知照。此批。等因。奉此,查献勋拟办画刊式样,与北京出版社之《立言画刊》大致相同(附呈该刊一册)。遵令赶造画刊社组织表及内容材料表各一份,一并呈请鉴核,早日批准,俾便出版,实为公便。

谨呈天津特别市新闻管理所

具呈人 世界游艺画刊社社长吕献勋

世界游艺画刊社组织

资本:一千元;

印刷:暂定本市正文印刷局;

式样:十六开报纸,洋纸封面画册;

出版日期:每七日出版一次;

社址:暂设本市日租界蓬莱街春星里五十九号;

社长:吕献勋;

顾问:于潮飞;

发行兼编辑人:吕献勋;

以下六人皆为雇员:编辑二人,校对二人,广告一人,营业一人。

《世界游艺画刊》内容材料分类

第一期创刊号暂出十六开报纸二十页，订册。

封面：洋纸，报头字及两色铜版照片。

封里：一色铜版照片。

第一页：报纸、目录；

第二页至十页：游艺评述文字、铜版照片及商业广告，戏剧、电影、评戏、杂耍等；

第十一页至十三页：娱乐别墅铜版及商业广告，跳舞、茶会、座谈会、移花接木等；

第十四页至十五页：教育及广告，体育、家庭、学府等；

第十五页至十六页：社会服务及广告，卫生、职业介绍、婚姻介绍、医药问答、读者问答、老将测字等；

第十七页至二十页：余兴及广告，小说、掌故、游记、古迹、特写、文艺、无线电。

封底：洋纸二页，铜版及广告。

（津 J7-1-17）

17. 伪天津市新闻事业管理所为准予试办《世界游艺画刊》事批复吕献勋

1939 年 6 月 14 日

具呈人吕献勋呈一件，为呈送世界游艺画刊社组织及内容材料表请批准由。呈暨附表均悉。查核组织内容尚无不合，姑准试办，［如果］成绩优良，再行依法呈准登记。仰即遵照定章按期将原稿送呈本所检查，并于报面刊明"天津特别市新闻事业管理所许可试办"字样，以资识别。仍将出版日期呈报备查。附件存。

此批

（津 J7-1-17）

18. 吕献勋为世界游艺画刊社成立及出版日期事
呈伪天津市新闻事业管理所文

1939 年 7 月 5 日

呈为呈报本社成立情形及出版日期事。案据钧所批示内开：呈暨附表均悉。查该组织内容尚无不合，姑准试办。如果成绩优良，再行依法呈请登记。仰即遵照定章按期将原稿送呈本所检查，并于报面刊明"天津特别市新闻事业管理所许可试办"字样，以资识别。仍将出版日期呈报备查。等因。遵此，业已组织就绪，社址暂在日租界蓬莱街春星里五十九号，订于七月八日出版。除依章将稿件逐期于出版前送呈检查外，理合具文呈报，伏祈备案。

谨呈天津特别市新闻事业管理所

《世界游艺画报周刊》

具呈人　吕献勋谨呈

（津 J7‑1‑17）

19. 伪天津市新闻事业管理所为《世界游艺画刊》
出版日期事批复吕献勋

1939 年 7 月 6 日

具呈人《世界游艺画刊》吕献勋呈一件，为呈报本社成立情形及出版日期请予备案由。呈悉。准予备案。仍于出版后按期将该刊送呈本所四份，以资分别存转。

此批

（津 J7‑1‑17）

20. 世界游艺画报社为第三期延误原因等事
呈伪天津市新闻事业管理所文

1939 年 7 月 29 日

呈为呈报事。窃查敝报以整顿内部，第三期因之稍有延误。刻已完全整理就绪，定于八月一日出版。倘因印刷关系，不克如时赶出，亦准于是日先行将排出样张送呈查核。为此备文呈报，仰乞鉴核祗遵。

谨呈天津新闻管理所

天津世界游艺画报社

（津 J7‑1‑17）

21. 世界游艺画报社为呈送报样事呈伪天津市新闻事业管理所文

1939 年 8 月 2 日

呈为呈送报样事。窃敝刊出版延期以及拟于八月一日出版各等情，已于七月三十日呈报在案。现查敝刊内容虽早已编就，而以印刷所赶排不及，致未能如时出版，谨择样张重要部分先行呈送，其他补白琐碎稿件，一俟全数排就，再行送呈钧所查照。仰乞鉴核备案，实为德便。

谨呈天津新闻管理所

附呈样张六页〈佚〉

世界游艺画报社谨呈

（津 J7 - 1 - 17）

22. 伪天津市新闻事业管理所为出版延期事批复世界游艺画报社

1939 年 8 月 5 日

具呈人世界游艺画报社呈一件，为呈报出版延期情形，检同样张重要部分仰祈鉴核备案由。呈件均悉。查该报甫经发刊，即一再延期出版，殊属不合，仰与该印刷所妥订规约，勿得借口延期，致损该报信誉为要。样张存。

此批

（津 J7 - 1 - 17）

23. 《妇女新都会画报》荫铁阁为津市大水成灾拟在京出版事
致伪天津特别市新闻事业管理所所长函

1939 年 8 月 30 日

阎所长伟鉴：

久疏函候，至深歉仄。此次津市大水成灾，舍下及所办之报均被淹没，损失甚大。且因□□问题□□，已偕眷来京暂避，报纸亦拟在京暂□□□出版，但稿样仍将按期由火车带送□□处检查，以符功令。一俟水势退落，再行恢复。□□封面所印社址仍系在津出版，以重管辖。俟后如有命令等件，即祈私人寄京，俾便遵守为祷。但遇特别情形致稿样送达稍迟，并祈格外鉴□。□恳不咨齿，万代向薛主任前

婉为解释。事出破例，是否可行，伏乞鉴核□□，不胜待命之至。专此敬肃，即请
□□。

愚弟 荫铁阁

执一兄有无消息？见面时祈代致意为幸。

北京通讯处：东单牌楼麻线胡同甲七号联宅转。

(津 J7－1－13)

24. 伪天津特别市新闻事业管理所所长为《妇女新都会画报》
拟在京出版事复荫铁阁函

1939 年 8〔9〕月 5 日*

铁阁仁兄台鉴：

顷读手书，敬悉贵第虽被水浸，人口幸皆无恙，甚慰鄙怀。现在津市当□□，积极实行排水工作，恢复旧观指日可待，切勿过于抑郁为盼。承示贵报拟在北京暂行出版一节，因津市水灾又非遍于全市，如《天声报》等已在河北觅妥临时社址，继续出版，贵报亦可仿照办理，似未便轻离市区。倘贵报因印刷困难必须在京出版时，可拟定期限，最多不可过一个月，社址仍印津市原址，备具正式呈文申请，以凭办理其他手续。现在本所正在调查各报社损失状况，以冀设法恢复。贵报损失情形如何，何日方能恢复原状，并请克日详报，以凭核办。专此布复，顺颂□祉。

弟 阁○○拜复

(津 J7－1－13)

25. 游艺报社为《游艺报》声请登记事呈伪新闻事业管理所
新闻纸杂志登记声请书及新闻纸杂志登记表

1939 年 12 月 21 日

新闻纸杂志登记声请书

字第 号

具声请书人游艺报社，兹因发行《游艺报》，谨遵《出版法》第九条之规定，并填具登记表声请登记。

此呈新闻事业管理所（即地方主管官署）转呈天津特别市公署（即省公署或特别市公署）转呈内政部
具声请书人　游艺报社
负责人　沙大风
保证人　徐生记西服商店
中华民国二十八年十二月二十一日填

新闻纸杂志登记表

1	名　称		游艺报						
2	社　址		天津日租界福岛街九五户						
3	社务组织		分编辑、营业两部						
4	资本数目及经济状况		资本金五千元，收支相抵，稍有收益						
5	刊　期		日刊						
6	发行所	名称	《游艺报》发行所						
		地址	本社						
7	印刷所	名称	《游艺报》印刷所						
		地址	本社						
8	社长及各职员姓名年龄经历及住址	职别	社长	总编辑	编辑	编辑	营业部长	广告主任	发行员	会计主任
		姓名	沙大风	刘云若	董冷堪	刘炎臣	赵仲轩	袁德丰	关心五	武贤表
		别号								
		年龄	四〇	三八	四二	三六	四六	三二	五〇	四六
		经历	任《天风报》《新天津画报》社长十二年	任《天风报》总编辑十年	任《国强报》编辑五年	任《银线画报》编辑三年	任《快报》社长十年	任《天风报》广告员十年	任《快报》发行十年	任《天风报》会计十年
		住址	本社	本社	特二区二马路	特二区致安街	特一区汝南里	本社	南市	日界利安里
9	备　考								

中华民国二十八年十二月二十一日填

说明：1. 此表应出声请登记者照填三份，随附于声请书后一并呈送，以备分存；

　　　2. 第五项刊期系指日刊、周刊、旬刊、月刊、季刊（不定期刊）等类，其发行新闻纸者并应载明其版数。

（附注）此表得由各省市署照式仿制应用。

（津 J1‐3‐9107）

26. 李枕流、张圭颖为《大华北画报》改称《银线画报》并变更
负责人事呈伪天津市新闻事业管理所文

1940 年 1 月 12 日

为呈请准予变更登记《大华北画报》改称《银线画报》并更动负责人事。窃自我新政权树立以来，新闻事业经整顿后已步入正轨。然津市对于纯游艺性质之画报尚感缺乏，敝人等有鉴于此，拟将《大华北画报》改称为《银线画报》，同时负责人李枕流改由张圭颖，负责一切办理、发行、编辑事宜。仍按照原来之办法出版三日画刊，内容侧重电影、戏剧、游艺〈中残〉等材料，以资启发民智而提倡正当之娱乐，优〈中残〉出版。恳仰备案，实为公便。

谨呈天津特别市新闻事业管理所

具呈人　《大华北画报》负责人李枕流

《银线画报》负责人张圭颖

筹备处　特别二区福安街四号

（津 J1 - 2 - 698）

27. 妇女新都会画报社为迁回津市原址出版备案事呈伪天津
特别市新闻事业管理所文

1940 年 1 月 19 日

呈为《妇女新都会画报》迁回津市原址出版，恳祈准予备案事。窃敝报自津市水灾以来暂行移京出版，业经呈准在案。现因津市灾区恢复原状，敝报自应仍行迁回原址出版，以符原议。兹定于一月二十七日起即行移津，照常出版，理合具文呈请钧所备案，实为德便。

谨呈天津新闻事业管理所

妇女新都会画报社谨呈

（津 J7 - 1 - 13）

28. 伪天津特别市新闻事业管理所为迁回津市原址出版准予备案事批复妇女新都会画报社

1940 年 1 月 22 日

具呈人妇女新都会画报社呈一件，为本报迁回津市原址出版，恳祈准予备案由。呈悉。准予备案，报稿仍按向章送所检查为要。

此批

(津 J7 - 1 - 13)

29. 伪天津市新闻事业管理所为准予变更登记但不可使用《银线画报》名称事批示李枕流、张圭颖

1940 年 1 月 22 日

具呈人李枕流、张圭颖呈一件，为呈请准予变更登记《大华北画报》改称《银线画报》并更动负责人事由。呈悉。所请变更登记尚无不叮，惟《银线画报》名称与前者取消《银线画报》名称相同，不准采用。仰即另拟其他名称具复核办。

此批

(津 J1 - 2 - 698)

30. 张圭颖为《银线画报》改称《华北银线》等事呈伪天津市新闻事业管理所文（附报社组织及职员名单）

1940 年 1 月 24 日

窃于二〔一〕月二十四日接奉钧所批示，以《银线画报》既已废刊，不能沿用旧名，仰即酌予变更。等因。奉此，兹谨将《银线画报》改称为《华北银线》，至其出版日期，拟提前于二月八日发刊，关于报社之组织及职员名单、报纸格式一并附呈台察。伏祈准予登记发行，实为公便。

谨呈天津特别市新闻事业管理所鉴核

具呈人　张圭颖

［报社组织及职员］名单

一、社［长兼发行人］　张圭颖

二、编辑部

　　文艺编辑　王朱、冯贯一

　　游艺编辑　招司

　　图画编辑　冯棣（朋弟）、窦宗淦（驻北京）

三、营业部

　　营业兼会计主任　何萼庭

　　广告员　张经由

四、印刷部

　　印刷主任　侯殿魁

　　校对员　马舜田

张圭颖谨呈

（津 J1－2－698）

31. 伪天津市新闻事业管理所为准予《华北银线》备案等事批示张圭颖

1940 年 1 月 30 日

　　具呈人张圭颖呈一件，为前拟《银线画报》名称改为《华北银线》，附具报样，请准备案由。呈暨报样均悉。准予备案，仰将出版日期具报□□□□，出版前将报稿先行送所检查，然后付印，附件存。

　　此批

（津 J1－2－698）

32. 华北银线报社为送审草样事致伪天津市新闻事业管理所函

1940 年 2 月 7 日

　　径启者：敝报定二月八日出版第一号，业经呈报在案。现已编排齐整，谨先奉上草样一份，伏希检阅删正，至正式付印时再行奉上五份存查，实为公便。

　　谨呈天津特别市新闻事业管理所

华北银线报社谨启

（津 J1－2－698）

33. 赵祥生为创办《艺玫画报》请准刊行事呈伪天津市警察局文

1940 年 6 月 8 日

谨呈者，窃维报纸为民众喉舌，固不可〈中残〉智识之具岂可独无？缅自事〈中残〉大都市，惟此大都市设备独〈中残〉事业之不盛耳。夫谋与本土〈中残〉物一种，定名《艺玫画报》，〈中残〉道创作小说以□各项译〈中残〉，特具文呈请钧局赐准〈中残〉。

谨呈天津市警察局

玫瑰半月刊社　赵祥牛谨呈

[具声请书人]　赵祥生

[年龄]　二十七岁

[籍贯]　河北省天津

[职业]　新闻界

〈下残〉

（津 J7－1－37）

34. 伪天津市警察局为不准发行《艺玫画报》事批复赵祥生

1940 年 6 月 15 日

呈一件，为拟发行《艺玫画报》半月刊，□具登记声请书表，呈请赐准刊行由。呈暨附件均悉。查此类刊物本市出版已有数种，当此纸料缺乏时期，关于社会上不甚需要之刊物，暂缓发行。所请不准。附件发还。

此批

计发还登记声请书表三份〈佚〉

（津 J7－1－37）

35. 华北银线报社为百期增刊事呈伪天津特别市警察局特务科第五股文

1940 年 11 月 25 日

敬启者：敝报自出版以来承蒙贵股辅导，得能顺序推展，德情厚意铭感何似。兹敝报至十二月一日期届百号，拟于是日增刊一张，共出两张，并更换报头内容，本以往主旨，售价尚为三分。谨先呈报在案，伏希台察，准予发行，实为公便。

谨呈天津特别市警察局特务科第五股主任

华北银线报社谨呈

（津 J1－2－698）

36. 张剑华为《新大陆画报》声请登记事呈伪天津特别市警察局文

1941 年 1 月 8 日

为呈请事。窃本市为华北第一商埠，娱乐场所遍地林立，但欲谋艺术之得□□□□□□启迪□智，纠正风化，补教育之不足，纳游艺□□轨，则苦无标准借镜。公民有鉴于斯，爰联络游艺界□□，拟创办游艺画报一种，取名为"新大陆"，每二日出刊一次，以戏剧、舞宫、电影为主题，不涉新闻，发扬艺术，庶使立身于游艺界者既可改善其作风，而爱好艺术者亦可按图而索骥，裨益社会当非浅鲜。为此，理合附呈声请书三份，呈请鉴核备案，准予发给登记证，以便发刊，实为公便。

谨呈天津特别市警察局

附呈声请书三份〈佚〉

具声请书人　张剑华

年龄　二十九岁

籍贯　天津市

职业　新闻界

[铺保]　日界旭街北口华美药房

王醒吾

（津 J7－1－60）

37. 伪天津特别市警察局为碍难照准发行《新大陆画报》事批复张剑华

1941 年 1 月 10 日

具呈人张剑华呈一件，为呈请准予发行《新大陆画报》，附登记声请书请鉴核由。呈及附书均悉。[惟] 在报纸缺乏、力行节约时期，所请碍难照准。附书发还。

此批

计发还声请书三份〈佚〉

（津 J7－1－60）

38. 伪华北政务委员会内务总署为查明《游艺画刊》是否声请登记事致伪天津特别市公署咨

1941 年 1 月 16 日

为咨请事。查新闻纸杂志之发行，应依照《出版法》第九条规定声请登记，历经办理在案。乃近据《庸报》登载《游艺画刊》自元旦起刊行特大号。等语。查该画刊并未依照法定手续声请登记，殊属不合。兹特检同原报刊载一节，咨请贵署饬属查明，并希见复，以凭核办。

此咨天津特别市公署

附件〈佚〉

督办　王揖唐

（津 J1－3－4707）

39. 伪天津特别市公署为查明《游艺画刊》登记情形事训令伪天津特别市公署警察局

1941 年 1 月 23 日

令警察局：

为令行事。案准华北政务委员会内务总署民字第一二四号咨开：为咨请事。查新闻纸杂志之发行，应依照《出版法》第九条规定声请登记，云云，咨请饬属查明，并希见复，以凭核办。等因。并附件。准此，合行检发原附件，令仰该局查明具报，以凭转复为要。

此令

计检发原附件一件〈佚〉

（津 J1－3－4707）

40. 伪天津特别市公署警察局为《游艺画刊》登记办理情形事呈伪天津特别市公署文

1941 年 2 月 4 日

为呈复事。案奉钧署建荣字秘三第二一五号训令内开：为令行事。案准华北政务委员会内务总署民字第一二四号咨开：为咨请事。查新闻纸杂志之发行，应依照《出版法》第九条规定声请登记，历经办理在案。乃近据《庸报》登载《游艺画刊》自元旦起刊行特大号。等语。查该画刊并未依照法定手续声请登记，殊属不合。兹特检同原报刊载一节，咨请贵署饬属查明，并希见复，以凭核办。等因。并附件。准此，合行检发原附件，令仰该局查明具报，以凭转复为要。此令。等因。计检发原附件一件。奉此，遵查《游艺画刊》系军报道部许可，由前新闻管理所批准，试办在案。关于该刊登记事项，现正与关系机关联络中，俟手续完毕即正式声请登记，理合先行呈复，敬请鉴核转咨，实为公便。

　　谨呈天津特别市市长温

天津特别市公署警察局局长　郑遐济

（津 J1 - 3 - 4707）

41. 伪天津特别市公署为《游艺画刊》登记情况事复伪华北政务委员会内务总署咨暨指令伪天津特别市公署警察局

1941 年 2 月 8 日

　　为咨复事。案准贵署民字第一二四号咨：为《庸报》登载《游艺画［刊］》并未依照法定手续声请登记，特检同原报刊载一节，请饬属查明见复，以凭核办。等因。并附件。准此，兹经令据警察局呈复略称：查《游艺画刊》云云，理合先行呈复，请鉴核转咨。等情。据此，除指令外，相应咨复，即希查照为荷。

　　此咨华北政务委员会内务总署

令警察局：

　　呈一件，为呈复查明《庸报》《游艺画刊》登记事项现正办理中，先行呈复，请鉴核转咨由。呈悉。已据情咨复华北政务委员会内务总署查照矣，仰即知照。

　　此令

（津 J1 - 3 - 4707）

42. 伪天津特别市公署警察局为《游艺画刊》声请登记事呈伪天津特别市公署文（附新闻纸杂志登记声请书及新闻纸杂志登记表）

1941 年 3 月 13 日

呈为据情转呈事。案据天津《游艺画刊》社长潘侠风呈称：为呈请准予正式登记，以利刊行事。窃侠风于民国二十八年纠合同志创办天津《游艺画刊》一种，内容纯以游艺为主干，不载政治言论及其他非游艺性质之消息，曾于民国二十九年三月十一日呈奉前天津市新闻管理所批准试办在案。出刊以来，蒙各界人士之协助，发行至第二卷第四期，历时已将一载，兹遵章填具登记申请书表，理合呈请钧局鉴核，准予转呈。等情。附登记表五张。据此，经查尚无不合，除将原表抽存一份备查外，理合检同原表四份，备文转呈，伏请鉴核，咨转登记，实为公便。

谨呈天津特别市市长温

附呈原书表四份

天津特别市公署警察局局长　郑遐济

新闻纸杂志登记声请书

字第　　号

具声请书人游艺画刊社，兹因发行《游艺画刊》，谨遵《出版法》第九条之规定，并填具登记表声请登记。

此呈天津特别市警察局（即地方主管官署）转呈天津特别市公署（即省公署或特别市公署）转呈华北政务委员会内务总署

具声请书人　天津游艺画刊社　盖章

负责人　潘侠风　盖章

保证人　梁敬亭　盖章

天津西北城角路尔

博古南纸书局承印簿册各种文件

中华民国三十年三月一日填	照片

新闻纸杂志登记表

1	名　　　称	天津游艺画刊社
2	社　　　址	社址：天津特别一区墙子河路四号 办事处：法租界二十六号路二零二号

3	社务组织		本社概分编辑、营业、广告、会计、庶务五部							
4	资本数目及经济状况		本社开办基金二千元，后续一千元							
5	刊期		每半月发行一次							
6	发行所	名称	《游艺画刊》营业部							
		地址	特别一区墙子河路四号							
7	印刷所	名称	久大印刷公司							
		地址	天津法租界五十七号路十号							
8	社长及各职员姓名年龄经历及住址	职别	社长及主编	编辑	营业	会计	庶务			
		姓名	潘侠风	陆元焕	张晓影	王桂苍	陆光勋			
		别号	逸然轩	复初			侠光			
		年龄	二十八岁	二十七岁	二十八岁	二十六岁	二十七岁			
		经历	前北京《平津晚报》戏剧版主编；群侠剧刊社总编辑	《新北京报》游艺记者	《北京社会时报》营业员		前北京《平津晚报》记者；前《罗宾汉》日报驻京记者			
		住址	天津法租界二十四号路槐荫里十七号	北京西单背阴胡同乙二号	天津法租界二十九号路恒安里十九号	天津英租界四十七号路四十八号	北京西安门内光明殿八号			
9	备考				广告部附在营业部		兼理本社游艺记者			

说明：1. 此表应由声请登记者照填三份，随附于声请书后一并呈送，以备分存；

2. 第五项刊期系指日刊、周刊、旬刊、月刊、季刊（不定期刊）等类，其发行新闻纸者并应载明其版数。

（附注）此表得由各省市署照式仿制应用。

(津 J1－2－474)

43. 伪天津特别市公署为《游艺画刊》登记查核事致伪华北政务委员会内务总署咨暨指令伪天津特别市公署警察局

1941年3月17日

为咨送事。案据警察局呈称：呈为据情转呈事。案据天津《游艺画刊》社长潘侠风呈称：为呈请准予正式登记，以利刊行事。云云。理合检同原表四份，备文转呈，伏请鉴核，咨转登记，实为公便。等情。附原书表四份。据此，除原表格留存一份备查并指令外，相应检同原表三份，咨请查核办理为荷。

此咨华北政务委员会内务总署

计咨送原书登记表三份〈佚〉

令警察局：

呈一件，为据天津《游艺画刊》社长潘侠风呈请正式登记等情，理合检同原表转请鉴核咨转由。呈表均悉。已据情检同原表咨转华北政务委员会内务总署查核办理矣，仰即知照。

此令

（津 J1－2－474）

44. 伪华北政务委员会内务总署为准予《游艺画刊》登记事致伪天津特别市公署咨

1941年3月24日

为咨复事。案准贵署建荣字第四七号咨：以据警察局呈称，案据天津《游艺画刊》社长潘侠风呈请刊行天津《游艺画刊》，遵章填具登记申请书表，呈请核转。等情。附登记表五张。据此，经查尚无不合，除将原表抽存一份备查外，理合检同原表四份，转呈鉴核咨转。等情。附原书表四份。据此，除原表格留存一份备查并指令外，相应检同原书表三份，咨请查核办理。等由。计咨送原声请书登记表三份。准此，查潘侠风声请刊行天津《游艺画刊》呈送各书表，核与《出版法》规定尚无不合，应准登记，相应检同填就登记证一纸，送请查收转发具领。并希饬知该社按期将刊物径呈本署民政局检阅为荷。

此咨天津特别市公署

附登记证书一纸〈佚〉

督办　王揖唐

（津 J1－2－474）

45. 伍联德为《青年良友画报》补行登记事呈伪上海市政府文

1941 年 3 月 25 日

案于本月二十三日奉到国民政府行政院宣传部事字第七五号通令，为通饬修正《出版法》经于本年一月二十五日公布施行在案，仰各该报、杂志限于三月二十六日以前，就地向各该地方主管官署填具声请书表转呈来部，以便核办。等因。附发修正《出版法》及施行细则各一份。奉此，窃查本社所出《青年良友画报》虽系宣部机〔关〕刊物，登记手续于法不能例外，复查修正《出版法施行细则》第九条所定"声请登记时应依照规定格式填具登记申请书四份，并附缴本人最近二寸半身照片二张为之"，该项登记申请书规定格式未蒙附发而限期已迫，一时无法领取，理合遵照修正《出版法》第九条各款所定，自行缮具登记声请书四份，连同照片二张，依修正《出版法施行细则》第七条所定，备文呈请补行登记，仰祈核转。实为公便。

谨呈上海市市长陈

附呈登记声请书四份、照片二张〈佚〉

青年良友画报社社长　伍联德

社址　本埠爱文义路 1125 号

（沪 R1‑18‑661）

46. 伪天津特别市公署为转发《游艺画刊》登记证书等事训令
伪天津特别市公署警察局

1941 年 3 月 29 日

令警察局：

为训令事。案查前据该局呈转天津游艺画刊社呈送登记申请书表，请鉴核咨转。等情。当经检件转咨，并指令知照在案。兹准华北政务委员会内务总署民字第七四九号咨略开：查潘侠风声请刊行天津《游艺画刊》呈送各书表，核与《出版法》规定尚无不合，云云。并希饬知该社按期将刊物径呈本署民政局检阅为荷。等因。附登记证书一纸。准此，合行检同原登记证书令发该局，仰即转发具领，并饬该社按期将刊物径呈内务总署民政局检阅为要。

此令

附检发登记证书一纸〈佚〉

（津 J1‑2‑474）

47. 伪上海市政府为《青年良友画报》补行登记事批复伍联德

1941 年 3 月 29 日

具呈人青年良友画报社社长伍联德呈一件，为缮具登记声请书遵限声请登记，仰祈核转由。呈悉。仰径向本府警察局接洽办理可也。原件发还。

此批

市长　陈○○

（沪 R1－18－661）

48. 伪上海市政府为平报社等十家登记申请转咨审核事指令
伪警察局暨致伪宣传部咨

1941 年 6 月 21 日

令警察局：

呈一件，为呈送平报社等十家新闻纸杂志登记声请书表等件，连同审查意见表祈鉴核转存并赐转请给证由。呈件均悉，已由本府加具审查意见转咨宣传部审核，一俟部颁登记证到府，即行转发，仰即转饬知照。

此令

件存转

案准贵部咨文事字第十七号咨送新闻纸杂志登记声请书表及审查意见表各三千份，嘱查收分发，并饬属督促当地已发行之新闻纸杂志克日依法登记，以符法令。等由。前经咨复在案，兹据警察局呈送平报社等十家新闻纸杂志登记声请书表，连同该局审查意见表各二十份暨各报社等发行人照片二十张前来，业经本府复核符合，相应咨请查照核发登记证，以便转发为荷。

此咨宣传部

附平报社等十家登记声请书表及审查意见表各二十份、照片二十张〈佚〉

市长　陈○○

（沪 R1－18－661）

49. 伪宣传部为核发平报社等十家登记证事复伪上海市政府咨

1941 年 7 月 9 日

　　案准贵府本年六月二十五日沪市字第八三八三号咨转送平报社等十家登记声请书表等件，请查核办理见复。等由。准此，业经本部审查核定，准予登记，除分别填发登记证外，准咨前由，相应检同该项登记证十枚，咨复查照转发收执，以资发行，并请饬令各该报、什志社依照《出版法》第十六条之规定，将各该发行人之姓名，登记证号数，发行年月日，发行所、印刷所之名称及所在地，在各该报、什志社登载，以符法令为荷。

　　此咨上海特别市政府

　　计开《平报》登记证一枚（沪报字第十八号）；《上海时报》登记证一枚（沪报字第十九号）；《新中国报》登记证一枚（沪报字第二十号）；新中国编译社登记证一枚（沪报字第二十一号）；《宝山新报》登记证一枚（沪报字第二十二号）；华东通讯社登记证一枚（沪报字第二十三号）；《政治月刊》登记证一枚（沪志字第二十一号）；上海杂志社登记证一枚（沪志字第二十二号）；《青年良友》登记证一枚（沪志字第二十三号）；《中央月刊》登记证一枚（沪志字第二十四号）

部长　林柏生

（沪 R1－18－661）

50. 伪上海市政府为转发平报社等十家登记证事训令伪上海市警察局

1941 年 7 月 15 日

令警察局：

　　案准宣传部咨事字第一一七号咨开：案准贵府本年六月二十五日沪市字第八三八三号咨云云叙至以符法令为荷。等由。准此，合行将平报社等十家登记证共计十枚，随令附送，令仰该局转发该报社等分别具领收执外，并令遵照《出版法》第十六条之规定办理，以符法令为要。

　　此令

　　计开《平报》登记证一枚（沪报字第十八号）；《上海时报》登记证一枚（沪报字第十九号）；《新中国报》登记证一枚（沪报字第二十号）；新中国编译社登记证一枚（沪报字第二十一号）；《宝山新报》登记证一枚（沪报字第二十二号）；华东通讯社登记证一枚（沪报字第二十三号）；《政治月刊》登记证一枚（沪志字第二十一号）；上海杂志社登记证一枚（沪志字第二十二号）；《青年良友》登记证一枚（沪志字第二十三号）；《中央月

刊》登记证一枚（沪志字第二十四号）

市长　陈○○

（沪 R1－18－661）

51. 华北银线报社为增加副刊事呈伪天津特别市警察局特务科第五股文

1941 年 9 月 10 日

谨呈者。窃以秋季广告增加，内容受其影响致不能达成本报之使命。为此，拟自第一百九十三期起随报酌附增加十六开副刊一张，以资充实内容，完成报导之使命。理合备文呈请核准刊行，至为公便。

谨呈警察局特务科第五股

华北银线报社谨呈

（津 J1－2－698）

52. 伪上海市教育局为《民众画报》备案事呈伪上海市政府文

1941 年 11 月 4 日

窃职局为推行民教起见，每月刊行《民众画报》一种，创刊号现已出版，除分赠各地民教馆暨中小学以广宣传外，理合检同该刊一份备文呈报，仰祈鉴核备案。

谨呈市长陈

附呈《民众画报》乙份〈佚〉

上海特别市教育局代理局长　林炯庵

（沪 R1－8－22）

53. 伍联德为青年良友画报社图记模形备案事呈伪上海市政府文

1942 年 1 月 12 日

案奉宣传部总字第五四九号训令内开：案查《新闻纸社及杂志社图记刊制规程》，业经本部拟具修正草案，呈奉行政院本年十一月二十四日行字第五七七三号指令核准，并饬由本部以部令公布施行。等因。奉此，除遵即公布暨分行外，合行抄发上项修正规程一份，令仰该社遵照。此令。等因。计抄发修正《新闻纸社及杂志社图记刊制规程》一份。奉此，遵即依照附发规程所定，重行刊刻合法图记一颗，即于本日启用，除将原有图记销毁外，理合遵照上项规程第五条所定，印具新图记模形两份，呈请鉴核存转，实为公便。

    谨呈上海特别市市长陈

    附呈送本社新图记模形两份〈略〉

青年良友画报社社长　伍联德

（沪 R1‐18‐661）

54. 伪上海市政府为图记模形核转备案事批复青年良友画报社暨致伪宣传部咨

1942 年 1 月 20 日

    青年良友画报社呈一件，为遵照部令重刊合法图记印具模形，呈请鉴核存转由。呈件均悉。所请除汇案咨部外，准予备查。

    此批

    件存转

    案准贵部咨事字第二六〇号咨内开：案查《新闻纸社及杂志社图记刊制规程》，业经本部拟具修正草案，呈奉行政院本年十一月二十四日行字第五七七三号指令核准，并饬由本部以部令公布施行，除遵即公布暨分别咨行外，相应检同上项修正规程一份，咨请查照为荷。等由。附送《新闻纸社及杂志社图记刊制规程》一份。准此，当经分别函转。兹据青年良友画报社呈复并印具图记印模一份，请予核转。等情前来。经查，该社所请尚无不合，相应检同该社图记印模一份，咨请查照备案为荷。

    此咨宣传部

市长　陈〇〇

（沪 R1‐18‐661）

55. 伪宣传部为青年良友画报社图记模形备案事致伪上海市政府咨

1942 年 1 月 24 日

案准贵府沪市字第六一一号咨送青年良友画报社图记印模一纸。准此，查核相符，应准备案，准咨前由，相应咨复查照，并请转饬知照为荷。

此咨上海特别市政府

部长　林柏生

（沪 R1－18－661）

56. 伪上海市政府秘书处为图记模形准予备案事
致青年良友画报社等笺函

1942 年 1 月 31 日

案准南京宣传部咨事字第二十、二十一号咨开：案准贵府沪字第五九八、六一一号咨送新中国报社及南京苏州办事处、青年良友画报社图记印模各一份。准此。查核相符，应准备案。准咨前由，相应咨复查照，并请转饬知照为荷。等由，并奉谕着秘书处转知各该报社。等因。相应函达，即希查照为荷。

此致新中国报社、青年良友画报社

（处戳）

（沪 R1－18－661）

57. 沙大风为《新天津画报》声请登记事呈伪天津特别市公署文
（附发行宗旨及规划书、沙大风履历书、新闻纸杂志登记声请书、
新闻纸杂志登记表）

1942 年 10 月 26 日

呈为声请登记事。窃大风自民国十九年二月在天津市日租界创刊《大风报》，鼓吹中日亲善，发扬东方文化道义为最大目标。发行以来，瞬逾十余载，其间因当局整理报纸，曾于民国二十七年九月改名为《天风画报》，并蒙前临时政府内政部颁给民字第四十四号登记证在案。嗣又于民国二十八年四月因二次整理案，改名为《新天津画报》，以至今日。兹为适合《出版法》规定，声请登记，理合备文请求，仰祈钧署转咨内务总署，俯准

发给登记证，俾符法定手续，实为公便。所有声请书三纸一并填就附奉，并乞鉴核施行，尤为感祷。

此上天津特别市公署

> 具呈人　沙大风
> 年龄　四十三岁
> 籍贯　浙江镇海
> 职业　《新天津画报》发行人
> 住址　天津日租界福岛街
> 铺保　中南京报房
> 地址　天津南马路二〇五号
> 执事人　□□□

《新天津画报》发行宗旨及规划书

发行宗旨：鼓吹中日亲善合作，发扬东方文化道义，建设东亚共荣共存之圣业为宗旨。

规划：

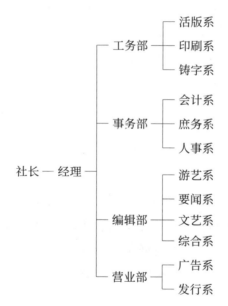

履历书

《新天津画报》发行人沙大风履历

沙大风，年四十三岁，浙江镇海人，浙江第四中学高中毕业，浙江法政专门二年修业，曾充临时执政时代临时参政院秘书，上海《新闻报》、上海《晶报》特约撰述，《天津商报》编辑，任本报社长十三年迄今。

新闻纸杂志登记声请书

字第　号

　　具声请书人新天津画报社，兹因发行《新天津画报》，谨遵《出版法》第九条之规定，并填具登记表声请登记。

　　此呈　　　　（即地方主管官署）转呈天津特别市公署（即省公署或特别市公署）转呈内政部

具声请书人　沙大风　盖章

负责人　沙大风　盖章

保证人　中南京报房　盖章

天津南马路荣业大街北口

中华民国三十一年十月二十六日填　　　　照片

新闻纸杂志登记表

1	名　　称	新天津画报社							
2	社　　址	天津日租界福岛街							
3	社务组织	社长下分营业、编辑、总务三部							
4	资本数目及经济状况	资本总额一万二千元							
5	刊　　期	日刊（固定者四版，不固定者二至四版）							
6	发行所	名　称	新天津画报社						
		地　址	天津日租界福岛街						
7	印刷所	名　称	新天津画报社						
		地　址	天津日租界福岛街						

8	社长及各职员姓名年龄经历及住址	职别	社长	经理	营业员		编辑员				总务
		姓名	沙大风	张幼丹	沙临镐	关瑞五	吴云心	宋上达	曹弓豫	阎朋鸟	郭文彬
		别号							□□、弓羽、雪厂		
		年龄	四十三	四十一	二十八	五十六	三十七	二十八	四十	三十二	三十七
		经历	专门学校毕业	中学毕业	大学土木科毕业	小学毕业	大学毕业	大学毕业	大学毕业	中学毕业	中学毕业

8	社长及各职员姓名年龄经历及住址	住址	天津法界二十四号路普爱里十九号	天津南门外崔家大桥土地庙西胡同二号	天津法界二十四号路普爱里十九号	天津东门内拴马桩四号	天津特政区三德里南口路东	天津广善大街竹林村城建里三号	天津特政区五十九号路福林号〔里〕五十号	天津西门外联兴里东实胡同六十号	本社
9	备　考										

三十一年十月二十六日填

说明：1. 此表应由声请登记者照填三份，随附于声请书后一并呈送，以备分存；

　　　2. 第五项刊期系指日刊、周刊、旬刊、月刊、季刊（不定期刊）等类，其发行新闻纸者并应载明其版数。

（附注）此表得由各省市署照式仿制应用。

（津 J1‑3‑10867）

58. 张圭颖为《银线画报》声请登记事呈伪天津特别市公署文

1942 年 10 月 30 日

为声请《银线画报》登记，办理登记手续事。顷接奉钧署建荣字宣壹号第五号通知内开：案准华北政务委员会内务总署民环字　四七号咨开：查新闻纸杂志之发行有法定程序，《出版法》业有明文规定，并经本总署于历次登记案内随时咨达，查照办理各在案。乃近查各省市发行新闻纸杂志，于《出版法》规定程序未尽一一依照办理。如发行人声请发行新闻纸或杂志，经本总署核准登记后，时有逾越法定刊期尚未发行者；又或业已发行，而于《出版法》第十六条规定应行记载之发行人姓名、登记证号数、发行所及印刷〔所〕之名称及所在地等项，亦多未依法列举备载或漏载情事。至关于应按期依法将刊物呈缴本总署检阅一节，亦复先后延误，参差不齐，殊属违反出版之精神。际此华北现局已入非常时期，而于强化言论思想之推行所关尤巨，本总署兹为整理起见，特制定《华北各省市新闻纸杂志整理办法》，通咨各省市严切实施，借收整齐划一之效。除呈经华北政务委员会备案并分咨外，相应检同该办法十五份随咨送达，即希查照转饬主管官署，于已办或未办之新闻纸杂志登记各案，切实查核呈报，并迅饬各刊社遵照办理，借免处罚，是所至要，并希见复为荷。等因。附办法一份。准此，目应依照手续办理。查该社发行刊物前经批准有案，迄未办理登记手续，合同检行办法一份通知该社遵照，迅派负责人来本署宣传处领取登记声请书，并限于本月月底以前填竣呈署核办为要。等因。奉此，谨遵照通知办理登记手续，并填具登记表格、发行宗旨及规划，并发行人详明履历书等，附呈钧署转呈内政部鉴核，实为公便。

　　谨呈天津特别市公署

银线画报社　张圭颖谨呈

《银线画报》宗旨及规划

　　在供给知识阶层读者，尤其是青年学生及妇女以现代国际、政治、科学、文学、艺术、社会等新闻知识，兼及高尚娱乐，如国剧、电影、话剧等资料，作为读者必不可缺少之精神食粮。最终目的在发扬我国之固有文化道德，引导读者思想趣味之向上。

《银线画报》组织系统表

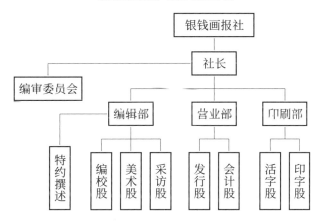

《银线画报》发行人详明履历书

　　张圭颖，年三十四岁，天津市人，法商学院肄业。曾任《国货日报》编辑主任，《中华新闻报》副刊主编，东和印刷局总务部长，《银线画报》社长至今。

新闻纸杂志登记声请书

字第　号

　　具声请书人银线画报社，兹因发行《银线画报》，谨遵《出版法》第九条之规定，并填具登记表声请登记。

　　此呈天津特别市公署宣传处（即地方主管官署）转呈天津特别市公署（即省公署或特别市公署）转呈内政部

具声请书人　张圭颖
负责人　张圭颖
保证人　中央药房
中华民国三十一年十月　日填

新闻纸杂志登记表

1	名　称	银线画报								
2	社　址	天津特二区兴隆街八十五号								
3	社务组织	社长之下设编辑、营业、印刷三部								
4	资本数目及经济状况	资金七千元，经济状况呈稳定状态								
5	刊　期	三日刊								
6	发行所	名称	银线画报							
		地址	特二区兴隆街八十五号							
7	印刷所	名称	东方印刷局							
		地址	法租界三十号路效康里							

8	社长及各职员姓名年龄经历及住址	职别	社长	总编辑	编辑	编辑	编辑	事务员	广告员	印务员	营业员
		姓名	张圭颖	李木	宋昆	冯贯一	王伯龙	侯燕琦	李通	张琳芝	杨子明
		别号									
		年龄	三十四	三十二	二十六	三十二	四十八	二十	二十九	二十一	三十六
		经历	国货日报社编辑主任	广东中学教员	青年会职员	《大阪每日杂志》撰述	《商报》主编	圣功女校毕业	《新天津报》广告部长	贝满女校毕业	杨记派报社经理
		住址	特二区兴隆街八十五号	特政区广东路鸿基里二号	法租界巴黎道青年会	特二区大马路振华书局	特政区三十七号路大兴村二十号	特政区十号路松寿里三十号	河东大王庄玉元里八号	特二区平安街福安里	南市建物大街十号

| 9 | 备　考 | | | | | | | | | |

三十一年十月　日填

说明：1. 此表应由声请登记者照填三份，随附于声请书后一并呈送，以备分存；

2. 第五项刊期系指日刊、周刊、旬刊、月刊、季刊（不定期刊）等类，其发行新闻纸者并应载明其版数。

（附注）此表得由各省市署照式仿制应用。

（津 J1-3-10867）

59. 伪天津特别市公署为登记声请事批复新天津画报社等
五家报刊社暨致伪内务总署咨

1942 年 11 月 21 日

原具呈新天津画报社、天津杂志社、银线画报社、每月科学社、赛马专刊社呈一件，为呈送登记声请书表等件，请核转准予登记由。呈暨附件均悉，已据情检同原附件咨送内务总署查核办理，一俟咨复到署，再行饬知。仰即知照。附件存转。

　　此批

　　为咨送事。案准贵总署咨送制定《华北各省市新闻纸杂志整理办法》，请查照办理具复。等因。当经查有本市发行之《新天津画报》《天津杂志》《银线画报》《每月科学》及《赛马专刊》等五家，尚未依法声请登记。经即检同整理办法，分别饬各遵照办理登记手续去后，兹据该新天津画报社等五家，先后填具声请登记书表、发行宗旨及规划并发行人、负责人资历等件呈署。除批示外，相应检同原声请登记书表等件暨《新天津画报》未改组前原领《天风画报》登记证一件，备文咨送贵总署查核办理为荷。

　　此咨内务总署

　　计咨送《新天津画报》《天津杂志》《银线画报》《每月科学》《赛马专刊》等五家声请登记书表各三份，发行宗旨及规划各三份，发行人、负责人资历各三份，《天风画报》登记证书一件〈佚〉

（津 J1 - 3 - 10867）

60. 伪华北政务委员会内务总署为《新天津画报》等声请
登记事致伪天津特别市公署咨

1942 年 12 月 9 日

案准贵署本年十一月二十一日建亚字宣壹第一九号咨：查有本市发行之《新天津画报》《天津杂志》《银线画报》《每月科学》《赛马专刊》等五家，先后填具声请登记书表等件呈署，暨《新天津画报》未改组前原领《天风画报》登记证一件，咨送查核办理。等因。计咨送《新天津画报》《天津杂志》《银线画报》《每月科学》《赛马专刊》等五家声请登记书表各三份，发行宗旨及规划各三份，发行人、负责人资历各三份，《天风画报》登记证书一件。准此，查沙大风发行《新天津画报》，华哲发行《天津杂志》，张圭颖发行

《银线画报》，孔赐安发行《每月科学》杂志，浅井胜平发行《天津赛马专刊》等五家依法填具声请登记书表，核与《出版法》规定尚无不合，准予登记。除《新天津画报》呈缴业经废刊之《天风画报》登记证书准予注销备案外，相应检同登记证书五份，咨请分别转发具领，并希饬知各该发行人遵照《出版法》第十六条规定，记载发行人姓名，登记证号数，发行年月日，发行所、印刷所之名称及所在地，以符定章。并按期将刊物二份径呈本署民政局，用备检阅为荷。

此咨天津特别市公署

附登记证书五份〈佚〉

督办　王揖唐

（津 J1－3－10867）

61. 伪天津特别市公署为核发登记证书事通知新天津画报社等五家报刊社

1942 年 12 月 21 日

为通知事。案查前据该社呈送声请登记书表等件，请转咨核发登记证书。等情。当经据请转咨，并批示在案。兹准内务总署咨略开：查沙大风发行《新天津画报》，华哲发行《天津杂志》，张圭颖发行《银线画报》，孔赐安发行《每月科学》杂志，浅井胜平发行《天津赛马专刊》，填具声请登记书表，核与《出版法》规定尚无不合，准予登记。除呈缴业经废刊之《天风画报》登记证书准予注销备案外，相应检同登记证书，咨请转发具领，并希饬知各该发行人遵照《出版法》第十六条规定，记载发行人姓名，登记证号数，发行年月日，发行所、印刷所之名称及所在地，以符定章。并按期将刊物二份径呈本署民政局，用备检阅为荷。等因。附登记证书。准此，合行通知该社，仰即遵照咨饬各节分别办理，并仰派员持具该社社章暨发行人名章，来本署宣传处第八科具领登记证书为荷。特此通知。

右通知新天津画报社、天津杂志社、银线画报社、《每月科学》杂志、《天津赛马专刊》

（津 J1－3－10867）

62. 银线报社为已领取登记证事致伪天津特别市社会局收据

1942 年 12 月 23 日

领到政字第九七号内务总署登记证书一件。

敬上宣传处

银线报社

（津 J1－3－10867）

63. 伪上海市立实验民众教育馆为《民众画报》第十二期
备案事呈伪上海市教育局文

1943 年 5 月 1 日

窃奉令接办《民众画报》出版事宜，并已拟具经常费概算书经呈核在案。查第十二期画报业已出版，除即日分送各机关团体赠阅及择要道张贴外，理合备义呈报，仰祈鉴核备查。

谨呈局长林

附《民众画报》第十二期二份〈佚〉

上海特别市市立实验民众教育馆馆长　顾纪伦

（沪 R48－1－1067）

64. 伪上海市教育局为《民众画报》第十二期准予备查事
指令伪上海市立实验民众教育馆

1943 年 5 月 20 日

令实验民众教育馆：

呈乙件，为呈报《民众画报》第十二期编印竣事，即日发行，仰祈鉴核备查由。呈悉，准予备查。

此令

件存

（沪 R48－1－1067）

65. 张圭颖为纪念发行四百期增刊半张事呈伪天津特别市公署文

1943 年 6 月 29 日

敬启者：敝报因六月三十日为四百期纪念，拟于是日增刊半张，借资纪念。谨乞钧处准予发行，实为公便。

谨呈天津特别市公署宣传处

银线画报社　张圭颖呈

（津 J1－3－9417）

66. 赵文光为《三六九画报》等在津设立支社事呈伪天津特别市公署文

1943 年 8 月 4 日

为呈请事。查本社《实报》《时言报》《三六九画报》《立言画报》行销多年，成绩卓著。为便利阅户起见，特在津市义租界大马路十三号设立支社。理合呈请钧署，伏乞鉴核备案，实为公便。

谨呈天津特别市公署

《实报》《时言报》《三六九画报》《立言画报》天津支社长　赵文光谨呈

具呈人　赵文光

年龄　三十八岁

籍贯　北京市

职业　新闻业

住址　义租界大马路十三号

铺保　福生药社

地址　义租界大马路十五号

执事人　赵福生

（津 J1－3－9425）

67. 伪天津特别市公署为《三六九画报》等拟在津设立支社事批复赵文光

1943 年 8 月 20 日

原具呈《实报》等天津支社长赵文光呈一件，为推销《实报》《时言报》《三六九画报》《立言画报》，拟在津设立支社请备案由。呈悉。准予备案，仰准经销各报，按期径送本署宣传处各二份，以便检阅为要。

此批

（津 J1－3－9425）

68. 伪上海市立实验民众教育馆为《民众画报》第十四期备案事
呈伪上海市教育局文

1943 年 9 月 3 日

查职馆编辑之《民众画报》第十四期"禁绝烟赌运动专号"，经编辑完竣，业于八月三十日如期出版，除分送各机关团体赠阅及择要道张贴外，理合检同第十四期"禁绝烟赌运动专号"二份，备文呈报，仰祈鉴核备查。

谨呈局长林

附画报二份〈佚〉

上海特别市市立实验民众教育馆馆长　陈毅

（沪 R48－1－1067）

69. 伪上海市教育局为《民众画报》第十四期准予备查事
指令伪上海市立实验民众教育馆

1943 年 9 月 20 日

令市立实验民众教育馆：

呈乙件，为呈报第十四期画报出版"禁绝烟赌运动专号"，仰祈鉴核备查由。呈件均悉。准予存查。

此令

件存

局长　林○○

（沪 R48－1－1067）

70. 伪上海市立实验民众教育馆为《民众画报》第十五期备案事
呈伪上海市教育局文

1943 年 11 月 9 日

查职馆编辑之《民众画报》第十五期"识字运动专号"，业经编辑完竣，于十月十五日出版，除分送各机关团体赠阅及择要道张贴外，理合检同该画报二份，备文呈报，仰祈鉴核备查。

谨呈局长林

附呈画报二份〈佚〉

市立民众教育馆馆长　陈毅

（沪 R48‑1‑1067）

71. 伪上海市教育局为《民众画报》第十五期准予备查等事
指令伪上海市立实验民众教育馆

1943 年 11 月 22 日

令市立实验民众教育馆：

呈乙件，为呈报第十五期出版"识字运动专号"，仰祈鉴核备查由。呈件均悉。惟查该报第十五期应于十月初旬出版，今延期至乙月有余，似有未妥，应迅将第十六期克日补刊，并尽量充实内容，俾作社教宣传之利具，不得再行延误。

此令

件存

局长　林〇〇

（沪 R48‑1‑1067）

72. 张圭颖为《银线画报》改为周刊并改称《银线画刊》事
呈伪天津特别市政府文（附批注）

1944 年 1 月 17 日

为呈请事。窃敝社自民国二十四年发刊《银线画报》以来，迄今已有数载。兹因适应大东亚决战体制，津市各报为节约物资、集中报道力量，自动停刊者数家，报国精神无任钦佩。查敝报向未领有军部配给报张，但为节省纸料资材计，亦拟自动由三日刊减少出版期数，改为十六开型之周刊，每星期日出版一次，并改称《银线画刊》。以天津制造之染色招贴纸印刷装订，所需资材仍由本社自行购买，期达节约物资之旨，而收宣传报国之效。所拟是否有当，理合检具《银线画刊》样本四册一并呈祈鉴核，准予备案，实为公便。

谨呈天津特别市政府

银线画报社社长　张圭颖谨呈
住第十一区兴隆街九十五号

查此件根据华北政委会内务总署民国三十二年十月二日颁布之《办理停止刊物登记事项解释》第四项规定"凡旧有出版品，有依照《出版法》第十条声请变更登记者，宜除'名称'一项不准变更外，余仍准予查核办理。但不涉及原领登记证书填载事项者，应予以备案手续行之，不予换发登记证书"。复查该社所请与《出版法》第十条声请变更登记事项，除将三日刊改为周刊以适应战时体制、节省纸料资材外，尚未涉及原领登记填载事项，此件可否即据情呈会备案之处乞夺。

元月二十一日
（津 J1－3－9629）

73. 伪天津特别市政府为《银线画报》声请变更登记事致伪华北政务委员会政务厅情报局函

1944年1月22日

径启者：案准银线画报社社长张圭颖呈称，窃敝社自民国二十四年发刊《银线画报》以来，迄今已有数载。兹因适应大东亚决战体制，津市各报为节约物资、集中报道力量，自动停刊者数家，报国精神无任钦佩。查敝报向未领有军部配给报张，但为节省纸料资材，亦拟自动由三日刊减少出版期数，改为十六开型之周刊，每星期日出版一次，并改称《银线画刊》。以天津制造之染色招贴纸印刷装订，所需资材仍由本社自行购买，期达节约物资之旨，而收宣传报国之效。所拟是否有当，理合检具《银线画刊》样本四册一并呈祈鉴核，准予备案。等情。附样本四份。据此，查关于出版物登记一节，根据华北政务委员会内务总署三十二年十月二日颁布之《办理停止刊物登记事项解释》第四项规定"凡旧有出版物品，有依照《出版法》第十条声请变更登记者，宜除'名称'一项不准变更外，余仍准予查核办理。但不涉及原领登记证书填载事项者，应予以备案手续行之，不予换发登记证书"等语。查该社所请与《出版法》第十条所定声请变更登记事项，除将三日刊改为周刊以适应战时体制、节省纸料资材外，尚未涉及原领登记填载事项，惟事关刊物变更登记，应否即行呈会备案，抑由贵局先与关系方面连络，无异议再行依照手续办理之处，相应函请查照见复，以凭办理为荷。

此致华北政务委员会政务厅情报局

（津 J1 - 3 - 9629）

74. 银线画报社为改为六开纸印刷事呈伪天津特别市政府宣传处文

1944 年 3 月 21 日

径启者：敝报为适应战时节约体制，节省用纸起见，自三月二十三日拟缩小篇幅，改为六开型纸印刷，借收宣传实效。理合具函呈报，伏祈准予发行，专此奉布。

天津特别市政府宣传处钧鉴

银线画报社

（津 J1 - 3 - 9601）

75. 银线画报社为改为八开纸印刷事呈伪天津特别市政府宣传处文

1944 年 8 月 11 日

敬启者：敝报为适应战时体制，节约物资消耗起见，故自本期起改为八开纸型，借可略省纸张，伏希准予备案，实为公便。

谨呈新闻合同检阅室

银线画报社谨呈

（津 J1 - 3 - 9601）

76. 银线画报社为送检刊物事呈伪天津特别市政府宣传处文

1945 年 7 月 15 日

谨启者：敝报兹后附带之出版物决遵照检阅办法敬谨送请检查，倘有玩忽，愿受处罚，所具是实。

谨呈天津特别市政府宣传处

银线画报社谨呈

（津 J1－3－9683）

77. 张叔平为组织国际出版社事呈上海特别市党部文

1945 年 10 月 10 日

窃查我国抗战八年，卒获最后胜利，失地光复，国运中兴，今后当务之急厥为对内复兴建设以达成建国之最大目的，对外讲信修睦，以实现大同之最高理想。在达成与实现之过程中，宣扬倡导实不可少，而宣扬倡导政府固当主持，民众亦应翊赞。同人有鉴及此，爰呈请军令部国际知识总社准予组织国际出版社，发行定期刊物，辑印系统丛刊，一面将国内政治设施建设概况译成各种文字介绍于国外，使明我国真相而不致再有曲解；同时并将国际动态、各国政情以及科学文教、社会经济进展情形广为搜罗，移译介绍于国人，俾扩充世界眼光，增益世界知识，庶几由相互认识求得相互了解、相互协助，以竟建国之功，以臻大同之域。除所出刊物及书籍另行依照法定手续声请登记并送审查外，理合备文呈请鉴核备案。

谨呈上海特别市党部

国际出版社董事长兼社长　张叔平

社址　南京路哈同大楼二一八号室

（沪 Q6－12－103）

78. 张化南为请准予《国风画报》复刊事呈天津市政府文

1945 年 10 月 22 日

为呈请事。窃民在津创办《国风画报》，于民国二十五年十月十四日奉到内政部登记证警字第伍柒伍肆号发行以来，深蒙各界爱护，成绩尚佳。嗣经七七事变，本社同人志切爱国，于事变日起自动停刊。对于敌伪维持会成立，召集全市新闻界会议，讨论办法，席间亦未参加，拒绝附逆宣传工作，情愿放弃同流合污无谓之权利，但于八年之中遭受日寇蹂躏痛苦，罄笔难书。卧薪尝胆，苟延生存，虽未直接抗战，但于恶劣环境之下终日秘密宣传我国抗战大计，纠正市民歧途幻想，破坏敌伪报纸宣传，施其消极抗战工作。

此次国土光复，日寇降服，诚为我国历史空前未有之光荣新纪录，举国市民对我最高领袖坚苦抗战之精神钦感无既。当此一切复员之际，新闻纸类负有灌输、建设、教化等宣传之责，在更新时期，新闻纸宣传工作深入民间实为当务之急。兹为唤起民众认识时势，养成新国民之资格，共同建设名副其实强盛国家起见，拟将《国风画报》复刊，以利宣传。除进行筹备外，理合具文呈请，伏乞鉴核备案，并请转呈内政部、函中央宣传部，援照收复区报纸通信社等之复员工作办法准予复刊，实为公德两便。

谨呈天津市市长张

国风画报社

社址　北马路万寿宫傍公议栈内

发行人　张化南

南市建物大街瑞福里六号

（津 J25‐3‐6063）

79. 吴浩然为《上海图画新闻》声请登记事呈上海市社会局文 （附新闻纸杂志通讯社申请登记书及上海市社会局 报纸杂志通讯社申请登记表）

1945 年 10 月 24 日

窃具呈人吴浩然，在上海天潼路八四七弄二十七号设立上海图画新闻社，谨填具新闻纸杂志通讯补登记表一式四份，呈请鉴核，转呈内政部、中宣部核发登记证，实为德便。

谨呈上海市社会局

附呈申请登记表一式四份

具呈人　吴浩然

新闻纸杂志通讯社申请登记书

窃具呈人吴浩然，在上海天潼路八四七弄廿七号设立上海图画新闻社，谨填具新闻纸杂志通讯社登记表一式四份，呈请鉴核，转呈内政部、中宣部核发登记证，实为德便。

谨呈上海市社会局

具呈人　吴浩然

卅四年十月廿四日

上海市社会局报纸杂志通讯社申请登记表

民国 34 年 10 月 24 日填造

名　称		上海图画新闻			有无关于党义党务 或政治事项之登载			无		
刊　期		半月刊			首次发行日期			卅四年九月十五日		
					恢复发行日期			年　月　日		
宗　旨		报导时事，灌输知识，介绍学术，发扬文化								
发行人	姓名	吴浩然	年龄	47	性别	男	籍贯	苏州	住址 电话	麦特赫斯脱路 56 弄 36 号； Tel.36278
	履历	现任大夏大学税务长、教授								
主编人	姓名	张沅吉	年龄	35	性别	男	籍贯	上海	住址 电话	麦特赫斯脱路 56 弄 4 号； Tel.36670
	履历	前任《良友》图画杂志编辑								
发行所	名称	上海图画新闻社		地址电话		天潼路 847 弄 27 号；Tel.41119				
印刷所	名称	中国科学印刷公司		地址电话		福煦路 649 号；Tel.74487				
基金来源		合伙集资								
经济状况		资本国币十二万五千元								
组织系统		设社长一人，编辑一人，经理一人，雇员一人								
发行 数量	本埠	2500 份			总　数			5000 份		
	外埠	2500 份								
价　目	零售	五十元（单位每册）			批　发			三十元（单位每册）		
备　注 三十四年十一 月□□日核转 市政府		（如系恢复发行者应将发行经过概况填入本栏）								

负责人签名盖章　吴浩然

（沪 Q6－12－14）

80. 联合画报社为刊物寄递事致上海市社会局函

1945 年 10 月 25 日

径启者：本报系由重庆移沪，原由四川东川邮政管理局按照第一类新闻纸类登记并领有 1105 号执照。兹以移沪出版，上海邮政管理局须有地方官厅正式函件始能予以新闻纸类之登记。关于本报移沪经过，除已另以画字第二号公函呈报贵局外，拟请惠给致上海邮局介绍函一件，准予照第一类新闻纸寄递，并发给新照以利寄递，实所公便。

此致上海市社会局

联合画报社

（沪 Q6 - 12 - 149）

81. 联合画报社为沥陈变更登记事致上海市社会局函

1945 年 10 月 26 日

径启者：本报原在重庆由美国新闻处主办，出版已三年余，迄未中断，曾向内政部登记，取得八八二二号登记证。嗣以发行人变更，于本年八月廿日，接得重庆市党部审字第五九〇号通知，称查《联合画报》周刊业经中央宣传部核准变更登记等语。兹在抗战胜利，复员开始，美国新闻处组织有变，遂定于十月十九日第五四期起在渝停刊，并将《联合画报》名义及其附带之利益售与本报副社长兼主编舒宗侨君，俾能在沪出版，当于十月二十日签定让予合同。兹者本报过户后，为达到战时宣传未了任务，定于十一月中旬在沪先行复刊，除已在渝呈请中央宣传部暨在沪函陈该部上海特派员办事处备案外，特将移沪出版经过备函沥陈，并准备赓续办理再变更登记手续。即请鉴察为荷。

此致上海市社会局

联合画报社启

（沪 Q6 - 12 - 149）

82. 唐孝纯为《小学生半月刊》声请登记事呈上海市社会局文

1945 年 10 月 27 日

呈为出版《小学生半月刊》申请备案事。窃具呈人拟出版儿童杂志一种，定名为《小学生半月刊》，以启发民族思想、培养阅读能力、灌输科学常识为宗旨，定于三十四年十一月一日创刊。兹将本刊发行及编辑人姓名、经历及资本额填具新闻纸杂志通讯社登记表一式四份，仰祈俯准备案，实为德便。

谨呈上海市社会局

具呈人 小学生出版社社长唐孝纯

住 霞飞路一二八五弄七五号

新闻纸杂志通讯社申请登记书

窃具呈人小学生出版社社长唐孝纯，在福煦路明德里卅八号设立《小学生半月刊》，谨填具新闻纸杂志通讯社登记表一式四份，呈请鉴核，转呈内政部、中宣部核发登记证，实为德便。

谨呈上海市社会局

具呈人　小学生出版社唐孝纯

三十四年十月廿六日

上海市社会局报纸杂志通讯社申请登记表

民国卅四年十月廿三日填造

名　　称	小学生半月刊			有无关于党义党务 或政治事项之登载			每期略载时事报告		
刊　　期	半月一期			首次发行日期			卅四年十一月一日		
				恢复发行日期			年　　月　　日		
宗　　旨	启发民族思想，培养阅读能力，灌输科学常识								
发行人	姓名	唐孝纯	年龄	廿三	性别	女	籍贯	江苏无锡	住址 电话	霞飞路1285 弄75号
	履历	中西女中教员，上海市立民众学校教员								
主编人	姓名	韩群	年龄	卅	性别	女	籍贯	江苏奉贤	住址 电话	福煦路明德 里38号
	履历	民智小学教员，庄行小学校长								
发行所	名称	小学生出版社		地址电话		福煦路明德里38号			
印刷所	名称	中国科学公司		地址电话		福煦路649号；Tel.74487			
基金来源	集资国币十五万元								
经济状况	堪能维持								
组织系统	发行人主持社务，编辑人主持编辑方针								
发行 数量	本埠	2500			总　　数		3000册		
	外埠	500							
价　目	零售	廿五元（单位每册）			批　发		十七元五角（单位每册）		
备　注 三十五年一月 □□日核转市 政府	（如系恢复发行者应将发行经过概况填入本栏） 本刊聘陈鹤琴先生为顾问编辑								

负责人签名盖章

（沪 Q6‐12‐7）

83. 国际新闻社为备案办公地址事致上海市政府函

1945 年 10 月 27 日

　　为呈报事。窃查本社前为加强国际宣传，协助抗建工作，于中华民国三十二年十一月二十三日在陪都创组正式成立，由中宣部颁发渝三三宣字二三九九号，令准发行《国际新闻画报》，并领得内政部登记证第九四七零号在案，年来对于国际间关于抗战伟绩之报道颇博得国内外人士之好评。现本社已成立国外分社四十五个单位，国内分社一百六十五处。最近因抗战胜利，国际新闻重心移沪，陪都纸张、印刷、铜版以及照相器材均感困难，乃呈报中宣部暨中国陆军总司令何将本社总社迁沪，以利工作，继续加强国际宣传，而为党国效力。业蒙何总司令函沪市府代为觅拨社址，日前本社李社长鸿鸣偕杨总经理绍麟由渝飞京转沪，并由渝派来工作人员十二名，乘江安轮携来抗战期中本社所搜集之英勇照片三万余张，及铜、胶、锌版八千余块，准备在沪、京等收复区域扩大展览，借以振奋人心。因无工作社址，乃觅定本社址在本埠乍浦路一五四号，房屋四间，暂行办公。该房房主为中国籍鑫记房产公司，租与日商东轮运输公司，本社前来接住该房时，日商已离该屋十余日，仅有中国人二名看守，一名黄臣范，一名张桂生。本社当即呈报淞沪警备总司令部，将该屋所余留敌商之滑石粉、石棉版〔板〕等等物资予以没收，房屋由本社继续租用。刻本社工作人员正积极整理照片，赶编《国际画集》，一俟就绪，即先在本市作大规模之展览。素仰钧府对于国际宣传暨新闻事业维护赞助，不遗余力，谨将各情报请鉴察，并祈准予备案。至为感祷。

　　谨呈

国际新闻社谨呈

（沪 Q6 - 12 - 103）

84. 《半月戏剧》为声请登记事呈上海市社会局新闻纸杂志通讯社申请登记书及上海市社会局报纸杂志通讯社申请登记表

1945 年 10 月 31 日

新闻纸杂志通讯社申请登记书

　　窃具呈人郑子褒，在金神父路四三四弄十号设立半月戏剧社，谨填具新闻纸杂志通讯社登记表一式四份，呈请鉴核，转呈内政部、中宣部核发登记证，实为德便。

　　谨呈上海市社会局

具呈人　郑子褒

卅四年十月卅一日

民国三十四年十月三十日填造

名　称	半月戏剧	有无关于党义党务或政治事项之登载		无
刊　期	半月刊（后改月刊）	首次发行日期		二十六年四月一日
		恢复发行日期		年　月　日
宗　旨	以提倡戏剧，改良旧剧为宗旨			

发行人	姓名	郑子褒	年龄	四七岁	性别	男	籍贯	余姚	住址电话	金神父路四三四弄十号；电话七七二六五
	履历	中国公学卒业，历任《商报》《中法日报》编辑，上海特别市党部文书科主任兼辑录科主任，《正气报》主编								
主编人	姓名	同上	年龄		性别		籍贯		住址电话	
	履历									

发行所	名称	中国图书杂志公司代发行	地址电话	福州路；电话九六四五二
印刷所	名称	中国图书杂志公司	地址电话	

基金来源	个人自行筹措，从未向任何人有所募集
经济状况	惨淡经营，无规定之资金，每期出版临时筹措
组织系统	发行、编辑均由子褒一人自任

发行数量	本埠	批发七百册，送书一百册，定□一百册	总　数	以前印二千册，外埠寄递阻止后改印一千册
	外埠	邮寄五十册		
价　目	零售	伪币三千元（单位　）	批　发	六五折（单位　）

备注 三十四年十二月十五日核转市政府	（如系恢复发行者应将发行经过概况填入本栏）本刊在抗战八年中始终继续出版，惟自三十四年一月起因经济困难改为两月一出，八月份起未曾出版

负责人签名盖章　郑子褒

（沪 Q6 - 12 - 51）

85.《上海生活》为声请登记事呈上海市社会局新闻纸杂志通讯社申请登记书及上海市社会局报纸杂志通讯社申请登记表

1945 年 10 月 31 日

新闻纸杂志通讯社申请登记书

窃具呈人徐警吾，在上海设立《上海生活》，谨填具新闻纸杂志通讯社登记表一式四份，呈请鉴核，转呈内政部、中宣部核发登记证，实为德便。

谨呈上海市社会局

具呈人　徐警吾

卅四年十月卅一日

上海市社会局报纸杂志通讯社申请登记表

民国卅四年十月卅一日填造

名　　称				上海生活		有无关于党义党务或政治事项之登载					无	
刊　　期				每月刊		首次发行日期					廿六年三月一日	
						恢复发行日期					卅五年一月一日	
宗　　旨				遵照国策，宣扬文化								
发行人	姓名	徐警吾	年龄	四十二岁	性别	男	籍贯	上海市	住址电话		宁波路 470 弄 4 号；95882、97691	
	履历	联华广告公司任职										
主编人	姓名	顾冷观	年龄	三十五岁	性别	男	籍贯	江苏崇明	住址电话		同上	
	履历	原任本刊编辑										
发行所	名称	联华图书公司			地址电话			宁波路 470 弄 4 号；95882, 97691				
印刷所	名称	中国科学图书公司			地址电话			福煦路 649 号；74487				
基金来源		自筹										
经济状况		收支相敷										
组织系统		经理室、编辑部、营业部										
发行数量	本埠	四千份					总　数			五千份		
	外埠	乙千份										
价　目		零售	二百元（单位法币）				批　发			一百四十元（单位法币）		
备　注 三十四年十一月廿一日核转市政府		（如系恢复发行者应将发行经过概况填入本栏）本刊创始于廿六年三月一日，共出版四十九期，迄卅年十二月八日，日敌发动太平洋战争，侵据租界，本刊为保持过去光荣，不甘苟延于敌伪之下，故于当月自动停刊，际兹国土重光，爰本初衷，仍行复刊										

负责人签名盖章　徐警吾

（沪 Q6－12－150）

86. 上海特别市党部为移送呈文事致上海市社会局函

1945 年 11 月 3 日

顷据刘渭能呈请发行《商民日报》及张叔平呈请组织国际出版社呈文共两件，应请贵局办理，兹特检附原件随函移送，即希查核办理为荷。

此致上海市社会局

附送原呈二件〈佚〉

主任委员　吴绍澍

（沪 Q6 - 12 - 103）

87. 上海市社会局为不准《联合画报》在沪继续出版事批复联合画报社

1945 年 11 月 3 日

联合画报社卅四年十月廿六日呈乙件，为沥陈变更登记经过情形，并继续在上海出版由。呈悉。查中央管理收复区报纸等暂行办法规定，内移出版之书报等，以各返原地出版为原则，非经政府特许，不得迁地出版。既据分呈，仰候宣传部核示办理可也。

此批

兼局长　吴○○

副局长　葛○○

（沪 Q6 - 12 - 149）

88. 上海市政府为移交办理国际新闻社备案事通知上海市社会局

1945 年 11 月 7 日

移交通知书

交下国际新闻社一件，附件　件并奉批交贵局。等因。兹特检同原文　件，送请察照办理为荷。

此致社会局

上海市政府总务处文书科

中华民国卅四年十一月七日

来文机关	国际新闻社	文别	函	附件	
原文案由	为本社已觅定本埠乍浦路一五四号房屋为总社办公地址，请准予备案由				
原件发文号数 及日期	国沪发字第 21 号			34 年 10 月 27 日	
原件收文编号 及日期	总文字第 1648 号			34 年 10 月 31 日	
附　　注					

（沪 Q6‑12‑103）

89. 上海市社会局为组织国际出版社事批复张叔平

1945 年 11 月 11 日

批具呈人国际出版社张叔平。上海市党部移送卅四年十月十日呈乙件，为组织国际出版社请准备案由。呈悉。仰即遵照规定填具登记表乙式四份送局核办，表附发。

此批

附发登记表四纸〈佚〉

兼局长　吴〇〇

副局长　葛〇〇

（沪 Q6‑12‑103）

90. 国际出版社为《国情画报》登记备案事呈上海市社会局文（附新闻纸 杂志通讯社申请登记书、上海市社会局报纸杂志通讯社申请登记表）

1945 年 11 月 16 日

顷奉钧局文字第一六六二号批内开：呈悉。仰即遵照规定填具登记表一式四份送局核办，表附发，此批。等因。奉此，除遵照外，理合检同登记表一式四份送请鉴核备案，实为公便。

谨呈上海市社会局局长吴、副局长葛

附登记表一式四纸

国际出版社董事长兼社长　张叔平谨呈

社址　南京路哈同大楼二一八号室

新闻纸杂志通讯社申请登记书

窃具呈人张叔平，在　　　　设立国际出版社，谨填具新闻纸杂志通讯社登记表一式四份，呈请鉴核，转呈内政部、中宣部核发登记证，实为德便。

谨呈上海市社会局

具呈人　张叔平

三十四年十一月十六日

上海市社会局报纸杂志通讯社申请登记表

民国三十四年十一月十六日填造

名　称		国情画报			有无关于党义党务 或政治事项之登载			有	
刊　期		半月刊			首次发行日期			民国二十三年　　月　　日	
					恢复发行日期			民国三十四年十月十日	
宗　旨		宣扬国情，介绍新智							
发行人	姓名	张叔平	年龄	四八	性别	男	籍贯	湖南	住址 电话	上海泰山路一六六一号；七六一四五号
	履历	军令部国际知识社东南分社主任，第三战区司令长官，司令部驻沪联络处长							
主编人	姓名	自兼	年龄	同上	性别	同上	籍贯	同上	住址 电话	同上 同上
	履历	同上							
发行所	名称	国际出版社			地址电话			上海南京路哈同大楼二一八号；电话一二四五五号	
印刷所	名称	葆文橡皮印刷厂			地址电话			上海北福建路五十一弄四十八号；电话六四一二零号	
基金来源		系股份有限公司性质，由发起人分任，募集资本定为法币一百万元，俟依《公司法》向主管机关呈请注册后补送备查							
经济状况									
组织系统		本社董事会之下设社长总理社务，社长下设总管理处，并分编辑、出版、印刷、营业四部，详章及组织系统俟后补呈							

发行数量	本埠	五千本	总　数	一万本
	外埠	五千本		
价　目	零售	一百五十元（单位一本）	批　发	按零售价七折（单位一本）
备　注 三十四年十二月十五日核转市政府	（如系恢复发行者应将发行经过概况填入本栏） 本报系于民国二十三年创刊，当时由中宣部、内政部颁发登记证（该证因战事已遗失并忘号码），二十六年重行出版，旋因战事中止，复刊于本年十月十日			

负责人签名盖章　张叔平

（沪 Q6－12－103）

91. 张化南为请准予《国风画报》复刊事呈天津市政府社会局文

1945 年 11 月 17 日

为呈请复刊事。窃民于民国二十五年间曾在本市组织《国风画报》，并于是年十月十四日领有内政部第五七五四号登记证一纸。发行以来，深得一般读者欢迎，成绩尚佳。不幸七七变起，津市沦陷，敌伪当成立地方维持会，时曾召集全市新闻界开会，讨论继续进行事宜。本社同人等心存祖国，不甘附逆，迄未参加，并愿自动停刊，以免为敌利用。八年以来，忍辱苟全，施行秘密抗日工作，曾未稍懈。行动表现固不敢与后方新闻界相比拟，但消极破坏口寇麻醉侵略政策则不遗余力。日夜盼祷最后胜利，国土早日光复，民命亦可昭苏。

今幸日寇降伏，举国同庆，本社拟于是时自动复刊，以便协力复员工作。惟以未奉明令，不敢冒昧从事，始于十月二十二日遵照中央规定收复区新闻纸及通信社办法具文呈请市政府鉴核，要求复刊在案。惟时值复员事务冗繁，接收工作至重且巨，一时未奉批示。兹闻接收事项大致就绪，建设即将开始，新闻界之使命日趋重大，本画报立论不涉政治，专以提倡固有道德、矫正不良风俗、宣扬艺术、推进文化为宗旨，进而使沦陷区民众革除已往颓靡之心理，认清时势，以国家至上、民族至上为目标，团结一致，努力迈进，以侪于列强之林。本此目的，拟将《国风画报》提前复刊，俾市民得有业余之读物，而同人等亦有为社会服务之机会。除进行筹备外，理合具文呈请鉴核，准予复刊，实为公便。

谨呈天津市政府社会局

具呈人　国风画报社原发行人张化南

年龄　三十九岁

籍贯　天津

职业　新闻界

住址　南市建物大街瑞福里六号

连署人　主笔杨春林

社址　北马路万寿宫傍公议栈内

铺保　西亚行

地址　南市慎益大街二十八号

执事人　李西亚

(津 J25－3－6063)

92. 天津市政府社会局为依法办理登记手续事批复国风画报社张化南

1945 年 11 月 23 日

具呈人国风画报社张化南呈一件，为该社复刊请求备案，并请转呈内政部照准由。呈悉。仰即依法办理登记手续，候呈中央核示可也。

此批

(津 J25－3－6063)

93. 《中华图画杂志》为声请登记事呈上海市社会局新闻纸杂志通讯社申请登记书及上海市社会局报纸杂志通讯社申请登记表

1945 年 11 月 25 日

新闻纸杂志通讯社申请登记书

窃具呈人胡伯洲，在上海南昌路一五八号设立中华杂志社，谨填具新闻纸杂志通讯社登记表一式四份，呈请鉴核，转呈内政部、中宣部核发登记证，实为德便。

谨呈上海市社会局

具呈人　胡伯洲

卅四年十一月廿五日

上海市社会局报纸杂志通讯社申请登记表

民国三十四年十一月廿五日填造

名　　称	《中华图画杂志》，简称《中华画报》				有无关于党义党务或政治事项之登载			国内外新闻照片均有刊载		
刊　　期	每月二次，出版期不定				首次发行日期			民国十九年七月十五日		
					恢复发行日期			民国三十四年九月二日		
宗　　旨	宣扬中国文化，介绍世界新知									
发行人	姓名	胡伯洲	年龄	四四	性别	男	籍贯	南京市	住址电话	南昌路一五八号；八二四二三
	履历	画家，曾任《申报》图画特刊主编								
主编人	姓名	同上	年龄		性别		籍贯		住址电话	
	履历									
发行所	名称	新中华图书公司			地址电话			南昌路一五八号；电话八二四二三		
印刷所	名称	新新制版印刷公司			地址电话			威海卫路威凤里；三四八九四		
基金来源	暂定资本法币五百万元，由股东三人认缴									
经济状况	目前因物价上涨，收入不敷开支									
组织系统	编辑由中华杂志社负责，发行由新中华图书公司负责									
发行数量	本埠	二千册			总　数			五千册（以前国外销六千册）		
	外埠	三千册								
价　　目	零售	法币四十元（单位一册）			批　发			法币二十八元（单位一册）		
备　　注	（如系恢复发行者应将发行经过概况填入本栏）本刊出版于民国十九年七月，每月出版一次，为九开本大型画刊，共发行一〇五期。民国三十年十二月八日，日军侵占上海租界，本刊以宣传抗战甚力，被迫停刊，一〇六期已印而未发行之画刊全部焚弃，图稿存书及纸货，损失极巨。本年八月十五日，日本宣布投降，上海复返祖国，本刊先发行十六开本号外一种，于九月二日出版，现已发行三期，一俟经济情形好转，再正式复刊									

负责人签名盖章　胡伯洲

（沪 Q6 - 12 - 31）

94. 国际出版社为《国情画报》已声请登记事呈上海市社会局文

1945 年 11 月 27 日

顷奉钧局文字第二一九六号通知内开：查各报什志之声请登记办法业经本局公告在案，该刊迄未遵照，实属不合，兹限文到三日内迅行来局依法登记，仰即遵照毋违。等因。奉此，查本社出版《国情画报》一种，业于本月十六日缮具登记表格呈送钧局声请登记，并由钧局传达室盖有收件回戳在案，奉令前因，理合将《国情画报》声请登记情形呈请钧局鉴核，实为公便。

谨呈上海市社会局局长吴、副局长葛

国际出版社社长　张叔平谨呈

（沪 Q6－12－103）

95. 生活画报社为《生活画报》声请登记事呈北平市社会局文（附新闻纸杂志登记声请书）

1945 年 11 月 29 日

呈为呈请事。窃本报发刊伊始，前经呈请中央宣传部平津区特派员办公处核准登记，兹奉函复开：呈悉。查收复区报纸杂志刊物出版，遵照中央规定，须声请登记，经核准后始能出版。兹检发新闻纸杂志登记声请书四份，函达查照，径向北平市社会局填报。等因。谨依式填就该项声请书四份，随文附呈，伏祈鉴核转呈核准，实为公便。

谨呈北平市政府社会局

附声请书四份

生活画报社董事长　司徒雷登

社长　廖增益

新闻纸杂志登记声请书

		名　　称	生活画报					
		类　　别	画报		刊　期		旬刊	
		社务组织	本报社设董事会，董事长为司徒雷登，领导本社事务进行。并设总务、编辑、营业三部，由社长一人综理全社事务					
		资本数目	一百万元		经济状况		以报费收入维持一切支出	
		发行所　名称	生活画报社		地　址		南池子飞龙桥二十号	
		印刷所　名称	京华印书局		地　址		南新华街	
发行人及编辑人	姓名	发行人	编　辑　人					
		廖增益	樊放之	毓君彦	沈季冕	毓灵晖		
	籍贯	福建闽侯	浙江嘉善	北平	江苏吴江	北平		
	年龄	二九	二九	三〇	三二	二二		

发行人及编辑人	学历	燕京大学政经系毕业	北平新闻专科学校毕业	国立艺术专科学校毕业	北平铁路学院毕业	国立北平图书院学院第二院毕业			
	经历	上海良友画报社特约驻平记者，上海民众画报社特约驻平记者，第十一战区司令长官司令部摄影师	曾充《世界日报》及上海《立报》记者，上海《大美晚报》记者、编辑，上海文摘杂志社编辑	曾充平评论社编辑	曾充北日报社编辑	曾充平绥铁路局科员	第十一战区司令长官司令部副摄影师			
	是否党员及党证字号	非党员	非党员	非党员	非党员	非党员			
	住所	南池子飞龙桥十二号	内三区雍和宫大街一一四号	南池子冰窖胡同甲一号	什刹海西河沿八号	南池子冰窖胡同甲一号			
附 注		电话五局零八九六号								
考查意见		查该报为燕大校务长司徒雷登领导下所主办者，内容尚佳，是否允其出刊，拟请核定								
复核意见										

兹因发行，谨依《出版法》第十条之规定开具右列事项声请登记。

谨呈中央宣传部

具声请书人 廖增益

中华民国三十四年十一月

（京 J2 - 4 - 307）

96. 上海市社会局为办理登记事批复国际新闻社

1945 年 11 月 29 日

批国际新闻社。卅四年十一月呈乙件，为陈报迁沪经过请备案由。呈悉。查该社既属新闻事业范围，应照规定来局办理登记手续，仰即遵照为要。

此批

兼局长　吴〇〇

副局长　葛〇〇

（沪 Q6－12－103）

97.《影艺画报》为声请登记事呈上海市社会局新闻纸杂志通讯社申请登记书及上海市社会局报纸杂志通讯社申请登记表

1945 年 11 月 30 日

新闻纸杂志通讯社申请登记书

窃具呈人梁瑞华，在青海路七号设立《影艺画报》，谨填具新闻纸杂志通讯社登记表一式四份，呈请鉴核，转呈内政部、中宣部核发登记证，实为德便。

谨呈上海市社会局

具呈人　梁瑞华

三十四年十一月二十日

上海市社会局报纸杂志通讯社申请登记表

民国三十四年十一月三十日填造

名　称		影艺画报	有无关于党义党务或政治事项之登载						无		
刊　期		半月刊	首次发行日期						民国三十四年十二月廿五日		
			恢复发行日期						年　　月　　日		
宗　旨		发扬电影艺术，宣导欧美文化，推广戏剧智识									
发行人	姓名	梁瑞华	年龄	五十七	性别	男	籍贯	广东中山	住址电话	黄家沙花园弄十七号；三三三一三	
	履历	前任亚细亚大油公司材料部主任，兰华印刷公司经理，现任文汇书报社经理									
主编人	姓名	马博良	年龄	十八	性别	男	籍贯	广东中山	住址电话	静安寺路静安别墅十八号	
	履历	现任《前锋》半月刊主编									
发行所	名称	文汇书报社	地址电话			青海路七号；电话三五四六九					
印刷所	名称	美灵顿印刷公司	地址电话			香港路一一七号；电话一一六五五					

基金来源	由文汇书报社负责		
经济状况	平常		
组织系统	社长一人，编辑一人，发行一人		
发行数量	本埠	三千册	总　数	五千册
	外埠	二千册		
价　目	零售	一百元（单位　）	批　发	照定价七五折（单位　）
备　注	（如系恢复发行者应将发行经过概况填入本栏）		

负责人签名盖章　梁瑞华

（沪 Q6‑12‑144）

98. 《影剧》周刊为声请登记事呈上海市社会局新闻纸杂志通讯社申请登记书及上海市社会局报纸杂志通讯社申请登记表

1945 年 12 月 1 日

新闻纸杂志通讯社申请登记书

窃具呈人丁基，在上海特别市设立《影剧》周刊，谨填具新闻纸杂志通讯社登记表一式四份，呈请鉴核，转呈内政部、中宣部核发登记证，实为德便。

谨呈上海市社会局

具呈人　丁基

34 年 12 月 1 日

上海市社会局报纸杂志通讯社申请登记表

民国 34 年 12 月 1 日填造

名　称	影剧	有无关于党义党务或政治事项之登载	
刊　期	周刊	首次发行日期	35 年 1 月 3 日
		恢复发行日期	年　月　日

宗 旨		普及文化							
发行人	姓名	丁基	年龄	廿九	性别	男	籍贯	江苏	住址电话	山海关路山海里 11 号；电话 60716
	履历	《前锋》半月刊发行人，宗业印刷公司经理							
主编人	姓名	杨复冬	年龄	廿三	性别	男	籍贯	上海	住址电话	南京路永安新厦三楼；98343、98344
	履历	《辛报》编辑人							
发行所	名称	中国文化书报社		地址电话		南京路永安新厦三楼（98343、98344）			
印刷所	名称	宗业印刷公司		地址电话		山海关路山海里 11 号（60716）			
基金来源		由中华出版社投资管理							
经济状况									
组织系统		分编辑及业务两部统辖一切事务							
发行数量	本埠	4000		总 数					
	外埠	1000							
价 目		零售	二百（单位元）		批 发		一百四十（单位元）		
备 注		（如系恢复发行者应将发行经过概况填入本栏）							

负责人签名盖章

（沪 Q6 - 12 - 24）

99. 上海市政府为《国情画报》补具声请书事训令上海市社会局

1945 年 12 月 5 日

内政部本年十一月五日渝警字第二六四二号函开：准贵市政府卅四年十月十八日总文字第五六六号咨送《国情画报》登记声请书请核办一案，查原声请书与《出版法》所附声请书式（一）规定之格式不符，除先行函送中央宣传部会核外，检送附件一份，即请查照存备参考，并转饬依法补具声请书二份会核盖印转部，以凭存转为荷。等由。准此，合行令仰该局转饬该报社遵照办理，依法补具声请书二份呈报到府，以凭核转！

此令

市长　钱大钧

副市长　何德奎

（沪 Q6 - 12 - 103）

100. 联合画报社为声请变更登记事呈上海市社会局文（附新闻纸杂志通讯社申请登记书及上海市社会局报纸杂志通讯社申请登记表）

1945 年 12 月 7 日

敬呈者：本报向在重庆发行，于本年十月下旬，因复员关系迁移来沪出版，曾将易地出版经过分呈中央宣传部暨钧局请予备案，并蒙钧局批示，候宣传部核示办理等语。旋接中央宣传部渝 34 明艺 6618 号批函，仍饬应依法向当地主管机关办理变更登记手续。为是特填具登记声请书一式四份，申请变更发行人及出版地点，呈请鉴核并转呈内政部、中宣部核发新登记证，实所企盼。

谨呈上海市社会局

联合画报社谨呈

新闻纸杂志通讯社申请登记书

窃具呈人舒宗侨，在上海设立联合画报社，谨填具新闻纸杂志通讯社登记表一式四份，呈请鉴核，转呈内政部、中宣部核发登记证，实为德便。

谨呈上海市社会局

具呈人　舒宗侨

三十四年十二月七日

上海市社会局报纸杂志通讯社申请登记表

民国三十四年十二月七日填造

名　称	联合画报	有无关于党义党务或政治事项之登载		有
刊　期	周刊	首次发行日期		三十一年九月廿五日
		恢复发行日期		三十四年十一月廿日
宗　旨	用图书文字报导新闻，加强联合国团结，促进新中国的建设与复兴			

发行人	姓名	舒宗侨	年龄	三十三	性别	男	籍贯	湖北蒲圻	住址电话	上海亚尔培路351号内五号；71072
	履历	《立报》记者，重庆《中央日报》《扫荡报》编辑主任，复旦大学教授								
主编人	姓名	舒宗侨	年龄	三十三	性别	男	籍贯	湖北蒲圻	住址电话	同上
	履历	同上								

发行所	名称	联合画报社	地址电话	上海外白渡桥百老汇大楼；45659、44680
印刷所	名称	英商美灵登公司	地址电话	11659（香港路117号）

基金来源	独资
经济状况	资金约一千万元，每月收支各约三百万元
组织系统	社长室下分经理、编辑两部

发行数量	本埠	乙万册	总　　数	两万册
	外埠	乙万册		

价　　目	零售	三百元（单位册）	批　　发	照定价七五折（单位册）

备　　注	（如系恢复发行者应将发行经过概况填入本栏） 本报原由中央宣传部、美国新闻处、英国新闻处三机关合办，于民国三十一年九月廿五日在重庆发行，领有内政部登记证警字八八二二号。三十二年一月全由美国新闻处主办，计发行三年余，从未间断。因复员关系，渝版于三十四年十月廿日暂行停刊，由美国新闻处将其迁移来沪，与舒宗侨君签立合同，以本报名义让予本报副社长兼主编舒宗侨君

负责人签名盖章　舒宗侨

（沪 Q6‑12‑149）

101. 上海元昌广告公司为《大都会画报》复刊事呈上海市社会局文（附新闻纸杂志通讯社申请登记书及上海市社会局报纸杂志通讯社申请登记表）

1945 年 12 月 7 日

呈为陈请准予复刊，仰祈备案事。查鄙公司于民国二十六年以前曾发行《大都会》及《咪咪集》两种定期刊物，奉有内政部及中宣部登记证，嗣因抗战期内不愿向敌伪登记，遂告暂时停刊。今幸重见光明，爰即筹备复刊，曾于十月三十日接奉钧局文字第九七三号批示，饬即填送登记表，当即遵照办理在案。兹拟即日先行将《大都会》复刊，每周发印一次，理合备文，请予照准，并请示遵，实为德便。

　　谨呈上海市社会局局长吴、副局长葛

元昌广告公司代表人　张元贤谨呈

地址　上海菜市路一七〇弄七号

新闻纸杂志通讯社申请登记书

　　窃具呈人张元贤，在上海菜市路三让坊（一七〇弄）七号设立《大都会画报》，谨填具新闻纸杂志通讯社登记表一式四份，呈请鉴核，转呈内政部、中宣部核发登记证，实为德便。

　　谨呈上海市社会局

具呈人　元昌广告公司代表人张元贤

三十四年十一月二日

上海市社会局报纸杂志通讯社申请登记表

民国三十四年十一月二日填造

名　称		大都会画报			有无关于党义党务或政治事项之登载				无		
刊　期		月刊			首次发行日期				廿四年十月十五日		
					恢复发行日期				在待命复刊中　年　月　日		
宗　旨		报道新闻及发扬艺术									
发行人	姓名	张元贤	年龄	三十三	性别	男	籍贯	上海市	住址电话		上海菜市路三让坊七号；八二九八五号
	履历	历任兴华纸厂副厂长，上海市播音业公会执行委员兼元昌广告公司总经理（廿六年事变后即告停顿迄今）									
主编人	姓名	张元贤	年龄		性别		籍贯		住址电话		
	履历	同前									
发行所	名称	元昌广告公司			地址电话			菜市路三让坊七号（电话八二九八五）			
印刷所	名称	朱锦堂印书馆			地址电话			王家嘴角街廿九号（原址已战毁）			
基金来源		广告及发行收入（一部分由元昌广告公司拨付）									
经济状况		以往情形收支尚能相抵									

（续表）

组织系统	附属于元昌广告公司之下		
发行数量	本埠	二千份	总　数	三千份
	外埠	一千份		
价　目	零售	（以前每册二角）目前尚未发刊（单位一册）	批　发	八折（单位　）
备　注 三十四年十二月十五日核转市政府	（如系恢复发行者应将发行经过概况填入本栏） 本刊图文兼重，呈准内政部（登记证警字五〇八七号）及中宣部（登记证艺字三十三号）登记在案，自抗战事起，本刊不愿向敌伪登记，遂告停刊，迄今八年，未有丝毫污点，为敢申请登记，以便复刊		

负责人签名盖章　张元贤
（沪 Q6－12－35）

102. 联合画报社为请求出具证明文件事致上海市社会局函

1945 年 12 月 12 日

敬启者：查鄙社曾于本月七日具呈钧局申请转呈内政部核准登记，并另函请上海邮政管理局核发正式执照。兹准该局函复：查贵社已呈请上海市社会局转呈内政部核准登记，应请该局出具证明文件函寄本局，以便于查验后核发正式执照。等由。相应函请钧局出具证明文件函寄该局以便请领执照。至祈查照办理为感。

此请上海市社会局

联合画报社谨启
（沪 Q6－12－149）

103.《袖珍影坛》为声请登记事呈上海市社会局新闻纸杂志通讯社
申请登记书及上海市社会局报纸杂志通讯社申请登记表

1945 年 12 月 12 日

新闻纸杂志通讯社申请登记书

窃具呈人金亦星，在香港路一一七号设立袖珍影坛社，谨填具新闻纸杂志通讯社登记表一式四份，呈请鉴核，转呈内政部、中宣部核发登记证，实为德便。

谨呈上海市社会局

具呈人　金亦星

民国卅四年十二月十二日

上海市社会局报纸杂志通讯社申请登记表

民国　年　月　日填造

名　　称		袖珍影坛			有无关于党义党务 或政治事项之登载					无	
刊　　期		周刊			首次发行日期					三十四年十二月廿五日	
					恢复发行日期					年　　月　　日	
宗　　旨		宣传电影文化，发扬电影艺术									
发行人	姓名	金亦星	年龄	二十	性别	男	籍贯	江苏 嘉定	住址 电话	靶子路 552 号	
	履历	《中国影坛》编辑，《华美文摘》经理									
主编人	姓名	应钧	年龄	二十四	性别	男	籍贯	浙江 定海	住址 电话	芜湖路 74 号	
	履历	《中国影坛》编辑									
发行所	名称	袖珍影坛社			地址电话		香港路一一七号；11655				
印刷所	名称	美灵登印刷所			地址电话		香港路一一七号；11655				
基金来源		合伙投资									
经济状况											
组织系统		《公司法》									
发行 数量	本埠	三千			总　　数			五千册			
	外埠	二千									
价　　目	零售	七十五元（单位一册）			批　　发		四十九元（单位一册）				
备　　注		（如系恢复发行者应将发行经过概况填入本栏）									

负责人签名盖章

（沪 Q6－12－109）

104. 上海市社会局为《国情画报》登记事呈上海市政府文

1945 年 12 月 15 日

案奉钧府本年十二月五日市外（34）字第 2376 号令：以准内政部函，为《国情画报》声请登记，核与《出版法》规定不符，请转饬补具声请书转部一案，令仰转饬该报社遵办。等因。奉经转饬遵办去后，兹据呈送登记表乙式四份前来，除抽存乙份备查外，理合检同上项表格备文呈送，仰祈鉴核转送内政部，实为公便。

谨呈上海市市长钱、副市长何

附呈表三纸〈佚〉

上海市社会局局长　吴〇〇（经）

副局长　葛〇〇（代）

（沪 Q6 - 12 - 103）

105. 《生活画报》为声请登记事呈上海市社会局新闻纸杂志通讯社申请登记书及上海市社会局报纸杂志通讯社申请登记表

1945 年 12 月 15 日

新闻纸杂志通讯社申请登记书

窃具呈人赵培荣，在上海大通路一三七号设立中国生活出版社，谨填具新闻纸杂志通讯社登记表一式四份，呈请鉴核，转呈内政部、中宣部核发登记证，实为德便。

谨呈上海市社会局

具呈人　赵培荣

卅四年十二月十五日

上海市社会局报纸杂志通讯社申请登记表

民国卅四年十二月十五日填造

名　称	生活画报	有无关于党义党务或政治事项之登载	无，仅有政治新闻之插图
刊　期	月刊	首次发行日期	卅五年一月一日
		恢复发行日期	年　月　日
宗　旨	宣扬文化，灌输时代知识		

发行人	姓名	赵培荣	年龄	卅一	性别	男	籍贯	江苏	住址电话	同孚路慎余里2号；30316
	履历	曾任《展望》杂志发行人								
主编人	姓名	丁熙	年龄	卅二	性别	男	籍贯	上海	住址电话	林森中路尚贤坊45号
	履历	《展望》《晨报》《正言报》编辑								
发行所	名称	中国生活出版社			地址电话		大通路137号；35611			
印刷所	名称	中国科学印刷公司			地址电话		中正中路；74487			
基金来源		由发行人斥资经营								
经济状况		尚佳								
组织系统		本社除由发行人自任社长外，并聘编辑两人负责擘划								
发行数量	本埠	五千			总　数		六千份			
	外埠	一千								
价　目	零售	五百元（单位1份）			批　发		三百五十元（单位1份）			
备　注		（如系恢复发行者应将发行经过概况填入本栏）								

负责人签名盖章　赵培荣

（沪 Q6－12－24）

106. 大观园周报社为声请登记事呈上海市社会局新闻纸杂志通讯社申请登记书及上海市社会局报纸杂志通讯社申请登记表

1945 年 12 月 17 日

新闻纸杂志通讯社申请登记书

窃具呈人黎诗，在上海金陵路十二号设立大观园周报社，谨填具新闻纸杂志通讯社登记表一式四份，呈请鉴核，转呈内政部、中宣部核发登记证，实为德便。

谨呈上海市社会局

具呈人　黎诗

卅四年十二月十七日

上海市社会局报纸杂志通讯社申请登记表

民国 34 年 12 月 17 日填造

名　称		大观园			有无关于党义党务或政治事项之登载			无		
刊　期		周刊（每星期出版一次）			首次发行日期			34 年 12 月 20 日		
					恢复发行日期			年　月　日		
宗　旨		文艺								
发行人	姓名	黎诗	年龄	卅八	性别	男	籍贯	广东	住址电话	金陵路十二号；电话八七八〇三
	履历	杭州蒂赛社社长，广西师范教员								
主编人	姓名	徐有秩	年龄	卅四	性别	男	籍贯	常熟	住址电话	同上
	履历	《正气报》总编辑								
发行所	名称	大观园周报社			地址电话		金陵路十二号；电话八七八〇三			
印刷所	名称	晨星印务公司			地址电话		中正东路一三〇号；电话一五七〇九			
基金来源		各股东筹集								
经济状况		由发行广告收入维持								
组织系统		分编辑、经理二部，经理部下设发行、广告、会计三科								
发行数量	本埠	3000 份			总　数		4500 份			
	外埠	1500 份								
价　目	零售	100（单位元）			批　发		66（单位元）			
备　注		（如系恢复发行者应将发行经过概况填入本栏）								

负责人签名盖章　黎诗

（沪 Q6－12－21）

107. 天津市政府社会局为检发新闻纸杂志登记声请书事通知
国风画报社张化南

1945 年 12 月 18 日

案查前据该社呈请复刊，恳转呈内政部一案，业以华字第一八四号批示饬遵在案。

兹特检发新闻纸杂志登记声请书五份，仰即遵照依式填具呈，以凭核转为要。特此通知。

右通知国风画报社长张化南

附发新闻纸杂志登记声请书五份〈佚〉

（津J25－3－6063）

108. 上海市社会局为已声请登记事致《小学生半月刊》等证明

1945 年 12 月 21 日

案据《工程界月刊》《小学生半月刊》呈，为便于向邮局申请挂号登记，拟请发给证明文件。等情。据此，查该刊业经依法向本局办理登记手续，合亟证明为上。须至证明者。

右给《工程界月刊》《小学生半月刊》收执

代理局务副局长　葛○○

（沪 Q6－12－7）

109. 国际新闻社为备案办公地址事致上海市社会局函（附新闻纸杂志通讯社申请登记书及上海市社会局报纸杂志通讯社申请登记表）

1945 年 12 月 23 日

为呈报事。窃查本社前为加强国际宣传，协助抗建工作，于中华民国三十二年十一月二十三日在陪都创组正式成立，由中宣部颁发渝三三宣字二三九九号，令准发行《国际新闻画报》，并领得内政部登记证第九四七○号在案。年来对于国际间关于抗战伟绩之报道颇博得国内外人士之好评。现本社已成立国外分社四十五个单位，国内分社一百六十五处。最近因抗战胜利，国际新闻重心移沪，陪都纸张、印刷、铜版以及照相器材均感困难，乃呈报中宣部暨中国陆军总司令何将本社总社迁沪，以利工作，继续加强国际宣传，而为党国效力。业蒙何总司令函沪市府代为觅拨社址，日前本社李社长鸿鸣偕杨总经理绍麟由渝飞京转沪，并由渝派来工作人员十二名，乘江安轮携来抗战期中本社所搜集之英勇照片三万张，及铜、胶、锌版八千余块，准备在沪、京等收复区域扩大展览，借以振奋人心。因无工作社址，乃觅定本埠乍浦路一五四号房屋四间暂行办公。该房房主为中国籍鑫记房产公司，租与日商东轮运输公司，本社前来接该房时，日商已离该屋十余日，仅有中国人二名看守，一名黄臣范，一名张桂生。本社当即呈报淞沪警备总司令部，将该屋所余留敌商之滑石粉、石棉版〔板〕等等物资予以没收，房屋由本社继续租用。刻本社工作人员正积极整理照片，赶编《国际画集》，一俟就绪，即先在本市作大规模展览。素仰钧局对于国际宣传暨新闻事业维护赞助，不遗余力，谨将各情报请鉴察，并祈准予备案。至为感祷。

　　谨呈上海市社会局

国际新闻社谨呈

新闻纸杂志通讯社申请登记书

　　窃具呈人李鸿鸣，在上海市乍浦路一五四号设立国际新闻画报社，谨填具新闻纸杂志通讯社登记表一式四份，呈请鉴核，转呈内政部、中宣部核发登记证，实为德便。

　　谨呈上海市社会局

具呈人　李鸿鸣
中华民国三十四年十二月二十三日

上海市社会局报纸杂志通讯社申请登记表

中华民国三十四年十月二十三日填造

名　　称		国际新闻画报			有无关于党义党务 或政治事项之登载		有，系中英文对照，图片与文字并排		
刊　　期		三日刊，将来出日刊			首次发行日期		中华民国三十二年十一月二十三日		
					恢复发行日期		中华民国三十五年一月十五日		
宗　旨		报道正确消息，沟通中外文化，加强国际宣传，协助建国工作							
发行人	姓名	李鸿鸣	年龄	四十	性别	男	籍贯	北平	住址 电话
	履历	军委会专员，委员长行营秘书，中央陆军大学少将教官，中央党部设计委员，陕西新闻检查所所长，《中央日报》《国民日报》等总编辑							上海乍浦路一五四号；电话四七二六五号
主编人	姓名	杨绍麟	年龄	三十六	性别	男	籍贯	北平	住址 电话
	履历	经济部专员，《世界日报》《立报》主笔、总编辑							同上
发行所	名称	本社			地址电话		同上		
印刷所	名称	国际印刷所			地址电话		同上		
基金来源		集股法币二百万元外，由何敬之先生补助							

经济状况	现在可以自足自给			
组织系统	董事会外由发行人任社长，有编译、采访、经理等部，国内有分社一六五处，国外分社四十五处			
发行数量	本埠	一万份	总　数	二万八千份
	外埠	一万八千份		
价　目	零售	法币五十元（单位每份）	批　发	八折，法币四十元（单位每份）
备　注 三十五年二月□□日核转市政府	（如系恢复发行者应将发行经过概况填入本栏） 领有中宣部渝三三宣字二三九九号令暨内政部警字第九四七零号登记证			

负责人签名盖章　李鸿明

（沪 Q6 - 12 - 103）

110. 《大象画报》为声请登记事呈上海市社会局新闻纸杂志通讯社申请登记书及上海市社会局报纸杂志通讯社申请登记表

1945 年 12 月

新闻纸杂志通讯社申请登记书

窃具呈人　　在　　设立　　，谨填具新闻纸杂志通讯社登记表　式四份，呈请鉴核，转呈内政部、中宣部核发登记证，实为德便。

谨呈上海市社会局

具呈人　冯仲足

三十四年十二月　日

上海市社会局报纸杂志通讯社申请登记表

民国三十四年十二月　日填造

新闻纸杂志登记声请书			
名　称	大象画报	有无关于党义党务 或政治事项之登载	
刊　期		首次发行日期	三十四年十二月　日
		恢复发行日期	年　月　日

宗 旨		提倡艺术，发扬文化								
发行人	姓名	冯仲足	年龄	三十二	性别	男	籍贯	浙江	住址 电话	拉都路 141 弄 5 号；78374
	履历									
主编人	姓名	冯仲足	年龄	三十二	性别	男	籍贯	浙江	住址 电话	同上
	履历									
发行所	名称	大象画报社			地址电话		茂名路三十五号；38597			
印刷所	名称	中联印刷公司代印			地址电话		徐家汇路九九二号			
基金来源		集资二百万元								
经济状况		开支每月约十五万元，画报每期成本约一百数十万元								
组织系统		由大成出版公司组织，大象画报社内分编辑、营业、广告各组								
发行 数量	本埠	四千			总 数		一万			
	外埠	六千								
价 目	零售	每册法币八百元 （单位一册）			批 发		八折（单位　）			
备 注		（如系恢复发行者应将发行经过概况填入本栏）								

负责人签名盖章　冯仲足

（沪 Q6－12－19）

111. 上海图画新闻社为按期送审杂志事呈上海市社会局文

1946 年 1 月 3 日

顷奉文字第四一一九号通知书一件，嘱敝志按期送缴二份由。兹准由邮挂号奉上补呈自第一至第四期各画册，又第五、第六各二册，乞一并检收，是所至祷。

此呈上海市社会局

上海图画新闻社谨呈

（沪 Q6－12－14）

112. 张化南为《国风画报》改为《国风报》并声请复刊登记事呈天津市政府社会局文（附新闻纸杂志登记声请书）

1946 年 1 月 23 日

为呈请转呈新闻纸登记声请书准予复刊事。窃商民曾于民国二十五年发行《国风画报》，领有内政部登记证警字第五七五四号，嗣于七七事变，不甘附逆而自动停刊，个人秘密施行地下工作。此次国土光复，业经呈请钧局鉴核，恳祈转呈准予复刊在案，于三十四年十一月二十三日奉钧局华字第一八四号批示内开：呈悉。仰即依法办理登记手续，候中央核示可也。复于十二月十八日奉钧局华字第十七号通知内开：案查前据该社呈请复刊并转呈内政部一案，业已华字第一八四号批示饬遵在案。兹特检新闻〔纸〕杂志登记声请书五份，仰即遵照依式填具呈局，以凭核转为要。特此通知。等因。奉此，当即填具登记声请书。惟因画报铜、锌各版经济消耗不赀，拟改《国风报》，宗旨仍依前例，除进行筹备外，理合检同登记声请书五份，备文恭请鉴核，恳祈转呈准予复刊，实为公德两便。

谨呈天津市政府社会局

具呈人　张化南

天津人　二十九岁　住南市建物大街瑞福北里六号

铺保　义合饭店

地址　第十分局海宁路十号

经理人　王世英

住址　同上

新闻纸杂志登记声请书

名　　称	国风报（画刊）		
类　　别	新闻纸	刊　　期	日刊
社务组织	总务部设社长一人、经理一人，编辑部设主任一人、编辑四人，营业部设主任一人，印刷部设主任一人、工员六人		
资本数目	法币二百万元	经济状况	
发行所　名称	《国风报》发行所	地　　址	南市建物大街瑞福里六号
印刷所　名称	源泰印字馆	地　　址	南市广兴大街

	姓名	发行人	编　辑　人						
		张化南	张钦南	王竹影	杨春林	王墨卿	程庆忠		
发行人及编辑人	籍贯	天津	天津	天津	天津	丰润	天津		
	年龄	三十九	三十二	三十五	三十三	三十二	三十二		
	学历	直一中学卒业	扶轮中学	直一中学卒业	甲种商业学校	南开中学卒业	天津县第一中学		
	经历	民二十年任国风通讯社〔社〕长，二十二年任《时报》及《平报》编辑，二十五年后即经营商业	曾任国风通讯社编辑，《公民日报》编辑主任	民二十三年任《快报》编辑主任，二十四年任《大北报》总编辑	民二十二年任《民强报》编辑主任	民二十三年任《快报》编辑	民二十二年任《民强报》编辑		
	是否党员及党证字号								
	住所	南市建物大街瑞福里六号	南市建物大街瑞福里六号	旧特一区福州路福元里八号	南马路一百三十四号	旧特一区福州路汝南里五十二号	南市富贵街十三号		
附　注	已于民国二十五年领有内政部登记证警字五七五四号								
考查意见									
复核意见									

兹因发行，谨依《出版法》第十条之规定开具右列事项，声请登记。

谨呈内政部、中央宣传部

具声请书人　国风报社社长张化南

（津 J25 - 3 - 6063）

113. 上海市社会局为《世界晨报》等六十九家申请书
转咨事呈上海市政府文

1946 年 1 月 24 日

案据《世界晨报》等六十九家填具新闻纸杂志通讯社申请登记书各一式四份呈送前来，业经本局审核尚无不合，除各抽存一份备查外，理合检同该项登记表六十九家二百零七份备文呈送，仰祈鉴核并转咨内政部核发登记证，以凭转发。再其中《世界晨报》《改造日报》、中国特事通讯社等三家已奉中宣部特许复刊，光华通讯社、大华新闻社等二家系奉中宣部驻沪特派员办公处暂准发稿，合并陈明。

谨呈上海市市长钱、副市长何

附呈新闻纸登记表四家十二份，通讯社登记表四家十二份，杂志登记表六十一家一百八十三份，共计六十九家二百零七份〈佚〉

代理局务上海市社会局副局长　葛克信

（沪 Q1 - 6 - 695）

114. 上海画报社为发行《上海画报》事呈上海市社会局新闻纸杂志
通讯社申请登记书及上海市社会局报纸杂志通讯社申请登记表

1946 年 1 月 25 日

新闻纸杂志通讯社申请登记书

窃具呈人金有成、夏炜，在上海福州路四三二号设立《上海画报》，谨填具新闻纸杂志通讯社登记表一式四份，呈请鉴核，转呈内政部、中宣部核发登记证，实为德便。

谨呈上海市社会局

具呈人　金有成、夏炜

三十五年一月廿五日

上海市社会局报纸杂志通讯社申请登记表

民国三十五年一月二十五日填造

名 称		上海画报			有尤关于党义党务或政治事项之登载					
刊 期		月刊			首次发行日期			三十五年三月一日		
					恢复发行日期			年 月 日		
宗 旨		促进文化，发扬民族艺术								
发行人	姓名	金有成 夏炜	年龄	六一岁 三四岁	性别	男	籍贯	浙江余姚 浙江杭州	住址 电话	
	履历	金有成——三一印刷公司经理 夏炜——通和茶叶公司经理								
主编人	姓名	徐昌霖	年龄	三〇岁	性别	男	籍贯	浙江	住址 电话	
	履历	军委会政治部中国电影厂编剧，中央青年剧社干事，中宣部实验剧团编导，《天下文章》月刊主编，《和平日报》撰述委员								
发行所	名称	三一印刷厂			地址电话		福州路四三二号；电话九一四〇三			
印刷所	名称	三一印刷厂			地址电话		中正中路八三九号；电话七七七七七			
基金来源		自资								
经济状况		自给								
组织系统		公司组织								
发行数量	本埠	五千			总 数		一万			
	外埠	五千								
价 目	零售	五百元（单位一册）			批 发		三百五十元（单位一册）			
备 注		（如系恢复发行者应将发行经过概况填入本栏）								

负责人签名盖章

（沪 Q6－12－13）

115. 天津市政府社会局为《国风画报》声请变更登记为《国风报》事呈天津市政府文

1946 年 2 月 1 日

案据国风画报社发行人张化南呈称: 窃民在津创办《国风画报》……（抄原呈）……实为公德两便。等情。业经检发新闻纸杂志登记声请书饬填。兹据遵填呈局, 并以画报铜、锌各版经济消耗不赀, 拟改《国风报》, 请求变更登记。等情。据此, 理合检同原声请书三份, 备文呈送钧府, 伏祈俯予核转。

谨呈市长张、副市长杜

计附呈新闻纸杂志登记声请书三份〈佚〉

局长　胡〇〇

（津 J25‐3‐6063）

116. 天津市政府社会局为变更登记声请已转呈事致国风报社代电

1946 年 2 月 1 日

天津国风报社鉴:

据声请变更登记已据情转呈, 即希查照。

天津市政府社会局〇〇印

（津 J25‐3‐6063）

117. 上海市社会局为变更登记事批复联合画报社

1946 年 2 月 4 日

具呈人联合画报社呈一件, 为填具登记申请书, 请求变更登记由。呈表均悉。该刊转让发行, 请求变更登记, 依法应由前发行人与新发行人共同具名申请, 并须附缴原领登记证, 重行履行登记手续, 以凭核转, 仰即遵照。表存。

此批

局长　吴开〇

副局长　童行〇

（沪 Q6‐12‐149）

118. 天津市政府为《国风画报》变更登记声请已咨请内政部办理事指令社会局

1946 年 2 月 11 日

令社会局：

呈一件，为据《国风画报》声请变更登记为《国风报》，检同声请书呈请核转由。呈悉。已咨请内政部办理矣。

此令

市长　张廷谔

副市长　杜建时

（津 J25－3－6063）

119. 天津市政府社会局为变更登记声请已咨请内政部办理事致国风报社代电

1946 年 2 月 19 日

天津国风报社鉴：

据声请变更登记经呈奉市府指令已咨请内政部办理，用特电达查照。

天津市政府社会局○○印

（津 J25－3－6063）

120. 中国合众出版社为发行《好莱坞旬刊》事呈上海市社会局新闻纸杂志申请登记书

1946 年 2 月 20 日

新闻纸杂志通讯社申请登记书

窃具呈人王钧，在上海九江路一一三号三楼三〇二室设立中国合众出版社，谨填具新闻纸杂志通讯社登记表一式四份，呈请鉴核，转呈内政部、中宣部核发登记证，实为德便。

谨呈上海市社会局

具呈人　王钧

中华民国三十五年二月十九日

上海市社会局报纸杂志通讯社申请登记表

民国三十五年二月十九日填造

名　　称		好莱坞旬刊	有无关于党义党务或政治事项之登载						转载中外电影新闻		
刊　　期		每月一日、十一日、二十一日	首次发行日期						中华民国三十五年三月一日		
			恢复发行日期						年　月　日		
宗　　旨		增加人民正当娱乐									
发行人	姓名	王钧	年龄	三十五	性别	男	籍贯	余姚	住址电话	长沙路一四八号	
	履历	曾任英文《大英晚报》助理编辑									
主编人	姓名	王钧	年龄	三十五	性别	男	籍贯	余姚	住址电话	同上	
	履历	同上									
发行所	名称	中国合众出版社	地址电话		九江路一一三号三楼三〇二室						
印刷所	名称	协森尊记印刷局	地址电话		兴安路四三号（85397）						
基金来源		独资创办，资金五十万元									
经济状况		收入以销数为主，广告次之。支出以排印、工资及纸费等									
组织系统		总务、编辑、发行、广告									
发行数量	本埠	二千五百份		总　　数			三千份				
	外埠	五百份									
价　　目	零售	一百元（单位　）		批　　发			七十元（单位　）				
备　　注		（如系恢复发行者应将发行经过概况填入本栏）									

负责人签名盖章　王钧

上海市社会局报纸杂志通讯社调查表

民国 35 年 2 月 23 日查

名　　称	好莱坞旬刊	刊期	每月一日、十一日、二十一日	地址	九江路 113 号 3 楼 302 室
有无党义党务或政治事项登载	专载中外电影新闻	基金来源	独资创办，法币五十万元		
经济状况	收入以销数为主，广告次之。支出以排印、工资及纸费等。　尚可收支相抵				

设备概况	委托协森尊记印务局代印						
发行人及编辑人	姓名	职务	性别	年龄	籍贯	住址及电话	（履历）
	王钧	发行人	男	三十五	余姚	长沙路一四八号	曾任英文《大英晚报》助理编辑
	王钧	兼编辑	男	三十五	余姚	长沙路一四八号	曾任英文《大英晚报》助理编辑
调查意见	查与《出版法》尚无不合，拟请予以登记						
备 考							

被调查者签字盖章　　王钧　　调查员签字盖章＿＿＿＿＿＿＿

（沪 Q6－12－25）

121. 上海市社会局为《沪报》等二十六家登记申请查核转咨事呈上海市政府文（附新闻纸杂志通讯社申请登记书及上海市社会局报纸杂志通讯社申请登记表）（节选）

1946 年 2 月 25 日

案据《沪报》等二十六家填具新闻纸什志通讯社申请登记书各一式四份呈送前来，业经本局审核尚无不合，除各抽存一份备查外，理合检同各该项登记表二十六家计七十八份备文呈送，仰祈鉴核并转咨内政部核发登记证，以凭转发。再本登记表式系去年本局成立时因《修正出版法》及同法施行细则尚未颁到，经与中宣部驻沪詹特派员商同订定应用。顷奉部令，应依照《出版法》规定格式办理，自应遵办，惟为顾全困难，暂免纷更起见，此次仍予转呈，敬乞鉴赐核转，实为公便。

谨呈上海市市长钱、副市长何

附呈新闻纸登记表七家二十一份，什志登记表十三家三十九份，通讯社登记表六家

十八份，共计二十六家七十八份

上海市社会局局长　吴开先

新闻纸杂志通讯社申请登记书

窃具呈人姜星谷，在上海设立《电影话剧》，谨填具新闻纸杂志通讯社登记表一式四份，呈请鉴核，转呈内政部、中宣部核发登记证，实为德便。

谨呈上海市社会局

具呈人　姜星谷
卅四年十一月二十七日

上海市社会局报纸杂志通讯社申请登记表

民国三十四年十一月二十七填造

名　　称			电影话剧		有无关于党义党务 或政治事项之登载		无	
刊　　期			半月刊		首次发行日期		三十五年一月一日	
					恢复发行日期		年　月　日	
宗　　旨			报道电影、话剧界消息					
发行人	姓名	姜星谷	年龄	二十五	性别	男	籍贯	江苏宝山	住址电话	劳勃生路三二三五号
	履历	《小说日报》记者，《电影情报》主编								
主编人	姓名	姜星谷	年龄	二十五	性别	男	籍贯	江苏宝山	住址电话	同上
	履历	《小说日报》记者，《电影情报》主编								
发行所	名称	大公出版公司		地址电话		劳勃生路三二三五号		
印刷所	名称	中国科学公司		地址电话		福煦路慕公鸣路西首		
基金来源			自资					
经济状况			以发行收入为主					
组织系统								
发行数量	本埠		预计约三千份		总　　数		预计约四千份	
	外埠		预计约一千份					
价　　目	零售		（单位一百元）		批　　发		七折（单位七十元）	
备　　注			（如系恢复发行者应将发行经过概况填入本栏）					

负责人签名盖章　姜星谷

新闻纸杂志通讯社申请登记书

窃具呈人李嵩寿，在上海南京路四七〇号三楼出版《上海特写》，谨填具新闻纸杂志通讯社登记表一式四份，呈请鉴核，转呈内政部、中宣部核发登记证，实为德便。

谨呈上海市社会局

具呈人　李嵩寿

三十四年十一月二十七日

上海市社会局报纸杂志通讯社申请登记表

民国三十四年十一月二十七日填造

<table>
<tr><td>名　称</td><td colspan="6">上海特写</td><td colspan="2">有无关于党义党务
或政治事项之登载</td><td colspan="2">无</td></tr>
<tr><td rowspan="2">刊　期</td><td colspan="6" rowspan="2">周刊</td><td colspan="2">首次发行日期</td><td colspan="2">三十四年十二月五日</td></tr>
<tr><td colspan="2">恢复发行日期</td><td colspan="2">　年　月　日</td></tr>
<tr><td>宗　旨</td><td colspan="11">报导一般社会动态，内容包括新闻特写、小品文章以及正当娱乐之介绍</td></tr>
<tr><td rowspan="2">发行人</td><td>姓名</td><td>李嵩寿</td><td>年龄</td><td>二十九</td><td>性别</td><td>男</td><td>籍贯</td><td>上海</td><td rowspan="2">住址
电话</td><td rowspan="2">新闸路 915 弄
3 号</td></tr>
<tr><td>履历</td><td colspan="8">曾任《华美晚报》副刊编辑，大效公司出版部主任（均在太平洋战争之前，沦陷后改学经商）</td></tr>
<tr><td rowspan="2">主编人</td><td>姓名</td><td>李嵩年</td><td>年龄</td><td>二十八</td><td>性别</td><td>男</td><td>籍贯</td><td>上海</td><td rowspan="2">住址
电话</td><td rowspan="2">普安路三十一
弄三十四号</td></tr>
<tr><td>履历</td><td colspan="8">《影艺画报》主编（抗战前），现任《胜利画报》编辑</td></tr>
<tr><td colspan="2">发行所　名称</td><td colspan="4">大同出版公司</td><td colspan="2">地址电话</td><td colspan="3">南京路四七〇号三楼；九六二七七</td></tr>
<tr><td colspan="2">印刷所　名称</td><td colspan="4">中国科学公司</td><td colspan="2">地址电话</td><td colspan="3">福煦路六四九号；七四四八七</td></tr>
<tr><td colspan="2">基金来源</td><td colspan="9">完全自资</td></tr>
<tr><td colspan="2">经济状况</td><td colspan="9"></td></tr>
<tr><td colspan="2">组织系统</td><td colspan="9">本刊属于大同出版公司</td></tr>
<tr><td rowspan="2">发行
数量</td><td>本埠</td><td colspan="4">四千份</td><td colspan="2" rowspan="2">总　数</td><td colspan="3" rowspan="2">六千份</td></tr>
<tr><td>外埠</td><td colspan="4">二千份</td></tr>
<tr><td colspan="2">价　目</td><td>零售</td><td colspan="3">五十元（单位每份）</td><td colspan="2">批　发</td><td colspan="3">七折（单位每份）</td></tr>
<tr><td colspan="2">备　注</td><td colspan="9">（如系恢复发行者应将发行经过概况填入本栏）</td></tr>
</table>

负责人签名盖章　李嵩寿

新闻纸杂志通讯社申请登记书

窃具呈人朱立德，在虎丘路一二八号设立广学会，谨填具新闻纸杂志通讯社登记表一式四份，呈请鉴核，转呈内政部、中宣部核发登记证，实为德便。

谨呈上海市社会局

具呈人　朱立德

三十四年十二月十八日

上海市社会局报纸杂志通讯社申请登记表

民国三十四年十二月十八日填造

名　　称		福幼报	有无关于党义党务或政治事项之登载		无	
刊　　期		月刊	首次发行日期		民国四年四月　日	
			恢复发行日期		民国卅一年七月　日	
宗　　旨		培养儿童德育，灌输儿童一般知识				
发行人	姓名	朱立德　年龄　六四　性别　男　籍贯　福建			住址电话	虎丘路一二八号；一九六六〇
	履历	前任中华全国基督教协进会副总干事				
主编人	姓名	薄玉珍　年龄　五八　性别　女　籍贯　加拿大			住址电话	贝当路七号；一九六六〇
	履历	任广学会编辑十余年				
发行所	名称	广学会	地址电话		虎丘路一二八号；电话一九六六〇	
印刷所	名称	协兴印刷所	地址电话		海宁路 788 号；电话 42583	
基金来源		由中国教会人士捐助约计法币十万元，由美国教会人士捐助约计法币一百万元，由加拿大教会人士捐助约计法币二百万元				
经济状况		收入项下除捐款外，为报费约计法币一百万元，支出项下为印刷费三百万元，行政费一百十万元				
组织系统		由董事会聘请总干事及其他干事分别负责各种会务				
发行数量	本埠	一千五百份	总　　数		五千份	
	外埠	三千五百份				
价　　目	零售	五十元（单位　）	批　　发		（单位　）	
备　　注		（如系恢复发行者应将发行经过概况填入本栏）本报于民国卅一年元月停刊，至卅一年七月即在成都复刊；现拟于民国卅五年一月在上海复刊；本报曾于民国廿一年十一月十四日经内政部审核准予登记，登记证为警字第 1094 号；又本报前发行人为林辅华牧师，现因年老回国，由现任本会总干事朱立德为本报发行人				

负责人签名盖章　朱立德

新闻纸杂志通讯社申请登记书

窃具呈人张葆奎，在南京西路七四九号三楼三〇六号房间设立国光电讯社，谨填具新闻纸杂志通讯社登记表一式四份，呈请鉴核，转呈内政部、中宣部核发登记证，实为德便。

谨呈上海市社会局

具呈人　张葆奎

卅四年十二月十四日

上海市社会局报纸杂志通讯社申请登记表

卅四年十二月十四日填造

名　称		国光电讯社	有无关于党义党务或政治事项之登载						无		
刊　期		每天	首次发行日期						廿三年十二月廿五日		
			恢复发行日期						卅五年一月一日		
宗　旨		宣扬文化，提倡体育，专发体育新闻									
发行人	姓名	张葆奎	年龄	卅五	性别	男	籍贯	浙江吴兴	住址电话	北京西路 1709 号；30933	
	履历	曾任上海申时电讯社采访主任，南京《京华晚报》社长；现任三方面军政治部《阵中日报》总编辑，《正言报》编辑									
主编人	姓名	瞿兆鸿	年龄	卅三	性别	男	籍贯	江苏常熟	住址电话	白利南路 992 弄 115 号；24063	
	履历	曾任《时事新报》编辑，现任上海《中央日报》记者									
发行所	名称		地址电话				南京西路 749 号三楼 306 号房间；电话 38683				
印刷所	名称		地址电话				同上				
基金来源		发行人筹措基金五万元（法币）									
经济状况		各报稿费收入作开支									
组织系统		社长［下设］经理部：会计、事务；编辑部：编辑、采访									
发行数量	本埠				总　数						
	外埠										
价　目		零售	（单位　）			批　发				（单位　）	
备　注		（如系恢复发行者应将发行经过概况填入本栏）本社成立于民国廿三年十二月廿五日即开始发稿，并蒙中宣部于民国廿四年五月九日颁发中字第 2410 号登记证在案，迨太平洋战事发生后因环境恶劣，始行停刊									

负责人签名盖章　张葆奎

新闻纸杂志通讯社申请登记书

窃具呈人张巴玲，在上海华格臬路四十二号设立沪声通讯社，谨填具新闻纸杂志通讯社登记表一式四份，呈请鉴核，转呈内政部、中宣部核发登记证，实为德便。

谨呈上海市社会局

具呈人　张巴玲

三十四年十一月三日

上海市社会局报纸杂志通讯社申请登记表

民国三十四年十一月三日填造

名　　称		沪声通讯社			有无关于党义党务或政治事项之登载					
刊　　期					首次发行日期				年　月　日	
					恢复发行日期				年　月　日	
宗　　旨		以宣达各地社会翔实新闻供上海各报馆采用为宗旨								
发行人	姓名	张巴玲	年龄	三十六	性别	男	籍贯	上海	住址电话	上海华格臬路四十二号；84297号
	履历	曾任上海《机联会刊》编辑四年，自修周刊社助编四年，《上海报》特约通讯一年，《奋报》编辑半年，沪南通讯社记者二年								
主编人	姓名		年龄		性别		籍贯		住址电话	
	履历									
发行所	名称	沪声通讯社		地址电话		上海华格臬路四十二号；电话84297				
印刷所	名称			地址电话						
基金来源		由创办人筹垫								
经济状况		经常费拟暂定每月二万元，俟社务扩充逐渐增加，款由创办人筹划及各报馆□□□								
组织系统		设名誉社长一人，社长一人，副社长一人，下设编稿、采访、总务三股，特约通讯员若干人								
发行数量	本埠				总　　数					
	外埠									
价　目		零售		（单位　）		批　　发			（单位　）	
备　注		（如系恢复发行者应将发行经过概况填入本栏）								

负责人签名盖章　张巴玲

（沪 Q1－6－696）

122. 上海市政府为《沪报》等二十六家登记申请查核事致内政部咨

1946 年 3 月 1 日

据社会局本年二月廿五日市社（35）福二字第一三一二号呈，为呈送《沪报》等二十六家申请登记书，祈核转。等由。相应检附原申请登记书五十二份，函请查照为祈。

此致内政部

附申请登记书五十二份〈佚〉

市长　钱○○

副市长　何○○

（沪 Q1－6－696）

123. 袁润之为声请准予复刊《中华新闻日报》暨《中华画报副刊》并分别更名为《中华晚报》《中华画报》事呈天津市政府社会局文

1946 年 3 月 2 日

为声请事。窃民于民国二十一年一月在津创刊《中华新闻画报》，旋于二十二年改组为《中华新闻日报》暨《中华画报副刊》，曾经领有中央宣传部中字第二一三三号暨内政部警字第三八零三号登记证在案。迨民国二十六年七七事变后，虽以环境恶劣，仍于万难中勉力支持，直至日军占据天津全部市区，即自动停刊。当时员工星散，所有社内什物除机器外损失一空。兹值我军胜利，和平基础于焉树立，为宣扬中央德威、建国新猷，启迪民智，导达舆情起见，爰拟将《中华新闻日报》暨《中华画报副刊》恢复出版，并因本市已出刊之《中华日报》与民报名类似相同，拟将《中华新闻日报》更名为《中华晚报》，《中华画报副刊》更名为《中华画报》。理合申叙停刊经过情形，并检同《中华新闻日报》暨《中华画报副刊》报头各一份，声请钧局鉴核，准予复刊，以利宣传，并恳转呈中央宣传部暨内政部补发登记证，实为公便。

谨呈天津市政府社会局

附呈《中华新闻日报》暨《中华画报副刊》报头各一份〈略〉

具呈人　《中华新闻日报》《中华画报副刊》发行人袁润之

住址　旧法租界三十七号路二十五所二十号

铺保　华清池

经理　王鸿绪

住址　旧法租界二十六号路六十号

（津 J25－3－6069）

124. 上海画报社为《上海画报》声请登记事呈上海市社会局
新闻纸杂志登记声请书

1946 年 3 月 7 日

新闻纸杂志登记声请书									
名　　称		上海画报 Shanghai							
类　　别		杂志		刊　期		月刊			
社务组织		设经理一人，会计一人，编辑二人，分营业部、会计部、编辑部及广告部、设计部（合伙）							
资本数目		国币五百万元		经济状况		每月出版一万份，纸张印刷费七百万元，广告收入一百万元			
发行所	名　称	上海画报社		地　址		福州路四三二号			
印刷所	名　称	三一印刷公司		地　址		中正中路八三九号			
发行人及编辑人	姓名	发行人	编　辑　人						
		金有成	徐昌霖	梁琛					
	籍贯	浙江余姚	浙江杭州	广东南海					
	年龄	六十一	三十	三十二					
	学历	英华书馆	之江大学	上海艺专					
	经历	三一印刷公司经理	现任军事委员会《和平日报》撰述委员	广州丽丽公司美术设计部，联合国新闻处美术设计					
	是否党员及党证字号	否	否	否					
	住所	中正中路八三九号	福州路四三二号	同上					
附　　注									
考查意见		该刊以发扬艺术、促进文化为宗旨，申请登记手续尚合，拟请准予转呈							
复核意见									

兹因发行《上海画报》，谨依《出版法》第九条及同法施行细则第九条之规定开具右列事项，声请登记。

谨呈上海市社会局

具声请书人　上海画报社

发行人　金有成

中华民国三十五年三月七日

（沪 Q6‐12‐13）

125. 舒宗侨为重新登记事致上海市社会局函

1946 年 3 月 9 日

查敝报声请重行登记事，前承贵局指示，应由新旧发行人备函说明，以凭核办。等由。遵将敝报前发行人杭勤思先生（Everett D. Hawkins）致贵局函乙件，随函附奉，至希察照。另敝报最初登记证因在渝办理变更登记，业缴呈重庆市社会局依法转呈内政部在案，至第二次新登记证（即发行人变更为杭勤思），办经重庆市政府函知，已转呈内政部核准，但正式登记证则迄未收到，合并申请。除将杭勤思原函送达外，致祈贵局察办惠复为荷。

此致上海市社会局

附杭勤思函乙件〈略〉

《联合画报》发行人　舒宗侨谨上

（沪 Q6‐12‐149）

126. 天津市政府社会局为填送登记声请书事致中华晚报社代电

1946 年 3 月 11 日

天津中华晚报社鉴：

据声请复刊变更登记，兹特检附登记声请书，希即查照填送来局，以凭核转。

天津市政府社会局○○印

（津 J25‐3‐6069）

127. 上海市政府为《世界晨报》等六十九家登记表
核转事指令上海市社会局

1946 年 3 月 13 日

令社会局：

　　三十五年一月二十四日福字第一〇八一呈一件（照录原由）。呈件均悉。据送《世界晨报》等新闻纸杂志通讯社申请登记书，核与《出版法》所规定格式不符，兹将原送申请书随文发还，仰即依照规定重行办理呈核。

　　此令

　　附件发还〈佚〉

市长　钱〇〇

副市长　何〇〇

（沪 Q1－6－695）

128. 上海市社会局为重新填报登记声请书事批复
联合画报社发行人舒宗侨

1946 年 3 月 13 日

　　具呈人《联合画报》发行人舒宗侨本年三月九日呈一件，为呈送前发行人杭勤思函，请重行登记由。呈件均悉。查登记声请书式变更，该具呈人前送登记表不合，应重行填送候核。件存，表随发。

　　此批

　　附发登记声请书四份〈佚〉

局长　吴开〇

副局长　童行〇

（沪 Q6－12－149）

129. 上海市社会局为《罗宾汉》等十五家新闻纸杂志通讯社登记事呈上海市政府文（附申请登记之新闻纸杂志通讯社一览表及新闻纸杂志登记声请书）（节选）

1946年3月16日

案据《罗宾汉》报等十五家填具新闻纸什志通讯社登记声请书各一式四份呈送前来，业经本局审核尚无不合，除各抽存一份备查外，理合检同该项登记表十五家四十五份，备文呈送，仰祈鉴核，并转咨内政部核发登记证以凭转发。

谨呈上海市市长钱、副市长何

附呈《罗宾汉》报等十五家一览表一份、登记申请书四十五份

上海市社会局局长　吴开先

申请登记之新闻纸杂志通讯社一览表
三十五年三月十一日　第五批呈报市府

名　称	类　别	刊　期	发 行 人	地　址
罗宾汉	新闻纸	日刊	邱馥馨	厦门路尊德里三九号
民权新闻上海版	新闻纸	日刊	周炎光	西摩路太平花园
上海画报	杂志	月刊	金有成	福州路四三二号
观察周刊	杂志	周刊	储安平	南黄浦滩九号七楼七〇号
风光	杂志	周刊	郭永熙	白克路同春坊三五号
海星周报	杂志	周刊	沈哲民	南京路一五三号四楼
今日电影	杂志	周刊	何酩生	胶州路一九二号
学生半月刊	杂志	半月刊	东〔束〕祐新	中正路一六〇号
海晶	杂志	周刊	李嵩寿	浙江中路一五九号
海涛	杂志	周刊	李嵩寿	浙江中路一五九号
机会	杂志	半月刊	程守中	贵州路七七弄一二号
TAGAR	杂志	半月刊	GTEQOMLRBITSKY	环龙路二五四弄九号
周播	杂志	周刊	何西亚	河南路一九〇号
民治通讯社	通讯社	每日	顾执中	东蒲石路三九号
正一通讯社	通讯社	每日	吴望级	博物院路八三号

新闻纸杂志登记声请书

名 称		风光			
类 别		杂志	刊 期		周刊
社务组织		独资,内分编辑、广告、发行三部			
资本数目		法币五百万元	经济状况		以资金利息及发行广告等收入维持之
发行所	名 称	风光杂志社	地 址		白克路同春坊三十五号
印刷所	名 称	市府印刷所代印	地 址		

		发行人	编 辑 人						
发行人及编辑人	姓名	郭永熙	周冀成	陈亮	朱庭筠				
	籍贯	浙江宁海	上海	丹阳	南汇				
	年龄	四五	四一	三六	三三				
	学历	上海文治大学毕业	正风文学院毕业	上海中医学院毕业	中华职业学校毕业				
	经历	曾任上海社会局科员	《中央日报》《新闻报》记者	《大英夜报》记者	《市民日报》记者				
	是否党员及党证字号	是	已申请入党	否	否				
	住所	白克路同春坊三十五号	靶子路五八〇号一二〇室	华兴路六十号	新昌路三成坊五号				

附 注	
考查意见	该刊申请登记手续尚无不合,拟请准予转呈
复核意见	

兹因发行《风光》周刊,谨依《出版法》第九条及同法施行细则第九条之规定开具右列事项,声请登记。

谨呈上海市社会局

具声请书人　风光杂志社

发行人　郭永熙

中华民国三十五年二月二十八日

新闻纸杂志登记声请书

名　　称	海星周报							
类　　别	周报		刊　　期	每逢星期二出版				
社务组织	合伙							
资本数目	一百万元		经济状况	营业性质				
发行所　名　称	海星周报社		地　　址	南京路一五三号四楼				
印刷所　名　称	良新印刷厂		地　　址	海宁路七〇四号				
发行人及编辑人	姓名	发行人	编　辑　人					
		沈哲民	曾淹	王大苏				
	籍贯	浙江	上海	浙江				
	年龄	四三	三六	三三				
	学历	浙江第二中学毕业	南光文专毕业	正风文学院肄业				
	经历	国民革命军第六军第十九师司令部书记长	第三方面军《阵中日报》记者	《阵中日报》无锡版编辑				
	是否党员及党证字号							
	住所	天津路四〇四号	本社	本社				
附　　注								
考查意见	本表经核尚无不合，拟请准予转呈							
复核意见								

　　兹因发行　　　　　，谨依《出版法》第九条及同法施行细则第九条之规定开具右列事项，声请登记。

　　谨呈上海市社会局

具声请书人　海星周报社

发行人　沈哲民

中华民国三十五年二月二十八日

<table>
<tr><td colspan="5" align="center">**新闻纸杂志登记声请书**</td></tr>
<tr><td align="center">名　　称</td><td colspan="4" align="center">今日电影</td></tr>
<tr><td align="center">类　　别</td><td align="center">文艺</td><td align="center">刊　　期</td><td colspan="2" align="center">周刊</td></tr>
<tr><td align="center">社务组织</td><td colspan="4">社员合伙组织，社长以下另设经理统管发行、广告、编辑三部</td></tr>
<tr><td align="center">资本数目</td><td colspan="2">五百万元</td><td align="center">经济状况</td><td>社员集资</td></tr>
<tr><td align="center">发行所</td><td align="center">名　称</td><td>今日电影社</td><td align="center">地　　址</td><td>胶州路一九二号</td></tr>
<tr><td align="center">印刷所</td><td align="center">名　称</td><td>科学印刷所</td><td align="center">地　　址</td><td>福煦路</td></tr>
</table>

	姓名	发行人	编　辑　人						
发行人及编辑人		何酩生	梁安邦	何酩生					
	籍贯	四川	湖北	四川					
	年龄	卅四	廿八	卅四					
	学历	上海同济大学肄业	中央大学毕业	上海同济大学肄业					
	经历	军委会政治部中国电影制片厂宣传组长	中国电影制片厂美术员	中国电影制片厂宣传组长					
	是否党员及党证字号	军信字第九四一〇号	党证尚未领到	军信字第九四一〇号					
	住所	胶州路一九二号	胶州路一九二号	胶州路一九二号					

附　　注	前领有内政部登记证第八四八九号，在渝发刊两年，至卅四年十一月停刊，现拟移沪继续发刊
考查意见	该刊移沪出版，重行登记手续尚无不合，拟请准予转呈
复核意见	

　　兹因发行《今日电影》，谨依《出版法》第九条及同法施行细则第九条之规定开具右列事项，声请登记。

　　谨呈上海市社会局

具声请书人　今日电影社

发行人　何酩生

中华民国三十五年三月二日

新闻纸杂志登记声请书

名 称			学生半月刊			
类 别		什志	刊 期		半月刊	
社务组织		合资，发行人、干事、财务各二，编辑四人，各地通讯员十人				
资本数目		五十万	经济状况		广告及发行收入以备开支	
发行所	名 称	上海自由西报	地 址		中正路一百六十号	
印刷所	名 称	立报	地 址		九江路 289	

	姓名	发行人	编 辑 人						
发行人及编辑人		束祐新	蔡体雍	朱芭行	蔡体明	王元路			
	籍贯	江苏南通	浙江鄞县	浙江绍兴	浙江鄞县	北平			
	年龄	十九	二十	十九	十七	二十一			
	学历	清心女中高级中学三年级	盛江大学新闻系二年	储能中学高二	清心女中高一	沪江大学			
	经历	曾任校刊（油印）编辑人	曾任《中学时代》校刊编辑人						
	是否党员及党证字号	否	否	否	否	否			
	住所	虹桥路农林部第二牧场	虹桥路农林部第二牧场	西藏路永吉里五号	虹桥路农林部第二牧场	虹桥路农林部第二牧场			

附 注	推销以学生为对象
考查意见	查该刊高中学生集资合办，内容以文艺及各校校闻为主，申请登记手续尚无不合，拟请予以核准
复核意见	

兹因发行《学生半月刊》，谨依《出版法》第九条及同法施行细则第九条之规定开具右列事项，声请登记。

谨呈上海市社会局

具声请书人　学生半月刊出版社

发行人　社长束祐新

中华民国三十五年三月四日

名 称		海晶		
类 别	什志	刊 期		周刊
社务组织	本社下设编辑部、采访部、发行部，本刊之出版权并于大同出版公司			
资本数目	二百万元	经济状况		每期印刷约一万份□□
发行所	名 称	大同出版公司	地 址	浙江中路一五九号□□大楼三楼三百□一号；电话九八二一○号
印刷所	名 称	联合印刷所	地 址	牯岭路六四号；电话九三四五七号

发行人及编辑人	姓名	发行人	编 辑 人					
		李嵩寿	黄钧	陈庄稼	吴聘儒			
	籍贯	上海	上海	河南	四川成都			
	年龄	三〇	三六	二五	四〇			
	学历	南方大学毕业	大同大学毕业	中国新闻专科学校	之江大学文学系，东吴大学法学士			
	经历	《华美晚报》编辑	世界书局编辑	《神州日报》记者	杭州《东南报》编辑，现任大胜信托公司秘书			
	是否党员及党证字号	否	否	否	否			
	住所	新闸路九一五弄三号	愚园路五〇号	亚尔培路一六六号	安南路二〇弄一四号			

附 注	
考查意见	该刊申请登记手续尚无不合，拟请准予转呈
复核意见	

　　兹因发行《海晶》周刊，谨依《出版法》第九条及同法施行细则第九条之规定开具右列事项，声请登记。

　　谨呈上海市社会局

具声请书人　海晶周报社

发行人　李嵩寿

中华民国三十五年三月　日

新闻纸杂志登记声请书

名 称			海涛							
类 别		什志		刊 期		周刊				
社务组织		本社下设编辑部、采访部、发行部，本刊之出版权归于大同出版公司								
资本数目		二百万元		经济状况		每期印刷一万份□□				
发行所	名 称	大同出版公司		地 址		浙江中路一五九号□□大楼三楼三百□一号；电话九八二一〇号				
印刷所	名 称	升记印刷所		地 址		新闸路福康路福鑫里七八号				
发行人及编辑人	姓名	发行人	编 辑 人							
		李嵩寿	杨赫文	金巽						
	籍贯	上海	安徽怀远	嘉定						
	年龄	三〇	二七	二一						
	学历	南方大学毕业	震旦大学毕业	大同大学毕业						
	经历	《华美晚报》编辑	《青年日报》及《电报》编辑	《中国影坛》编辑						
	是否党员及党证字号	否	否	否						
	住所	新闸路九一五弄三号	南阳桥会稽街银河里三七号	武建路五五二号						
附 注										
考查意见		该刊申请登记手续尚无不合，拟请准予转呈								
复核意见										

　　兹因发行《海涛》周刊，谨依《出版法》第九条及同法施行细则第九条之规定开具右列事项，声请登记。

　　谨呈上海市社会局

具声请书人　海涛周报社

发行人　李嵩寿

中华民国三十五年三月　日

（沪 Q1－6－696）

130. 章苍萍为《中外春秋沪版周报》声请登记事呈上海市 社会局文（附新闻纸杂志登记声请书）

1946 年 3 月 18 日

窃本社同人前为阐扬国策、加强抗战宣传、树立公正舆论、转移社会风气起见，曾于民国三十二年春在重庆创立总社出版月刊，复于三十三年春在万县出版周报，呈奉内政部核准登记，颁有警字第八八八四号登记证在案。所幸月刊、周报备受读者欢迎，风行全国，谬荷称许。兹者最后胜利既已属我，建国大业首重文化，本社爰经决定总社迁沪，全国各大都市遍设办事处及分社，并增出沪版周报，现已觅定社址，即日开始工作。理合备文，报请鉴核备查，并附呈登记声请书四份，恭请核准，内政部准予登记，实为公便。

谨呈上海市社会局局长吴

中外春秋社总社社长　章苍萍

总社社址　上海北四川路虬江路八十号

发行部　北四川路横滨路口八〇六号

新闻纸杂志登记声请书					
名　称	中外春秋沪版周报				
类　别	杂志		刊　期	每周一次	
发行旨趣	以树立公正舆论、改造社会风气、介绍现代知识、提高文化水准、阐扬真理、伸张正义、促进建设、服务人群为宗旨				
社务组织	本社由创办人聘请理事若干人负筹措基金责任，社长由发行人兼任，下设编辑、业务、总务、印刷各部				
资本数目	一千万元		经济状况	每期发刊万份，除开支外，每月盈余数十万元	
发行所	名　称	中外春秋社总社发行部	地　址	上海北四川路横滨路口八〇六号	
印刷所	名　称	本社印刷部	地　址	上海北四川路虬江支路八十号	
发行人及编辑人	姓名	发行人	编　辑　人		
		章苍萍	何名忠	张光亚	王平陵
	籍贯	安徽	广西	河北	江苏
	年龄	三五	三四	三六	四五

发行人及编辑人	学历	日本明治大学新闻科卒业，东京帝大新闻研究室研究员，中央训练团第一期新闻研究班卒业	日本明治大学新闻科卒业	日本早稻田大学研究员	东南高师卒业				
	经历	历任新闻社长、主笔，驻日大使馆□□委员会委员长，西昌行辕之发言人，现任上海法学院教师兼报业专修科主任	历任□编辑、主笔、教授、秘书等职	历任统计主任、专员、教授等职	历任中央宣传部指导员二十年				
	是否党员及党证字号	皖字〇〇九九六号	是	是	是				
	住所	虹江支路八十号	本社	本社	本社				
附 注		本社于三十二年成立于重庆，呈奉发给杂志登记证警字第八八八四号，出版有渝版月刊及万县版周刊，对于抗战宣传不遗余力，近以胜利复员将总社迁沪，增出沪版周刊以加强战后之文化建设							
考查意见		该刊迁沪出刊，沪版重行登记，拟准予转呈							
复核意见									

　　兹因发行《中外春秋沪版周报》，谨依《出版法》第九条及同法施行细则第九条之规定开具右列事项，声请登记。

　　谨呈上海市社会局

具声请书人　中外春秋社

发行人　章苍萍

中华民国三十五年三月十八日

（沪 Q6 - 12 - 22）

131. 周祖成为《香海画报》声请登记事呈上海市社会局新闻纸杂志通讯社申请登记书及上海市社会局报纸杂志通讯社申请登记表

1946 年 3 月 18 日

新闻纸杂志通讯社申请登记书

窃具呈人周祖成，在　　　设立香海画报社，谨填具新闻纸杂志通讯社登记表一式四份，呈请鉴核，转呈内政部、中宣部核发登记证，实为德便。

谨呈上海市社会局

具呈人　周祖成

三十五年三月十八日

上海市社会局报纸杂志通讯社申请登记表

民国　年　月　日填造

名　　称		香海画报	有无关于党义党务或政治事项之登载					无		
刊　　期		周刊	首次发行日期				三十五年三月十八日			
			恢复发行日期				年　月　日			
宗　　旨		宣扬文化，改进风俗								
发行人	姓名	周祖成	年龄	三十四	性别	男	籍贯	上海	住址电话	茂名北路一百十一弄六号
	履历									
主编人	姓名	陈心纯	年龄	三十五	性别	男	籍贯	杭县	住址电话	茂名北路一百十一弄六号
	履历									
发行所	名称	天祥出版社	地址电话			南京东路六一八号二一六号房				
印刷所	名称	美灵登印刷所	地址电话			香港路一一七号				
基金来源		由私人投资								
经济状况		以发行为本位，差堪自给								
组织系统		分经理部、编辑部								
发行数量	本埠	四千份			总　　数		五千份			
	外埠	一千份								
价　　目	零售	二百元（单位册）			批　　发		七折（单位册）			
备　　注		（如系恢复发行者应将发行经过概况填入本栏）								

负责人签名盖章　周祖成

（沪 Q6 - 12 - 83）

132. 刘金亭为《重庆画报》声请登记事呈天津市政府社会局文

1946 年 3 月 19 日

为创刊《重庆画报》，呈请准予备案，俾便出版事。窃民刘金亭，年三十九岁，本市人，历于事变前后在沪渝港等地服务于文化事业机关，迨抗战结束始返津籍。兹为使收复区一般人士明了抗战八年来领袖领导全国军民奋斗实况暨介绍大后方文化风俗时事新闻起见，拟于本市刊行《重庆画报》一种。内容除登载名人关于建国论作外，完全以纯正旨趣之文字图画，求增加国民高尚阅读意识，庶几发扬建国精神，以稍尽文化报国之使命。理合遵照出版规定，填具申请书五份，备文呈请鉴核，伏恳俯赐准予备案，俾便出版，实为感便。

谨呈天津市政府社会局局长胡

附呈申请书五份〈佚〉

> 具呈人　刘金亭
> 年龄　三十九岁
> 籍贯　天津市
> 职业　重庆华南印刷公司
> 住址　本市第一区大沽路三十九号内一号
> 铺保　大中华书局
> 住址　大沽路三十九号
> 执事人　张振华
> （津 J25 - 3 - 6074）

133. 上海画报社金有成为发给新闻纸杂志登记证明书事
呈上海市社会局文

1946 年 3 月 22 日

窃具呈人金有成等创办上海画报社，已于三十五年二月六日送呈钧局申请登记在案。兹为对外埠寄递邮件便利计，用恳俯准发给邮局新闻杂志登记证明书，实为德便。

谨呈社会局

> 具呈人　上海画报社金有成谨呈
> （沪 Q6 - 12 - 13）

134. 上海市社会局为依法重填登记表格事批复香海画报社周祖成

1946 年 3 月 23 日

具呈人香海画报社周祖成本年三月十八日呈一件，为申请登记由。呈表悉，来表格式不合，应依法重填呈局再核，登记表随发。

此批

局长　吴开○

副局长　童行○

（沪 Q6－12－83）

135. 袁润之为《中华晚报》《中华画报》声请登记事呈天津市政府社会局文（附新闻纸杂志登记声请书）

1946 年 3 月 23 日

为呈送事。奉钧局寅真令文字第八二号代电令填登记声请书送呈核转。等因。奉此，遵将登记声请书依式填齐，理合备文呈请核转，实为德便。

谨呈天津市政府社会局

附呈登记声请书五份

天津中华晚报社　袁润之谨呈

铺保　同记华清池

经理　王鸿绪

住址　滨江道六十号

新闻纸杂志登记声请书			
名　　称	天津《中华晚报》、天津《中华画报》		
类　　别	四裁纸一张，新闻	刊　期	每日晚刊；每三日刊
社务组织	社务委员会、社长、经理、编辑部、总务部、营业部、印刷部		
资本数目	一千万元	经济状况	预算收支相抵
发行所	名称　天津中华晚报社	地　址	第一区陕西路二十五所二十号
印刷所	名称　天津《中华晚报》印刷所　天津《中华画报》印刷所	地　址	南市富贵大街荣华里一号

	姓名	发行人	编 辑 人							
发行人及编辑人		袁润之	胡倾白							
	籍贯	河北玉田	四川灌县							
	年龄	四十七岁	四十二岁							
	学历	北平郁文大学毕业	国立四川师范学校留法勤工俭预备学校毕业							
	经历	民国十九年在北平创刊《平津晚报》,二十二年在津发行《中华新闻日报》及《中华画报》,七七事变自动停刊	民十二年任《新民意报》编辑;十三年河北日报社编辑;主办新中国通信社,社长;天津特别市公安局秘书兼《警察旬刊》主干							
	是否党员及党证字号									
	住所	第一区山西路二十五所二十号								
附　注										
考查意见		查书填各点,核与《修正出版法》及同法施行细则尚无不合,拟请准予核转								
复核意见										

兹因发行,谨依《出版法》第十条之规定并具右列事项,声请登记。

谨呈天津市政府社会局转呈天津市政府、内政部、中央宣传部

具声请书人　袁润之

中华民国　年　月　日

（津 J25‐3‐6069）

136. 上海市政府为《罗宾汉》等新闻纸杂志通讯社登记事致内政部咨

1946 年 3 月 25 日

案据本市社会局本年三月十六日市社（35）福二字第二六四三号呈称：（照叙原文）。等情。附呈一览表一份，申请书四十五份。据此，除将申请书各抽存一份备查外，相应抄表并检附原申请书，咨请贵部查照办理见复为荷。

此咨内政部

附抄送表一件暨原申请书十五份三十纸〈佚〉

市长　钱〇〇

副市长　何〇〇

（沪 Q1 - 6 - 696）

137. 大华出版社为出具登记证明文件事至上海市社会局函

1946 年 3 月 25 日

径启者：顷接上海邮政局管理处来函，为新闻纸杂志调查事由，催促敝社速持证明文件送邮局登记，否则将予停止刊销云云。查敝社前曾函呈贵处登记，迄今尚未见证明文件颁给，而今邮局方面催促甚急，事不容缓，故特专函奉达，可否予以通融，先颁证明文件，俾可敝社不致停阻，而对文化前程亦可不受其他影响，则感激不尽矣。

此致社会局福利文化处

大华出版社启

（沪 Q6 - 12 - 103）

138. 上海市社会局为《世界晨报》等六十九家登记申请书核转审核事呈上海市政府文（附新闻纸杂志通讯社申请登记书及上海市社会局报纸杂志通讯社申请登记表）（节选）

1946 年 3 月 25 日

奉钧府本年三月十三日秘二（35）字第三五四二号指令，以本局于三十五年一月二十四日呈送《世界晨报》等六十九家新闻纸什志通讯社申请登记书，核与《出版法》所规定格式不符，兹将原送申请书随文发还，仰即依照规定重行办理呈核，附件发还。等因。奉此，自应遵办，惟查本登记表格式系去年本局成立时因《修正出版法》及其施行细则尚未颁到，经与前中宣部驻沪詹特派员商同订定应用，各报社有依照《出版法》规定自制登记表呈核者，并经饬令重行填送以资一律，目前如再有变更似于政府信誉不无关碍，且时日迁延，亦非短期内可以汇案转呈，用敢沥陈原委，仍将该《世界晨报》等申请书呈送，仰祈俯察事实困难，暂免重填，准予通融办理，转咨内政部核发登记证。再本局于本月十一日呈送之《罗宾汉》报等登记申请书业经依照《修正出版法》规定格式办理，合并陈明。

谨呈上海市市长钱、副市长何

附呈《世界晨报》等登记申请书六十九份

上海市社会局局长　吴开先

新闻纸杂志通讯社申请登记书

窃具呈人蒋孝游，在槟榔路廿七号设立卿云出版社，谨填具新闻纸杂志通讯社登记表一式四份，呈请鉴核，转呈内政部、中宣部核发登记证，实为德便。

谨呈上海市社会局

具呈人　蒋孝游
卅四年十月十四日

上海市社会局报纸杂志通讯社申请登记表

民国　年　月　日填造

名　称	卿云画刊	有无关于党义党务或政治事项之登载		
刊　期	每月出版一期	首次发行日期	三十四年九月十八日	
		恢复发行日期	年　月　日	
宗　旨	宣扬吾国固有文化，激励民族自觉，协助党国宣传为宗旨			
发行人	姓名 蒋孝游　年龄 三十五　性别 男　籍贯 海宁		住址电话	槟榔路二十七号；电话三九六二九号
	履历 廿三年中国商业美术作家协会干事，现任上海画人协会理事			
主编人	姓名 王宸昌　年龄 三十八　性别 男　籍贯 绍兴		住址电话	同上
	履历 民十九远东社记者、《杭州报》编辑，民廿三中国商业美术作家协会常务理事、代理理事长，现任上海画人协会理事长			

发行所	名称	卿云出版社	地址电话	槟榔路廿七号；电话三九六二九号
印刷所	名称	中央印书馆	地址电话	甘肃路二〇八号；电话四〇八八三号

基金来源	合伙（四人集资）		
经济状况	私人兴趣关系，但限于资力，经济常感不敷		
组织系统	社长一人，编辑三人		

发行数量	本埠	八百份	总　数	一千份
	外埠	二百份		

价　目	零售	十五元（单位每份）	批　发	十元（单位每份）

备　注	（如系恢复发行者应将发行经过概况填入本栏）

负责人签名盖章

新闻纸杂志通讯社申请登记书

窃具呈人徐百益，在　　　设立《影讯》，谨填具新闻纸杂志通讯社登记表一式四份，呈请鉴核，转呈内政部、中宣部核发登记证，实为德便。

谨呈上海市社会局

具呈人　徐百益

卅四年十一月廿六日

上海市社会局报纸杂志通讯社申请登记表

民国 34 年 11 月 26 日填造

名　　称		影讯	有无关于党义党务或政治事项之登载					无		
刊　期		半月刊	首次发行日期					34 年 12 月 15 日		
			恢复发行日期					年　月　日		
宗　旨		介绍电影消息，提倡电影艺术								
发行人	姓名	徐百益	年龄	三十六	性别	男	籍贯	上海	住址电话	威海卫路威海别墅 21 号；36811 号
	履历	《申报》、《时事新报》、《大公报》、《大晚报》家庭版编辑，现任中国工商管理函授学校校长								
主编人	姓名	徐百益	年龄	同上	性别	同上	籍贯	同上	住址电话	同上
	履历	同上								

发行所	名称	人生出版社	地址电话	同上
印刷所	名称	中国科学公司	地址电话	中正路 649 号；74487 号

基金来源	私人投资
经济状况	由发行收入抵付成本
组织系统	社长下设编辑、发行两部

发行数量	本埠	2500 份	总　数	3000 份
	外埠	500 份		
价　目	零售	一百元（单位　）	批　发	照价六七五扣（单位　）
备　注	（如系恢复发行者应将发行经过概况填入本栏）			

负责人签名盖章　徐百益

新闻纸杂志通讯社申请登记书

窃具呈人田淑君，在上海九江路一〇三号四〇六室设立新时代半月刊社，谨填具新闻纸杂志通讯社登记表一式四份，呈请鉴核，转呈内政部、中宣部核发登记证，实为德便。

谨呈上海市社会局

具呈人　田淑君

民国三十四年十一月二十六日

上海市社会局报纸杂志通讯社申请登记表

民国三十四年十一月二十六日填造

名　称		新时代	有无关于党义党务或政治事项之登载	无关党义党务，但有普通政治事项之登载
刊　期		半月刊	首次发行日期	二十八年四月五日
			恢复发行日期	三十四年九月二十日
宗　旨		拥护国府统一，发挥民主精神，为一般政治、经济、文化、社会综合的刊物		
发行人	姓名	田淑君　年龄　四十　性别　女　籍贯　湖北	住址电话	环龙路一九九号；电话七三九一一
	履历	中华妇女互助会理事长		

主编人	姓名	田淑君	年龄	四十	性别	女	籍贯	湖北	住址电话	同上
	履历	中华妇女互助会理事长								

发行所	名称	新时代半月刊社	地址电话	上海九江路一〇三号四〇六室；电话一五九三四
印刷所	名称	协森印务局	地址电话	上海蒂罗路四三号；电话八五三九七

基金来源	自筹
经济状况	每期需白报纸五令，每令二万元，共十万元，印工六万五千元，稿费四万五千元，人事费四万元，每期除售价收入不敷约十万元，由发行自筹
组织系统	社长一人，主编一人，编辑二人，发行一人，校对一人，庶务一人

发行数量	本埠	三千本	总数	三千本
	外埠	无		

价目	零售	（单位　）	批发	十五万元（单位五十）

备注	（如系恢复发行者应将发行经过概况填入本栏）本社于二十八年四月五日创刊，嗣出版第二卷第五期因环境障碍于九月一日停刊，本年九月二十日复刊，曾于九月二十日向中央宣传部东南战地宣传专员办事处申请登记，接奉沪字第二〇六号公函转呈中央宣传部鉴核，现已出版四期

负责人签名盖章

新闻纸杂志通讯社申请登记书

窃具呈人范洗人，在上海设立中学生杂志社，谨填具新闻纸杂志通讯社登记表一式四份，呈请鉴核，转呈内政部、中宣部核发登记证，实为德便。

谨呈上海市社会局

具呈人　范洗人

三十四年十一月二十八日

上海市社会局报纸杂志通讯社申请登记表

民国三十四年十一月二十八日填造

名　称	中学生	有无关于党义党务或政治事项之登载	无
刊　期	月刊	首次发行日期	十九年一月一日
		恢复发行日期	年　月　日
宗　旨	供给中等学生课外阅读		

发行人	姓名	范洗人	年龄	六一	性别	男	籍贯	浙江上虞	住址电话	上海福州路二六八号；电话九三〇六〇
	履历	开明书店经理								
主编人	姓名	叶圣陶	年龄	五二	性别	男	籍贯	江苏吴县	住址电话	重庆保安路132号
	履历	开明书店编辑								

发行所	名称	开明书店	地址电话	福州路二六八号；电话九三〇六〇
印刷所	名称		地址电话	

基金来源	由开明书店支付
经济状况	
组织系统	本社附设于开明书店

发行数量	本埠	一千册	总　数	五千册
	外埠	四千册		

价　目	零售	一百元（单位册）	批　发	八十五元（单位册）

备　注	（如系恢复发行者应将发行经过概况填入本栏）民国十九年一月在上海创刊；民国二十六年八月停刊；民国二十八年五月在桂林复刊；民国三十三年七月迁重庆出版；民国三十四年十月重庆、上海分地出版

负责人签名盖章　范洗人

新闻纸杂志通讯社申请登记书

窃具呈人田季恒，在上海福煦路六〇四号设立礼拜六报馆，谨填具新闻纸杂志通讯社登记表一式四份，呈请鉴核，转呈内政部、中宣部核发登记证，实为德便。

谨呈上海市社会局

具呈人　田季恒
三十四年十一月三日

上海市社会局报纸杂志通讯社申请登记表

民国三十四年十一月三日填造

名　　称		礼拜六	有无关于党义党务 或政治事项之登载			无党义党务之记载，关于政 治、经济、社会、教育各方面 之文字皆论述				
刊　　期		每周出版一次	首次发行日期			中华民国十二年五月　　日				
			恢复发行日期			中华民国三十四年十月十日				
宗　　旨		提倡工商业、发展国内经济为宗旨								
发行人	姓名	田季恒	年龄	五十四	性别	男	籍贯	上海市	住址 电话	成都路 149； 三二五四二
	履历	历任各大工厂公司主要职员，自办毛巾□□工厂，皆遭失败								
主编人	姓名	田季恒	年龄	五十四	性别	男	籍贯	上海市	住址 电话	同上
	履历	发行人兼任编辑								
发行所	名称	礼拜六报馆	地址电话		上海福煦路六〇四号；电话 33784					
印刷所	名称	中国科学印刷公司	地址电话		上海福煦路六四九号；电话 74487					
基金来源		全赖广告收入，订户、售报所得为正常收入								
经济状况		恰可周转，股份总额为法币念万元								
组织系统		依照《公司法》、股份有限公司规定组织，由董事会执行要务								
发行 数量	本埠	约三千份			总　　数		五千份			
	外埠	约二千份								
价　　目	零售	每份五十元（单位　）			批　　发		照定价七折每份□□（单位　）			
备　　注		（如系恢复发行者应将发行经过概况填入本栏） 本刊于民国二十六年八月十四日□至七〇三期止，因环境关系自动停刊，因为流动各 埠为数极多，交通阻断，遂即休止；幸获最后胜利，敌人届时投降，遂谋复刊，略尽宣 扬报导之天责，共向建国大道迈进；战前已蒙内政部颁给警字 1662 号登记证，中宣部 颁给文字第 50 号登记证，商标局发给第 19824 号注册证，准许专用								

负责人签名盖章　　田季恒

新闻纸杂志通讯社申请登记书

　　窃具呈人叶惠勋，在山东路二百四十四号代理发行处设立《影剧日报》，谨填具新闻纸杂志通讯社登记表一式四份，呈请鉴核，转呈内政部、中宣部核发登记证，实为德便。

　　谨呈上海市社会局

具呈人　　叶惠勋

三十四年十一月六日

上海市社会局报纸杂志通讯社申请登记表

民国三十四年十一月六日填造

名 称		影剧日报	有无关于党义党务或政治事项之登载		无	
刊 期		每日刊	首次发行日期		三十四年十二月一日	
			恢复发行日期		年 月 日	
宗 旨		报道影剧消息，刊载影剧理论与批评，为发展影剧事业尽一部分宣传责任				
发行人	姓名	叶惠勋	年龄	三十八	性别	男	籍贯	上海市	住址电话	广东路五十六弄十号
	履历	前私立上海文光中学高中毕业，曾任《新闻》《文汇》《大美》等各报记者，私立东昌小学校长，《申曲画报》《申曲剧讯》《申曲日报》等编辑，现任东方剧场沪剧团编辑								
主编人	姓名	叶峰	年龄	三十八	性别	男	籍贯	上海市	住址电话	同发行人
	履历	同发行人								
发行所	名称	影剧出版社（代理发行处中西书局）	地址电话		山东路二百四十四号	
印刷所	名称	江南印刷所	地址电话		天潼路七百六十五号	
基金来源		独资性质				
经济状况		以发行及广告为经常收入				
组织系统		分总务、编辑、广告、发行四部，由发行人总揽全权				
发行数量	本埠	二千份	总 数		二千五百份	
	外埠	五百份				
价 目	零售	二十元（单位一）	批 发		十三元三角二分（单位一）	
备 注		（如系恢复发行者应将发行经过概况填入木栏）				

负责人签名盖章 叶惠勋

新闻纸杂志通讯社申请登记书

窃具呈人龚之方，在上海设立《海风》，谨填具新闻纸杂志通讯社登记表一式四份，呈请鉴核，转呈内政部、中宣部核发登记证，实为德便。

谨呈上海市社会局

具呈人 龚之方

三十四年十一月十五日

上海市社会局报纸杂志通讯社申请登记表

民国三十四年十一月十五日填造

名 称		海风	有无关于党义党务或政治事项之登载						无		
刊 期		周刊	首次发行日期						三十四年十一月十七日		
			恢复发行日期						年 月 日		
宗 旨		刊载文艺小品，以发扬文化为主旨									
发行人	姓名	龚之方	年龄	三十五	性别	男	籍贯	上海	住址电话	巨籁达路七十六号	
	履历	曾任前《光复日报》总经理									
主编人	姓名	黄也白	年龄	三十四	性别	男	籍贯	常熟	住址电话	吕班路三十弄二十一号	
	履历	曾任前《正气报》总编辑									
发行所	名称	彭记书报社、新生书报社	地址电话			彭记：望本街新世界印社内（92782 转）新生：汉口路四六九号（96472 转）					
印刷所	名称	科学印刷公司	地址电话			上海福煦路六四九号；74486					
基金来源		合伙性质									
经济状况		根据预算可望略有盈余									
组织系统		设发行、编辑二科									
发行数量	本埠	五千份	总 数			七千份					
	外埠	二千份									
价 目	零售	一百元（单位一册）	批 发			七十元（单位一册）					
备 注		（如系恢复发行者应将发行经过概况填入本栏）									

负责人签名盖章　龚之方

新闻纸杂志通讯社申请登记书

窃具呈人卢一方，在牯岭路人安里念九号设立《海光》周刊，谨填具新闻纸杂志通讯社登记表一式四份，呈请鉴核，转呈内政部、中宣部核发登记证，实为德便。

谨呈上海市社会局

具呈人　卢一方

三十四年十一月廿七日

上海市社会局报纸杂志通讯社申请登记表

民国三十四年十一月廿七日填造

名　称		海光		有无关于党义党务或政治事项之登载			有		
刊　期		周刊		首次发行日期			年　　月　　日		
				恢复发行日期			年　　月　　日		
宗　旨		宣扬国策，促进文化							
发行人	姓名	卢一方	年龄	四十一	性别	男	籍贯	江苏无锡	住址电话	牯岭路延庆里四号；九六六六九号
	履历	曾任《时代日报》《华美晚报》等编辑							
主编人	姓名	同上	年龄		性别		籍贯		住址电话	
	履历	曾任《时代日报》《华美晚报》等编辑							
发行所	名称	大鹏书报社		地址电话		安庆路三五一弄九号；电话四〇八九九			
印刷所	名称	科学图书公司		地址电话		福煦路六四九号；电话七四四八七			
基金来源		完全自措							
经济状况		完全靠发行与广告收入，差可维持							
组织系统									
发行数量	本埠	3000 册			总　数		5000 册		
	外埠	2000 册							
价　目		零售		（单位　）	批　发			（单位　）	
备　注		(如系恢复发行者应将发行经过概况填入本栏)							

负责人签名盖章　卢一方

新闻纸杂志通讯社申请登记书

窃具呈人杨孝述，在福煦路六四九号设立《科学画报》，谨填具新闻纸杂志通讯社登记表一式四份，呈请鉴核，转呈内政部、中宣部核发登记证，实为德便。

谨呈上海市社会局

具呈人　杨孝述

卅四年十一月廿六日

上海市社会局报纸杂志通讯社申请登记表

民国卅四年十一月廿六日填造

名　称		科学画报			有无关于党义党务 或政治事项之登载			无		
刊　期		每月一期			首次发行日期			廿二年八月一日		
					恢复发行日期			年　月　日		
宗　旨		介绍新知识，普及科学								
发行人	姓名	杨孝述	年龄	五七	性别	男	籍贯	江苏 松江	住址 电话	亚尔倍路五三 三号七二五 五一
	履历	国立中央大学、交通大学教授，中国科学社总干事								
主编人	姓名	杨孝述	年龄	五七	性别	男	籍贯	江苏 松江	住址 电话	同上
	履历	同上								
发行所	名称	中国科学公司			地址电话		福煦路六四九号；电话七四四八七			
印刷所	名称	同上			地址电话		同上			
基金来源		中国科学社及中国科学公司合垫法币六千元（民国廿二年）								
经济状况		自给								
组织系统		总编辑兼发行人总理一切								
发行 数量	本埠	三千册			总　数		五千册			
	外埠	二千册								
价　目	零售	一百元（单位每册）			批　发		七十元（单位每册）			
备　注		（如系恢复发行者应将发行经过概况填入本栏） 本刊从未停刊，现已出版至第十二卷第二期，并曾在桂林出版，毁于战事								

负责人签名盖章　杨孝述

新闻纸杂志通讯社申请登记书

窃具呈人屠诗聘，在上海福州路三八四弄四号设立特写出版社，谨填具新闻纸杂志通讯社登记表一式四份，呈请鉴核，转呈内政部、中宣部核发登记证，实为德便。

谨呈上海市社会局

具呈人　屠诗聘

年　月　日

上海市社会局报纸杂志通讯社申请登记表

民国三十四年十一月廿七日填造

名　　称			特写图画杂志				有无关于党义党务或政治事项之登载			无	
刊　　期			月刊				首次发行日期			民国二十五年三月十五日	
							恢复发行日期			民国三十四年十一月一日	
宗　　旨			宣传文化，报道科学知识，介绍国际动态								
发行人	姓名	屠诗聘	年龄	卅九岁	性别	男	籍贯	浙江鄞县	住址电话	福州路三八四弄四号；九六四五二	
	履历	现任中国图书杂志公司经理									
主编人	姓名	薛志英	年龄	卅六岁	性别	男	籍贯	江苏吴县	住址电话	静安寺路一七六八号	
	履历	前《特写画报》编辑									
发行所	名称	中国图书杂志公司				地址电话		福州路三八四弄四号；电话九六四五二			
印刷所	名称	大美印刷所				地址电话		中正路十九号；电话八四〇八〇			
基金来源		发行人负责自筹，计国币五十万元整									
经济状况		发行人调度，依据第一期之收入总计国币一百零五万元，支出总计一百十八万元									
组织系统		分编辑与发行两组，各负专责									
发行数量	本埠	三千册				总　数		六千册			
	外埠	三千册									
价　　目	零售	国币三百元（单位每册）				批　发		照定价七折（单位　　）			
备　　注		（如系恢复发行者应将发行经过概况填入本栏）前期出版至十七期，因廿六年"八一三"战事爆发而停刊，民国廿五年向内政部登记，于同年十月领有登记证警字第五六三五号									

负责人签名盖章　屠诗聘

新闻纸杂志通讯社申请登记书

窃具呈人林显章，在上海南京路四二二号二楼三号设立大华出版社，谨填具新闻纸杂志通讯社登记表一式四份，呈请鉴核，转呈内政部、中宣部核发登记证，实为德便。

谨呈上海市社会局

具呈人　林显章

三十四年十二月十二日

上海市社会局报纸杂志通讯社申请登记表

民国 34 年 12 月 12 日填造

名 称	大华图画杂志	有无关于党义党务或政治事项之登载		无	
刊 期	每半月出版一期	首次发行日期		三十四年九月卅日	
		恢复发行日期		年 月 日	
宗 旨	宣传综合性报导照片及文字				
发行人 姓名	林显章 年龄 31 性别 男 籍贯 宁波			住址电话	94700; 南京路四二二号
履历	泰康药房经理				
主编人 姓名	马永华 年龄 29 性别 男 籍贯 苏州			住址电话	97695; 南京路四二二号
履历	明星影片公司照相师				
发行所 名称	大华发行所	地址电话		同上	
印刷所 名称	暂定科学公司	地址电话		74487	
基金来源	三十万元自资				
经济状况	每期印刷费等款三十五万元，每期发行收入四十三万五千元				
组织系统	经理一人、总务一人、编辑一人				
发行数量 本埠	1000 至 4000 本	总 数		5000 本	
外埠	500 至 2000 本				
价 目 零售	暂定百元（单位　）	批 发		七折多数（单位　）	
备 注	（如系恢复发行者应将发行经过概况填入本栏）				

负责人签名盖章　马永华

新闻纸杂志通讯社申请登记书

窃具呈人钟经奇，在沪设立《好莱坞电影画报》，谨填具新闻纸杂志通讯社登记表一式四份，呈请鉴核，转呈内政部、中宣部核发登记证，实为德便。

谨呈上海市社会局

具呈人　钟经奇

民国卅四年十二月十五日

民国卅四年十二月十五日填造

名 称		好莱坞电影画报	有无关于党义党务或政治事项之登载						无	
刊 期		半月刊	首次发行日期					民国卅四年十二月二十五日		
			恢复发行日期					年 月 日		
宗 旨		灌输艺术知识，努力中美文化交流								
发行人	姓名	钟经奇	年龄	二十八	性别	男	籍贯	宁波	住址电话	宁波路隆庆里四号协昌丝号；90855
	履历	前锋半月刊社推广部主任								
主编人	姓名	马博良	年龄	十八	性别	男	籍贯	广东	住址电话	威海卫路中社二八号房间
	履历	《前锋》半月刊及《小说月刊》主编								
发行所	名称	文汇书报社	地址电话			青海路七号				
印刷所	名称	中国科学图书仪器公司	地址电话			中正东路				
基金来源		私人集资二十五万元								
经济状况		每期支出二十五万元，收入约三十万元								
组织系统		社长以下分编辑部、业务部								
发行数量	本埠	2200 册			总 数			3000 册		
	外埠	800 册								
价 目	零售	一百五十元（单位每册）			批 发			七折（单位每册）		
备 注		（如系恢复发行者应将发行经过概况填入本栏）								

负责人签名盖章

新闻纸杂志通讯社申请登记书

窃具呈人姚戟楣，在上海设立小朋友杂志社，谨填具新闻纸杂志通讯社登记表一式四份，呈请鉴核，转呈内政部、中宣部核发登记证，实为德便。

谨呈上海市社会局

具呈人　姚戟楣

三十四年十二月　日

上海市社会局报纸杂志通讯社申请登记表

民国三十四年十二月　日填造

名　称		小朋友		有无关于党义党务或政治事项之登载				无		
刊　期		半月刊		首次发行日期				十一年三月　日		
				恢复发行日期				三十四年四月　日		
宗　旨		提倡儿童文艺，促进儿童心理健康，提高读书学习兴趣								
发行人	姓名	姚戟楣	年龄	四三	性别	男	籍贯	浙江杭县	住址电话	上海福州路中华书局；91160
	履历	中华书局协理								
主编人	姓名	陈伯吹	年龄	卅八	性别	男	籍贯	宝山	住址电话	上海澳门路中华书局编辑所；31152
	履历	中华书局编辑								
发行所	名称	中华书局		地址电话		上海福州路；91160				
印刷所	名称	中华书局		地址电话		上海澳门路；31152				
基金来源		由中华书局拨给								
经济状况		无问题								
组织系统		为中华书局附属之一部								
发行数量	本埠	四千			总　数			一万册		
	外埠	六千								
价　目	零售	每本＄48（单位　）			批　发			（单位　）		
备　注		（如系恢复发行者应将发行经过概况填入本栏）本刊原为周刊，初版于民国十一年三月，至二十六年抗战军兴，上海近郊陷敌，不克继续出版，乃暂告中止。本局总管理处于三十一年三月移设重庆，于三十四年四月在后复刊，以后方人力物力维艰，改为半月刊，以迄于今								

负责人签名盖章　姚戟楣

新闻纸杂志通讯社申请登记书

窃具呈人姚戟楣，在上海设立新中华杂志社，谨填具新闻纸杂志通讯社登记表一式四份，呈请鉴核，转呈内政部、中宣部核发登记证，实为德便。

谨呈上海市社会局

具呈人　姚戟楣

三十四年十二月　日

民国三十四年十二月　日填造

名　　称	新中华				有无关于党义党务或政治事项之登载			有		
刊　　期	半月刊				首次发行日期			二十二年一月　日		
					恢复发行日期			三十二年一月一日		
宗　　旨	发扬民族精神，灌输时代知识									
发行人	姓名	姚戟楣	年龄	四三	性别	男	籍贯	浙江杭县	住址电话	上海福州路中华书局；91160
	履历	中华书局协理								
主编人	姓名	姚绍华	年龄	四十	性别	男	籍贯	浙江金华	住址电话	重庆李子坝中华书局编辑所
	履历	中华书局编辑								
发行所	名称	中华书局			地址电话			上海福州路；91160		
印刷所	名称	中华书局			地址电话			上海澳门路；31152		
基金来源	由中华书局拨给									
经济状况	无问题									
组织系统	为中华书局附属之一部									
发行数量	本埠	四千			总　数			一万册		
	外埠	六千								
价　目	零售	每本$180（单位元）			批　发			（单位元）		
备　注	（如系恢复发行者应将发行经过概况填入本栏）本刊原为半月刊，初版于民国二十二年一月，至二十六年，因抗战军兴，上海近郊陷敌，不克继续出版，乃暂告中止。本局总管理处于三十一年三月移设重庆，经积极准备，于三十二年一月在后复刊，以后方人力物力维艰，改为月刊以迄于今，现拟恢复为半月刊									

负责人签名盖章　姚戟楣

（沪 Q1－6－694、695）

139. 上海市政府为转发《国情画报》登记证事训令上海市社会局

1946 年 3 月 26 日

令社会局：

案准内政部本年三月十一日渝警字第九八三号公函：为《国情画报》半月刊经与中

央宣传部会核，准予登记填证，函复查照转发。等由。附登记证一份。准此，合行检发原附件，令仰该局转发。

此令

附发登记证一份〈佚〉

市长　钱大钧

副市长　何德奎

（沪 Q6－12－103）

140. 上海市社会局为已依法办理登记事致上海画报社等证明书

1946 年 3 月 27 日

案据上海画报社、经济周报社呈，为便于向邮局申请挂号作为新闻纸类寄递，拟请发给证明文件。等情。据此，查该刊业经依法向本局办理登记手续，合亟予以证明如上。须至证明者。

右给上海画报社、经济周报社

局长　吴开○

副局长　童行○

（沪 Q6－12－13）

141. 王璞为《大都会画报》声请登记事呈北平市政府社会局文

（附新闻纸杂志登记声请书）

1946 年 3 月 28 日

为呈请组织大都会画报社事。窃商王璞今以资本二百万元，在内二区府右街李阁老胡同二号，组织大都会画报社，发行画报，内容系文艺、游艺综合刊物，每日出刊一张。理合呈请钧局核准，以便出刊，实为公便。

谨呈社会局

附新闻纸杂志登记声请书五张

大都会画报社王璞

名 称		大都会画报							
类 别		文艺、游艺综合刊		刊 期		日刊			
社务组织		本社分经理、编辑、营业、广告等四部							
资本数目		二百万元		经济状况		醵资合作			
发行所	名 称	《大都会画报》营业部		地 址		本社			
印刷所	名 称	新华印书馆		地 址		北平宣外西茶食胡同			

	姓名	发行人	编 辑 人						
发行人及编辑人	姓名	王璞	范铁铮	陆侠光	张宗炜	孙奎元			
	籍贯	河间	北平	北平	天津	天津			
	年龄	三十五	三十	三十二	二十九	三十二			
	学历	河北第二中学校	北平辅仁大学	北平华北中学	天津进修中学	天津进修中学			
	经历	曾任天津华新书局经理	曾任北平《剧世界》副社长	曾任前《平津晚报》记者	曾任天津《晶报》编辑	曾任天津《晶报》编辑			
	是否党员及党证字号								
	住所	北平府右街李阁老胡同二号本社	北平马市大街乙八号	北平外西安门内光明殿八号	北平府右街李阁老胡同二号本社	北平府右街李阁老胡同二号本社			
附 注									
考查意见		查该画报纯系文艺、游艺性质，是否允其出刊，拟请核定							
复核意见									

兹因发行，谨依《出版法》第十条之规定开具右列事项，声请登记。

谨呈北平市政府、［北平市］党部转呈中央宣传部、内政部

具声请书人　王璞

中华民国三十五年三月二十七日

（京 J2－4－494）

142. 天津市政府社会局为登记声请书已转呈事致重庆画报社代电

1946 年 3 月 30 日

天津重庆画报社鉴：

据送登记声请书声请备案出版等情。已据情转呈，电希查照。

天津市政府社会局〇〇印

（津 J25 - 3 - 6074）

143. 天津市政府社会局为《重庆画报》声请登记事
呈天津市政府文（附新闻纸杂志登记声请书）

1946 年 3 月 30 日

案据天津《重庆画报》社呈称：为创刊《重庆画报》，呈请准予备案，俾便出版事。窃民刘金亭，年三十九岁，本市人，历于事变前后在沪渝港等地服务于文化事业机关，迨抗战结束始返津籍。兹为使收复区一般人士明了抗战八年来领袖领导全国军民奋斗实况暨介绍大后方文化风俗时事新闻起见，拟于本市刊行《重庆画报》一种。内容除登载名人关于建国论作外，完全以纯正旨趣之文字图画，求增加国民高尚阅读意识，庶几发扬建国精神，以稍尽文化报国之使命。理合遵照出版规定，填具申请书五份，备文呈请鉴核，伏恳俯赐准予备案，俾便出版，实为感便。等情。据此，查原声请书所填各点与《修正出版法》及同法施行细则各规定尚无不合，理合检同原声请书三份，备文呈送，伏祈鉴核，俯赐存转。

谨呈市长张、副市长杜

附呈新闻纸杂志登记声请书三份

天津市政府社会局局长　胡梦华

新闻纸杂志登记声请书				
名　　称	重庆画报			
类　　别	杂志	刊　期	半月	
社务组织	独资			
资本数目	国币五十万元	经济状况	预计收支可以适合	
发行所	名　称	重庆画报社	地　址	第一区大沽路三十九号内一号
印刷所	名　称	大陆印刷所	地　址	第一区大沽路四十五号

	姓名	发行人	编 辑 人						
发行人及编辑人		刘金亭	孙捷						
	籍贯	天津	天津						
	年龄	三十九岁	三十岁						
	学历	香港商专毕业	大道学院国文系毕业						
	经历	曾任《上海日报》编辑，事变后赴重庆任华南印刷公司董事会秘书，继任驻港、沪购买处主任	曾任陆军四十一师上尉书记，《襄郧日报》驻老河口特约记者，天津《大北报》编辑兼漫画主任						
	是否党员及党证字号								
	住所	第一区大沽路三十九号内	第一区大沽路三十九号内						
附 注									
考查意见		查书填各点，与《修正出版法》及同法施行细则各规定尚无不合，拟请准予核转							
复核意见									

兹因发行，谨依《出版法》第十条之规定开具右列事项，声请登记。

谨呈天津市政府社会局转呈天津市政府、内政部、中央宣传部

具声请书人　重庆画报社刘金亭

中华民国三十五年三月十九日

（津 J2-3-8275）

144. 上海市社会局为《新华日报》等二十一家申请书转咨事呈上海市 政府文（附申请登记之新闻纸杂志通讯社一览表）（节选）

1946 年 4 月 1 日

案据《新华日报》《中华时报》等二十一家填具新闻纸什志通讯社登记申请书各一式四份呈送前来，业经本局审核尚无不合，除各抽存一份备查外，理合检同该项申请书二十一家计六十三份备文呈送，仰祈鉴核并转咨内政部核发登记证以凭转发。

谨呈上海市市长钱、副市长何

附呈《新华日报》等一览表一份、申请书二十一家计六十三份

上海市社会局局长　吴开先

申请登记之新闻纸杂志通讯社一览表

卅五年□月二十八日转呈市政府（第六批）

名　称	类　别	刊　物	发行人	地　址
新华日报	新闻纸	日刊	潘梓年	静安寺路五七八号内二○一室
中华时报	新闻纸	日刊	左舜生	南京路二四三号
上海夜报	新闻纸	日刊	郑子良	北河南路民国日报社内
七重天	杂志	周刊	章秀珊	白克路侯在里八号
文献	杂志	月刊	严恩波	中山东二路八号三楼
中国古典戏剧	杂志	月刊	蒋正豪	北河南路图南里一七号
七日谈	杂志	周刊	唐云旌	派克路二一号
海潮	杂志	周刊	梅无瑕	英士路仁里四七号
情报	杂志	周刊	吴启堂	□□路□福里一号
幸福生活	杂志	周刊	毛独时	虹□□一八一号
是非周刊	杂志	周刊	童襄	福州路三三号
海燕周报	杂志	周刊	顾戈	南京西路□六弄□二号
科学	杂志	月刊	杨孝述	陕西南路五三三号
中外春秋沪版	杂志	周刊	章苍萍	北四川路横滨路口八○六号
地方自治	杂志	月刊	黄应南	南京路哈同大楼一四号
图文	杂志	周刊	沈秋雁	宁波路四七号一○一号
晨光周刊	杂志	周刊	卢一方	□□□路三五一弄九号
实用英文中级版	杂志	半月刊	韦荣	江湾李巷一八号

名 称	类 别	刊 物	发行人	地 址
实用英文高级版	杂志	月刊	韦荣	江湾李巷一八号
人民通讯社	通讯稿	每日	邱直青	北京西路黄家沙花园路二四号
征信新闻	通讯稿	每日	刁民仁	圆明园路八号六楼

以上共计二十一家

新闻纸杂志登记声请书

名 称	图文			
类 别	杂志	刊 期	周刊	
社务组织	合伙组织			
资本数目	三百万元	经济状况		
发行所　名 称	图文社	地 址	宁波路 47 号 102 室	
印刷所　名 称	科学印刷公司	地 址	福煦路 649 号	

发行人及编辑人		发行人	编 辑 人					
	姓名	沈秋雁	王哲					
	籍贯	枫泾	宁波					
	年龄	四二	卅三					
	学历	正风文学院	东吴文科					
	经历	历任沪港桂渝报社社长、经理	《大美画报》助理编辑					
	是否党员及党证字号	特字七四七七二号	非党员					
	住所	牯岭路人安里三十三号	宁波路 47 号 102 室					

附 注	
考查意见	核与《出版法》规定尚合，拟准予转呈
复核意见	与考查意见同

兹因发行　　　　，谨依《出版法》第九条及同法施行细则第九条之规定开具右列事项，声请登记。

谨呈上海市社会局

具声请书人　图文社

发行人　沈秋雁

中华民国　年　月　日

新闻纸杂志登记声请书

名　称		海潮周报						
类　别		杂志		刊　期		周刊		
社务组织		合资性质						
资本数目		一百万元		经济状况		靠发行广告收入		
发行所	名　称	正美出版社		地　址		英士路仁里四七号		
印刷所	名　称	新新印刷所		地　址		牯岭路六四号		
发行人及编辑人	姓名	发行人	编　辑　人					
		梅无瑕	陈斐					
	籍贯	江苏省松江县	浙江省鄞县					
	年龄	卅四	卅五					
	学历	浦东中学毕业	青年中学毕业					
	经历	前《申报》记者，抗战期中担任上海□□部新闻宣传组主干	前《好莱坞日报》编辑					
	是否党员及党证字号	已登记	否					
	住所	金陵中路一一二弄二号	天潼路七〇三号					
附　注								
考查意见		该刊经查内容尚可，登记手续亦合，拟准予转呈						
复核意见		转部						

兹因发行《海潮周报》，谨依《出版法》第九条及同法施行细则第九条之规定开具右列事项，声请登记。

谨呈上海市社会局

具声请书人　海潮周报社

发行人　梅无瑕

中华民国三十五年三月十四日

<table>
<tr><td colspan="7" align="center">**新闻纸杂志登记声请书**</td></tr>
<tr><td colspan="2" align="center">名　　称</td><td colspan="5">中国古典戏剧</td></tr>
<tr><td colspan="2" align="center">类　　别</td><td>杂志</td><td align="center">刊　　期</td><td colspan="3" align="center">月刊</td></tr>
<tr><td colspan="2" align="center">社务组织</td><td colspan="5">本社设社长一人，下设发行、编辑、会计、广告四部，□置主任一人、干事若干人</td></tr>
<tr><td colspan="2" align="center">资本数目</td><td colspan="2">国币一百万元</td><td align="center">经济状况</td><td colspan="2"></td></tr>
<tr><td>发行所</td><td align="center">名　　称</td><td colspan="2">集成印刷所</td><td align="center">地　　址</td><td colspan="2">北河南路图南里 17 号</td></tr>
<tr><td>印刷所</td><td align="center">名　　称</td><td colspan="2">同上</td><td align="center">地　　址</td><td colspan="2">同上</td></tr>
<tr><td rowspan="16" align="center">发行人及编辑人</td><td rowspan="2" align="center">姓名</td><td align="center">发行人</td><td colspan="5" align="center">编　辑　人</td></tr>
<tr><td>蒋正豪</td><td>黄延元</td><td>徐文□</td><td>黄斯璘</td><td>陈锡</td><td></td><td></td></tr>
<tr><td align="center">籍贯</td><td>浙江定海</td><td>安徽休宁</td><td>浙江吴兴</td><td>安徽休宁</td><td>江苏</td><td></td><td></td></tr>
<tr><td align="center">年龄</td><td>廿五</td><td>廿八</td><td>廿四</td><td>廿三</td><td>廿二</td><td></td><td></td></tr>
<tr><td align="center">学历</td><td>雷氏德工学［院］毕业</td><td>雷氏德工学院毕业</td><td>震旦女子文理学院毕业</td><td>复旦大学中文系毕业</td><td>震旦女子文理学院毕业</td><td></td><td></td></tr>
<tr><td align="center">经历</td><td>□□□助教一年，□□金厂一年，SKF钢珠轴领公司技师</td><td>惠群女中教员年，大陆铁厂技师一年，《大学季刊》编辑</td><td>震旦附中教员</td><td>复旦中学民主女中教员</td><td>震旦附中教员</td><td></td><td></td></tr>
<tr><td align="center">是否党员及党证字号</td><td>否</td><td>否</td><td>否</td><td>否</td><td>否</td><td></td><td></td></tr>
<tr><td align="center">住所</td><td>圆明园路55号光成贸易公司</td><td>金陵东路389弄1号</td><td>福煦路632弄105号</td><td>金陵东路389弄1号</td><td>金神文路花园坊23号</td><td></td><td></td></tr>
<tr><td colspan="2" align="center">附　　注</td><td colspan="6"></td></tr>
<tr><td colspan="2" align="center">考查意见</td><td colspan="6">该刊以发扬国剧，提高观众水准为宗旨，登记手续尚合，拟准予转呈</td></tr>
<tr><td colspan="2" align="center">复核意见</td><td colspan="6">与考察意见同</td></tr>
</table>

兹因发行《中国古典戏剧》，谨依《出版法》第九条及同法施行细则第九条之规定开具右列事项，声请登记。

谨呈上海市社会局

具声请书人　中国古典戏剧月刊社

发行人　蒋正豪

中华民国三十五年三月七日

（沪 Q1－6－696）

145. 联合画报社为声请登记事致上海市政府函 （附新闻纸杂志登记声请书）

1946 年 4 月 2 日

前蒙函示，嘱另填登记表格。兹将该表四份填就奉上，祈查收，速代转呈为荷。

此致上海市社会局

附登记表四份

联合画报社启

新闻纸杂志登记声请书

名　称		联合画报							
类　别		杂志		刊　期		周刊			
社务组织		采社长制，下编辑、经理二部							
资本数目		二千万元		经济状况		独资			
发行所	名　称	本报		地　址		上海外百〔白〕渡桥百老汇大厦			
印刷所	名　称	美灵登公司		地　址		香港路一一六号			
发行人及编辑人	姓名	发行人	编　辑　人						
		舒宗侨	舒宗侨	张文元					
	籍贯	湖北	湖北	江苏					
	年龄	卅四	卅四	卅八					
	学历	复旦大学毕业	复旦大学毕业	漫画					

发行人及编辑人	经历	《中央日报》、《扫荡报》、塔斯社编辑主任，美国新闻处画报部主任，国立复旦大学新闻学院教授	政治部、中央民教馆、美国新闻处艺术工作			
	是否党员及党证字号	特字五六七三〇号				
	住所	上海亚尔培路三五一弄内五号	上海香山路十一号			
附　注						
考查意见		该刊迁沪出版，重行登记，拟准予转呈				
复核意见						

兹因发行《联合画报》，谨依《山版法》第九条及同法施行细则第九条之规定开具右列事项，声请登记。

谨呈上海市社会局

具声请书人　联合画报社

发行人　舒宗侨

中华民国三十五年三月廿五日

（沪 Q6 - 12 - 149）

146. 上海市政府为《世界晨报》等六十九家登记声请查核办理事致内政部咨

1946 年 4 月 3 日

案据本市社会局一月二十四日呈称（照叙原文）。等情。附《世界晨报》等登记申请书六十九份。据此，经核所呈各报社申请书与《出版法》所规定格式不符，将原件发还，饬即依照规定重行办理去后。兹据复称，以本登记表格式（云云）。叙请转咨内政部核发登记证。等情。前来。除将申请书抽存一份备查外，相应检送原附件，咨请查核办理见复为荷。

此咨内政部

附《世界晨报》等申请书六十九份〈佚〉

市长　钱○○

副市长　何○○

（沪 Q1‐6‐695）

147. 天津市政府社会局职员朱孔璋为召谈考查
袁润之事签呈科长并转呈局长文

1946 年 4 月 3 日

查该声请人经召谈考查，结果其思想确系纯正，所呈声请书拟予核转。
谨上科长陈转呈局长胡

职　朱孔璋

（津 J25‐3‐6069）

148. 上海市社会局为发行《香海画报》召集询问事
通知上海出版社周祖成

1946 年 4 月 4 日

为通知事。查该社申请发行《香海画报》事件，本局定于四月九日下午二时召集询问，仰即推定负责代表一人，随带本通知书准时报到，听候询问，切勿延误为要。

局长　吴开先

副局长　童行白

（沪 Q6‐12‐83）

149. 上海出版社为发行《上海画报》事呈上海市社会局登记声请书

1946 年 4 月 5 日

新闻纸杂志登记声请书			
名　　称	上海画报		
类　　别	杂志	刊　　期	周报

社务组织	分经理部、编辑部								
资本数目	五百万元		经济状况	以发行为挹注					
发行所	名　称	上海出版社		地　址	南京路新大祥大楼二一六号				
印刷所	名　称	美灵登印刷所		地　址	香港路一一七号				

		发行人	编　辑　人						
发行人及编辑人	姓名	周祖成	陈心纯						
	籍贯	上海	杭县						
	年龄	三十四	三十六						
	学历								
	经历								
	是否党员及党证字号	否	否						
	住所	茂名北路一百十一弄六号	茂名北路一百十一弄六号						
附　　注									
考查意见									
复核意见									

兹因发行《上海画报》，谨依《出版法》第九条及同法施行细则第九条之规定开具右列事项，声请登记。

谨呈上海市社会局

具声请书人　上海出版社

发行人　周祖成

中华民国三十五年四月五日

（沪 Q6 - 12 - 13）

150. 上海市社会局为证明已依法办理登记手续事
致人民世纪周刊社等三家证明书

1946 年 4 月 6 日

案据人民世纪周刊社、商业新闻社、大华图画什志社呈为便于向邮局申请挂号作为新闻纸类寄递，拟请发给证明文件。等情。据此，查该刊业经依法向本局办理登记手续，合亟予以证明如上。须至证明者。

右给人民世纪周刊社、商业新闻社、大华图画什志社

局长　吴开〇

副局长　童行〇

（沪 Q6 - 12 - 19）

151. 上海市政府为《新华日报》等二十一家申请书审核事致内政部咨

1946 年 4 月 9 日

案据本市社会局呈送《新华日报》等二十一家申请书请核转。等情。附呈一览表一份，申请书六十三份。据此，查其中《新华日报》一家申请书漏填发行人及编辑人经历，《晨光周刊》《七重天周报》二家申请书漏填是否党员及党证字号一栏，当经发还转饬补填。所有《科学杂志》等十八家经依法复核填具复核意见，除将申请书各抽存一份备查外，相应检同一览表一份、申请书十八家三十六份咨请查照办理见复为荷。

此咨内政部

计咨送一览表一份、申请书三十六份〈佚〉

市长　钱〇〇

副市长　何〇〇

（沪 Q1 - 6 - 696）

152. 林显章为《至尊画报》登记事呈上海市社会局
新闻纸杂志登记声请书

1946 年 4 月 10 日

<table>
<tr><td colspan="8" align="center">新闻纸杂志登记声请书</td></tr>
<tr><td align="center">名　称</td><td colspan="7" align="center">至尊画报</td></tr>
<tr><td align="center">类　别</td><td colspan="2" align="center">半月刊</td><td align="center">刊　期</td><td colspan="4" align="center">每月五日、二十日</td></tr>
<tr><td align="center">社务组织</td><td colspan="7">经理一人，编辑二人</td></tr>
<tr><td align="center">资本数目</td><td colspan="3">二百万</td><td align="center">经济状况</td><td colspan="3"></td></tr>
<tr><td align="center">发行所</td><td align="center">名　称</td><td colspan="2">国际书报社</td><td align="center">地　址</td><td colspan="3">福州路</td></tr>
<tr><td align="center">印刷所</td><td align="center">名　称</td><td colspan="2">科学公司</td><td align="center">地　址</td><td colspan="3">福煦路</td></tr>
<tr><td rowspan="8" align="center">发行人及编辑人</td><td rowspan="2" align="center">姓名</td><td align="center">发行人</td><td colspan="5" align="center">编　辑　人</td></tr>
<tr><td align="center">林显章</td><td align="center">马永华</td><td align="center">张君勉</td><td></td><td></td><td></td></tr>
<tr><td align="center">籍贯</td><td align="center">浙江</td><td align="center">吴县</td><td align="center">上海</td><td></td><td></td><td></td></tr>
<tr><td align="center">年龄</td><td align="center">三十一</td><td align="center">三十</td><td align="center">二十七</td><td></td><td></td><td></td></tr>
<tr><td align="center">学历</td><td align="center">宁波中学</td><td align="center">振声中学</td><td align="center">□学毕业</td><td></td><td></td><td></td></tr>
<tr><td align="center">经历</td><td align="center">泰康药房经理</td><td align="center">明星影片公司</td><td align="center">新华影片公司</td><td></td><td></td><td></td></tr>
<tr><td align="center">是否党员及党证字号</td><td align="center">否</td><td align="center">否</td><td align="center">否</td><td></td><td></td><td></td></tr>
<tr><td align="center">住所</td><td align="center">南京路422号</td><td align="center">同上</td><td align="center">同上</td><td></td><td></td><td></td></tr>
<tr><td align="center">附　注</td><td colspan="7"></td></tr>
<tr><td align="center">考查意见</td><td colspan="7"></td></tr>
<tr><td align="center">复核意见</td><td colspan="7"></td></tr>
</table>

　　兹因发行　　　　，谨依《出版法》第九条及同法施行细则第九条之规定开具右列事项，声请登记。

　　谨呈上海市社会局

具声请书人　马永华

发行人　林显章

中华民国三十五年四月十日

（沪 Q6－12－103）

153. 天津市政府社会局为《中华晚报》声请登记事呈天津市政府文

1946 年 4 月 11 日

案据天津《中华晚报》发行人袁润之呈称：为呈送事。云云。实为德便。等情。并附登记声请书五份。据此，查声请书所填各点核与《修正出版法》及同法施行细则各规定尚无不合，理合检同原书三份，备文呈送，仰祈鉴察核转。

谨呈市长张、副市长杜

附呈登记声请书三份〈佚〉

天津市政府社会局局长　胡梦华

（津 J25－3－6069）

154. 天津市政府为《重庆画报》声请登记查核事致内政部咨暨指令天津市政府社会局

1946 年 4 月 12 日

案据社会局会文字第二六〇号呈称：案据天津《重庆画报》社呈称：呈为创刊《重庆画报》，呈请准予备案，俾便出版事。云云。伏祈鉴核，俯赐存转。等情。附登记声请书三份。据此，除指令并抽存原登记声请书一份备查外，相应检同原登记声请书二份，咨请查核办理。

此咨内政部

附登记声请书二份〈佚〉

令社会局：

呈一件，为据《重庆画报》拟于本市创刊，请准备案，俾便出版。等情。理合检同声请书，呈请核转由。呈件均悉。已咨请内政部核办，附件分别存转。

此令

（津 J2－3－8275）

155. 上海市社会局为询问调解事通知《至尊画报》

1946 年 4 月 12 日

为通知事。查《至尊画报》事件，本局定于四月十八日上午十时召集询问调解，仰即推定负责代表二人，随带本通知书准时报到，听候询问调解，切勿延误为要。

局长　吴开先

副局长　童行白

（沪 Q6‑12‑103）

156.《戏剧画报》为声请登记事呈上海市社会局新闻纸杂志登记声请书

1946 年 4 月 12 日

<table>
<tr><th colspan="8" style="text-align:center">新闻纸杂志登记声请书</th></tr>
<tr><td colspan="2">名　　称</td><td colspan="6">戏剧画报</td></tr>
<tr><td colspan="2">类　　别</td><td colspan="2">周刊</td><td>刊　期</td><td colspan="3">每星期一次</td></tr>
<tr><td colspan="2">社务组织</td><td colspan="6">（独资）内分编辑、发行、广告三部</td></tr>
<tr><td colspan="2">资本数目</td><td colspan="2">二百万元</td><td>经济状况</td><td colspan="3">以广告、发行收入维持一切开支</td></tr>
<tr><td colspan="2">发行所</td><td>名　称</td><td>戏剧出版社</td><td>地　址</td><td colspan="3">港口路四五七弄一二一号</td></tr>
<tr><td colspan="2">印刷所</td><td>名　称</td><td>大森印务局</td><td>地　址</td><td colspan="3">甘肃路二一七弄四号</td></tr>
<tr><td rowspan="9">发行人及编辑人</td><td rowspan="2">姓名</td><td>发行人</td><td colspan="5" style="text-align:center">编　辑　人</td></tr>
<tr><td>林逸云</td><td>林逸云</td><td></td><td></td><td></td><td></td></tr>
<tr><td>籍贯</td><td>浙江镇海</td><td>浙江镇海</td><td></td><td></td><td></td><td></td></tr>
<tr><td>年龄</td><td>三九</td><td>三九</td><td></td><td></td><td></td><td></td></tr>
<tr><td>学历</td><td>惜阴中学毕业</td><td>惜阴中学毕业</td><td></td><td></td><td></td><td></td></tr>
<tr><td>经历</td><td>曾任《罗宾汉》记者</td><td>曾任《罗宾汉》记者</td><td></td><td></td><td></td><td></td></tr>
<tr><td>是否党员及党证字号</td><td>否</td><td>否</td><td></td><td></td><td></td><td></td></tr>
<tr><td>住所</td><td>甘肃路二一二号</td><td>甘肃路二一二号</td><td></td><td></td><td></td><td></td></tr>
</table>

附　　注	
考查意见	该刊以登载戏剧消息为主，登记手续尚合，拟准予转呈
复核意见	

　　兹因发行《戏剧画报》，谨依《出版法》第九条及同法施行细则第九条之规定开具右列事项，声请登记。

　　谨呈上海市社会局

具声请书人　戏剧出版社

发行人　林逸云

中华民国卅五年四月十二日

（沪 Q6 - 12 - 151）

157. 芝兰画报社为《芝兰画报》声请登记事呈上海市社会局
新闻纸杂志登记声请书

1946 年 4 月 13 日

<table>
<tr><td colspan="8" align="center">新闻纸杂志登记声请书</td></tr>
<tr><td colspan="2" align="center">名　　称</td><td colspan="6" align="center">芝兰画报</td></tr>
<tr><td colspan="2" align="center">类　　别</td><td colspan="2" align="center">文艺漫画</td><td align="center">刊　期</td><td colspan="3" align="center">十日刊</td></tr>
<tr><td colspan="2" align="center">社务组织</td><td colspan="6">本社设社长一人，总理全社事务，下设总务、编辑、发行三部，各设主任一人分掌各该部事务</td></tr>
<tr><td colspan="2" align="center">资本数目</td><td colspan="2" align="center">三百万元</td><td align="center">经济状况</td><td colspan="3">本社每十天出版一期，每期实印一万份，□□□□□□，共二百七十万元</td></tr>
<tr><td align="center">发行所</td><td align="center">名　称</td><td colspan="2">芝兰画报社</td><td align="center">地　址</td><td colspan="3">江西路三六七号五〇一室；电话一一六六七号</td></tr>
<tr><td align="center">印刷所</td><td align="center">名　称</td><td colspan="2">中国科学公司</td><td align="center">地　址</td><td colspan="3">福煦路六四九号</td></tr>
<tr><td rowspan="6" align="center">发行人及编辑人</td><td rowspan="2" align="center">姓名</td><td align="center">发行人</td><td colspan="5" align="center">编　辑　人</td></tr>
<tr><td align="center">李维</td><td align="center">吴聘儒</td><td align="center">王牧野</td><td align="center">周月泉</td><td></td><td></td></tr>
<tr><td align="center">籍贯</td><td align="center">上海</td><td align="center">四川</td><td align="center">苏州</td><td align="center">无锡</td><td></td><td></td></tr>
<tr><td align="center">年龄</td><td align="center">三〇</td><td align="center">四二</td><td align="center">三五</td><td align="center">三七</td><td></td><td></td></tr>
<tr><td align="center">学历</td><td align="center">南方大学毕业</td><td align="center">之江大学毕业</td><td align="center">上海美专毕业</td><td align="center">苏州美专毕业</td><td></td><td></td></tr>
</table>

发行人及编辑人	经历	《华美晚报》编辑，大同出版公司经理，《胜利画报》发行、编辑	美报驻沪记者，杭州《东南日报》编辑	明星影片公司	《大美早报》图画编辑		
	是否党员及党证字号	否	否	否	否		
	住所	新闸路有余里三号	安南路二〇弄一四号	南市福佑路三〇七弄四号	戈登路一三三五弄二〇号		
附　注							
考查意见		该刊以文艺漫画为主，拟准予转呈					
复核意见							

兹因发行《芝兰画报》，谨依《出版法》第九条及同法施行细则第九条之规定，开具右列事项，声请登记。

谨呈上海市社会局

具声请书人　芝兰画报社

发行人　李维

中华民国三十五年四月十三日

（沪 Q6 - 12 - 67）

158. 张瑞亭为《星期六画报》声请登记并先行出版事呈天津市政府社会局文

1946 年 4 月 15 日

呈为遵照《出版法》发行《星期六画报》，恳请鉴核，批准先行出版事。窃查津市自胜利以还，文化事业日见进展，一般社会人士对于文艺、美术、摄影及影剧批评等颇为需要，因联合同志，招集资本国币一百万元编印《星期六画报》，每逢星期六日出版一次。遵照《出版法》第一章第二条杂志之规定，内容注重宣扬党义、发展文化、灌输知识、提倡美术，填具登记声请书，恳祈核转，填发登记证。在声请核准未领到登记证以前，并遵照《出版法施行细则》第十七条之规定，只请准予先行出版，除填送声请书外，理合具文，呈请鉴核批准遵行。

　　谨呈天津市政府社会局局长胡

　　附声请书五纸

《星期六画报》发行人　张瑞亭谨呈

住址　第一区桃山街（旧）三号

新闻纸杂志登记声请书								
名　称	星期六画报							
类　别	综合杂志			刊　期	每逢星期六日出版一次			
社务组织	社长以下分编辑、采访、营业、经理四部							
资本数目	国币一百万元			经济状况				
发行所	名　称	星期六画报社		地　址	天津市第一区旧桃山街三号			
印刷所	名　称	《中华日报》印刷部		地　址	天津市第一区旧福岛街四一号			

发行人及编辑人	姓名	发行人	编　辑　人						
		张瑞亭	郑启文	王立臣	李伍文	黄冰	陈文焕	王子民	
	籍贯	天津	湖北	太原	天津	广东	天津	天津	
	年龄	二十八	三十二	二十四	二十七	二十一	三十	三十二	
	学历	中国大学文学院毕业	中国大学毕业	西北农学院肄业	中国大学肄业	浙江中学校毕业	河北省立第一中学校毕业	平民大学毕业	
	经历	市立第六十六小学校教务主任、天津《中华日报》记者	国立北大助教、天津《中华日报》记者		海风社编辑、天津《中华日报》记者	《青年魂》编辑	《三津报》编辑	天津《商业日报》记者	
	是否党员及党证字号								
	住所	天津市河北三经路心田西里十七号	天津市南门西域台子胡同十六号	天津市第一区多伦道四一号	天津市大胡同内蓝家胡同一号	天津市第六区恒余里十六号	天津市第一区多伦道四一号	天津市南市荣业大街庆记大楼三十六号	

附　　注	
考查意见	查声请书所填各点，核与《修正出版法》及同法施行细则尚无不合，拟请准予核转
复核意见	

兹因发行，谨依《出版法》第十条之规定开具右列事项，声请登记。

谨呈天津市政府社会局转呈天津市政府、内政部、中央宣传部

具声请书人　天津星期六画报社张瑞亭

中华民国三十五年四月十五日

（津 J25 - 3 - 6132）

159. 上海市政府为《新华日报》等二十一家申请书审核事
指令上海市社会局

1946 年 4 月 15 日

令本市社会局：

　　卅五四月二日市社（35）福二字第三七五二号呈一件，为呈送《新华日报》等二十一家申请书祈核转由。呈及附件均悉。查申请书中《新华日报》一家漏填发行人及编辑人经历，《晨光周刊》《七重天周报》二家漏填是否党员及党证字号一栏，除其余十八家依法复核、分别存转外，合行发还《新华日报》等三家申请书九份，令仰该局遵照转饬补填呈核。

　　此令

　　发还《新华日报》等三家申请书九份〈佚〉

（沪 Q1 - 6 - 696）

160. 《艺海画报》为声请登记事呈上海市社会局新闻纸杂志登记声请书

1946 年 4 月 15 日

新闻纸杂志登记声请书			
名　　称	艺海画报		
类　　别	杂志	刊　　期	周刊

社务组织	分编辑、总务、营业三部，由经理管理之			
资本数目	一百万元		经济状况	由京戏院津贴
发行所	名　称	世界出版社	地　　址	牛庄路七〇四号
印刷所	名　称	《改造日报》承印部	地　　址	汤恩路一号

	姓名	发行人	编　辑　人					
发行人及编辑人		沈琪	应钧	金陵				
	籍贯	江苏吴江	浙江定海	江苏吴县				
	年龄	卅一	廿五	廿六				
	学历	敬业中学肄业	华华中学毕业	东吴大学肄业				
	经历	前《正言报》编辑	《前线日报》编辑	《生活画报》编辑				
	是否党员及党证字号	否	否	否				
	住所	复兴中路129弄四号	芜湖路74号	北京东路780号				

附　　注	以宣传戏剧、电影为宗旨，绝不涉及政治时事及社会新闻
考查意见	该刊以宣传戏剧、电影为宗旨，登记手续尚合，拟准予转呈
复核意见	

　　兹因发行《艺海画报》，谨依《出版法》第九条及同法施行细则第九条之规定开具右列事项，声请登记。

　　谨呈上海市社会局

具声请书人　世界出版社

发行人　沈琪

中华民国三十五年四月十五日

（沪 Q6－12－155）

161. 上海市社会局为发行画报申请登记未便照准事批复上海出版社

1946 年 4 月 16 日

具呈人上海出版社呈表二件，为发行《香海画报》及《上海画报》请予登记由。呈表悉。来表未据详填，该社又无确定地址，所请登记一节，未便照准。

此批

表存

局长　吴开〇

副局长　童行〇

（沪 Q6‑12‑83）

162. 上海市社会局为《工商新闻》等三十家申请书转咨事
呈上海市政府文（附申请登记之新闻纸杂志通讯社一览表及
新闻纸杂志登记声请书）（节选）

1946 年 4 月 17 日

据《工商新闻》等三十家填具新闻纸什志登记声请书各一式四份，呈送前来，业经本局审核尚无不合，除各抽存一份备查外，理合检同该项登记表三十家九十份备文呈送，仰祈鉴核并转咨内政部核发登记证，以凭转发。

谨呈上海市市长钱、副市长何

附呈工商新闻等卅家一览表一份，申请书九十份

上海市社会局局长　吴开先

申请登记之新闻纸杂志通讯社一览表				
				三十五年四月□日转呈市政府（第七批）
名　称	类　别	刊　期	发行人	发 行 所 地 址
工商新闻上海版	新闻纸	日刊	张常人	静安寺路七八号一楼
新民报	新闻纸	日刊	陈铭德	圆明园路五〇号
上海晚报	新闻纸	日刊	章苍萍	北四川路虹江支路八〇号
商务报	新闻纸	日刊	杨培新	露香园路仁安里七号
联合日报	新闻纸	日刊	刘京棋	中正东路一七二号

名　　称	类　别	刊　期	发行人	发行所地址
联合日报晚刊	新闻纸	日刊	王纪华	中正东路一七二号
新浦东报	新闻纸	周刊	王良仲	中正路浦东大厦三一〇室
上海各货运□□	新闻纸	日刊	段鼎勋	四川南路二五弄一号
文饭	杂志	周刊	徐庆华	六合路八一号二〇六号
战后半月刊	杂志	半月刊	沈惟泰	福州路一二〇号二楼一〇七号
万象	杂志	周刊	沈东海	福州路世界里六号
大□	杂志	周刊	邵协华	汉口路六九三号
人民世纪	杂志	周刊	储裕生	卡德路德义大楼一楼
快活林周刊	杂志	周刊	邓荫先	牯岭路人安里一二号
读经会报	杂志	季刊	陆思诚	圆明园路一六九号四一二室
救星	杂志	月刊	徐台扬	五原路七一号
沪星周报	杂志	周刊	姚仲	南京西路九六弄Ｆ二号
香雪海周刊	杂志	周刊	陶元琳	愚园路地丰里一号
茶话	杂志	月刊	陆守伦	宁波路四七〇弄四号
国际贸易半月刊	杂志	半月刊	邱良荣	广东路八六号
沪光周报	杂志	周刊	庄凤侣	南京西路九六弄Ｆ二号
联合画报	杂志	周刊	舒宗侨	外白渡桥百老汇大厦
上海工商月刊	杂志	月刊	王南山	金陵路卜邻里八号
春海周刊	杂志	周刊	于味青	愚园路地丰里一号
评论报	杂志	周刊	楼兆揭	海格路一二九弄二四号
时代风周报	杂志	周刊	康治杰	南京路慈淑大楼五四一号
星光周报	杂志	周刊	高德生	山东路二二一号
联合周报	杂志	周刊	王纪华	中正东路一七二号
大陆通讯社	通讯稿	每日	张正炜	南京西路九六弄Ｆ二号
中国经济通讯社	通讯稿	每日	沈秋雁	四川路三三号二一五号

以上共计三十家

新闻纸杂志登记声请书					
名　称	文饭				
类　别	杂志	刊　期	周刊（星期四）		
社务组织	出版、编辑、发行、广告				
资本数目	二百万	经济状况	合作		
发行所	名　称	大效公司	地　址	六合路八一号二〇六号	
印刷所	名　称	美灵登公司	地　址	香港路一一七号	

发行人及编辑人	姓名	发行人	编　辑　人				
		徐庆华	叶逸芳				
	籍贯	上海市	鄞县				
	年龄	四一	三二				
	学历	聂中承公学中学毕业	私塾				
	经历	大效公司经理	艺华影片公司宣传部主任				
	是否党员及党证字号	否	否				
	住所	愚园路一二六三弄一九号	愚园路兆丰村廿二号				

附　注	
考查意见	该刊内容尚可，登记手续亦合，拟准予转呈
复核意见	咨部

　　兹因发行　　　，谨依《出版法》第九条及同法施行细则第九条之规定开具右列事项，声请登记。

　　谨呈上海市社会局

具声请书人　文饭周报社

发行人　徐庆华

中华民国　年　月　日

新闻纸杂志登记声请书

名　　称	万象		
类　　别	杂志	刊　期	周刊
社务组织	暂设编辑人兼发行人一人（独资）		
资本数目	二百万元	经济状况	独资，收支相抵

发行所	名　称	中央书店	地　址	福州路世界里六号
印刷所	名　称	美灵登公司	地　址	香港路一一七号

	姓名	发行人	编　辑　人					
发行人及编辑人		沈东海	沈东海					
	籍贯	江苏常熟	江苏常熟					
	年龄	二十五	二十五					
	学历	圣约翰大学毕业	圣约翰大学毕业					
	经历	中央书店编辑	中央书店编辑					
	是否党员及党证字号	否	否					
	住所	福州路世界里六号	福州路世界里六号					

附　　注	
考查意见	经核与《出版法》规定尚无不合，拟准予转呈
复核意见	咨部

　　兹因发行《万象》周刊，谨依《出版法》第九条及同法施行细则第九条之规定开具右列事项，声请登记。

　　谨呈上海市社会局

具声请书人　沈东海

发行人　沈东海

中华民国卅五年三月廿一日

新闻纸杂志登记声请书

名　称	快活林周刊社						
类　别	周刊	刊　期	七日刊				
社务组织	总务、编辑、发行、广告						
资本数目	五十万元	经济状况	独资				
发行所	名　称	东方出版社	地　址	上海牯岭路人安里十二号			
印刷所	名　称	改造日报社工务部	地　址	上海乍浦路四五五号			

发行人及编辑人	姓名	发行人	编　辑　人					
		邓荫先	蒋权良					
	籍贯	汉口	太仓					
	年龄	三七	四〇					
	学历	省立第四中学毕业	上海民立中学毕业					
	经历	汉口乾兴烟叶行经理						
	是否党员及党证字号	否	否					
	住所	上海牯岭路人安里十二号	上海南市唐家湾路五十八号					
附　注								
考查意见	查该刊内容尚可，登记手续亦合，拟准予转呈							
复核意见	咨部							

　　兹因发行快活林周刊社，谨依《出版法》第九条及同法施行细则第九条之规定开具右列事项，声请登记。

　　谨呈上海市社会局

具声请书人　快活林周刊社

发行人　邓荫先

中华民国三十五年　月　日

新闻纸杂志登记声请书

名 称			沪星周报						
类 别			杂志	刊 期		周刊			
社务组织			设社长一人、副社长一人，下设总务及编辑、发行、会计四股（合伙）						
资本数目			国币四百万元	经济状况		收支相抵			
发行所	名 称		星期联合出版社	地 址		南京西路九六弄F二号			
印刷所	名 称		协鑫印刷所	地 址		北京西路一〇九号			

		发行人	编 辑 人						
发行人及编辑人	姓名	姚仲	胡古月	郭小枫					
	籍贯	上海市	上海市	吴县					
	年龄	三六	三七	三三					
	学历	建国中学毕业	新中国大学毕业	武汉大学肄业					
	经历	曾任《东南日报》编辑	曾任《浦东评论》编辑	曾任《吉普周刊》编辑					
	是否党员及党证字号	否	否	否					
	住所	南京西路愚谷村42号	南京西路96弄F2号	崧厦路三十六号					

附 注	
考查意见	核与《出版法》规定尚无不合，拟准予转呈
复核意见	咨部

　　兹因发行《沪星周报》，谨依《出版法》第九条及同法施行细则第九条之规定，开具右列事项，声请登记。

　　谨呈上海市社会局

具声请书人　沪星社

发行人　姚仲

中华民国三十五年三月三十日

新闻纸杂志登记声请书					
名 称	香雪海周刊				
类 别	杂志		**刊 期**	周刊	
社务组织	合伙——分编辑、发行、总务三课				
资本数目	三百万元		**经济状况**	每期印二万本，纸张费九十万元，印刷费八十万元，制版费三十万元，□□□十万元，收入约三百万元	
发行所	**名 称**	上海新生书局	**地 址**	愚园路地丰里一号	
印刷所	**名 称**	前线日报	**地 址**	江西路	

发行人及编辑人	姓名	**发行人**	**编 辑 人**				
		陶元琳	林易经				
	籍贯	江阴	吴县				
	年龄	四十	四二				
	学历	国立中央大学毕业	东吴大学毕业				
	经历	江苏省审计处主任，上海市社会局会计主任	曾任东吴附中教员				
	是否党员及党证字号	否	否				
	住所	上海愚园路地丰里一号	上海愚园路地丰里一号				

附 注	
考查意见	核与《出版法》规定尚无不合，拟准予转呈
复核意见	咨部

　　兹因发行《香雪海周刊》，谨依《出版法》第九条及同法施行细则第九条之规定开具右列事项，声请登记。

　　谨呈上海市社会局

具声请书人　新生书局

发行人　陶元琳

中华民国三十五年三月三十日

新闻纸杂志登记声请书

名　　称		沪光周报					
类　　别		杂志	刊　　期		周刊		
社务组织		设社长一人，副社长一人，下设总务及编辑、发行、会计四股					
资本数目		国币四百万元	经济状况		独资，由发行人调度		
发行所	名　　称	星期联合出版社	地　　址		南京西路九六弄 F 二号		
印刷所	名　　称	协鑫印刷所	地　　址		北京西路一〇九号		
发行人及编辑人	姓名	发行人	编　辑　人				
		庄凤侣	沈定国				
	籍贯	上海市	上海市				
	年龄	三三	三六				
	学历	维勤中学毕业	南京江宁学院毕业				
	经历	沪闻社外勤记者	曾任《江南日报》编辑				
	是否党员及党证字号	否	否				
	住所	南京西路愚谷村42号	南京西路九六弄 F 二号				
附　　注		.					
考查意见		核与《出版法》规定尚无不合，拟准予转呈					
复核意见		咨部					

　　兹因发行《沪光周报》，谨依《出版法》第九条及同法施行细则第九条之规定开具右列事项，声请登记。

　　谨呈上海市社会局

具声请书人　星期联合出版社

发行人　庄凤侣

中华民国三十五年三月三十日

新闻纸杂志登记声请书

名　　称	春海周刊			
类　　别	杂志	刊　期	周刊，每星期日出版	
社务组织	合伙，分总务、编辑、发行三课			
资本数目	三百万元	经济状况	每期印二万本，纸张九十万，印刷费八十万，制版费三十万，稿费四十万，售价约三百万	
发行所	名　称	新生书局	地　址	愚园路地丰里一号
印刷所	名　称	森记印刷所	地　址	麦达赫斯脱路福康里

	姓名	发行人	编　辑　人					
发行人及编辑人		于味青	于少青					
	籍贯	江苏江阴	江苏江阴					
	年龄	四七	二五					
	学历	江苏省立第二师范毕业	民立中学毕业					
	经历	曾任各中小学校长，常熟县教育局长	上海度量衡检查所科员					
	是否党员及党证字号	否	否					
	住所	愚园路地丰里一号	同上					

附　　注	
考查意见	核与《出版法》规定尚无不合，拟准予转呈
复核意见	咨部

兹因发行《春海周刊》，谨依《出版法》第九条及同法施行细则第九条之规定开具右列事项，声请登记。

谨呈上海市社会局

具声请书人　新生书局

发行人　于味青

中华民国三十五年四月一日

新闻纸杂志登记声请书

名　　称	时代风周报							
类　　别	什志		刊　期	周刊				
社务组织	集资性质							
资本数目	二百万元		经济状况	收支差可相抵				
发行所　名　称	时代风周报社		地　址	南京路慈淑大楼 541 号				
印刷所　名　称	《前线日报》□部		地　址	上海四川路二一五号				

发行人及编辑人	姓名	发行人	编　辑　人						
		康治杰	丁慕琴	张柳絮				
	籍贯	南汇	嘉善	余姚				
	年龄	卅四	五十四	二八				
	学历	上海大夏大学毕业	专校毕业	沪江大学				
	经历	从事建筑事务，设有事务所	从事文化工作卅六年，现任新亚药厂秘书	曾任各报写作人及编辑人十一年				
	是否党员及党证字号							
	住所	南京路慈淑大楼五四一号	黄陂南路九〇九弄九号	北□州路九九六弄八五号				
附　　注	内容绝对避免诲淫诲盗及低级趣味							
考查意见	核与《出版法》规定尚无不合，拟准予转呈							
复核意见	咨部							

　　兹因发行《时代风周报》，谨依《出版法》第九条及同法施行细则第九条之规定开具右列事项，声请登记。

　　谨呈上海市社会局

具声请书人　时代风周报社

发行人　康治杰

中华民国卅五年三月廿八日

（沪 Q1－6－696）

163. 上海市社会局为转发登记证事通知国情画报社

1946 年 4 月 17 日

案于本年三月廿七日奉上海市政府市外（35）字第四三四四号训令内开：案准内政部（照叙至），令仰该局转发。等因。附发登记证一份。奉此，合行通知，仰即备据来局领取，勿延为妥。

右通知《国情画报》半月刊发行人张叔平　准此

局长　吴开〔先〕

副局长　童行〔白〕

（沪 Q6‑12‑103）

164. 香海画报社周祖成为出具证明书事呈上海市社会局文

1946 年 4 月 18 日

径启者：敝报已于三月十八日出版，并早经依照杂志登记办法填具表格向钧局登记在案。兹以便利邮递关系，拟恳钧局赐予证明书，俾向邮局申请认为新闻纸类，实为德便。

此呈社会局

香海画报社　周祖成呈

（沪 Q6‑12‑83）

165. 国情画报社领取登记证凭据

1946 年 4 月 18 日

兹领到三十五年二月九日警字第一〇四六四号内政部、中宣部颁发《国情画报》半月刊登记证一件。

此据上海市社会局

国际出版社社长、《国情画报》发行人　张叔平谨具

（沪 Q6‑12‑103）

166. 天津市政府社会局为登记声请已咨请内政部核办事通知重庆画报社

1946 年 4 月 22 日

查据该报声请登记一案, 业经呈奉市政府指令, 已咨请内政部核办矣, 特此通知。
右通知《重庆画报》发行人刘金亭

（津 J25 - 3 - 6074）

167. 上海市政府为《工商新闻》等三十家申请登记事致内政部咨

1946 年 4 月 23 日

案据本市社会局本年四月十七日市社 35 福二字第四六四四号呈送《工商新闻》等三十家申请书, 请核转。等情。附呈一览表一份, 申请书九十份到府。经依法复核, 除将申请书各抽存一份备查外, 相应抄同一览表并检送原申请书六十份, 咨请查照核办见复为荷。

此咨内政部

计抄附一览表一件, 检送申请书六十份〈佚〉

市长　钱○○
副市长　何○○
（沪 Q1 - 6 - 696）

168. 天津市政府为《中华晚报》登记声请已咨请内政部
办理事指令社会局

1946 年 4 月 23 日

令社会局:

呈一件, 据天津《中华晚报》声请登记。等情。理合检同登记声请书备文呈送, 仰祈鉴察核转由。呈件均悉。已咨请内政部核办。附件分别存转。

此令

（津 J25 - 3 - 6069）

169. 《香海画报》为声请登记事呈上海市社会局新闻纸杂志登记声请书

1946 年 4 月 24 日

<table>
<tr><td colspan="5" align="center">新闻纸杂志登记声请书</td></tr>
<tr><td align="center">名　称</td><td colspan="4" align="center">香海画报</td></tr>
<tr><td align="center">类　别</td><td align="center">杂志</td><td align="center">刊　期</td><td colspan="2" align="center">周刊</td></tr>
<tr><td align="center">社务组织</td><td colspan="4">经理、编辑两部（独资）</td></tr>
<tr><td align="center">资本数目</td><td colspan="2">四百万元</td><td align="center">经济状况</td><td>收支相抵</td></tr>
<tr><td align="center">发行所</td><td align="center">名　称</td><td>上海出版社</td><td align="center">地　址</td><td>浙江路一五九号三〇二室</td></tr>
<tr><td align="center">印刷所</td><td align="center">名　称</td><td>美灵登公司</td><td align="center">地　址</td><td>香港［路］一一七号</td></tr>
</table>

发行人及编辑人	姓名	发行人	编　辑　人				
		周祖成	陈心纯				
	籍贯	上海	杭州				
	年龄	卅六	卅四				
	学历	君毅中学毕业	东吴中学毕业				
	经历	前《电报》发行人	前《电报》编辑				
	是否党员及党证字号	否	否				
	住所	茂名北路一百十一弄六号	茂名北路一百十一弄六号				

附　注	民国廿六、廿七、廿八年间出版二年余，太平洋战事时停刊，今为复刊
考查意见	该刊申请复刊，拟准予转呈
复核意见	

兹因发行《香海画报》，谨依《出版法》第九条及同法施行细则第九条之规定开具右列事项，声请登记。

谨呈上海市社会局

具声请书人　上海出版社

发行人　周祖成

中华民国三十五年四月　日

（沪 Q6 - 12 - 83）

170. 天津市社会局职员朱孔璋为调查《星期六画报》发行人
张瑞亭情况事签呈陈科长文

1946 年 4 月 24 日

查该发行人张瑞亭经召谈，结果思想极为纯正，其所办杂志系以宣扬党义、发展文化、灌输知识、提倡美术为宗旨。复查该发行人系现任《中华日报》记者，并有本局专员郝之御同志负责证明。所请登记拟予核转。

谨上科长陈转呈局长胡

职 朱孔璋

（津 J25‐3‐6132）

171. 《世界画报》发行人傅旭初为声请登记事呈上海市社会局文

1946 年 4 月 25 日

窃查具呈人发行《世界画报》半月刊，纯属文艺性趣味画报，理合具呈，请求钧处核准转呈内政部颁发刊物登记执照，实为德便。

谨呈上海市社会局局长吴

《世界画报》发行人 傅旭初谨呈

中正东路三四二号

（沪 Q6‐12‐49）

172. 《影剧》杂志为声请登记事呈上海市社会局新闻纸杂志登记声请书

1946 年 4 月 25 日

新闻纸杂志登记声请书			
名　　称	影剧		
类　　别	杂志	刊　期	周刊
社务组织	分发行、编辑、印刷三部（合伙）		
资本数目	五百万元	经济状况	每期印一万册，印刷八十万，纸张五十余万，稿费十五万

发行所	名　称	影剧杂志社			地　址	金陵西路廿三街四五号		
印刷所	名　称	中国印书馆			地　址	福州路湖北路口		
发行人及编辑人	姓名	发行人	编　辑　人					
		顾亚凯	顾亚凯	吴散文				
	籍贯	浙江	浙江	江苏				
	年龄	廿八	廿八	廿八				
	学历	秀州中学毕业	秀州中学毕业	大同大学毕业				
	经历	《大声报》编辑	《大声报》编辑	曾服务文化事业三年，《小说月报》作者				
	是否党员及党证字号	否	否	否				
	住所	西大吉路永兴里五号	西大吉路永兴里五号	福建路三三七号				
附　注								
考查意见	该刊以发扬电影戏剧艺术为宗旨，拟准予转呈							
复核意见								

　　兹因发行《影剧》，谨依《出版法》第九条及同法施行细则第九条之规定开具右列事项，声请登记。

　　谨呈上海市社会局

具声请书人　影剧杂志社

发行人　顾亚凯

中华民国三十五年四月二十五日

（沪 Q6 · 12 - 144）

173.《健美画刊》为声请登记事呈上海市社会局新闻纸杂志登记声请书

1946 年 4 月 27 日

<table>
<tr><th colspan="11" style="text-align:center">新闻纸杂志登记声请书</th></tr>
<tr><td colspan="2" style="text-align:center">名　　称</td><td colspan="9" style="text-align:center">健美画刊</td></tr>
<tr><td colspan="2" style="text-align:center">类　　别</td><td colspan="2" style="text-align:center">杂志</td><td colspan="2" style="text-align:center">刊　　期</td><td colspan="5" style="text-align:center">旬刊</td></tr>
<tr><td colspan="2" style="text-align:center">社务组织</td><td colspan="9">社长、总务、发行、编辑、广告</td></tr>
<tr><td colspan="2" style="text-align:center">资本数目</td><td colspan="4">二百万元</td><td colspan="2" style="text-align:center">经济状况</td><td colspan="3">尚可</td></tr>
<tr><td style="text-align:center">发行所</td><td style="text-align:center">名　称</td><td colspan="4">健美杂志社</td><td style="text-align:center">地　址</td><td colspan="4">成都路八八四弄三号</td></tr>
<tr><td style="text-align:center">印刷所</td><td style="text-align:center">名　称</td><td colspan="4"></td><td style="text-align:center">地　址</td><td colspan="4"></td></tr>
<tr><td rowspan="9" style="text-align:center">发行人及编辑人</td><td style="text-align:center">姓名</td><td style="text-align:center">发行人</td><td colspan="8" style="text-align:center">编　辑　人</td></tr>
<tr><td></td><td style="text-align:center">洪莲笙</td><td style="text-align:center">林梦圣</td><td style="text-align:center">叶枝</td><td></td><td></td><td></td><td></td><td></td></tr>
<tr><td style="text-align:center">籍贯</td><td style="text-align:center">浙江鄞县</td><td style="text-align:center">又</td><td style="text-align:center">又</td><td></td><td></td><td></td><td></td><td></td></tr>
<tr><td style="text-align:center">年龄</td><td style="text-align:center">五〇</td><td style="text-align:center">廿四</td><td style="text-align:center">廿六</td><td></td><td></td><td></td><td></td><td></td></tr>
<tr><td style="text-align:center">学历</td><td>鄞浙东中学毕业</td><td>鄞正始中学毕业</td><td>圣芳济中学毕业</td><td></td><td></td><td></td><td></td><td></td></tr>
<tr><td style="text-align:center">经历</td><td>国泰印刷公司经理</td><td>光华印刷公司,《宁波公报》记者</td><td>《社会日报》记者</td><td></td><td></td><td></td><td></td><td></td></tr>
<tr><td style="text-align:center">是否党员及党证字号</td><td style="text-align:center">否</td><td>是,党证存函字号已忘</td><td style="text-align:center">否</td><td></td><td></td><td></td><td></td><td></td></tr>
<tr><td style="text-align:center">住所</td><td>成都路884弄3号</td><td>新闸路578号</td><td>大名路156号</td><td></td><td></td><td></td><td></td><td></td></tr>
<tr><td colspan="9"></td></tr>
<tr><td colspan="2" style="text-align:center">附　　注</td><td colspan="9">以前出版,最近复刊</td></tr>
<tr><td colspan="2" style="text-align:center">考查意见</td><td colspan="9">该刊以登载家庭生活照片及文艺小品文为主,拟准予转呈</td></tr>
<tr><td colspan="2" style="text-align:center">复核意见</td><td colspan="9"></td></tr>
</table>

兹因发行《健美画刊》,谨依《出版法》第九条及同法施行细则第九条之规定开具右列事项,声请登记。

谨呈上海市社会局

具声请书人　健美画刊社

发行人　洪莲笙

中华民国卅五年四月廿七日

(沪 Q6 - 12 - 108 - 62)

174. 路介白为《新世纪画报》声请登记事呈天津市政府社会局文

1946 年 4 月 29 日

呈为集资创办《新世纪画报》，恳请贵局准予登记事。窃商等共同集资国币五百万元，拟在本市发行《新世纪画报》，以公正言论辅助国家、介绍各国文化、开通民智、提倡艺术为宗旨。兹特照章呈请贵局准予登记，批示祇遵，并请转陈内政、宣传两部备案，实为公便。

谨呈天津市政府社会局

具呈人　新世纪画报社路介白

年龄　三十二岁

籍贯　天津市

职业　《新世纪画报》社长

住址　旧英租界东亚毛纺织厂东亚里二号

铺保　聚德号

地址　第六区四号路十号

执事人　王在平

（津 J25 - 3 - 6149）

175. 上海出版社为《香海画报》迁移地址事呈上海市社会局文

1946 年 4 月 30 日

为社址迁移事。本社自四月二十八日起，因原址不够应用，迁移至本市西藏中路一二〇号东方大楼四六七号室，电话九二二七〇转接。

敬呈上海市社会局第四处钧鉴

上海出版社《香海画报》

四月三十日

（沪 Q6 - 12 - 83）

176. 天津市政府社会局为《星期六画报》声请登记事呈天津市政府文（附新闻纸杂志登记声请书）

1946 年 5 月 1 日

案据《星期六画报》杂志发行人张瑞亭呈称：呈为遵照《出版法》发行《星期六画报》，恳请鉴核，批准先行出版事。窃查津市自胜利以还，文化事业日见进展，一般社会人士对于文艺、美术、摄影及影剧批评等颇为需要，因联合同志，招集资本国币一百万元编印《星期六画报》，每逢星期六日出版一次。遵照《出版法》第一章第二条杂志之规定，内容注重宣扬党义、发展文化、灌输知识、提倡美术，填具登记声请书，恳祈核转，填发登记证。在声请核准未领到登记证以前，并遵照《出版法施行细则》第十七条之规定，只请准予先行出版，除填送声请书外，理合具文，呈请鉴核批准遵行。等情。并附登记声请书五份。据此，查声请书所填各点，核与《修正出版法》及同法施行细则各规定尚无不合，理合检同原声请书三份，备文呈送，仰祈鉴察核转。

谨呈市长张、副市长杜

附呈登记声请书三份

天津市政府社会局局长　胡梦华

新闻纸杂志登记声请书									
名　　称		星期六画报							
类　　别		综合杂志		刊　　期		每逢星期六日出版一次			
社务组织		社长以下分编辑、采访、营业、经理四部							
资本数目		国币一百万元		经济状况					
发行所	名　称	星期六画报社		地　　址		天津市第一区旧桃山街三号			
印刷所	名　称	《中华日报》印刷部		地　　址		天津市第一区旧福岛街四一号			
发行人及编辑人	姓名	发行人	编　辑　人						
		张瑞亭	郑启文	王立臣	李伍文	黄冰	陈文焕	王子民	
	籍贯	天津	湖北	太原	天津	广东	天津	天津	
	年龄	二十八	三十二	二十四	二十七	二十一	三十	三十二	
	学历	中国大学文学院毕业	中国大学毕业	西北农学院肄业	中国大学肄业	浙江中学校毕业	河北省立第一中学校毕业	平民大学毕业	

发行人及编辑人	经历	市立第六十六小学校教务主任、天津《中华日报》记者	国立北大助教、天津《中华日报》记者		海风社编辑、天津《中华日报》记者	《青年魂》编辑	《三津报》编辑	天津《商业日报》记者	
	是否党员及党证字号								
	住所	天津市河北三经路心田西里十七号	天津市南门西域台子胡同十六号	天津市第一区多伦道四一号	天津市大胡同内蓝家胡同一号	天津市第六区恒余里十六号	天津市第一区多伦道四一号	天津市南市荣业大街庆记大楼三十六号	
附注									
考查意见	查声请书所填各点，核与《修正出版法》及同法施行细则尚无不合，拟请准予核转								
复核意见	查该局所考查之意见尚属实情，应予核转								

兹因发行，谨依《出版法》第十条之规定开具右列事项，声请登记。

谨呈天津市政府社会局转呈天津市政府、内政部、中央宣传部

具声请书人　天津星期六画报社张瑞亭
中华民国三十五年四月十五日
（津 J2‐3‐8273）

177. 天津市政府社会局为登记声请已转请天津市政府核转事批示星期六画报社

1946 年 5 月 1 日

具呈人《星期六画报》杂志发行人张瑞亭呈一件，为声请《星期六画报》杂志登记出。呈暨声请书均悉。已据情转请市府核转矣，仰即知照，书存转。

此批

（津 J25‐3‐6132）

178. 上海市社会局为《民报》等十七家申请书转咨事呈上海市政府文
(附申请登记之新闻纸杂志通讯社一览表及新闻纸杂志登记声请书)(节选)

1946 年 5 月 1 日

案据《民报》等十七家填具新闻纸什志登记申请书各一式四份呈送前来，业经本局审核尚无不合，除各抽存一份备查外，理合检同该项登记表十七家五十一份备文呈送。仰祈鉴核并转咨内政部核发登记证以凭转发。

谨呈上海市市长钱、副市长何

附呈《民报》等十七家清单一份，登记表五十一份

上海市社会局局长　吴开先

申请登记之新闻纸杂志通讯社一览表

卅五年四月二十七日转呈市政府（第八批）

名 称	类 别	刊 期	发行人	地 址
民报	新闻纸	日刊	陈名成	愚园西路三八四弄二一号
侨声报	新闻纸	日刊	朱培璜	泗□路一号
上海商报	新闻纸	日刊	骆□华	九江路二八九号
自由论坛（China Daily Tribune）	新闻纸	日刊	洪昌平	爱多亚路一六〇号
英文新闻（CNRRA Balletin）	杂志	周刊	沈惟泰	福州路一二〇号
行总周报	杂志	周刊	沈惟泰	福州路一二〇号
读者文摘	杂志	半月刊	张泉生	福州路六五〇号
苏讯	杂志	月刊	过钟粹	麦根路泰来里十八号
电世界	杂志	月刊	赵曾珏	中正中路六四九号
沪风周报	杂志	周刊	李永祥	牯岭路一三二号
金融周报	杂志	周刊	中央银行经济研究处	中正东一路一五号
智慧周刊	杂志	周刊	陶百川	北四川路东宝兴路二三三号
雷达周报	杂志	周刊	吴良	劳合路七〇号
中外影讯	杂志	周刊	林泽苍	南京路一三八号
摄影画报	杂志	周刊	林泽苍	南京路一三八号
香海画报	杂志	周刊	周祖成	浙江路一五九号三〇二室
中国新闻通讯社	通讯稿	每日	陈高□	陕西南路四一〇号

以上共计十七家

<table>
<tr><td colspan="10" style="text-align:center">新闻纸杂志登记声请书</td></tr>
</table>

名　　称		沪风							
类　　别		周报		刊　　期		每星期五发行			
社务组织		设社长一人，由发行人兼任，余分发行、编辑部							
资本数目		三百万元		经济状况					
发行所	名　称	沪风周报社		地　址		牯岭路一三二号			
印刷所	名　称	协鑫印刷所		地　址		北京西路一六九号			
发行人及编辑人	姓名	发行人	编　辑　人						
		李永祥	李永祥	姚吉光					
	籍贯	上海	上海	上海					
	年龄	四十四	四十四	四十					
	学历	金华商专毕业	金华商专毕业	正明中学毕业					
	经历	现任中央党部科长	现任中央党部科长	前福尔摩斯投资员					
	是否党员及党证字号	是，□□□	是，□□□	否					
	住所	淮安路二三三弄廿八号	淮安路二三三弄廿八号	派克路一三二弄十二号					
附　　注		发行人别署李浮生							
考查意见		该刊内容尚佳，登记手续亦合，拟准予转呈							
复核意见									

　　兹因发行《沪风》，谨依《出版法》第九条及同法施行细则第九条之规定开具右列事项，声请登记。

　　谨呈上海市社会局

具声请书人　沪风周报社

发行人　李永祥

中华民国三十五年四月五日

新闻纸杂志登记声请书

名　　称	中外影讯（周刊）								
类　　别	综合及电影		刊　　期	每星期六出版					
社务组织	编辑及出版，独资创办								
资本数目	一百万元		经济状况	依销路而自给					
发行所　名　称	三和出版社		地　　址	南京路一三八号					
印刷所　名　称	维新印刷所		地　　址	武进路 541 弄 417 号					

发行人及编辑人	姓名	发行人	编　辑　人							
		林泽苍	梁心玺							
	籍贯	福建	广东							
	年龄	四十四	卅九							
	学历	光华大学毕业	中学毕业							
	经历	三和公司经理	《电声》周刊编辑							
	是否党员及党证字号	否	否							
	住所	江宁路262弄十五号	江宁路262弄三号							

附　　注	陪都颁发内政部登记证第七七一六号
考查意见	该刊申请复刊，拟准予转呈
复核意见	

兹因发行《中外影讯》，谨依《出版法》第九条及同法施行细则第九条之规定开具右列事项，声请登记。

谨呈上海市社会局

具声请书人　中外影讯社
发行人　林泽苍
中华民国卅四年十一月廿八日

<table>
<tr><td colspan="5" align="center">**新闻纸杂志登记声请书**</td></tr>
<tr><td align="center">名　　称</td><td colspan="4" align="center">摄影画报</td></tr>
<tr><td align="center">类　　别</td><td colspan="2" align="center">综合画报</td><td align="center">刊　期</td><td align="center">周刊</td></tr>
<tr><td align="center">社务组织</td><td colspan="4">编辑及出版（独资创办）</td></tr>
<tr><td align="center">资本数目</td><td colspan="2">二百万元</td><td align="center">经济状况</td><td>依销路而自给</td></tr>
<tr><td align="center">发行所</td><td align="center">名　称</td><td>三和出版社</td><td align="center">地　址</td><td>南京路一三八号</td></tr>
<tr><td align="center">印刷所</td><td align="center">名　称</td><td>维新印刷所</td><td align="center">地　址</td><td>武进路 541 弄 417 号</td></tr>
</table>

发行人及编辑人		发行人	编　辑　人						
	姓名	林泽苍	林泽苍						
	籍贯	福建	福建						
	年龄	四十四	四十四						
	学历	光华大学毕业	光华大学毕业						
	经历	三和公司经理	三和公司经理						
	是否党员及党证字号	否	否						
	住所	江宁路262弄十五号	江宁路262弄十五号						

附　　注	国民政府内政部登记证第一号
考查意见	该刊重行申请登记，拟准予转呈
复核意见	

　　兹因发行《摄影画报》，谨依《出版法》第九条及同法施行细则第九条之规定开具右列事项，声请登记。

　　谨呈上海市社会局

具声请书人　摄影画报社

发行人　林泽苍

中华民国卅四年十一月廿八日

名 称	香海画报		
类 别	杂志	刊 期	周刊
社务组织	经理、编辑两部（独资）		
资本数目	四百万元	经济状况	收支相抵
发行所 名 称	上海出版社	地 址	浙江路一五九号三〇二室
印刷所 名 称	美灵登公司	地 址	香港路一一七号

		发行人	编 辑 人				
发行人及编辑人	姓名	周祖成	陈心纯				
	籍贯	上海	杭州				
	年龄	三十六	三十四				
	学历	君毅中学毕业	东吴中学毕业				
	经历	前《电报》发行人	前《电报》编辑				
	是否党员及党证字号	否	否				
	住所	茂名北路一百十一弄六号	茂名北路一百十一弄六号				

附 注	民国廿六至廿八年间出版二年余，太平洋战争时停刊，今为复刊
考查意见	该刊申请复刊，拟准予转呈
复核意见	

　　兹因发行《香海画报》，谨依《出版法》第九条及同法施行细则第九条之规定开具右列事项，声请登记。

　　谨呈上海市社会局

具声请书人　上海出版社

发行人　周祖成

中华民国三十五年四月　日

（沪 Q1‐6‐696）

179. 上海市社会局为重填申请登记表事批复世界画报社傅旭初

1946 年 5 月 2 日

具呈人世界画报社傅旭初本年四月二十五日呈一件，为呈请发给刊物登记证由。呈表悉，来表未据逐项填明，无从审核，着发还重填，再行呈核，原表发还。

此批

局长　吴开○

副局长　李剑○

（沪 Q6－12－49）

180. 天津市政府社会局为声请登记办理情形事通知中华晚报社

1946 年 5 月 6 日

查据该《中华晚报》声请登记一案，业经呈奉市政府指令，已咨请内政部查照办理矣。特此通知。

右通知中华晚报社发行人袁润之

（津 J25－3－6069）

181. 上海市政府为《民报》等十七家申请登记事致内政部咨

1946 年 5 月 9 日

案据本府社会局市社（35）福二字第五八九九号呈称：案据《民报》等十七家填具新闻纸什志登记申请书各一式四份呈送前来，业经本局审核尚无不合，除各抽存一份备查外，理合检同该项登记表十七家五十一份备文呈送，仰祈鉴核呈转咨内政部核发登记证，以凭转发。等情。附呈《民报》等十七家清单一份，登记表五十一份。据此，经核尚符，除将声请书各抽存一份备查外，相应检同该项清单一份、登记声请书三十四份函送贵部查照，即希予以核发登记证，以凭转令分发各报，至纫公谊。

此致内政部

附送《民报》等十七家清单一份，登记表三十四份〈佚〉

市长　钱○○

（沪 Q1－6－696）

182. 上海市政府为《民报》等十七家登记表核转事指令上海市社会局

1946 年 5 月 9 日

令社会局：

呈一件，为呈送《民报》等十七家新闻什志登记表五十一份祈核转由。呈件均悉。业予核转，仰候登记证发到后再行转令分发。

此令

(沪 Q1 - 6 - 696)

183. 陈湘君为《天津画报》声请登记事呈天津市政府社会局文
(附新闻纸杂志登记声请书)

1946 年 5 月 13 日

呈为呈请事。窃民拟在天津市创刊《天津画报》，订于每逢星期六出版一次，以提倡新智识、发扬旧道德为发刊宗旨。当此和平胜利之后，正新生活运动厉行之时，爰借画报俾资鼓吹。兹因发行，谨依《出版法》第九条之规定，缮呈新闻纸杂志登记声请书四份，呈请钧局鉴核，伏乞俯赐予以转呈，以便出版，实为德便。

谨呈天津市政府社会局

附呈新闻纸杂志登记声请书四份

具呈人　陈湘君

住天津市第一区承德道四十六号

铺保　振业纸行

经理　蔡永泉

住天津市金刚桥东河沿四十二号

铺保　百乐门舞厅

经理　孟广福

住天津市第十区营口道一二一号

新闻纸杂志登记声请书			
名　称	天津画报		
类　别	画刊	刊　期	每星期一次
社务组织	采访、编辑、印刷、发行		

资本数目		一百万元			经济状况	独资			
发行所	名　称	天津画报社			地　址	天津市第一区承德道 46			
印刷所	名　称	协成印刷局			地　址	天津市南马路荣业大街			
发行人及编辑人	姓名	发行人	编　辑　人						
		陈湘君	戴黛丝	缪昌明	王热冰	叶菁			
	籍贯	浙江	天津	江苏	山东	江苏			
	年龄	二十八	四十一	三十八	二十七	三十一			
	学历	志达高中毕业	齐鲁大学毕业	上海南方大学毕业	新闻学院毕业	天津工商大学肄业			
	经历	妇女协会干事，前《天津商报》妇女版主编	《新天津画报》编辑，《北洋画报》记者	《北平纪事报》记者，《天津评报》记者	《中华日刊》记者，华北通讯社记者	美国新闻处记者			
	是否党员及党证字号								
	住所	天津市第一区承德道四六号	天津市第八区西门内右营东箭道三号	天津市第六区朱家胡同聚福里八号	天津市第六区杜鲁门路一四二号	天津市第六区五九号路福林里一一三号			
附　　注									
考查意见		查书填各点，核与《修正出版法》及同法施行细则尚无不合，拟请准予核转							
复核意见		尚无不合，应准核转							

兹因发行，谨依《出版法》第十条之规定开具右列事项，声请登记。

谨呈天津市政府社会局转呈天津市政府、内政部、中央宣传部

具声请书人　陈湘君

中华民国三十五年五月　日

（津 J25‑3‑6125）

184. 天津市政府为《星期六画报》登记事致内政部咨暨指令天津市政府社会局

1946 年 5 月 14 日

案据社会局会文字第四〇八号呈称：案据《星期六画报》杂志发行人张瑞亭呈称：呈

为遵照《出版法》发行《星期六画报》，恳请鉴核批准先行出版事云云。仰祈鉴察核转。等情。附登记声请书三份。据此，除指令并抽存原登记声请书一份备查外，相应检同登记声请书二份，咨请查核办理。

此咨内政部

附登记声请书二份〈佚〉

令社会局：

呈一件，据《星期六画报》杂志声请登记等情。　理合检同原声请书呈送鉴察核转由。呈件均悉。已咨请内政部核办，附件分别存转。

此令

（津 J2－3－8273）

185.《世界画报》发行人傅旭初为重新填具登记声请书事
呈上海市社会局文

1946 年 5 月 15 日

呈为呈复事。窃具呈人创办《世界画报》，前已据情呈请在案。嗣接钧处谕复，以登记申请书尚欠填写详明，为特填就各项，再行送呈钧处复核，伏乞转呈内政部发给刊物登记证，实为德便。

谨呈上海市社会局局长吴

世界画报社发行人　傅旭初谨具
中正东路三四二号
（沪 Q6－12－49）

186. 星期六画报社为拟定出版日期事致天津市政府社会局函

1946 年 5 月 17 日

敬启者：敝社创刊之《星期六画报》兹定于本月十八日出版，相应函请查照，务祈赞助为荷。

此上天津市政府社会局

天津星期六画报社谨启
（津 J25－3－6132）

187. 天津市政府社会局为《新世纪画报》声请登记事呈天津市政府文
（附新闻纸杂志登记声请书）

1946 年 5 月 17 日

案据新世纪画报社呈称：呈为集资创办《新世纪画报》，恳请贵局准予登记事。窃商等共同集资国币五百万元，拟在本市发行《新世纪画报》，以公正言论辅助国家、介绍各国文化、开通民智、提倡艺术为宗旨。兹特照章呈请贵局准予登记，批示祗遵，并请转陈内政、宣传两部备案，实为公便。等情。据此，查原声请书所填各点与《修正出版法》及同法施行细则各规定尚无不合，理合检同原声请书三份，备文呈送，伏祈鉴核，俯赐存转。

谨呈市长张、副市长杜

附呈新闻纸杂志登记声请书三份

天津市政府社会局局长　胡梦华

<table>
<tr><td colspan="10" align="center">新闻纸杂志登记声请书</td></tr>
<tr><td colspan="2" align="center">名　　称</td><td colspan="6" align="center">新世纪画报</td><td></td><td></td></tr>
<tr><td colspan="2" align="center">类　　别</td><td colspan="3">综合杂志</td><td>刊　期</td><td colspan="4">每逢三、六、九日出版</td></tr>
<tr><td colspan="2" align="center">社务组织</td><td colspan="8">分总务、编辑、营业、广告各部</td></tr>
<tr><td colspan="2" align="center">资本数目</td><td colspan="3">国币五百万元</td><td>经济状况</td><td colspan="4">自给自足</td></tr>
<tr><td>发行所</td><td>名　称</td><td colspan="4">天津卫画报社</td><td>地　址</td><td colspan="3">筹备处第六区东亚里二号</td></tr>
<tr><td>印刷所</td><td>名　称</td><td colspan="4">天津《国民日报》承印部</td><td>地　址</td><td colspan="3">天津第一区罗斯福路八十三号</td></tr>
<tr><td rowspan="8" align="center">发行人及编辑人</td><td rowspan="2">姓名</td><td>发行人</td><td colspan="7" align="center">编　辑　人</td></tr>
<tr><td>路介白</td><td>李逊梅</td><td>韩世琦</td><td>张宗炜</td><td>陆侠光</td><td></td><td></td><td></td></tr>
<tr><td>籍贯</td><td>天津市</td><td>辽宁铁岭</td><td>天津市</td><td>天津市</td><td>北平市</td><td></td><td></td><td></td></tr>
<tr><td>年龄</td><td>三十二</td><td>四十二</td><td>三十三</td><td>二十七</td><td>三十二</td><td></td><td></td><td></td></tr>
<tr><td>学历</td><td>北京大学</td><td>东北大学肄业</td><td>北平朝阳学院法律系毕业</td><td>天津觉民中学毕业</td><td>北平华北中学毕业</td><td></td><td></td><td></td></tr>
<tr><td>经历</td><td>前天津《直言报》编辑，上海《时事新报》特约撰述</td><td>辽宁《大亚画报》总编辑，天津《商报》本市新闻编辑</td><td>前《平津晓报》采访主任</td><td>天津《晶报》编辑</td><td>前《平津晓报》记者</td><td></td><td></td><td></td></tr>
<tr><td>是否党员及党证字号</td><td></td><td></td><td></td><td></td><td></td><td></td><td></td><td></td></tr>
<tr><td>住所</td><td>天津第六区东亚毛织厂对过东亚里二号</td><td>天津第一区河北路仁丰里十二号</td><td>天津第十区河北路四四六号</td><td>天津第三区中山路律纬路善因里四号</td><td>北平府右街李阁老胡同二号</td><td></td><td></td><td></td></tr>
</table>

附 注	
考查意见	查书填各点，核与《修正出版法》及同法施行细则尚无不合，拟请准予核转
复核意见	查社会局所填意见尚无不合，应予照转

兹因发行，谨依《出版法》第十条之规定开具右列事项，声请登记。

谨呈天津市政府社会局转呈天津市政府、内政部、中央宣传部

具声请书人　路介白

中华民国三十五年四月三十日

（津 J2－3－7165）

188. 天津市政府社会局为声请登记已转请市政府核转事批复新世纪画报社

1946 年 5 月 17 日

具呈人新世纪画报社路介白呈一件，为声请《新世纪画报》登记由。呈暨声请书均悉。已据请转请市政府核转矣。仰即知照。书存转。

此批

（津 J25－3－6149）

189. 北平晴雨画报社为《晴雨画报》声请登记事呈北平市政府社会局文（附新闻纸杂志登记声请书）

1946 年 5 月 20 日

窃查抗战八载，我陷区同胞无时不受敌伪之奴化威胁，前后方文化交流诸感困难。除少数听取我地下工作同志秘密宣传党义及建国纲领外，再无缘阅览后方文艺，致使陷区一般民众之思想信赖无所依归。希天在华北从事地下工作将近五载，深知民众思想纷纭不一，当兹胜利奠定，河岳重光，凡我国人无不同声欢庆，齐唱凯歌。我主席蒋公曾以心理、伦理、社会等建国工作昭示国人，希天秉承此训，遵循党国之新闻政策，拟创刊《晴雨画报》，以服务社会、宣扬文化及启迪民智为宗旨，而期有助于建国大业。理合备文呈请鉴核备转，并请颁发登记证，以利刊行，实为公便。

谨呈北平市政府社会局长温

附声请书五份

晴雨画报社社长　买希天谨呈

	**新闻纸杂志登记声请书**								

<table>
<tr><th colspan="9" style="text-align:center">新闻纸杂志登记声请书</th></tr>
<tr><td colspan="2" style="text-align:center">名　称</td><td colspan="7" style="text-align:center">晴雨画报</td></tr>
<tr><td colspan="2" style="text-align:center">类　别</td><td colspan="4">画报装订成册</td><td>刊　期</td><td colspan="2">三日刊</td></tr>
<tr><td colspan="2">社务组织</td><td colspan="7">社长、副社长下分设经理、编辑、营业、印刷四部</td></tr>
<tr><td colspan="2">资本数目</td><td colspan="4">一千五百万元</td><td>经济状况</td><td colspan="2">自筹</td></tr>
<tr><td>发行所</td><td>名　称</td><td colspan="3">晴雨画报社</td><td>地　址</td><td colspan="3">北平宣外椿树上三条二十八号</td></tr>
<tr><td>印刷所</td><td>名　称</td><td colspan="3">同上</td><td>地　址</td><td colspan="3">同上</td></tr>
</table>

	姓名	发行人	编辑人						
发行人及编辑人		买希天	田光远	周尚祉	康昌铨	林化南	王福田		
	籍贯	开封	北平	四川	北平	河南	河南		
	年龄	三九	三六	二六	二八	三九	三七		
	学历	上海伊斯兰高师毕业	北京大学工学院	北平市立第五中学高中毕业	北平市立第五中学高中毕业	开封第一中高中毕业	开封第一中高中毕业		
	经历	曾充营长、团长、公安局长、县长、战地工作队大队长、挺进纵队司令等职	曾充《升报》编辑，《全民报》记者，《群强报》编辑		《升报》记者	曾充书记官、参谋、秘书、科长、股长等职	曾充军需主任、科长、教员等职		
	是否党员及党证字号	豫字第006090号	党证遗失						
	住所	宣外椿树上三条二十八号本社	阜内巡捕厅三十号	宣外后铁厂七号	西直门内半壁街甲五十一号	本社内	本社内		

<table>
<tr><td colspan="2">附　注</td><td colspan="8"></td></tr>
<tr><td colspan="2">考查意见</td><td colspan="8">查该刊系创刊性质，其发行人买希天任平汉护路司令部参议，亦系本党同志，是否允其出刊，拟请核定</td></tr>
<tr><td colspan="2">复核意见</td><td colspan="8"></td></tr>
</table>

兹因发行，谨依《出版法》第十条之规定开具右列事项，声请登记。
谨呈北平市政府、［北平市］党部转呈中央宣传部、内政部

具声请书人　买希天

中华民国三十五年五月二十日

（京 J2－4－332）

190. 联美画刊社为请准予备案发行事呈北平市政府社会局文

1946 年 5 月 21 日

为呈请事。民等为提高文化水准、发扬艺术精神起见，特集合文艺界同志发行《联美画刊》，以无党无派立场从事于文化建国之宣传为宗旨。素仰钧局维护文化、注重舆论，为此恳请钧局准予先行备案，以便发行。是否有当，除业经呈请中央党部宣传部外，理合呈请鉴核示遵。

谨呈社会局

具呈人　陈白雪

（京 J2－4－350）

191. 天津市政府社会局为登记声请已咨请内政部办理事通知星期六画报社

1946 年 5 月 22 日

查据该杂志声请登记一案，业经呈奉市政府指令，已咨请内政部查照办理矣。特此通知。

右通知《星期六画报》发行人张瑞亭

（津 J25－3－6132）

192. 戴玉璞为《天津卫画刊》创刊号备案事呈天津市政府社会局文

1946 年 5 月 22 日

为呈请备案事。窃本刊前因发行，曾经呈请钧局予以核转登记一案，当于本年四月

三十日呈奉钧局会文字第五二七五号批示核准登记在案。兹于五月十八日发刊第一期创刊号，谨随文检呈乙份，敬请俯赐备案，实为德便。

谨呈天津市政府社会局

附呈《天津卫》创刊号一份〈略〉

《天津卫画刊》发行人　戴玉璞

（津 J25－3－6079）

193. 程树元为《廿世纪科学画报》登记事呈天津市政府社会局文

1946 年 5 月 24 日

为呈请登记事。窃查自日本投降之后，北方刊物出版虽多，然关于科学者则为数寥寥。兹为提倡我国民众科学水准、普及人民科学知识及介绍欧美近代发明起见，本社同人拟组织一廿世纪科学社，出版《廿世纪科学画报》，以副现代之需要。除依《出版法》具呈登记外，理合备文呈请鉴核，准予登记。

谨呈社会局局长胡

具呈人　廿世纪科学社

发行人　程树元

籍贯　江苏武进

（津 J25－3－6071）

194. 天津市政府为《新世纪画报》声请登记事致内政部咨暨训令社会局

1946 年 5 月 24 日

案据社会局会文字第四八四号呈称：案据新世纪画报社呈为集资创办《新世纪画报》，恳请贵局准予登记事云云。伏祈鉴核俯赐存转。等情。附登记声请书三份。据此，除指令并抽存原登记声请书一份备查外，相应检同登记声请书二份，咨请查核办理。

此咨内政部

附登记声请书二份〈佚〉

令社会局：

呈一件，为据《新世纪画报》声请登记等情。理合检同原声请书呈请核转由。呈件均悉。已咨转内政部核办。附件分别存转。

此令

(津 J2－3－7165)

195. 内政部为《中华画报》应另行声请登记事致天津市政府函

1946 年 5 月 27 日

准贵市政府咨送《中华晚报》登记声请书请核办。等由。查同一发行人发行两种不同名称之刊物，应依法分别声请登记核报。原声请书"名称"栏填写《中华晚报》《中华画报》二种名称，核与规定不合。除《中华晚报》业经函请中央宣传部会核外，其发行《中华画报》一节，应即另行声请登记，转部再凭办理。相应函请查照饬知为荷。

此致天津市政府

部长　张厉生
(津 J2－3－7165)

196. 艺文书局为《艺文画报》声请登记事呈上海市社会局文

1946 年 5 月

新闻纸杂志登记声请书						
名　　称		艺文画报				
类　　别		杂志	刊　期	月刊		
社务组织		经理、总编辑				
资本数目		一百万元	经济状况			
发行所	名　称	艺文书局	地　址	甘世东路 185 号		
印刷所	名　称	艺文书局	地　址	甘世东路 185 号		
发行人及编辑人	姓名	发行人	编　辑　人			
		林鹤钦	刘龙光			
	籍贯	浙江宁波	福建林森			
	年龄	四十四	三十三			

发行人及编辑人	学历	美国伊立诺大学理学士	上海光华大学文学士					
	经历	艺文书局总经理	艺文书局襄理兼编辑所所长					
	是否党员及党证字号							
	住所	林森中路967弄22号	台拉斯脱路188弄3号					
附　　注								
考查意见								
复核意见								

　　兹因发行《艺文画报》，谨依《出版法》第九条及同法施行细则第九条之规定，开具右列事项，声请登记。

　　谨呈上海市社会局

具声请书人　艺文书局

发行人　林鹤钦

中华民国卅五年五月五日

新闻纸杂志登记声请书				
名　　称	艺文画报			
类　　别	综合性画报	刊　期	月刊	
发行旨趣	用图照的方式介绍一般智识			
社务组织	合伙			
资本数目	五百万元	经济状况	由合伙人共同负责	
发行所	名　称	艺文书局	地　址	嘉善路一八五号
印刷所	名　称	艺文书局	地　址	嘉善路一八五号

		发行人		编　辑　人				
发行人及编辑人	姓名	林鹤钦	刘龙光					
	籍贯	浙江	福建					
	年龄	四十五	三十三					
	学历	美国伊立诺大学理学士	上海光华大学文学士					
	经历	艺文书局总经理	艺文书局总编辑					
	是否党员及党证字号	否	否					
	住所	林森中路九六七弄廿二号	太原路一八八弄三号					
附　注								
考查意见		经会核尚无不合，拟准予转呈						
复核意见								

兹因发行《艺文画报》，谨依《出版法》第九条及同法施行细则第九条之规定，开具右列事项，声请登记。

谨呈上海市社会局

具声请书人　艺文书局

发行人　林鹤钦

中华民国　年　月　日

上海市社会局报纸通讯社杂志申请登记调查表

名　称	艺文画报	刊　期	月刊
	名称或姓名	地　址	电　话
发行所	艺文书局	上海嘉善路一八五号	七二二二〇
发行人	林鹤钦	上海林森中路九六七弄廿二号	
主编人	刘龙光	上海太原路一八八弄三号	
编辑纲要及特长	综合性画报，用图照的方式介绍一般知识		

创刊日期	卅五年七月		复刊日期			
过去发行经过概况 （如系复刊者）						
预计发行情形	本埠销数	七千份	总　数	一万份	批售价格	一千四百元
	外埠销数	三千份			零售价格	二千元
基金来源	艺文书局					
备　　注						

民国　年　月　日　发行人　林鹤钦

上海市社会局新闻纸通讯社杂志申请登记调查表

刊物名称	艺文画报	刊　期	月刊
发行旨趣	提倡摄影艺术，介绍新知识		
基金数目及确实来源	五百万元		
发行所名称地址电话	艺文书局，嘉善路 185 号		
印刷所名称地址 及所订合同要点	同上		
（发行人）负责人 姓名（主编人）	资历证件及起讫年月	党团证号及现属之党团部	过去编行之刊物 及著作
林鹤钦	美国伊立诺大学理学士	非	创办艺文书局
刘龙光	上海光华大学文学士	非	编行本刊
拟定创刊或复刊日期 （如系复刊须略述过去 发行经过）	已出版七期	编辑纲要及特长	以图照介绍知识
预计销数（本埠）	七千份	拟定价格（零售）	二千元
预计销数（外埠）	三千份	拟定价格（批发）	一千四百元
调查意见	该刊发行已有七期，内容尚属美善，而主持人思想纯正，似可准许登记		
备　　注			

民国卅六年一月十五日　调查人　仇岳希

（沪 Q6－12－155）

197. 天津市政府社会局为领取登记证事通知《国风报》画刊发行人张化南

1946 年 6 月 1 日

兹奉市政府训令，转发该社警字第一〇六四一号内政部登记证到局。仰即前来具领。特此通知。

右通知《国风报》画刊发行人张化南

(津 J25 - 3 - 6181)

198. 人人画刊社为呈请备案事呈天津市政府社会局文（附《人人画刊》计划书）

1946 年 6 月 1 日

为发行《人人画刊》呈请准予备案事。窃维建国开始，首重启发民智，有效之方端赖报章，盖所以补刑政之阙，济教育之穷者。本社有鉴于时世之变迁，慨潮流之激荡，爰发行《人人画刊》，愿假文字倡言正论，为国家扶危定倾；本道德之经，为社会补偏救弊。益以图画增广见闻，不啻家喻户晓；扩充知识，无殊朝考夕稽。现已筹备就绪，除由本社遵章向钧局呈请备案外，并祈转呈天津市政府及内政部、中宣部，理合检同新闻纸杂志登记声请书五份，及《人人画刊》计划书一份，并备文附呈，呈请备案。

谨呈天津市政府社会局

人人画刊社发行人　李秉丹谨呈

铺保　天津霖发顺合记

住址　第十区沙市道二十三号

电话　三局三二三四

《人人画刊》的计划

（一）命名：《人人画刊》。

（二）社址：天津市（地址正兴中央信托局接洽中，筹备处暂设天津民国日报社内）。

（三）刊期：暂定每周一期，于每星期日出刊。

（四）宗旨：将本党主义、政纲、政策循序渐进深入人民间，以收潜移默化之效。

（五）关于编辑和取材：

甲、取材：本刊内容对于总理遗教及总裁言行录用浅显文字详予注释。关于其他取材，则以趣味隽永为原则，不偏重于任何一门，亦不求深奥哲理，乃适合一般中上阶级之趣味读物。

乙、内容分配：

子 文字之部：

1. 总理遗教及总裁言行录之注释；

2. 国际译文及专著，包括国际问题之分析、科学之发明、新学术之介绍；

3. 新文艺；

4. 杂文，包括趣味小品、地方风光游记等；

5. 游艺，包括话剧、旧剧、电影、舞场等；

6. 艺术，包括国内外各种美术；

7. 学府风光、体育珍闻；

8. 女性园地；

9. 时事汇述及重要史料；

10. 新辞典；

11. 小说。

丑 图画之部：

1. 另加十六开纸画页一页，介绍国内外动态、科学发明趣味画片；

2. 普通画片如戏剧、电影、艺术、漫画等分配于每页文字之间。

丙、材料来源：

子 特约撰述（稿酬较普通刊物略丰）

1. 遗教及言行录之注释：叶青；

2. 国际译文：夏承楹、李海鸿、李木；

3. 新文艺：   ；

4. 杂文：徐凌霄、张恨水、左笑鸿、金受申、徐知白、刘雁声、吴云心、刘云若；

5. 游艺：张珏生、张嘉琳、高扬、王润林、吴少若、翁偶虹、蹇立人；

6. 艺术：   ；

7. 学府风光：勾宪真、王润林；

8. 女性园地：   ；

9. 时事汇述：姚又文；

10. 新辞典：张铸时、姚又文；

11. 小说：刘云若、左笑鸿、郑证因；

12. 图画：由西洋杂志转载或征求搜集。

丑 转载外埠新闻纸或杂志

（六）编辑法：封面除报名及社址、电话、卷数、定价外，即开始刊载文图。封底一面全登广告，其他页不全采固定栏数，多利用插图、小花版头、花边水线圈切，调剂版面、广告各页下栏。

（七）印刷：

甲、用报纸，十六开，平装，每本八页，计半张大纸；

乙、画页用较细纸张；

丙、报名用红色，其他印黑色；

丁、文字间不固定全用栏线字体，尽印刷者所有利用之普通九磅字加最簿条。

（津 J25 - 3 - 6077）

199. 天津市政府社会局为登记声请已咨请内政部查照办理事通知新世纪画报社

1946 年 6 月 3 日

查据该《新世纪画报》声请登记一案，业经呈奉市政府指令，已咨请内政部核办。惟出版一节，须俟中央核准，始得发行。特此通知。

右通知新世纪画报社发行人路介白

（津 J25 - 3 - 6149）

200. 程树元为《廿世纪科学画报》登记补办铺保手续事呈天津市政府社会局文

1946 年 6 月 4 日

窃程树元于日前曾上呈为《廿世纪科学画报》登记事，业已在案。然因该呈文中未有铺保，登记手续尚不齐备，故现补行找保，以合手续。日后如有违反《出版法》时，该铺保愿负全责，担任一切。呈请钧长鉴核，予以备案。

谨呈社会局长胡

具呈人　廿世纪科学社发行人程树元

年龄　二十三岁

籍贯　江苏武进

住址　第十区南京道二十号

铺保　天津顺兴铜铁电料行

地址　第十区林森路二百二十号

（津 J25‐3‐6071）

201. 张准为《沙龙画报》声请登记事呈上海市社会局文
（附新闻纸杂志登记声请书）

1946 年 6 月 5 日

呈为呈请登记事。窃民人以性之所好，并为发扬文化起见，出版《沙龙画报》一种，内容自当力求整饬，以符当局法令，而利国家社会。尚请俯如所请，准予核转，实纫德便。

此上上海市社会局

民人　张准谨呈

新闻纸杂志登记声请书							
名　　称		沙龙画报					
类　　别		杂志		刊　　期		七天	
社务组织		合伙（发行、总务、编辑）					
资本数目		一百五十万		经济状况		每期成本 200 万，收入约 210 万	
发行所	名　称	沙龙画报社		地　址		七浦路三一四号	
印刷所	名　称	中国科学公司		地　址		福煦路茂名路口	
发行人及编辑人	姓名	发行人		编　辑　人			
		张准	张心鹃				
	籍贯	上海市	浙江				
	年龄	二十四	二十五				
	学历	思源中学肄业	沪江大学肄业				
	经历	《大时代》半月刊主编	《申报》游艺号特约记者				
	是否党员及党证字号	否	否				
	住所	西门路永裕里 54 号	直隶路二十五号				
附　　注							
考查意见							
复核意见							

兹因发行《沙龙画报》，谨依《出版法》第九条及同法施行细则第九条之规定开具右列事项，声请登记。

谨呈上海市社会局

具声请书人　沙龙画报社

发行人　张准

中华民国三十五年五月　日

(沪 Q6 - 12 - 65)

202.《世界珍闻》为声请登记事呈上海市社会局新闻纸杂志登记声请书及上海市社会局报纸杂志通讯社申请登记调查表

1946 年 6 月 7 日

新闻纸杂志登记声请书					
名　称	世界珍闻				
类　别	画报	刊　期		周刊	
社务组织	分编辑部、经理部				
资本数目	五十万	经济状况		合资	
发行所	名　称	大华社	地　址	南京路四二二号二楼三室	
印刷所	名　称	大美报馆	地　址	中正东路	
发行人及编辑人	姓名	发行人	编　辑　人				
		马永华	张君勉				
	籍贯	苏州	上海				
	年龄	三十	廿六				
	学历	北平燕大肆业	北平燕大肆业				
	经历	私立惠灵中学教员	私立惠灵中学教员				
	是否党员及党证字号	（否）	（否）				
	住所	南京路四二二号二楼三室	南京路四二二号三室				

附　注	
考查意见	该刊以海外来鸿为蓝本，介绍海外科学发展之近况，拟准予转呈
复核意见	咨部

　　兹因发行　　　　　，谨依《出版法》第九条及同法施行细则第九条之规定开具右列事项，声请登记。

　　谨呈上海市社会局

具声请书人

发行人　马永华

中华民国三十五年六月七日

上海市社会局报纸杂志通讯社申请登记调查表

刊物名称	世界珍闻		刊　期	周刊
	名称或姓名	地　址		电　话
发行所	大华出版公司	南京路四二二号二楼三号		九四七〇〇 九七六九五
发行人	马永华	南京路四二二号二楼三号		九四七〇〇 九七六九五
主编人	张君勉	南京路四二二号二楼三号		九四七〇〇 九七六九五

内容调查	发行旨趣		编辑纲要及特长	
	介绍海外科学发展之近况，介绍海外之奇风异俗，俾使国人知悉世界现况		包括科学（工、农、医），以海外来鸿为蓝本，翻译而得之	

创刊日期	年　月　日		复刊日期	年　月　日
过去发行经过概况 （如系复刊者）	一俟登记手续办妥即行发刊			

预计发行情形	本埠销数	10000 册	总　数	10000 册	批售价格	一八〇元
	外埠销数	尚未预计			零售价格	三〇〇元

基金来源	合资
备　注	

民国 35 年 6 月 7 日　发行人　马永华

（沪 Q6‐12‐49）

203. 上海文化出版社为《女人画报》声请登记事呈上海市 社会局新闻纸杂志登记声请书

1946 年 6 月 10 日

<table>
<tr><th colspan="8">新闻纸杂志登记声请书</th></tr>
<tr><td colspan="2">名　　称</td><td colspan="6">女人画报</td></tr>
<tr><td colspan="2">类　　别</td><td>画报</td><td>刊　　期</td><td colspan="4">旬刊</td></tr>
<tr><td colspan="2">社务组织</td><td colspan="6">合伙性质</td></tr>
<tr><td colspan="2">资本数目</td><td>五百万元</td><td>经济状况</td><td colspan="4">由股东五人分别负担</td></tr>
<tr><td colspan="2">发行所</td><td>名　　称</td><td colspan="2">上海文化出版社</td><td>地　　址</td><td colspan="2">宁波路四七号内三〇五号</td></tr>
<tr><td colspan="2">印刷所</td><td>名　　称</td><td colspan="2">美灵登公司</td><td>地　　址</td><td colspan="2">香港路一一四号</td></tr>
<tr><td rowspan="8">发行人及编辑人</td><td rowspan="2">姓名</td><td>发行人</td><td colspan="5">编　辑　人</td></tr>
<tr><td>王绍基</td><td>同前</td><td></td><td></td><td></td><td></td></tr>
<tr><td>籍贯</td><td>浙江</td><td></td><td></td><td></td><td></td><td></td></tr>
<tr><td>年龄</td><td>卅</td><td></td><td></td><td></td><td></td><td></td></tr>
<tr><td>学历</td><td>光华大学肄业</td><td></td><td></td><td></td><td></td><td></td></tr>
<tr><td>经历</td><td>上海晨报社记者，苏州早报社编辑</td><td></td><td></td><td></td><td></td><td></td></tr>
<tr><td>是否党员及党证字号</td><td>否</td><td></td><td></td><td></td><td></td><td></td></tr>
<tr><td>住所</td><td>西藏南路123 号内五〇一号</td><td></td><td></td><td></td><td></td><td></td></tr>
<tr><td colspan="2">附　　注</td><td colspan="6"></td></tr>
<tr><td colspan="2">考查意见</td><td colspan="6"></td></tr>
<tr><td colspan="2">复核意见</td><td colspan="6"></td></tr>
</table>

　　兹因发行《女人画报》，谨依《出版法》第九条及同法施行细则第九条之规定开具右列事项，声请登记。

　　谨呈上海市社会局

具声请书人　上海文化出版 [社]

发行人　王绍基

中华民国卅五年六月十日

（沪 Q6－12－10－62）

204. 天津市政府为《中华画报》应另行声请登记事训令社会局

1946 年 6 月 12 日

内政部本年五月廿七日渝警字第二五九四号函开：准贵市政府咨送《中华晚报》登记声请书请核办。等由。查同一发行人发行两种不同名称之刊物，应依法分别声请登记□报。原声请书"名称"栏写《中华晚报》《中华画报》二种名称，核与规定不合。除《中华晚报》业经函请中央宣传部会核外，其发行《中华画报》一节，应即另行声请登记，转部再凭办理。相应函请查照饬知为荷。等因。准此，合行令仰该局转饬该报重行登记，以凭核转。

此令

市长　张廷谔

副市长　杜建时

（津 J25‑3‑6069）

205. 上海文化出版社为《十日画报》声请登记事呈上海市社会局新闻纸杂志登记声请书及上海市社会局报纸杂志通讯社申请登记调查表

1946 年 6 月 20 日

新闻纸杂志登记声请书							
名　　称	十日画报						
类　　别	画报		刊　期	旬刊			
发行旨趣	为提倡摄影艺术，以图画救济文盲						
社务组织	合伙性质						
资本数目	五百万元		经济状况	由股东五人分别负担			
发行所　名　称	上海文化出版社		地　址	宁波路 47 号内 305			
印刷所　名　称	美灵登印刷公司		地　址	香港路 114 号			
发行人及编辑人	姓名	发行人	编　辑　人				
		王绍基	同前				
	籍贯	浙江					
	年龄	卅					
	学历	光华大学肄业					

发行人及编辑人	经历	上海晨报社记者，苏州早报社编辑，香港星报社记者						
	是否党员及党证字号	否						
	住所	西藏南路123号内501号						
附　　注								
考查意见		该刊注重美术图画，刊载新闻性及有关社会之图画照片，拟准予转呈						
复核意见		查该刊发行人王绍基曾任伪职（伪上海市政府宣传处职员），虽未经检举，是否仍得公开发行书报，拟请查明核办。又查该刊已先行出版，似亦有不合						

　　兹因发行《十日画报》，谨依《出版法》第九条及同法施行细则第九条之规定开具右列事项，声请登记。

　　谨呈上海市社会局

具声请书人　上海文化出版社

发行人　王绍基

中华民国卅五年六月二十日

上海市社会局报纸杂志通讯社申请登记调查表

刊物名称	十日画报		刊　期	旬刊	
	名称或姓名	地　　址		电　话	
发行所	上海文化出版社	宁波路47号内305号			
发行人	王绍基	西藏南路123号内501号		八四〇四〇	
主编人	王绍基	同上			
内容调查	发行旨趣		编辑纲要及特长		
	以提倡摄影艺术、以图画救济文盲为旨趣		注重美术图画，刊载一切有新闻性及有关社会之图画照片		
创刊日期	卅五年六月廿五日		复刊日期	年　月　日	

过去发行经过概况（如系复刊者）						
预计发行情形	本埠销数	四千	总　数	八千	批售价格	二百廿五元
	外埠销数	四千			零售价格	三百元
基金来源	私人合伙					
备　　注						

民国卅五年六月廿日　发行人　王绍基

（沪 Q6－12－10）

206. 天津市政府社会局为《天津画报》登记审核事致中国国民党天津特别市执行委员会函

1946 年 6 月 21 日

案据陈湘君呈称：（呈为……抄原呈……实为德便。）等情。附登记声请书四份。据此，相应检同原声请书，加具考查意见函达，即希查照审核盖章，仍予送还，以便转请核转为荷。

此致中国国民党天津特别市执行委员会

附送登记声请书四份〈佚〉

（津 J25－3－6113）

207. 章继先为《远东画报》声请登记事呈天津市政府社会局文

1946 年 6 月 22 日

为创刊《远东画报》呈请准予备案，俾便出版事。窃民章继先年三十六岁，河北省满城人，今为供应一般人士对精神食粮之需要，特联合渝、沪、港等地名作家于月内在津出版《远东画报》。内容记载世界各国时事珍闻、科学常识、戏剧电影等，以纯正旨趣增加国民高尚阅读，发扬文化报国之使命。理合遵照中央出版规定填具登记申请书四份，备文呈请鉴核，伏恳俯赐准予备案，俾便出版，实为公便。

谨呈天津市政府社会局长胡

具呈人　章继先

年龄　三十六岁

籍贯　满城

职业　远东摄影公司经理

住址　天津第一区林森路一六五号

铺保　金刚新书业发行所

地址　第一区大沽路三十三号

执事人　刘金亭

〈略〉

（津 J25‑3‑6075）

208. 中央调查统计局华北天津区为应准予《星期六画报》继续出版等事致天津市政府社会局函

1946 年 6 月 22 日

径启者：顷阅报载《星期六画报》列在暂缓出版。查该报系一党团宣传刊物，当此建国工作初始，急需擅扬党义与启发民智，拟请贵局准予照常继续出版并转知本市警察局。特此函达，烦希惠予照办至荷。

此致天津市社会局

中央调查统计局专员兼天津区区长　甘舍棠

（津 J25‑3‑6132）

209. 天津市社会局为依法办理登记等事通知国风报社张化南

1946 年 6 月 27 日

查业经核准登记之新闻纸或杂志，无论发行与否，均应依照《修正出版法》第八条、第十五条、第十六条及同法施行细则第十七条、第十九条、第二十条各规定办理，合行汇抄前项条文，仰即遵照办理，并将遵办情形连同该报发行日期于文到即日内呈报为要。特此通知。

附汇抄条文一份〈略〉

右通知《国风报》发行人张化南

(津 J25‐3‐6063)

210.《凌霄》为声请登记事呈上海市社会局新闻纸杂志登记声请书及上海市社会局报纸杂志通讯社申请登记调查表

1946 年 6 月 29 日

<table>
<tr><td colspan="8" align="center">新闻纸杂志登记声请书</td></tr>
<tr><td colspan="2" align="center">名　　称</td><td colspan="6" align="center">凌霄</td></tr>
<tr><td colspan="2" align="center">类　　别</td><td colspan="2" align="center">杂志</td><td align="center">刊　期</td><td colspan="3" align="center">周刊</td></tr>
<tr><td colspan="2" align="center">发行旨趣</td><td colspan="6">利用流行刊物宣传空军</td></tr>
<tr><td colspan="2" align="center">社务组织</td><td colspan="6">由发行人聘请社务人员，分任编辑、营业</td></tr>
<tr><td colspan="2" align="center">资本数目</td><td colspan="2">五百万元</td><td align="center">经济状况</td><td colspan="3">独资</td></tr>
<tr><td align="center">发行所</td><td align="center">名　称</td><td colspan="2">生生书报社</td><td align="center">地　址</td><td colspan="3">虹江支路卅三号</td></tr>
<tr><td align="center">印刷所</td><td align="center">名　称</td><td colspan="2">美灵顿</td><td align="center">地　址</td><td colspan="3">香港路一一七号</td></tr>
<tr><td rowspan="9" align="center">发行人及编辑人</td><td align="center">姓名</td><td align="center">发行人</td><td colspan="5" align="center">编　辑　人</td></tr>
<tr><td></td><td align="center">廉风</td><td align="center">周小平</td><td></td><td></td><td></td><td></td></tr>
<tr><td align="center">籍贯</td><td align="center">无锡</td><td align="center">上海</td><td></td><td></td><td></td><td></td></tr>
<tr><td align="center">年龄</td><td align="center">卅四</td><td align="center">卅六</td><td></td><td></td><td></td><td></td></tr>
<tr><td align="center">学历</td><td>正风文学院毕业</td><td>复旦中学毕业</td><td></td><td></td><td></td><td></td></tr>
<tr><td align="center">经历</td><td>新闻工作五年，军政宣传工作六年</td><td>前《文汇报》编辑</td><td></td><td></td><td></td><td></td></tr>
<tr><td align="center">是否党员及党证字号</td><td>□字八三二五七</td><td align="center">否</td><td></td><td></td><td></td><td></td></tr>
<tr><td align="center">住所</td><td>乍浦路三八三号</td><td>虹江支路三十三号</td><td></td><td></td><td></td><td></td></tr>
<tr><td colspan="2" align="center">附　　注</td><td colspan="6"></td></tr>
<tr><td colspan="2" align="center">考查意见</td><td colspan="6">该刊以空军新闻宣传航空建设，拟准予转呈</td></tr>
<tr><td colspan="2" align="center">复核意见</td><td colspan="6"></td></tr>
</table>

兹因发行　　　，谨依《出版法》第九条及同法施行细则第九条之规定，开具右列事项，声请登记。

谨呈上海市社会局

具声请书人　凌霄周刊社

发行人　廉风

中华民国卅五年六月廿九日

上海市社会局报纸杂志通讯社申请登记调查表

名　称	凌霄	刊　期	周刊
	名称或姓名	地　址	电　话
发行所	生生书报社	虹江支路三十三号	
发行人	廉风	乍浦路三八三号	
主编人	周小平	虹江支路三十三号	

内容调查	发行旨趣		编辑纲要及特长	
	利用流行刊物宣传空军		以文艺小品、社会珍闻吸收读者，以空军新闻宣传航空建设	

创刊日期	35 年 6 月 18 日	复刊日期	

过去发行经过概况（如系复刊者）	

预计发行情形	本埠销数	五千	总　数	一万份	批售价格	二百元
	外埠销数	五千			零售价格	三百元

基金来源	一部分由发行人筹措，一部分系空军宣传费

备　注	

民国 35 年 6 月 29 日　发行人　廉风

（沪 Q6 - 12 - 100）

211. 天津市政府社会局为《远东画报》登记会核事致中国国民党
天津特别市执行委员会函

1946 年 7 月 6 日

案据章继先呈称：为创刊……（抄原呈）……实为公便。等情。并附登记声请书四份。据此，相应检同原声请书，加具考查意［见］函达，即希查照会核盖章，仍予送还，以便转请核转为荷。

此致中国国民党天津特别市执行委员会

附送原声请书四份〈佚〉

（津 J25－3－6075）

212. 天津市政府社会局为《廿世纪科学画报》登记会核事致中国国民党天津特别市执行委员会函

1946 年 7 月 6 日

案据廿世纪科学社呈称：为呈请登记事……（抄原呈）……准予登记。等情。并附登记声请书五份。据此，相应检同原声请书，加具考查意见函达，即希查照会核盖章，仍予送还，以便转请为荷。

此致中国国民党天津特别市执行委员会

附送原声请书四份〈佚〉

（津 J25－3－6071）

213. 天津市政府社会局为《人人画刊》登记事致中国国民党天津特别市执行委员会函

1946 年 7 月 6 日

案据人人画刊社呈称：为发行……（抄原呈）……呈请备案。等情。并附登记声请书五份。据此，相应检同原声请书加具考查意见函达，即希查照会核盖章，仍予送还，以便转请核转为荷。

此致中国国民党天津特别市执行委员会

附送原声请书四份〈佚〉

（津 J25　3－6077）

214. 天津市政府社会局为《中华画报》应另行声请登记事
致中华画报社代电

1946 年 7 月 8 日

中华画报社鉴：

奉市政府令，以准内政部函，为该画报登记一案，原声请书"名称"栏写《中华晚报》与该画报二种名称，核与规定不合。除《中华晚报》业经函请中央宣传部会核外，其发行该画报应即另行声请登记，饬转知办理。等因。特此电达，盼即来局领取声请书，另行登记为要。

天津市政府社会局〇〇印

（津 J25‑3‑6069）

215. 北平市政府社会局为核准登记前不得发行事批复买希天等人

1946 年 7 月 8 日

具呈人买希天、邹鸿海、马宏遵本年五月呈一件，为发行……请准备案并转请给证。呈件均悉。查该社声请登记一案，经呈请市政府转呈中央核示在案。在奉经核准前，不得发行或发稿。仰即遵照为要。

此批

局长　温〇〇

（京 J2‑4‑332）

216. 上海图画新闻社为申请颁发登记证事呈上海市社会局文

1946 年 7 月 15 日

谨呈者：窃敝刊于去年九月创刊时向局呈请登记，并于卅四年十二月十六日接奉市社（卅四）文字第三五〇九号批示一件内开：查该报业经依法向本局办理登记手续，合亟予以证明。等语。惟迄今时逾十月，尚未奉到正式登记执照，为此专函呈请克日颁发上项执照，以利进行，不胜迫切待命之至。

此呈上海市社会局

上海图画新闻社谨呈

（沪 Q6‑12‑14）

217. 中国国民党北平特别市执行委员会为准《晴雨画报》 发行事致北平市社会局函

1946 年 7 月 16 日

顷奉中央宣传部宁 35 利新字 1275 号代电开：查新闻纸或杂志之声请登记，其经由所在地省市政府机关核转登记者，依照《出版法》第九条之规定，即可准其发行，业经本部及内政部分别通函各省市政府及党部查照在案。兹据平市《晴雨画报》发行人买希天函称，该报已依法呈向平市主管机关声请登记，如其所呈属实，白可准先发行。除函复外，特电请查照。等因。奉此，相应函达，即希查照办理为荷。

此致北平市社会局

(京 J2 - 3 - 905)

218. 谭雪莱为《上海游艺》声请登记事呈上海市社会局新闻纸杂志 登记声请书及上海市社会局报纸杂志通讯社申请登记调查表

1946 年 7 月 16 日

新闻纸杂志登记声请书									
名　　　称		上海游艺							
类　　　别		戏剧		刊　　　期		半月刊			
发行旨趣		研究戏剧及讨论介绍戏剧							
社务组织		编辑、发行均由一人办理							
资本数目		一百万元		经济状况		平			
发行所名称		上海游艺出版社		地　　　址		暂：昆山路一三六弄二十四号			
印刷所名称		维新印刷厂代印		地　　　址		武进路			
发行人及编辑人		发行人		编　辑　人					
	姓名	谭雪莱（□正）	谭雪莱						
	籍贯	安徽旌德							
	年龄	二十岁							
	学历	北京市立四十高中毕业							

发行人及编辑人	经历	资源委员会办事员，上海市警察局会计室职员						
	是否党员及党证字号	是，口字102965						
	住所	上海市警察局南部八楼						
附　注		本人创办此刊完全业余研究戏剧性质，不谈及其他，完全以戏剧为主题						
考查意见		该刊专谈戏剧艺术，分平剧、影剧、话剧等栏，拟准予转呈						
复核意见								

兹因发行　　　　，谨依《出版法》第九条及同法施行细则第九条之规定，开具右列事项，声请登记。

谨呈上海市社会局

具声请书人　上海游艺出版社

发行人　谭雪莱

中华民国 35 年 7 月 16 日

上海市社会局报纸杂志通讯社申请登记调查表

名　称	上海游艺		刊　期	半月刊
	名称或姓名	地　址		电　话
发行所	上海游艺出版社	暂借昆山路一三六弄二四号		一三三一五
发行人	谭雪莱			
主编人	谭雪莱			
内容调查	发行旨趣		编辑纲要及特长	
	研究评论平剧、中外电影、话剧		分平剧、名伶作品、中外电影、话剧等各栏，专事谈论艺术，不有桃色及有涉政治或造谣	
创刊日期	35 年 7 月 1 日		复刊日期	年　月　日
过去发行经过概况（如系复刊者）	过去未曾发行			

预计发行情形	本埠销数	三千份	总 数	五千份	批售价格	三百九十元
	外埠销数	二千份			零售价格	六百元
基金来源	数友集资经营					
备 注						

民国 35 年 7 月 16 日　发行人　谭雪莱

（沪 Q6－12－14）

219. 中国国民党天津特别市执行委员会为《民国日报画刊》等七家报刊登记声请应准核转事复天津市政府社会局函

1946 年 7 月 19 日

案准贵局会文字 714、877、861、859 各函检送《民国日报》《民国日报画刊》《民国晚报》《春雷五日刊》《妇女月刊》《人人画刊》《远东画报》等登记声请书各四份，附具考查意见，嘱为复核。等由。准此，经核尚无不合，应准核转。除填具复核意见并加盖官章外，相应检同原声请书函复查照为荷。

此致天津市政府社会局

主任委员　邵华

（津 J25－3－6128）

220. 上海市社会局为颁发登记证事批复上海图画新闻社

1946 年 7 月 19 日

具呈人上海图画新闻社本年七月十五日呈一件，为请发给登记证由。呈悉。应候内政部颁发到局再行转给。

此批

局长　吴开○

副局长　李剑○

（沪 Q6－12－14）

221. 《新好莱坞》旬刊为申请登记事呈上海市社会局申请书及调查表

1946 年 7 月 19 日

<table>
<tr><td colspan="8" align="center">新闻纸杂志登记声请书</td></tr>
<tr><td colspan="2" align="center">名　　称</td><td colspan="6" align="center">新好莱坞</td></tr>
<tr><td colspan="2" align="center">类　　别</td><td colspan="2" align="center">杂志</td><td colspan="2" align="center">刊　期</td><td colspan="2" align="center">十日刊</td></tr>
<tr><td colspan="2" align="center">发行旨趣</td><td colspan="6">提高影迷兴趣，普及正当娱乐</td></tr>
<tr><td colspan="2" align="center">社务组织</td><td colspan="6">编辑、发行（独资组织）</td></tr>
<tr><td colspan="2" align="center">资本数目</td><td colspan="2">国币一百万元</td><td colspan="2" align="center">经济状况</td><td colspan="2">收入以销路为主，支出排印、纸张、编辑</td></tr>
<tr><td align="center">发行所</td><td align="center">名　称</td><td colspan="2">中国合众出版社</td><td align="center">地　　址</td><td colspan="3">新闸路 49 号</td></tr>
<tr><td align="center">印刷所</td><td align="center">名　称</td><td colspan="2">新新印刷所</td><td align="center">地　　址</td><td colspan="3">牯岭路 64 号</td></tr>
<tr><td rowspan="9" align="center">发行人及编辑人</td><td rowspan="2"></td><td align="center">发行人</td><td colspan="5" align="center">编　辑　人</td></tr>
<tr><td align="center">姓名</td><td align="center">王钧</td><td align="center">王钧　兼</td><td align="center">助编
王云龙</td><td></td><td></td></tr>
<tr><td align="center">籍贯</td><td align="center">余姚</td><td align="center">同</td><td align="center">宁波</td><td></td><td></td></tr>
<tr><td align="center">年龄</td><td align="center">三十五</td><td align="center">同</td><td align="center">二十三</td><td></td><td></td></tr>
<tr><td align="center">学历</td><td>复旦大学文科肄业</td><td align="center">同</td><td>华华中学毕业</td><td></td><td></td></tr>
<tr><td align="center">经历</td><td>曾任英文《大英晚报》助编</td><td align="center">同</td><td>曾任《逸报》编辑</td><td></td><td></td></tr>
<tr><td align="center">是否党员及党证字号</td><td align="center">否</td><td align="center">否</td><td align="center">否</td><td></td><td></td></tr>
<tr><td align="center">住所</td><td>长沙路 148 号</td><td align="center">同</td><td>建国中路建业里 72 号</td><td></td><td></td></tr>
<tr><td colspan="2" align="center">附　　注</td><td colspan="5"></td></tr>
<tr><td colspan="3" align="center">考查意见</td><td colspan="5">该刊专载电影消息、新片本事，拟准予转呈</td></tr>
<tr><td colspan="3" align="center">复核意见</td><td colspan="5">该刊旨趣似欠纯正</td></tr>
</table>

兹因发行《新好莱坞》，谨依《出版法》第九条及同法施行细则第九条之规定，开具右列事项，声请登记。

谨呈上海市社会局

具声请书人　新好莱坞社

发行人　王钧

中华民国三十五年七月十九日

上海市社会局报纸通讯社杂志申请登记调查表

名　称		新好莱坞	刊　期		十日刊
	名称或姓名		地　址		电　话
发行所	中国合众出版社		新闸路四十九号		
发行人	王钧		长沙路一四八号		九七一〇四
主编人	王钧　兼		长沙路一四八号		
编辑纲要及特长	提高影迷兴趣，普及正当娱乐，专载电影消息、新片本事、各国影星动态				
创刊日期	民国三十五年八月		复刊日期		
过去发行经过概况（如系复刊者）					
预计发行情形	本埠销数	三千份	总　数	三千份	批售价格	每份一百四十元
	外埠销数				零售价格	二百元
资金来源	独资				
备　注					

民国三十五年七月十九日　发行人　王钧

（沪 Q6 - 12 - 25）

222. 阎恩润为《美丽画报》声请登记事呈天津市政府社会局文

1946 年 7 月 19 日

　　呈为呈送新闻纸杂志声请书声请登记事。窃民阎恩润为发扬文化、提倡艺术、辅佐社会教育、赞翊建国工作，拟在天津发行《美丽画报》。每七日出版一次，谨依《出版法》第九条之规定填具声请书，伏乞钧局备案，分别转呈赐给临时证明，实为公便。

　　谨呈天津市政府社会局

附声请书五份〈略〉

具呈人　姓名　美丽画报社发行人阎恩润

年龄　三十四岁

籍贯　北平市

住址　天津第二区胜利路十二号

具保证人　公益号

经理　李万亭

住址　天津第一区哈尔滨道锦荣大楼十号

（津 J25‑3‑6075）

223. 天津市政府社会局为请将《民国日报画刊》等四件登记声请书送还市政府事致中国国民党天津特别市执行委员会函

1946 年 7 月 24 日

案准贵会三十五午健宣字第〇五八三号公函，为函将《人人画刊》《远东画报》《妇女月刊》及《民国日报》《民国晚报》《春雷五日刊》《民国日报画刊》声请书填具复核意见送还查照。等因。并附送还声请书七件，每件四份。准此，查关于登记案件，在新闻处未成立以前，本局曾奉市政府局秘字第四〇九八号指令，饬先径送贵会审核，嗣以新闻处成立，仍呈由市政府函转。兹查《民国日报》《民国晚报》及《春雷五日刊》《民国日报画刊》等四件登记声请书均系于新闻处成立后由本局呈送市政府转送贵会复核者，应请仍予送还市政府，以清手续。准函前因，除将《人人画刊》《远东画报》《妇女月刊》等三件登记声请书查收外，其余《民国日报》等四件声请书相应备函送还，即希查照办理为荷。

此致中国国民党天津特别市执行委员会

附送还《民国日报》《民国晚报》《春雷五日刊》《民国日报画刊》登记声请书四件，每件四份〈佚〉

（津 J25‑3‑6128）

224. 邵洵美为《时代画报》《论语》复刊事呈上海市社会局文

1946 年 7 月 26 日

呈为请求遗失登记证,准予先行复刊事。窃敝公司所发行之《时代画报》《论语》,前由内政部、中宣部发给《时代画报》九〇一号登记证及《论语》艺字〇〇二号登记证。于民国二十六年八一三沪战发生时,敝公司编辑部沦入战区,当即停止出版。后来沪地环境恶劣,敝公司又将福州路三〇〇号及霞飞路二四〇号发行所收歇停业,迄今已历九载,当时所有编辑资材、一切重要物件及登记证业已全部遗失。兹者抗战胜利,河山重光,敝公司现在筹备复业,拟将停刊已久之《论语》及《时代画报》陆续出版,除已呈请中宣部驻沪特派员备案外,理合沥陈经过,具文呈请钧局鉴核,准予先行复刊,并请转呈内政部、中宣部核发登记证,实为德便。

谨呈社会局

时代画报社、论语社发行人　邵洵美

地址　平凉路二十一号

(沪 Q6 - 12 - 88)

225. 邵洵美为出版临时刊物《星象画报》备案事呈上海市社会局文

1946 年 7 月 26 日

谨呈者,窃敝公司关于业务复业及《时代画报》《论语》复刊事,业经呈请钧局核转中央颁发登记证在案。兹以敝公司复业伊始,整理器械初版试印,拟出版艺术性之《星象画报》一种,内容系电影、京剧、话剧、越剧之女星剧照,预计本月内出版,是项画报系宣传剧艺临时刊物,恳请钧局准予备案,实为德便。

谨呈上海市社会局

时代图书公司代表人　邵洵美谨呈

地址　平凉路二十一号

(沪 Q6 - 12 - 88)

226. 曹养田为《北戴河》杂志声请登记事呈天津市政府社会局文

1946 年 7 月 28 日

呈为呈送新闻纸杂志声请书请由登记事。窃民曹养田为发扬文化、提倡艺术、辅佐社会教育、赞翊建国工作，拟在天津发行《北戴河》杂志，每星期出版一次。谨依《出版法》第九条之规定填具声请书，伏乞钧局备案分别转呈，实为公便。

谨呈天津市政府社会局

附声请书五份〈略〉

具呈人姓名　北戴河杂志社发行人曹养田

年龄　四十一岁

籍贯　河北通县

住址　天津第一区河北路仁丰里十一号

铺保　北洋酱料厂

经理人　张庸方

住址　天津一区康定路二十九号

（津 J2 - 3 - 8275）

227. 天津市政府社会局为《远东画报》声请登记等事
呈天津市政府文（附新闻纸杂志登记声请书）

1946 年 7 月 30 日

案据章继先呈称：为创刊《远东画报》呈请准予备案，俾便出版事。窃民章继先年三十六岁，河北省满城人，今为供应一般人士对精神食粮之需要，特联合渝、沪、港等地名作家于月内在津出版《远东画报》。内容记载世界各国时事珍闻、科学常识、戏剧电影等，以纯正旨趣增加国民高尚阅读，发扬文化报国之使命。理合遵照中央出版规定填具登记申请书四份，备文呈请鉴核，伏恳俯赐准予备案，俾便出版，实为公便。等情。并附登记声请书四份。据此，当经本局检同原声请书加具考查意见送请市党部会核盖章，兹准来函送还。理合检同原声请书三份，备文呈送，仰祈鉴察核转。

谨呈市长张、副市长杜

附呈登记声请书三份

天津市政府社会局局长　胡梦华

新闻纸杂志登记声请书

名 称		远东画报		
类 别		杂志	刊 期	周刊
社务组织		合资		
资本数目		一百万元	经济状况	预计收支适合
发行所	名 称	远东画报社	地 址	天津林森路一六五号
印刷所	名 称	《民国日报》承印组	地 址	天津一区伏见街

		发行人	编 辑 人							
发行人及编辑人	姓名	章继先	刘缄三	张宗炜						
	籍贯	满城	天津	天津						
	年龄	三十六	三十九	二十七						
	学历	保定河北大学肄业	香港商专	天津觉民中学						
	经历	远东摄影公司经理	《上海日报》编辑	天津《晶报》编辑						
	是否党员及党证字号									
	住所	天津第一区林森路一六五号	天津第一区大沽路三十三号	同上						
附 注										
考查意见		查书填各点，核与《修正出版法》及同法施行细则各规定尚无不合，拟请准予核转								
复核意见		尚无不合，应准核转								

兹因发行，谨依《出版法》第十条之规定开具右列事项，声请登记。

谨呈天津市政府社会局转呈天津市政府、内政部、中央宣传部

具声请书人　章继先

中华民国三十五年六月　日

（津 J2－3－8260）

228. 中外春秋社为出具证明书事呈上海市社会局文

1946 年 7 月 30 日

窃属社前以总社迁沪，增出沪版周刊呈请登记，蒙准核转内政部在案。顷自市政府

新闻处查悉，属刊登记证已排为京警沪字第一三〇号，属刊拟于周内出版，为求便于邮政登记，拟请钧局先赐发给证明书，以资证明，无任企祷。

　　谨呈上海市社会局

中外春秋社沪版周刊发行人　章苍萍

（沪 Q6－12－22）

229. 天津市政府社会局为出版发行应遵照《出版法》
办理事通知星期六画报社

1946 年 7 月 30 日

　　查业经核准登记之新闻纸或杂志，无论发行与否均应依照《修正出版法》第八条、第十五条、第十六条及同法施行细则第十七条、第十九条、第二十条各规定办理。合行汇抄前项条文，仰即遵照办理，并将遵办情形连同该（《星期六画报》）发行日期，于文到即日内呈报为要。特此通知。

　　附汇抄条文一份〈佚〉

　　右通知《星期六画报》

　　一区桃山街三号

（津 J25－3－6132）

230. 天津市政府社会局为出版发行应遵照《出版法》
办理事通知重庆画报社

1946 年 7 月 30 日

　　查业经核准登记之新闻纸或杂志，无论发行与否均应依照《修正出版法》第八条、第十五条、第十六条及同法施行细则第十七条、第十九条、第二十条各规定办理。合行汇抄前项条文，仰即遵照办理，并将遵办情形连同该发行日期，于文到即日内呈报为要。特此通知。

　　右通知重庆画报社

　　大沽路三十九号

（津 J25－3－6074）

231. 天津市政府社会局为《人人画刊》声请登记等事呈天津市政府文（附新闻纸杂志登记声请书）

1946 年 7 月 30 日

案据李秉丹呈称：为发行《人人画刊》呈请准予备案事。窃维建国开始，首重启发民智，有效之方端赖报章，盖所以补刑政之阙，济教育之穷者。本社有鉴于时世之变迁，慨潮流之激荡，爰发行《人人画刊》，愿假文字倡言正论，为国家扶危定倾；本道德之经，为社会补偏救弊。益以图画增广见闻，不啻家喻户晓；扩充知识，无殊朝考夕稽。现已筹备就绪，除由本社遵章向钧局呈请备案外，并祈转呈天津市政府及内政部、中宣部，理合检同新闻纸杂志登记声请书五份，及《人人画刊》计划书一份，并备文附呈，呈请备案。等情。并附登记声请书四份。据此，当经本局检同原声请书加具考查意见，送请市党部会核盖章。兹准来函送还，理合检同原声请书三份，备文呈送，仰祈鉴察核转。

谨呈市长张、副市长杜

附呈登记声请书三份

天津市政府社会局局长　胡梦华

<table>
<tr><th colspan="7">新闻纸杂志登记声请书</th></tr>
<tr><td colspan="2">名　　称</td><td colspan="5">人人画刊</td></tr>
<tr><td colspan="2">类　　别</td><td colspan="2">杂志</td><td>刊　　期</td><td colspan="2">周刊</td></tr>
<tr><td colspan="2">社务组织</td><td colspan="5">社长及编辑、经理两部</td></tr>
<tr><td colspan="2">资本数目</td><td colspan="2">五十万</td><td>经济状况</td><td colspan="2"></td></tr>
<tr><td>发行所</td><td>名　称</td><td colspan="2">在本社内</td><td>地　址</td><td colspan="2">正在接洽中</td></tr>
<tr><td>印刷所</td><td>名　称</td><td colspan="2">天津《民国日报》承印所</td><td>地　址</td><td colspan="2">天津万全路</td></tr>
<tr><td rowspan="5">发行人及编辑人</td><td rowspan="2">姓名</td><td>发行人</td><td colspan="4">编　辑　人</td></tr>
<tr><td>李秉丹</td><td>郭镛</td><td></td><td></td><td></td></tr>
<tr><td>籍贯</td><td>安徽宣城</td><td>山西</td><td></td><td></td><td></td></tr>
<tr><td>年龄</td><td>四二</td><td>三〇</td><td></td><td></td><td></td></tr>
<tr><td></td><td>国立武昌师大政经系毕业</td><td>北平辅大国文系毕业</td><td></td><td></td><td></td></tr>
</table>

发行人及编辑人	经历	民国十七年充陕西省党部训练部调查科科长,中宣部华北区津浦指导员	教育部山西督导员,陕西省政府秘书							
	是否党员及党证字号									
	住所	北平前内旗守卫甲十号	北平后公用库五号							
附　　注		党证遗失呈请补发	党证遗失呈请补发							
考查意见		查书填各点,核与《修正出版法》及同法施行细则各规定尚无不合,拟请准予核转								
复核意见		尚无不合,应准核转								

兹因发行,谨依《出版法》第十条之规定开具右列事项,声请登记。

谨呈天津市政府社会局转呈天津市政府、内政部、中央宣传部

具声请书人　李秉丹

中华民国三十五年五月　日

（津 J2－3－8272）

232. 星期六画报社为承诺遵守《出版法》等事呈天津市政府社会局文（附发行情况表）

1946 年 7 月 31 日

为呈报事。窃本报于七月三十日接获钧局代电及通知附《修正出版法》各一件。本报除遵行按期呈送钧局二份外,谨将本报发行日期等列表呈报,恳祈鉴核,实为公便。

谨呈天津市政府社会局

（附表一纸）

天津《星期六画报》发行人　张瑞亭

出版品发行时呈缴左列各机关:

发行人	发行所名称	发行所住址	发行年月日	登记证号码	印刷所名称	印刷所住址
张瑞亭	星期六画报社	天津第一区罗斯福路一八九号	三十五年五月十八日	社会局代电会文字451号	新时报社	天津第二区建国道

一、内政部

二、中央宣传部

三、地方主管官署：天津市政府社会局、天津市党部

四、国立中央图书馆、国立北平图书馆

（津 J25－3－6132）

233. 中国国民党天津特别市执行委员会为《重庆画报》等五家刊物登记查核事致天津市政府新闻处函

1946 年 8 月 1 日

案准中央宣传部宁（35）利新字·四〇九号函：为经核（一·）《重庆画报》以其名称极易混淆，应饬更改名称再呈候核办。（二）《我们话报》为外人所办，已函外交部征询意见，应另案办理。（三）其余《时代晚报》、《民众观察周刊》、天津经济通讯社三家经核与《出版法》之规定尚无不合，应准予登记。相应函达，即希查照。等由。准此，相应函请贵处转饬该五家出版社遵办为荷。

此致天津市政府新闻处

主任委员　邵华

（津 J2－3－1928）

234.《越剧画报》为登记事呈上海市社会局新闻纸杂志登记声请书及上海市社会局报纸通讯社杂志申请登记调查表

1946 年 8 月 1 日

新闻纸杂志登记声请书			
名　　称	越剧画报		
类　　别	戏剧	刊　　期	周刊

发行旨趣		发扬地方文化，传播越剧艺术						
社务组织		独资						
资本数目		一百万元		经济状况		自费		
发行所	名　称	越联出版公司		地　址		露香园路廿八号		
印刷所	名　称	新新印刷所		地　址		牯岭路六十四号		

		发行人	编　辑　人						
	姓名	王铭心	吴地	红兰	李雪琴				
	籍贯	无锡	苏州	上海	上海				
	年龄	廿八	廿八	廿七	十八				
	学历	民生中学毕业	东吴初中肄业	晓光中学毕业	民立女中肄业				
发行人及编辑人	经历	英文《大陆报》编辑部，上海新闻社记者，丹桂剧团剧务部	《上海滩》《海风》等各周报撰述	同乐越剧团编剧	浙东戏院剧务部				
	是否党员及党证字号	否	否	否	否				
	住所	露香园路廿八号	汕头路廿四号	西门路（顺昌路口）敦让里九十八号	北京路宋家弄十一号				

附　　注	
考查意见	
复核意见	

兹因发行《越剧画报》，谨依《出版法》第九条及同法施行细则第九条之规定开具右列事项，声请登记。

谨呈上海市社会局

具声请书人　越剧画报社

发行人　王铭心

中华民国卅五年八月一日

上海市社会局报纸通讯社杂志申请登记调查表

名 称	越剧画报		刊 期	周刊（每星期六出版一次）	
	名称或姓名		地 址		电 话
发行所	越联出版公司		南市露香园路廿八号		
发行人	王铭心		同上		
主编人	同上		同上		
编辑纲要及特长	发扬地方文化，宣传越剧艺术				
创刊日期	民国卅五年八月十日		复刊日期		
过去发行经过概况（如系复刊者）					
预计发行情形	本埠销数	三千	总 数	三千	批售价格 一百三十元
	外埠销数				零售价格 二百元
基金来源	自资创办				
备 注					

民国卅五年八月一日　　发行人　王铭心

（沪 Q6－12－111）

235. 刘金亭为《重庆画报》备查事呈天津市政府社会局文

1946 年 8 月 3 日

为呈报发行《重庆画报》事。窃民刘金亭前因办出版《重庆画报》，当经遵章填具声请书，呈备案在案。前奉钧局会文字四十五号通知内开：业经呈奉市政府指令，准予咨请内政部核办。等因。奉此，查敝社筹备多日，因交通阻滞，各地稿件不能如期寄递，而爱好读者屡次催促，不得已提前发行，内容有不甚充实，一俟专稿到津，内容自当一新，谨将发行《重庆画报》附呈两册，伏祈鉴核备查。

谨呈社会局局长胡

附呈《重庆画报》两册〈佚〉

（津 J25－3－6074）

236.《改造画报》为声请登记事呈上海市社会局 报纸杂志通讯社申请登记调查表

1946 年 8 月 3 日

上海市社会局报纸杂志通讯社申请登记调查表

刊物名称		改造画报	刊　期		月报
	名称或姓名		地　　址		电　话
发行所	改造出版社		汤恩路一号		四二三九二
发行人	陆久之		林森路一三九四弄十一号		六八五八六
主编人	金学成		复兴路四五八号		八一三六四
内容调查	发行旨趣		编辑纲要及特长		
	专以宣扬国策、改造日人思想并研究日本政治、经济、文化为目的		一、报导中外新闻照片；二、介绍中国艺术；三、本社摄影特写		
创刊日期	35 年 8 月 30 日预定		复刊日期		年　月　日
过去发行经过概况（如系复刊者）					
预计发行情形	日本销数	一万册	总　数	二万册	批售价格　定价二千元八折
	国内销数	一万册			零售价格　照定价二千元
基金来源	自给自足				
备　　注					

民国卅五年八月三日　发行人　陆久之

(沪 Q6 - 12 - 62)

237. 刘超为《精华画报》声请登记事呈天津市政府社会局文 （附新闻纸杂志登记声请书）

1946 年 8 月 5 日

为呈请登记事。窃以建国期间首重教育，而启迪民智尤为教育方面之要务。目下出版之报章杂志多属内容空虚、材料俚俗，既难以满足读者之求知欲，更遑论辅助社会教育。具呈人有鉴于斯，现拟刊行一种综合性杂志，定名《精华画报》，以介绍实用知识、宣扬纯正文化为主旨，用期对于一般民众供给养分丰富之精神食粮。兹遵照《出版法》第九条之规定，填具登记声请书五份，理合备文呈请鉴核，俯祈准予登记，实为公便。

　　谨呈天津市政府社会局

　　附呈登记声请书五份

具呈人　刘超　呈
住址　天津河北四马路竹贤南里二号

新闻纸杂志登记声请书								
名　　称	精华画报							
类　　别	综合性杂志			刊　期		周刊		
社务组织	社长下设营业、编辑二股							
资本数目	十万元			经济状况		由发行人独自出资		
发行所　名　称	精华画报社			地　址		天津河北四马路竹贤南里二号		
印刷所　名　称	建国日报社			地　址		天津宫北大街四十号		
发行人及编辑人	姓名	发行人	编　辑　人					
		刘超	刘超	徐于珍	刘秀峰			
	籍贯	天津	天津	青县	天津			
	年龄	三十一岁	三十一岁	二十九岁	二十九岁			
	学历	燕大国文系	燕大国文系	中大法律系	河东中学			
	经历	曾任志成中学教员	曾任志成中学教员	曾任志成中学教员	曾任志成中学教员			
	是否党员及党证字号							
	住所	天津河北四马路竹贤南里二号	天津河北四马路竹贤南里二号	天津市第一区华荫里十七号	天津河北四马路竹贤南里二号			
附　注		总编辑	助理编辑	助理编辑				
考查意见	查书填各点，核与《修正出版法》及同法施行细则尚无不合，拟请准予核转							
复核意见	查社会局所填意见尚无不合，应予照转							

　　兹因发行，谨依《出版法》第九条之规定，开具右列事项，声请登记。

　　谨呈天津市政府社会局、天津市政府、天津特别市党部执行委员会、内政部、中央宣

传部

具声请书人　刘超

中华民国三十五年八月五日

（津 J25－3－6081）

238.《图画世界》为声请登记事呈上海市社会局新闻纸杂志登记声请书及上海市社会局报纸通讯社杂志申请登记调查表

1946 年 8 月 6 日

<table>
<tr><td colspan="6" align="center">新闻纸杂志登记声请书</td></tr>
<tr><td colspan="2" align="center">名　称</td><td colspan="4" align="center">图画世界</td></tr>
<tr><td colspan="2" align="center">类　别</td><td>杂志</td><td>刊　期</td><td colspan="2">十日刊</td></tr>
<tr><td colspan="2" align="center">发行旨趣</td><td colspan="4">发扬儿童文化美术思想</td></tr>
<tr><td colspan="2" align="center">社务组织</td><td colspan="4">合伙</td></tr>
<tr><td colspan="2" align="center">资本数目</td><td>二百万元</td><td>经济状况</td><td colspan="2">收入依靠销售数</td></tr>
<tr><td>发行所</td><td>名　称</td><td>图书世界出版社</td><td>地　址</td><td colspan="2">南京路哈同大楼三楼三二三号 A</td></tr>
<tr><td>印刷所</td><td>名　称</td><td>中国科学公司</td><td>地　址</td><td colspan="2">中正中路六四九号</td></tr>
<tr><td rowspan="9" align="center">发行人及编辑人</td><td rowspan="2">姓名</td><td>发行人</td><td colspan="3" align="center">编 辑 人</td></tr>
<tr><td>谢劼刚</td><td>徐潜德</td><td></td><td></td></tr>
<tr><td>籍贯</td><td>浙江海宁</td><td>江苏松江</td><td></td><td></td></tr>
<tr><td>年龄</td><td>二九</td><td>二七</td><td></td><td></td></tr>
<tr><td>学历</td><td>海宁县立中学毕业</td><td>江苏省立松江中学毕业</td><td></td><td></td></tr>
<tr><td>经历</td><td>友利公司编辑</td><td>曾任友利公司图画编辑，国华影片公司美工科等职</td><td></td><td></td></tr>
<tr><td>是否党员及党证字号</td><td>否</td><td>否</td><td></td><td></td></tr>
<tr><td>住所</td><td>新大沽路永庆坊卅七号</td><td>中正中路六八七弄九四号</td><td></td><td></td></tr>
</table>

附　　注	
考查意见	该刊为儿童图画杂志，以连环性之故事画为主，拟准予转呈
复核意见	

　　兹因发行《图画世界》，谨依《出版法》第九条及同法施行细则第九条之规定，开具右列事项，声请登记。

　　谨呈上海市社会局

具声请书人　图画世界出版社

发行人　谢劼刚

中华民国卅五年八月六日

上海市社会局报纸通讯社杂志申请登记调查表

刊物名称		图画世界	刊　　期		十日刊
	名称或姓名		地　　址		电　　话
发行所	图画世界出版社		南京路哈同大楼三楼二二一号A		一四五七二
发行人	谢劼刚		新大沽路永庆坊卅七号		三二三六五
主编人	徐潜德		中正中路六八七弄九四号		六八一四○
编辑纲要及特长	本刊为纯图画杂志，提高读者兴趣而尤以适应儿童心理内容以连环性之故事图画，翻译自欧美图画杂志				
创刊日期	三十五年八月十日		复刊日期		
过去发行经过概况（如系复刊者）					
预计发行情形	本埠销数	四千本	总　　数	五千	批售价格　三百二十五元
	外埠销数	一千本			零售价格　五百元
基金来源	合伙投资				
备　　注					

民国三十五年八月六日　发行人　谢劼刚

（沪 Q6 - 12 - 142）

239. 北平市政府为准予先行发刊事通知晴雨画报社等三社

1946 年 8 月 6 日

案准中央宣部宁（35）利新字第 1275、1375、1459 号午真、午巧、午智各代电，以该画报、社如确已依法声请登记，并经核转，可准先发行。等由。查该画报、社声请登记书业经本府核转登记在案，自应准予先行发刊，仍将出版物、通讯稿近期寄送为要。

特此通知晴雨画报社、生生画报社、正中通讯社

（京 J2-3-905）

240. 杨植之为《新东方画报》声请登记事呈北平市政府社会局文
（附新闻纸杂志登记声请书）

1946 年 8 月 7 日

呈为刊行《新东方画报》，依法声请登记事。窃维抗战胜利，国土重光，建国开始，百废待兴，我收复区沦陷敌寇蹄下八载，当此之际，如何唤发民众精神、普及通俗教育、灌输科学知识、坚定爱国思想，允为文化工作之要务。具呈人等有鉴及此，特联合筹刊《新东方画报》旬刊一种，同时以中英二种文字编辑，期以介绍时事、沟通文化、提倡艺术、灌输科学。现已大致筹备就绪，拟于九月九日（敌日向联合国签降日）创刊。爰将刊行动机、组织情形依法填表，备文呈请鉴核转呈备案，实为公便。

谨呈北平市政府社会局

声请登记人　杨植之谨呈

<table>
<tr><th colspan="6">新闻纸杂志登记声请书</th></tr>
<tr><td>名　　称</td><td colspan="5">新东方画报</td></tr>
<tr><td>类　　别</td><td colspan="2">画报（中英文合刊）</td><td>刊　期</td><td colspan="2">旬刊</td></tr>
<tr><td>社务组织</td><td colspan="5">经理部：发行、广告；编辑部：编辑、采访</td></tr>
<tr><td>资本数目</td><td colspan="2">二百万元</td><td>经济状况</td><td colspan="2">自给自足</td></tr>
<tr><td>发行所</td><td>名　称</td><td>新东方画报社</td><td>地　址</td><td colspan="2">北平文昌阁十四</td></tr>
<tr><td>印刷所</td><td>名　称</td><td>北平时报社</td><td>地　址</td><td colspan="2">北平宣外大街</td></tr>
</table>

	姓名	发行人	编　辑　人						
发行人及编辑人		杨植之	陈应斌	李准	乔公佐				
	籍贯	山西右玉	山西荣河	福建闽侯	山西祁县				
	年龄	27	28	26	29				
	学历	北京大学法学院毕业	北京大学文学院毕业	北京大学工学院毕业	辅仁大学文学院毕业				
	经历		察哈尔省政府秘书	北平市工务局职员	辅仁大学助教				
	是否党员及党证字号	无党派	无党派	无党派	无党派				
	住所	北平和内文昌阁十四号	北平和内文昌阁十四号	北平和内文昌阁十四号	北平和内文昌阁十四号				
附　注									
考查意见		查该画报经调查系北人毕业学生杨植之所主办，编辑李准为工务局职员，乔公佐为辅仁大学助教，可否准予登记，拟请核定							
复核意见									

兹因发行，谨依《出版法》第十条之规定开具右列事项，声请登记。

谨呈北平市政府、［北平市］党部转中央宣传部、内政部

具声请书人　杨植之（住址同前）

中华民国三十五年八月一日

（京J2－4－334）

241. 天津市政府社会局为《美丽画报》登记事呈天津市政府文（附新闻纸杂志登记声请书）

1946 年 8 月 7 日

案据美丽画报社呈称：呈为呈送新闻纸杂志声请书声请登记事。窃民阎恩润为发扬文化、提倡艺术、辅佐社会教育、赞翊建国工作，拟在天津发行《美丽画报》。每七日出版一次，谨依《出版法》第九条之规定填具声请书，伏乞钧局备案，分别转呈赐给临时证明，实

为公便。等情。并附登记声请书五份。据此，查原声请书所填各点与《修正出版法》及同法施行细则各规定尚无不合，理合检同原声请书四份，备文呈送，伏乞鉴核，俯赐存转。

谨呈市长张、副市长杜

附登记声请书四份

天津市政府社会局局长　胡梦华

<table>
<tr><td colspan="10" align="center">新闻纸杂志登记声请书</td></tr>
<tr><td colspan="2" align="center">名　称</td><td colspan="8" align="center">美丽画报</td></tr>
<tr><td colspan="2" align="center">类　别</td><td colspan="4" align="center">杂志类</td><td align="center">刊　期</td><td colspan="3" align="center">七日一次</td></tr>
<tr><td colspan="2" align="center">社务组织</td><td colspan="8">分营业、编辑、广告三部</td></tr>
<tr><td colspan="2" align="center">资本数目</td><td colspan="4">一百万元</td><td align="center">经济状况</td><td colspan="3">自给自足</td></tr>
<tr><td align="center">发行所</td><td align="center">名　称</td><td colspan="4">美丽画报社</td><td align="center">地　址</td><td colspan="3">天津第二区胜利路十二号</td></tr>
<tr><td align="center">印刷所</td><td align="center">名　称</td><td colspan="4">文义印刷局</td><td align="center">地　址</td><td colspan="3">天津第七区宫北大狮子胡同</td></tr>
<tr><td rowspan="9" align="center">发行人及编辑人</td><td rowspan="2" align="center">姓名</td><td align="center">发行人</td><td colspan="7" align="center">编　辑　人</td></tr>
<tr><td align="center">阎恩润</td><td align="center">李乐天</td><td align="center">林子瑜</td><td align="center">张星辅</td><td></td><td></td><td></td><td></td></tr>
<tr><td align="center">籍贯</td><td align="center">北平市</td><td align="center">辽宁铁岭</td><td align="center">天津市</td><td align="center">河北武强</td><td></td><td></td><td></td><td></td></tr>
<tr><td align="center">年龄</td><td align="center">三十四</td><td align="center">四十二</td><td align="center">四十</td><td align="center">四十二</td><td></td><td></td><td></td><td></td></tr>
<tr><td align="center">学历</td><td>北平汇文中学毕业</td><td>铁岭县立中学毕业</td><td>天津市立第一中学毕业</td><td>天津南开大学毕业</td><td></td><td></td><td></td><td></td></tr>
<tr><td align="center">经历</td><td>前《天津新报》营业主任</td><td>前东三省文艺编译社编辑、前天津《中华画报》记者</td><td>前《天津广播日报》编辑</td><td>前《天津新报》编辑</td><td></td><td></td><td></td><td></td></tr>
<tr><td align="center">是否党员及党证字号</td><td></td><td></td><td></td><td></td><td></td><td></td><td></td><td></td></tr>
<tr><td align="center">住所</td><td>天津第二区胜利路十二号</td><td>天津第一区河北路仁丰里十一号</td><td></td><td>天津河北五马路人寿里二十号</td><td></td><td></td><td></td><td></td></tr>
<tr><td colspan="2" align="center">附　注</td><td colspan="8"></td></tr>
<tr><td colspan="2" align="center">考查意见</td><td colspan="8">查书填各点，与《修正出版法》及同法施行细则各规定尚无不合，拟请准予核转</td></tr>
<tr><td colspan="2" align="center">复核意见</td><td colspan="8">查社会局所填考查意见尚属实情，应予照转</td></tr>
</table>

兹因发行，谨依《出版法》第九条之规定开具右列事项，声请登记。

谨呈天津市政府社会局、天津市政府、天津特别市党部执行委员会、内政部、中央宣传部

具声请书人　阎恩润

中华民国三十五年七月　日

（津 J2－3－8272）

242. 上海市社会局为《时代画报》等复刊及《星象画报》备案事批复时代图书公司邵洵美

1946 年 8 月 8 日

具呈人时代图书公司邵洵美本年七月二十六日呈一件，为复业刊印宣传剧艺临时刊物，恳请准予备案由。呈悉。该社请准恢复发行《时代画报》及《论语》半月刊，应俟层转中央核准后方得发行。至《星象画报》以登载女星剧照为限，不足宣传剧艺，所请备案一节，未便照准，仰即知照。

此批

局长　吴开〇

副局长　李剑〇

（沪 Q6－12－88）

243. 建华出版公司姜豪为《社会画报》声请登记事呈上海市社会局文
（附新闻纸杂志登记声请书及上海市社会局报纸通讯社杂志申请登记调查表）

1946 年 8 月 8 日

开公赐鉴：沪上出版事业自方型刊物取缔后，事实尚需正当读物供给大众读者。近弟与友人拟创办《社会画报》一种，系以严正态度推进社会文化建设，报导社会动态。兹依法申请登记，送呈全部表格，务乞惠予便捷，俾得从速刊行，是所至祷，专此顺颂勋绥。

弟　姜豪敬上

新闻纸杂志登记声请书

名　　称		社会画报			
类　　别		杂志	刊　　期		半月刊
发行旨趣		推进社会文化建设			
社务组织		由建华出版公司主办			
资本数目		二百万元	经济状况		合资
发行所	名　称	建华出版公司	地　址		南京路美伦大厦四〇二号
印刷所	名　称	中国科学公司	地　址		中正西路茂名路西首

	姓名	发行人	编　辑　人					
发行人及编辑人		姜豪	姜星谷					
	籍贯	江苏宝山	江苏宝山					
	年龄	三十九	二十五					
	学历	交通大学毕业	正风文学肄业					
	经历	上海市参议员	《市民日报》记者					
	是否党员及党证字号	中国国民党沪字188	否					
	住所	老靶子路中洲路安宁里35号	长寿路三二三五号					

附　　注	
考查意见	该刊分时事小评、社会报告文学并插有各种有关图照, 拟准予转呈
复核意见	

　　兹因发行《社会画报》, 谨依《出版法》第九条及同法施行细则第九条之规定开具右列事项, 声请登记。

　　谨呈上海市社会局

具声请书人　建华出版公司

发行人　姜豪

中华民国三十五年八月八日

上海市社会局报纸通讯社杂志申请登记调查表

刊物名称		社会画报		刊　期		半月刊	
		名称或姓名		地　址		电　话	
发行所		建华出版公司		南京路美伦大厦四〇二号中国战后建设协进会内		一九一五四	
发行人		姜豪		老靶子路中洲路口安宁里 35 号			
主编人		姜星谷		长寿路三二三五号			
编辑纲要及特长		推进社会文化建设，内容略分时事评论、国际局势小评，插以有关社会文化建设之各种图照，以及社会动态之报告文学、学术小品、社会建设论文等					
创刊日期		三十五年九月一日		复刊日期			
过去发行经过概况（如系复刊者）							
预计发行情形	本埠销数	三千份	总　数	四千份	批售价格		三百五十元
	外埠销数	一千份			零售价格		五百元
基金来源		建华出版公司					
备　注							

民国卅五年八月九日　发行人　姜豪

（沪 Q6‑12‑75）

244. 刘铁庵为《星期二画刊》复刊事呈天津市政府社会局文（附新闻纸杂志登记声请书）

1946 年 8 月 10 日

案查本报为申请复刊，呈奉中央宣传部驻津宣传专员办事处三十五年二月八日津字第一七七号批示：准予备案，惟仍应依法重新登记。等因。奉此，当于同年三月十三日缮具申请书五份，呈奉钧局四月二十二日通知：查据该报声请登记一案，业经呈奉市政府指令，已咨请内政部核办矣。本报当即开始筹办，现一切大致已经就绪，惟正式社址尚未觅妥，故未发刊。兹因职员均已聘定，业务未便久悬，经同人议决，将本报原有副刊《星期二画刊》先行复刊。《星期二［画刊］》为文画综合刊物，每周一次，以宣扬文化、启发民智为宗旨，理合另缮申请书五份，备文呈请钧局鉴核，准予发刊，实为公便。

谨呈天津市政府社会局

附申请书五份

《天津午报》副刊星期二画刊社社长　刘铁庵

通讯处　第一区嫩江路二十九号

<table>
<tr><th colspan="13">新闻纸杂志登记声请书</th></tr>
<tr><td colspan="2">名　　称</td><td colspan="11">星期二画刊</td></tr>
<tr><td colspan="2">类　　别</td><td colspan="4">杂志</td><td colspan="2">刊　　期</td><td colspan="5">周刊</td></tr>
<tr><td colspan="2">社务组织</td><td colspan="11">社内共分三部，计经理部、编辑部、营业部</td></tr>
<tr><td colspan="2">资本数目</td><td colspan="4">一百万元</td><td colspan="2">经济状况</td><td colspan="5"></td></tr>
<tr><td rowspan="2">发行所</td><td>名　称</td><td colspan="5">星期二画刊社发行所</td><td>地　址</td><td colspan="5">天津市第一区嫩江路二十九号</td></tr>
<tr><td>印刷所</td><td>名　称</td><td colspan="5">《建国日报》印刷部</td><td>地　址</td><td colspan="5">天津市第八区宫北大街</td></tr>
<tr><td rowspan="14">发行人及编辑人</td><td rowspan="2">姓名</td><td>发行人</td><td colspan="10">编　辑　人</td></tr>
<tr><td>刘铁庵</td><td>杨莲因</td><td>刘钟望</td><td>赵中明</td><td>陈哲民</td><td>张金良</td><td></td><td></td><td></td><td></td></tr>
<tr><td>籍贯</td><td>天津市</td><td>广东新会</td><td>天津市</td><td>天津市</td><td>天津市</td><td>天津市</td><td></td><td></td><td></td><td></td></tr>
<tr><td>年龄</td><td>六三</td><td>四二</td><td>四六</td><td>二九</td><td>三三</td><td>四〇</td><td></td><td></td><td></td><td></td></tr>
<tr><td>学历</td><td>直隶省立中学毕业</td><td>直隶法政专门学校</td><td>直隶省立第一中学</td><td>北平宏达中学校</td><td>天津觉民中学毕业</td><td>直隶省立中学</td><td></td><td></td><td></td><td></td></tr>
<tr><td>经历</td><td>前天津特别市党部执行委员</td><td>天津特别市执行委员会委员</td><td>《天津午报》编辑</td><td>天津《昭君周刊》主编，《华北三日刊》编辑</td><td>《天津午报》编辑</td><td>《天津午报》编辑，前天津特别市党部民运科干事</td><td></td><td></td><td></td><td></td></tr>
<tr><td>是否党员及党证字号</td><td></td><td></td><td></td><td></td><td></td><td></td><td></td><td></td><td></td><td></td></tr>
<tr><td>住所</td><td>天津市第一区嫩江路二十九号</td><td>天津市第一区嫩江路三十一号</td><td>天津市第一区嫩江路二十九号</td><td>天津市西头双庙街杨家胡同五号</td><td>天津市河北二马路二南里六号</td><td>天津市第一区嫩江路二十九号</td><td></td><td></td><td></td><td></td></tr>
<tr><td colspan="2">附　　注</td><td colspan="11"></td></tr>
<tr><td colspan="2">考查意见</td><td colspan="11">查声请书所填各点，核与《修正出版法》及同法施行细则尚无不合，拟请准予核转</td></tr>
<tr><td colspan="2">复核意见</td><td colspan="11"></td></tr>
</table>

兹因发行，谨依《出版法》第九条之规定，开具右列事项，声请登记。

谨呈天津市政府社会局、天津市政府、天津特别市党部执行委员会、内政部、中央宣传部

具声请书人　刘铁庵
中华民国三十五年八月十日
（津 J25 - 3 - 6183）

245. 沈健颖为《小扬州画报》声请登记事呈天津市政府社会局文

1946 年 8 月 10 日

为声请登记事。窃民于民国十七年从事新闻事业，在津服务，颇受市民欢迎。不幸卢桥勃发，是月二十八日敌袭击津市，沦陷后受敌寇缉捕，民逃居外埠而告终止。目今抗战胜利，国土光复，宣传使命当务之急。乃纠合同志，组织《小扬州画报》，内容尽量启迪民智，发扬文化，倡导现时代科学，并阐扬旧道德，以不倚不偏大无畏精神挽救颓风为宗旨。兹遵《出版法》规定造表具报，理合备文呈请鉴核，伏候批示遵行。

谨呈天津市社会局局长胡

附表五份〈佚〉

具呈人　沈健颖
年龄　三十七岁
籍贯　河北天津
职业　新闻记者
住址　东马路二道街五号
铺保　义成纸行
住址　南门外小刘家胡同二号
执事人　孙沧海
（津 J25 - 3 - 6130）

246. 天津市政府为《人人画刊》登记查核事致内政部咨暨指令社会局

1946 年 8 月 10 日

案据社会局会文字第九三八号呈称：案据李秉丹呈称，为发行《人人画刊》呈请准予

备案事。云云。仰祈鉴察转。等情。附登记声请书三份。据此，查该局所核尚无不合，除指令外，相应检同原声请书二份，咨请查核办理为荷。

　　此咨内政部

　　附送原声请书二份〈佚〉

令社会局：

　　呈一件，为据《人人画刊》登记。等情。检同原声请书请鉴察核转由。呈件均悉。业已转咨内政部核办，仰知照。附件存转。

　　此令

（津 J2‑3‑8272）

247. 天津市政府为《人人画刊》登记声请已转咨内政部
办理事指令社会局

1946 年 8 月 12 日

令社会局：

　　呈一件，为据《人人画刊》登记。等情。检同原声请书请鉴察核转由。呈件均悉。业已转咨内政部核办，仰即知照。附件存转。

　　此令

市长　张廷谔

副市长　杜建时

（津 J25‑3‑6077）

248. 天津市政府为《重庆画报》等五家刊物登记查核事训令
天津市政府社会局

1946 年 8 月 12 日

令社会局：

　　案准中国国民党天津特别市执行委员会（三十五）未健宣字第○七○二号公函内开：案准中央宣传部宁（35）利新字一四○九号函，为经核（一）《重庆画报》以其名称极易混淆，应饬更改名称再呈候核办。（二）《我们话报》为外人所办，已函外交部征询意见，应另案办理。（三）其余《时代晚报》、《民众观察周刊》、天津经济通讯社三家经核与《出版法》之规定尚无不合，应准予登记。相应函达，即希查照。等由。准此，相应函请贵处转饬该五家出版社遵办为荷。等因。准此，合行令仰该局转饬知照。

　　此令

市长　张廷谔

副市长　杜建时

（津 J2 - 3 - 1928）

249. 邵洵美为印行《星象》备案事呈上海市社会局文

1946 年 8 月 12 日

　　窃敝公司恢复营业从事文化工作，对于过去领有登记证之各定期刊物已依照杂志刊物登记手续另文呈请准予复刊，在未奉准前先印行《星象》一书，通例临时书籍无须呈请核准，惟敝公司为避免误会起见，仍具呈钧局请赐备案，实为公便。

谨呈上海市社会局局长吴

时代图书公司代表人　邵洵美

地址　平凉路二十一号

（沪 Q6 - 12 - 88）

250. 天津市政府为《远东画报》登记核办事致内政部咨暨指令社会局

1946 年 8 月 13 日

　　案据社会局本年七月三十日会文字第九四三号呈称：案据章继先呈称云云，仰祈鉴察核转。等情。附登记声请书三份。据此，查该声请书所填各项于法尚无不合，除指令社会局知照并抽存声请书一份备查外，相应检同原声请书二份，咨请贵部查照核办为荷。

　　此咨内政部

　　附声请书二份〈佚〉

令社会局：

　　呈一件，为据《远东画报》登记等情，检同原声请书请鉴察核转由。呈件均悉。已转咨内政部核办，仰即知照，附件分别存转。

此令

(津 J2 - 3 - 8260)

251. 天津市政府社会局为名称不妥应更改名称事通知重庆画报社

1946 年 8 月 13 日

案奉市政府令，以准内政部函，为该报名称不妥，应饬更改名称，转部再行给证。等因。奉此，仰即更改名称报局，以凭转报为要。特此通知。

右通知重庆画报社

(津 J25 - 3 - 6074)

252. 中国生活出版社为《生活画报》再次声请登记事呈上海市
社会局文（附新闻纸杂志登记声请书及上海市社会局报纸
通讯社杂志申请登记调查表）

1946 年 8 月 14 日

查本社于本年一月间筹组成立，拟发行《生活画报》月刊一种，以发扬文艺、介绍国内外时事珍闻为宗旨，当即填具表格呈请钧局转呈发给登记证在案。只以当时征集抗战胜利相片、材料甚丰，为把握时间计，不得不暂依刊物在申请登记期内先行发行之惯例，遂于一月份刊印第一期，继续按期出至第四期，内容珍贵，已博得社会各界之好评。迩以沪市取缔黄色新闻声中，颇多警士常误认本刊亦在取缔之例，尤以未获登记证为取缔之理由。虽本刊宗旨纯正，一加翻阅即可证明，亦难争辩，以是发行方面大受妨碍。兹特再行填具声请书四份，并检同本刊自第一至四期每期各四份及申请登记调查表一份，呈请钧局鉴核转呈中央宣传部暨内政部审查，并祈迅颁登记证，俾利刊行，是所至祷。

谨呈上海市社会局

附新闻纸杂志登记声请书四份、报纸通讯社杂志申请登记调查表一份、《生活画报》一期至四期每期各四份〈佚〉

中国生活出版社　呈
发行人　赵培荣
地址　大通路一三七号

新闻纸杂志登记声请书

名　　称	生活							
类　　别	画报		刊　　期		月刊			
发行旨趣	发扬文艺，介绍国内外时事珍闻							
社务组织	独资							
资本数目	一十万元		经济状况		收支相抵			
发行所	名　称	中国生活出版社	地　址		大通路一三七号			
印刷所	名　称	科学印刷公司	地　址		中正中路茂名路口			

	姓名	发行人	编　辑　人					
发行人及编辑人			赵培荣	丁熙	钮季刚			
	籍贯		吴县	上海	吴兴			
	年龄		卅岁	卅一岁	四十岁			
	学历		光华大学文学系肄业	复旦大学新闻系肄业	南方大学政治系毕业			
	经历		合盛洋行泰兴公司协理	《大美晚报》编辑，《大美画报》编辑，展望图书杂志社社长	中央党部秘书处干事，中央特派四川省区党务指导员，国选总所荐派干事			
	是否党员及党证字号		否	否	是，浙字三一六号			
	住所		山阴路四达里六十二号	林森中路尚贤坊四十五号	闸北新疆路德兴里三十二号			

附　　注	
考查意见	该刊以登载艺术作品及风景照片为主，拟准予转呈
复核意见	

　　兹因发行《生活画报》，谨依《出版法》第九条及同法施行细则第九条之规定，开具右列事项，声请登记。

谨呈上海市社会局

具声请书人　中国生活出版社

发行人　赵培荣

中华民国三十五年八月十四日

上海市社会局报纸通讯社杂志申请登记调查表

名　称	生活	刊　期		月刊
	名称或姓名	地　址		电　话
发行所	中国生活出版社	大通路一三七号		三五六二
发行人	赵培荣	山阴路四达里六十二号		
主编人	丁熙	林森中路尚贤路四十五号		
编辑纲要及特长	本画报编辑中心以发扬文艺、介绍国内外时事珍闻为宗旨，使读者明了某地某人之实际情形，尤似身历其境也。每图注以详细说明并附英译，借增阅者兴趣。全书内十分之三则选刊艺术作品、风景介绍以及趣味性之文艺小品等			
创刊日期	卅五年一月	复刊日期		
过去发行经过概况（如系复刊者）	创刊号于元旦发行，印六千本，实销五千。第二期二月出版，适值旧历新年，销路大佳，印六千本全数销罄。第三期出版时，沪地黄色方型周刊风起云涌，画报读者均为其所诱，致销路略逊，八千本中存三千本未脱售。第四期五月出版时，方型周刊越出越多，兼物价飞涨，书籍购买力大减，印六千本仅去其半			
预计发行情形	本埠销数	二千本	总　数	五千本	批售价格	八百四十元
	外埠销数	三千本			零售价格	一千二百元
基金来源	亲友集资，广告收入			
备　注				

民国三十五年八月十四日　发行人　赵培荣

（沪 Q6 - 12 - 24）

253. 《儿童知识》为声请登记事呈上海市社会局新闻纸杂志登记声请书及上海市社会局报纸杂志通讯社申请登记调查表

1946 年 8 月 17 日

<table>
<tr><td colspan="8" align="center">新闻纸杂志登记声请书</td></tr>
<tr><td align="center">名　　称</td><td colspan="7" align="center">儿童知识</td></tr>
<tr><td align="center">类　　别</td><td colspan="2">儿童读物</td><td>刊　期</td><td colspan="4">每月一期</td></tr>
<tr><td align="center">社务组织</td><td colspan="7">属于儿童书局</td></tr>
<tr><td align="center">资本数目</td><td colspan="2">五百万</td><td>经济状况</td><td colspan="4">有余或不足均由儿童书局负责</td></tr>
<tr><td colspan="2" align="center">发行所</td><td>名　称</td><td>儿童书局</td><td>地　址</td><td colspan="3">四马路四二四号</td></tr>
<tr><td colspan="2" align="center">印刷所</td><td>名　称</td><td>儿童书局</td><td>地　址</td><td colspan="3">新闸路九二〇弄二四号</td></tr>
<tr><td rowspan="8" align="center">发行人及编辑人</td><td rowspan="2" align="center">姓名</td><td align="center">发行人</td><td colspan="6" align="center">编　辑　人</td></tr>
<tr><td align="center">张一渠</td><td>徐晋</td><td>黄子亭</td><td>王鸿文</td><td>陈效渭</td><td>陈江风</td><td>丁深</td></tr>
<tr><td align="center">籍贯</td><td>余姚</td><td>余姚</td><td>余姚</td><td>昆山</td><td>鄞县</td><td>绍兴</td><td>杭州</td></tr>
<tr><td align="center">年龄</td><td>五十</td><td>五十</td><td>四八</td><td>四五</td><td>二五</td><td>三七</td><td>二八</td></tr>
<tr><td align="center">学历</td><td>浙江公立法政学校毕业</td><td>浙江公立法政学校毕业</td><td></td><td>上海中学毕业</td><td>上海南洋中学毕业</td><td>稽山中学毕业</td><td>杭州艺专毕业</td></tr>
<tr><td align="center">经历</td><td>曾任泰东图书局经理</td><td>曾任泰东图书局经理</td><td>现任沪江大学教授</td><td>曾任商务印书馆编辑</td><td></td><td>儿童书局绘图科主任</td><td>中宣部战地宣传员</td></tr>
<tr><td align="center">是否党员及党证字号</td><td>否</td><td>否</td><td>否</td><td>否</td><td>否</td><td>否</td><td>否</td></tr>
<tr><td align="center">住所</td><td>福州路四二四号</td><td>福州路四二四号</td><td>福州路四二四号</td><td>福州路四二四号</td><td>福州路四二四号</td><td>福州路四二四号</td><td>福州路四二四号</td></tr>
<tr><td colspan="2" align="center">附　　注</td><td colspan="6"></td></tr>
<tr><td colspan="2" align="center">考查意见</td><td colspan="6">该刊注重儿童常识，图文并重，拟准予转呈</td></tr>
<tr><td colspan="2" align="center">复核意见</td><td colspan="6"></td></tr>
</table>

　　兹因发行《儿童知识》，谨依《出版法》第九条及同法施行细则第九条之规定开具右列事项，声请登记。

谨呈上海市社会局

具声请书人　儿童知识社

发行人　张一渠

中华民国卅五年八月十七日

上海市社会局报纸杂志通讯社申请登记调查表

名称		儿童知识		刊　期		每月一册
	名称或姓名			地　址		电　话
发行所	儿童书局			福州路四二四号		九一九二三
发行人	张一渠			同上		同上
主编人	儿童编译所徐晋			同上		同上
内容调查	发行旨趣			编辑纲要及特长		
	增进儿童知识，启发儿童思想			注重常识，图文并重，彩色精印		
创刊日期	卅五年七月十五日		复刊日期		年　　月　　日	
过去发行经过概况 （如系复刊者）						
预计发行情形	本埠销数	四千份	总　数	一万份	批售价格	三百五十元
	外埠销数	六千份			零售价格	五百元
基金来源	儿童书局					
备　注						

民国三十五年八月十七日　发行人　张一渠

（沪 Q6－12－74）

254. 中国国民党天津特别市执行委员会为准予《星期二画刊》复刊事致天津市政府新闻处函

1946 年 8 月 20 日

案据《天津午报》发行人刘铁庵呈称：原有《［天津］午报》副刊《星期二画刊》拟先行复刊等由并附职员名单一纸。据此，经查，该报已于三十五年二月业经中宣部驻津宣传专员办事处批示准予备案，并于同年三月奉准社会局通知，已咨请内政部核办。各在案。并查该刊于《出版法》之规定尚无不合，《星期二画刊》应准先行复刊。相应函请查照为荷。

此致市政府新闻处

主任委员　邵华

（津 J2‑3‑8275）

255. 天津市政府社会局为《小扬州画报》登记声请书应补正修改事批复沈健颖

1946 年 8 月 21 日

具呈人沈健颖呈一件，为声请《小扬州画报》登记。呈件均悉。查该报究系新闻纸抑或杂志性质，应在声请书"类别"一栏注明。来书此栏仅填"四开纸小型"，殊有未合。又查该发行人等既均系党员，应在"党证字号"一栏将各人党证字号注明，来书亦漏未填注。令将原件发还，仰即遵照指示各点补正，送局再核。

此批

附发还声请书五份〈佚〉

（津 J25‑3‑6130）

256. 天津市政府社会局为登记声请已咨请内政部核办事通知远东画报社

1946 年 8 月 21 日

查据该远东画报社声请登记一案，业经呈奉市政府指令，已咨请内政部核办。特此通知。

右通知《远东画报》发行人章继先

（津 J25‑3‑6075）

257. 天津市政府社会局为《人人画刊》登记声请已咨请内政部核办事通知李秉丹

1946 年 8 月 21 日

查据该人人画刊社声请登记一案，业经呈奉市政府指令，已咨请内政部核办。特此通知。

右通知《人人画刊》发行人李秉丹

（津 J25‐3‐6077）

258. 刘金亭为《重庆画报》更名《银都画报》事呈天津市政府社会局文

1946 年 8 月 24 日

为呈请《重庆画报》更名《银都画报》事。窃民刘金亭前因拟办出版《重庆画报》，当经遵章填具声请书，呈请备案在案。兹奉八月十三日钧局会文字第二七○号通知内开：案奉市政府令，以准内政部函，为该报名称不妥，应饬更改名称，转部再行给证。等因。奉此，仰即更改名称报局，以凭转报为要。查敝社前呈请之《重庆画报》更名为《银都画报》，伏祈鉴核转呈。

谨呈社会局长胡

具呈人　刘金亭

年龄　三十九岁

籍贯　天津

职业　银都画报社

住址　第一区大沽路三十三号

铺保　大中华书局

地址　第一区大沽路三十三号

执事人　张振华

（津 J25‐3‐6074）

259. 天津市政府社会局为《重庆画报》更名等事呈天津市政府文

1946 年 8 月 26 日

案奉钧府丙闻字第 4149 号训令内开：（云云）等因。奉此，查核准登记之《火把月刊》等六家，业经分别转知。至《重庆画报》亦已饬令更改名称在案，奉令前因，理合将遵办情形具文呈复钧府鉴核。

谨呈市长张、副市长杜

局长　胡○○

（津 J25 - 3 - 6073）

260. 李伦中为《黄河画报》声请登记事呈北平市政府社会局文（附新闻纸杂志登记声请书）

1946 年 8 月 26 日

为呈请事。兹为发扬艺术、提高文化水准，俾适应现代需要起见，拟在西斜街六十一号发行《黄河画报》。内容为综合性质，包括戏剧、电影、音乐、雕刻、绘画、摄影、文艺、杂文等项。事关刊物出版，是否可行，理合开具声请书六纸，呈请鉴核转呈北平市政府转请中宣部、内政部俯准备案，并乞批示祇遵。

谨呈北平市社会局

附呈声请书六纸

黄河画报社发行人　李伦中谨呈

<table>
<tr><th colspan="7" align="center">新闻纸杂志登记声请书</th></tr>
<tr><td align="center">名　称</td><td colspan="6" align="center">黄河画报</td></tr>
<tr><td align="center">类　别</td><td colspan="2" align="center">杂志</td><td align="center">刊　期</td><td colspan="3" align="center">周刊</td></tr>
<tr><td align="center">社务组织</td><td colspan="6">社长一人，副社长一人，下设经理、编辑两部</td></tr>
<tr><td align="center">资本数目</td><td colspan="2">三百万元</td><td align="center">经济状况</td><td colspan="3">私人资本</td></tr>
<tr><td align="center">发行所</td><td align="center">名　称</td><td colspan="2">黄河社</td><td align="center">地　址</td><td colspan="2">西城西斜街六十一号</td></tr>
<tr><td align="center">印刷所</td><td align="center">名　称</td><td colspan="2">建华印字馆</td><td align="center">地　址</td><td colspan="2">西单报子街六号</td></tr>
<tr><td rowspan="5" align="center">发行人及编辑人</td><td align="center">姓名</td><td align="center">发行人</td><td colspan="4" align="center">编　辑　人</td></tr>
<tr><td></td><td align="center">李伦中</td><td align="center">曹继彬</td><td></td><td></td><td></td></tr>
<tr><td align="center">籍贯</td><td align="center">江西</td><td align="center">河北</td><td></td><td></td><td></td></tr>
<tr><td align="center">年龄</td><td align="center">二五</td><td align="center">三九</td><td></td><td></td><td></td></tr>
<tr><td align="center">学历</td><td align="center">中国大学毕业</td><td align="center">朝阳大学毕业</td><td></td><td></td><td></td></tr>
</table>

发行人及编辑人	经历	北平大安保险公司经理，北平电车公司购置课长	北平大陆公司宣传主任，天津《曲线画报》编辑，北平电车公司人事课长							
	是否党员及党证字号	平复字一二二三一号								
	住所	西斜街六十一号	西城关才胡同三十九号							
附注										
考查意见		查该刊经调查系平市电车公司人员所主办，内容以提倡艺术文化，专载戏剧、电影、雕刻、摄影、杂文等，可否准予登记，拟请核定								
复核意见										

兹因发行，谨依《出版法》第十条之规定，开具右列事项声请登记。

谨呈北平市政府、［北平市］党部转呈中央宣传部、内政部

具声请书人　李伦中

中华民国三十五年八月二十六日

（京 J2-4-349）

261. 天津市政府社会局为《星期二画刊》复刊登记事呈天津市政府文

1946 年 8 月 28 日

案据《天津午报》发行人刘铁庵呈称：案查本报为申请复刊，呈奉中央宣传部驻津宣传专员办事处三十五年二月八日津字第一七七号批示：准予备案，惟仍应依法重新登记。等因。奉此，当于同年三月十三日缮具申请书五份，呈奉钧局四月二十二日通知：查据该报声请登记一案，业经呈奉市政府指令，已咨请内政部核办矣。本报当即开始筹办，现一切大致已经就绪，惟正式社址尚未觅妥，故未发刊。兹因职员均已聘定，业务未便久悬，经同人议决，将本报原有副刊《星期二画刊》先行复刊。《星期二［画刊］》为

文画综合刊物，每周一次，以宣扬文化、启发民智为宗旨，理合另缮申请书五份，备文呈请钧局鉴核，准予发刊，实为公便。等情。并附声请书五份。据此，查声请书所填各点，与《修正出版法》及同法施行细则各规定尚无不合，理合检同原声请书，加具考查意见，备文呈送，仰祈鉴察核转。

谨呈市长张、副市长杜

附呈登记声请书四份〈佚〉

天津市政府社会局局长　胡梦华

（津 J2 - 3 - 8275）

262. 邵洵美为《时代画报》《论语》先行复刊事呈上海市社会局文

1946 年 8 月 28 日

窃敝公司恢复营业从事文化工作，对于过去领有登记证之《时代画报》月刊、《论语》半月刊定期刊物，已依照杂志刊物登记手续呈请钧局准予备案，并请转呈内政部、中宣部核发登记证在案。查敝公司以前所出报之各种刊物从无反动言论，为特具呈钧局，在未奉准前请赐备案，准予先行复刊，实为公便。

谨呈上海市社会局局长吴

时代图书公司代表人　邵洵美谨呈

（沪 Q6 - 12 - 88）

263. 邵洵美为出版单行本《星象画报》备案事呈上海市社会局文

1946 年 8 月 28 日

窃敝公司自民国二十六年八月停业迄今已历九载，所有影写版机现已装置完竣，准备复业。兹因试版成本过巨，拟先印行《星象》一书，系单行本，内容方面如白杨所演之《万世师表》等剧照，为特具呈钧局，准赐备案，实为公便。

谨呈上海市社会局局长吴

时代图书公司代表人　邵洵美谨呈

（沪 Q6 - 12 - 88）

264. 天津市政府为准予《星期二画刊》复刊事训令天津市政府社会局

1946 年 8 月 29 日

令社会局：

案准中国国民党天津特别市执行委员会宣字第七八八号函开：案据《天津午报》发行人刘铁庵呈称云云，相应函请查照为荷。等因。准此，合行令仰该局知照。

此令

(津 J2－3－8275)

265. 天津市政府为《美丽画报》登记事致内政部咨暨指令社会局

1946 年 8 月 29 日

案据社会局会文字第九八四号呈称：案据美丽画报社呈称云云，伏乞鉴核，俯赐存转。等情。附登记声请书四份。据此，查该声请书所填各项于法尚无不合，当经检同原件，加具复核意见，函送中国国民党天津特别市执行委员会会核去后，除经该会加盖官章外，并准函复：经查所报各节尚属实情，请予核转。等因。除指令社会局知照并抽存声请书一份备查外，相应检同原声请书二份，咨请贵部查照核办为荷。

此咨内政部

附登记声请书二份〈佚〉

令社会局：

呈一件，为据美丽画报社声请登记等情。理合检同声请书呈请核转由。呈件均悉。案经函送中国国民党天津特别市执行委员会会核完竣，已转咨内政部查照核办，仰即知照。附件分别存转。

此令

(津 J2－3－8272)

266. 天津市政府社会局为《重庆画报》等五家刊物登记审核
遵照办理情形事呈天津市政府文

1946 年 8 月 30 日

案奉钧府丙闻字第四七四二号训令略开：准市党部函，以准中宣部函，为《重庆画报》应更改名称；《我们话报》为外人所办，已函外交部征询意见，应另案办理；其余《时代晚报》、《民众观察周刊》、天津经济通讯社三家均核准登记，饬转知。等因。奉此，遵查关于《重庆画报》、天津经济通讯社二家，业经遵照钧府丙闻字第四五〇九号前令，转知在案；其《时代晚报》，当以其尚未发刊，背景不明，经函市党部查复，现尚未准函复，似不便遽予饬知；又《我们话〔报〕》俄文报既查尚未经中宣部核定登记，亦似不便先行饬知；至《民众观察周刊》，前曾因违背《出版法》，经函警察局予以取缔并依法拟定扣押停刊，处分书于本年五月间呈送钧府咨转内政部核示，现已奉钧府丙闻字第四八一〇号训令，准内政部函复核准在案，所有该刊准其登记一节，自勿庸再饬知照。除将该刊处分书正本送达该社遵照外，理合具文呈复，伏祈鉴察。

谨呈市长张、副市长杜

天津市政府社会局局长　胡梦华

(津 J2‐3‐1928)

267. 《现代妇女》申请登记书及申请登记调查表

1946 年 8 月

新闻纸杂志通讯社申请登记书

窃具呈人曹孟君，在上海设立现代妇女社，谨填具新闻纸杂志通讯社登记表一式四份，呈请鉴核，转呈内政部、中宣部核发登记证，实为德便。

谨呈上海市社会局

具呈人　曹孟君

卅五年八月　日

上海市社会局报纸通讯社杂志申请登记调查表

名　　称		现代妇女	刊　　期		月刊
		名　　称	地　　址		电　　话
发行所		现代妇女社	上海虬江路瑞和坊十七号		
发行人		曹孟君	同上		
主编人		曹孟君	同上		
编辑纲要及特长		增加妇女知识，反映各地妇女生活痛苦，注重学习及修养			
创刊日期		民国卅二年一月	复刊日期		民国卅五年十月
过去发行经过概况（如系复刊者）		在重庆出版三年半，出刊至四十期，发行数每期在二千至四千册			
预计发行情形	本埠销数	一千	总　数	三千	批售价格　定价五百元，七折
	外埠销数	二千			零售价格　定价五百元
基金来源		私人集资			
备　注		本刊于民国三十一年呈准内政部登记，发给警字八三〇四号杂志登记证，现拟在上海复刊，请予转移登记			

民国卅五年八月　日　发行人　曹孟君

（沪 Q6－12－104）

268.《现代妇女》新闻纸杂志登记声请书

1946 年 8 月

新闻纸杂志登记声请书					
名　　称		现代妇女			
类　　别		杂志	刊　　期		月刊
发行旨趣		增加妇女知识，反映妇女生活痛苦			
社务组织		发行及编辑均系个人负责			
资本数目		五百万	经济状况		收支相抵（独资）
发行所	名　称	现代妇女社	地　址		上海虬江路瑞和坊十七号
印刷所	名　称	美生印刷厂	地　址		上海斜土路七五七弄十一号

	姓名	发行人	编　辑　人					
发行人及编辑人		曹孟君	黄为之					
	籍贯	湖南长沙	江苏苏州					
	年龄	四十一	二十八					
	学历	国立北京大学毕业	上海大夏大学肄业					
	经历	曾任新运妇女指导委员会总会指导委员	曾任广西新运妇女工作委员会文化组组长					
	是否党员及党证字号	是，□字〇二三三八	不是					
	住所	上海虬江路瑞和坊十七号	上海虬江路瑞和坊十七号					
附　　注		本刊于民国卅一年呈准内政部登记，发给警字八三〇四号杂志登记证，卅二年一月在重庆创刊，共出刊三年半，计四十期，现拟在上海复刊，请予转移登记						
考查意见		该刊原在重庆发行，现迁沪出版，重行登记，拟准予转呈						
复核意见								

　　兹因发行《现代妇女》月刊，谨依《出版法》第九条及同法施行细则第九条之规定，开具右列事项，声请登记。

　　谨呈上海市社会局

具声请书人　现代妇女社

发行人　曹孟君

中华民国三十五年八月　日

（沪 Q6 - 12 - 104）

269. 天津市政府为《星期二画刊》登记查核事致中国国民党
天津特别市执行委员会函

1946 年 9 月 3 日

案据社会局会文字第二〇五号呈称：案据《天津午报》发行人刘铁庵呈称云云，仰祈鉴察核转。等情。附呈登记声请书四份。据此，查该件业经该局考查完毕，于法尚无不合，相应检同原声请书四份，加具复核意见，函送贵会查核见复，以便咨转。

此致中国国民党天津特别市执行委员会

附登记声请书四份〈佚〉

（津 J2－3－8275）

270. 上海市社会局为《星象画报》准予备案事批复邵洵美

1946 年 9 月 4 日

具呈人时代图书公司邵洵美本年八月二十八日呈二件，为《时代画报》及《论语》两刊请准先行复刊，《星象画报》请予备案由。呈悉。查《时代画报》及《论语》两刊登记声请书业经据转上海特别市党部会核在案，仍俟复到转呈核准给证后再行复刊。《星象画报》姑准备案，并应遵照前批，慎重选载图照为荷。

此批

局长　吴开〇

副局长　李剑〇

（沪 Q6－12－88）

271. 上海市社会局局长吴开先为先行核发《时代画报》及《论语》
两刊登记证号码事致中宣部许副部长笺函

1946 年 9 月 4 日

孝炎副座吾兄勋鉴：

敬启者：本市时代图书公司前发行《时代画报》月刊及《论语》半月刊两种，均经核准登记给证备案，战时因沪市沦陷停止发刊。兹者抗战胜利，该两刊请准恢复发行，已依法来局申请登记，拟予照准，除俟另案转呈核办外，尚请吾兄赐准提先核发登记证号码，以便饬知早日复刊，无任感荷。专颂勋绥。

弟　吴开先启

（沪 Q6－12－88）

272. 天津市政府社会局为北戴河杂志社声请登记事呈天津市政府文（附新闻纸杂志登记声请书）

1946 年 9 月 5 日

案据北戴河杂志社呈称：呈为呈送新闻纸杂志声请书请由登记事。窃民曹养田为发扬文化、提倡艺术、辅佐社会教育、赞翊建国工作，拟在天津发行《北戴河》杂志，每星期出版一次。谨依《出版法》第九条之规定填具声请书，伏乞钧局备案分别转呈，实为公便。等情。并附登记声请书五份。据此，查原声请书所填各点与《修正出版法》及同法施行细则各规定尚无不合，理合检同原登记声请书四份，备文呈送，伏祈鉴核俯赐存转。

谨呈市长张、副市长杜

附登记声请书四份

天津市政府社会局局长　胡梦华

新闻纸杂志登记声请书								
名　　称	《北戴河》杂志							
类　　别	杂志类			刊　期		每星期一次		
社务组织	计分发行、编辑、广告三部							
资本数目	一百万元			经济状况		自给自足		
发行所	名　称	北戴河杂志社			地　址	天津第一区河北路仁丰里十一号		
印刷所	名　称	文义印刷局			地　址	天津第七区宫北大狮子胡同		
发行人及编辑人	姓名	发行人	编辑人					
		曹养田	李逊梅	薛祥林	李凤仑			
	籍贯	河北通县	辽宁铁岭	北平	河北通县			
	年龄	四十一	四十一	三十八	二十六			
	学历	通县潞河中学毕业	辽宁东北大学肄业	北平育英中学毕业	通县潞河中学毕业			

发行人及编辑人	经历	前《天津商报》营业部长，前《天津新报》经理	前辽宁《大亚画报》总编辑，前《天津商报》编辑	前《天津商报》记者	前天津《风报》记者				
	是否党员及党证字号								
	住所	天津第一区康定路二十九号	天津第一区河北路仁丰里十一号	天津一区五十八号路福兴里十二号	天津第二区复兴路十三号				
附 注									
考查意见		查书填各点，核与《修正出版法》及同法施行细则尚无不合，拟请准予核转							
复核意见		查社会局所填意见尚属实情，应予照转							

兹因发行，谨依《出版法》第九条之规定开具右列事项，声请登记。

谨呈天津市政府社会局、天津市政府、天津特别市党部执行委员会、内政部、中央宣传部

具声请书人　曹养田

中华民国三十五年七月　日

（津 J2 - 3 - 8275）

273. 天津市政府社会局为《小扬州画报》声请登记事呈天津市政府文（附新闻纸杂志登记声请书）

1946 年 9 月 5 日

案据沈健颖呈称：为声请登记事。窃民于民国十七年从事新闻事业，在津服务，颇受市民欢迎。不幸卢桥勃发，是月二十八日敌袭击津市，沦陷后受敌寇缉捕，民逃居外埠而告终止。目今抗战胜利，国土光复，宣传使命当务之急。乃纠合同志，组织《小扬州画报》，内容尽量启迪民智，发扬文化，倡导现时代科学，并阐扬旧道德，以不倚不偏大无畏精神挽救颓风为宗旨。兹遵《出版法》规定造表具报，理合备文呈请鉴核，伏候批示遵行。等情。并附登记声请书五份。据此，查声请书所填各点核与《修正出版法》及同法施行细则各规定尚无不合，检同原声请书四份，加具考查意见备文呈送，仰祈鉴察核转。

谨呈市长张、副市长杜

附呈声请书四份

天津市政府社会局局长　胡梦华

新闻纸杂志登记声请书									
名　称		小扬州画报							
类　别		新闻纸			**刊　期**	三日刊			
社务组织		总务、营业、编辑、印刷各部							
资本数目		国币五百万元			**经济状况**	除资本金外，有流动金五百万元			
发行所	**名　称**	小扬州画报社			**地　址**	南市广兴大街四十九号			
印刷所	**名　称**	同上			**地　址**	同上			
发行人及编辑人	姓名	**发行人**	**编　辑　人**						
		沈健颖	蒋慕钧	陈驰	王君路				
	籍贯	河北天津	河北天津	河北丰润	河北天津				
	年龄	三七	三五	三十	三八				
	学历	河北省立第一师范学校毕业	弘德中学毕业，南京新闻函授学校毕业	中山中学毕业	甲种商业学校毕业				
	经历	曾任山东公学、华北中学教员，《国风报》《市民报》总编辑，世界新闻电讯社社长，实言报社社长，《三津报》总务主任	曾任《北辰报》记者，北平《世界日报》编辑，《乐报》经理，国民新闻社社长	《中华实业商报》发行，经济建设新闻社记者	卫生杂志社山海关分社长，石开日报天津分社主任				
	是否党员及党证字号	是	是	是	是				
	住所	东马路二道街五号	第二区建国道十一号	第二区三民道十七号	东马路贡院胡同六号				
附　注		旧证已焚，新党证尚未领发	旧证已焚，新党证尚未领发	新入党，证章尚未领到	新入党，证章尚未领到				
考查意见		查声请书所填各点，核与《修正出版法》及同法施行细则各规定尚无不合，拟请准予核转							
复核意见		查社会局所填考察意见尚属实情，应予照转							

兹因发行，谨依《出版法》第九条之规定开具右列事项，声请登记。

谨呈天津市政府社会局、天津市政府、天津特别市党部执行委员会、内政部、中央宣传部

具声请书人　沈健颖

中华民国三十五年八月十日

（津 J2－3－8275）

274. 天津市政府社会局为登记声请已咨请内政部
办理事通知美丽画报社

1946 年 9 月 6 日

查据该杂志声请登记一案，业经呈奉市政府指令已咨请内政部查照办理矣。特此通知。

右通知《美丽画报》发行人阎恩润

二区胜利路十二号

（津 J25－3－6075）

275. 天津市政府社会局为更名已备案等事批示重庆画报社

1946 年 9 月 6 日

具呈人刘金亭呈一件，为呈请《重庆画报》更名《银都画报》由。呈悉。除予备案外，兹已呈请市府鉴核赐转矣，仰即知照。

此批

（津 J25－3－6074）

276. 天津市政府社会局为《重庆画报》更名为《银都画报》事
呈天津市政府文

1946 年 9 月 6 日

案查前奉钧府丙闻字第四五零九号训令节开：以准内政部函，为《重庆画报》登记名

称不妥，应饬更改名称再行给证。等因。奉此，遵经转饬该报发行人刘金亭，即行更改名称报局，旋据更名为《银都画报》前来。除批示知照外，理合具文呈报，仰祈鉴察，赐予核转。

谨呈市长张、副市长杜

天津市政府社会局局长　胡梦华

（津 J2－3－8275）

277. 天津市政府社会局为《重庆画报》更名为《银都画报》事致中国国民党天津特别市执行委员会函

1946 年 9 月 6 日

案奉市政府丙闻字第四五〇九号训令节开：以准内政部函，为《重庆画报》登记名称不妥，应饬更改名称再行给证。等因。奉此，当经本局转饬该报发行人刘金亭，即行更改名称报局，旋据更名为《银都画报》前来。除予备案并呈转外，相应函达，即希查照为荷。

此致中国国民党天津特别市执行委员会

（津 J25－3－6074）

278. 天津市政府为已悉《重庆画报》已饬令更名等事指令天津市政府社会局

1946 年 9 月 7 日

令社会局：

呈一件，奉令已准中宣部函，为核准《火把月刊》等登记饬转知。等因。查《火把月刊》等六家业经分别转知，至《重庆画报》亦已饬令更改名称，呈复鉴核由。呈悉。

此令

市长　张廷谔

副市长　杜建时

（津 J25－3－6073）

279. 中国国民党天津特别市执行委员会为复查《星期二画刊》登记事复天津市政府新闻处函（附新闻纸杂志登记声请书）

1946 年 9 月 9 日

案准贵处丙闻字第二三二五号函：据社会局呈送《星期二画刊》登记声请书，嘱为复查函复。等由。并附声请书一份四页。准此，经查尚无不合，准予核转。除将原声请书留存一页备查外，兹检同原声请书三页，填注复核意见，加盖会章，复请查照咨转为荷。

此致市政府新闻处

书三份

主任委员　邵华

新闻纸杂志登记声请书								
名　　称		星期二画刊						
类　　别		杂志		刊　　期		周刊		
社务组织		社内共分三部，计经理部、编辑部、营业部						
资本数目		一百万元		经济状况				
发行所	名　　称	星期二画刊社发行所		地　　址		天津市第一区嫩江路二十九号		
印刷所	名　　称	《建国日报》印刷部		地　　址		天津市第八区宫北大街		
发行人及编辑人	姓名	发行人	编　辑　人					
		刘铁庵	杨莲因	刘钟望	赵中明	陈哲民	张金良	
	籍贯	天津市	广东新会	天津市	天津市	天津市	天津市	
	年龄	六三	四二	四六	二九	三三	四〇	
	学历	直隶省立中学毕业	直隶法政专门学校	直隶省立第一中学	北平宏达中学校	天津觉民中学毕业	直隶省立中学	
	经历	前天津特别市党部执行委员	天津特别市执行委员会委员	《天津午报》编辑	天津《昭君周刊》主编，《华北三日刊》编辑	《天津午报》编辑	《天津午报》编辑，前天津特别市党部民运科干事	
	是否党员及党证字号							
	住所	天津市第一区嫩江路二十九号	天津市第一区嫩江路三十一号	天津市第一区嫩江路二十九号	天津市西头双庙街杨家胡同五号	天津市河北二马路二南里六号	天津市第一区嫩江路二十九号	

附　　注	
考查意见	查声请书所填各点，核与《修正出版法》及同法施行细则尚无不合，拟请准予核转
复核意见	查社会局所填考查意见尚属实情，应予照转

兹因发行，谨依《出版法》第九条之规定开具右列事项，声请登记。

谨呈天津市政府社会局、天津市政府、天津特别市党部执行委员会、内政部、中央宣传部

具声请书人　刘铁庵

中华民国三十五年八月十日

（津 J2－3－8275）

280. 北平市政府社会局为核准登记前不得发行事批复
《新东方画报》等报刊

1946 年 9 月 10 日

呈一件，为刊行《鲁青月刊》《晓报》《装甲兵旬刊》《新东方画报》《中报》《影剧午报》《安琪儿画报》《博览杂志》依法声请登记由。呈件均悉。查该社声请登记一案，经转呈中央核示在案。在核准前不得发行或发稿，仰即遵照为要。

此批

（京 J2－4－334）

281. 中国国民党北平特别市党部为《新东方画报》等两刊登记
审核完竣事致北平市政府社会局函

1946 年 9 月 12 日

倾准贵局函开：以钱举一、杨植之拟在平市发行《生力月刊》《新东方画报》，呈请登记前来，相应检同原声请书，函请审核见复。等由。准此，兹经本会审核完竣，相应检同调查表函复，即希查照为荷。

此致社会局

中国国民党北平特别市执行委员会启

（京 J2－4－349）

282. 天津市政府为《小扬州画报》登记查核事致中国国民党
天津特别市执行委员会函

1946 年 9 月 13 日

案据社会局会文字第一一八七号呈称：案据沈健颖呈称云云。仰祈鉴察核转。等情。附登记声请书四份。据此，查该件业经该局考查完毕，于法尚无不合，相应检同原声请书四份，加具复核意见，函送贵会查核见复，以便咨转。

此致中国国民党天津特别市执行委员会

附登记声请书四份〈佚〉

(津 J2 - 3 - 8275)

283. 天津市政府为北戴河杂志社登记查核事致中国国民党
天津特别市执行委员会函

1946 年 9 月 13 日

案据社会局会文字第一一九六号呈称：案据北戴河杂志社呈称，云云。俯赐存转。等情。附登记声请书四份。查该件业经该局考查完毕，于法尚无不合，相应检同原声请书四份，加具复核意见，函送贵会查核见复，以便咨转。

此致中国国民党天津特别市执行委员会

附登记声请书四份〈佚〉

(津 J2 - 3 - 8275)

284. 天津市政府社会局为《廿世纪科学画报》登记事呈天津市政府文
（附新闻纸杂志登记声请书）

1946 年 9 月 14 日

案据廿世纪科学社呈称：为呈请登记事。窃查自日本投降之后，北方刊物出版虽多，然关于科学者则为数寥寥。兹为提倡我国民众科学水准、普及人民科学知识及介绍欧美近代发明起见，本社同人拟组织一廿世纪科学社，出版《廿世纪科学画报》，以副现代之需要。除依《出版法》具呈登记外，理合备文呈请鉴核，准予登记。等情。据此，查原声请书所填各点与《修正出版法》及同法施行细则各规定尚无不合，当经职局函送市党部会核。兹准来函：案准贵局会文字第 898、862、860 各函检送《晨曦杂志》《廿世纪科学画报》《晶闻周报》等登记声请书各四份，附具考查意见嘱为复核。等由。经核尚无不合，照准核转。除填具复核意见并加盖官章外，相应检同原声请书送还查照为荷。等因。并附还声请书三份。准此，理合检同原声请书三份备文呈送，伏祈鉴核，俯赐存转。

謹呈市長張、副市長杜

附原聲請書三份

天津市政府社会局局长　胡梦华

新闻纸杂志登记声请书

名　　称		廿世纪科学画报						
类　　别		科学画报			刊　　期		十日	
社务组织		设董事二人、社长一人、编辑四人、发行一人、广告一人、总务一人、资料一人						
资本数目		五十万元			经济状况		尚佳	
发行所	名　称	廿世纪科学社			地　址		天津第十区南京道二十号	
印刷所	名　称	幸福杂志社			地　址		天津第一区万全道西康路角	
发行人及编辑人		发行人	编　辑　人					
	姓名	程树元(字健民)	吴端祥	冯瑞苹	张伯洪(字任翔)			
	籍贯	江苏武进	广西桂林	河南开封	河北高阳			
	年龄	二十三	二十七	二十六	二十			
	学历	天津耀华中学毕业	河北女子学院	北平辅仁大学毕业	天津耀华高级中学			
	经历	天津《华北汉英报》编辑	《中华日报》编辑					
	是否党员及党证字号							
	住所	天津第十区南京道二十号	天津第一区归绥道三号	天津第十区南京道二十二号	天津第十区成都道延寿里二十一号			
附　　注								
考查意见		查书填各点与《修正出版法》及同法施行细则规定尚无不合，拟请准予核转						
复核意见		尚无不合，应准核转						

兹因发行，谨依《出版法》第九条之规定开具右列事项，声请登记。

谨呈天津市政府社会局、天津市政府、天津特别市党部执行委员会、内政部、中央宣传部

具声请书人　廿世纪科学社发行人程树元

中华民国三十五年五月十七日

（津 J2－3－8275）

285. 上海市社会局为登记申请不予核转事批复《新好莱坞》旬刊

1946 年 9 月 16 日

具呈人王钧呈表一件，为拟发行《新好莱坞》旬刊，申请登记由。呈表已悉。查该刊旨趣经会核尚欠纯正，未便予以核转，仰即知照。

此批

表暂存

局长　吴开○

副局长　李剑○

（沪 Q6－12－25）

286. 北平市政府为准予登记事通知《联美画刊》等二十家报刊社

1946 年 9 月 16 日

案准内政部本年八月三十日警字第○七二五号函开，准先后函送北平《联美画刊》等二十七家登记声请书，请核办。等由。经与中宣部会核，以《世纪月刊》《北平杂志》《北平学生报》《商业日报》等四家应俟查明再行办理，北平《联美画刊》等二十家准予登记。相应开列清单，先行函请查照办理见复。等由。准此，查该社登记证号码为京警平字第（照表分填）号，除函复并分行外，希将出版刊物按期寄送，以凭核转为要。

特此通知○○○报社

局戳启

（京 J2－3－905）

287. 北平市政府社会局为查明《北平生活画报》是否即为《生活画报》事致内政部函

1946 年 9 月 16 日

案准大部本年九月二日警字第〇七五四号公函，嘱转饬《北平生活画报》迅即履行登记手续。等由。准此，查《北平生活画报》本府无案可稽。惟前有廖增益，以《生活画报》发行人名义填具申请书呈请登记，经转准大部本年七月十一日警字第〇三〇一号公函核准，编列登记号码为"京警平字第十九号"，经转饬该社知照在案。准函前由，该《北平生活画报》是否即为廖增益发行之《生活画报》，无从证明。相应函请查照见复为荷。

此致内政部

市长　熊〇

（京 J2－3－905）

288. 天津市政府为《重庆画报》更名事致内政部函

1946 年 9 月 17 日

案据本府社会局呈称：案查前奉钧府丙闻字第四五〇九号训令节开：云云。理合具文呈报，仰祈鉴察，赐予核转。等情。据此，相应据情函请贵部查核办理为荷。

此致内政部

（津 J2－3－8275）

289. 卢世儒为《红叶画报》声请登记事呈天津市政府社会局文

1946 年 9 月 17 日

呈为遵章恳请鉴核登记，并层请立案事。窃世儒为提倡大众文艺，集资国币二百万元在天津市第一区西宁路同善里二十九号设立红叶画报社，每星期五日刊行《红叶画报》一册。兹谨遵章填具声请书，祇祈赐予鉴核登记，并分别层请立案，以便刊印发行，至感德便。

谨呈天津市政府社会局

附声请书五份〈佚〉

具呈人　天津《红叶画报》发行人卢世儒谨呈

通讯处　天津市第一区西宁路同善里廿九号

铺保　天津文艺印刷局

地址　第一区万全道五十号

（津 J25‒3‒6130）

290. 天津市政府为查核《星期二画刊》登记事致内政部咨暨指令天津市政府社会局

1946 年 9 月 18 日

案据社会局会文字第二○五号呈称：案据《天津午报》发行人刘铁庵呈称：案查本报为申请复刊，呈奉中央宣传部驻津宣传专员办事处三十五年二月八日津字第一七七号批示，准予备案，惟仍应依法重新登记。等因。奉此，当于同年三月十三日缮具申请书五份，呈奉钧局四月二十二日通知：查据该报声请登记一案，业经呈奉市政府指令，已咨请内政部核办矣。本报当即开始筹办，现一切大致已经就绪，惟正式社址尚未觅妥，故未发刊。兹因职员均已聘定，业务未便久悬，经同人议决将本报原有副刊《星期二画报〔刊〕》先行复刊。《星期二〔画刊〕》为文化〔画〕综合刊物，每周一次，以宣扬文化、启发民智为宗旨，理合另缮申请书五份，备文呈请钧局鉴核，准予发刊，实为公便。等情。并附声请书五份。据此，查声请书所填各点，核与《修正出版法》及同法施行细则各规定尚无不合，理合检同原声请书，加具考查意见，备文呈送，仰祈鉴察核转。等情。附登记声请书四份。据此，查该声请书所填各项于法尚无不合，当经检同原件，加具复核意见，函送中国国民党天津特别市执行委员会会核去后，除经该会加盖官章外，并准函复：经查尚无不合，准予核转。等因。除指令社会局知照并抽存声请书一份备查外，相应检同原声请书二份，咨请贵部查照核办为荷。

此咨内政部

附登记声请书二份〈佚〉

令社会局：

呈一件，据《星期二画刊》声请登记等情，理合检同原声请书呈送鉴察核转由。呈件均悉。案经函送中国国民党天津特别市执行委员会会核完竣，已转咨内政部查照核办，仰即知照，附件分别存转。

此令

（津 J2 - 3 - 8275）

291. 郑子褒为领取《半月戏剧》登记证事致上海市社会局局长吴开先函

1946 年 9 月 22 日

开先先生勋鉴：

关于拙编《半月戏剧》登记事，日前据警局通知，内政部登记证早已发下，查为 88 号，可向社会局领取云云。弟接到通知后当派人至贵局请求发给，未获要领。兹特函恳吾公代向贵局主管人员查询，如果登记证确在贵局，务乞早日赐下，俾《半月》得以提前发行。费神之处容图面谢，肃恳敬颂勋绥

愚弟　郑子褒启

（沪 Q6 - 12 - 51）

292. 天津市政府为《廿世纪科学画报》登记查核事致 内政部咨暨指令社会局

1946 年 9 月 23 日

案据社会局会文字第一二七三号呈称：案据廿世纪科学社呈称，云云。俯赐存转。等情。附登记声请书三份。据此，查该报呈请登记各节，业经该局函送中国国民党天津特别市执行委员会会核完毕，于法尚无不合，除指令社会局知照并抽存该声请书一份备查外，相应检同原声请书二份，咨请贵部查照核办。

此咨内政部

附登记声请书二份〈佚〉

令社会局：

呈一件，据廿世纪科学社呈请登记。《廿世纪科学画报》业经函送市党部会核完毕，理合检同原声请书呈请核转由。呈件均悉。已转咨内政部核办，仰即知照。附件分别存转。

此令

（津 J2 - 3 - 8275）

293. 天津市政府社会局为登记声请已咨请内政部查照办理事
通知星期二画刊社

1946 年 9 月 24 日

查据该画报声请登记一案，业经呈奉市政府指令，已咨请内政部查照办理矣。特此通知。

右通知星期二画报〔刊〕社发行人刘铁庵（一区嫩江路 29 号）

（津 J25 - 3 - 6183）

294. 中国国民党天津特别市执行委员会为复核《小扬州画报》及
《北戴河》杂志登记事复天津市政府函

1946 年 9 月 25 日

案准贵府丙闻字第 2445、2446 号函，以据社会局呈转《小扬州画报》、《北戴河》杂志声请登记，嘱查核见复。等由。附原声请书二份各四页。准此，经查该两刊物声请登记尚无不合，应准核转。除将原声请书各留一页备查外，相应将原声请书填注复核意见，加盖会章检送查照咨转为荷。

此致天津市政府

附原声情书二份各三页〈佚〉

主任委员　邵华

（津 J2 - 3 - 8275）

295. 天津市政府社会局为《红叶画报》声请登记事呈天津市政府文

1946 年 9 月 27 日

案据《红叶画报》呈称：呈为遵章恳请鉴核登记，并层请立案事。窃世儒为提倡大众文艺，集资国币二百万元在天津市第一区西宁路同善里二十九号设立红叶画报社，每星期五日刊行《红叶画报》一册。兹谨遵章填具声请书，祗祈赐予鉴核登记，并分别层请立案，以便刊印发行，至感德便。等情。并附声请书五份。据此，查原声请书所填各点与《修正出版法》及同法施行细则各规定尚无不合，理合检同原登记声请书四份备文呈送，伏祈鉴核，俯赐存转。

谨呈市长张、副市长杜

附登记声请书四份〈佚〉

天津市政府社会局局长　胡梦华

（津 J2‑3‑8274）

296. 天津市政府为《中华画报》应单独声请登记事训令社会局

1946 年 9 月 27 日

令社会局：

　　案准中国国民党天津特别市执行委员会（卅五）申健民字第一〇一五号公函内开：案准中央宣传部宁（35）利新字第二三〇五号函，为天津《大中华商报》、天津《中华晚报》声请登记一案，经查准予登记，并电请查照在案。惟天津《中华画报》应单独填具声请书，再凭核办。等由。准此，相应函达，即希转饬该社，天津《中华画报》应单独填报为荷。等由。准此，合行令仰该局转饬遵办。

　　此令

市长　张廷谔

副市长　杜建时

（津 J25‑3‑6069）

297. 天津市政府社会局为《精华画报》声请登记事呈天津市政府文

1946 年 9 月 27 日

　　案据刘超呈称：为呈请登记事。窃以建国期间首重教育，而启迪民智尤为教育方面之要务。目下出版之报章杂志多属内容空虚、材料俚俗，既难以满足读者之求知欲，更遑论辅助社会教育。具呈人有鉴于斯，现拟刊行一种综合性杂志，定名《精华画报》，以介绍实用知识、宣扬纯正文化为主旨，用期对于一般民众供给养分丰富之精神食粮。兹遵照《出版法》第九条之规定，填具登记声请书五份，理合备文呈请鉴核，俯祈准予登记，实为公便。等情。并附登记声请书五份。据此，查声请书所填各点核与《修正出版法》及同法施行细则各规定尚无不合，理合检同原声请书四份，加具考查意见备文呈送，仰祈鉴察核转。

　　谨呈市长张、副市长杜

附呈登记声请书四份〈佚〉

天津市政府社会局局长　胡梦华

（津 J2‐3‐8274）

298. 天津市政府社会局为画报登记核办情形事通知廿世纪科学社

1946 年 10 月 1 日

案据该画报声请登记一案，业经呈奉市政府指令，已咨请内政部查照办理矣。特此通知。
右通知《廿世纪科学画报》发行人程树元

（津 J25‐3‐6071）

299. 戴玉璞为《天津卫画报》遵令复刊备案事呈天津市政府社会局文

1946 年 10 月 1 日

为呈报事。窃案奉钧局会文字第四五一号代电内开：查该刊以未经中央核准，奉令
取缔一案，业经本局呈奉市府指令，姑准照旧出版。除函知警察局外，特此电达查照。
等因。奉此，敝刊于奉令之后，当即积极筹备，遵于本年九月二十一日继续出版，仍按向
例，每逢星期三、六发行。除遵令按期呈送察阅外，为此备文呈报复刊日期，伏乞俯赐予
以备案，实为德便。

谨呈天津市政府社会局
　附呈复刊《天津卫画报》三份〈佚〉

具呈人　天津卫画报社发行人戴玉璞

（津 J25‐3‐6079）

300. 蒋兰言为《北京人画报》声请登记事呈北平市政府社会局文
（附新闻纸杂志登记声请书）

1946 年 10 月 1 日

窃查新闻纸、杂志与出版事业，乃为现代文化教育运动，已予吾人不可否认之史
实。往者舆论殊失自由，外遭帝国主义无情压迫，内罹军阀官僚非法摧残，形成新闻事

业绝大楷桎与中国之危机，乃至文化停进、教育破产与现实社会生活久失重心，以言新闻纸发行，即于都市中心地区亦有阅报不如吸烟普及之概。至于所谓新闻纸之宣传意识与伟大使命，人多朦胧模糊，以为无足轻重，而吾新闻纸制作者亦复格于过去传统社会封建势力，不无姑息，自甘暴弃，有负任务，初亦无可讳言。直至二十六年抗战军兴，全国人民面临空前历史非常时期，人力、物力以及时间、空间虽多限于条件，对此新闻宣传报道得尽发挥之重要性始不无相当促进与成就，亦即今日吾人充分应有之再认识。

回溯频年风雨，饱经内扰外患而得云幸不亡，其间不乏可歌可泣、有血有泪之新闻史料，于兹山河光复而人心尚待多方收拾，当为海内贤达识者行所痛定思痛，有以拳拳弗膺。恭稔主席训示抗战时期军事第一、建国时期教育第一，今则百政肇端，吾人吾民莫不奉为圭臬，得有遵循，而教育涵义至正，包括工具、技术至多，即此新闻纸发行有如雨后春笋，亦即此种伟大意识形态之有力表现与产品。近代新闻学家北严爵士尝谓："宁可居于无法律之国土，不居于无报纸之社会。"以观今日我国内地人民，约有百分之八十以上原始文盲，虽于都市中心报纸发达地区，亦难乎人尽亲切熟读，而除此都市中心地区，更有百分之八十以上原始农村，虽其可能略识文字，亦苦于接触了解俨若隔世，殊感茫然，凡根木亦无报纸可读。吾人固当引以为疚，有所警惕，早思补救之道。

记者自省不敏，居常习读报章，深以每日读物之需甚于吾人追求情侣爱人、良师益友，对于新闻纸制作应用学识与社会服务化感觉无限兴趣，乃有鉴于今后新闻纸极需点与面之平衡发展，首先应如何必使报纸杂志能为大众平民所有，其技术方面自当着重于自由思想灌输与实生活培植工作，力求普及通俗而绝非迎合低级趣味。至于如何广泛展开识字读报倡导运动，有赖图文并重，可收事半功倍之效。则此渐进感染融化造诣，厥舍画报之发行莫属。

每思进而献身，良以才识简陋，未敢过图大功，爰就以上刍议各点集纳而为吾人之理念与行动，愿共谋于国人，恪守本俭，克尽己责。依奉中央明令颁布申请出版登记补充变通办法规定各条，凡经呈请出版新闻纸、杂志、画报，得由各该当地省市政府直接办理，并可于申请呈准核转登记后先行出版等因，拟请恳准创办一新型综合美术报道之画刊，定名为《北京人画报》。盖取义于古典与土著之间，表现地方性之大众通俗与时代气氛。其印行内容端在适应实际，乃此图文并重，一为文盲能看，二为妇孺可读，三为雅俗共赏，暂定每隔二日发行一期，俾得辅导社会平民教育、提高大众文化生活水准。

记者等无可为誉，非敢自矜，无可为述，非敢自炫，惟以"服务新闻纸之社会"为志愿，更以"为新闻事业而生活""为生活而新闻事业"为信条，附骥新闻界诸先进君子之后，而有赖于今日贤明当局着我先鞭如是，何啻推行国定课本教育与开辟学府校园生活，尤且适应今日民主、和平、统一、团结之全国人民共同要求，须于全面社会生活不断学习与工作。用具忠诚苦心，勉竭绵薄知能，负起建国伟大任务。当邀时人贤硕鉴谅同情，不惜予以多面支援，谨特具陈，理合检同新闻纸杂志登记声请书备文恳请鉴察批示祗遵，伏乞核转准予登记，俾便发行，实为德便，并拟于核转登记后先行试刊。是否有当，敬希时赐督导，以匡不逮，毋任公感。

　　谨呈北平市政府社会局、北平市党部、中央宣传部转呈内政部

　　附呈新闻纸杂志登记声请书六份

北京人画报社发行人　蒋兰言谨呈

新闻纸杂志登记声请书

名　　称		北京人画报			
类　　别		定期画刊	刊　　期		周刊
发行旨趣		辅导社会平民教育，提高大众文化水准			
社务组织		社长下分设经理、编辑二部，管理事务推进技术			
资本数目		一百万元	经济状况		个人投资
业务状况		工作学习并重，为新闻界及文化出版事业服务			
发行所名称		北京人画报社	地　　址		内一区南夹道乙九号
印刷所名称		慈城印刷局	地　　址		外四区下斜街

	姓名	发行人	主编人		编　辑　人			
发行人及编辑人		蒋兰言	蒋兰言		蒋又良	赵志敏	蒋兰谛	
	籍贯	北平	同前		北平	保定	北平	
	年龄	卅五			廿三	廿二	廿五	
	学历	民国学院新闻学系			京华美术学院西画系	国立北平艺专图案系	中国学院	
	经历	曾任北平风报社记者，现任内政部北平古物陈列所科员			北平艺德小学校科任教员			
	党籍或参加团体							
	住所	内一区东安门南夹道乙九号						

附　　注	
考查意见	查该刊为古物陈列所职员蒋兰言所主办，该刊内容空虚，趣味低级，纯以盈利为目的，且内部组织既欠健全，资金又不充足，拟予驳斥，不准发行，当否，请核定
复核意见	据查报该社组织既欠健全，资金亦不充足，拟予驳斥，不准登记

兹因发行，谨依《出版法》第九条及同法施行细则第九条之规定开具右列事项，声请登记。

谨呈北平市政府社会局

具声请书人　北京人画报社

发行人　蒋兰言

中华民国三十五年十月　日

（京 J2－4－478）

301. 天津市政府为北戴河杂志社声请登记事致内政部咨暨指令社会局

1946 年 10 月 5 日

案据社会局会文字第一一九六号呈称：案据北戴河杂志社呈称，云云。俯赐存转。等情。附登记声请书四份。据此，查该件业经该局考查完竣，于法尚无不合，当经检同原件，加具复核意见，函送中国国民党天津特别市执行委员会会核去后，除经该会加盖官章外，并准函复略开：经查该刊物声请登记尚无不合，应准核转。等因。准此，除指令社会局知照并抽存声请书一份备查外，相应检同原声请书二份咨请贵部查照核办为荷。

此咨内政部

附登记声请书二份〈佚〉

令社会局：

呈一件，为据北戴河杂志社声请登记。等情。理合检同声请书呈请核转由。呈件均悉。案经函送市党部会核完竣，已转咨内政部查照核办，仰即知照。附件分别存转。

此令

（津 J2－3－8275）

302. 天津市政府社会局为准予备案事批复天津卫画报社

1946 年 10 月 5 日

原具呈人天津卫画报社戴玉璞呈一件,为遵令呈请备案由。呈件均悉,准予备案。仰即知照。件存。

此批

(津 J25－3－6079)

303. 天津市政府为《精华画报》登记查核事致中国国民党天津特别市执行委员会函

1946 年 10 月 5 日

案据社会局会文字第一四〇一号呈称:案据刘超呈称云云,仰祈鉴察核转。等情。附登记声请书四份。据此,查该件业经该局考查完竣,于法尚无不合,相应检同原声请书四份,加具复核意见,函送贵会查核见复,以便咨转。

此致中国国民党天津特别市执行委员会

附登记声请书四份〈佚〉

(津 J2－3－8274)

304. 天津市政府为《小扬州画报》登记核办事致内政部咨暨指令社会局

1946 年 10 月 5 日

案据社会局会文字第一一八七号呈称:案据沈健颖呈称云云。仰祈鉴察核转。等情。附登记声请书四份。据此,查该件业经该局考查完竣,于法尚无不合,当经检同原件,加具复核意见,函送中国国民党天津特别市执行委员会会核去后,除经该会加盖官章外,并准函复略开:经查该刊物声请登记尚无不合,应准核转。等因。准此,除指令社会局知照并抽存声请书一份备查外,相应检同原声请书二份,咨请贵部查照核办。

此咨内政部

附登记声请书二份〈佚〉

令社会局：

呈一件，据《小扬州画报》声请登记。等情。理合检同原声请书加具考核意见呈送核转由。呈件均悉。案经函送市党部会核完竣，已转咨内政部查照核办，仰即知照。附件分别存转。

此令

（津 J2－3－8275）

305. 天津市政府为《红叶画报》登记查核事致中国国民党天津特别市执行委员会函

1946 年 10 月 5 日

案据社会局会文字第一四〇四号呈称：案据红叶画报社呈称，云云。伏祈鉴察俯赐存转。等情。附登记声请书四份。据此，查该作业经该局考查完竣，于法尚无不合，相应检同原声请书四份，加具复核意见，函送贵会查核见复，以便咨转。

此致中国国民党天津特别市执行委员会

附登记声请书四份〈佚〉

（津 J2－3－8274）

306. 天津市政府社会局为领取新闻纸杂志登记声请书依式填具事通知中华晚报社

1946 年 10 月 5 日

案奉市府丙闻字第 5711 号训令，以准市党部函嘱转饬天津中华晚报社对《中华画报》应单独填报，饬转遵办。等因。奉此，望即来局领取新闻纸杂志登记声请书，依式填送核转。特此通知。

右通知中华晚报社发行人袁润之

（津 J25－3－6069）

307. 美丽画报社为发行日期备案事呈天津市政府社会局文

1946 年 10 月 7 日

呈为呈报《美丽画报》发行日期事。窃《美丽画报》发行人阎恩润前于九月十日奉到钧局第三一三号通知，今已于十月三日开始发行第一期《美丽画报》，理合具文呈报。伏乞鉴核备案，实为公便。

谨呈天津市政府社会局

具呈人　美丽画报社发行人阎恩润

住址　天津第二区胜利路十二号

（津 J25 - 3 - 6075）

308. 王真为《真善美画报》声请登记事呈天津市政府社会局文
（附真善美画报社组织大纲）

1946 年 10 月 7 日

为发行《真善美画报》呈请登记，准予发刊事。窃我国自胜利后建国大业展开之时机，非提高人民之知识水准不克收此伟大之实效，此种重大之任务，首重新闻纸之宣扬为辅导。《真善美画报》为新闻、文艺、游艺之综合报纸，内容以辅佐建国、开发民智、提高艺术为主旨，每日发刊，借此普遍宣传建国之思想等情事。谨依新闻纸《出版法》第九条之规定，理合呈请钧局登记，准予先行发刊，并恳转呈各主管机关备案，实为德便。

谨呈天津市政府社会局钧鉴

具呈人　王真

年龄　三十三岁

籍贯　天津市

职业　《真善美画报》发行人

住址　天津南市荣业大街庆记大楼内

铺保　天津志达化学工厂

地址　天津一区西开四平道一四七号

电话　三局一七八七号

真善美画报社组织大纲

一、定名　真善美画报社

一、宗旨　辅佐建国、开发民智、提高艺术为宗旨

一、资本　国币五百万元

一、经济状况　合资经营

一、类别　新闻、文艺、游艺综合

一、刊期　每日出刊

一、社址　天津第七区荣业大街庆记大楼内

一、组织　社长（即发行人）一人，下设编辑三人，记者三人，校对二人，经理一人，营业三人，庶务会计二人

一、印刷　暂由王星社印刷局代印

真善美画报社发行人王真　具

（津 J25－3－6075）

309. 张文模为《周末画刊》声请登记事呈天津市政府社会局文

1946 年 10 月 7 日

　　为呈请筹设《周末画刊》，请准予转呈立案事。窃民等为提倡正当娱乐，提高人民知识，爰纠合同志多人，在本市筹办《周末画刊》。兹将登记声请书五份附呈，敬请鉴核转呈，俾早日出刊为祷。

谨呈天津市政府社会局

附呈新闻纸杂志登记声请书五份〈略〉

具呈人　张文模

年龄　二十九岁

籍贯　天津市

职业　天津《益世报》采访主任

住址　本市第七区南门外鱼市大街 23 号

铺保　天津天成公记干果庄

地址　本市第七区南市东兴大街一五六号

执事人　赵立常

（津 J25－3－6134）

310. 天津市政府社会局为登记声请办理情形事通知北戴河杂志社

1946 年 10 月 12 日

查据该杂志声请登记一案,业经呈奉市政府指令,已咨请内政部查照办理矣。特此通知。

右通知《北戴河》杂志发行人曹养田

一区河北路仁丰里十一号

(津 J2 - 3 - 6081)

311. 天津市政府社会局为声请登记办理情况事通知小扬州画报社

1946 年 10 月 12 日

查据该新闻纸声请登记一案,业经呈奉市政府指令,已咨请内政部查照办理矣。特此通知。

右通知《小扬州画报》发行人沈健颖

南市广兴大街四十九号

(津 J25 - 3 - 6130)

312. 天津市政府社会局为《周末画刊》声请登记事呈天津市政府文

1946 年 10 月 18 日

案据张文模呈称:为呈请筹设《周末画刊》,请准予转呈立案事。窃民等为提倡正当娱乐,提高人民知识,爰纠合同志多人,在本市筹办《周末画刊》。兹将登记声请书五份附呈,敬请鉴核转呈,俾早日出刊为祷。等情。据此,查原声请书所填各点核与《修正出版法》及同法施行细则各规定尚无不合,理合检同原声请书,备文呈送,伏乞鉴核,俯赐存转。

谨呈市长张、副市长杜

附呈原声请书四份〈佚〉

天津市政府社会局局长　胡梦华

(津 J2 - 3 - 8278)

313. 天津市政府社会局为准予备案事批示美丽画报社

1946 年 10 月 18 日

具呈人《美丽画报》发行人阎恩润呈一件，为呈报于十月三日发刊，请备案由。呈悉。准予备案，仰即知照。

此批

（津 J25－3－6075）

314. 天津市政府社会局为《真善美画报》登记事呈天津市政府文

1946 年 10 月 18 日

案据王真呈称：为发行《真善美画报》呈请登记，准予发刊事。窃我国自胜利后建国大业展开之时机，非提高人民之知识水准不克收此伟大之实效，此种重大之任务，首重新闻纸之宣扬为辅导。《真善美画报》为新闻、文艺、游艺之综合报纸，内容以辅佐建国、开发民智、提高艺术为主旨，每日发刊，借此晋遍宣传建国之思想等情事。谨依新闻纸《出版法》第九条之规定，理合呈请钧局登记，准予先行发刊，并恳转呈各主管机关备案，实为德便。等情。据此，查原声请书所填各点核与《修正出版法》及同法施行细则各规定尚无不合，理合检同原声请书备文呈送，伏祈鉴核，俯赐存转。

谨呈市长张、副市长杜

附呈原声请书四份〈佚〉

天津市政府社会局局长　胡梦华

（津 J2－3－8278）

315. 沈健颖为《小扬州画报》发刊日期及迁移社址事 呈天津市政府社会局文

1946 年 10 月 22 日

为呈报事。案奉钧局第四零九号通知内开：查该新闻纸声请登记一案，业经呈奉市政府指令，已咨请内政部查照办理。等因。奉此，遵于十月二十二日发刊，理合遵章检同第一号报纸二份，呈请钧局备案，实为公便。并因社址不敷应用，已于同日由南市广兴大街四九号迁至南市荣业大街一二六号。理合一并具文声请准予备案。

　　谨呈天津市政府社会局局长胡

小扬州画报社发行人　沈健颖谨呈
（津 J25‑3‑6130）

316. 姜豪为准予继续出版《社会画报》半月刊事致上海市社会局函

1946 年 10 月 22 日

开公局长勋鉴：

　　弟所发行之《社会画报》半月刊自九月一日起创刊迄今已出至第三期，在创刊前并曾向贵局申请登记。近接指令，在登记未办妥前暂行停刊。等情。自应遵办，惟本刊内容纯正，且顾及定户利益及维持本刊信誉起见，停刊殊多不便之处，务乞惠准继续出版，是所至感，专此顺颂勋绥。

弟　姜豪敬上
（沪 Q6‑12‑75）

317. 许孝炎为《时代画报》等两刊已核准登记事
复上海市社会局局长吴开先函

1946 年 10 月 22 日

开先吾兄勋鉴：

　　大函敬悉。关于《时代画报》月刊及《论语》半月刊复刊事，登记表最近始由上海市政府核转内政部，已于十月九日会核准予登记。知注谨复。顺颂勋绥。

弟　许孝炎拜启
（沪 Q6‑12‑88）

318. 天津市政府社会局为发刊日期社址迁移已悉及按期呈缴刊物事致小扬州画报社代电

1946 年 10 月 29 日

天津小扬州画报社鉴：

据报发刊日期及社址迁移等情已悉。希即将出版物按期呈缴本局及中宣部、内政部、国立图书馆、立法院图书馆各法定机关备查为荷。特此电达查照。

天津市政府社会局○○印

（津 J25－3－6130）

319. 天津市政府社会局为《小扬州画报》发刊日期及社址迁移事致中国国民党天津特别市执行委员会及警察局函

1946 年 10 月 29 日

案据《小扬州画报》发行人沈健颖呈称：为呈报于十月二十二日发刊，并以旧社址不敷应用，已于同日迁至南市荣业大街一二六号新社址，请备案。等情。据此，查该刊登记业经奉准有案，除予备案暨转报及分函警察局、市党部外，相应函达，即希查照为荷。

此致中国国民党天津市执行委员会、警察局

（津 J25－3－6130）

320. 天津市政府社会局为《小扬州画报》发刊日期及迁移社址事呈天津市政府文

1946 年 10 月 29 日

案据《小扬州画报》发行人沈健颖呈称：为呈报于十月二十二日发刊，并以旧社址不敷应用，已于同日迁至南市荣业大街一二六号新社址，请备案。等情。据此，查前据该刊声请登记，业经呈奉钧府内闻字第八八零号指令，已转咨内政部核办在案。兹据前情，除予备案外，理合具文呈报，仰祈鉴察。

谨呈天津市政府

天津市政府社会局局长　胡梦华

（津 J2－3－8275）

321. 内政部为《小扬州画报》名称不妥应饬更改事致天津市政府函

1946 年 10 月 30 日

准贵市政府咨送《小扬州画报》登记声请书请核办。等由。经与中央宣传部会核，以该刊名称与发行地事实未合，应饬更改名称，转部再凭办理。相应检还原声请书，函请查照办理为荷。

此致天津市政府

附送还原声请书二份〈佚〉

部长　张厉生

（津 J2－3－8275）

322. 天津市政府为《真善美画报》登记查核事致中国国民党天津特别市执行委员会函

1946 年 10 月 31 日

案据社会局会文字第一五五六号呈称：案据王真呈称云云，伏祈鉴核，俯赐存转。等情。附原声请书四份。据此，查该件业经该局考查完竣，于法尚无不合，相应检同原声请书四份，函送贵会查核见复，以便咨转。

此致中国国民党天津特别市执行委员会

附原声请书四份〈佚〉

（津 J2－3－8278）

323. 天津市政府为《周末画刊》登记查核事致中国国民党天津特别市执行委员会函

1946 年 10 月 31 日

案据社会局会文字第一五五五号呈称：案据张文模呈称云云，伏乞鉴核，俯赐存转。等情。附登记声请书四份。据此，查该件业经该局考查完竣，于法尚无不合，相应检同原声请书四份，加具复核意见，函送贵会查核见复，以便咨转。

此致中国国民党天津特别市执行委员会

附登记声请书四份〈佚〉

(津 J2－3－8278)

324. 内政部为补送《星期六画报》等七家刊物声请书事
致天津市政府函

1946 年 11 月 1 日

查前准贵市政府函送《星期六画报》等七家登记声请书请核办一案，当以该刊等原声请书均未经同级党部加具意见，应依法办理。经于本年九月十九日以警四字第七四九号函请查照在案，惟原声请书漏未检送，相应补送原声请书，函请查照，依法办理为荷。

此致天津市政府

附送还原声请书十四份〈佚〉

部长　张厉生
(津 J2－3－8273)

325. 孙鸿藻为《大陆画报》声请登记事呈北平市政府社会局文
（附新闻纸杂志登记声请书）

1946 年 11 月 1 日

呈为呈请事。窃因发行《大陆画报》五日刊一种，宗旨纯以提倡艺术、国画及西画，培植介绍学艺界课外业余读物，辅助教育，启发艺术思想，提倡我国固有道德文化与社会教育、游艺、文艺之改进，倡导新生活，养成优良民族之精神为内容标准，敬谨遵照《出版法》之规定，附缮呈新闻纸杂志登记声请书六份，备文呈请钧局鉴核，赐予分别转呈，伏候示遵。

谨呈北平市社会局

孙鸿藻

新闻纸杂志登记声请书			
名　　称	大陆画报		
类　　别	画报类	刊　　期	五日刊
社务组织	经理、编辑、总务、发行		

资本数目	二百万元			经济状况	由发行人负担
发行所名称	大陆画报社			地　　址	北平宣外校场三条四十号
印刷所名称	志兴成印刷局			地　　址	北平琉璃厂东北园八十五号

	姓名	发行人	编　辑　人						
发行人及编辑人	姓名	孙鸿藻	胡符乔	刘枕青	杨景先				
	籍贯	北平	河北雄县	山东济宁	北平				
	年龄	三七	四〇	三五	三三				
	学历	北平私立华北学院毕业	北平私立京华美术学院毕业	北平私立京华美术学院毕业	北平市西北高级中学校毕业				
	经历	曾充北平市立小学校长十年，现任北平市第十一区第十八、[十]九保国民学校校长	现任京华美术学院教授	济南齐鲁中学教授，济宁中西中学教授，现任京华美术学院教务主任	现任北平市第十一区第十五、[十]六保国民学校校长				
	是否党员及党证字号	中国国民党党员，党证平□字第一一三七号			中国国民党党员，党证平□字第一〇七五一号				
	住所	北平市宣外校场三条四十号	北平宣外下斜街八十号	北平宣外下斜街八十号	北平宣外丁家胡同八号				

附　注	
考查意见	查该刊发行人为本党同志所主办，其编辑人杨景先系十一区党部委员，且服务教育界多年，拟办《大陆画刊》文艺画图，并以改进社会教育为宗旨，为十一区党部领导办理，拟准予登记
复核意见	查该为北平市第十一区党部领[导]办理，发行人孙鸿藻现在任小学校长，内容系提倡艺术文化、启迪社会教育为宗旨，拟请准予登记

兹因发行，谨依《出版法》第十条之规定开具右列事项，声请登记。

谨呈北平市政府、[北平市]党部、中央宣传部、内政部

具声请书人　孙鸿藻

中华民国三十五年十一月一日

（京 J2－4－494）

326. 上海市社会局为准予《社会画报》半月刊继续出版事致上海市警察局函

1946 年 11 月 2 日

查《社会画报》半月刊申请登记业予核转，并准先行出版，相应函达，即希查照为荷。

此致上海市警察局

局长　吴卝〇

副局长　李剑〇

（沪 Q6 - 12 - 75）

327. 中国国民党天津特别市执行委员会为《红叶画报》登记查核事复天津市政府函（附新闻纸杂志登记声请书）

1946 年 11 月 4 日

案准贵府闻字第二六二九号函，据社会局呈送《红叶画报》声请登记。等情。嘱为查核见复。等由。附原声请书四份。准此，经查该报声请登记尚无不合，应准核转。本会除将声请书留存一份备查外，兹将原声请书填注复核意见，加盖会章送请查照咨转为荷。

此致天津市政府

附声请书三份

主任委员　邵华

新闻纸杂志登记声请书			
名　　称	红叶画报社		
类　　别	大众文艺杂志	刊　　期	每星期五出版
社务组织	社长下编辑部、经理部		
资本数目	二百万元	经济状况	股份有限公司
发行所　名　称	红叶画报社	地　　址	第一区西宁路同善里二十九号
印刷所　名　称	文艺印刷局	地　　址	第一区万全道五十号

姓名	发行人	编　辑　人						
	卢世儒	李逊梅	王新甫	王鹏飞				
籍贯	北平	辽宁铁岭	河北霸县	北平				
年龄	廿五	四十三	廿五	廿三				
学历	北平中学高中毕业	铁岭县立中学毕业	天津市私立工商学院毕业	北平明德中学毕业				
经历	天津中华日报社编辑，天津星期六画报社记者	辽宁《大亚画报》总编辑，前《天津商报》编辑主任	河北省文安县立初级中学教员	北平附属小学教员				
是否党员及党证字号								
住所	天津市第十区镇南道一二八号	天津第一区河北路仁丰里十一号	天津第一区山西路安居里二十二号	北平宣内象来街胡同十号				

左侧纵向标注：发行人及编辑人

附　注	
考查意见	查书填各点，与《修正出版法》及同法施行细则各规定尚无不合，拟请准予核转
复核意见	查社会局所填考查意见尚属实情，应予照转

兹因发行，谨依《出版法》第九条之规定开具右列事项，声请登记。

谨呈天津市政府社会局、天津市政府、天津特别市党部执行委员会、内政部、中央宣传部

具声请书人　卢世儒

中华民国三十五年九月　日

（津 J2-3-8274）

328. 上海市社会局为《时代画报》月刊等刊物三种已准发行事致上海市警察局函

1946 年 11 月 5 日

查《时代画报》月刊及《论语》半月刊申请复刊，又《人世间》迁沪出版，均经予以

照准，应准发行。相应函达，即希查照为荷。

此致上海市警察局

局长　吴开○

副局长　李剑○

（沪 Q6－12－88）

329. 联合画报社为查明事实颁发登记证事致上海市社会局函

1946 年 11 月 5 日

敬启者：本报去冬由渝移沪出版，即依法向贵局办理登记手续，并先后数次蒙指示一切，两次填写表格及补上发行人更易证件等，迄今将近一年，新登记证迟迟未见发下。而最近上海新发行各种报刊均有内政部新发登记证，经向沪市府新闻处探询，据查内政部之批示有"《联合画报》周刊已自动停刊"之批注。查敝报自去年在沪出版以来，已出四十余期，至今按期出版，从未停刊，不知该项登记证何以迟迟未能发下，是否为另一冒名之《联合画报》（系影迷服务社发行于卅四年双十节，仅出一期即自动停刊）之误，烦为转请查明，迅颁给登记为荷。

此致上海市社会局

联合画报社启

（沪 Q6－12－149）

330. 张一渠为发行《儿童知识画报》及《儿童故事月刊》请求核准 登记并发给邮递许可证事呈上海市社会局文

1946 年 11 月 5 日

窃自胜利以来，儿童书局即秉承教育第一之要义，从事儿童读物之出版，董事长潘公展并嘱发行儿童定期刊物两种，借以积极推进儿童教育。业经筹备就绪，一种为《儿童知识画报》，适合小学低年级儿童阅读；一种为《儿童故事月刊》，适合小学高年级及中年级儿童阅读，并聘请教育家陈鹤琴担任主编，纯以启发儿童日常知识为主旨，绝无政治背景及作用。理合填具登记声请书，一并备文呈送，仰祈钧长鉴核，迅赐核转登记。惟转呈中央核发许可证，殊费时日，邮局递寄，必须凭证挂号，如邮局未能挂号认为新闻纸类，则所耗邮资损失殊巨，对于儿童购买力发生影响，前项《儿童知识画报》及

《儿童故事月刊》，敬请钧长先予分别批准，临时发给邮递许可证，以利儿童教育之推
行，实为德便。

　　谨呈上海市社会局局长吴

　　附件《儿童知识画报》登记声请书四纸，又调查表一纸；《儿童故事月刊》登记声请
书四纸，又调查表一纸〈佚〉

具呈人　儿童书局总经理张一渠

（沪 Q6‑12‑74）

331. 内政部为转发《北戴河》杂志登记证事致天津市政府函

1946 年 11 月 6 日

　　准贵市政府本年十月五日丙闻字第三〇〇号咨送《北戴河》杂志周刊登记声请书请
核办。等由。经与中央宣传部会核，准予登记。相应填具登记证，函请查照转发见复，
并希转饬依法按期将刊物径寄本部警察总署备查为荷。

　　此致天津市政府

　　附送登记证一份〈佚〉

部长　张厉生

（津 J2‑3‑8275）

332. 端木铸秋为《春秋画报》声请登记事呈上海市社会局新闻纸杂志登记声请书及上海市社会局报纸通讯社杂志申请登记调查表

1946 年 11 月 6 日

新闻纸杂志登记声请书				
名　　称	春秋画报			
类　　别	杂志	刊　期		半月刊
发行旨趣	对外宣达国情，对内输介新知			
社务组织	社长一人，总经理一人，下设编辑、营业二部，各设编辑、营业员若干人			
资本数目	国币一亿元	经济状况		合资
发行所	名　称	春秋画报社	地　址	上海江西路汉弥登大厦三〇一室

印刷所	名 称	中央宣传部国民印刷所		地 址		上海惠民路六五号			
发行人及编辑人	姓名	发行人	编 辑 人						
		端木铸秋	刘伟民	明耀五	刘狮	李雨生	周盛荣		
	籍贯	上海市	广东中山	云南腾冲	江苏武进	河北沧县	四川江津		
	年龄	四四	四〇	四三	三八	三三	三〇		
	学历	美国纽约大学毕业	北平燕京大学毕业	广州岭南大学毕业	日本东京美术专门学校毕业	北京法学专门学校毕业	武昌艺术专门学校毕业		
	经历	西安正报社董事长，上海申报馆董事	《良友画报》、中央通讯社编辑，中宣部亚洲社秘书	《良友画报》《国情画报》编辑，国际出版社总编辑，中宣部亚洲社编辑主任	上海美专教授	国际出版社编辑	中宣部亚洲社图画编辑		
	是否党员及党证字号	是，沪字〇一八三五	是，渝字二一四六四	是，党证遗失，在声请中	是，军陕字〇〇三五九	是，党证遗失，在声请中	是，桂字一二〇八		
	住所	上海中山东二路九号七楼	上海江西路汉弥登大厦三〇一室	上海愚园路一〇三二弄一八号	上海英士路丰裕里二号	上海南昌路三八二号	上海东嘉兴路瑞丰里三五号		
附 注									
考查意见		经核尚无不合，拟准予转呈							
复核意见									

　　兹因发行《春秋画报》，谨依《出版法》第九条及同法施行细则第九条之规定，开具右列事项，声请登记。

　　谨呈上海市社会局

具声请书人　春秋画报社

发行人　端木铸秋

中华民国三十五年十一月　日

上海市社会局报纸通讯社杂志申请登记调查表

名 称		春秋画报	刊 期		半月刊
		名称或姓名	地 址		电 话
发行所		春秋画报社	上海江西路汉弥登大厦 301 室		一六二〇〇
发行人		端木铸秋	上海中山东二路九号七楼		八八六七三
主编人		刘伟民	上海江西路汉弥登大厦 301 室		一六二〇〇
编辑纲要及特长		报导国内建设，分析国际情势，介绍科学发明			
创刊日期		三十五年十二月一日	复刊日期		
过去发行经过概况 （如系复刊者）					
预计发行情形	本埠销数	五千份	总数	二万份	批售价格 一千零五十元
	外埠销数	一万五千份			零售价格 一千五百元
基金来源		私人集资			
备 注					

（沪 Q6 - 12 - 78）

333. 京华美术学院院长邱石冥为证明孙鸿藻发行《大陆画报》
内容宗旨事致北平市政府社会局函

1946 年 11 月 7 日

为证明事。同志孙鸿藻现任教育局所属市立小学校校长，思想纯正，依照《出版法》规则呈报发行《大陆画报》五日刊一种，内容系提倡中西艺术文化及启迪教育、介绍社会艺术事业为宗旨。特此专函证明，即请查核转呈。

此上社会局

京华美术学院院长　邱石冥

（京 J2 - 4 - 494）

334. 端木恺为准予《春秋画报》先行发刊事呈上海市社会局文

1946 年 11 月 7 日

窃本社为报导国内建设、介绍国外科学新知，拟出版《春秋画报》半月刊，并定自十二月一日起创刊，业经依照规定填具表格，向贵局申请转呈中央核发登记证在案。兹因须报导国民大会开会情形，恐登记证发出需时，致失时效，拟恳先行准予发行，理合具文呈请鉴核照准，实沾公便。

谨呈上海市社会局局长吴

春秋画报社社长　端木恺

社址　上海江西路汉弥登大楼三楼三○一号

（沪 Q6 - 12 - 78）

335. 国际新闻社为变更登记事呈上海市社会局声请书

1946 年 11 月 8 日

新闻纸杂志变更登记声请书			
名　　称	国际新闻画报	发行人姓名	李鸿鸣
原登记核准之年月日	卅五-九-七，福二字 19219 号	登记证号数及发给之年月日	京警沪字十九号
首次发行之年月日	卅五　七，十一		
声请变史事坝	原登记者	上海乍浦路一五四号	
	现变更者	山阴路（施高塔路）八——十号；电话○二——六○九○二	
变更之原因	迁移社址，租约期满	变更之年月日	卅五，十一，一
附　　注			
考查意见	拟准予转呈		
复核意见			

兹依《出版法》第十条及同法施行细则第十四条之规定，开具右列事项，声请变更登记。
谨呈上海市社会局

具声请书人　国际新闻社

发行人　李鸿鸣

中华民国三十五年十一月八日

（沪 Q6‑12‑103）

336. 中国国民党天津特别市执行委员会为《小扬州画报》应分别
送审事复天津市政府社会局函

1946 年 11 月 8 日

案准贵局十月廿九日会文字第一五七八号公函，以据《小扬州画报》呈报发刊日期及社址迁移等情，嘱为查照。等由。准此，查凡经核准登记之刊物，应遵照《出版法》第八条之规定分别送审，以便随时指导纠正。相应函达，即希转饬遵照为荷。

此致天津市政府社会局

主任委员　邵华

（津 J25‑3‑6130）

337. 张振华为《万象画报》声请登记事呈天津市政府社会局文

1946 年 11 月 11 日

窃民人张振华经营出版事业多年，兹为发扬文化暨介绍各地风物、倡导影剧艺术起见，拟于本市刊行《万象画报》一种，内容完全刊登纯正旨趣之文字、图画，以求增加国民高尚意识，庶几发扬文化建设之真理，提高民众知识水准之使命。理合遵照出版规定缮具申请书五份，备文呈请鉴核，伏恳俯赐准予备案，俾便出版，实为德便。

谨呈天津市政府社会局

具呈人　张振华

年龄　四十七岁

籍贯　江苏省南通

职业　万象画报社

住址　天津大沽路三十三号内

铺保　金刚书店

地址　第一区大沽路三十三号

执事人　刘金亭

（津 J25‑3‑6132）

338. 天津市政府为《小扬州画报》发刊日期及迁移社址事指令社会局

1946 年 11 月 14 日

令社会局:

呈一件,为据《小扬州画报》呈报发刊日期及社址迁移。等情。除予备案外,呈报鉴察由。呈悉。

此令

市长　杜建时

副市长　张子奇

（津 J25‒3‒6130）

339. 天津市政府为《红叶画报》登记事致内政部咨暨指令社会局

1946 年 11 月 14 日

案查接管卷内,据社会局会文字第一四〇四号呈称:案据红叶画报社呈称,云云。伏祈鉴核俯赐存转。等情。附登记声请书四份。据此,查该件业经该局考查完竣,于法尚无不合,当经检同原声请书加具复核意见,函送中国国民党天津特别市执行委员会会核去后,除经该会加盖官章外,并准函复略开:经查该报声请登记,尚无不合,应准核转。等由。准此,除指令社会局知照并抽存声请书一份备查外,相应检同原声请书二份,咨请贵部查照核办为荷。

此咨内政部

令社会局:

呈一件,为据红叶画报社声请登记等情,理合检同声请书呈请核转由。呈件均悉。案经函送市党部会核完竣,已转咨内政部核办。仰即知照。附件分别存转。

此令

（津 J2‒3‒8274）

340. 《美丽画报》为领取登记证事致天津市政府社会局函

1946 年 11 月 14 日

敬启者: 于十一月七日接奉钧局会文字第 806 号代电, 得悉敝画报已蒙内政部发给京警津字第四八号登记证。等由。除遵谕每期将敝报寄呈内政部警察总署备查外, 谨修函请领, 即乞钧局照发, 实为公便。

谨致天津市政府社会局

美丽画报社发行人　阎恩润谨启

兹收到内政部发给京警津字第四八号登记证一纸。

此上天津市政府社会局

美丽画报社发行人　阎恩润具

(津 J25 - 3 - 6181)

341. 中国国民党天津特别市执行委员会为《真善美画报》登记查核事复天津市政府函 (附新闻纸杂志登记声请书)

1946 年 11 月 15 日

案准贵府丙闻字第二九四〇号公函, 以据社会局呈送《真善美画报》登记声请书四份, 嘱查核见复。等由。准此, 经查填报各节尚属实情, 应准咨转, 除将原声请书留存一份备查外, 相应将原声请书填注复核意见, 加盖会章检送查照咨转为荷。

此致天津市政府

附原声请书三份

主任委员　邵华

新闻纸杂志登记声请书			
名　　称	真善美画报		
类　　别	新闻纸	刊　　期	每日出刊
社务组织	社长 (发行人) 以下分编辑、经理、印刷三部, 内分编辑、采访、营业、庶务、印刷各科		
资本数目	国币一千万元	经济状况	合资经营

发行所	名　称	真善美画报社			地　址	天津第七区荣业大街庆记大楼内	
印刷所	名　称	王星社印刷局（临时代印处）			地　址	天津东门外大街二十一号	

发行人及编辑人		发行人	编　辑　人					
	姓名	王真	经理 郑华章	编辑 高日升	编辑 张凯	编辑 袁华煊	记者 赵景祥	记者 李士瑞
	籍贯	天津市	湖北省	天津市	天津市	广东中山县	大津市	天津市
	年龄	三十三	三十二	二十九	二十八	二十三	十八	二十四
	学历	师范学校毕业	中大政治系毕业	天津中学毕业	天津市立一中毕业	旅津广东中学毕业	天津慈泽中学	天津育才中学毕业
	经历	前天津《晨报》《午报》编辑,《河北新闻》编辑,《星期六画报》采访主任	天津《中华日刊》记者,《星期六画报》编辑	天津《国强报》记者,光华影剧公司宣传主任	天津《中华日刊》记者	明星戏院宣传主任	六一广告社设计主任	第八区公路总局职员
	是否党员及党证字号							
	住所	天津市第七区杨家花园辅安里四十四号	天津市南门西碱台子十六号	天津市第一区独山路安仁东里二号	天津市河北三马路心田里十号	天津市第十区山西路耀华里五｜六号	天津市第七区天兴里十四号	天津市第七区杨家花园辅安里四十四号

附　注	
考查意见	查书填各点，与《修正出版法》及同法施行细则各规定尚无不合，拟请准予核转
复核意见	查社会局所填考查意见尚属实情，应予照转

兹因发行，谨依《出版法》第九条之规定开具右列事项，声请登记。

谨呈天津市政府社会局、天津市政府、天津特别市党部执行委员会、内政部、中央宣传部

具声请书人　王真

中华民国三十五年十月　日

（津 J2－3－8278）

342. 星期二画刊社为报备出版宗旨事呈天津市政府社会局文

1946 年 11 月 16 日

案查本月十四日文化礼俗科召集本市各画报发行人谈话，本社遵派代表参加，当奉钧座面谕：以各画报应将出版宗旨呈报备查。等因。奉此，查本刊原为《天津午报》副页，事变前，随同《[天津]午报》发刊。津市沦陷，不甘附逆，自动停版。胜利后，除已依法登记并筹备复刊《[天津]午报》外，为亟于宣扬三民主义、介绍抗战史实、申诉民间疾苦、纠正社会病态起见，本刊先行单独复刊。又为适合平民知识水准，故利用幽默格调，寓劝惩于谐趣，化庄严为轻松，以引起一般市民阅读兴趣。至于黄色新闻，荒诞报导，决不刊录。奉谕前因，理合检同最近出版之第十一期本刊，备文呈请鉴核。

谨呈局长胡

附呈第十一期《星期二画刊》一册〈佚〉

星期二画刊社社长　刘铁庵

（津 J25 - 3 - 6183）

343. 中艺出版社谈峻声为《中艺画报》声请登记事呈上海市社会局新闻纸杂志登记声请书

1946 年 11 月 16 日

新闻纸杂志登记声请书							
名　　称		中艺画报					
类　　别		画报		刊　　期		月刊	
发行旨趣		发扬中国艺术精神，提倡中国艺术生活					
社务组织		合伙					
资本数目		六百万元		经济状况		由合伙人共同负责	
发行所	名　称	中艺出版社		地　址		中正中路六一二号	
印刷所	名　称	中艺出版社		地　址		中正中路六一二号	
发行人及编辑人	姓名	发行人	编　辑　人				
		谈峻声	王忍楼				
	籍贯	江苏镇江	湖南浏阳				
	年龄	卅三	四七				

发行人及编辑人	学历	天津法商学院毕业	湖南大学毕业					
	经历	中兴物产保险公司总经理	曾任中华书局编辑					
	是否党员及党证字号							
	住所	北四川路赫林里十五号	中正中路六一二号					
附　注								
考查意见								
复核意见								

兹因发行《中艺画报》，谨依《出版法》第九条及同法施行细则第九条之规定，开具右列事项，声请登记。

谨呈上海市社会局

具声请书人　中艺出版社

发行人　谈峻声

中华民国三十五年十一月十六日

（沪 Q6－12－34）

344. 上海市社会局为中央核准给证后再行出版事批复春秋画报社端木恺

1946 年 11 月 18 日

具呈人《春秋画报》发行人端木恺本年十一月七日呈一件，为出版《春秋画报》已依法申请登记，拟恳特准先予发行由。呈悉。仍仰遵照前批，俟中央核准给证后再行出版。

此批

局长　吴开先

副局长　李剑华

（沪 Q6－12－78）

345. 星期二画刊社为领取登记证事呈天津市政府社会局文

1946 年 11 月 20 日

案奉钧局伐皓代电内开：兹奉市政府令发该社内政部京警津字第六二号登记证，饬转发具报，并转知按期将刊物径寄警察总署。等因。希即来局呈领并将刊物依法寄送为要。等因。奉此，除按期径寄警察总署外，理合具文，呈请鉴核，颁发本刊登记证，以资凭证。

谨呈局长胡

星期二画刊社社长　刘铁庵
第一区嫩江路二十九号
（津 J25 - 3 - 6177）

346. 天津市政府为《小扬州画报》名称不妥应饬更改事
训令社会局暨复内政部函

1946 年 11 月 21 日

令社会局：

案准内政部安四字第二一五四号公函内开：准贵市政府咨送《小扬州画报》登记声请书请核办。等由。经与中央宣传部会核，以该刊名称与发行地事实未合，应饬更改名称，转部再凭办理。相应检还原声请书，函请查照办理为荷。等由。附送还原声请书二份。准此，除函复外，合行检同原声请书二份，令仰该局转饬遵照。

此令

附送还声请书二份〈佚〉

案准贵部三十五年十月三十日安四字第二一五四号函，以《小扬州画报》名称不妥，应饬更改，并检还原声请书，请查照办理。等由。准此，除令社会局转饬遵照外，相应函复查照为荷。

此致内政部

（津 J2 - 3 - 8275）

347. 天津市政府社会局为《重庆画报》等报刊登记办理情形事
呈天津市政府文

1946 年 11 月 21 日

案奉钧府丙闻字第四五〇九号训令：以准内政部函抄《大中时报》等二十七家登记证号码及为《重庆画报》名称不符，应更改名称，饬分别转知办理具报。等因。并附抄清单一份。奉此，遵查《中华晚报》发行人袁润之因涉汉奸嫌疑已被检举；《时代晚报》发行人洪钧现不在本市，该两报登记应请注销。其他各报登记证号码业经分别转知，至《重庆画报》亦已饬据改名《银都画报》，并经另文呈报在案。奉令前因，理合具文呈复，伏祈鉴察。

　　谨呈市长杜、副市长张

　　　　　　　　　　　　　　　　　　　　　　　　　　局长　胡〇〇

　　　　　　　　　　　　　　　　　　　　　　　　（津 J25－3－6181）

348. 天津市政府警察局为《美丽画报》备案查核事
致大津市政府社会局函

1946 年 11 月 21 日

案据第二分局呈称：案据阎恩润呈称，为提倡艺术、赞襄文化起见，在第二区胜利路十二号成立美丽画报社，每逢星期四出版一次，已呈请社会局备案，于十月十八日蒙发给会文字第 8301 号批示，照准在案，谨将领到原批示及第一期画报一份，呈请备案。等情前来。理合抄同原批及第一期画报一份，备文报请鉴核备案施行。等情。抄社会局批示一纸，第一期《美丽画报》一份。据此，相应函达，即希查核见复为荷。

　　此致天津市政府社会局

　　　　　　　　　　　　　　　　　　　　　　　　　　局长　李汉元

　　　　　　　　　　　　　　　　　　　　　　　　（津 J25－3－6075）

349. 天津市政府社会局为登记声请已咨请内政部查照
办理事通知红叶画报社

1946 年 11 月 22 日

查据该画报声请登记一案，业经呈奉市政府指令，已咨请内政部查照办理矣。特此通知。

右通知《红叶画报》发行人卢世儒

（津 J25‑3‑6130）

350. 天津市政府为《星期六画报》等七家刊物登记声请书补盖印章事致中国国民党天津特别市执行委员会函

1946 年 11 月 25 日

案准内政部安四字第二二一五号公函内开：查前准贵市政府函送《星期六画报》等七家登记声请书请核办一案，云云，依法办理为荷。等由。附送原声请书十四份。准此，相应检同原声请书十四份附开清单一份，函送贵会查照补盖印信见复为荷。

此致中国国民党天津特别市执行委员会

附声请书十四份〈佚〉、清单一份

登记声请书十四份清单

《星期六画报》二份；《天津卫》二份；《新中国》二份；新大陆通讯社二份；博陵报社二份；《大路晚报》二份；渤海通讯社二份。

（津 J2‑3‑8273）

351. 生活画报社为按期寄送刊物事致北平市政府函

1946 年 11 月 26 日

案奉本月十八日贵政府府四字第五四号通知，嘱遵照《出版法》第八条规定，按期寄送本报。等因。查本报自奉令复刊后，因改组内部问题，现正召集各股东筹议办法，一俟组织完竣，重行出版，自应遵照规定按期照送。相应函复，即希查照为荷。

此上北平市政府

生活画报社谨启

（京 J2‑3‑948）

352. 天津市政府为《真善美画报》登记查核事致内政部咨暨指令社会局

1946 年 11 月 27 日

案查接管卷内，据社会局会文字第一五五六号呈称：案据王真呈称云云。伏祈鉴核，俯赐存转。等情。附登记声请书四份。据此，查该件业经该局考查完竣，于法尚无不合，当经检同原声请书加具复核意见函送中国国民党天津特别市执行委员会会核去后，除经该会加盖官章外，并准函复略开：经查填报各节尚属实情，应准咨转。等由。准此，除指令社会局知照并抽存声请书一份备查外，相应检同原声请书二份，咨请贵部查照核办为荷。

此咨内政部

附登记声请书二份〈佚〉

令社会局：

呈一件，为据《真善美画报》声请登记，检同声请书呈请核转由。呈件均悉。案经函送市党部会核完竣，已转咨内政部核办，仰即知照，附件分别存转。

此令

(津 J2－3－8278)

353. 天津市政府社会局为《美丽画报》已登记并发登记证事复天津市政府警察局函

1946 年 11 月 27 日

案准贵局行一字第八五四八号函，以据《美丽画报》发刊，嘱查核见复。等由。准此，查该报业经奉准登记并发给内政部京警津字第四十八号登记证有案。相应函复，即希查照为荷。

此致警察局

(津 J25－3－6075)

354. 天津市政府社会局为应更改名称事通知小扬州画报社

1946 年 11 月 28 日

案奉市政府勇闻字第三五五号训令，以准内政部函，为该刊名称与发刊地事实未合，应饬更改名称，转部再凭办理。检还原声请书二份，饬转遵办。等因。奉此，合行检还原书一份，仰即更改名称呈局，以凭核转为要。特此通知。

右通知小扬州画报社

附检还原书二份〈佚〉

（津 J25‑3‑6130）

355.《燕都画报》为声请登记事呈北平市政府社会局新闻纸杂志登记声请书

1946 年 11 月 29 日

新闻纸杂志登记声请书							
名　　称	燕都画报						
类　　别	画报		刊　期		五日刊		
社务组织	社长以下设编辑、营业二部，分理编辑、广告、发行诸事宜						
资本数目	八百万		经济状况		预计营业收支相抵		
发行所	名　称	燕都画报社		地　　址		外四区南横街十二号	
印刷所	名　称	长城印刷所		地　　址		外四区宣外大街一八一号	
发行人及编辑人		发行人	编 辑 人					
	姓名	汤铭礼	陈念严（国栋）	王青平	唐公述			
	籍贯	浙杭	安徽	北平	北平			
	年龄	三二	二九	二六	四二			
	学历	燕大新闻系	辅仁大学卒	北平艺传卒	北平法文学堂			
	经历	曾充北平《世界日报》《京报》、时尚通讯社编辑，《燕京时报》《心声画刊》社长	山东中学教员，军统局第十□行动组组员	东方美术广告社经理	《群强报》编辑，导报社记者			
	是否党员及党证字号		□□证字第〇八二号					
	住所	北平外四区南横街十二号	北新桥大头条五三	宣外南横街五号	外四区南横街大川淀十一号			

附　　注	（三）三七六七
考查意见	
复核意见	

兹因发行，谨依《出版法》第十条之规定开具右列事项，声请登记。

谨呈北平市政府、［北平市］党部、中央宣传部、内政部

具声请书人　汤铭礼谨呈

中华民国三十五年十一月二十九日

（京 J2–3–952）

356. 北平市政府社会局为请查复《北京人画报》是否为同仁所筹办事致北平古物陈列所代电

1946 年 12 月 2 日

北平古物陈列所公鉴：

兹据贵所科员蒋兰言呈请发行《北京人画报》以为公余精神之寄托，填具登记声请书呈请转请登记到局。查该刊是否贵所同仁所筹办之游艺刊物，借以提倡大众文化及生活兴趣，用特电请查照见复为荷。

北平市政府社会局○○印

（京 J2–4–478）

357. 天津市政府为转发《北戴河》杂志登记证事训令社会局暨复内政部函

1946 年 12 月 3 日

令社会局：

案准内政部本年十一月六日安四字第二四四○号公函内开：准贵市政府本年十月五日丙闻字第三○○号咨送云云，备查为荷。等由。附登记证一份。准此，除函复外，合行检同原登记证一份，令仰该局转发具报，并转饬依法按期将刊物径寄本府暨警察总署备查为要。

此令

附登记证一份〈佚〉

案准贵部本年十一月六日安四字第二四四〇号函，以《北戴河》杂志准予登记，检送登记证一份，嘱转发见复。等由。准此，除令社会局转发具报并转饬依法按期寄送刊物外，相应函复查照为荷。

此致内政部

（津 J2-3-8275）

358. 沈健颖为恳请收回成命准予按照原登记名称创刊事呈天津市政府社会局转呈内政部文及社会局内部签呈

1946 年 12 月 5 日

呈为恳请收回成命，准予按照原登记名称创刊以利发行事。窃民在津前组织纯游艺体裁六开小型三日刊，定名为《小扬州画报》，曾经呈请钧局赐予登记，以利发行在案。上月二十八日，忽接钧局转内政部致津市政府函内开：该刊名称与发行地事实未合，应饬更改名称，转部再凭办理。等因。民奉命之下，谨向钧局解释如后：

查津市自海禁大开，帆樯林立，车马杂沓，笙歌十里，纸醉金迷，繁华甲于华北，足堪与江南姑苏颉颃。逊清诗人张船山目睹津市之商业繁盛，市廛栉比，曾赋"十里鱼盐新泽国，二分烟月小扬州"之诗句，盖纪实也。由是津中一般文人墨客多以"小扬州"之名代表津郡，此事固有典可循，有书可考，初非民之凭空杜撰臆造而示别致。且民发刊此报，系阐扬戏剧文化，期提高艺术素质而收辅导社教实效，与过去易君左发行肆意毁谤维扬一切之《闲话扬州》迥不相侔。民谨具文缕述颠末，呈请钧局转呈内政部赐予收回成命，仍准按照原名继续发刊，以利发行而维新闻事业，实为德便。

谨呈天津市政府社会局转呈内政部

《小扬州画报》社长 沈健颖谨呈

社会局内部签呈

窃查本案经询诸当地人士，天津确有"小扬州"之名，与成都之称"［南］京"、淮阴之称"小上海"无异。虽其名称不符，究有相似之点。譬如某某［称］"小诸葛"，必其人有似武侯智略也。原呈所引张船山诗句，似不为无据。谨□签意见，伏祈［鉴］察。

又：查《小扬州画报》因经费问题，业已停刊三期，拟于此时令其遵照部令更改名称。

（津 J25 - 3 - 6130）

359. 端木铸秋为《春秋画报》创刊号备案事呈上海市社会局文

1946 年 12 月 7 日

　　查本社为表现本党文化、建国精神，报导国内建设，介绍国外新知起见，拟出版《春秋画报》半月刊一种，业经填具表格申请登记在案。现已定于十二月十五日起发售创刊号，理合呈报钧局备案，并请转咨上海市警察局查照，俾便出售而利文化，实叨公便。

　　谨呈上海市社会局长吴

春秋画报社社长　端木铸秋谨呈
（沪 Q6 - 12 - 78）

360. 端木铸秋为先予颁发《春秋画报》邮寄证明书事呈上海市社会局文

1946 年 12 月 7 日

　　查本社为表现本党文化、建国精神，报导国内建设，介绍国外新知起见，拟出版《春秋画报》半月刊一种，业经遵照规定手续申请登记在案。现因发行关系，拟请钧座准予先行颁发邮寄证明书，俾便向邮局申请登记，实为公便。

　　谨呈上海市社会局长吴

春秋画报社社长　端木铸秋谨呈
（沪 Q6 - 12 - 78）

361. 北平古物陈列所为确定蒋兰言身份及《北京人画报》非其所刊物事复北平市政府社会局代电

1946 年 12 月 9 日

北平市政府社会局公鉴：

　　准冬代电查询本科所员蒋兰言呈请发行《北京人画报》一节。查蒋兰言确系本所科员，惟所请发行《北京人画报》系其个人拟联合友好集资创办，并非本所刊物。相应电复，即希查照为荷。

内政部北平古物陈列所亥佳未印

（京 J2－4－478）

362. 中国国民党天津特别市执行委员会为《星期六画报》等七家刊物登记声请书补盖印章事复天津市政府函

1946 年 12 月 9 日

案准贵府勇闻字第一六四号函：准内政部函，以《星期六画报》等七家未经同级党部加具意见，函请依法办理，检同原声请书各二份，嘱补盖印信见复。等由。准此，查《新中国》杂志停刊已逾三月，登记声请书应即注销；其余《天津卫》、新大陆通讯社、《博陵日报》、《大路晚报》、渤海通讯社五家事先并未在本会依法办理登记手续，碍难补盖印章，兹将原声请书五份各二页原件退回，应请贵府转饬该报社等，仍须依照中央规定程序补办声请手续。《星期六画报》经查填报各节尚属实情，应准咨转，相应将原声请书留存一页备查，并将原声请书填注复核意见，补盖会章检送，即希查照，分别办理为荷。

此致天津市政府

附原声请书六份各二页、《星期六画报》声请书一页〈佚〉

主任委员　邵华

委员　李曜林代

（津 J2－3－8273）

363. 中国国民党天津特别市执行委员会为抄送北戴河杂志社登记证号码事致天津市政府函

1946 年 12 月 9 日

案准中国国民党中央执行委员会宣传部宁（35）利普字第三六九二号函开：准内政部函开，查天津北戴河杂志社登记证号码为京警津字第六三号，请查照。等由。准此，除登记备查外，相应函请查照转饬该刊，于出版后依法逐期分别送审为荷。

此致天津市政府

主任委员　邵华

（津 J2－3－8275）

364. 天津市政府社会局为具领登记证等事致北戴河杂志社代电

1946 年 12 月 11 日

天津北戴河杂志社鉴：

兹奉市政府令发该社内政部京警津字第陆叁号登记证，饬转发具报。等因。特此电达，希即来局具领，并将发刊日期呈报，并于发刊后按期呈缴市政府新闻处、市党部、中央宣传部、内政部警察总署及本局备查。

天津市政府社会局〇〇印

（津 J25 - 3 - 6081）

365. 上海市社会局为《春秋画报》半月刊准先发行事致上海市警察局、上海邮政管理局函

1946 年 12 月 13 日

查《春秋画报》半月刊已据来局声请登记，并经予核转在案，准先发行，相应函达，即希查照为荷，收寄为荷。

此致上海市警察局、上海邮政管理局

局长　吴开〇

副局长　李剑〇

（沪 Q6 - 12 - 78）

366. 北戴河杂志社为具领登记证并发行创刊号等事呈天津市政府社会局文

1946 年 12 月 14 日

为具领《北戴河》杂志登记证事。敝社顷奉到钧局会文字第 952 号代电，得悉敝杂志之京警津字第六三号登记证已由内政部发下，饬前往具领。等由。敝社拟于民国三十六年一月五日发行第一期创刊号，并于发刊后按期呈缴各机关备查不误，及附收条一纸。伏乞鉴核照发，以利出版，实为公便。

谨呈天津市政府社会局文化礼俗科

附收条一纸〈略〉

北戴河杂志社

发行人 曹养田

（津 J25－3－6081）

367. 廿世纪科学社为发刊日期备案事呈天津市政府社会局文

1946 年 12 月 14 日

　　窃查本刊前蒙钧局核准发给京警字第五七号出版登记证在案。顷以本刊一切均已筹备就绪，稿件亦皆整理，并经校对藏事。拟定于本月十五日正式发行，除按期将刊物径寄各主管官署及机关核阅外，为此呈请钧局先行备案，俾便刊行，实为公便。

谨呈天津市政府社会局

廿世纪科学社谨呈

（津 J25－3－6071）

368. 邵洵美为核发《时代画报》邮局证明书事呈上海市社会局文

1946 年 12 月 14 日

　　窃敝局发行之《时代画报》前已呈请钧局转呈内政部、中宣部登记核发登记证，并奉钧局准予先行出版在案。现在《时代画报》准于一月份出版，为特再行呈请钧局核发邮局证明书，俾可向邮局登记，实为德便。

谨呈上海市社会局局长吴

时代书局代表人 邵洵美谨呈

地址 平凉路二十一号

（沪 Q6－12－88）

369. 天津市政府社会局为登记声请已咨转内政部
核办事致真善美画报社代电

1946 年 12 月 19 日

天津真善美画报社鉴：

　　据请登记一案已呈奉市政府指令，经咨转内政部核办，望即知照。

天津市政府社会局〇〇印

（津 J25－3－6075）

370. 天津市政府社会局为所请以原登记名称创刊碍难照准事
致小扬州画报社代电

1946 年 12 月 20 日

天津小扬州画报社鉴：

　　据呈为内政部饬改名称登记一案，请转收回成命。已悉。查案关部令，所请碍难照准。特冉检述原声请书，希即更改具复，以凭核转。

天津市政府社会局〇〇印

（津 J25－3－6130）

371. 张子祥为《礼拜日画报》声请登记事呈天津市政府社会局文

1946 年 12 月 27 日

　　为呈请事。窃敝报为宣扬党义、奉行总理遗教、介绍科学常识与市民起见，在天津河北电灯房东谦益里新八号地方创设新闻杂志一种，定名《礼拜日画报》。谨遵照《出版法》填具申请书，恳请鉴核准予登记，并赐登记证。

谨呈天津市政府社会局

附呈声请书五份〈略〉

具呈人　张子祥

年龄　二十八岁

籍贯　河北文安

住址　第一区多伦道盟友影院对过

（津 J25－3－6129）

372. 天津市政府社会局为知悉发刊日期依法送审刊物事
致廿世纪科学画报社代电

1946 年 12 月 31 日

天津廿世纪科学旬刊（画报）社鉴：

据报发刊日期已悉。希即依法按期送审。

天津市政府社会局○○印

（津 J25－3－6071）

373. 北戴河杂志社为迁移社址事呈天津市政府社会局文

1946 年 12 月 31 日

呈为呈报变更社址事。窃□曹养田为筹备北戴河杂志社，曾以一区河北路仁丰里十一号为受信地址。今已奉到内政部京警津字第六十三号登记证，定于民国三十六年一月五日发行创刊号。为办事便利，迁至第二区胜利路十二号美丽画报社内合并办公，以后有公文训令，请径交新址。理合呈请钧局备案，伏乞鉴核谕允，实为公便。

谨呈天津市政府社会局

呈请人　北戴河杂志社发行人曹养田

年龄　四十二岁

籍贯　河北通县

地址　暂借二区胜利路十二号美丽画报社内

（津 J25－3－6081）

374. 天津市政府为《周末画刊》登记核办事致内政部咨暨指令
社会局（附新闻纸杂志登记声请书）

1946 年 12 月 31 日

案查接管卷内，据本府社会局会文字第一五五五号呈称：案据张文模呈称云云，俯赐存转。等情。附登记声请书四份。据此，查该件业经该局考查完竣，于法尚无不合，当经检同原声请书，加具复核意见函送中国国民党天津特别市执行委员会会核去后，除经该会加盖官章外，并准函复略开：经查填报各节尚无不合，应准咨转。等由。准此，除指令社会局知照并抽存声请书一份备查外，相应检同原声请书二份，咨请贵部查照核办。

  此咨内政部

  附登记声请书二份

令社会局：

  呈一件，为《周末画刊》登记呈送核转由。呈件均悉。案经市党部会核完竣，已转咨内政部查核，仰即知照，附件分别存转。

  此令

新闻纸杂志登记声请书							
名 称	周末画刊						
类 别	综合性质杂志		刊 期	七日刊			
社务组织	社长一人，编辑二人						
资本数目	五百万元		经济状况	尚可支持			
发行所	名 称	周末七日刊社		地 址	南门鱼市大街二十三号		
印刷所	名 称	益世报		地 址	罗斯福路		
发行人及编辑人	姓名	发行人	编 辑 人				
		张文模	赵金铸	张鲁琳			
	籍贯	天津	天津	广东			
	年龄	31	30	29			
	学历	辅仁大学毕业	南开大学毕业	广西大学毕业			
	经历	《益世报》采访主任	南开中学教务主任	《益世报》记者			
	是否党员及党证字号						
	住所	南门鱼市大街二十三号	南门鱼市大街二十三号	南门鱼市大街二十三号			
附 注							
考查意见	查书填各点，与《修正出版法》及同法施行细则各规定尚无不合，拟请准予核转						
复核意见	查社会局所填考查意见尚属实情，应予照转（中国国民党天津特别市执行委员会印）						

兹因发行，谨依《出版法》第九条之规定开具右列事项，声请登记。

谨呈天津市政府社会局、天津市政府、天津特别市党部执行委员会、内政部、中央宣传部

具声请书人　张文模

中华民国 35 年 10 月 7 日

(津 J2‑3‑8278)

375.《联美画报》为声请登记事呈上海市社会局新闻纸杂志登记声请书

1947 年 1 月 7 日

<table>
<tr><th colspan="8">新闻纸杂志登记声请书</th></tr>
<tr><td colspan="2">名　　称</td><td colspan="6">联美画报出版社</td></tr>
<tr><td colspan="2">类　　别</td><td colspan="2">画报</td><td>刊　期</td><td colspan="3">半月刊</td></tr>
<tr><td colspan="2">发行旨趣</td><td colspan="6">为调剂工余课后之精神</td></tr>
<tr><td colspan="2">社务组织</td><td colspan="6">合伙</td></tr>
<tr><td colspan="2">资本数目</td><td colspan="2">三百万</td><td>经济状况</td><td colspan="3"></td></tr>
<tr><td>发行所</td><td>名　称</td><td colspan="2">联美画报出版社</td><td>地　址</td><td colspan="3">张家宅路廿七弄四号</td></tr>
<tr><td>印刷所</td><td>名　称</td><td colspan="2">惟勤公司</td><td>地　址</td><td colspan="3">台湾路廿六号</td></tr>
<tr><td rowspan="8">发行人及编辑人</td><td rowspan="2">姓名</td><td>发行人</td><td colspan="5">编　辑　人</td></tr>
<tr><td>卓国铜</td><td>梁观炽</td><td></td><td></td><td></td><td></td></tr>
<tr><td>籍贯</td><td>广东</td><td>广东</td><td></td><td></td><td></td><td></td></tr>
<tr><td>年龄</td><td>廿九</td><td>廿六</td><td></td><td></td><td></td><td></td></tr>
<tr><td>学历</td><td>国立重庆大学毕业</td><td>国立重庆大学毕业</td><td></td><td></td><td></td><td></td></tr>
<tr><td>经历</td><td>税务专门学校、国立高级机械学校</td><td>市立市西中学任教</td><td></td><td></td><td></td><td></td></tr>
<tr><td>是否党员及党证字号</td><td>学字□37641</td><td></td><td></td><td></td><td></td><td></td></tr>
<tr><td>住所</td><td>拉非德路亚尔培路口高级机械学校</td><td>张家宅路廿七弄四号</td><td></td><td></td><td></td><td></td></tr>
</table>

附　注	
考查意见	
复核意见	

　　兹因发行　　　　，谨依《出版法》第九条及同法施行细则第九条之规定，开具右列事项，声请登记。

　　谨呈上海市社会局

具声请书人　联美图书出版社

发行人　卓国铜

中华民国卅六年一月七日

（沪 Q6 - 12 - 150）

376. 沈健颖为《小扬州画报》更名为《天津画报》事 呈天津市政府社会局转呈内政部文

1947 年 1 月 7 日

　　呈为声请更改名称事。案奉钧局会文字第九九九号代电内开：据呈为内政部饬改名称登记一案，请转收回成命。已悉。查案关部令，所请碍难照准。特再检还原声请书，希即更改具复。等因。奉此，遵于第十四期更改新名称为《天津画报》。除具文呈报外，并仍拟如期照常出刊。事关新闻事业，俯乞恩准，实为公便。

　　谨呈天津市政府社会局转呈内政部

具呈人　沈健颖

年龄　三十七岁

籍贯　天津市

职业　小扬州画报社社长

住址　东马路二道街五号

铺保　妇儿医社

住址　天津南市吉祥大街一三七号

执事人　曹善斋

（津 J25 - 3 - 6130）

377. 中国国民党天津特别市执行委员会为《精华画报》登记
声请碍难咨转事复天津市政府函

1947 年 1 月 9 日

案准贵府丙闻字第二六三三号函，据社会局呈送《精华画报》登记声请书四份，嘱查核见复。等由。准此，当即派员调查。兹据报称，该报声请人刘超赴平，津地无人负责。等情。查该报负责无人，无从调查，碍难咨转。相应将原声请书四份退还，即希查照转饬该社知照为荷。

此致天津市政府

附原声请书四份〈佚〉

主任委员　邵华

委员　李曜林（代）

（津 J2‐3‐8274）

378. 天津市政府社会局为登记声请已咨转内政部核办事
致周末画刊社代电

1947 年 1 月 10 日

天津周末画刊社鉴：据请登记一案，业经呈奉市政府指令已咨转内政部核办，特电查照。

天津市政府社会局〇〇印

（津 J25‐3‐6134）

379. 廿世纪科学社为改为月刊扩充篇幅事呈天津市政府社会局文

1947 年 1 月 14 日

窃于三十五年十二月三十一日奉钧局会文字第一〇二六号代电内开：天津廿世纪科学社鉴：据报发刊日期已悉。希即依法按期送审。等因。奉此，查本社前蒙核准发行《廿世纪科学画报》，并每十日发刊一期，业已在案。惟本社素本提倡科学、普及文化之旨，近拟增加篇幅，充实内容，为此恳祈钧局准予改为月刊，按月发行，以便筹备。除报请钧局备案外，并按期分寄各主管机关审阅。

谨呈天津市政府社会局钧鉴

廿世纪科学社谨呈

（津 J25－3－6071）

380. 上海市社会局为登记申请未便核转事批复《联美画报》卓国铜

1947 年 1 月 15 日

具呈人卓国铜呈表一件，为拟发行《联美画报》，申请登记由。呈表已悉，据查该刊资金不足，所请未便核转。仰即知照。

此批

局长　吴开〇

副局长　李剑〇

上海市社会局新闻纸通讯社杂志申请登记调查表

刊物名称	联美画报	刊　期	半月刊
发行旨趣	调剂精神		
基金数目及确实来源	三百万元，合伙		
发行所名称地址电话	联美画报社，张家宅弄 27 号十弄		
印刷所名称地址及所订合同要点	未定		
（发行人）负责人姓名（主编人）	资历证件及起讫年月	党团证号及现属之党团部	过去编行之刊物及著作
卓国铜	国立重庆大学毕业（民国三十二年）	学字第 37641 号	
梁观炽	同		
拟定创刊或复刊日期（如系复刊须略述过去发行经过）		编辑纲要及特长	
预计销数（本埠）		拟定价格（零售）	
预计销数（外埠）		拟定价格（批发）	
调查意见	查该刊发行旨趣仅为调剂工余课后之精神，且尢固定经费来源，似无出版之必要		
备　注			

民国三十六年一月十六日　调查人郑余德

（沪 Q6－12－150）

381. 《大陆画报》发行人孙鸿藻为请准予先行发刊事
呈北平市政府社会局文

1947 年 1 月 17 日

呈为呈请事。窃查前遵照《出版法》附呈声请书，请发《大陆画报》登记证。发行人孙鸿藻现任国民党部十一区、党部二十区分部书记，业经呈报并已遵将资本数额呈报，蒙钧局验准在案。现本社机器、铅字等早经购齐，复购有纸张等，均经筹备妥当，理合备文呈请鉴核批示，准予先行发刊，以便间接宣传党务，实为公便。

谨呈社会局

具呈人　孙鸿藻

（京 J2‑3‑916）

382. 上海市社会局职员郑余德为调查中艺出版社事签呈局长文

1947 年 1 月 18 日

查中艺出版社无固定社址，该发行人谈峻声并无来局洽谈，所请登记，拟核不准。

右签呈局长吴、副局长李

职　郑余德

（沪 Q6‑12‑34）

383. 天津市政府社会局为《北戴河》杂志发刊日期及社址
备案事呈天津市政府文

1947 年 1 月 18 日

案据北戴河杂志社呈报于本年一月五日发行创刊号，并迁移第二区胜利路十二号新社址。等情。据此，除予备案外，理合具文呈报，仰祈鉴察。

谨呈市长杜、副市长张

天津市政府社会局局长　胡梦华

（津 J2‑3‑8275）

384. 天津市政府社会局为北戴河杂志社呈报发刊日期并迁移社址事
致中国国民党天津特别市执行委员会及警察局函

1947 年 1 月 18 日

案据北戴河杂志社呈报于本年一月五日发行创刊号，并迁移第二区胜利路十二号新社址。等情。据此，除予备案外，相应函达，即希查照为荷。

此致中国国民党天津特别市执行委员会

警察局

(津 J25 - 3 - 6081)

385. 天津市政府社会局为按期依法送审事致北戴河杂志社代电

1947 年 1 月 18 日

天津北戴河杂志社鉴：

据报发刊日期并迁移新社址已悉。希即按期依法送审。

天津市政府社会局〇〇印

(津 J25 - 3 - 6081)

386. 天津市政府社会局为《小扬州画报》更名为《天津画报》事
呈天津市府文

1947 年 1 月 20 日

案奉钧府上年十月二十三日勇闻字第三五五号训令，以准内政部函为《小扬州画报》名称不妥，应饬更改，检还原声请书饬遵照办理。等因。并附原书二份。奉此，遵即转饬更改。旋据呈改《天津画报》前来。理合检同更改声请书具文呈复，仰祈鉴察核转。

谨呈市长杜、副市长张

附更改声请书二份〈佚〉

天津市政府社会局局长　胡梦华

(津 J2 - 3 - 8275)

387. 北平市政府社会局为《大陆画报》登记鉴核事呈市政府文

1947 年 1 月 24 日

案据大陆画报社填送登记声请书，请核转发给登记证到局，经调查完竣，并签注审核意见，理合依照《出版法》第九条之规定，检同原声请书三份，备文送请鉴核转呈，实为公便。

谨呈市长何、副市长张

附呈登记声请书三纸〈佚〉

（全衔）温

（京 J2 - 4 - 494）

388. 天津市政府为检还《精华画报》登记声请书事训令社会局

1947 年 1 月 25 日

令社会局：

案查前据该局卅五年九月二十七日会文字第一四〇一号呈送《精华画报》登记声请书请核转一案，当于三十五年十月五日以丙闻字第二六三三号公函，检同原声请书加具复核意见送请中国国民党天津特别市执行委员会会核去后。兹准该会三十六年一月九日（卅六）子健编字第一六八八号函复内开：案准贵府丙闻字第二六三三号函，据社会局呈送《精华画报》登记声请书四份，嘱查核见复。等由。准此，当即派员调查。兹据报称，该报声请人刘超赴平，津地无人负责。等情。查该报负责无人，无从调查，碍难咨转。相应将原声请书四份退还，即希查照转饬该社知照为荷。等因。准此，合行检还原声请书四份，令仰该局知照，并转饬知照。

此令

附原声请书四份〈佚〉

市长　杜建时

副市长　张子奇

（津 J25 - 3 - 6081）

389. 真善美画报社为领取登记证事呈天津市政府社会局文

1947 年 1 月 27 日

为领取登记证事。窃于前日奉到钧局勤文字第三十七号代电称：奉市政府令，发给该社内政部京警津字第七十四号登记证，来局具领。等因。奉此，仅具领结乙纸，理合呈请钧局准予发给，实为公便。

谨呈天津市政府社会局钧鉴

具呈人　王真

年龄　三十四岁

籍贯　天津市

职业　《真善美画报》发行人

住址　天津南市荣业大街庆记大楼内真善美画报社

（津 J25‐3‐6181）

390. 天津市政府为《星期六画报》补送声请书并加盖印章事致中国国民党天津特别市执行委员会函

1947 年 2 月 3 日

案查《星期六画报》声请登记一案，前经检同原声请书二份函送贵会会核并准函准予咨转在案。兹查该声请书除经贵会抽存一份备查外，尚余一份，不敷咨存。经饬该报复补送一份到府，核与原式相符，相应检同补送声请书，函送查照补盖印章，以凭咨转为荷。

此致市党部

附送声请书一份〈佚〉

（津 J2‐3‐8273）

391. 天津市政府社会局为改为月刊应准备案事致廿世纪科学画报社代电

1947 年 2 月 4 日

廿世纪科学画报社鉴：

据请改为月刊，应准备案。特电查照。

天津市政府社会局〇〇印

（津 J25‐3‐6071）

392. 天津市政府社会局为检还声请书事通知《精华画报》发行人刘超

1947 年 2 月 5 日

案查前据该报声请登记一节，经呈奉市政府勇闻字第一七三三号训令内开：案查云云，并转饬知照。等因。并附原声请书四份。据此，合行检还原书，仰即知照。特此通知。

右通知《精华画报》发行人刘超

河北四马路竹贤南里二号

附检还原声请书四份〈佚〉

(津 J25‐3‐6081)

393. 北平市政府社会局为《大陆画报》等两刊登记声请查核事致中国国民党北平特别市执行委员会函

1947 年 2 月 6 日

案据大陆画报社、燕京通讯社等二家先后呈送登记声请书，请核转登记。等情。经调查后填具考核意见，提第十七次民运会报决议，准予转呈。等由。记录在卷，相应检同原声请书三份，函请查核盖印掷还，以便转呈为荷。

此致中国国民党北平特别市执行委员会

附送声请书十份〈佚〉

局长　温○○

(京 J2‐4‐351)

394. 路介白为敬具收据请发登记证事呈天津市政府社会局文（附收据）

1947 年 2 月 6 日

接奉贵局第九十七号代电敬悉。兹敬具收据，敬请颁发。

此致天津市政府社会局

《新世纪画报》发行人路介白　敬具

收据

今收到内政部京警津字第二十六号登记证一纸。

此据

《新世纪画报》发行人路介白　敬具

卅六.二.五

（津 J25－3－6177）

395. 天津市政府为《小扬州画报》更名为《天津画报》事致内政部咨暨致市党部函并指令社会局

1947 年 2 月 8 日

案查前准贵部安四字第二一五四号函，以《小扬州画报》名称不妥，检还原件，嘱转饬更改。等由。当经令本府社会局饬转遵照办理去后，兹据该局勤治字第一三三号呈复略称：为奉令以《小扬州画报》名称不妥，应饬更改。等因。遵即转饬更改为《天津画报》前来。理合检同更改声请书呈复核转。等情。附更改声请书二份。据此，除指令社会局并函知市党部外，相应检同原更改声请书二份，咨请贵部查核办理见复为荷。

此咨内政部

附咨送更改声请书二份〈佚〉

案查《小扬州画报》声请登记一案，前经检同原声请书函送贵会会核，并准（卅五）申健宣字第一○五七号函复，加盖印章准予咨转在案。当经本府检同原声请书咨请内政部查核去后，旋准该部安四字第二一五四号复函略开：以《小扬州画报》名称不妥，检还原声请书嘱转饬更改。等由。复经本府指令由社会局转饬更改为《天津画报》前来。除检同原更改声请书咨转内政部复核外，相应函送查照为荷。

此致市党部

令社会局：

呈一件，为呈复《小扬州画报》更名为《天津画报》请核转由。呈件均悉。除函知市党部外，已转咨内政部核办矣。仰即知照。附件转。

此令

（津 J2－3－8275）

396. 中国国民党天津特别市执行委员会为《星期六画报》登记声请书补盖印章事复天津市政府函

1947 年 2 月 11 日

案准贵府闻字第七〇四号函，为补送《星期六画报》声请书一份，嘱补盖印章。等由。附声请书一份。准此，核与原案尚无不合，相应将原声请书补盖印章，送请查照咨转为荷。

此致天津市政府

附声请书一份〈佚〉

主任委员　邵华

（津 J2‑3‑8273）

397. 天津市政府社会局为更改名称办理情况事致天津画报社代电

1947 年 2 月 15 日

天津画报社鉴：

据请更名一节，业经呈奉市政府指令，已咨转内政部核办，特电查照。

天津市政府社会局〇〇印

（津 J25‑3‑6130）

398. 张化南为遵令换领新登记证事呈天津市政府社会局文

1947 年 2 月 15 日

为呈请换领新登记证事。窃本社顷奉贵局代电开：案奉市政府令，以准内政部函，为凡在三十五年七月以前核发之登记证，现在继续发行之新闻纸杂志，应一律换领新登记证。饬遵办。等因。希即检同原领登记证暨出版物一份，呈送来局，以凭层转换领。等因。奉此，理合检同警字"一〇六四一"一纸，恭请鉴核，实为公便。

谨呈天津市政府社会局

附呈出版物一件、登记证一件〈佚〉

国风画报社社长　张化南

（津 J25‑3‑6125）

399. 天津市政府为《星期六画报》等七家刊物补办登记
手续情形事复内政部函

1947 年 2 月 17 日

案准贵部三十五年十一月一日安四字第二二一五号公函，以《星期六画报》等七家登记声请书，均未经同级党部加具意见，检还原件，嘱饬依法办理。等由。当经检同原件函送市党部查核去后，旋准复函略开：查《新中国》杂志停刊已逾三月，登记声请书应予注销；其余《天津卫》、新大陆通讯社、《博陵日报》、《大陆〔路〕晚报》、渤海通讯社等五家事前均未在本会依法办理登记手续，碍难补盖印章，原件退还，请转饬另行补办声请登记手续。至《星期六画报》声请书，经查所填各节尚无不合，应予补盖会章送请咨转。等由。除《新中国》杂志业已停刊，登记声请书应予注销，其〔余〕《天津卫》、新大陆通讯社、《博陵日报》、《大陆〔路〕晚报》、渤海通讯社等五家已令由社会局转饬补办声请手续外，相应检同《星期六画报》登记声请书二份，函送贵部查核办理见复为荷。

此致内政部

附送声请书二份〈佚〉

(津 J2－3－8273)

400.《越剧春秋》为登记事呈上海市社会局新闻纸杂志登记声请书及
上海市社会局新闻纸通讯社杂志申请登记调查表

1947 年 2 月 17 日

新闻纸杂志登记声请书				
名 称	越剧春秋			
类 别	杂志	刊 期	周刊	
发行旨趣	提倡地方戏剧，发扬越剧艺术			
社务组织	发行及编辑			
资本数目	一百万元	经济状况	合资	
发行所	名 称	越剧春秋社	地 址	中正北一路 234 弄二九号
印刷所	名 称	江南印刷所	地 址	天潼路七五六号

	姓名	发行人	编 辑 人					
发行人及编辑人		康宏	施耀庭	何文浩	俞东海	刘仰光		
	籍贯	浙江鄞县	浙江绍兴	浙江上虞	浙江上虞	浙江镇海		
	年龄	二八	四六	二二	三四	四〇		
	学历	民强公学毕业	圣约翰大学肄业	中华中学毕业	上虞中学毕业	民立中学毕业		
	经历	曾任宁波《民国日报》编辑	曾任绍兴《越铎报》编辑	《春风文艺》编辑	《上海越剧》及《绍兴戏报》记者	曾任《吴淞江周刊》记者		
	是否党员及党证字号	越 21193	否	否	否	否		
	住所	中正北一路二三四弄二九号	中正北一路二三四弄二九号	中正北一路二三四弄二九号	威海卫路四七五弄二〇号	威海卫路二六九弄一〇号		
附 注								
考查意见								
复核意见								

兹因发行《越剧春秋》，谨依《出版法》第九条及同法施行细则第九条之规定开具右列事项，声请登记。

谨呈上海市社会局

具声请书人　越剧春秋社

发行人　康宏

中华民国卅六年二月十七日

上海市社会局新闻纸通讯社杂志申请登记调查表

刊物名称	越剧春秋	刊 期	周刊
发行旨趣	研究越剧艺术与改良		
基金数目及确实来源	一百万元合资		
发行所名称地址电话	越剧春秋社，中正北一路二三四号二九号		

印刷所名称地址及所订合同要点	江南印刷所，天潼路七五六号				
（发行人）负责人姓名（主编人）	康宏		资历证件及起讫年月	曾任宁波《民国日报》编辑	
党团证号及现属之党团部	越二一一九号		过去编行之刊物及著作		
拟定创刊或复刊日期（如系复刊须略述过去发行经过）			编辑纲要及特长		
预计销数	本埠	一千份	拟订价格	零售	五百元
	外埠	一千份		批售	三百廿元
调查意见	查该刊主旨在研究越剧之改良，纯为艺术性，拟请提交审核会议讨论		备 注		

民国三十六年二月二十四日　调查人　刘炽昌

（沪 Q6 - 12 - 111）

401. 晴雨画报社为复刊事致北平市政府社会局函

1947 年 2 月 19 日

径启者：查敝报前因社长晋京参加国大，负责乏人，于上年十月中旬暂告休刊。兹以社长即将返平，拟自三月一日起复刊。相应函达，即请查照为荷。

此致社会局

北平晴雨画报社启

（京 J2 - 3 - 920）

402. 张叔平为《新中国画报》登记事呈上海市社会局文
（附新闻纸杂志登记声请书）

1947 年 2 月 24 日

窃属社受国防部新闻局委托编行《新中国画报》，除以半数送局分发各军事机关部队作为教育材料外，并以半数发卖以广宣传，理合填具登记声请书，呈请转呈上级主管机关鉴核，发给登记证，实沾公便。

　　谨呈上海市社会局局长吴

　　附呈登记声请书四份

新中国画报社社长　张叔平

新闻纸杂志登记声请书						
名　　称	新中国画报					
类　　别	画报		刊　　期	月刊		
社务组织	社长制					
资本数目	按月拨付		经济状况	每月三千五百薪		
发行所　名　称	新中国画报社		地　　址	上海青海路七号		
印刷所　名　称	美灵登		地　　址	上海香港路		
发行人及编辑人	姓名	发行人	编　辑　人			
		张叔平	明耀五	祝大年	王永禄	李雨生
	籍贯	湖南	云南	浙江	江苏	河北
	年龄	四九	四三	三九	三八	三四
	学历	武昌国立高师	广州岭南大学	国立杭州美专	私塾	北京法专
	经历	中央军校政治教官，第三战区联络处长	国际出版社总编辑	国防部新闻局专员	《见闻周报》编辑	《见闻周报》编辑
	是否党员及党证字号	是	是	是	是	是
	住所	上海茂名路311号	愚园路一〇三二弄十八号	上海愚谷村一五号	上海巨鹿路采寿里二十三号	上海四川路青年会
附　　注	本报系受国防部新闻局委托办理□□□					
考查意见	经会核尚无不合，拟准予转呈					
复核意见						

兹因发行《新中国画报》，谨依《出版法》第九条及同法施行细则第九条之规定开具右列事项，声请登记。

谨呈上海市社会局

具声请书人　新中国画报社

发行人　张叔平

中华民国三六年二月二十四日

（沪 Q6‑12‑120）

403. 张叔平为准予《新中国画报》先行发行事呈上海市社会局文

1947 年 2 月 24 日

窃属社为发刊《新中国画报》，业经依照规定填具登记声请书表，另行声请在案。兹因登记证核发尚需时日，而画报已在排印，急待出版，拟请鉴核准予先行发行。除通知警察局查照外，并发给证明书，俾得凭向邮政管理局作新闻纸登记，实沾公便。

谨呈上海市社会局局长吴

新中国画报社社长　张叔平

（沪 Q6‑12‑120）

404. 天津市政府社会局为《国风报》及《中华日报》换领
新登记证事呈天津市政府文

1947 年 2 月 26 日

案查前奉钧府勇闻字第一零五五号训令，饬办理换领三十五年七月以前所发各报刊登记证。等因。奉此，当经遵照办理。业据《大公报》《河北新闻》《经济半月刊》《华北劳动月刊》等四家呈请换领。经检同该社等原领登记证及出版物先后呈送钧府核转在案。兹又据《国风报》画刊及《中华日报》两家呈请换领前来。理合检同该两家登记证及出版物一并备文呈送，仰祈鉴察核转。

谨呈市长杜、副市长张

附呈《国风报》画刊、《中华日报》原登记证各一件〈佚〉，出版物二件〈佚〉

天津市政府社会局局长　胡梦华

（津 J2‑3‑8258）

405. 张北侯为《宇宙画报》声请登记事呈天津市政府社会局文

1947 年 2 月 27 日

呈为组织出版画报，恳请准予备案事。窃因市民之需要，拟组织出版每周一期画报一种，定名为《宇宙画报》。内容包括政府公令、名人轶事及照片略历、各地风俗风景常识、漫画、卫生常识及医药、名人书画等，取材力守旧有道德，绝不涉及荒淫。计每星期五出刊一次，为此恳请钧局准予备案，以便出刊，至为德便。

谨呈天津市政府社会局

附呈新闻纸杂志登记声请书五份〈佚〉

二区博爱道荆华西里五号居民张北侯谨呈

具呈人　张北侯

年龄　三十八

籍贯　天津市

住址　二区博爱道荆华西里五号

铺保　金刚新书业发行所

执事人　刘金亭

住址　一区大沽路三十三号

（津 J25‐3‐6132）

406. 天津市政府社会局为《礼拜日画报》声请登记事呈天津市政府文

1947 年 2 月 28 日

案据《礼拜日画报》发行人张子祥呈称：为呈请事。窃敝报为宣扬党义、奉行总理遗教、介绍科学常识与市民起见，在天津河北电灯房东谦益里新八号地方创设新闻杂志一种，定名《礼拜日画报》。谨遵照《出版法》填具申请书，恳请鉴核准予登记，并赐登记证。等情。并附登记声请书五份。据此，查声请书所填各点核与《修正出版法》及同法施行细则各规定尚无不合，理合检同原书四份，加具考查意见，备文呈送，仰祈鉴察核转。

谨呈市长杜、副市长张

附呈登记声请书四份〈佚〉

天津市政府社会局局长　胡梦华

（津 J2‐3‐8282）

407. 赵光潜为《宇宙画报》出版事请托局长函

1947 年 3 月 1 日

局长师尊钧鉴：

敬肃者，日前趋局晋谒钧座，系为与友人组织《宇宙画报》，及生本人敬求墨宝事，当蒙慨予俯允。昨生到局见文理科陈科长，适某处开会公出，未获晤面，今由叔达区长代为向彼请关照矣。惟近来同业方面停刊者多，机会适时，故敢再度恳请钧座提前批示，俾使早日出刊，其他有关方面亦恳俯予斡旋，不厌之请，敬乞鉴谅，不胜盼祷，肃此。敬请钧安。余惟鉴照不庄。

附呈《宇宙画报》主办人及编者姓名表

学生　赵光潜　鞠躬

画报名称　《宇宙画报》

发行人　张北侯

编者　刘域民、赵光潜、陈书田

资本额　五百万元

刊期及地址　每星期五出版　在第二区博爱道荆华西里五号

(津 J25 - 3 - 6132)

408.《寰球图画杂志》为声请登记事呈上海市社会局新闻纸杂志登记声请书及上海市社会局报纸通讯社杂志申请登记调查表

1947 年 3 月 1 日

新闻纸杂志登记声请书			
名　称	寰球图画杂志		
类　别	八开本	刊　期	月刊
发行旨趣	宣扬国策提倡美术		
社务组织	社长制		
资本数目	三千万元	经济状况	收支不能平衡，略有亏损
发行所　名　称	本社	地　址	福州路二七八号
印刷所　名　称	华东印刷公司	地　址	成都路六一一弄

姓名	发行人	编辑人						
	李鸿球	柳溥庆	凌树人	吴震	谭季复	李小鲁		
籍贯	湖南	江苏	杭州	江苏	湖南	湖南		
年龄	四十九岁	四十八岁	五十岁	卅三岁	廿五岁	卅二岁		
学历	北平郁仁大学毕业	上海美术专门学校毕业	杭州第一中学毕业	交通大学毕业	圣约翰大学毕业	湖南省立第一师范毕业		
经历	历任中国农工银行、上海信托公司、世界书局经理	《美术生活》画报编辑，华东公司经理	商务印书馆编辑	行总科长	上海信托公司职员	长沙一师附小教员		
是否党员及党证字号	否	否	否	否	否	否		
住所	五原路大来村五号	卡德路四一弄七十二号	新闸路福康里十八号	五原路大来村五号	西华路五八一号	江湾路四〇〇号		

（行名左侧总标题："发行人及编辑人"）

附　注	
考查意见	经会核尚无不合，拟准予转呈
复核意见	

兹因发行《寰球图画什志》，谨依《出版法》第九条及同法施行细则第九条之规定，开具右列事项，声请登记。

谨呈上海市社会局

具声请书人　寰球图书出版社
发行人　李鸿球
中华民国三十六年三月一日

上海市社会局报纸通讯社杂志申请登记调查表

刊物名称	寰球图画杂志	刊　期		月刊
	名称或姓名	地　址		电　话
发行所	寰球图书出版社	福州路二七八号		九二五四五

发行人	李鸿球	五原路大来村五号	七五六七三
主编人	李鸿球	五原路大来村五号	七五六七三
编辑纲要及特长	国内外时事，科学新发明，介绍中西艺术杰作，以陶养人类真善美之精神为特长		
创刊日期	卅四年十月十日	复刊日期	
过去发行经过概况（如系复刊者）			

预计发行情形	本埠销数	五〇〇〇份	总　数	二万份	批售价格	经定价七折
	外埠销数	一五〇〇〇份			零售价格	三五〇〇元

基金来源	自行筹措
备　　注	本志自出版以来，每月一册，从未脱期，发行网遍布国内、南洋、美国、加拿大各埠，每期销售五千份，为国内画报惟一外销之画报，对于国际宣传颇有贡献

民国卅六年三月一日　发行人　李鸿球

（沪 Q6 - 12 - 148）

409. 天津市政府为准予《国风报》及《中华日报》换领新登记证事致内政部咨暨指令社会局

1947 年 3 月 6 日

案据社会局勤文字第四七一号呈略称：以据《国风画刊》〔《国风报》画刊〕及《中华日报》呈请换发新证，附具原领登记证暨出版物等件，请予核转换发。等情前来。理合检同附各件呈送核转。等情。经查该二家登记证均系卅五年七月以前领发者，照章应准核转换发。相应检同原领登记证及刊物等件咨送贵部查核，准予换发为荷。

此咨内政部

附咨送登记证二份、画刊乙份〈佚〉

令社会局：

呈一件，为呈转《国风画刊》〔《国风报》画刊〕、《华北〔中华〕日报》两家呈请换发新登记证，检同原附旧证及刊物请核转由。呈件均悉。业经咨转内政部换发矣。仰即知照。附件转。

此令

（津 J2 - 3 - 8258）

410. 蒋明德为调查《万象画报》铺保及张振华情况事呈领导文

1947 年 3 月 8 日

查金刚书店经理即《新生画报》发行人刘金亭，职曾到其书店调查，并无任何有违本党主义之书籍，已可见其并无其他背景。况其主办之《新生画报》发行已久，亦无违法之处，亦可证明。兹《万象画报》登记一案，既有刘金亭出具金刚书店铺保，并经该刘金亭与陈书田面述张振华之为人（见前签），似可核转。可否，请示。

（津 J25 - 3 - 6132）

411. 天津市政府为《礼拜日画报》登记查核事致中国国民党
天津特别市执行委员会函

1947 年 3 月 12 日

案据社会局勤文字第四九四号呈略称：以据《礼拜日画报》发行人张子祥呈为发扬党义、奉行总理遗教、介绍科学常识，特创设新闻杂志一种，定名《礼拜日画报》，谨依《出版法》规定填具声请书，请核转。等情。查所填声请书尚无不合，理合检同原书，加具考查意见，呈送核转。等情前来。查该件既经该局考查完竣，于法尚无不合，相应检同原声请书，加注复核意见，送请贵会查核见复，以便咨转为荷。

此致中国国民党天津特别市执行委员会

附送声请书四份〈佚〉

（津 J2 - 3 - 8282）

412. 天津市政府社会局为《万象画报》声请登记事
呈天津市政府文（附新闻纸杂志登记声请书）

1947 年 3 月 13 日

案据张振华呈称：窃民人张振华经营出版事业多年，兹为发扬文化暨介绍各地风物、倡导影剧艺术起见，拟于本市刊行《万象画报》一种，内容完全刊登纯正旨趣之文字、图画，以求增加国民高尚意识，庶几发扬文化建设之真理，提高民众知识水准之使命。理合遵照出版规定缮具申请书五份，备文呈请鉴核，伏恳俯赐准予备案，俾便出版，实为德便。等情。并附登记声请书五份。据此，查声请书所填各点，核与《修正出版法》及同法施行细则各规定尚无不合。检同原声请书四份，加具考查意见备文呈送，仰祈鉴察核转。

　　谨呈副市长张

　　附呈登记声请书四份

天津市政府社会局局长　胡梦华

新闻纸杂志登记声请书									
名　　称		万象画报							
类　　别		新闻		刊　　期		七日刊			
社务组织		社长、编辑、经理							
资本数目		国币五百万元		经济状况		预算收支适合			
发行所	名　称	万象画报社		地　　址		天津大沽路三三号			
印刷所	名　称	中华日报		地　　址		天津多伦道			
发行人及编辑人	姓名	发行人	编　辑　人						
		张振华	柳荫						
	籍贯	江苏南通	江苏吴县						
	年龄	四十七	二十八						
	学历	南通学院	沪江大学						
	经历	经营出版事业	上海《青青电影》编辑						
	是否党员及党证字号								
	住所	天津大沽路二十二号	天津大沽路二十二号						
附　　注									
考查意见		查书填各点，核与《修正出版法》及同法施行细则尚无不合，拟请准予核转							
复核意见		查社会局所填意见尚无不合，应予照转							

兹因发行，谨依《出版法》第九条之规定开具右列事项，声请登记。

谨呈天津市政府社会局、天津市政府、天津特别市党部执行委员会、内政部、中央宣传部

具声请书人　张振华

中华民国三十五年十一月十一日

（津 J2 - 3 - 7690、J25 - 3 - 6132）

413. 天津市政府社会局为《宇宙画报》声请登记事呈天津市政府文

1947 年 3 月 13 日

案据张北侯呈称：呈为组织出版画报，恳请准予备案事。窃因市民之需要，拟组织出版每周一期画报一种，定名为《宇宙画报》。内容包括政府公令、名人轶事及照片略历、各地风俗风景常识、漫画、卫生常识及医药、名人书画等，取材力守旧有道德，绝不涉及荒淫。计每星期五出刊一次，为此恳请钧局准予备案，以便出刊，至为德便。等情。并附登记声请书五份。据此，理合检同原书四份，加具考查意见，备文呈送，仰祈鉴察。

谨呈市长杜、副市长张

附呈登记声请书四份〈略〉

天津市政府社会局局长胡梦华

（津 J2 - 3 - 8282）

414. 星期六画报社为登记申请书追加考语事呈天津市政府社会局文

1947 年 3 月 17 日

案查本社发行《星期六画报》，业经遵照《出版法》填具申请书，呈恳转请核发登记证，迄今多时，未蒙颁发。兹奉内政部警察总署函，知以本报申请书因钧局未加考语，碍难填发。等因。为此再行呈请钧局俯查前案，迅赐追加考语，转呈颁发给领，实为德便。

谨呈天津市政府社会局

天津星期六画报社发行人　张瑞亭谨呈

第一区罗斯福路一八九号（二）六四九〇号

（津 J25 - 3 - 6132）

415. 刘壮飞为《光华新闻画报》声请登记事呈天津市政府社会局文

1947 年 3 月 18 日

呈为组织新闻纸，依法声请登记事。窃民等集合资本法币一千万元，拟组织新闻纸一份，以发扬文艺、纠正社会、提倡旧道德、灌输新知识为宗旨，定名为《光华新闻画报》，拟于本月三十一日出版。谨依《出版法》第九条之规定填写声请书五份，声请登记，恳请钧局准予登记备案，并祈分别转呈，实为德便。

谨呈天津市政府社会局局长胡

附声请书五份〈略〉

具呈人　刘壮飞

年龄　三十三岁

籍贯　天津市

职业　天津《光华新闻画报》发行人

住址　河北杨旗下坡同义大街二十号

铺保　鸣记号煤栈

住址　西门外北小道子路南欧阳西巷内门牌四号

执事人　李峰吉

（津 J25－3－6160）

416. 北平市政府社会局为准予《大陆画报》
先行发刊事批复大陆画报社

1947 年 3 月 21 日

具呈人大陆画报社画报发行人孙鸿藻呈一件，为呈请准予先行发刊由。呈悉。所请准予先行发刊一节，应予照准，并将出版刊物近期寄送为要。

此批

局长　温〇〇

（京 J2－3－917）

417. 内政部为送《天津画报》登记证等事致天津市政府函

1947 年 3 月 21 日

案准贵市政府勇闻字第一四七号咨,略以《小扬州画报》已更名《天津画报》,检同原声请书请查核办理。等由。准此,查该报声请登记一案,经与中央宣传部会核,既已更改名称,准予登记。兹填发该《天津画报》京警津字第八十一号登记证一纸,相应送请查照转给具领见复,并饬将刊物按检寄本部警察总署备查为荷。

此致天津市政府

附《天津画报》登记证一纸〈佚〉

部长　张厉生

（津 J2‐3‐7690）

418. 新代画报社发行人康丹为《新代画报》声请登记事 呈上海市社会局新闻纸杂志登记声请书

1947 年 3 月 22 日

<table>
<tr><th colspan="7">新闻纸杂志登记声请书</th></tr>
<tr><td colspan="2">名　　称</td><td colspan="5">新代画报</td></tr>
<tr><td colspan="2">类　　别</td><td>画刊</td><td>刊　期</td><td colspan="3">月刊</td></tr>
<tr><td colspan="2">发行旨趣</td><td colspan="5">报导新时代进展中之一切</td></tr>
<tr><td colspan="2">社务组织</td><td colspan="5">采社长制,下设编辑、发行二部分</td></tr>
<tr><td colspan="2">资本数目</td><td>一千万</td><td>经济状况</td><td colspan="3">发行开支预算相抵</td></tr>
<tr><td>发行所</td><td>名　称</td><td>上海刊行社</td><td>地　址</td><td colspan="3">麦根路 90 弄 49 号</td></tr>
<tr><td>印刷所</td><td>名　称</td><td>同上</td><td>地　址</td><td colspan="3">同上</td></tr>
<tr><td rowspan="5">发行人及编辑人</td><td rowspan="2">姓名</td><td>发行人</td><td colspan="4">编　辑　人</td></tr>
<tr><td>康丹</td><td>王枫</td><td></td><td></td><td></td></tr>
<tr><td>籍贯</td><td>福建</td><td>广东</td><td></td><td></td><td></td></tr>
<tr><td>年龄</td><td>三十三</td><td>三十</td><td></td><td></td><td></td></tr>
<tr><td>学历</td><td>福建厦门大学理学院化学士</td><td>上海交通大学毕业</td><td></td><td></td><td></td></tr>
</table>

发行人及编辑人	经历	香港《大众日报》总编辑	《时代画报》编辑					
	是否党员及党证字号	是，党证未发	否					
	住所	麦根路九十弄四十九号	长寿路152弄40号					
附　　注								
考查意见								
复核意见								

　　兹因发行《新代画报》，谨依《出版法》第九条及同法施行细则第九条之规定开具右列事项，声请登记。

　　谨呈上海市社会局

具声请书人　上海刊行社、新代画报社

发行人　康丹

中华民国卅六年三月二十二日

（沪 Q6 - 12 - 11）

419. 朱佑衡为发行《大众画刊》请鉴核备案事呈天津市政府社会局文
（附新闻纸杂志登记声请书及内政部杂志登记证）

1947 年 3 月 25 日

　　为呈请事。民人朱佑衡为发扬文化、提倡艺术，特发行《大众画刊》，内容纯粹导民众于正当娱乐，增强知识，使意识高尚，以完成文化建国为宗旨。理合缮就新闻杂志登记声请书五份，备文呈请钧局赐予鉴备核转为感。

　　谨呈天津市社会局

民人　朱佑衡谨呈

新闻纸杂志登记声请书

名 称		大众画刊						
类 别		画刊		刊 期		十日刊		
社务组织		编辑部、印刷部、营业部						
资本数目		五百万元		经济状况		除资本金外，有流动金二百万元		
发行所	名 称	大众半月刊社		地 址		天津第八区宫北大街七十八号		
印刷所	名 称	建国印刷社		地 址		天津第八区宫北大街二十七号		

	姓名	发行人	编 辑 人						
发行人及编辑人		朱佑衡	陈路明	叶青	柳荫	邹颖堂	陈逮	崔峰	贾正
	籍贯	天津	天津	江苏	天津	天津	天津	山东	天津
	年龄	三六	三四	三二	二八	三一	二〇	二八	二七
	学历	燕京大学	中央军校	工商学院	沪江大学	工商学院	耀华中学	育德学院	志成中学
	经历	科长、副处长、委员	科长、团长、宣导员	时事通讯社、商联周报社	上海《青青电影》编辑	工商学院教师	《大路晚报》编辑	《大路晚报》编辑	《商联周报》编辑
	是否党员及党证字号								
	住所	天津市第一区哈密道诚兴里二号	天津第八区宫北大街七十八号	同上	同上	同上	同上	同上	同上

附 注	
考查意见	查书填各点，核与《修正出版法》及同法实施细则各规定尚无不合，拟请准予核转
复核意见	

兹因发行，谨依《出版法》第九条之规定开具右列事项，声请登记。

谨呈天津市政府社会局、天津市政府、天津特别市党部执行委员会、内政部、中央宣传部

具声请书人　朱佑衡

中华民国三十六年三月二十五日

内政部杂志登记证

京警津字第一二二号

兹据天津市大众画刊社依法声请登记，业经审核相符，除登记外，合给登记证。

此证。

右给

发行人朱佑衡　收执

中华民国三六年七月三日

（津 J25－3－6133）

420. 郝伯珍为《明星画报》声请登记事呈天津市政府社会局文

1947 年 3 月 27 日

为组织明星画报社依法申请登记事。窃商为应市民需要，拟发行《明星画报》，以遵守总理遗教、奉行三民主义、促进宪政、发扬民主为宗旨。理合检同新闻纸杂志登记申请书五份送呈鉴核，准予登记，无任感荷。

谨呈天津市政府社会局

附新闻纸杂志登记申请书五份〈略〉

具呈人　郝伯珍

年龄　三十八岁

籍贯　天津市

职业　《明星画报》社长

住址　四区李家台大街三十一号

铺保　福兴汽车行

住址　四区李家台二十九号

执事人　郝长福

（津 J25－3－6137）

421. 天津市政府为《宇宙画报》登记查核事致中国国民党
天津特别市执行委员会函

1947 年 3 月 28 日

案据社会局勤文字第五九六号呈略称：以据《宇宙画报》发行人张北侯呈为出版画报一种，恳请准予核转。内容包括政府公令、名人轶事及照片略历、各地风俗风景常识、漫画、卫生常识及医药、名人书画等，取材力守旧有道德，绝不涉及荒淫。为此填具声请书，请鉴核转请备案，以便出刊。等情。查所填声请书尚无不合，理合检同原件，加具考查意见呈送核转。等情前来。查该件既经该局考查完竣，于法尚无不合，相应检同原声请书四份，加注复核意见，送请贵会查核见复，以便咨转为荷。

此致中国国民党天津特别市执行委员会

附送登记声请书四份〈佚〉

(津 J2‑3‑8282)

422. 星期六画报社发行人张瑞亭为补送登记声请书事
呈天津市政府社会局文

1947 年 3 月 29 日

窃查本报发行，业于三十五年四月十五日依照《出版法》第九条之规定填具登记声请书，呈请登记有案。迄今半载有余，该项登记证未蒙核发，兹奉钧局面谕，以前送声请书不合规定，饬即补送来局以凭核转。等因。奉此，遵即依照式样填妥登记声请书五份，理合呈请鉴核，俯赐存转，并乞早日颁发登记证给领，实为德便。

谨呈天津市政府社会局

附呈登记声请书五份〈略〉

天津星期六画报社发行人　张瑞亭

(津 J25‑3‑6132)

423. 天津市政府为《万象画报》登记查核事致中国国民党
天津特别市执行委员会函

1947 年 4 月 1 日

案据社会局勤文字第五九五号略称：以据《万象画报》发行人张振华呈为发扬文化、

介绍各地风物、倡导影剧艺术起见，拟于本市刊行《万象画报》一种，内容完全刊登纯正旨趣之文字、图画，增加国民高尚意识。依照《出版法》规定填具申请书，请核转。等情。查所填声请书尚无不合，理合检同原件，加具考查意见呈送核转。等情前来。查该件既经该局考查完竣，于法尚无不合，相应检同原声请书四份，加注复核意见，送请贵会查核见复，以便咨转为荷。

此致中国国民党天津特别市执行委员会

附送登记声请书四份〈佚〉

(津 J2‐3‐7690)

424. 《新闻画报》为声请登记事呈上海市社会局新闻纸杂志登记声请书

1947 年 4 月 5 日

新闻纸杂志登记声请书									
名　　称	新闻画报								
类　　别	画报类		刊　　期		月刊				
发行旨趣	报导社会新闻，矫正社会风气								
社务组织	社长兼发行人之下设编辑与经理二部分担业务								
资本数目	二千万元		经济状况		足供自给				
发行所	名　称	新闻画报社		地　　址	思南路二六号 D				
印刷所	名　称	英文大陆报馆		地　　址	中正中路一六〇号				
发行人及编辑人	姓名	发行人			编　辑　人				
		黄应龙	刘佖	王力行					
	籍贯	湖南湘潭	湖南长沙	湖南长沙					
	年龄	三十五	三十四	三十一					
	学历	中央警校正科三期卒业，美哥伦比亚大学社会学硕士	长沙县立第一中学高师科毕业	中央警官学校毕业					

发行人及编辑人	经历	湖南《国民日报》《警声月刊》、美国《纽约市民气日报》编辑三年	教员、秘书、编译员,湖南通俗日报社编辑	《警声周刊》编辑及指导员等职				
	是否党员及党证字号	是,军改字第〇四一九号	是,特字第四六九七三号	是,军改字第一一八一号				
	住所	上海建国中路二十六号内公寓十九室	上海司高塔路大陆新村三十七号	上海建国中路二十六号内公寓十九室				
附　　注								
考查意见								
复核意见								

　　兹因发行《新闻画报》,谨依《出版法》第九条及同法施行细则第九条之规定,开具右列事项,声请登记。

　　谨呈上海市社会局

具声请书人　新闻画报社

发行人　黄应龙

中华民国三十六年四月五日

（沪 Q6 - 12 - 128）

425. 天津市政府为转发《天津画报》登记证等事训令社会局

1947 年 4 月 7 日

令社会局:

　　案准内政部（36）安四字第三六八五号函送《天津画报》登记证,嘱查照转发见复。等由。除函复外,合行检同原送登记证一份,令仰该局转发具报,并饬依法按期将刊物径寄本府暨警察总署备查为荷。

　　此令

附发登记证一份〈佚〉

（津 J2－3－7690）

426. 天津市政府社会局为《大众画刊》声请登记事呈天津市政府文

1947 年 4 月 8 日

案据朱佑衡呈称：为呈请事。民人朱佑衡为发扬文化、提倡艺术，特发行《大众画刊》，内容纯粹导民众于正当娱乐，增强知识，使意识高尚，以完成文化建国为宗旨。理合缮就新闻杂志登记声请书五份，备文呈请钧局赐予鉴备核转为感。等情。并附登记声请书五份。据此，理合检同原书四份，加具考查意见备文呈送，仰祈鉴察核转。

谨呈市长杜、副市长张

附呈登记声请书四份〈佚〉

天津市政府社会局局长　胡梦华

（津 J2－3－8276）

427. 天津市政府社会局为《星期六画报》另填声请书事
呈天津市政府文

1947 年 4 月 8 日

案据星期六画报社呈称：案查本社发行《星期六画报》，业经遵照《出版法》填具申请书，呈恳转请核发登记证，迄今多时，未能颁发。兹奉内政部警察总署函，知以本报申请书因钧局未加考语，碍难填发。等因。为此再行呈请钧局俯查前案，迅赐追加考语，转呈颁发给领，实为德便。等情。据此，当以该报于上年五月一日呈转登记未经市党部会核，经饬另填登记声请书，以凭核转去后。兹据呈填声请书五份前来，理合检同原书四份，加具考察意见，备文呈送，仰祈鉴察核转。

谨呈市长杜、副市长张

附呈登记声请书四份〈佚〉

天津市政府社会局局长　胡梦华

（津 J2－3－8285）

428. 中国国民党天津特别市执行委员会为《宇宙画报》登记查核事复天津市政府函（附新闻纸杂志登记声请书）

1947 年 4 月 9 日

案准贵府勇闻字第一一四一号函：据社会局呈转《宇宙画报》声请登记，嘱查核见复。等由。附原声请书四份。准此。经查，该报声请登记尚无不合，应准核转，除将原声请书留存一份备查外，相应将原声请书填注复核意见，加盖会章，检送查照咨转为荷。

此致天津市政府

附原声请书三份

主任委员　邵华

<table>
<tr><td colspan="8" style="text-align:center">新闻纸杂志登记声请书</td></tr>
<tr><td>名　称</td><td colspan="7" style="text-align:center">宇宙画报</td></tr>
<tr><td>类　别</td><td colspan="3">周刊杂志</td><td>刊　期</td><td colspan="3">每星期五出刊</td></tr>
<tr><td>社务组织</td><td colspan="7">社长、经理、编辑</td></tr>
<tr><td>资本数目</td><td colspan="3">五百万元</td><td>经济状况</td><td colspan="3">预计收支适合</td></tr>
<tr><td>发行所</td><td>名　称</td><td colspan="2">宇宙画报社</td><td>地　址</td><td colspan="3">二区博爱道荆华西里五号</td></tr>
<tr><td>印刷所</td><td>名　称</td><td colspan="2">士宝斋</td><td>地　址</td><td colspan="3">八区东马路</td></tr>
<tr><td rowspan="8">发行人及编辑人</td><td rowspan="2">姓名</td><td>发行人</td><td colspan="6">编　辑　人</td></tr>
<tr><td>张北侯</td><td>刘域民</td><td>赵光潜</td><td>陈书田</td><td></td><td></td><td></td></tr>
<tr><td>籍贯</td><td>天津</td><td>河北大城</td><td>天津</td><td>天津</td><td></td><td></td><td></td></tr>
<tr><td>年龄</td><td>三八</td><td>四五</td><td>四五</td><td>二六</td><td></td><td></td><td></td></tr>
<tr><td>学历</td><td>河北省立法商学院</td><td>保定农业专门学校毕业</td><td>国医学院毕业</td><td>天津甲种商业学校毕业</td><td></td><td></td><td></td></tr>
<tr><td>经历</td><td>《绥远日报》记者</td><td>大城县党部执行委员</td><td>天津市中医师，天津红十字会中医师</td><td>《银都》《新生画报》编辑</td><td></td><td></td><td></td></tr>
<tr><td>是否党员及党证字号</td><td></td><td></td><td></td><td></td><td></td><td></td><td></td></tr>
<tr><td>住所</td><td>二区博爱道荆华西里五号</td><td>二区金汤大马路第一百十一号</td><td>七区南门外鱼市老塘子后胡同二号</td><td>一区大沽路三十三号</td><td></td><td></td><td></td></tr>
</table>

附　注	
考查意见	查书填各点，核与《修正出版法》及同法施行细则各规定尚无不合，拟请准予核转
复核意见	查社会局所填意见尚无不合，应予照转（中国国民党天津特别市执行委员会印）

兹因发行，谨依《出版法》第九条之规定开具右列事项，声请登记。

谨呈天津市政府社会局、天津市政府、天津特别市党部执行委员会、内政部、中央宣传部

具声请书人　张北侯

中华民国三十六年二月二十七日

（津 J2‑3‑8276）

429. 联合画报社为查明情况颁发登记证事致上海市社会局函

1947 年 4 月 9 日

敬启者：本报于民国三十四年抗战胜利后由重庆移沪出版，当于该年十二月间向贵局办理登记手续，其后又于三十五年二月间重填表格，并补上发行人变更证件等完成申请登记手续，至今已一年有半。在此期内，本报照常出版，从未间断，惟登记证一项迄未领到，虽一度专函向贵局叩询，亦无结果。查本报自在重庆创刊以来，已有四年余之历史，对抗战宣传有重大贡献，依理依法不能不有完备之登记手续，为是特再专函奉询，请代向内政部查明见复为荷。

此致上海市政府社会局

联合画报社启

（沪 Q6‑12‑149）

430. 中国国民党天津特别市执行委员会为复核《礼拜日画报》登记声请书事复天津市政府函（附新闻纸杂志登记声请书）

1947 年 4 月 10 日

案准贵府勇闻字第一〇八号函，据社会局呈转《礼拜日画报》声请登记，嘱查核见复。等由。附原声请书四份。准此，经查该报声请登记尚无不合，应准核转。除将原声

请书留存一份备查外，相应将原声请书填注复核意见，加盖会章检送查照咨转为荷。

此致天津市政府

附原声请书三份

主任委员　邵华

新闻纸杂志登记声请书								
名　称		礼拜日画报						
类　别		十六开本综合杂志		刊　期		每逢星期日出版一次		
社务组织		社长以下分编辑、营业、总务三部						
资本数目		国币五百万元		经济状况				
发行所	名　称	礼拜日画报社		地　址		天津河北电灯房东谦益里新八号		
印刷所	名　称	王星社印刷局		地　址		天津市东门外大街二十一号		
发行人及编辑人	姓名	发行人	编　辑　人					
		张子祥	郑华章	刘大中	董存一	周俊欧	徐贵	
	籍贯	河北文安	湖北	天津	河北文安	河北文安	河北青县	
	年龄	二八	三一	二五	二五	二六	三二	
	学历	中国大学文学系毕业	中国大学毕业	辅仁大学肄业	文安县立师范毕业	天津市立师范学校毕业	天津市立第一中学毕业	
	经历	曾任《中华日报》采访主任,天津市立第六十六小学校教务主任	曾任中国大学助教,《中华日报》记者	曾任星期六画报社编辑	曾任财政局办事员	现任扶轮第一小学教员	曾任《民强报》记者	
	是否党员及党证字号							
	住所	天津市第一区多伦道盟友影院对过	天津市第一区多伦道盟友影院对过	天津市第一区多伦道盟友影院对过	天津河北电灯房东谦益里新八号	天津河北扶轮第一小学	河东尚师坟地钧和里五号	
附　注								
考查意见		查书填各点，核与《修正出版法》及同法施行细则尚无不合，拟请准予核转						
复核意见		查社会局所填意见尚无不合，应予照转						

兹因发行，谨依《出版法》第九条之规定开具右列事项，声请登记。

谨呈天津市政府社会局、天津市政府、天津特别市党部执行委员会、内政部、中央宣传部

具声请书人　张子祥

中华民国三十五年十二月二十七日

（津 J2－3－8276）

431. 生活画报社为复刊请发登记证事呈北平市政府社会局文

1947 年 4 月 11 日

呈为呈请事。窃本社前因胜利来临，为宣扬中央德化、促进社会文明以期中美文化合作起见，经于三十四年九月发行《生活画报》，出版以来颇获各界美誉。惟间因所托代印之厂局印刷多有迟缓，致使出报延期，本社董事长司徒雷登氏深引以为遗憾，遂议定由社自置印刷机件，俾得按期出报，以固各界之信用。因于上年十二月暂行停刊，并整理内部一切社务。兹该项印机业经购妥，复刊在即，拟请准予将内政部发之京警平宁第十九号登记证发给应用，至深感祷。

谨呈北平市政府社会局

生活画报社社长　廖增益谨呈

地址　南池子甲四十八号

（京 J2－4－307）

432. 王鹤亭为证明郝伯珍思想纯正事致天津市政府
社会局文化科朱股长函

1947 年 4 月 14 日

径启者：兹查《明星画报》发行人郝伯珍思想纯正，用特证明，即希查照为荷。

此致社会局文化科朱股长

《宇宙画报》主编　王鹤亭谨启

（津 J25－3－6137）

433. 天津市政府社会局蒋明德调查郝伯珍思想背景情况汇报

1947 年 4 月 16 日

查声请人郝伯珍于事变前曾任《大公报》记者，思想纯正，并有《新时报》采访主任王鹤亭（即《宇宙画报》主编）来函证明。复经调查福兴运输汽车行亦无其他背景。所请登记拟予呈转。

蒋明德

（津 J25－3－6137）

434. 中国国民党天津特别市执行委员会为《天津画报》业经核准登记事致天津市政府社会局函

1947 年 4 月 17 日

案奉中央宣传部京（36）宪三字第一四九三函开：查《天津画报》（原名《小扬州画报》）重行登记，业经核准。等因。奉此，相应函请查照转饬知照为荷。

此致天津市政府社会局

主任委员　邵华

（津 J25－3－6130）

435. 天津市政府为《大众画刊》登记查核事致中国国民党天津特别市执行委员会函

1947 年 4 月 18 日

按据社会局勤文字第八五九号略称：以据《大众画刊》发行人朱佑衡呈为发扬文化、提倡艺术，特发行《大众画刊》一种，谨依法填具声请书请核转。等情。理合检同原书，加具考查意见呈送核转。等情前来。查该件既经该局考查完竣，于法尚无不合，应检同原声请书四份，加注复核意见，送请贵会查核见复，以便咨转为荷。

此致中国国民党天津特别市执行委员会

附送登记声请书四份〈佚〉

（津 J2－3－8276）

436. 天津市政府为《宇宙画报》登记查核事致内政部咨暨指令社会局

1947 年 4 月 18 日

案据社会局呈转《宇宙画报》声请登记，附呈登记声请书请核转。等情。查声请书既经该局考查完竣，于法尚无不合，当经检同原声请书，加注复核意见函送市党部执委会会核，并经由该会加盖会章复送到府，除抽留一份备查并指令社会局知照外，相应检同原声请书二份，咨请贵部查核见复为荷。

此咨内政部

附咨送登记声请书二份〈佚〉

令社会局：

呈一件，为《宇宙画报》声请登记，检原声请书请核转由。呈件均悉。案经市党部会核完竣，已咨转内政部核办矣。仰即知照，附件分别存转。

此令

（津 J2－3－8276）

437. 天津市政府社会局为《光华新闻画报》声请登记事呈天津市政府文

1947 年 4 月 19 日

案据刘壮飞呈称：呈为组织新闻纸，依法声请登记事。窃民等集合资本法币一千万元，拟组织新闻纸一份，以发扬文艺、纠正社会、提倡旧道德、灌输新知识为宗旨，定名为《光华新闻画报》，拟于本月三十一日出版。谨依《出版法》第九条之规定填写声请书五份，声请登记，恳请钧局准予登记备案，并祈分别转呈，实为德便。等情。并附登记声请书五份。据此，理合检同原书四份，加具考查意见备文呈送，仰祈鉴察核转。

谨呈市长杜、副市长张

附呈登记声请书四份〈佚〉

天津市政府社会局局长　胡梦华

（津 J2－3－8276）

438. 红叶画报社为报送备案检件事呈天津市政府文（附职员名册）

1947 年 4 月 19 日

案查本刊业经依照出版法规呈准内政部发给京警津字第七十一号登记证，并经筹备就绪，定于本月廿五日（每逢星期五出版）发刊，每册定价国币八百元。除分函外，理合检同本社证章及职员证书样张各一纸、职员名册一纸，呈请鉴核，准予备案。

谨呈天津市政府

附呈本社证章〈略〉、职员证书样张各一纸〈略〉，本社职员名册一纸

天津红叶画报社社长　胡以庆

天津红叶画报社职员表

职　别	姓　名	年　龄	性　别	住　址
社长	胡以庆	三十二	男	第十区山西路三八八号
经理	张蔚伯	三十五	男	第七区华安街德同里六号
发行	高家福	三十一	男	第一区西宁路同善里二十九号
营业庶务	亢耀宗	二十九	男	第十区山西路三八八号
会计	邓绍泉	三十八	男	第七区南马路大水沟义原里五号
广告主任	吕伯年	三十一	男	第七区大兴街光裕里十一号
编辑主任	崔赫云	三十四	男	第十区小白楼胜世里二五号
编辑	王之却	三十	男	第十区岳阳道协安里十号
编辑	苏子白	三十二	男	第七区南门内大街九十六号
编辑	柳　行	二十五	男	第一区滨江道华安影院内
采访主任	王小渔	三十九	男	第十区沙市道□思里一号
采访记者	叶文郁	三十二	男	第一区陕西路二二四号
采访记者	季达勘	三十四	男	第七区建物大街庆有里
采访记者	宋文正	三十六	男	第七区升平后西田家胡同四号
采访记者	吴协民	三十四	男	第七区建物大街清平巷二号
采访记者	程康云	三十四	男	第七区富贵街天顺里二号
漫画记者	叶　青	二十九	男	第十区沙市道福林里八号
漫画记者	贾　正	二十四	男	第一区滨江道华安影院内

职 别	姓 名	年 龄	性 别	住 址
编辑	王中言	三十四	男	本社
校对	刘祥堃	二十一	女	第四区李公楼中街公立胡同三号
学校通讯	宋塽	十八	男	第七区博爱道五十八号
学校通讯	汪兆鼎	十八	男	天津河北北站外体青学校
驻平记者	王铁侠		男	北平骡马市大街丞相胡同十三号
驻平记者	佟瑞三		男	同上
驻平记者	赵仲华	二十一	女	北平内六区鼓楼寺三号
茶役	赵明海	三十三	男	第一区西宁路爱□里
采访记者	王瑞亭	二十	男	第一区哈尔滨道二二四号
第一办事处主任兼记者	王惠民	二十七	男	第七区慎益大街□华里十二号

（津 J2－3－8285）

439. 天津市政府社会局为发行人病故应变更登记事致天津画报社代电

1947 年 4 月 21 日

天津画报社鉴：

案奉市政府令发社内政部京警津字第八十一号登记证，饬转发具报，并转知依法按期送审。等因。据查该报发行人沈健颖业已病故，应即来局领取声请书，办埋发行人变更登记手续，以凭层转换证。特电查照。

天津市政府社会局〇〇印

（津 J25－3－6181）

440. 北平市政府社会局为限期复刊事通知沙珑画报社等四报刊社

1947 年 4 月 21 日

查该社停刊日久，尚未复刊，有违《出版法》之规定。兹限于本年五月底以前定期复刊，并将刊物按期送局凭核，逾期即行撤销登记，仰即遵照为要。特此通知。

右通知现代知识社、科学知识社、民治周刊社、沙珑画报社

局长　温○○
（京 J2－4－664）

441. 天津市政府社会局为《明星画报》声请登记事呈天津市政府文

1947 年 4 月 23 日

案据郝伯珍呈称：为组织明星画报社依法申请登记事。窃商为应市民需要，拟发行《明星画报》，以遵守总理遗教、奉行三民主义、促进宪政、发扬民主为宗旨。理合检同新闻纸杂志登记申请书五份送呈鉴核，准予登记，无任感荷。等情。并附登记声请书五份。据此，理合检同原书四份，加具考察意见，备文呈送，仰祈鉴察核转。

谨呈市长杜、副市长张

附呈声请书四份〈佚〉

天津市政府社会局局长　胡梦华
（津 J2－3－8277）

442. 天津市政府警察局为查询《红叶画报》是否照章登记事
致天津市政府社会局函

1947 年 4 月 24 日

案据天津红叶画报社呈称：案查本刊业经依照出版法规呈准内政部发给京警津字第七十一号登记证，并经筹备就绪，定于本月二十五日（每逢星期五出版）发刊，每册定价国币八百元。除分函外，理合检同本社证章及职员证书样张各一纸、职员名册一纸，呈请鉴核，准予备案。等情。附呈证章、职员证书样张各一纸，职员名册一份。据此，该画报曾否照章登记？相应函达，即希查照见复为荷。

此致天津市政府社会局

局长　李汉元
副局长　齐庆斌
（津 J25－3－6130）

443. 天津市政府社会局为登记声请已咨转内政部办理事
致宇宙画报社代电

1947 年 4 月 24 日

天津宇宙画报社鉴：

　　据请登记一案，业经呈奉市政府指令已咨转内政部核办，特电查照。

天津市政府社会局○○印

（津 J25 - 3 - 6132）

444. 宇宙画报社为出版备案事呈天津市政府社会局文

1947 年 4 月 26 日

　　窃奉钧局勤文字第四二八号代电内开：天津宇宙画报社鉴，据请登记一案，业经呈奉市政府指令已咨转内政部核办，特电查照。等因。奉此。本报遵于本月二十五日（星期五）即行出版，理合检同本报样本二份，备文呈请钧局存卷备查。

谨呈天津市政府社会局

天津宇宙画报社发行人　张北侯谨呈

（津 J25 - 3 - 6132）

445. 上海市社会局为《联合画报》声请登记事呈上海市政府文

1947 年 4 月 26 日

　　案据本市联合画报社呈称：本报于民三十四年（照抄全文）。等情。据此，查该刊登记案，本局业于上年四月间附于《工商新闻报》等三十家声请书内转呈。嗣奉钧府沪新（35）字第四四六一号训令，准内政部函，该刊查已停刊，应暂缓办理。当经转据该刊声复从未停止刊行，恐系另一冒名之《联合画报》之误，仍请准予登记给证。等情。经查明属实，复于同年十一月间，以市社（35）福二字第二六八八一号转呈核咨各在案，迄今未奉部令复准。据呈前情，理合再为转呈，仰祈鉴核咨办，以便饬知。

谨呈上海市市长吴

上海市社会局局长　吴开○

（沪 Q6 - 12 - 149）

446. 买希天为《晴雨画报》改为七日刊事呈北平市政府 社会局文（附新闻纸杂志变更登记声请书）

1947 年 4 月 27 日

窃本社发行之《晴雨画报》，前经列表呈报核准在案。兹因社内人事变更，及本社感于米珠薪桂物价飞腾之际，而纸价尤为昂贵。为维持业务平衡发展起见，拟将原发行之三日刊改为七日刊，每逢星期六出刊一期。理合一并列表呈报，敬乞鉴核备案。

谨呈北平市社会局

附呈声请书六份

具声请书人　北平晴雨画报社买希天

新闻纸杂志变更登记声请书

名 称	晴雨画报	
发行人姓名	买希天	
原登证核准年月日		
登记证号数及发给年月日	京警平字八十二号，三十五年十一月三十日	
首次发行年月日	民国三十五年八月一日	
声请变更事项	原登记者	三日刊，原无副社长，总编辑田光远，营业主任林化南，一切责任盈损均由发行人负责
	现变更者	七日刊，人事变更如下：增副社长王树声，总编辑周尚祉，编辑孙日明、陈少波，营业主任孙沛霖，一切责任盈损均由副社长负责
变更原因	因鉴于迩来纸张缺乏，价日日昂，为维持业务平衡发展起见；人事调整因社长必须赴平汉北段护路司令部，无暇在社监导，特约副社长王树声负责	
变更之年月日	民国三十六年三月一日	
附 注	一、社长买希天因兼顾不暇，关于社务一切暂委副社长王树声负责；二、关于公事呈文等项，若无加盖买希天印鉴者，概不生效	
考查意见		
复核意见		

谨呈中央宣传部

具声请书人　买希天

中华民国三十六年四月十六日

（京 J2 - 3 - 917）

447. 天津市政府为《光华新闻画报》登记查核事致中国国民党 天津特别市执行委员会函

1947 年 4 月 28 日

案据社会局勤文字第九九六号略称：以据《新〔光〕华新闻画报》发行人刘壮飞呈，为发扬文艺、提倡旧道德、灌输新知识，特刊行画报一种，谨依《出版法》填具声请书请赐核转。等情。理合检同原书加具考查意见，呈送鉴察核转。等情前来。查该书既经社会局考查完竣，于法并无不合，相应检同原书四份，加注复核意见转送贵会查核见复，以便咨转为荷。

此致中国国民党天津特别市执行委员会

附送登记声请书四份〈佚〉

(津 J2 - 3 - 8276)

448. 中国国民党天津特别市执行委员会为《大众画报》 登记查核事复天津市政府函

1947 年 4 月 28 日

按准贵府义闻字第一四四一号函，据社会局呈转《大众画报》声请登记，嘱查核见复。等由。附原声请书四份。准此，经查该报声请登记尚无不合，应准核转。除将原声请书留存一份备查外，相应将原声请书填注复核意见，加盖会章检送查照咨转为荷。

此致天津市政府

附原声请书三份〈略〉

主任委员　邵华

(津 J2 - 3 - 8277)

449. 天津市政府为《礼拜日画报》声请登记事致内政部咨暨指令社会局

1947 年 4 月 28 日

案据社会局呈转《礼拜日画报》声请登记，附呈登记声请书请核转。等情。查声请书既经该局考查完竣，于法尚无不合，当经检同原声请书加注复核意见，函转市市党部执行委员会会核，并经由该会加盖会章，复送到府。除抽留一份备查并指令社会局知照外，相应检同原书二份，咨请贵部查核见复为荷。

此咨内政部

附咨送登记声请书二份〈佚〉

令社会局:

呈一件,为《礼拜日画报》声请登记,检原声请书呈请鉴察核转由。呈件均悉。案经市党部会核完竣,已咨转内政部核办矣。仰即知照。附件分别存转。

此令

(津 J2‐3‐8276)

450. 中国国民党天津特别市执行委员会为《万象画报》无人负责碍难咨转事复天津市政府函

1947 年 4 月 28 日

案准贵府义闻字第五七号函,据社会局呈送《万象画报》登记声请书,嘱查核见复。等由。附声请书四份。准此,经查该报负责无人,碍难咨转。相应检附原件,函请查照转饬知照为荷。

此致天津市政府

附原声请书四份〈佚〉

主任委员　邵华

(津 J2‐3‐8277)

451. 王菊生为《国剧画刊》声请登记事呈北平市政府社会局文

1947 年 5 月 1 日

为组织《国剧画刊》请予登记事。窃民王菊生为发扬旧有文化、提倡国剧起见,特联合同志组织国剧画刊社,每半月发行刊物一次。兹依《出版法》第九条及同法施行细则第九条之规定,造具新闻纸杂志登记声请书六份,备文呈请鉴核备查,俯准转呈内政部发给登记执照,以便出刊,实为德便。

谨呈北平市政府社会局局长温

具呈人　王菊生

(京 J2‐4‐481)

452. 天津市政府为《明星画报》登记查核事致中国国民党
天津特别市执行委员会函

1947 年 5 月 3 日

案据社会局勤文字第一〇二二号呈略称：以据《明星画报》发行人郝伯珍呈为促进宪政，发扬民主，应市民需要，特发行画报一种，谨依法填具登记声请书呈请鉴核等情，理合检同原书加具考察意见转呈核示。等情前来。查该件既经该局考查完竣，于法并无不合，相应检同原书四份，加注复核意见，函转贵会查核见复，以便咨转为荷。

此致中国国民党天津特别市执行委员会

附送登记声请书四份〈佚〉

(津 J2 - 3 - 8277)

453. 天津市政府社会局为登记声请已咨转内政部
核办事致礼拜日画报社代电

1947 年 5 月 7 日

天津礼拜日画报社鉴：

据请登记一案，业经呈奉市政府指令，已咨转内政部核办，特电查照。

天津市政府社会局〇〇印

(津 J25 - 3 - 6129)

454. 曹天培为《星期五画报》声请登记事呈天津市政府社会局文
（附新闻纸杂志登记声请书）

1947 年 5 月 7 日

呈为呈送《星期五画报》登记声请书，恳请鉴核批示，请准予提前出版事。窃民曹天培，为赞翊党国、宣扬文化，拟刊行《星期五画报》周刊一种，依《出版法》填具声请书，伏乞钧局鉴核施行，赐给批示，准予提前出版，实为公便。

谨呈天津市政府社会局

附呈登记声请书五份

具呈人　《星期五画报》发行人曹天培

年龄　四十二岁

籍贯　河北通县

职业　新闻界

住址　天津二区胜利路三十九号

铺保　天津光明书报社

住址　天津二区建国道二十号

执事人　魏子明

<table>
<tr><td colspan="9" align="center">新闻纸杂志登记声请书</td></tr>
<tr><td colspan="2">名　　称</td><td colspan="7">星期五画报</td></tr>
<tr><td colspan="2">类　　别</td><td colspan="2">十六开本周刊</td><td>刊　期</td><td colspan="4">每逢星期五出版</td></tr>
<tr><td colspan="2">社务组织</td><td colspan="7">分营业、编辑两部</td></tr>
<tr><td colspan="2">资本数目</td><td colspan="3">一千万元</td><td>经济状况</td><td colspan="3">自给自足</td></tr>
<tr><td>发行所</td><td>名　称</td><td colspan="3">星期五画报社</td><td>地　址</td><td colspan="3">天津第二区胜利路三十九号</td></tr>
<tr><td>印刷所</td><td>名　称</td><td colspan="3">中利印刷局</td><td>地　址</td><td colspan="3">天津二区金汤大马路二号</td></tr>
<tr><td rowspan="9">发行人及编辑人</td><td rowspan="2">姓名</td><td>发行人</td><td colspan="6">编　辑　人</td></tr>
<tr><td>曹天培</td><td>李逊梅</td><td>石愚吾</td><td>曹聪孙</td><td></td><td></td><td></td></tr>
<tr><td>籍贯</td><td>河北通县</td><td>辽宁铁岭</td><td>天津市</td><td>天津市</td><td></td><td></td><td></td></tr>
<tr><td>年龄</td><td>四十二</td><td>四十三</td><td>四十四</td><td>二十一</td><td></td><td></td><td></td></tr>
<tr><td>学历</td><td>通县潞河中学毕业</td><td>铁岭县立中学毕业</td><td>天津国民生计中学毕业</td><td>天津工商大学肄业</td><td></td><td></td><td></td></tr>
<tr><td>经历</td><td>前《天津商报》营业部主任</td><td>天津《中华日报》编辑、副主任</td><td>《天津画报》记者</td><td>前天津《至博周刊》编辑</td><td></td><td></td><td></td></tr>
<tr><td>是否党员及党证字号</td><td></td><td></td><td></td><td></td><td></td><td></td><td></td></tr>
<tr><td>住所</td><td>天津一区康定路二十九号</td><td>天津一区河北路仁丰里十一号</td><td>天津九区北极寺四号</td><td>天津一区教堂后宝祥里十二号</td><td></td><td></td><td></td></tr>
<tr><td colspan="2">附　注</td><td colspan="7"></td></tr>
<tr><td colspan="2">考查意见</td><td colspan="7">查书填各点，核与《修正出版法》及同法施行细则各规定尚无不合，拟请准予核转</td></tr>
<tr><td colspan="2">复核意见</td><td colspan="7"></td></tr>
</table>

兹因发行，谨依《出版法》第九条之规定开具右列事项，声请登记。

谨呈天津市政府社会局、天津市政府、天津特别市党部执行委员会、内政部、中央宣传部

具声请书人　曹天培

中华民国三十六年五月七日

（津 J25－3－6134）

455. 天津市政府社会局为《宇宙画报》出版备案等事致中国国民党天津特别市执行委员会及天津市政府警察局函

1947 年 5 月 8 日

案据宇宙画报社呈报，于四月二十五日发刊。等情。除予备案外，相应函达。即希查照为荷。

此致市党部、警察局

（津 J25－3－6132）

456. 天津市政府社会局为《红叶画报》已奉准登记事复警察局函

1947 年 5 月 8 日

案准贵局行一字第二〇七七号函，以据《红叶画报》呈报于四月二十五日发刊，嘱查复。等因。准此，查该报业经奉准登记有案，相应函复，即希查照为荷。

此致警察局

（津 J25－3－6130）

457. 天津市政府社会局为《红叶画报》发刊日期等事呈天津市政府文

1947 年 5 月 8 日

案据红叶画报社呈报于四月二十五日发刊。等情。除予备案并饬依法送审外，理合具文呈报，仰祈鉴察。

谨呈市长杜、副市长张

天津市政府社会局局长　胡梦华

（津 J2－3－8277）

458. 天津市政府社会局为《红叶画报》发刊日期等事致市党部函

1947 年 5 月 8 日

案据红叶画报社于四月二十五日发刊。等情。除予备案并饬依法送审外，相应函达，即希查照为荷。

此致市党部

（津 J25－3－6130）

459. 天津市政府社会局为发刊日期及备案检件已悉事致红叶画报社代电

1947 年 5 月 8 日

天津红叶画报社鉴：

据报发刊日期并检送证章、证书式样及职员表等情已悉。应即依法按期送审。特电查照。

天津市政府社会局〇〇印

（津 J25－3－6130）

460. 天津市政府社会局为《宇宙画报》备案送审事呈天津市政府文

1947 年 5 月 8 日

案据《宇宙画报》呈报于四月二十五日发刊。等情。除予备案并饬依法送审外，理合具文呈报。仰祈鉴察。

谨呈市长杜、副市长张

天津市政府社会局局长　胡梦华

（津 J2－3－8277）

461. 天津市政府社会局为准予备案等事致宇宙画报社代电

1947 年 5 月 8 日

天津宇宙画报社鉴：

　　据报于四月二十五日发刊，应准备案。希即将出版物按期呈缴市政府新闻处、市党部、内政部警察总署、中央宣传部、国立图书馆、立法院图书馆备查。

天津市政府社会局〇〇印

（津 J25－3－6132）

462. 天津市政府为《大众画报》登记事致内政部咨暨指令社会局

1947 年 5 月 9 日

　　案据社会局呈转《大众画报》声请登记附呈登记声请书请核转。等情。查声请书既经该局考查完竣，于法尚无不合，当经检同原书，加注复核意见，函送市党部执委会会核并经由该会加盖会章复送到府。除抽留一份备查，并指令社会局知照外，相应检同原书二份，咨转贵部查核见复为荷。

　　此咨内政部

　　附咨送登记声请书二份〈佚〉

令社会局：

　　呈一件，为《大众画报》声请登记，检同原声请书请核转由。呈件均悉。案经市党部会核完竣，已咨转内政部核办矣，仰即知照。附件分别存转。

　　此令

（津 J2－3－8277）

463. 天津画报社为变更发行人事呈天津市政府社会局文

1947 年 5 月 12 日

　　呈为变更发行人事。敝社原发行人沈健颖于民国三十六年二月十四日因病故去，嗣经董事会暨全体社员联席会议决定，公推范宏昇为发行人，兼任社长。除登报声请外，理合备文声请变更登记。

谨呈天津市政府社会局

天津画报社　呈

社址　第七区荣业大街一二六号

（津 J25‑3‑6125）

464. 星期六画报社为领取登记证事呈天津市政府社会局文

1947 年 5 月 13 日

顷奉钧局勤文字第五一一号代电，以奉发本社内政部京警津字第九十九号登记证到局，饬即备文具领。等因。奉此，除出版物按期分别呈送外，理合备文呈请鉴核，准将该项登记证发给祗领，实为公便。

谨呈天津市政府社会局

天津星期六画报社发行人　张瑞亭呈

（津 J25‑3‑6178）

465. 《越剧画报》为声请登记事呈上海市社会局新闻纸杂志登记声请书

1947 年 5 月 13 日

<table>
<tr><td colspan="8" align="center">新闻纸杂志登记声请书</td></tr>
<tr><td align="center">名　　称</td><td colspan="7" align="center">越剧画报</td></tr>
<tr><td align="center">类　　别</td><td colspan="2" align="center">越剧</td><td align="center">刊　　期</td><td colspan="4" align="center">周刊</td></tr>
<tr><td align="center">发行旨趣</td><td colspan="7">宣扬越剧艺术，发扬地方文化</td></tr>
<tr><td align="center">社务组织</td><td colspan="7">独资</td></tr>
<tr><td align="center">资本数目</td><td colspan="2">三百万</td><td align="center">经济状况</td><td colspan="4">以发行广告维持</td></tr>
<tr><td align="center">发行所</td><td align="center">名　称</td><td colspan="2">越剧画报社</td><td align="center">地　　址</td><td colspan="3">西藏北路一五六</td></tr>
<tr><td align="center">印刷所</td><td align="center">名　称</td><td colspan="2">春秋</td><td align="center">地　　址</td><td colspan="3">同上</td></tr>
<tr><td rowspan="4" align="center">发行人及编辑人</td><td rowspan="4" align="center">姓名</td><td align="center">发行人</td><td colspan="5" align="center">编　辑　人</td></tr>
<tr><td align="center">王铭心</td><td align="center">张同章</td><td align="center">许飞玉</td><td align="center">经司明</td><td></td><td></td></tr>
<tr><td align="center">籍贯</td><td align="center">无锡</td><td align="center">上海</td><td align="center">江苏</td><td align="center">绍兴</td><td></td></tr>
<tr><td align="center">年龄</td><td align="center">二十九</td><td align="center">二十</td><td align="center">二十一</td><td align="center">二十七</td><td></td></tr>
</table>

发行人及编辑人	学历	民生中学毕业	民立女中肄业	初中毕业	中国新专			
	经历	《上海报》编辑		陆开报社记者	《绍兴日报》驻沪记者			
	是否党员及党证字号							
	住所	东长治路449弄62号	顺昌路279弄11号	温州路101弄14号	迪化中路麦琪里130号			
附 注		本报于三十五年八月十日创刊						
考查意见								
复核意见								

　　兹因发行《越剧画报》，谨依《出版法》第九条及同法施行细则第九条之规定开具右列事项，声请登记。

　　谨呈上海市社会局

具声请书人　越剧画报社

发行人　王铭心

中华民国三十六年五月十三日

（沪 Q6‑12‑111）

466. 北平市政府社会局为依限出刊并寄送刊物事通知
大华报社、大都会画报社

1947 年 5 月 14 日

　　案查前据该社呈送登记声请书请转呈登记一案，经转呈内政部核准并通知在案，迄今尚未出刊，有违《出版法》之规定。合行通知饬限于五月底以前出刊，并将刊物送局备查，逾期即行撤销登记。仰遵照为要。

　　特此通知大华报社、大都会画报社

（京 J2‑4‑494）

467. 梅琥为《新游艺画报》声请登记事呈天津市政府社会局文
（附新闻纸杂志登记声请书）

1947 年 5 月 16 日

    呈为呈送《新游艺画报》声请书，恳请备案批示，准予先行出版事。窃《新游艺画报》发行人梅琥为发扬文化、灌输社会智识，拟发行《新游艺画报》五日刊，依《出版法》规定，缮具声请书五份，恳祈钧局备案核转，先赐批示，准予提前出版，以利文化之宣传，实为公便。

    谨呈天津市政府社会局

    附呈声请书五份

具呈人　《新游艺画报》发行人梅琥

年龄　三十六岁

籍贯　江苏江宁

职业　新闻界

住址　天津二区建国道二十号

铺保　河东大马路金星振记洗染商店

住址　第二区大马路门牌二十六号

执事人　张登山

新闻纸杂志登记声请书

名　称	新游艺画报							
类　别	十二开综合杂志		刊　期		五日刊			
社务组织	分发行、编辑两部							
资本数目	一千五百万元		经济状况		股份			
发行所　名　称	新游艺画报社		地　址		天津二区建国道二十号			
印刷所　名　称	中利印刷局		地　址		天津二区金汤大马路二号			

<table>
<tr><td rowspan="5">发行人及编辑人</td><td>姓名</td><td>发行人</td><td colspan="7">编　辑　人</td></tr>
<tr><td></td><td>梅琥</td><td>李训枚</td><td>勾宪甄</td><td>胡道生</td><td></td><td></td><td></td></tr>
<tr><td>籍贯</td><td>江苏江宁</td><td>辽宁铁岭</td><td>北平</td><td>山东</td><td></td><td></td><td></td></tr>
<tr><td>年龄</td><td>三六</td><td>四三</td><td>三七</td><td>二九</td><td></td><td></td><td></td></tr>
<tr><td>学历</td><td>北平中国大学肄业</td><td>铁岭县立中学校毕业</td><td>北平私立新闻专科学校毕业</td><td>济南齐鲁大学毕业</td><td></td><td></td><td></td></tr>
</table>

发行人及编辑人	经历	前新北平报社营业主任	前东三省民报社编辑长	前《新北平报》采访主任	北平平民中学校教员				
	是否党员及党证字号								
	住所	天津二区建国道二十号	天津一区河北路仁丰里十一	天津一区罗斯福路三五三	北平宣外米市胡同后门二十				
附　注									
考查意见		查发行人实具有《修正出版法施行细则》第八条第一、四两款之资格，及编辑人等均无《出版法》第十三、〔十〕四条所列各款之情形，拟请准予核转							
复核意见									

兹因发行，谨依《出版法》第九条之规定开具右列事项，声请登记。

谨呈天津市政府社会局

　　　　　　　　　　具声请书人　新游艺画报社梅虓

　　　　　　　　　　中华民国三十六年五月十六日

　　　　　　　　　　　　（津 J25‑3‑6153）

468. 天津市政府社会局为《星期五画报》声请登记事呈天津市政府文

1947 年 5 月 17 日

案据曹天培呈称：呈为呈送《星期五画报》登记声请书，恳请鉴核批示，请准予提前出版事。窃民曹天培，为赞翊党国、宣扬文化，拟刊行《星期五画报》周刊一种，依《出版法》填具声请书，伏乞钧局鉴核施行，赐给批示，准予提前出版，实为公便。等情。并附登记声请书五份）。据此，理合检同原书四份，加具考查意见，备文呈送，仰祈鉴察核转。

谨呈市长杜、副市长张

附呈声请书四份

　　　　　　　　　　天津市政府社会局局长　胡梦华

　　　　　　　　　　　　（津 J2‑3‑8285）

469. 天津市政府为《万象画报》无人负责未便核转事训令社会局

1947年5月19日

令社会局：

　　案查前据该局呈转《万象画报》声请登记一案，当经函转市党部执委会查核去后，兹准该局会（卅六）卯健编字第二一九〇号函，略以该报负责无人，碍难核转，检附原件请查照饬知。等由。合行检发原声请书，令仰该局知照为要。

　　此令

市长　杜建时

副市长　张子奇

（津 J25－3－6132）

470. 中国国民党天津特别市执行委员会为抄送《天津画报》
登记证号码事致天津市政府社会局函

1947年5月20日

　　案准中央宣传部京（36）宪四字第一四二四号函，准内政部安四字第三六八五号函开：查天津画报（原名小扬州画报）社业经会核准予登记，除填具［京］警津字第八十一号登记证函复天津市政府查照转发外，嘱查照。等由。准此，除登记证备查外，相应函请查照，转饬该社于出版后按期分别送审为荷。

　　此致天津市政府社会局

主任委员　邵华

（津 J25－3－6130）

471. 天津市社会局为国际新闻社是否核准登记事致上海市社会局函

1947年5月20日

　　案据上海国际新闻社驻津通讯处函称：径启者，敝处受上海之委派在平津采访新闻，并已加入津市记者公会，现为便利报到起见，购第一区滨江道二四五号设立国际新闻社驻津通讯处，拟请贵局予以协助，以利进行工作，并准备案，勿任感荷。业请据此该社是否已核准登记，相应函达，即希查照见复为荷。

此致上海市政府社会局

局长　胡梦华

（沪 Q6 - 12 - 103）

472. 天津市政府为《红叶画报》发刊日期事指令社会局

1947 年 5 月 22 日

令社会局：

　　呈一件，为呈报《红叶画报》发刊日期请鉴察由。呈悉。嗣后此类文件应使用三联单式呈文。仰即遵照。

　　此令

市长　杜建时

副市长　张子奇

（津 J25 - 3 - 6130）

473. 天津市政府为知悉《宇宙画报》发刊日期等事指令社会局

1947 年 5 月 26 日

令社会局：

　　呈一件，为呈报《宇宙画报》发刊日期，请鉴察由。呈悉。嗣后此类文件应使用三联单式呈文，仰即遵照。

　　此令

（津 J2 - 3 - 8277）

474. 中国国民党天津特别市执行委员会为《明星画报》声请登记查核事复大津市政府函（附新闻纸杂志登记声请书）

1947 年 5 月 27 日

案准贵府义闻字第二四四二号函，据社会局呈转《明星画报》声请登记，嘱查核见复。等由。附原声请书四份。准此，经查该报声请登记尚无不合，应准核转。除将原声请书留存一份备查外，相应将原声请书填注复核意见，加盖会章，检送查照咨转为荷。

　　此致天津市政府

　　附原声请书三份

主任委员　邵华

新闻纸杂志登记声请书

名　　称	明星画报						
类　　别	周刊		刊　　期	每周一期			
社务组织	社长兼经理郝伯珍，总编辑王玠						
资本数目	一千万元		经济状况	预计收支适合			
发行所 名　称	明星画报社		地　　址	第四区李家台大街三十一号			
印刷所 名　称	建国日报		地　　址	宫北大街			

发行人及编辑人

	姓名	发行人	编　辑　人					
		郝伯珍	王玠	窦文英	姚炳南			
	籍贯	天津市	北平市	天津市	博野县			
	年龄	三十八岁	三十八岁	二十五岁	三十七岁			
	学历	河北省立法商学院毕业	北平辅仁大学毕业	北平中国大学毕业	河北省私立四存中学毕业			
	经历	天津大公报社记者	北平国风报社编辑		天津《工商日报》记者			
	是否党员及党证字号							
	住所	第四区李家台大街三十一号	第二区荆华西里五号	第十区达文里十五号	第四区旺道庄绩庆里二号			

附　　注	
考查意见	查书填各点，核与《修正出版法》及同法施行细则尚无不合，拟请准予核转
复核意见	查社会局所填意见尚无不合，应予照转

兹因发行《明星画报》，谨依《出版法》第九条及同法施行细则第九条之规定开具右列事项，声请登记。

谨呈［天津市政府社会局］

具声请书人　明星画报社发行人郝伯珍

中华民国三十六年三月二十七日

（津 J2－3－8285）

475. 中国国民党天津特别市执行委员会为《明星画报》等业经核准登记事致天津市政府社会局函

1947 年 5 月 27 日

查和平通讯社、《明星画报》业经本会核准登记，除函请天津市政府咨转外，相应函请查照，并转饬各该报社于出刊后按期分别送审为荷。

此致天津市政府社会局

主任委员　邵华

（津 J25－3－6153）

476. 天津画报社为声请变更发行人事呈天津市政府社会局文（附范宏昇资历表）

1947 年 5 月 28 日

呈为声请变更发行人事。敝社原发行人沈健颖因病故去，爰依新闻《出版法》之规定，由范宏昇为发行人。除填具变更声请书五份呈报外，谨将范宏昇之资历表详列于后，以备查核。实为公便。

谨呈天津市政府社会局

资历表

姓名　范宏昇

年龄　三十七岁

籍贯　天津市

住所　天津市第七区荣业大街一二六号社内

学历　天津汇文中学校毕业

曾任职务　民国二十五年联友通信社编辑，民国三十五年华北通讯社记者

天津画报社谨呈

（津 J25－3－6125）

477. 天津市政府社会局为将出版物呈缴法定机关事致天津画报社代电

1947 年 5 月 28 日

天津画报社鉴：

　　兹经市党部函抄该报登记证号码，嘱转按期分别送审。等因。特此电达，希即将出版物按期呈缴市政府新闻处、市党部、中央宣传部、内政部警察总署、国立图书馆、立法院图书馆为要。

天津市政府社会局○○印

（津 J25－3－6130）

478. 天津市政府社会局为《天津画报》登记证号码等已转饬遵照
办理事复中国国民党天津特别市执行委员会函

1947 年 5 月 28 日

　　案准贵会卅六辰健编字第二二九九号函：以准中宣部函抄送《天津画报》登记证号码嘱查照转饬按期分别送审。等因。准此，除转饬遵照办理外，相应函复，即希查照为荷。

　　此致中国国民党天津特别市执行委员会

（津 J25－3－6130）

479. 北平市政府社会局为天津画报社拟在平成立办事处请查照该报
是否呈准登记事致天津市政府社会局函

1947 年 5 月 29 日

　　案据天津画报社驻平津办事处主任蒲长泽呈，以该画报业经在天津市政府呈准登记，并领有内政部颁发京警津字第八十一号登记证，为推展业务起见，拟在平成立办事处请备

案。等情。查该报是否呈准登记发行，情形如何，相应函请查照见复，以凭办为荷。

此致天津市社会局

局长　温崇信

（津 J25 - 3 - 6125）

480. 上海市社会局为国际新闻社登记事复天津市社会局函

1947 年 5 月 30 日

准贵局本年五月二十日勤文字第五九八号函：以上海国际新闻社驻津通讯处请准备案，该社已否核准登记，嘱查照见复。等由。准此，查该社并未声请登记，本局无案可稽，相应函复，即希查照为荷。

此致天津市政府社会局

局长　吴〇〇

（沪 Q6 - 12 - 103）

481.《艺术摄影》为声请登记事呈上海市社会局新闻纸杂志登记
声请书及上海市社会局新闻纸通讯社杂志申请登记调查表

1947 年 5 月 30 日

新闻纸杂志登记声请书					
名　　称	艺术摄影				
类　　别	杂志	刊　　期		月刊	
社务组织	出版社发行人、编辑人				
资本数目	三千万元	经济状况			
发行所	名　称	艺术摄影出版社	地　　址	建国西路 77 号	
印刷所	名　称	标准印刷所	地　　址	顺昌路 135 弄 15 号	
发行人及编辑人	姓名	发行人	编　辑　人		
		杨林	徐德先		
	籍贯	浙江	湖北武昌		
	年龄	卅岁	卅六岁		

发行人及编辑人	学历	武汉〔汉〕大学	上海大同大学预科毕业，国立艺专建筑系毕业						
	经历	成都旅行图书出版社发行	昆明市工务局，上海市工务局工程司，成都旅行图书出版社总编辑						
	是否党员及党证字号								
	住所	上海中正中路八七七号二楼	上海建国西路七十七号						
附 注									
考查意见		该刊以研究摄影技术为旨趣，经会核尚无不合，拟准予转呈							
复核意见									

兹因发行《艺术摄影》，谨依《出版法》第九条及同法施行细则第九条之规定，开具右列事项，声请登记。

谨呈上海市社会局

具声请书人　艺术摄影出版社

发行人　杨林

中华民国三十六年五月二十七日

上海市社会局新闻纸通讯社杂志申请登记调查表

刊物名称	艺术摄影	刊 期	月刊
发行旨趣	研究摄影技术，刊载世界名照		
基金数目及确实来源	三千万元		
发行所名称地址电话	艺术摄影社，建国西路 77 号		
印刷所名称地址及所订合同要点	标准印刷所，顺昌路 135 弄		

（发行人）负责人 姓名（主编人）	资历证件及起讫年月	党团证号及现属 之党团部	过去编行之刊物 及著作
杨林	武汉大学肄业，成都旅行 图书出版社发行	非	
徐德先	上海大同大学预科毕业	非	
拟定创刊或复刊日期 （如系复刊须略述过去 发行经过）		编辑纲要及特长	
预计销数（本埠）	三千份	拟定价格（零售）	五千元
预计销数（外埠）	五千份	拟定价格（批发）	七折
调查意见	查该刊以研究摄影技术为主，发行人对图书出版事业尚有兴趣，所请登记 拟请提交审查小组会议论		
备　注			

民国三十六年六月十二日　调查人　郑余德

（沪 Q6 - 12 - 155）

482. 艺威画报社为换领新登记证事致天津市政府社会局函

1947 年 5 月 30 日

案奉三十六年五月十二日勤文字第五一五号尊电：以饬换领新登记证。等因。奉此，理合检同原领内政部警字第一〇六四〇号登记证一纸，一并送请察照，惠予换颁新证，俾资存执，至纫公谊。

此致天津市政府社会局

（津 J25 - 3 - 6181）

483. 天津市政府社会局为《黄河画报》声请登记事呈天津市政府文

1947 年 5 月 30 日

案据李正卿呈称：呈为声请许可登记天津黄河综合周刊发行事。窃我国自七七抗战军兴以来，华北沦陷，文化事业备受摧残，遗落深渊，倭寇猖獗，擅杀同志。且幸我忠贞将勇奋强抗战，大捷宣传，还我国土，历今瞬及二载，而竟意外一般无辜青年复波及匪患，惨遭流亡之难。窃生等有感于此，故纠合同志，誓愿奉行三民主义，效忠国家，筹办天津《黄河画报》周刊，以期服务社会，宣扬真谛，得谅全国人士之同情，援助统一建国之复员。谨依《出版法》第九条之规定，理合呈请鉴核，恳请核准登记发行，实为德便。等情。并附登记声请书五份。据此，理合检同原书四份加具考查意见备文呈送，仰祈鉴察核转。

谨呈市长杜、副市长张

附呈声请书四份〈佚〉

天津市政府社会局局长　胡梦华

（津 J2‐3‐8285）

484. 王逸汀为《艺风电影周刊》声请登记事呈上海市社会局文（附新闻纸杂志登记声请书及上海市社会局新闻纸通讯社杂志申请登记调查表）

1947 年 5 月 31 日

敬启者：兹奉上《艺风电影周刊》登记声请书一式四份，敬乞察收赐转中央登记为感。

谨呈上海市社会局

《艺风电影周刊》发行人　王逸汀谨启

新闻纸杂志登记声请书									
名　　称	艺风电影周刊								
类　　别	影剧		刊　　期		周刊				
社务组织	发行、编辑、广告								
资本数目	五百万元		经济状况		创刊伊始，尚难估计				
发行所	名　称	艺风出版社		地　址	顺昌路受福里六号				
印刷所	名　称	良华印刷所		地　址	山东路二〇九号				
发行人及编辑人	姓名	发行人		编　辑　人					
		王逸汀	马思帆						
	籍贯	吴县	广东						
	年龄	二十八	三十七						

发行人及编辑人	学历	中国新闻专科	上海艺术大学			
	经历	飞虹出版社编辑，《新夜报》记者	《新夜报》编辑，《和平日报》记者			
	是否党员及党证字号					
	住所	新闸路五六八弄三九五号	顺昌路受福里六号			
附　　注						
考查意见		该刊以报导电影及戏剧新闻为旨趣，经会核尚无不合，拟转部酌核				
复核意见						

　　兹因发行《艺风电影周刊》，谨依《出版法》第九条及同法施行细则第九条之规定，开具右列事项，声请登记。

　　谨呈上海市社会局

具声请书人　艺风出版社

发行人　王逸汀

中华民国三十六年五月　日

上海市社会局新闻纸通讯社杂志申请登记调查表

刊物名称	艺风电影周刊	刊　　期	周刊
发行旨趣	报导影剧新闻		
基金数目及确实来源	五百万元，自筹		
发行所名称地址电话	艺风出版社，顺昌路受福里六号		
印刷所名称地址及所订合同要点	良华印刷所，山东路二〇九号，临时出金订印		
（发行人）负责人姓名（主编人）	资历证件及起讫年月	党团证号及现属之党团部	过去编行之刊物及著作
王逸汀	中国新闻专校毕业，现任《新夜报》记者		过去曾办飞虹出版社，出刊《小姐周刊》

（发行人）负责人姓名（主编人）	资历证件及起讫年月	党团证号及现属之党团部	过去编行之刊物及著作
马思帆	上海艺术大学毕业，现任《新夜报》编辑、《和平日报》记者		
拟定创刊或复刊日期（如系复刊须略述过去发行经过）	卅六年六月一日始出创刊号	编辑纲要及特长	电影、戏剧新闻
预计销数（本埠）	四千份	拟定价格（零售）	一千元
预计销数（外埠）		拟定价格（批发）	六折
调查意见	该刊报导电影及戏剧新闻，尚称正确，拟请提交审查小组会议讨论
备　　注	该刊创刊号已于六月一日发行

民国卅六年六月九日　调查人　任履之

（沪 Q6‑12‑155）

485. 天津市政府为《星期五画报》声请登记查核事致中国国民党 天津特别市执行委员会函

1947 年 5 月 31 日

案据社会局勤文字第一二三四号呈略称：以据《星期五画报》发行人曹天培呈，为赞翊党国、宣扬文化，拟刊行《星期五画报》一种，谨依法填具声请书，请鉴核转呈登记。等情。理合检同原书，加具考查意见呈送核转。等情前来。查该件既经该局考查完竣，于法并无不合，相应加填复核意见，函转贵会查核见复，以便咨转为荷。

此致中国国民党天津特别市执行委员会

附送登记声请书四份〈佚〉

（津 J2‑3‑8285）

486. 天津市政府为《星期六画报》经内政部核准登记在案勿庸再次登记事指令天津市政府社会局

1947 年 5 月 31 日

令社会局：

呈一件，为转呈《星期六画报》登记声请书请核转由。呈件均悉。查《星期六画报》声请登记一案，前据该局会文字第四〇八号呈转登记声请书前来，当以所填声请书不敷存转，经饬由该报复补送一份到府，并经函转市党部加盖会章，于本年二月十七日函转内政部核办。旋经该部复函核准，附送登记证等件嘱转发具领，当于本年五月一日令发该局转发具报各在卷。兹据呈前情，关于该报呈请登记一节，应勿庸议，合行发还原附件，令仰遵照。

此令

附件发还

市长　杜建时

副市长　张子奇

（津 J25 - 3 - 6132）

487. 中国国民党天津特别市执行委员会为《光华新闻画报》登记查核事复天津市政府函（附新闻纸杂志登记声请书）

1947 年 5 月 31 日

案准贵府义闻字第二〇五七号函，据社会局呈转《光华新闻画报》声请登记，嘱查核见复。等由。附原声请书四份。准此，经查该报声请登记尚无不合，应准核转。除将原声请书留存一份备查外，相应将原声请书填注复核意见，加盖会章检送查照咨转为荷。

此致天津市政府

附原声请书三份

主任委员　邵华

新闻纸杂志登记声请书			
名　　称	光华新闻画报		
类　　别	新闻纸	刊　　期	日刊

社务组织		社长制，设经理、编辑两部，经理部分发行、广告、总务、工务四课，编辑部分编撰、采访两部							
资本数目		一千万元			经济状况	合资			
发行所	名 称	《光华报》发行所			地 址	河东杨旗下坡同义大街二十号			
印刷所	名 称	中国印刷所			地 址	东南城角			
发行人及编辑人	姓名	发行人	编 辑 人						
		刘壮飞	李然犀	王寰如	石鹏	奚雪骥	曹聪孙		
	籍贯	天津市	同前	同前	同前	上海市	江西省新建县		
	年龄	三十三	五十四	五十	二十六	二十八	二十		
	学历	北平中国大学毕业	朝阳大学毕业	辅仁大学毕业	西宁大学毕业	天津育德大学肄业	天津工商大学肄业		
	经历	宁夏《民国日报》营业课长,东北《商务日报》特约撰述	前《大公[报]》、汉文《泰晤士报》、《华北新闻》等报编辑，现任《天津画报》《文博周刊》总编辑	前《平报》、汉文《泰晤士报》文艺编辑	前远东军二〇七师新报社特约记者		《美丽画报》记者,《真善美日报》特约撰述		
	是否党员及党证字号								
	住所	天津市河东杨旗下坡同义大街二十号	天津南市荣吉大街大舞台北胡同七号	天津第一区嫩江路旧曙街714	天津民生路七十号	天津第一区滨江道晋爱里五十八号	天津第一区西开宝祥里十二号		
附 注									
考查意见		查书填各点，核与《修正出版法》及同法施行细则各规定尚无不合，拟准予核转							
复核意见		查社会局所填意见尚无不合，应予照转							

兹因发行，谨依《出版法》第九条之规定开具右列事项，声请登记。

谨呈天津市政府社会局、天津市政府、天津特别市党部执行委员会、内政部、中央宣传部

具声请书人　刘壮飞

中华民国三十六年三月　日

（津 J2－3－8285）

488. 北平市警察局外二分局为《天津画报》成立办事处事
呈北平市警察局文

1947 年 5 月 31 日

案据天津画报社驻平办事处函称：敝社为推展业务起见，拟在和平门外骡马市大街九十四号成立驻平办事处，并派蒲长泽为主任，相应函请查照保护。等因。准此，经饬第三分驻所巡官吴仲良详查去后，兹据报称：经往该办事处接洽，据负责人战耀武声称，社长蒲长泽现赴津办公，并称《天津画报》业蒙内政部许可，领有京警津字第八一号证明，现存于天津社址，已另行呈报社会局，惟尚未奉到批示。等语。当索取画报乙纸呈报前来。可否准予备案之处，理合附同画报乙纸一并备文报请鉴核。

谨呈局长汤、副局长祝

附画报乙纸〈略〉

北平市警察局外二分局分局长　李宗岳

（京 J181－14－626）

489. 《国剧画刊》为声请登记事呈北平市政府社会局
新闻纸杂志登记声请书

1947 年 5 月

新闻纸杂志登记声请书							
名　　称	国剧画刊						
类　　别	杂志		刊　　期		半月刊		
发行旨趣	发扬文化，提倡国剧						
社务组织	经理、编辑二部						
资本数目	五百万元		经济状况		独资		
业务状况							
发行所名称	国剧画刊社		地　　址		北平西单北大街一一四号		
印刷所名称	华兴印刷局		地　　址		北平宣外达智桥		
发行人及编辑人	姓名	发行人	主编人		编　辑　人		
		王菊生	景孤血		张慕雨	王克文	王伯平
	籍贯	河间	北平		北平	滦县	河间
	年龄	二十八	三十八		四十	三十六	四十

（续表）

发行人及编辑人	学历	艺术专门学校毕业	北京畿辅大学毕业		华北学院毕业	北平中国大学毕业	师范学校毕业		
	经历	曾任中学教员	曾任《京报》《亚洲民报》编辑		曾任燕大图书馆周刊编辑	曾任科长秘书、主编辑	曾任小学校长		
	党籍或参加团体	三民主义青年团团员				国民党党员			
	住所	北平西单北大街二四号	北平内四区苏萝卜胡同七号		北平内四区东观音寺二十四号	北平东斜街五十一号	北平西单北大街二四号		

附　　注	
考查意见	
复核意见	

兹因发行，谨依《出版法》第九条及同法施行细则第九条之规定开具右列事项，声请登记。

谨呈北平市政府社会局

具声请书人　国剧画刊社

发行人　王菊生

中华民国三十六年五月　日

（京 J2－3－959）

490. 田士林为《霓裳画报》声请登记事呈天津市政府社会局文（附新闻纸杂志登记声请书）

1947 年 6 月 3 日

呈为组织文艺游艺综合周刊，仰祈鉴核备案事。窃士林等联合同志，组织一文艺游艺综合周刊，命名为《霓裳画报》，以提倡文艺、研究艺术、矫正不良风俗为宗旨，拟于六月底出版。理合填具登记声请书五份，仰祈鉴核备案，分别存转，实为公便。

谨呈天津市政府社会局局长胡

附呈登记声请书五份

具呈人　田士林

年龄　二十五岁

籍贯　河北省安新县

职业　《美丽画报》、《北戴河》杂志编辑

住址　天津市第一区宝鸡道第九十八号

铺保　天昌号

地址　第一区昆明路七十八号

执事人　李本忠

新闻纸杂志登记声请书								
名　　称	霓裳画报							
类　　别	方型六开 12 页，内容影剧、文艺、珍闻、趣味小说		刊　　期		周刊			
社务组织	计分总务部、编辑部、营业部							
资本数目	一千万元			经济状况		合资经营		
发行所名称	本刊发行所			地　　址		天津市第十区马场道第一百五十三号		
印刷所名称	耀华印刷所			地　　址		河北金钟桥大街		
发行人及编辑人	姓名	发行人	编　辑　人					
		田士林	王寰如	徐幽客	石愚吾	卢文册	曹聪孙	李由	
	籍贯	河北安新	天津市	天津市	天津市	河北河间	江西	河北高阳	
	年龄	二十五岁	五十岁	五十三岁	四十四岁	二十二岁	二十一岁	十八	
	学历	山东省立剧院毕业	北平辅仁大学毕业	天津南开中学毕业	天津国民生计中学毕业	工商大学肄业	工商大学肄业	广东旅津中学高中肄业	
	经历	上海《罗宾汉》日报及天津《北戴河》杂志、《美丽画报》、《天津画报》编辑	前天津《评报》《时报》等报编辑	前天津汉文《泰晤士报》编辑	《美丽画报》、《北戴河》杂志记者	前《至博影剧》旬刊记者，《真善美画报》《天津画报》记者	前《至博影剧》旬刊记者，《美丽画报》、《北戴河》杂志记者	中南报社通讯记者	
	是否党员及党证字号								

发行人及编辑人	住所	天津市第一区宝鸡道第九十八号	天津市第一区嫩江路旧曙街七一四号	天津市第七区南市广善大街竹林村城建里六号	天津市河北关下北极寺四号	天津市第十区马场道第一百五十三号	天津市第一区西开教堂后宝祥里十二号	天津市第一区昆明路芳德西里二号		
附 注										
考查意见		查发行人实具有《修正出版法施行细则》第八条第二款之资格，及编辑人等均无《出版法》第十三、〔十〕四条所列各款之情形，拟请准予核转								
复核意见										

兹因发行，谨依《出版法》第九条之规定开具右列事项，声请登记。

谨呈天津市政府社会局、天津市政府、天津特别市党部执行委员会、内政部、中央宣传部

具声请书人　田士林

中华民国三十六年　月　日

（津 J25－3－6139）

491. 天津市政府社会局为《天津画报》变更登记事项事呈天津市政府文及社会局内部签呈

1947年6月4日

案奉钧府本年四月七日义闻字第四九一号训令：以准内政部函送《天津画报》登记证饬转发具报。等因。并附登记证一件。奉此，当以该报发行人沈健颖业已死亡，经饬该社依法办理变更登记。兹据声请以范宏昇为继续发行人，并填送声请书五份前来。理合检同原书四份，连同该报京警津字第八十一号登记证一件，一并备文呈送，仰祈鉴察核转。

谨呈市长杜、副市长张

附呈登记证一件、声请书四份〈佚〉

天津市政府社会局局长　胡梦华

社会局内部签呈

查范宏昇为天津画报社董事之一，思想纯正，并无其他背景。该社自沈健颖死后，

即由该范宏昇及李然犀等共同主持社务，继续发行。关于文字方面，向无偏激及不法论述。谨签调查经过，拟请准予核转。

□□□呈

五.卅

（津 J2‑3‑8283）

492. 天津市政府为《明星画报》登记查核事致内政部咨暨指令社会局

1947 年 6 月 6 日

案据社会局呈转《明星画报》声请登记，附呈登记声请书请核转。等情。查声请书既经该局考查完竣，于法尚无不合，当经检同原声请书加注复核意见，函送市党部执委会会核，并经由该会加盖会章，复送到府。除抽留一份备查并指令社会局知照外，相应检同原书二份，咨转贵会查核见复为荷。

此咨内政部

附咨送登记声请书二份〈佚〉

令社会局：

呈一件，为《明星画报》声请登记，检原声请书请核转由。呈件均悉。案经市党部会核完竣，已咨转内政部核办矣。仰即知照。附件分别存转。

此令

（津 J2‑3‑8285）

493. 中国国民党天津特别市执行委员会为《光华新闻画报》等
三家核准登记事致天津市政府社会局函

1947 年 6 月 7 日

查《光华新闻画报》《三日谈》及《民生周报》等三家业经本会核准登记。除函请天津市政府咨转外，相应函请查照，并转饬各该报刊于出刊后按期分别送审为荷。

此致天津市政府社会局

主任委员　邵华

（津 J25‑3‑6160）

494. 天津市政府为发刊日期及备案检件已悉准予备案事批复《红叶画报》

1947 年 6 月 9 日

具呈人胡以庆呈一件，为发刊《红叶画报》，检件呈请备案由。呈件均悉，准予备案。

此批

（津 J2 - 3 - 8285）

495. 王建中为《博爱画报》声请登记事呈北平市政府社会局文
（附简章、董事会员名册、新闻纸杂志登记声请书）

1947 年 6 月 9 日

为呈请准予登记事。窃民在现行宪政之期，为提高文化教育水准及发扬三民主义精神，使各国民了解现行之政治及贯通一切普通常识，作有利群众之义务为目的，民拟在宣外南半截胡同三十二号设立北平博爱画报社，其内容系社论、大众文艺、影剧新闻等。本社以服务社会之需为宗旨，并以博爱精神为原则。谨此设立，理合备文恳请照准，实为德便。

谨呈北平市政府社会局

民　王建中谨呈
现住宣外南半截胡同三十二号

北平博爱画报社简章

1. 本社以促进国民知识，提倡文化教育水准，发扬艺术技能及供献社会人士所需要与缺欠为目的，谨此设立。

2. 本社以博爱精神作有益身心之事业。

3. 本社抱定人人为我、我为人人之宗旨。

4. 本社以服务社会为原则，不惜精神之疲乏，以期达成国民之天职。

5. 本社抱定无党无派言论、公正不攻击任何方面为宗旨，亦无有关国际及政治之评判内容，纯系大众之文艺、影剧新闻等。

6. 本社为股份有限公司。

7. 本社组织力求简单，计社长一人、副社长一人，以下分为营业部、编辑部、采访部，内设职员按工作繁简规定，而各在本社服务职员必以大无畏之精神发挥自己之天才，忠于个人之职务。

8. 本社职员必须身家清白，思想纯正，克〔刻〕苦奈〔耐〕劳，力求简朴，免去浮华，作事须负责任，取其人之长，减去己之短，方能完成青年之天职及事业之进展。

9. 本社分为董事及临时二会，为求平等权力起见，无须设立董事长及监察人。关于本社内外事项及开会时，均由社长或副社长召集担任之。

10. 本社董事系各股东担任，均系义务职，如外聘者，每月支给车马费。

11. 本社董事会之设立，专为解决本社特殊困难之一切事件。

12. 本社临时会之设立，专为讨论本社业务改善之方针。

13. 本社关于人事任免、调遣资金活动、对外有关方面一切连络均由社长担任之。

14. 本社召请董事开会，或年终计算股息及报告业务状况，如不能出席者，得由本社领具委托书，委托他人负责代表出席。

15. 本社资本暂定总额为国币六百万元整，分为一百二十股，每股五万元。社长人股十股，副社长人股十股，计财股一百股，人股二十股，总计为一百二十股。

16. 本社以认股书换领收据，以收据换领股票，作为股东证件。

17. 本社股息定为一年（国历年终）平均计算一次，以百分之二十作为本社基金，以百分之二十作为本社职员之奖金，以百分之六十作为股东所得之股息（平日及无赢余时不得以股支息）。

18. 本社股东除年终计算股息及开会时，不得干涉本社事务。

19. 本社股东系各友好，为发展文化艺术起见，由创办人招请担任之。如其对于本社有不良行为者，经本社发觉，即时取消股东资格。

20. 本社设立日期极为短促，为求尽善尽美为原则，请各董事、各职员及社会同情人士加以指导，本社无任欢迎。

本简章共为二十条，如有未尽事宜，随时修改之。

承办北平博爱画刊社社长王建中、副社长卢世儒谨启

中华民国三十六年六月六日

北平博爱画刊社董事会员名册

职 别	姓 名	籍 贯	现 任 职 务	备 考
董事	果燕伯	北平	中国万善联合会常务理事	
同	方祝华	辽宁	北平行辕总务处少校副官	
同	于锦文	天津	同上	
同	缪林颖	江苏	北平胜利广播电台分台台长	

职 别	姓 名	籍 贯	现 任 职 务	备 考
同	崔光远	辽宁	交通部第七区电信管理处人事室主任	
同	裴却非	辽宁	交通部北平电信局总务科科长	
同	马吉图	辽宁	交通部北平电信局线路科队长	
同	袁镜湖	辽宁	北平警察局督察处督察员	
同	恽绥之	北平	北平市警察局督察处督察员	
同	陈海元	北平	北平市警察局外一分局第一组主任	
同	徐济明	北平	北平市警察局内七分局第三组主任	
同	陈祖培	安徽	北平市警察局外四分局人事管理员	
同	刘林生	北平	北平私立三教小学校校长	
同	朱士仪	北平	中医	
同	李健侯	河间	北平健美工业社经理	
同	董植林	北平	义新园经理	
同	唐友时	北平	北平世界日报社采访部主任	
同	王象可	浙江	北平市社会局第三科职员	
同	白进文	北平	北平通讯社采访部主任	
同	卢云五	北平	经济部善后救济总署天津分署秘书	
同	王钰身	北平	教育界	
同	姚雅亭	北平	民政局职员	

共计二十二名

新闻纸杂志登记声请书

名　　称	北平博爱画报社		
类　　别	杂志	刊　期	周刊
发行旨趣	以博爱精神为宗旨		
社务组织	董事会、社长、副社长、营业部、编辑部		
资本数目	五百万元	经济状况	股份有限
业务状况			
发行所名称	本社	地　址	宣外南半截胡同三十二号
印刷厂名称	正大印刷局	地　址	西单舍饭寺三十号

	姓名	发行人	主编人			编　辑　人			
发行人及编辑人		王建中	卢世儒			陈中	刘沣陵		
	籍贯	北平	北平			北平	四川		
	年龄	二四	二四			二四	二一		
	学历	北平中国大学肄业	北平中国大学肄业			北平中国［大学］肄业	北平中大附中高中毕业		
	经历	博爱电台总务科长，胜利分台总务主任	天津《中华日报》编辑，天津《红叶画报》社长，天津《星期六画报》记者			中央银行接收敌朝鲜银行清算组办事员	北平电信局材料科员		
	党籍或参加团体	无	无			无	无		
	住所	宣外南半截胡同三十二号	西郊海淀双井胡同九号			西四砖塔胡同三十六号	和外后铁厂七号		
附　　注									
考查意见									
复核意见									

兹因发行，谨依《出版法》第九条及同法施行细则第九条之规定开具右列事项，声请登记。

谨呈北平市政府社会局

具声请书人　北平博爱画报社

发行人　王建中

中华民国三十六年六月九日

（京 J2－4－494）

496. 天津市政府社会局为《新游艺画报》声请登记事呈天津市政府文

1947 年 6 月 10 日

案据梅琥呈称：呈为呈送《新游艺画报》声请书，恳请备案批示，准予先行出版事。窃《新游艺画报》发行人梅琥为发扬文化、灌输社会智识，拟发行《新游艺画报》五日刊，依《出版法》规定，缮具声请书五份，恳祈钧局备案核转，先赐批示，准予提前出版，以利文化之宣传，实为公便。等情。并附登记声请书五份。据此，理合检同原书四份，加具考查意见，备文呈送，仰祈鉴察核转。

谨呈市长杜、副市长张

附呈声请书四份〈佚〉

天津市政府社会局局长　胡梦华

（津 J2－3－8283）

497. 北平市政府社会局科员王仪存为《晴雨画报》变更登记事签呈领导文（附《晴雨画报》职员略历表）

1947 年 6 月 10 日

查《晴雨画报》呈报该社人事变更及三日刊改为七日刊一案，奉批调查后核办，遵即前往。该社社址设于椿树上三条廿八号，当由该社副社长王树声接见，声称：本社因鉴于迩来纸张缺乏，价格日昂，为维持业务平衡发展起见，原报三日刊拟改为七日刊。又以社长买希天现在平汉北段护路司令部服务，不克每日在社监导，故又聘本人担任副社长代表负责一切人事，亦略加以调整。等语。经查该王树声所称各节尚属实情，本案拟准备查，是否有当，理合检同变更登记声请书及社员略历表签请鉴核示遵。

科员王仪存　呈

《晴雨画报》职员略历表

职　别	姓　名	籍贯	年龄	学　历	经　历	党籍或参加团体	住　所
发行人兼社长	买希天	河南	四二		现任平汉护路司令部职员		和外麻线胡同七号
副社长	王树声	北平	二六	中大文学系毕业	建华建筑公司襄理		本社

职 别	姓 名	籍贯	年龄	学 历	经 历	党籍或参加团体	住 所
总经理	金李静仪	北平	三九	青岛女师肄业	《立言报》经理		本社
总编辑	周尚祉	四川	二六	北平市立五中毕业	《民强报》《大同民报》编辑		和外后铁厂七号
编辑主任	孙日明	山东	二八	东京帝大毕业	汇文、华光、五三中学教员		本社
编辑	陈少波	广东	三一	日本明治大学新闻系毕业	汇文中学教员		前外延寿寺街广东会馆
编辑	金振家	北平	二一	中大政经系肄业			本社
编辑	王 震	河北	二二	中大政治系肄业	太平洋月刊社编辑		本社
校对	冯星桥	北平	二二	中大史学系肄业	北方小学教员		宣内绒线胡同四七号
校对	刘韬力	河北	二六	天津特一区中学毕业	小学教员		本社
摄影记者	张卓人	河北	二六	国立艺专毕业	《华北日报》摄影记者		本社
营业主任	孙沛霖	大连	二四	中大肄业	五三中学教员		本社
发行	韩焕彬	北平	二九	北平美专毕业	《正报》发行主任		本社
会计文书	杨博芳	河间	二六	师大附中毕业	保定十一战区上尉副官		本社
庶务	薛束之	山西	二六	中大法律系毕业	《道报》记者		北池子六〇号
印刷主任	孙学海	北平	二六	中大毕业	《中华民报》庶务主任		本社
工务长	方书印	北平	四一	北平志成中学肄业	《北平时报》工务课长		本社

（京 J2－3－917）

498. 于庆叚为证明田士林筹办《霓裳画报》思想纯正事致孔璋函

1947 年 6 月 10 日

查田士林先生为弟之好友,《霓裳画报》之筹办,纯基于兴趣及营利之立场,绝不会有任何之思想政治背景,请兄准予登记为祷。孔璋兄台照。

弟　于庆叚上

（津 J25 - 3 - 6139）

499. 天津市政府社会局为登记证已发无需再次登记事
致星期六画报社代电

1947 年 6 月 11 日

天津星期六画报社鉴:

前据补填声请书请层转发证。等情。业经呈奉市政府指令,以该社登记证已令发在案,所请应勿庸议。等因。兹特检还原声请书,电希查照。

天津市政府社会局○○印

（津 J25 - 3 - 6132）

500. 天津市政府社会局为《天津画报》业经奉准登记备案事
复北平市政府社会局函

1947 年 6 月 11 日

案准贵局本年五月二十九日崇技字第三一四八号函: 为天津画报社设立北平办事处,嘱查明该社是否呈准登记。等由。准此,查该社业经奉准登记,并领有内政部登记证有案。相应函复,即希查照为荷。

此致北平市政府社会局

（津 J25 - 3 - 6125）

501. 天津市政府社会局为登记声请已咨转内政部核办事
致明星画报社代电

1947 年 6 月 13 日

天津明星画报社鉴：

　　据请登记一案，业经呈奉市政府指令，已咨转内政部核办。特电查照。

天津市政府社会局○○印

（津 J25－3　6137）

502. 北平市政府社会局为准予变更登记事批复晴雨画报社买希天

1947 年 6 月 14 日

　　具呈人买希天呈一件，为呈报本社人事变更及三日刊改为七日刊，呈请备案由。呈件均悉。准予备查，仰即知照。

　　此批

局长　温○○

（京 J2－3－917）

503. 天津市政府为《光华新闻画报》声请登记事致内政部咨
暨指令社会局

1947 年 6 月 14 日

　　案据社会局呈转《光华新闻画报》声请登记附呈登记声请书请核转。等情。查声请书既经该局考查完竣，于法尚无不合，当经检同原声请书加注复核意见函送市党部执委会会核，并经由该会加盖会章，复送到府。除抽留一份备查并指令社会局知照外，相应检同原函二份，咨请贵部查核见复为荷。

　　此咨内政部

　　附咨送登记声请书二份〈佚〉

令社会局：

　　呈一件，为《光华新闻画报》声请登记，检原声请书核转由。呈件均悉。案经市党部会核完竣，已咨转内政部核办矣。仰即知照。附件分别存转。

　　此令

（津 J2 - 3 - 8285）

504. 天津市政府社会局为艺威画报周刊社换领新登记证事呈天津市政府文

1947 年 6 月 14 日

　　案据艺威画报周刊社呈送该社旧登记证及出版物各一件，请层转换领新登记证。等情。据此，理合检同原件，备文一并呈送，仰祈鉴察咨转。

谨呈市长杜、副市长张

附呈刊物一册、警字一零六四零号登记证一件〈佚〉

天津市政府社会局局长　胡梦华

（津 J2 - 3 - 8283）

505. 上海市社会局为《新闻画报》不予核转事批复黄应龙

1947 年 6 月 14 日

　　具呈人黄应龙呈一件，为拟发行《新闻画报》，申请登记由。呈表均悉。查该刊无固定社址，于法未合，所请未便核转，仰即知照。表存。

　　此批

局长　吴〇〇

副局长　李〇〇

（沪 Q6 - 12 - 128）

506. 天津市政府为《黄河画报》登记查核事致中国国民党天津特别市执行委员会函

1947 年 6 月 14 日

　　案据社会局勤文字第一三三五号略称：以据《黄河画报》发行人李正卿呈，为纠合同志，誓愿奉行三民主义，援助建国统一之复员，唤起全国人士之同情，特筹办天津《黄河画报》一种，谨依法填具意见呈送核转。等情前来。相应填注复核意见，函转贵会查核见复，以便咨转为荷。

此致中国国民党天津特别市执行委员会

附送登记声请书四份〈佚〉

（津 J2-3-8285）

507. 周铮为《胜利画报》声请登记事呈天津市政府社会局文（附新闻纸杂志登记声请书）

1947 年 6 月 16 日

呈为出版刊物，请准予备案以便发行事。窃等纠合新闻界同志，为报道新闻、倡导文学，拟出版《胜利画报》一种，系三日刊，理合检同登记声请书五份具呈钧局，请准予备案示批，以先行出刊，并恳请依法转呈内政部颁发登记证，实为公便。

谨呈天津市政府社会局

具呈人　周铮

年龄　三十六岁

籍贯　天津市

职业　《真善美报》广告部主任

住址　第二区河北望海楼四条七号

铺保　新中国广告社

住址　第一区山东路恒安里

执事人　李唐民

新闻纸杂志登记声请书				
名　称	胜利画报			
类　别	四开型画报	刊　期		三日刊
社务组织	撰述部、资料部、编辑部、经理部			
资本数目	三千万	经济状况		以广告、售报维持支出
发行所	名　称	胜利画报社	地　址	第一区山东路吉祥里十二号
印刷所	名　称	九成印刷所	地　址	第一区兴安路

	姓名	发行人	编 辑 人						
发行人及编辑人		周铮	张鹏程	祝石甫	郑文华	邱玺臣			
	籍贯	天津	天津	河南	天津	天津			
	年龄	卅六岁	卅二岁	卅三岁	廿九岁	四十五岁			
	学历	辅仁大学	工商学院	中国大学	私立商职	省一中学			
	经历	《时代报》记者，《益世报》记者，《中华日报》营业主任，《民生导报》广告主任	四友学校事务主任	平津铁路局职员	上海《益世报》记者	《北洋画报》编辑，南丰公司经理			
	是否党员及党证字号								
	住所	第二区望海楼四条七号	第一区林森路一○六号	第一区教堂前爱德里五号	第二区金家窑唐家胡同	第一区万全道九十九号			
附 注		社长	编辑	编辑	外勤	编辑			
考查意见									
复核意见									

兹因发行，谨依《出版法》第九条之规定开具右列事项，声请登记。

谨呈天津市政府社会局

具声请书人　胜利画报社周铮

中华民国三十六年六月十一日

（津 J25 - 3 - 6160）

508. 王寰如为证明田士林筹办《霓裳画报》思想纯正事 致天津市政府社会局函

1947 年 6 月 16 日

查田士林系本人学生，思想纯正，绝无任何背景。声请之《霓裳画报》系文艺性质，不涉政论，特此负责证明。

　　此致天津市政府社会局

天津画报社副社长兼编辑主任　王寰如

（津 J25‑3‑6139）

509. 天津市政府为《天津画报》变更登记事致中国国民党天津特别市执行委员会函

1947 年 6 月 19 日

　　案据社会局勤版字第一三六一号呈略称：以《天津画报》发行人沈健颖业已死亡，经饬该社依法办理变更登记。旋据声请以范宏昇为继续发行人，并填送声请书前来。理合检同原书及原领登记证呈送核转。等情前来。相应检同原书四份，函转贵会查核见复为荷。

　　此致中国国民党天津特别市执行委员会

　　附送变更登记声请书四份〈佚〉

（津 J2‑3‑8283）

510. 天津市政府为《新游艺画报》声请登记查核事致中国国民党天津特别市执行委员会函

1947 年 6 月 20 日

　　案据社会局勤文字第一四〇八号呈略称：以据《新游艺画报》发行人梅琥呈，为发扬文化、灌输社会知识，拟发行《新游艺画报》一种，谨依法填具声请书呈请转呈登记。等情。理合检同原书加具考查意见，呈送核转。等情前来。相应填注复核意见，函转贵会查核见复，以便咨转为荷。

　　此致中国国民党天津特别市执行委员会

　　附送登记声请书四份〈佚〉

（津 J2‑3‑8283）

511. 《越剧画报》为补行登记事呈上海市社会局文

1947 年 6 月 21 日

为呈请补行登记事。窃本报前曾申请贵局转呈内政部登记，蒙批饬因资金不足，未便转呈在案。兹本报内部业已重行组织，资金也已扩展为一千万元，为特再行依法填就登记表格四纸，敬希钧长审核后准予转呈登记备案。

此呈上海市社会局

具呈人　越剧画报社

发行人　王铭心

（沪 Q6 - 12 - 111）

512. 天津市政府社会局为登记声请已咨转内政部核办事致光华新闻画报社代电

1947 年 6 月 21 日

天津光华新闻画报社鉴：

据请登记一案，业经呈奉本市政府指令，已咨转内政部核办，特电查照。

天津市政府社会局〇〇印

（津 J25 - 3 - 6160）

513. 天津市政府社会局为《霓裳画报》声请登记事呈天津市政府文

1947 年 6 月 23 日

案据田士林呈称：呈为组织文艺游艺综合周刊，仰祈鉴核备案事。窃士林等联合同志，组织一文艺游艺综合周刊，命名为《霓裳画报》，以提倡文艺、研究艺术、矫正不良风俗为宗旨，拟于六月底出版。理合填具登记申请书五份，仰祈鉴核备案，分别存转，实为公便。等情。并附登记声请书五份。据此，理合检同原书四份，加具考查意见，备文呈送，仰祈鉴察核转。

谨呈市长杜、副市长张

附呈声请书四份〈佚〉

（津 J2 - 3 - 8283）

514. 严次平为《青青电影》复刊登记事呈上海市社会局文

1947年6月26日

窃为提倡国产影片及介绍影人生活为宗旨出版《青青电影》杂志，创刊于民国二十三年四月，执有内政部登记证警字第五〇〇九号。抗战军兴，杂志停刊，窃入内地任政治宣传工作。抗战胜利，窃等最近返沪筹备复刊，前登记证于战乱中遗失，理合重行备案登记，尚祈钧局准予出版发行，实为公便。

谨呈上海市社会局钧鉴

附呈新闻纸杂志登记声请书四份〈佚〉

青青出版社发行人兼编辑　严次平具

（沪 Q6 - 12 - 72）

515. 上海市政府为转发《联合画报》登记证事训令上海市社会局

1947年6月28日

令社会局：

前据该局化（36）字第一二三六〇号呈，以据《联合画报》呈询该刊是否准予登记，请咨转内政部核办。等情。经咨准该部（36）安四字第九一一七号复函开：准贵市政府沪新（36）字第一〇五〇号函，为《联合画报》是否准登记，嘱核办见复。等由。查《联合画报》声请登记尚无不合，应准登记，相应填发京警沪字第五二〇号登记证，函请查照转发见复，并饬依法按期寄送刊物为荷。等由。附发京警沪字第五〇二号登记证一份。准此，令将该刊登记证随令附发，转给并饬依法按期寄送刊物为要。

此令

附京警沪字第五二〇号登记证一份〈佚〉

市长　吴国桢

（沪 Q6 - 12 - 149）

516. 天津市政府为艺威画报周刊社换领新登记证事致内政部咨暨指令天津市政府社会局

1947 年 6 月 29 日

据社会局勤版字第一四三五号呈略称：以据艺威画报周刊社呈请换发新登记证，附具原领登记证及出版物等件，请予核转换发。等情前来。理合检同原附各件呈送核转。等情。经查，该社登记证系于三十五年七月以前领发，照章应准换发，相应检同原领登记证及出版物，咨请贵部查核，赐予换发为荷。

此咨内政部

附登记证一份、画报一册〈佚〉

令社会局：

呈一件，据艺威画报周刊社呈请换领新登记证等情，检呈原附件请核转由。呈件均悉。业经咨转内政部换发矣，仰即知照，附件转。

此令

(津 J2‑3‑8283)

517. 中国大众出版公司为《工程画报》声请登记事呈上海市社会局新闻纸杂志登记声请书

1947 年 6 月 30 日

新闻纸杂志登记声请书				
名　　称	工程画报			
类　　别	杂志	刊　　期	月刊	
发行旨趣	普及工程知识，促进工业建设			
社务组织	股份有限公司，内设编辑、发行等部			
资本数目	一千万元	经济状况	平衡	
发行所	名　称	中国大众出版公司	地　址	上海虎丘路一三一号三二三室
印刷所	名　称	中国科学公司	地　址	上海中正中路五三七号

	发行人	编 辑 人							
姓名	袁行健	王天一							
籍贯	四川	江苏							
年龄	三二	三二							
学历	国立交通大学工学院毕业	国立交通大学工学院毕业							
经历	上海人人企业公司总经理	上海电话公司工程师							
是否党员及党证字号									
住所	上海愚园路一〇五四号久安公寓三号	上海愚园路六七九弄七号							

※ 左侧纵向标注："发行人及编辑人"

附　注	
考查意见	该刊为介绍工程知识之专门性刊物，经核尚无不合，拟准予转呈
复核意见	

兹因发行《工程画报》，谨依《出版法》第九条及同法施行细则第九条之规定开具右列事项，声请登记。

谨呈上海市社会局

具声请书人　中国大众出版公司

发行人　袁行健

中华民国三十六年六月三十日

（沪 Q6 - 12 - 8）

518. 中国国民党天津特别市执行委员会为《黄河画报》登记查核事复天津市政府函（附新闻纸杂志登记声请书）

1947 年 7 月 3 日

案准贵府义闻字第五四二〇号函，据社会局呈转《黄河画报》声请登记，嘱查核见复。等由。附原声请书四份。准此，经查该报声请登记尚无不合，应准咨转。除将原声请书留存一份备查，并分函社会局外，相应将原声请书填注复核意见，加盖会章送请查照咨转为荷。

此致天津市政府

附原声请书三份

主任委员　邵华

新闻纸杂志登记声请书									
名　称		黄河							
类　别		杂志		刊　期		七日刊			
社务组织		由发行人独资经营，下设编辑二人、记者三人							
资本数目		四百万元		经济状况		流动			
发行所	名　称	天津黄河综合周刊社		地　址		天津八区南阁西街廿五号			
印刷所	名　称	荣兴印字馆		地　址		天津南市华安街兴隆里六号			
发行人及编辑人	姓名	发行人	编　辑　人						
		李正卿	李鹤文	王灵周					
	籍贯	天津	天津	河北南宫					
	年龄	廿七	五九	五七					
	学历	教育部天津职业班毕业	辽宁省东北文理学院毕业	河北省保定师范学堂毕业					
	经历	天津职业班讯委会编辑、天津怒吼半月刊社编辑	天津时文日报馆编辑主任	河北省立师范学校教员					
	是否党员及党证字号								
	住所	天津八区小西关大街六十号	天津八区小西关大街六十号	天津八区南阁西街廿五号					
附　注									
考查意见		查书填各点，核与《修正出版法》及同法施行细则尚无不合，拟请准予核转							
复核意见		查社会局所填意见尚无不合，应予照转							

兹因发行，谨依《出版法》第九条之规定开具右列事项，声请登记。

谨呈天津市政府社会局

具声请书人 天津黄河综合周刊社李正卿

中华民国三十六年三月二十六日

（津 J2‑3‑8284）

519. 天津市政府为《霓裳画报》登记查核事致中国国民党天津 特别市执行委员会函

1947 年 7 月 5 日

案据社会局勤版字第一五〇七号呈略称：以据《霓裳画报》发行人田士林呈为提倡文艺、研究艺术、矫正不良风俗，拟出版《霓裳画报》一种，谨依法填具声请书呈请转呈登记。等情。理合检同原书，加具考查意见，呈送核转。等情前来。相应检同原书，填注复核意见，函转贵会查核见复，以便咨转为荷。

此致中国国民党天津特别市执行委员会

附送登记声请书四份〈佚〉

（津 J2‑3‑8283）

520. 天津市政府社会局为换领新证一案已咨转内政部办理事 致艺威画报周刊社代电

1947 年 7 月 8 日

天津艺威画报周刊社鉴：

前据请换领新证一案，业经呈奉天津市政府指令，转咨内政部换发。等因。特电查照。

天津市政府社会局〇〇印

（津 J25‑3‑6181）

521. 曲濯缨为《燕京五日画报》声请登记事呈北平市政府社会局文（附新闻纸杂志登记声请书）

1947 年 7 月 8 日

为呈请出版《燕京五日画报》事。窃查平市诸多新闻杂志，各尽其长，唯民欲基以纯文艺精神，推进人类生活美化，补助社会教育不足，发扬我国固有道德，沟通世界新进文华〔化〕，根据左列项目出版《燕京五日画报》。

一、名称:《燕京五日画报》。

一、类别: 纯文艺，八开，报纸或模造纸，以油墨精印插图、色彩、美术，单张刊。

一、出版期间: 五日一刊，每月出版六期，全年为两卷，共七十二期。

一、宗旨: 本报以无党无派中立立场，以超然之态度，对于政治、军事概不评论; 以提倡纯文艺之本旨，美化改革人生，推进道德生活向上; 编辑取正肃精神，杜绝毒化文艺; 以沟通世界文化为前提，发扬建国文化为目标，使民族文化日益发达，使社会科学日形昌明，补助社会教育之不足，提高崭新文艺为宗旨。

一、编辑范围:

甲、刊载古今中外与人生、社会、道德有关之文艺作品，文白兼载，掌轶并搜，使各阶层领悟文艺与人生之价值，消化活用，尤其修身格言、箴语等，使读者得有涵修人格之借鉴，借安社会之秩序;

乙、提倡刊布新文艺作品，俾获新文艺之滋长;

丙、刊载名贵照片，凡古迹、名画、金石、名胜、奇迹等，使观图如莅，美化其灵魂，增修养之机会;

丁、刊登名人演词作品及各科论文，使学子于学业上有以补充;

戊、刊载有益于世道人心之小说、论文等;

己、刊载诗词、歌赋、戏剧、电影、漫画等;

庚、刊载社会科学作品;

辛、介绍有益社会之新书、新刊物;

壬、对于国家建国上之重要文献极力刊载之;

一、编辑方式: 八开四版，第一面报头，封面铜版及重要商业广告; 第二、三版为文艺作品正页，而报纸上下两端及骑缝刊登广告; 第四版长篇小说、广告等。

一、价格: 每期一千元，每月六千元，以视报纸昂降为准，不以营利。

以上项目，民誓守遵行。理合备文恭请鉴核。

谨呈社会局长温钧鉴

具声请书人　曲濯缨谨呈

新闻纸杂志登记声请书

名　　称	燕京五日画刊〔报〕			
类　　别	杂志	刊　期		五日刊
发行旨趣	发扬建国文化，补助社会教育			
社务组织	社长、编辑组、总务组			
资本数目	三千万元	经济状况		本社自筹
业务状况	每期发行五千份			
发行所名称	燕京五日画报社	地　址		内一区官帽胡同五号
印刷所名称	独立出版社印刷工厂	地　址		内四区阜成门大街五十一号

		发行人	主编人		编　辑　人				
发行人及编辑人	姓名	曲濯缨	曲炳南		李笑梅				
	籍贯	山东省蓬莱县	同		山东省黄县				
	年龄	三十九岁	三十六岁		四十三岁				
	学历	日本法政大学法文学部毕业	北平燕京大学毕业		哈尔滨法政人学毕业				
	经历	哈尔滨《国际协报》主笔，同法政大学助教，河北平津区敌伪产业清查委员会调查组长	哈尔滨《公报》主笔		哈尔滨《公报》编辑主任，《午报》编辑				
	党籍或参加团体	无	同		同				
	住所	北平内一区官帽胡同五号	同		同				

附　注	
考查意见	查该刊系以发扬建国文化、辅助社会教育为宗旨，发行人曲濯缨曾任平津敌伪产业清查委员会调查组长，现在平经商。前由市党部张东轩同志来函证明，并无其他背景。内部组织尚无不合，资金亦经呈验属实。惟在节约期间，新设申请之杂志可否准予登记，请核示
复核意见	经查该社并无其他背景，内部组织尚称健全，资金呈验无讹，发行旨趣正大，惟在动员戡乱节约期间申请登记，物力、财力均有消耗，可否准予登记之处，仍请核示

兹因发行，谨依《出版法》第九条及同法施行细则第九条之规定开具右列事项，声请登记。

谨呈北平市政府社会局

具声请书人　燕京五日画刊〔报〕社

发行人　曲濯缨

中华民国三十六年七月八日

（京 J2 - 4 - 479）

522. 内政部为准予《艺威画报》周刊换发登记证事复天津市政府函

1947 年 7 月 12 日

案准贵市政府义闻字第六四四一号公函：为检同《艺威画报》周刊原证及出版物转请查核换证。等由。准此，查该刊所请换证一节，经核尚合，应予照准。除所缴警字第一○六四○号旧证经已注销外，相应填发该刊京警津字第一三五号新证一纸，随函送达，即希查照转给具领见复，并饬仍将刊物按期检寄本部警察总署备查为荷。

此致天津市政府

附《艺威画报》周刊登记证一纸〈佚〉

部长　张厉生

（津 J2 - 3 - 8284）

523. 张俊杰为《丽影画报》声请登记事呈天津市政府社会局文

1947 年 7 月 15 日

窃民张俊杰服务报界多年，以倭寇犯津而辍业，奋斗八载，正义终获最后胜利。吾国复兴首在建设，诸班事业相继复员，身属国民，只应效忠国家，当不后人。故民筹办丽影画报社，发扬文化，革新生活，服务社会，效忠人群。除按章填书表格外，理合备文呈请鉴核，恳乞准予立案，发给执照，以便印行。实纫德便。

谨呈天津市社会局

具呈人　张俊杰

年龄　四十二岁

籍贯　本市人

住址　南门外王家楼十四号

铺保　韩记煤栈

经理　韩子华

住址　七区官沟街东首一〇六号

（津 J25－3－6160）

524. 中国国民党天津特别市执行委员会为《星期五画报》登记查核事复天津市政府函（附新闻纸杂志登记声请书）

1947 年 7 月 16 日

案准贵府义闻字第四五八三号函：据社会局呈转《星期五画报》声请登记，嘱查核见复。等由。附原声请书四份。准此，经查该报声请登记尚无不合，应准咨转，除将原声请书留存一份备查并分函社会局外，相应将原声请书填注复核意见，加盖会章，送请查照咨转为荷。

此致天津市政府

附原声请书三份

主任委员　邵华

新闻纸杂志登记声请书

名　称			星期五画报								
类　别			十六开本周刊			刊　期	每逢星期五出版				
社务组织			分营业、编辑两部								
资本数目			一千万元			经济状况	自给自足				
发行所	名　称		星期五画报社			地　址	天津第二区胜利路三十九号				
印刷所	名　称		中利印刷局			地　址	天津二区金汤大马路二号				
发行人及编辑人	姓名	发行人	编 辑 人								
		曹天培	李逊梅	石愚吾	曹聪孙						
	籍贯	河北通县	辽宁铁岭	天津市	天津市						
	年龄	四十二	四十三	四十四	二十一						
	学历	通县潞河中学毕业	铁岭县立中学毕业	天津国民生计中学毕业	天津工商大学肄业						

发行人及编辑人	经历	前《天津商报》营业部主任	天津《中华日报》编辑副主任	《天津画报》记者	前天津《至博周刊》编辑					
	是否党员及党证字号									
	住所	天津一区康定路二十九号	天津一区河北路仁丰里十一号	天津九区北极寺四号	天津一区教堂后宝祥里十二号					
附　注										
考查意见		查书填各点，核与《修正出版法》及同法施行细则各规定尚无不合，拟请准予核转								
复核意见		查社会局所填意见尚无不合，应予照转								

兹因发行，谨依《出版法》第九条之规定开具右列事项，声请登记。

谨呈天津市政府社会局、天津市政府、天津特别市党部执行委员会、内政部、中央宣传部

具声请书人　曹天培

中华民国三十六年五月七日

（津 J2 - 3 - 7690）

525. 郝文荣为发行《维纳丝画报》声请登记事呈天津市政府社会局文

1947 年 7 月 16 日

为发行《维纳丝画报》声请登记，恳乞准予注册发行由。窃郝文荣为提倡正当文艺读物，充实市民精神食粮起见，爰拟发行《维纳丝画报》一种，内容以文艺术画片为主，仅〔谨〕依期刊物登记办法填具新闻〔纸〕杂志声请书五份，备文送请钧局审核，恳乞准予注册发行，实为德便。

谨呈天津市政府社会局局长胡

《维纳丝画报》发行人　郝文荣谨呈

〈略〉

（津 J25 - 3 - 6144）

526. 中国国民党天津特别市执行委员会为《星期五画报》等已核准登记等事致天津市政府社会局函

1947 年 7 月 17 日

查《星期五画报》及《世间解月刊》二家业经本会核准登记，除检同申请书函送天津市政府咨转外，相应函请查照并转饬各该报刊知照，于出刊后按期分别送审为荷。

此致天津市政府社会局

主任委员　邵华

（津 J25 - 3 - 6113）

527. 金城为《艺声》声请登记事呈上海市社会局新闻纸杂志登记声请书

1947 年 7 月 17 日

<table>
<tr><th colspan="5">新闻纸杂志登记声请书</th></tr>
<tr><td>名　　　称</td><td colspan="4">艺声</td></tr>
<tr><td>类　　　别</td><td colspan="2">杂志</td><td>刊　　　期</td><td>半月一次</td></tr>
<tr><td>发行旨趣</td><td colspan="4">提倡高尚娱乐，发扬戏剧电影艺术为宗旨</td></tr>
<tr><td>社务组织</td><td colspan="4">股份有限公司</td></tr>
<tr><td>资本数目</td><td colspan="2">二千万元</td><td>经济状况</td><td>以发行及广告收入作今后之来源</td></tr>
<tr><td>业务状况</td><td colspan="4">预计每月可销三千份</td></tr>
<tr><td>发行所名称</td><td colspan="2">中国图书杂志公司</td><td>地　　　址</td><td>本市福州路</td></tr>
<tr><td>印刷所名称</td><td colspan="2">美灵登印刷公司</td><td>地　　　址</td><td>本市香港路</td></tr>
<tr><td rowspan="12">发行人及编辑人</td><td>姓名</td><td>发行人</td><td colspan="2">主编人</td><td colspan="2">编　辑　人</td></tr>
</table>

<table>
<tr><th rowspan="6">发行人及编辑人</th><th>姓名</th><th>金城</th><th>林朴晔</th><th></th><th></th></tr>
<tr><td>籍贯</td><td>浙江</td><td>浙江</td><td></td><td></td></tr>
<tr><td>年龄</td><td>四十一</td><td>卅二</td><td></td><td></td></tr>
<tr><td>学历</td><td>上海南洋商高</td><td>上海大同大学</td><td></td><td></td></tr>
<tr><td>经历</td><td>民华影业公司总经理</td><td>上海《金融日报》编辑</td><td></td><td></td></tr>
</table>

发行人及编辑人	党籍或参加团体	无	无				
	住所	建国西路三九五弄十二号	爱文义路张家宅路六十九号				
附 注							
考查意见		该刊以提倡高尚娱乐，发扬电影艺术为宗旨，发行人为民华影业公司总经理，经核尚无不合，拟准予转呈					
复核意见							

兹因发行　　　，谨依《出版法》第九条及同法施行细则第九条之规定开具右列事项，声请登记。

谨呈上海市社会局

具声请书人　国风出版社

发行人　金城

中华民国卅六年六月三日

说明

一、凡为新闻纸或杂志之发行者，应由发行人向地方主管官署领取此项声请书，依式填具四份声请之；

二、类别栏须填明新闻纸或杂志或通讯稿；

三、刊期系指日刊、周刊、旬刊、月刊、季刊等刊期而言，应于本栏内填明之；

四、发行人指主办新闻纸或杂志之人，如有二人以上时，应互推一人具名声请之；

五、编辑人指掌管编辑之人，应于本栏内分别填明；

六、考查意见栏由地方主管官署填写，复核意见栏由市政府填写。

（沪 Q6－12－155）

528. 大都会画报社代表人张元贤为依法送检出版品事呈上海市社会局文

1947 年 7 月 22 日

谨复者：接奉钧局七月十五日公函内开：兹为调查各报纸通社杂志……前来本科谈话。等因。奉此，查敝社出版《大都会画报》系于战前出版，共计二期。嗣因抗战军兴，拒向敌伪登记而停刊，以迄抗战胜利，始向钧局重行声请复刊登记，当经奉谕，在未曾发给新登记证之前暂缓复刊等语，故迄未擅自复刊，以致无从检送最近出版品，合亟声明呈报（一俟出版有期，当再依法检送最近出版品）。

谨呈上海市社会局第十科科长陈

大都会画报社启

代表人　张元贤

（沪 Q6－12－35）

529. 国民党北平市党部张东轩为请准《燕京五日画报》先行发刊事致北平市政府社会局局长温崇信函

1947 年 7 月 23 日

崇公局长勋鉴：

敬恳者：兹有旧友曲湜缨君拟在平发行《燕京五日画报》，系为发扬文化，并无党派背景，特请鼎力支援，准其先行发刊，无任同感。肃此，恭请勋安。

职张东轩　谨上

（京 J2－4－479）

530. 上海市社会局为转发《联合画报》登记证事呈上海市政府文

1947 年 7 月 24 日

案奉钧府沪新（36）字第一六二六〇号训令，以准内政部函送《联合画报》登记证一份，仰即转发具报。等因。附发登记证一份。奉此，除通知该刊发行人来局具领并饬依法按期呈缴刊物备查外，理合备文呈复。仰祈鉴核。

谨呈上海市市长吴

上海市社会局局长　吴〇〇

（沪 Q6－12－149）

531. 天津市政府为艺威画报周刊社换领登记证等事训令
天津市政府社会局暨复内政部函

1947 年 7 月 28 日

令社会局：

案查前据该局呈，以《艺威画报》周刊呈请换证，检同原证及出版物转请查核一案。经本府函准内政部（36）安四字第一一〇三九号公函内开：案准贵市政府云云，警察总署备查。等由。准此，合行检发《艺威画报》周刊登记证一份，令仰该局转给具领具报。

此令

计发《艺威画报》周刊登记证一份〈佚〉

案准贵部（36）安四字第一一〇三九号公函略开：以《艺威画报》周刊所请换证，经核尚合，应予照准。除将所缴警字第一〇六四〇号旧证经已注销外，相应填发该刊京警津字第一三五号新证一份，希转给具领见复，并饬仍将刊物按期检寄本部警察总署备查。等由。附登记证一份。准此，除将该项登记证转发本府社会局转饬具领，并饬将刊物按期检寄贵部警察总署备查外，相应函复，即希查照为荷。

此致内政部

(津 J2 - 3 - 8284)

532. 天津市政府为《黄河画报》等报刊登记事
致内政部咨暨指令社会局

1947 年 7 月 30 日

案据社会局先后呈送中央通讯社、《黄河画报》二家登记声请书请核转。等情。当经详细考查，加注复核意见，函转市党部执委会会核，并经由该会加盖会章，复送到府。除各抽一份备查并指令社会局知照外，相应检同该二家声请书各二份，咨请贵部查核见复为荷。

此咨内政部

附登记声请书四份〈佚〉

令社会局：

呈一件，为呈送中央通讯社、《黄河画报》二家登记声请书请核转由。呈件均悉。案经市党部会核完竣，已咨转内政部核办矣。仰即知照。附件分别存转。

此令

（津 J2‐3‐8284）

533. 中国国民党天津特别市执行委员会为《天津画报》变更登记事复天津市政府函（附新闻纸杂志变更登记声请书）

1947 年 7 月 31 日

案准贵府义闻字第五七三四号函：据社会局呈转《天津画报》变更登记声请书，嘱查核见复。等由。附声请书四份。准此，经查该报声请变更登记，尚无不合，应准咨转。除将原书留存一份备查并分函社会局外，相应将原书填注复核意见，加盖会章送请查照咨转为荷。

此致天津市政府

附变更登记声请书三份

主任委员　郭紫峻

新闻纸杂志变更登记声请书		
名　　称	天津画报社	
发行人姓名	范宏昇	
原登记核准之年月日	民国三十五年十月十二日	
登记证号数及发给之年月日		
首次发行之年月日	民国三十五年十月二十二日	
声请变更事项	原登记者	沈健颖
	现变更者	范宏昇
变更之原因	因沈健颖故去	
变更之年月日	民国三十六年四月二十六日	
附　　注	登记证尚未领发	
考查意见	查范宏昇具有《修正出版法施行细则》第八条第四款之资格，且无《出版法》第十三、〔十〕四条所列各款之情形，拟准予核转	
复核意见	查社会局所填意见尚无不合，应予照转	

兹依《出版法》第十条及同法施行细则第十四条之规定，开具右列事项，声请变更

登记。

　　谨呈天津市政府社会局

具声请书人　天津画报社范宏昇

中华民国三十六年四月二十六日

（津 J2‑3‑8286）

534. 中国国民党天津特别市执行委员会为核准《天津画报》变更
登记事致天津市政府社会局函

1947 年 7 月 31 日

　　查《天津画报》业经本会核准变更登记，除函请天津市政府咨转外，相应函请查照，并转饬知照该报于出刊后按期分别送审为荷。

　　此致天津市政府社会局

主任委员　郭紫峻

（津 J25‑3‑6113）

535. 星期六画报社为换领登记证事呈天津市政府社会局文

1947 年 8 月 2 日

　　窃查天津市政府公告：以准内政部函，为换领各报刊登记证一案，展期至本年八月三十一日止，饬未换领各报刊社迅即前往社会局依法换领。等因。奉此，兹将本报京警津字第九九号登记证一枚随文呈缴，恭请鉴核，准予换领，实为公便。

　　谨呈天津市政府社会局

　　附呈本报京警津字第九九号登记证一枚〈佚〉

天津星期六画报社发行人　张瑞亭

（津 J25‑3‑6132）

536. 联合画报社为刊物已按期呈缴事致上海市社会局函

1947 年 8 月 3 日

　　顷接贵局通告化（□）字第二〇七六二号，嘱按期呈缴刊物以凭转报。查敝社刊物每期均有寄奉，另并寄内政部乙份，特此奉复并请察照为荷。

此致上海市社会局

联合画报社启

（沪 Q6 - 12 - 149）

537. 宋若狂为《天地人画报》声请登记事呈北平市政府社会局文
（附新闻纸杂志登记声请书）

1947 年 8 月 4 日

窃为阐扬民族意识，协力动员戡乱，达成建国复兴大业，爰特创立《天地人画报》在平发行，现以筹备就绪，理合造具登记申请书六份，呈请钧局赐予审查转报，以便刊行，实为公便。

谨呈北平市社会局局长温

附呈登记申请书六份

北平天地人画报社发行人　宋若狂呈

新闻纸杂志登记声请书								
名　　称	天地人画报							
类　　别	杂志				刊　　期	每三日发行一次			
发行旨趣	加强民族意识，达成复兴建国大业							
社务组织	董事会——社长——各部门							
资本数目	一千万元				经济状况	民营			
业务状况									
发行所名称	天地人画报社				地　址	北平和内顺城街五十号			
印刷所名称	《北平新报》印刷部				地　址	北平新报社			
发行人及编辑人	姓名	发行人	主编人			编辑人			
		宋若狂	郭忻培	潘建安		宋上达			
	籍贯	天津	通县	北平		北平			
	年龄	三十六	三十五	三十四		三十二			
	学历	警官高等学校	同上	中国大学文学士		师范大学文学士			

发行人及编辑人	经历	北平《小小日报》总编辑,《国民日报》编辑,《市民日报》总经理	《市民日报》董事	《市民日报》总编辑,《新中国报》主笔	《北平新报》记者		
	党籍或参加团体	申请入党中	党证遗失,申请补领中	三青团团员			
	住所	北平和内顺城街五十号	饽饽房甲三号	石驸马后宅甲三十号	寿逾百胡同		
附注							
考查意见							
复核意见							

　　兹因发行, 谨依《出版法》第九条及同法施行细则第九条之规定开具右列事项, 声请登记。

　　谨呈北平市政府社会局

具声请书人　天地人画报社

发行人　宋若狂

中华民国三十六年八月一日

（京 J2‑4‑491）

538. 蔡君梅为《扶风画报》声请登记事呈天津市政府社会局文 （附新闻纸杂志登记声请书）

1947 年 8 月 5 日

　　呈为拟筹设《扶风画报》以辅导文化, 恳祈准予许可, 俾便进行组织而期成立发行事。窃查改良风俗贵于普及教育, 而辅导教育尤赖于文化刊物。兹经蔡君梅、杨建珍等醵集资本一千万元, 在本市河东四区教堂北街一〇二号公推蔡君梅为社长兼发行人, 筹设《扶风画报》, 以扶导教育、启发青年文艺兴趣为宗旨, 内容丰富, 意义纯良, 以期改良社会、普及世界知识，借以辅导教育。如蒙准予刊行，即遵照进行组织办理登记一切手续而便成立发行。所有创设《扶风画报》以辅导文化各缘由是否可行，理合备文呈请鉴核示遵。

谨呈天津市社会局

具呈请人　蔡君梅

地址　第七区南门里大寺西林公馆胡同四号

铺保　孚元煤栈

经理　郑文斗

住址　第四区教堂北街一〇二号

<table>
<tr><td colspan="10" align="center">新闻纸杂志登记声请书</td></tr>
<tr><td colspan="2" align="center">名　　称</td><td colspan="8" align="center">扶风画报</td></tr>
<tr><td colspan="2" align="center">类　　别</td><td colspan="2" align="center">综合杂志</td><td colspan="2" align="center">刊　　期</td><td colspan="4" align="center">周刊</td></tr>
<tr><td colspan="2" align="center">社务组织</td><td colspan="8">合股，分社长、编辑、发行</td></tr>
<tr><td colspan="2" align="center">资本数目</td><td colspan="4">一千万</td><td colspan="2" align="center">经济状况</td><td colspan="2"></td></tr>
<tr><td align="center">发行所</td><td align="center">名称</td><td colspan="4">扶风画报社</td><td align="center">地　　址</td><td colspan="3">河东第四区教堂北街一〇二号</td></tr>
<tr><td align="center">印刷所</td><td align="center">名称</td><td colspan="4">中国印刷厂</td><td align="center">地　　址</td><td colspan="3">兴安路五号</td></tr>
<tr><td rowspan="9" align="center">发行人及编辑人</td><td rowspan="2" align="center">姓名</td><td align="center">发行人</td><td colspan="7" align="center">编　辑　人</td></tr>
<tr><td align="center">蔡君梅</td><td align="center">安乐然</td><td align="center">马文煜</td><td align="center">张钺庭</td><td align="center">杨建珍</td><td align="center">蔡君松</td><td></td><td></td></tr>
<tr><td align="center">籍贯</td><td align="center">天津</td><td align="center">文安</td><td align="center">天津</td><td align="center">山东阳信</td><td align="center">天津</td><td align="center">天津</td><td></td><td></td></tr>
<tr><td align="center">年龄</td><td align="center">二十三</td><td align="center">二十五</td><td align="center">二十三</td><td align="center">二十二</td><td align="center">二十三</td><td align="center">十九</td><td></td><td></td></tr>
<tr><td align="center">学历</td><td>辅仁大学□〔业〕</td><td>师范大学毕业</td><td>中国大学肄业</td><td>工商大学肄业</td><td>育德大〔学〕□业</td><td>中西女中肄业</td><td></td><td></td></tr>
<tr><td align="center">经历</td><td></td><td></td><td></td><td></td><td></td><td></td><td></td><td></td></tr>
<tr><td align="center">党籍或参加团体</td><td></td><td></td><td></td><td></td><td></td><td></td><td></td><td></td></tr>
<tr><td align="center">住所</td><td>第七区南门内林公馆胡同四号</td><td>第四区教堂北街一〇二号</td><td>宫北福神街一号</td><td>第七区东马路二三二号</td><td>宫北大街二九号</td><td>第七区南门内林公馆胡同四号</td><td></td><td></td></tr>
</table>

附　注	社长	主笔							
考查意见	查发行人系无党无派，实具有《修正出版法施行细则》第八条第一款之资格，及编辑人等均无《出版法》第十三、〔十〕四条所列各款之情形，至其发行旨趣不外视为一种事业，拟请准予核转								
复核意见									

兹因发行，谨依《出版法》第九条之规定开具右列事项声请登记。

谨呈天津市政府社会局

具声请书人　扶风画报社蔡君梅

中华民国三十六年八月五日

（津 J25 - 3 - 6139）

539. 天津市政府社会局为具领新证并依法送审事致艺威画报社代电

1947 年 8 月 5 日

天津艺威画报社鉴：

　　兹奉市政府令，发该社内政部京警津字第一三五号新登记证，饬转发。等因。希即具文呈领，并仍将出版物依法送审。

天津市政府社会局〇〇印

（津 J25 - 3 - 6181）

540. 曹天培为《星期五画报》提前出版发行等事呈天津市政府社会局文

1947 年 8 月 5 日

　　为呈报《星期五画报》业已出版事。窃民曹天培所申请发行之《星期五画报》，已于民国三十六年八月一日提前出版发行创刊号。除每期呈寄各机关审阅外，谨据情呈报，伏乞钧局鉴核。

谨呈天津市政府社会局

呈具人姓名　《星期五画报》发行人曹天培

年龄　四二岁

籍贯　河北通县
住址　天津二区胜利路三九号

（津 J25－3－6134）

541. 天津市政府为《星期五画报》等六家刊物登记事致内政部咨暨指令天津市政府社会局

1947 年 8 月 6 日

案据社会局先后呈转《星期五画报》《新生命半月刊》《世间解月刊》《津电月刊》《海运月刊》《新游艺画报》等六家声请登记，附呈登记声请书请核转。等情。查声请书既经该局考查完竣，于法尚无不合，当经检同原书加注复核意见，函送市党部会核，并经由该会加盖会章后送到府，除各抽存一份备查，并指令社会局知照外，相应检同原书各二份，咨请贵部查核见复为荷。

此咨内政部

附《星期五画报》等六家声请书各二份〈佚〉

令社会局：

呈六件，为《星期五画报》《新生命半月刊》《世间解月刊》《津电月刊》《海运月刊》《新游艺画报》等六家声请登记，检同原声请书请核转由。呈件均悉。案经市党部会核完竣，已咨转内政部核办矣。仰即知照，附件分别存转。

此令

（津 J2－3－7690）

542. 北平市政府社会局为呈验资金后再行核办事批复北平博爱画报社王建中

1947 年 8 月 7 日

具呈人王建中呈一件，为呈请准予登记由。呈件均悉。仰即将资金呈验后再行核办。

此批

局长　温○○

（京 J2－4－494）

543. 天津市政府社会局为无需换领登记证事致星期六画报社代电

1947 年 8 月 9 日

天津星期六画报社鉴：

据请换领登记证等情已悉。该社原系新证，无庸再换，希即查照。

附检还原证一件〈佚〉

天津市政府社会局〇〇印

（津 J25‐3‐6132）

544. 李逊梅为《美艺画报》声请登记事呈天津市政府社会局文

1947 年 8 月 11 日

呈为声请《美艺画报》登记事。窃民李逊梅历在新闻界服务，鉴于近日市上所售之刊物黄色充斥，不堪寓目，而科学文艺刊物又因风格较高，不为读者所欢迎，谨以折衷办法创刊《美艺画报》，内容以提倡美术与文艺为主，浅鲜〔显〕易解，导引读者眼光向上，俾补助社会文化教育之不及焉。谨依《出版法》填写登记声请书四份，伏乞鉴核施行，准予登记，实为公便。

谨呈天津市政府社会局

附呈杂志登记声请书四份〈略〉

具呈人　《美艺画报》发行人李逊梅

年龄　四十三岁

籍贯　辽宁铁岭

职业　新闻界

住址　一区河北路仁丰里十一号

（津 J25‐3‐6139）

545. 天津市政府社会局为《丽影画报》声请登记事呈天津市政府文

1947 年 8 月 13 日

案据《丽影画报》张俊杰呈称：窃民张俊杰服务报界多年，以倭寇犯津而辍业，奋斗八载，正义终获最后胜利。吾国复兴首在建设，诸班事业相继复员，身属国民，只应效忠国家，当不后人。故民筹办丽影画报社，发扬文化，革新生活，服务社会，效忠人群。除按章填书表格外，理合备文呈请鉴核，恳乞准予立案，发给执照，以便印行。实纫德便。等情。附登记声请书五份。据此，理合检同声请书二份，并加具意见，备文呈请鉴核，俯赐核转。

谨呈市长杜、副市长张

附呈登记声请书二份〈佚〉

天津市政府社会局局长　胡梦华

（津 J2－3－8290）

546. 天津市政府为《天津画报》变更登记事致内政部咨暨指令社会局

1947 年 8 月 13 日

案据社会局呈转《天津画报》声请变更登记，附呈声请书及原登记证，请核转。等情。查声请书既经该局考查完竣，于法尚无不合，当经检同原书加注复核意见，函送市党部执委会会核，并经由该会加盖会章，复送到府。除抽留一份备查并指令社会局知照外，相应检同原书二份、原登记证一份，咨请贵部查核见复为荷。

此咨内政部

附声请书二份、原登记证一份〈佚〉

令社会局：

呈一件，为呈送《天津画报》变更登记声请书请核转由。呈件均悉。案经市党部会核完竣，已咨转内政部核办矣。仰即知照。附件分别存转。

此令

（津 J2－3－8286）

547. 天津市政府社会局为登记声请已咨转内政部核办事
致《星期五画报》等六家报刊社代电

1947 年 8 月 15 日

天津（　　）社鉴：

所请登记一案业经呈奉市政府指令，已咨转内政部核办，特电复查照。

《星期五画报》	第二区胜利路卅九号
《新生命半月刊》	小徽州道廿七号
《世间解月刊》	宁夏路大觉兴善寺内
《津电月刊》	电信局
《海运月刊》	罗斯福路一八九号
《新游艺画报》	建国道廿号

天津市政府社会局○○印

（津 J25－3－6134）

548. 天津市政府社会局为《黄河画报》周刊发刊日期
备案事呈天津市政府文

1947 年 8 月 18 日

案据黄河画报周刊社呈报于八月十五日发刊。等情。据此，理合具文呈报，仰祈鉴察。

谨呈市长杜、副市长张

天津市政府社会局局长　胡梦华

（津 J2－3－8286）

549. 天津市政府社会局为依法送审刊物事致星期五画报社代电

1947 年 8 月 19 日

天津星期五画报社鉴：

据报于八月一日发刊等情已悉。仍希依法按期将出版物呈缴市政府新闻处、市党部、内政部警察总署与礼俗司、行政院新闻局及本局备查。

天津市政府社会局○○印

（津 J25－3－6134）

550. 天津市政府社会局为抄开星期五画报社地址事
致天津市政府警察局函

1947 年 8 月 19 日

案据《星期五画报》呈报于八月一日发刊。等情。据此，相应抄开该社地址函达，即希查照为荷。

此致警察局

抄开星期五画报社地址：二区胜利路三十九号。

（津 J25 - 3 - 6134）

551. 天津市政府社会局为《星期五画报》发刊日期事呈天津市政府文

1947 年 8 月 19 日

案据星期五画报社呈报于八月一日发刊。等情。据此，理合具文呈报。仰祈鉴察。

谨呈市长杜、副市长张

天津市政府社会局局长　胡梦华

（津 J2 - 3 - 8286）

552. 天津市政府社会局为变更登记办理情形事致天津画报社代电

1947 年 8 月 21 日

天津画报社鉴：

据请变更登记一案，业经呈奉市政府指令，已咨转内政部核办，特电查照。

天津市政府社会局○○印

（津 J25 - 3 - 6130）

553. 北平市政府社会局为宋若狂及《天地人画报》登记所称
各节是否属实事至民政局函

1947 年 8 月 22 日

案据贵局专员宋若狂呈称：窃为阐扬民族意识，协力动员戡乱，达成建国复兴大业，爰特创立《天地人画报》在平发行，理合造具登记申请书，请转呈准予登记。等情。查该员所称各节是否属实及该报有无筹办之需要，相应函请查照见复为荷。

此致民政局

局长　温〇〇

（京 J2－4－491）

554. 内政部为《星期五画报》等六家刊物登记审核事复天津市政府函

1947 年 8 月 26 日

案准贵市政府义闻字第九四一九号咨：为检同《星期五画报》《新生命半月刊》《世间解》《津电月刊》《海运月刊》《新游艺画报》等六家登记声请书，请查核。等由。准此，查该六家登记声请书，业经分别审核，《津电月刊》《海运月刊》二家类别不明，所请登记一节，均未便办理，合将原声请书发还，应请转饬更正申复再核。其余四家尚无不合，准予登记，兹填发《星期五画报》京警津字第一四七号、《新生命半月刊》京警津字第一四八号、《世间解》京警津字第一四九号、《新游艺画报》京警津字第一五〇号登记证各一份，相应函达，即希查照，分别转洽具领见复，并饬各将刊物按期检寄本部警察总署备查为荷。

此致天津市政府

附发还《津电月刊》等二家原声请书各二份，《星期五画报》等四家登记证各一份〈佚〉

部长　张厉生

（津 J2－3－8287）

555. 曹启云为《银光画报》声请登记事呈天津市政府社会局文
（附新闻纸杂志登记声请书）

1947 年 8 月 26 日

呈为呈请组织银光画报社登记，并请转呈备案事。窃民拟集股本三千万元，于本市荣吉大街六十五号组织《银光画报》，以发展我国文化，纠正社会不良风俗，赴建国之使命，求社会之正当发展。内容分为文艺、游艺、小说及社会服务等，拟于九月十五日出刊。遵章填具钩局所领之新闻［纸］杂志登记声请书四份，伏乞考核，准予登记，以凭出版，实为德便。

谨呈天津市政府社会局

附呈新闻纸杂志登记声请书四份

具呈人　曹启云

铺保　中兴铁工厂

经理　白藜青

地址　八区龙亭街二十四号

<table>
<tr><th colspan="9" style="text-align:center">新闻纸杂志登记声请书</th></tr>
<tr><td colspan="2" style="text-align:center">名　称</td><td colspan="7" style="text-align:center">银光画报</td></tr>
<tr><td colspan="2" style="text-align:center">类　别</td><td colspan="3">综合刊物杂志</td><td>刊　期</td><td colspan="3" style="text-align:center">周刊</td></tr>
<tr><td colspan="2" style="text-align:center">社务组织</td><td colspan="7">设营业、广告、编辑、发行、总务五部</td></tr>
<tr><td colspan="2" style="text-align:center">资本数目</td><td colspan="3">三千万元</td><td>经济状况</td><td colspan="3">合资</td></tr>
<tr><td>发行所</td><td>名　称</td><td colspan="3">银光画报发行部</td><td>地　址</td><td colspan="3">本市南市荣吉大街六十五号</td></tr>
<tr><td>印刷所</td><td>名　称</td><td colspan="3">明兴印刷所</td><td>地　址</td><td colspan="3">本市南市杨家柴厂十八号</td></tr>
<tr><td rowspan="8">发行人及编辑人</td><td rowspan="2">姓名</td><td>发行人</td><td colspan="7" style="text-align:center">编 辑 人</td></tr>
<tr><td>曹启云</td><td>李然犀</td><td>王寰如</td><td>王天职</td><td>张锡百</td><td>曹作恬</td><td>孙家骏</td><td>郑文权</td></tr>
<tr><td>籍贯</td><td>武清</td><td>天津</td><td>天津</td><td>高阳</td><td>武清</td><td>天津</td><td>天津</td><td>天津</td></tr>
<tr><td>年龄</td><td>三八</td><td>五五</td><td>五〇</td><td>二一</td><td>二三</td><td>二二</td><td>二四</td><td>二二</td></tr>
<tr><td>学历</td><td>北平辅仁大学毕业</td><td>北平朝阳大学毕业</td><td>北平辅仁大学毕业</td><td>天津育德学院肄业</td><td>天津育德学院肄业</td><td>北平平民中学毕业</td><td>天津特一中学毕业</td><td>天津浙江中学毕业</td></tr>
<tr><td>经历</td><td>曾任前青岛市《民报》编辑，前烟台《复兴日报》编辑</td><td>曾任前天津《大公报》文艺版编辑，前《泰晤士报》华文版编辑，《天津画报》编辑</td><td>曾任前《平报》编辑，《明星》《宇宙》等画报编辑</td><td>曾任昆明《复兴晚报》记者</td><td>曾任武清县第八区国民学校教务主任</td><td>曾任武清县第八区附属六道口小学教员</td><td>曾任河北省银行行员，河北新闻社记者</td><td>曾任先农公司职员</td></tr>
<tr><td>是否党员及党证字号</td><td></td><td></td><td></td><td></td><td></td><td></td><td></td><td></td></tr>
<tr><td>住所</td><td>本市鼓楼西丁家胡同二十一号</td><td>本市大舞台北胡同七号</td><td>本市第一区嫩江路7/4号</td><td>本市徽州道二十七号</td><td>本市徽州道二十七号</td><td>本市鼓楼西丁家胡同二十一号</td><td>本市林森路济厚里一号</td><td>本市南海路二十四号</td></tr>
</table>

附　　注	
考查意见	查发行人系无党无派，实具有《修正出版法施行细则》第八条一款之资格，及编辑人等均无《出版法》第十三、［十］四条所列各款之情形。复查该报发行旨趣在发展文化，纠正不良风气，拟请准予核转
复核意见	

兹因发行，谨依《出版法》第九条之规定开具右列事项，声请登记。

谨呈天津市政府社会局

具声请书人　曹启云

中华民国三十六年八月二十三日

（津 J25 - 3 - 6160）

556. 天津市政府为《星期五画报》发刊日期已悉事指令
天津市政府社会局

1947 年 8 月 28 日

令社会局：

呈一件，为呈报《星期五画报》发刊日期请鉴察由。呈悉。

此令

市长　杜建时

（津 J25 - 3 - 6113）

557. 天津市政府为《黄河画报》发刊日期已悉事指令社会局

1947 年 8 月 28 日

令社会局：

呈一件，为呈报《黄河画报》发刊日期请鉴察由。呈悉。

此令

市长　杜建时

（津 J25 - 3 - 6113）

558. 北平市政府民政局局长马汉三为证明宋若狂及《天地人画报》登记所称各节属实事复北平市政府社会局局长温崇信函

1947 年 8 月 30 日

崇信吾兄勋鉴：

接准公函，嘱查询《天地人画报》声请登记一事。查该声请发行人宋若狂原名宋世济，系本局专员，思想纯正。闻此次发行《天地人画报》，系响应戡乱动员，揭发奸匪罪行，并无其他作用。专此奉复，顺颂大祉。

弟　马汉三拜

（京 J2-4-491）

559. 天津市政府为检发《星期五画报》等四家刊物登记证等事训令天津市政府社会局暨复内政部函

1947 年 9 月 6 日

令社会局：

案查前据该局呈转《星期五画报》《新生命半月刊》《世间解》《津电月刊》《海运月刊》《新游艺画报》等六家声请登记一案。经咨准内政部（36）安四字第一四〇二二号公函内开：案准贵市政府，云云，备查。等由。附发《津电月刊》等二家原声请书各二份，《星期五画报》等四家登记证各一份。准此，合行检发原附件，令仰该局分别转发具领及补正具报，并饬各将刊物按期检寄警察总署备查为要。

此令

附发《津电月刊》等二家原声请书各二份，《星期五画报》等四家登记证各一份

〈佚〉

案准贵部（36）安四字第一四〇二二号公函略开：以《星期五画报》《新生命半月刊》《世间解》《津电月刊》《海运月刊》《新游艺画报》等六家声请登记一案。经核该六家声请书，《津电月刊》《海运月刊》二家类别不明，所请登记一节，均未便办理。其余四家尚无不合，准予登记，填发登记证各一份，希转沿具领见复。等由。附《津申月刊》等二家原声请书各二份，《星期五画报》等四家登记证各一份。准此，当将该《津电月刊》等二家原声请书及《星期五画报》等四家登记证令发本府社会局，分别转发具领及补正，并饬《星期五画报》等四家各将刊物按期检寄贵部警察总署备查。除《津电月刊》等补正申复后再行核转外，相应函复，即希查照为荷。

此致内政部

560. 国民党中央执行委员会调查统计局华北办事处杜衡为《人人画报》准予先行发刊事致社会局局长温崇信函

1947 年 9 月 6 日

崇信局长吾兄勋鉴：

　　兹有本局樊焕文同志近创刊《人人画报》，特介绍持函前趋拜谒，祈赐接见。拟请准予先行发刊，并希多加协进指导为感。专此祗颂勋祺。

　　　　　　　　　　　　　　　　　　　　　　　　　　　　弟　杜衡拜启

561. 曲濯缨为陈述《燕京五日画报》编辑方式及资金事呈北平市政府社会局文

1947 年 9 月 9 日

　　为陈述理由事。窃民于本年七月八日呈请出版《燕京五日画报》，历经会报及调查，兹就编辑方式与资金一项补充陈理由如左：

　　一、编辑方式：本报为纯文艺刊物，以中立超然之态度，绝对不谈政治等事。本严肃之精神提倡吾国固有文化，杜绝黄色毒素文字，注重社会之德育，沟通世界之文化。至于其方式步骤，为采取古今于世道人心有裨益之文字光而大之，务使读者消化活用，并介绍时贤言行，广予标榜。刊载古今名胜、遗迹、金石、书画、国粹文献，除去国防要塞及有碍文化之照片外，凡属于生活上有益之照片，广为刊载。提倡新文艺，激发旧道德，刊载社会科学文字，以美化人生，使人类生活日益向上，企求达成建国文化健全之地步。

　　一、资金：本报为五日一刊、四开报纸印刷之画刊，每期出刊五千份。印刷费为七十万元，一月六期，共为四百二十万元；报纸需用十五令，共为四百五十万元；铜版费每期四十万元，一月为二百四十万元；人事费为二百万元；稿费及照片酬金为一百万元；房费、杂费为一百万元；邮费、交通费用及国税为一百五十万元。总支出每月为一千五百七十万元。而收入一项，商业广告为五百万元；报费每份每月六千元，五千份共为三千万元，除去优待长期阅户及派报提成四六计算外，可收入一千八百万元。总计每月收入为二千三百万元，除去支出稍有盈余。由斯观之，每月可盈益七百三十万元，资金三千万元绝无中途资竭之虞也。

以上谨补充陈述理由，理合备文恭请鉴核。

谨呈社会局局长温

《燕京五日画报》发行人　曲濯缨谨呈

（京 J2 - 4 - 479）

562. 郭牖民为太平画报社成立备案事呈天津市政府社会局文

1947 年 9 月 10 日

呈为呈请成立《太平画报》，祈准备案事。窃牖民拟在津组织《太平画报》七日刊，内容采取世界及国内各种新闻，以期本市新闻事业之发达。谨据此由呈请鉴核。

谨呈天津市政府社会局局长胡

太平画报社发行人　郭牖民谨呈

（津 J25 - 3 - 6160）

563.《人人画刊》为声请登记事呈北平市社会局新闻纸杂志登记声请书

1947 年 9 月 11 日

新闻纸杂志登记声请书			
名　　称	人人画刊		
类　　别	杂志	刊　　期	旬刊
发行旨趣	以阐扬三民主义、揭发共匪□□罪行、介绍高尚影戏、宣传民族艺术、提高人民团队观念为志趣		
社务组织	采社长制，下设经理、编辑、采访各部门		
资本数日	三千万元	经济状况	本社自筹
业务状况	每期发行一万份		
发行所名称	人人画刊社	地　　址	北平西四太平仓厂桥永祥里十四号

印刷厂名称		正中书局印刷实验所		地　址	阜成门外北礼士路

发行人及编辑人	姓名	发行人	主　编　人		编　辑　人	
		樊梵	樊梵	陈庆友	马明义	王永春
	籍贯	南京	同	丰台	顺义	北平
	年龄	三十四	同	二十九	二十八	二十六
	学历	北平中国大学政经系毕业	同前	北平中国大学毕业	北平华北大学毕业	北平华北学院毕业
	经历	中统局华北办事处职员	同前	北平市党部第十区部党第九区分部书记	中统局北平区文教组小组长	中统局北平区文教组小组长
	党籍或参加团体	国民党，平字〇四七三	同前	国民党，平复一一八九五	国民党，平复三四八七	国民党，平复一三七二一
	住所	北平西四太平仓永祥里十四号	同前	崇文门外花市大街十五号	北平西四太平仓厂桥永祥里十四号	同上

附　注	
考查意见	查该社发行人现任中统局华北办事处文教工作，原名樊焕文，为便于推进工作，对外多不用真名。该社工作人员俱为本党党员，思想正确，创办该刊旨在宣传本党主义，揭发共匪罪行，配合政府戡乱实施动员令。内部组织尚称健全，资金呈验属实，惟正在节约期间，新设申请之杂志可否准予登记，请核示
复核意见	查该社发行人及工作人员均系本党同志，思想纯正，该画刊发行旨趣在阐扬三民主义，揭发共匪罪行，提高国民国家观念。内部组织健全，资金呈验属实，惟在动员戡乱节约期间申请登记，人力、物力、财力均有消耗，可否准予登记之处，仍请核示

兹因发行，谨依《出版法》第九条及同法施行细则第九条之规定开具右列事项，声请登记。

谨呈北平市政府社会局

具声请书人　人人画刊社

发行人　樊梵

中华民国三十六年九月十一日

（京 J2 - 3 - 949）

564. 上海市社会局为补行登记事批复越剧画报社

1947 年 9 月 12 日

本年六月二十一日呈一件，为补行呈请发行《越剧画报》声请登记由。呈表均悉。查补具各项证件经核不合规定，碍难照饬，仰即知照，原表暨证件两件发还。

　　此批

（沪 Q6 - 12 - 111）

565. 星期五画报社为领取登记证事呈天津市政府社会局文

1947 年 9 月 13 日

案奉钧局发给三十六年八月二十五日内政部京警津字一四七号新闻纸登记证一份，业经收存备查，除在本报报端刊登外，理合备文呈报鉴核，实为公便。

谨呈天津市政府社会局

星期五画报社社长　曹天培

兹收到内政部京警津字第一四七号登记证一份。

此致天津市政府社会局出版登记科

星期五画报社具
（津 J25 - 3 - 6178）

566. 新游艺画报社为领取登记证事呈天津市政府社会局文

1947 年 9 月 13 日

案奉钧局发给三十六年八月二十五日内政部京警津字一五〇字新闻纸登记证一份，业经收存备查，理合备文呈报鉴核，实为公便。

谨呈天津市政府社会局

新游艺画报社社长　梅琥
通讯处　二区建国道二十号

兹收到内政部登记证京警津字第一五〇号登记证一份。

此致天津市政府社会局出版登记科

新游艺画报社具

通讯处　二区建国道二十号

（津 J25－3－6178）

567. 天津市政府社会局为具领登记证等事
致《星期五画报》等四家刊物代电

1947 年 9 月 15 日

天津《星期五画报》、《新生命半月刊》、《世间解》、新游艺画报社鉴：

兹奉市政府令发该社内政部京警津字第一四七、一四八、一四九、一五〇号登记证。等因。即希于十日内具文来局呈领，并于发刊后按期呈缴市政府新闻处、内政部警察总署与礼俗司、行政院新闻局、国立图书馆、立法院图书馆及本局备查。

《星期五画报》　　　　胜利路 39 号

《新生命半月刊》　　　六区徽州道 27 号

《世间解》　　　　　　多伦道宁夏路大觉兴善寺

《新游艺画报》　　　　建国道二十号

天津市政府〇〇印

（津 J25－3－6181）

568. 北平市政府社会局职员许天相为再次调查
《燕京五日画报》情形事呈领导文

1947 年 9 月 16 日

查该案经第二十七次民选会报决议再调查。经查，该画报发行人曲濯缨前由市党部张东轩同志证明无其他背景，今由第七区区长曲福乐证明确在日本法政大学毕业。该画报发行人旅平多年，经营商业，家颇富裕。现独资创办是刊，旨在发扬固有道德，补助社会教育，自称其所刊载为金石、文字、书画、名胜诸照片，绝不刊登国防上有关之照片及黄色文艺。应否准予转呈，拟提请会报讨论。

职　许天相

（京 J2－4－479）

569. 天津市政府社会局为《美艺画报》声请登记事呈天津市政府文（附新闻纸杂志登记声请书）

1947 年 9 月 25 日

案据《美艺画报》发行人李逊梅呈称：呈为声请《美艺画报》登记事。窃民李逊梅历在新闻界服务，鉴于近日市上所售之刊物黄色充斥，不堪寓目，而科学文艺刊物又因风格较高，不为读者所欢迎，谨以折衷办法创刊《美艺画报》，内容以提倡美术与文艺为主，浅鲜〔显〕易解，导引读者眼光向上，俾助社会文化教育之不及焉。谨依《出版法》填写登记声请书四份，伏乞鉴核施行，准予登记，实为公便。等情。并附登记声请书四份。据此，理合检同原书二份，加具考查意见，备文呈送，仰祈鉴察核转。

谨呈市长杜、副市长张

附呈声请书二份

天津市政府社会局局长　胡梦华

新闻纸杂志登记声请书

名　　称			美艺画报			
类　　别		杂志		刊　期	七日一次	
社务组织		分发行、编辑两部				
资本数目		一千万元		经济状况	自给自足	
发行所	名　称	美艺画报社		地　址	天津一区河北路仁丰里十一号	
印刷所	名　称	九成印刷局		地　址	天津一区兴安路一六八号	
发行人及编辑人	姓名	发行人		编　辑　人				
		李逊梅	李逊梅	李铁生					
	籍贯	辽宁铁岭	同	辽宁铁岭					
	年龄	四十三	同	二十四					
	学历	铁岭县立中学校毕业	铁岭县立中学校毕业	旅津广东中学校高中部毕业					
	经历	前辽宁《大亚画报》总编辑，前《天津商报》编辑，现任天津《中华日报》编辑	前辽宁《大亚画报》总编辑，前《天津商报》编辑，现任天津《中华日报》编辑	前《红叶画报》记者，津沽通讯社记者					

发行人及编辑人	是否党员及党证字号							
	住所	天津一区河北路仁丰里十一号	天津一区河北路仁丰里十一号	天津一区沈阳道六十四号				
附　注								
考查意见	查发行人系国民党党员，实具有《修正出版法施行细则》第八条二款之资格，及编辑人等均无《出版法》第十三、［十］四条所列各款之情形。复查该报发行旨趣在提倡美术与文艺，拟请准予核转							
复核意见	查该局考查意见尚无不合，应予照转							

兹因发行，谨依《出版法》第九条之规定开具右列事项，声请登记。

谨呈天津市政府社会局

具声请书人　美艺画报社李逊梅

中华民国三十六年八月十一日

（津 J2－3－8289）

570. 天津市政府社会局为《银光画报》声请登记事呈天津市政府文（附新闻纸杂志登记声请书）

1947 年 9 月 26 日

案据曹启云呈称：呈为呈请组织银光画报社登记，并请转呈备案事。窃民拟集股本三千万元，于本市荣吉大街六十五号组织《银光画报》，以发展我国文化，纠正社会不良风俗，赴建国之使命，求社会之正当发展。内容分为文艺、游艺、小说及社会服务等，拟于九月十五日出刊。遵章填具钧局所领之新闻［纸］杂志登记声请书四份，伏乞考核，准予登记，以凭出版，实为德便。等情。并附登记声请书四份。据此，理合检同原声请书二份，加具考查意见，备文呈送，仰祈鉴察核转。

谨呈市长杜、副市长张

附呈声请书二份

天津市政府社会局局长　胡梦华

<table>
<tr><th colspan="11">新闻纸杂志登记声请书</th></tr>
<tr><td colspan="2">名　称</td><td colspan="9">银光画报</td></tr>
<tr><td colspan="2">类　别</td><td colspan="3">综合刊物杂志</td><td>刊　期</td><td colspan="5">周刊</td></tr>
<tr><td colspan="2">社务组织</td><td colspan="9">设营业、广告、编辑、发行、总务五部</td></tr>
<tr><td colspan="2">资本数目</td><td colspan="3">三千万元</td><td>经济状况</td><td colspan="5">合资</td></tr>
<tr><td>发行所</td><td>名　称</td><td colspan="3">银光画报发行部</td><td>地　址</td><td colspan="5">本市南市荣吉大街六十五号</td></tr>
<tr><td>印刷所</td><td>名　称</td><td colspan="3">明兴印刷所</td><td>地　址</td><td colspan="5">本市南市杨家柴厂十八号</td></tr>
<tr><td rowspan="9">发行人及编辑人</td><td rowspan="2">姓名</td><td>发行人</td><td colspan="8">编　辑　人</td></tr>
<tr><td>曹启云</td><td>李然犀</td><td>王寰如</td><td>王天职</td><td>张锡百</td><td>曹作恬</td><td>孙家骏</td><td>郑文权</td><td></td></tr>
<tr><td>籍贯</td><td>武清</td><td>天津</td><td>天津</td><td>高阳</td><td>武清</td><td>天津</td><td>天津</td><td>天津</td><td></td></tr>
<tr><td>年龄</td><td>三八</td><td>五五</td><td>五〇</td><td>二一</td><td>二三</td><td>二二</td><td>二四</td><td>二二</td><td></td></tr>
<tr><td>学历</td><td>北平辅仁大学毕业</td><td>北平朝阳大学毕业</td><td>北平辅仁大学毕业</td><td>天津育德学院肄业</td><td>天津育德学院肄业</td><td>北平平民中学毕业</td><td>天津特一中学毕业</td><td>天津浙江中学毕业</td><td></td></tr>
<tr><td>经历</td><td>曾任前青岛市《民报》编辑，前烟台《复兴日报》编辑</td><td>曾任前天津《大公报》文艺版编辑，前《泰晤士报》华文版编辑，《天津画报》编辑</td><td>曾任前《平报》编辑，《明星》《宇宙》等画报编辑</td><td>曾任昆明《复兴晚报》记者</td><td>曾任武清县第八区国民学校教务主任</td><td>曾任武清县第八区附属六道口小学教员</td><td>曾任河北省银行行员，河北新闻社记者</td><td>曾任先农公司职员</td><td></td></tr>
<tr><td>是否党员及党证字号</td><td></td><td></td><td></td><td></td><td></td><td></td><td></td><td></td><td></td></tr>
<tr><td>住所</td><td>本市鼓楼西丁家胡同二十一号</td><td>本市大舞台北胡同七号</td><td>本市第一区嫩江路7/4号</td><td>本市徽州道二十七号</td><td>本市徽州道二十七号</td><td>本市鼓楼西丁家胡同二十一号</td><td>本市林森路济厚里一号</td><td>本市南海路二十四号</td><td></td></tr>
<tr><td colspan="2">附　注</td><td colspan="9"></td></tr>
<tr><td colspan="2">考查意见</td><td colspan="9">查发行人系无党无派，实具有《修正出版法施行细则》第八条一款之资格，及编辑人等均无《出版法》第十三、[十]四条所列各款之情形。复查该报发行旨趣在发展文化，纠正不良风气，拟请准予核转</td></tr>
<tr><td colspan="2">复核意见</td><td colspan="9">查该局考查意见尚无不合，应予照转</td></tr>
</table>

兹因发行，谨依《出版法》第九条之规定开具右列事项，声请登记。

具声请书人　曹启云

中华民国三十六年八月二十三日

（津 J2 - 3 - 8289）

571. 天津市政府社会局为《扶风画报》声请登记事呈天津市政府文

1947 年 9 月 26 日

案据蔡君梅呈称：呈为拟筹设《扶风画报》以辅导文化，恳祈准予许可，俾便进行组织而期成立发行事。窃查改良风俗贵于普及教育，而辅导教育尤赖于文化刊物。兹经蔡君梅、杨建珍等醵集资本一千万元，在本市河东四区教堂北街一〇二号公推蔡君梅为社长兼发行人，筹设《扶风画报》，以扶导教育、启发青年文艺兴趣为宗旨，内容丰富，意义纯良，以期改良社会、普及世界知识，借以辅导教育。如蒙准予刊行，即遵照进行组织办理登记一切手续而便成立发行。所有创设《扶风画报》以辅导文化各缘由是否可行，理合备文呈请鉴核示遵。等情。并附登记声请书四份。据此，理合检同原书二份，加具考查意见备文呈送，仰祈鉴察核转。

谨呈市长杜、副市长张

附呈声请书二份〈佚〉

天津市政府社会局局长　胡梦华

（津 J2 - 3 - 8288）

572. 北平市政府社会局局长温崇信为《人人画报》不可先行发刊事复国民党中央执行委员会调查统计局华北办事处杜衡函

1947 年 10 月 2 日

吾兄勋鉴：

大函敬悉。关于《人人画报》，樊君业已来局接会。前经转饬表管科提前报呈内政部核示，惟目前动员戡乱时期，出版管理限制极严，先行发刊已为势所不许。知往特先奉闻，专此敬颂时祺。

弟　温〇〇拜启

（京 J2 - 4 - 479）

573. 天津市政府新闻处科员扈宸环为调查《扶风画报》
情况事签呈梁处长文

1947 年 10 月 2 日

为奉派调查《扶风画报》，遵即前往河东第四区教堂北街。查该报附设一〇二号孚元煤栈内，组织简单，据该报主笔安乐然称，创刊画报纯为辅导文化、改良风俗、启发青年文艺为宗旨，同人等均属青年学生，未参加任何党派，对政治、社会均无背景者。查所属系为实情，拟请鉴核。

谨呈处长梁

科员　扈宸环

（津 J2－3－8288）

574. 天津市政府新闻处科员扈宸环为调查《丽影画报》
情况事签呈梁处长文

1947 年 10 月 2 日

为奉派调查《丽影画报》，遵即前往南市松竹楼旅馆。查该楼二十五号系面食商业同业公会租用，该会任廷弼称二十五号房间并无《丽影画报》关系。等语。是以无法调查，似有申请不实情形。报请鉴核。

谨呈处长梁

科员　扈宸环

（津 J2－3－8290）

575. 天津市政府新闻处为《丽影画报》似有申请不实情形事
致天津市政府社会局函

1947 年 10 月 6 日

查关于《丽影画报》声请登记一案，经本处派科员扈宸环调查呈称：为奉派调查《丽影画报》，遵即前往南市松竹楼旅馆。查该楼二十五号系面食商业同业公会租用，该会任廷弼称二十五号房间并无《丽影画报》关系。等语。是以无法调查，似有申请不实情形。报请鉴核。等情。据此，相应函请查明见复为荷。

此致社会局

天津市政府新闻处启

（津 J25‑3‑6160）

576. 陆子尧为《骆驼画报》声请登记事呈天津市政府社会局文

1947 年 10 月 6 日

呈为声请《骆驼画报》登记事。窃民鉴于我国一般民众之教育程度，如纯用文字灌输，以新知识极难普及，因此痛感画报刊物之重要性，而拟发行《骆驼画报》，收集各地有关政治、经济、社会、教育、文化之新闻性或艺术性照片，附以平易之文字刊出，借使一般民众由看照片而获得新知识。兹谨依《出版法》之规定，理合填具新闻纸杂志登记声请书四纸，呈请钧局鉴核，敬祈俯赐予以核转登记，以便发行，实为公便。

谨呈天津市政府社会局

具呈人　陆子尧

年龄　四十四岁

籍贯　天津

职业　利华制版社经理

住址　天津第一区哈尔滨道八十五号

铺保　茂达汽车行

经理　马润德

住址　天津第一区哈尔滨道八十五号

（津 J25‑3‑6160）

577. 北平市政府社会局为《人人画刊》《燕京五日画刊〔报〕》声请登记鉴核事呈市政府文

1947 年 10 月 7 日

案据《人人画刊》《燕京五日画刊〔报〕》等二家先后填送登记声请书，请核转发给登记证到局，经分别调查完竣，并签注审核意见。惟在动员戡乱、推行节约期间，申请登记发行，人力物力均有消耗，是否准予登记之处，理合检同原二家声请书各三份，一并备文送请鉴核转呈，实为公便。

　　谨呈市长何、副市长张

　　附呈登记声请书六纸〈佚〉

（全衔）温○○

（京 J2 - 4 - 479）

578. 北平市政府社会局为奉经核准前不得发行事批复曲濯缨及樊梵

1947 年 10 月 7 日

　　具呈人曲濯缨、樊梵呈一件，为呈送《燕京五日画刊〔报〕》《人人画刊》登记声请书请核转由。呈件均悉。查该社声请登记一案，业经转呈中央核示在案，在奉经核准前，不得发行或发稿，仰即知照为要。

　　此批

局长　温○○

（京 J2　4 - 479）

579. 天津市政府社会局为《太平画报》声请登记事呈天津市政府文
（附新闻纸杂志登记声请书）

1947 年 10 月 8 日

　　案据郭牖民呈称：呈为呈请成立《太平画报》，祈准备案事。窃牖民拟在津组织《太平画报》七日刊，内容采取世界及国内各种新闻，以期本市新闻事业之发达。谨据此由呈请鉴核。等情。并附登记声请书四份。据此，理合检同原书二份，加具考查意见，备文呈送，仰祈鉴察核转。

　　谨呈市长杜、副市长张

　　附呈声请书二份

天津市政府社会局局长　胡梦华

名　　　称		太平画报社		
类　　　别		杂志	刊　　期	七日刊
社务组织		营业、编辑两部		
资本数目		五百万元	经济状况	自给自足
发行所	名　称	《太平画报》发行所	地　址	天津第一区罗斯福路六十二号
印刷所	名　称	《商务日报》印刷部	地　址	嫩江路

发行人及编辑人	姓名	发行人	编　辑　人						
		郭牖民	郭牖民	戴锦泉	郭大士				
	籍贯	河北深泽	河北深泽	天津	河北深泽				
	年龄	47	47	22	17 岁				
	学历	中大毕业	中大毕业	河北中学肄业	耀华肄业				
	经历	《河北新闻》主笔,《益民报》经理	《河北新闻》主笔,《益民报》经理	《河北新闻》编辑	《河北新闻》编辑				
	是否党员及党证字号								
	住所	天津第一区罗斯福路交通旅馆 62 号	天津第一区罗斯福路交通旅馆 62 号	天津第一区赤峰道兴恕里一号	天津第一区南京路 44 号				
附　　注		社长	总编辑	编辑	编辑				

考查意见	查发行人系无党无派, 实具有《修正出版法施行细则》第八条一款之资格, 及编辑人等均无《出版法》第十三、［十］四条所列各款之情形。复查其发行旨趣, 系视为一种事业, 拟请准予核转
复核意见	查该局考查意见尚无不合, 应予照转

兹因发行, 谨依《出版法》第九条之规定开具右列事项, 声请登记。

谨呈天津市政府社会局

具声请书人　太平画报社郭牖民

中华民国三十六年九月十日

（津 J2‑3‑8289）

580. 天津市政府社会局为《维纳丝画报》声请登记事呈天津市政府文 （附新闻纸杂志登记声请书）

1947 年 10 月 9 日

案据郝文荣呈称：为发行《维纳丝画报》声请登记，恳乞准予注册发行由。窃郝文荣为提倡正当文艺读物，充实市民精神食粮起见，爰拟发行《维纳丝画报》一种，内容以文艺〔美〕术画片为主，仅〔谨〕依期刊物登记办法填具新闻〔纸〕杂志〔登记〕声请书五份，备文送请钧局审核，恳乞准予注册发行，实为德便。等情。并附登记声请书五份。据此，理合检同原书二份，加具考查意见，备文呈送，仰祈鉴察核转。

谨呈市长杜、副市长张

附呈声请书二份

天津市政府社会局局长　胡梦华

新闻纸杂志登记声请书									
名　　称		维纳丝画报社							
类　　别		杂志		刊　期		每周·次			
社务组织		设社长一人（发行人），副社长一人（兼主编），下设编辑、经理及事务三部，各一人担任之，惟编辑部设总编辑及编辑各一人							
资本数目		五百万元		经济状况		自筹			
发行所	名　称	维纳丝画报社		地　址		天津市一区兰州道松月村十六号			
印刷所	名　称	九成印刷所		地　址		天津市一区兴安路一百六十八号			
发行人及编辑人	姓名	发行人	编　辑　人						
		郝文荣	萧礼	萧相佐	张宝良	刘云荪	王明		
	籍贯	河北滦县	沈阳市	山东烟台	天津	河北永清	河北武清		
	年龄	三一	二四	二二	二九	五九	二一		
	学历	北平中国大学国学系毕业	河南省立中学毕业	中大二期政经系毕业	工商大学毕业	训政学院毕业	河北省立天津中学毕业		
	经历	曾任河北省私立进修中学史地教员兼训育主任，中国国民党唐榆区党部通讯记者，青年团天津十分团组训股长	北平邮刊社及青年半月刊社编辑	山东烟台省立师范学校助教	曾任大同、西开法汉等中学教员及北平邮刊社总编辑	直隶省公署秘书，无极县长，河北通志馆编纂			

发行人及编辑人	是否党员及党证字号								
	住所	天津十区山西路四一二号	天津一区兰州道松月村十六号	天津河东大王庄十一经路十二号	天津市一区兰州道四十一号	天津市一区营口道联星里六号	天津市七区四纬路德林里十七号		
附　　注		社长	副社长兼主编	经理	总编辑	编辑	事务		
考查意见	查发行人系国民党党员，实具有《修正出版法施行细则》第八条一款之资格，及编辑人等均无《出版法》第十三、［十］四条所列各款之情形，复查该刊旨趣在发扬文化艺术，拟请准予核转
复核意见	查该局考查意见尚无不合，应予照转

兹因发行，谨依《出版法》第九条之规定开具右列事项，声请登记。

谨呈天津市政府社会局

具声请书人　维纳丝画报社社长郝文荣

中华民国三十六年七月十二日

（津 J2 - 3 - 8311）

581. 天津市政府为《扶风画报》声请登记及《国民新闻》声请变更登记事致内政部咨暨指令社会局

1947 年 10 月 11 日

案据本府社会局呈以《扶风画报》声请登记及《国民新闻》声请变更登记，附呈原声请书请核转各等情。查两项声请书经该局核与《出版法》尚无不合，并由本府加注复核意见。除各抽存乙份备查外，相应检同原书咨请贵部查核办理，实纫公谊。

此致内政部

附原声请书各乙份〈佚〉

令社会局：

呈两件，为据《扶风画报》声请登记及《国民新闻》声请变更登记，检同原声请书请鉴查核转由。两呈均悉。案经本府加注复核意见，咨转内政部核办矣。附件分别存转。

此令

582. 天津市政府新闻处科员扈宸环为调查银光画报社情况事签呈梁处长文

1947 年 10 月 15 日

为奉令调查银光画报社，遵即前往第七区荣吉大街。查该社业经筹备就绪，据社长张锡臣〔百〕及发行人曹启云声称，创刊《银光画报》以发扬我国文化、纠正社会不良风俗为宗旨，并无政治背景。同人等均无不良嗜好，亦未受过刑事处分。等语。考据所述均属实情，为此报请鉴核。

谨呈处长梁

科员　扈宸环呈

583. 天津市政府新闻处科员扈宸环为调查《太平画报》情况事签呈梁处长文

1947 年 10 月 16 日

为奉令调查太平画报社，遵即前往第一区交通旅馆内六二号。查该社社长郭牖民为民生通讯社社长，现拟新创《太平画报》，内容采取世界及国内各种新闻，以期事业发达，并无其他背景。社员均无不良嗜好，亦未受过刑事处分。所述属实，报请鉴核。

谨呈处长梁

科员　扈宸环

584. 天津市政府社会局为登记声请已咨转内政部核办事致扶风画报社代电

1947 年 10 月 17 日

天津扶风画报社鉴:

据请登记一案,案经呈奉市政府指令,已咨转内政部核办,特电查照。

天津市政府社会局〇〇印

(津 J25－3－6139)

585. 天津市政府新闻处科员扈宸环为调查《美艺画报》情况事
签呈梁处长文

1947 年 10 月 18 日

为奉令调查《美艺画报》,遵即前往第一区河北路仁丰里。查该社简化组织,据发行人李逊梅声称,创刊《美艺画报》为提倡文艺美术,浅鲜〔显〕易解,补助社会文化教育之不及为宗旨,并无政治背景,同人均系新闻界人,无不良嗜好,亦未受过刑事处分。考据所述均属实情,为此报请鉴核。

谨呈处长梁

科员　扈宸环

(津 J2－3－8289)

586. 上海市社会局为复刊申请不予呈转事批复儿童周刊等社

1947 年 10 月 18 日

具呈人儿童周刊社、中国画报社叶如音呈一件,为申请复刊《儿童周刊》《中国画报》,请予备案并层转由。呈悉。查本市新闻纸杂志之发行事项,前奉上海市政府沪新(36)字第二五四九五号训令,以第九十五次市政会议议决本市《新闻纸杂志及书籍用纸节约办法补充实施细则》规定,本市新闻纸杂志自即日起一律暂行停止申请登记;已呈准登记之报纸杂志,现尚未发刊或在停刊中者,一律不准发刊或复刊,饬即遵照在案。该刊所请复刊一节,未便呈转,仰即知照。

此批

(沪 Q6－12－24)

587. 天津市政府为《银光画报》声请登记查核事致内政部咨暨指令天津市政府社会局

1947 年 10 月 20 日

案据本府社会局呈，以《银光画报》声请登记，检同原声请书请核转。等情。查声请书经该局核与《出版法》尚无不合，并由本府加注复核意见，除抽存乙份备查外，相应检同原声请书乙份，咨请贵部查核办理，实纫公谊。

此致内政部

附原声请书乙份〈佚〉

令社会局：

呈乙件，为据《银光画报》声请登记等情，检同原声请书请鉴察核转由。呈件均悉。案经本府加注复核意见后，咨转内政部核办矣。仰即知照。附件分别存转。

此令

（津 J2 - 3 - 8289）

588. 天津市政府为《太平画报》声请登记事致内政部咨暨指令社会局

1947 年 10 月 21 日

案据本府社会局呈，以《太平画报》声请登记，检同原声请书请核转。等情。查声请书经该局核与《出版法》尚无不合，并由本府加注复核意见。除抽存一份备查外，相应检同原声请书乙份，咨请贵部查核办理，实纫公谊。

此致内政部

附原声请书乙份〈佚〉

令社会局：

呈乙件，为《太平画报》声请登记，检同原声请书请鉴察核转由。呈件均悉。案经本府加注复核意见后，咨转内政部核办矣。仰即知照。附件分别存转。

此令

（津 J2 - 3 - 8289）

589. 天津市政府社会局为据实声复社址不实理由事通知丽影画报社

1947 年 10 月 21 日

案准新闻处函开：查云云。为荷。等由。准此，仰即据实声复理由，以凭核转为要。

右通知丽影画报社发行人张俊杰

（津 J25‐3‐6160）

590. 天津市政府社会局为已转发《艺威画报》登记证事呈天津市政府文

1947 年 10 月 22 日

案奉钧府本年七月二十八日义闻字八六六八号训令：以准内政部函送《艺威画报》登记证，饬转发。等因，奉此，遵经转发具领，理合具文呈报，仰祈鉴察。

谨呈市长杜、副市长张

局长　胡○○

（津 J25‐3‐6181）

591. 天津市政府社会局为已转发《星期五画报》等四家刊物登记证事呈天津市政府文

1947 年 10 月 22 日

案奉钧府本年九月六日义闻字第一一六四七号训令：以准内政部函送《星期五画报》等四家登记证，饬转发具报。等因。奉此，遵经转发具领，理合具文呈报。仰祈鉴察。

谨呈市长杜、副市长张

天津市政府社会局局长　胡梦华

（津 J2‐3‐8289）

592. 天津市政府社会局为登记声请已咨转内政部办理事
致银光画报社代电

1947 年 10 月 27 日

天津银光画报社鉴：

　　据请登记一案，业经呈奉市政府指令，已咨转内政部核办，特电查照。

天津市政府社会局○○印

（津 J25‑3‑6160）

593. 天津市政府社会局为声请登记已咨转内政部核办事
致太平画报社电

1947 年 10 月 27 日

天津太平画报社鉴：

　　据请登记一案，业经呈奉市政府指令，已咨转内政部核办，特电查照。

天津市政府社会局○○印

（津 J25‑3‑6160）

594. 天津市政府为《美艺画报》声请登记查核事致内政部
咨暨指令社会局

1947 年 10 月 27 日

　　案据本府社会局呈以《美艺画报》声请登记，检同原声请书请核转。等情。查声请书经该局核与《出版法》尚无不合，并由本府加注复核意见，除抽存一份备查外，相应检同原声请书乙份，咨请贵部查核办理，实纫公谊。

　　此致内政部

　　附原声请书乙份〈佚〉

令社会局：

　　呈乙件，为《美艺画报》声请登记，检同原声请书请鉴察核转由。呈件均悉。案经本府加注复核意见后，咨转内政部核办矣。仰即知照。附件分别存转。

此令

（津 J2‒3‒8289）

595. 天津市政府为知悉《艺威画报》登记证转发事指令
天津市政府社会局

1947 年 10 月 29 日

令社会局：

36 年 10 月 24 日呈一件，为呈报转发《艺威画报》登记证，请鉴察由。呈悉。

此令

市长　杜建时

（津 J25‒3‒6169）

596. 天津市政府为知悉《星期五画报》等四家刊物登记证转发事
指令天津市政府社会局

1947 年 10 月 29 日

令社会局：

三十六年十月二十四日呈乙件，为呈报转发《星期五画报》等四家登记证，请鉴察由。呈悉。

此令

（津 J2‒3‒8289）

597. 天津市政府新闻处科员扈宸环为调查《维纳丝画报》情况事
签呈梁处长文

1947 年 11 月 4 日

为奉令调查《维纳丝画报》，遵即前往第一区兰州道松月村。查该报社旨趣为发扬文化艺术，该发行人系国民党员，并无政治背景。据社长郝文荣称，本社同人均无不良嗜好，亦未受过刑事处分。等情。考据所述似属实在，以上调查经过报请鉴核。

谨呈处长梁

598. 内政部为《扶风画报》资金欠充分不予登记及《国民新闻》迁移社址应准备查事致天津市政府函

1947 年 11 月 5 日

案准贵市政府义闻字第一四二七五号咨：为检同《扶风画报》登记声请书及《国民新闻》变更登记声请书请核办。等由。准此，查《扶风画报》资金欠充分，依照《新闻纸杂志及书籍用纸节约办法》第五条之规定，应不予登记。《国民新闻》迁移社址，所请变更登记一节，应准备查。相应函复，即希查照分别转饬知照为荷。

此致天津市政府

部长　张厉生

（津 J2‐3‐8311）

599. 宋晋璠为《星期日画报》声请登记事呈天津市政府社会局文

1947 年 11 月 5 日

窃查戡乱建国时期，杂志刊物负有开导文化、辅助教育之重责。窃民职志于斯，纠集同志拟发行《星期日画报》，借符中央旨意，而达成辅助教育、改进文化之任务。兹依据钧局颁发新闻纸杂志登记声请书所列各项，逐次填竣，依法呈请。检具本社基金存单照片一纸，一并备文呈请鉴核备查，并转请内政部准予发给登记证，俾便发行，实为公便。

谨呈天津市政府社会局

附呈新闻纸杂志声请书四纸〈略〉、基金存单照片一纸〈佚〉

民　宋晋璠谨呈

社址　天津第十区西安道五十五号

铺保　子孚医院、院长宋子孚

地址　天津十区黄家花园义达里

（津 J25‐3‐6137）

600. 天津市政府社会局为登记办理情形事致美艺画报社电

1947 年 11 月 6 日

天津美艺画报社鉴:

据请登记一案, 业经呈奉市政府指令, 已咨转内政部核办。特电查照。

天津市政府社会局○○印

(津 J25-3-6139)

601. 天津市政府为《维纳丝画报》及远东通讯社声请登记事
致内政部咨暨指令社会局

1947 年 11 月 8 日

案据本府社会局呈, 以《维纳丝画报》及远东通讯社声请登记, 检同原声请书请核转。等情。查该二家声请书经社会局核与《出版法》尚无不合, 并由本府分别加注复核意见, 除各抽存乙份备查外, 相应检同声请书各乙份, 咨请贵部查核办理, 实纫公谊。

此致内政部

附《维纳丝画报》及远东通讯社二家原声请书各乙份〈佚〉

令社会局:

卅六年十月九日、廿日呈两件, 为《维纳丝画报》及远东通讯社声请登记, 检同原声请书请鉴察核转由。两呈均悉。案经本府分别加注复核意见后, 咨转内政部核办矣。仰即知照。附件分别存转。

此令

(津 J2-3-8311)

602. 北平市政府为《人人画刊》《燕京五日画刊〔报〕》
暂缓登记事指令社会局

1947 年 11 月 11 日

令社会局:

三十六年十月七日崇三字第一五二一号呈一件, 为呈送《人人画刊》《燕京五日画刊

〔报〕》登记声请书请核转由。呈件均悉。检同原件咨准内政部本年十一月三日安四字第一八五六八号公函复开：查该两家所请登记一节，依照《新闻纸杂志及书籍用纸节约办法》第四条之规定，应暂缓登记。相应检还原声请书各二份，即希查照转饬知照。等因。附件。准此，兹将原件转发，仰即转饬知照。

此令

附《人人画刊》及《燕京五日画刊〔报〕》声请书各二份〈佚〉

市长　何思源

（京 J2－4－479）

603. 天津市政府为《扶风画报》资金欠充分不予登记及《国民新闻》迁移社址应准备查事训令社会局

1947 年 11 月 18 日

令社会局：

案准内政部 36 安四字第一八六八一号公函，以《扶风画报》资金欠充分，依照《新闻纸杂志及书籍用纸节约办法》第五条之规定，不予登记。《国民新闻》迁移社址一节，即应准备查。希分别转饬知照各等由。准此，合行令仰该局分别转饬知照为要。

此令

市长　杜建时

（津 J25－3－6139）

604. 骆驼画报社为提供资金存据等证件事呈天津市政府社会局文

1947 年 11 月 18 日

敬呈者：案奉钧局勤版字第一九九五号批示内开，嘱将资金存据提供，并呈验毕业证书及服务新闻事业证件，以凭审核。等因。奉此，兹谨将以上各件分别提供呈验，即祈鉴核，实为德便。

谨呈社会局

骆驼画报社

（津 J25－3－6160）

605. 光华新闻画报社为具领登记证事呈天津市社会局文

1947 年 11 月 19 日

案奉钧局本年八月十二日勤版字第八五四号代电内开：以奉市政府令发本报内政部京警津字第一三一号登记证，饬具领。等因。奉此，理合具文呈领，仰祈核发。

　　谨呈社会局长胡

　　附收据一件

具呈人　光华新闻画报社社长刘壮飞

李然犀代领

今领到社会局发给内政部京警津字第一三一号登记证一件。

光华新闻画报社

三十六年十一月十九日

（津 J25‐3‐6179）

606. 天津市政府社会局为声请登记办理情形事致维纳丝画报社电

1947 年 11 月 20 日

天津维纳丝画报社鉴：

　　据请登记一案，业经呈奉市政府指令，已咨转内政部核办。特电查照。

天津市政府社会局〇〇印

（津 J25‐3‐6144）

607. 中国国民党天津特别市执行委员会为《骆驼画报》准予发行事致天津市政府社会局函

1947 年 11 月 20 日

贵局函送骆驼画报社登记声请书，征求本会意见。等因。准此，查该报声请登记尚无不合，似应准予发行。除将原书留存本会备查外，相应函复，即希查照为荷。

　　此致社会局

中国国民党天津特别市执行委员会启

（津 J25‐3‐6160）

608. 丽影画报社为社址迄未更动仰祈复查事呈天津市政府社会局文

1947 年 11 月 20 日

案奉钧局勤版字第九四七号函开：查该楼二十五号系面食商业同业公会租用，据该会任廷弼称该房并无《丽影画报》关系。等语。是以无法调查，似有申请不实情形。等由。准此，仰即据实声复理由，以凭转复。等因。奉此，查敝社与该会共租南市松竹楼二十五号房间已有数月，前蒙来社，适逢敝社事务员外出购物，不能供给调查，而面食业公会任廷弼乃新雇任书记，不明实况，妄自陈述。敝社与该会毫无关系，可恶已极。除向其交涉外，理当备文呈请，仰乞鉴核，复饬来员调查，以便刊行，实纫德便。

谨呈天津市政府社会局

具呈人　天津丽影画报社发行人张俊杰呈

（津 J25－3－6160）

609. 中国国民党天津特别市执行委员会为《星期日画报》登记查核事复天津市政府社会局函

1947 年 11 月 20 日

贵局函送星期日画报社登记声请书，征求本会意见。等因。准此，查该报声请登记尚无不合，似应准予发行。除将原书留存本会备查外，相应函复，即希查照为荷。

此致社会局

中国国民党天津特别市执行委员会启

（津 J25－3－6137）

610. 天津市政府社会局为资金欠充分不予登记事致扶风画报社代电

1947 年 11 月 24 日

天津扶风画风〔报〕社鉴：

兹奉市政府令，以准内政部函，为该社资金欠充分，依照《新闻纸杂志及书籍用纸节约办法》第五条之规定，不予登记，饬转知。等因。特电查照。

天津市政府社会局○○印

（津 J25－3－6139）

611. 天津市政府社会局职员田玉生为调查《丽影画报》社址事 签呈科长文

1947 年 11 月 26 日

查该社呈社址迄未变更，请复饬来员调查以便刊行一案，经奉批示再查。等因。职员遵于今晨前往该社呈报之南市大兴街松竹楼二十五号社址调查，见该楼门前虽张贴"《丽影画报》筹备处"字样，而至该楼二十五号仍系面食商业同业公会租用。经询该会韩序峰称，并无《丽影画报》租用该房，与该社发行人张俊杰亦不相识。门前张贴之字样，亦不知何人所贴。复询该楼账房，亦无丽影画报社在内，门前张贴字样亦不知何人所贴。理合据实签报，如何之处仰祈鉴核示遵。

谨呈科长陈转呈局长胡

职　田玉生签

（津 J25 - 3 - 6160）

612. 天津市政府社会局职员为调查《星期日画报》情况事签呈领导文

1947 年 11 月 26 日

查声请人宋晋璠即宋子孚，现在本市黄家花园开设子孚医院，其人思想纯正，不在任何党派，并有齐科长为之介绍。其资金为四千万元，已提供存据，经查核相符。社址设备亦就绪，具在案。业经市党部会核准予发行，拟予呈转，理合检稿呈核。

（津 J25 - 3 - 6137）

613. 北平市政府社会局为暂缓登记事通知人人画刊社、 燕京五日画刊〔报〕社

1947 年 11 月 26 日

案查前据该社呈送登记声请书请转呈登记一案，经转奉市政府 36 府秘二字第一二六〇号指令节开，以准内政部安四字第一八五六八号公函复以所请登记一节，依照《新闻纸杂志及书籍用纸节约办法》第二十四条之规定，应暂缓登记。相应检还原声请书各二份，嘱转饬知照。等因。附件。准此，兹将原件转发，仰即转饬知照。等因。奉此，除分

行外，仰即知照。件存。

右通知人人画刊社、燕京五日画刊〔报〕社

局长　温〇〇

（京J2-4-479）

614. 天津市政府社会局为丽影画报社地址不实应不予核转登记事复新闻处函

1947 年 12 月 1 日

案准贵处十月六日函，略以《丽影画报》登记一案，经调查社址不实，嘱查明见复。等因。准此，当经饬声请人张俊杰声复理由。旋据复称：松竹楼二十五号房间系与面食业公会共租，调查时正值该社事务员外出，面食业公会新任书记任廷弼不明实况，妄自陈述。等情。迨经派员复查，询诸该会职员韩序峰及松竹楼账房人，均称无该报在内，显见声复不实。依据《报〔新闻〕纸杂志及书籍用纸节约办法》第五条之规定，应请不予核转登记。除饬知该社外，相应函复，即希查照为荷。

此致新闻处

局长　胡梦华

（津J2-3-8290）

615. 天津市政府社会局为《星期日画报》声请登记事呈天津市政府文（附新闻纸杂志登记声请书）

1947 年 12 月 2 日

案据宋晋璠呈称：窃查戡乱建国时期，杂志刊物负有开导文化、辅助教育之重责。窃民职志于斯，纠集同志拟发行《星期日画报》，借符中央旨意，而达成辅助教育、改进文化之任务。兹依据钧局颁发新闻纸杂志登记声请书所列各项，逐次填竣，依法呈请。检具本社基金存单照片一纸，一并备文呈请鉴核备查，并转请内政部准予发给登记证，俾便发行，实为公便。等情。并附登记声请书四份。据此，理合检同原书二份，加具考查意见，备文呈送，仰祈鉴察核转。

谨呈市长杜、副市长张

附呈声请书二份

天津市政府社会局局长　胡梦华

<table>
<tr><td colspan="7" align="center">**新闻纸杂志登记声请书**</td></tr>
<tr><td align="center">名　　称</td><td colspan="6" align="center">星期日画报</td></tr>
<tr><td align="center">类　　别</td><td colspan="2" align="center">杂志</td><td align="center">刊　　期</td><td colspan="3" align="center">每星期日出版</td></tr>
<tr><td align="center">社务组织</td><td colspan="6">编辑、发行、会计、庶务</td></tr>
<tr><td align="center">资本数目</td><td colspan="2">法币四千万元</td><td align="center">经济状况</td><td colspan="3">资本随时可以增加</td></tr>
<tr><td align="center">发行所</td><td align="center">名　称</td><td colspan="2">星期日画报社</td><td align="center">地　址</td><td colspan="2">十区西安道 55 号</td></tr>
<tr><td align="center">印刷所</td><td align="center">名　称</td><td colspan="2">文义印刷局</td><td align="center">地　址</td><td colspan="2">东马路大狮子胡同 96 号</td></tr>
</table>

	姓名	发行人	编　辑　人						
发行人及编辑人		宋晋璠	王霞村	郑汇东					
	籍贯	山东	清苑	江苏					
	年龄	42	41	23					
	学历	国立北平大学医学院医学士	中国大学文学系毕业	旅津广东中学毕业					
	经历	1. 日本东京帝国大学医学部研究生 2. 天津子孚医院院长	1.《星期五画报》编辑 2. 教育局干事	1. 河北省第二区专员兼保安司令公署办事员 2. 河北省军粮筹委会股长 3. 武清县政府会计主任					
	是否党员及党证字号								
	住所	十区西安道五十五号	第十区西安道福顺里 56 号	第一区西宁道宝祥里十八号					

附　　注	
考查意见	查发行人为无党无派，实具有《修正出版法施行细则》第八条一款之资格，及编辑人等均无《出版法》第十三、〔十〕四条所列各款之情形。次查发行旨趣在开导文化、辅助教育，拟请准予核转
复核意见	查该局考查意见尚无不合，应予照转

兹因发行，谨依《出版法》第九条之规定开具右列事项，声请登记。

谨呈天津市政府社会局

具声请书人　星期日画报社宋晋璠

中华民国三十六年十一月四日

（津 J2‐3‐8290）

616. 天津市政府社会局职员田玉生为《霓裳画报》停刊事签呈领导文
（附调查本市出版物报告表）

1947 年 12 月 9 日

《霓裳画报》曾于十一月停刊，尚未报局。本月三日，职曾前往调查，签报在卷（未遇该刊负责人）。兹据该刊负责人田士林来局声称，定于三十七年二月复刊。经查尚未超逾法定停刊注销日期（以六个〔月〕为限）。如何之处，乞示。

职　田玉生签呈

调查本市出版物报告表

刊物名称	霓裳	种　类	游艺、文艺综合	刊　期	周刊
登记证号数	京警津一四四号	领证日期	三十六年九月		
发行人	田士林	略　历	鲁剧院毕业		
主编人	李铁生	略　历	广东中学高中毕业，《美丽〔画报〕》、《北戴河》画报编辑		
外　勤	田士林	略　历	上海《罗宾汉》报、天津《美丽画报》编辑		
地　址	河北路仁丰里十一号	电　话			
印刷处所	《民国日报》承印所				
发行份数	三千册	版型	16 开	页数	12 页	定价	四千□

内　容	游艺报道，文艺小品文字
经济来源	合资
思想背景	提倡文化，纠正不良风俗
背后主持人	
备　考	停刊日期：三十六年十一月（由十一期起） 停刊原因：整理内部 预定复刊日期：三十七年二月

科长□□　　　主任□□□　　　调查者　田玉生

（津 J25‐3‐6139）

617. 扈宸环为调查《星期日画报》情况事签呈梁处长文

1947 年 12 月 10 日

为奉令调查《星期日画报》登记事。遵即前往第十区西安路查核，画报发行旨趣在开导文化、辅助教育为宗旨，并无其他背景。据发行人宋晋璠称，本社同人均无不良嗜好，亦未受过刑事处分。等情。考查所述均属实情，以上调查经过报请鉴核。

谨呈处长梁

科员　扈宸环

（津 J2‐3‐8290）

618. 天津市政府为丽影画报社地址不实不予核转事指令社会局（附新闻纸杂志登记声请书）

1947 年 12 月 10 日

令社会局：

三十六年八月十三日勤版字第一九〇一号呈一件，为《丽影画报》声请登记，请鉴察核转由。呈件均悉。查该报社址不实，依法不予转请登记。仰即知照。附件发还。

此令

附发还原附件二件

市长　杜建时

新闻纸杂志登记声请书

名 称			丽影画报			
类 别		杂志		刊 期		每星期六
社务组织		编辑、采访、广告、发行四部				
资本数目		国币二千万元		经济状况		
发行所	名 称	天津丽影画报社		地 址		七区大兴街松竹楼 25
印刷所	名 称	天津市政府新闻处印刷厂		地 址		一区兴安路二一二号

发行人及编辑人		发行人	编 辑 人						
	姓名	张俊杰	武金祥	韩子华	靳点一	曹金璞	韩宝华		
	籍贯	天津市	天津市	天津市	天津市	天津市	天津市		
	年龄	四十二	三八	卅四	卅五	卅七	三六		
	学历	初中	私立明德中学毕业	河北省立天津中学毕业	私立弘德高等商科职业学校卒业	私立会计专修学校卒业	河北省立天津中学肄业		
	经历	民国廿四年创刊《民强报》,任发行人	曾任《民强报》编辑	曾任《民强报》编辑	考试院考取中医师	现任立达小学校教员	曾任《民强报》编辑		
	是否党员及党证字号								
	住所	七区南门外王家娄十四号	七区鼓楼西达摩庵16	七区南市官沟街205号	七区南门外王家娄四十号	河东十字街上岗子酱房胡同二号	七区南市大兴街松竹楼二五号		
附 注			总编辑	编辑	编辑	编辑	记者		
考查意见		查发行人虽〔属〕无党派人士,但对三民主义极为信仰,并实具有《修正出版法施行细则》第八条四款之资格,及编辑人等均无《出版法》第十三、〔十〕四条所列各款情形,拟请准予核转							
复核意见									

兹因发行,谨依《出版法》第九条之规定开具右列事项,声请登记。

谨呈天津市政府社会局

具声请书人　丽影画报社张俊杰

中华民国三十六年七月　日

（津 J25－3－6115）

619. 天津市政府为《星期日画报》声请登记事
致内政部咨暨指令天津市政府社会局

1947 年 12 月 12 日

案据本府社会局呈,以《星期日画报》声请登记,检同原声请书请核转。等情。查声请书经该局核与《出版法》尚无不合,并由本府加注复核意见,除抽存乙份备查外,相应检同原声请书乙份,咨请贵部查核办理,实纫公谊。

此致内政部

附《星期日画报》声请书乙份

令社会局:

三十六年十二月二日勤版字第二六四二号呈乙件,为《星期日画报》声请登记,检同原声请书,请鉴察核转由。呈悉。业经本府加注复核意见后,咨转内政部查核办理矣,仰即知照,附件分别存转。

此令

(津 J2 - 3 - 8290)

620. 红叶画报社为筹备复刊事呈天津市政府社会局文

1947 年 12 月 12 日

案查本社于本年四月十三日创刊,后延至七月一日,因股东中途变动,不得已暂时停刊。兹经多日整顿,内部一切就绪,筹备复刊工作亦已大致完妥,准备于近期内重行发刊,理合备文呈请鉴核,俯准备案,实为德便。

谨呈天津市政府社会局

天津红叶画报社谨呈

社址　第十一区山西路三八八号

(津 J25 - 3 - 6130)

621. 天津市政府社会局为《骆驼画报》声请登记事呈天津市政府文
（附新闻纸杂志登记声请书）

1947 年 12 月 16 日

案据陆子尧呈称：呈为声请《骆驼画报》登记事。窃民鉴于我国一般民众之教育程度如纯用文字灌输，以新知识极难普及，因此痛感画报刊物之重要性，而拟发行《骆驼画报》，收集各地有关政治、经济、社会、教育、文化之新闻性或艺术性照片，附以平易之文字刊出，借使一般民众由看照片而获得新知识。兹谨依《出版法》之规定，理合填具新闻〔纸〕杂志登记声请书四纸，呈请钧局鉴核，敬祈俯赐予以核转登记，以便发行，实为公便。等情。并附登记声请书四份。据此，理合检同原书二份，加具考查意见备文呈送，仰祈鉴察核转。

谨呈市长杜、副市长张

附呈声请书二份

天津市政府社会局局长　胡梦华

新闻纸杂志登记声请书									
名　　称	骆驼画报								
类　　别	杂志			刊　　期	不定期				
社务组织	经理部、编辑部								
资本数目	三千万元			经济状况	个人出资				
发行所	名　称	骆驼画报社		地　址	天津第一区哈尔滨道八五号				
印刷所	名　称	《人民晚报》印刷厂		地　址	第七区南斜街三十三号				
发行人及编辑人	姓名	发行人	编　辑　人						
		陆子尧	李木	崔宏刚	黄予羊	蔡允正			
	籍贯	天津	河南	河北故城	天津	天津			
	年龄	四四	三四	二五	二四	三八			
	学历	河北省立一中毕业	南开大学毕业	达仁学院毕业	河北省立师范	杭州三育大学肄业			
	经历	《北宁铁路周报》编辑，利华制版社经理	《自由周报》社长，南开中学教员	《青年日报》记者，《青年半月刊》编辑，《人民晚报》记者	今日东北杂志社记者，《天津卫》日报记者	东北通讯社总编辑，河北新闻社编辑主任			

发行人及编辑人	是否党员及党证字号								
	住所	第一区哈尔滨道八十五号	第十区北平道六十号	第一区山西路五五号	第一区锦州道十四号	天津河北中山路天元里二号			
附　注									
考查意见	查发行人系无党派，实具有《修正出版法施行细则》第八条二款之资格，及编辑人等均无《出版法》第十三、［十］四条所列各款情形，拟请准予核转								
复核意见	查社会局所填意见尚无不合，应予照转								

兹因发行，谨依《出版法》第九条之规定开具右列事项，声请登记。

谨呈天津市政府社会局

具声请书人　骆驼画报社陆子尧

中华民国三十六年十月六日

（津J2－3－8290）

622. 天津市政府社会局为饬呈报停刊及复刊日期事致霓裳画报社代电

1947 年 12 月 16 日

天津霓裳画报社鉴：

据查该社因整理内部，暂行休刊，希即将停刊及复刊日期呈报备查。

天津市政府社会局○○印

（津J25－3－6139）

623. 天津市政府为《骆驼画报》声请登记事致内政部咨暨指令社会局

1947 年 12 月 23 日

案据本府社会局呈，以《骆驼画报》声请登记，检同原声请书请核转。等情。查声请书经该局核与《出版法》尚无不合，并由本府加注复核意见，除抽存乙份备查外，相应检同原声请书乙份，咨请贵部查核办理，实纫公谊。

此致内政部

附《骆驼画报》声请书乙份〈佚〉

令社会局：

　　三十六年十二月十六日勤版字第二七一二号呈乙件，为《骆驼画报》声请登记，检同原声请书呈请鉴察核转由。呈件均悉。案经本府加注复核意见后，咨转内政部核办矣。仰即知照。附件分别存转。

　　此令

（津 J2－3－8291）

624. 天津市政府社会局为复刊日期事致红叶画报代电

1947 年 12 月 23 日

天津红叶画报社鉴：

　　据报于七月一日停刊等情已悉。该社究于何口复刊，望即声报备查。

天津市政府社会局○○印

（津 J25－3－6130）

625. 天津市政府社会局为登记声请已咨转内政部核办事
致星期日画报社代电

1947 年 12 月 23 日

天津星期日画报社鉴：

　　据请登记一案，业经市政府咨转内政部核办，特电查照。

天津市政府社会局○○印

（津 J25－3－6137）

626. 安琪儿妇女画报社为设立天津分社事呈天津市政府社会局文

1947 年 12 月 24 日

　　呈为呈请设立天津分社事。窃敝报为华北唯一家庭妇女刊物，并领有内政部京警平字第一五五号登记证。兹为发展津市业务，特于罗斯福路十三号成立分社，特依法呈请备案。

此呈天津市社会局

安琪儿妇女画报天津分社呈

社长　张伟君

（津 J25‐3‐6131）

627. 霓裳画报社为报本刊休刊及复刊日期事呈天津市政府社会局文

1947 年 12 月 31 日

案奉钧局勤版字 1334 号代电内开：希将停刊及复刊日期呈报备查。等因。奉此，查本刊自发刊以来至今，内部之人事及经营一切多有未尽合理想之处，嗣经全体议决，于十二期起暂行休刊，并拟于三十七年二月上旬再行复刊，以期本社对内部有详细周密之改进。理合据情呈报，恭请鉴核赐准备案。

谨呈天津市社会局

霓裳画报社呈

（津 J25‐3‐6139）

628. 内政部警察总署为《燕京五日画刊〔报〕》请仍准登记呈件应由北平市政府核转事致曲濯缨函

1948 年 1 月 3 日

奉交下台端十二月八日呈一件，为创办《燕京五日画刊〔报〕》，一切筹备就绪，并经各机关首长会报讨论，严密调查，认为合法，一旦暂缓登记，损失綦重，敬请体察下情，仍准登记，以便早日发刊。等情。查所请应依法呈由北平市政府核转本部，再凭核办。相应函复查照。

此致曲濯缨君

内政部警察总署启

（京 J2‐4‐479）

629. 光华新闻画报社为呈报出版日期事呈天津市政府社会局文

1948 年 1 月 6 日

为报纸发刊，遵令呈报出版日期事。窃案奉钧局勤版字第 854 号代电转下内政部颁到京警津字第一三一号登记证一纸，遵于本月三十日发刊，理合检同第一次出版报纸呈请钧局备案，实为德便。又，前登记时所报地址因交通不便，于出版之同日迁移至南市东兴大街一一〇号办公，合并声明。

谨呈天津市社会局

光华新闻画报社谨呈

（津 J25‐3‐6160）

630. 天津市政府为转发《天津邮工》等登记证及注销《周末画刊》登记证事致内政部咨暨指令社会局

1948 年 1 月 8 日

案据本府社会局呈，以《周末画刊》已逾法定期间未能发刊，检同该刊登记证，请咨转注销。等情。据此，相应检同该刊原登记证乙件，咨请贵部查核注销，实纫公谊。

此致内政部

附《周末画刊》登记证乙件〈佚〉

令社会局：

三十六年十二月二十七日勤版字第二七九五号呈乙件，为奉令转发《天津邮工》等九家登记证，并请咨转注销《周末画刊》登记证由。呈件均悉。已咨转内政部核销矣，仰即知照，附件照转。

此令

（津 J2‐3‐8291）

631. 内政部为《银光画报》等六家报刊暂缓登记事致天津市政府函

1948 年 1 月 10 日

案准贵市政府义闻字第 15005、15006、15007、15742、17401、17644 号咨：为检同

《银光画报》、天津《新生早报》、天津惠民通讯社、《吾友》半月刊、中华通讯社、《文叶周刊》六家登记声请书，请核办。等由。准此，查该六家所请登记一节，依照《新闻纸杂志及书籍用纸节约办法》第四条"酌量调剂各地新闻纸杂志之数量，期于节约之中并收均衡文化发展之实效"之规定，应饬缓登记。兹将各该原声请书检还，相应函达，即希查照，转饬遵照为荷。

此致天津市政府

附《银光画报》等六家原声请书各一份〈佚〉

部长　张厉生

（津 J2 - 3 - 8292）

632. 内政部为《太平画报》等六家报刊资金欠充分依法未便登记事致天津市政府函

1948 年 1 月 10 日

案准贵市政府义闻字第 15008、15513、15514、15582、16390、17479 号咨：为检同《太平画报》、《美艺画报》、《无线周刊》、《人群报》、庐山摄影通讯社、联合新闻社六家登记声请书，请核办。等由。准此，查该六家资金欠充分，依照《新闻纸杂志及书籍用纸节约办法》第五条之规定，未便登记。相应检还各该原声请书，随函送达，即希查照转饬遵照为荷。

此致天津市政府

附《太平画报》等六家原声请书六份〈佚〉

部长　张厉生

（津 J2 - 3 - 8292）

633. 天津市政府社会局为刊期及迁移地址应依法声请变更登记事致光华新闻画报社代电

1948 年 1 月 12 日

天津光华新闻画报社鉴：

据报发刊日期及迁移地址等情已悉。查该报刊期及地址既已变更，应即依法声请变更登记。兹检发声请书三份，希即遵填。

附检发声请书三份〈佚〉

天津市政府社会局○○印

（津 J25－3－6160）

634. 天津市政府社会局为光华新闻画报社发刊事致天津市警察局函

1948 年 1 月 12 日

案据光华新闻画报社呈报，于去年十二月卅日发刊。等情。据此，相应抄附该社地址函达，即希查照为荷。

此致警察局

抄附光华新闻画报社地址：东兴大街一一○号

（津 J25－3－6160）

635. 内政部为《维纳丝画报》及远东新闻通讯社暂缓登记事
致天津市政府函

1948 年 1 月 13 日

案准贵市政府义闻字第 16136、16536 号咨，为检同《新国民》、《维纳丝画报》、远东新闻通讯社三家登记声请书，请核办。等由。准此，查该三家所请登记一节，除《新国民》准以《新国民儿童旬刊》登记外，其余远东新闻通讯社及《维纳丝画报》二家，依照《新闻纸杂志及书籍用纸节约办法》第四条调剂各地新闻纸杂志之数量及第五条资金欠充分之规定，均应暂缓登记。兹填发《新国民儿童旬刊》京警津字第一六九号登记证一纸，并检还《维纳丝画报》及远东新闻通讯社原声请书各一份，相应函达，即希查照转给见复，并饬《新国民儿童旬刊》将刊物按期检寄本部警察总署备查为荷。

此致天津市政府

附《新国民儿童旬刊》登记证一份〈佚〉；《维纳丝画报》、远东新闻通讯社原声请书各一份〈佚〉

部长　张厉生

（津 J2－3－8292）

636. 天津市政府社会局为登记声请已咨转内政部核办事致
骆驼画报社代电

1948 年 1 月 14 日

天津骆驼画报社鉴：

    据请登记一案，业经呈奉市政府指令，已咨转内政部核办，特电查照。

天津市政府社会局○○印

（津 J25‐3‐6160）

637. 天津市政府社会局为准许成立安琪儿画报天津分社事
批复张伟君

1948 年 1 月 14 日

    具呈人张伟君呈一件，为在罗斯福路十三号成立安琪儿妇女画报天津分社请备案由。呈悉。应准备案。
    此批

（津 J25‐3‐6137）

638. 行政院新闻局上海办事处为华明通讯社出版
《华明报》事致上海市社会局函

1948 年 1 月 16 日

    径启者：兹有上海天主教教务协进委员会牧师阿考诺，曾为华明通讯社所拟出版之中英文周刊，每月并附画报，将定名为《华明报》，社址设本市岳阳路一九七号，向本局转请准予出版登记。惟报刊申请登记系内政部主管，依照《修正出版法》第九条之规定，应填具登记声请书四份，送由贵处层转内政部核办。兹除予转知依照办理外，并拟嘱其加抄声请书三份送本局转请内政部于沪市府转咨到部，即予核准填发登记证，即请惠送报刊登记声请书七份，以便转促办理为荷。相应函达，即烦查照。
    此致上海市社会局第四处

处长　魏景蒙

（沪 Q6‐12‐112）

639. 天津市政府社会局为提供资金存据并呈验学历证件事通知周铮

1948 年 1 月 22 日

查该社声请登记一案，应提供资金存据，并呈验发行人学历证件，以凭核办。仰即遵办。特此通知。

右通知胜利画报社发行人周铮

（津 J25-3-6160）

640. 天津市政府为《银光画报》等六家报刊暂缓登记事 训令天津市政府社会局

1948 年 1 月 28 日

令社会局：

案准内政部三十七安四字第〇〇四七三号公函：以《银光画报》、天津《新生早报》、天津惠民通讯社、《吾友》半月刊、中华通讯社、《文叶周刊》等六家所请登记一节，依照《新闻纸杂志及书籍用纸节约〔办法〕》第四条"酌量调剂各地新闻纸杂志之数量，期于节约之中并收均衡文化发展之实效"之规定，应暂缓登记，兹将各该原声请书检还。等由。准此，合行检同原声请书六份，令仰该局转饬遵照为要。

此令

附发《银光画报》等六家原声请书各一份〈佚〉

市长 杜建时

（津 J25-3-6160）

641. 天津市政府为《太平画报》等六家报刊资金欠充分依法未便 登记事训令社会局

1948 年 1 月 28 日

令社会局：

案准内政部三十七安肆字第〇〇四七二号函，以《太平画报》、《美艺画报》、《无线周刊》、《人群报》、庐山摄影通讯社、联合新闻社六家资金欠充分，依照《新闻纸杂志及书籍用纸节约办法》第五条之规定，未便登记，检还各该原声请书。等由。准此，合行检同各原件，令仰该局转饬遵照为要。

此令

附发《太平画报》等六家原声请书各一份〈佚〉

（津 J2－3－8292）

642. 天津市政府为《维纳丝画报》及远东新闻通讯社暂缓登记事 复内政部函暨训令社会局

1948 年 1 月 28 日

案准贵部三十七年安肆字第〇〇五七二号函，以填发《新国民儿童旬刊》登记证，并检还《维纳丝画报》及远东新闻通讯社声请书，嘱转给见复。等由。准此，除饬本府社会局转给并饬遵照外，相应函复，即希查照为荷。

此致内政部

令社会局：

案准内政部三十七安肆字第〇〇五二七号公函：略以关于《新国民》、《维纳丝画报》、远东新闻通讯社三家声请登记一节，除《新国民》准以《新国民儿童旬刊》登记外，其余远东新闻通讯社及《维纳丝画报》二家，依照《新闻纸杂志及书籍用纸节约办法》第四条调剂各地新闻纸杂志之数量及第五条资金欠充分之规定，均应暂缓登记。兹填发《新国民儿童旬刊》京警津字第一六九号登记证一份，并检还《维纳丝画报》及远东新闻通讯社原声请书各一份，并饬《新国民儿童旬刊》将刊物按期检寄本部警察总署备查。等由。准此，除函复外，合行令仰该局转给，并转饬遵照具报为要。

此令

附发《新国民儿童旬刊》登记证一份〈佚〉；《维纳丝画报》、远东新闻通讯社原声请书各一份〈佚〉

（津 J2－3－8292）

643. 曲濯缨为仍请核转新闻纸杂志登记声请书事呈北平市政府社会局文

1948 年 2 月 2 日

为呈请事。查民于去年七月七日呈请出版《燕京五日画刊〔报〕》，经时三月，历经数次各首长民议会报，于去年十月七日接得崇三（36）字第一五二二号批示云，转呈中央核示。而于去年十一月二十六日接得崇三（36）字第一九八二号批示内开：准内政部安四字第一八五六八号公函，据《新闻纸杂志及书籍用纸节约办法》第二十四条之规定暂缓登记。因此民于去年十二月八日直接向内政部陈情，而于本年元月三日接得内政部警察总署（卅七）肆字〇〇〇九二号公函内开：奉交下十二月八日呈一件，为创办《燕京五日画刊〔报〕》，一切筹〔备〕就绪，并经各机关首长会报讨论，严密调查，认为合法，一旦暂缓登记，损失綦重。敬请体察下情，仍准登记，以便早日发刊。等情。查所请应依法呈由北平市政府核转本部，再凭核办。相应函复。等因。奉此，恭请将民所呈之声请登记书予以核转内政部，俾得早获登记，以便发刊。实不胜德便之至。

谨呈北平市政府社会局局长温

《燕京五日画刊〔报〕》发行人　曲濯缨谨呈

（京 J2‑4‑479）

644. 上海市社会局为《上海生活》登记谈话事通知黄也白

1948 年 2 月 3 日

为通知事。查为《上海生活》申请登记事件，本局定于二月六日上午十时召集谈话，仰即推定负责代表一人，随带本通知书准时报到，听候谈话，切勿延误为要。

局长　吴开先

副局长　李剑华

局址　林森中路三七五号

（沪 Q6‑12‑11‑64）

645. 天津市政府社会局为暂缓登记事通知维纳丝画报社等二社

1948 年 2 月 19 日

案奉市政府本年一月二十八日平闻字第二一九四号训令略开：以准内政部函，为该社登记一案，依照《新闻纸杂志及书籍用纸节约办法》第四条调剂各地新闻纸杂志之数量及第五条资金欠充分之规定，均应暂缓登记。检还原声请书一份，饬转遵照。等因。奉此，合行检附原件，仰即照转。特此通知。

附声请书一份〈佚〉

右通知维纳丝画报社，一区兰州道松月村十六号；远东新闻通讯社，南市慎益大街新中里二十号（《银都画报》）

（津 J25 - 3 - 6128）

646. 宋晋璠为请领登记证事致天津市政府社会局代电
1948 年 2 月 23 日

天津市政府社会局钧鉴：

戌版字第一七五号丑哿电奉悉。除将本报遵电按期呈缴外，理合检同登记证印领一纸，备文电请核发。

附印领一纸

天津星期日画报社社长宋晋璠叩。梗。印
第十区西安道五十五号

今领到京警津字第一七六号登记证一纸。

谨呈天津市政府社会局

天津星期日画报社社长　宋晋璠
天津星期日画报社
（津 J25 - 3 - 6170）

647. 天津市政府社会局为暂缓登记事通知银光画报社等六家报刊社
1948 年 2 月 25 日

案奉市政府平闻字第二一九三号训令：以准内政部函，为该社呈请登记一节，依照《新闻纸杂志及书籍用纸节约〔办法〕》第四条"酌量调剂各地新闻纸杂志之数量，期于节约之中并收均衡文化发展之实效"之规定，应暂缓登记，检还原声请书一份，饬转遵照。等因。奉此，合行检附原件，仰即遵照，特此通知。

附检还原声请书一份〈佚〉

右通知中华通讯社，一区贵阳路恒增里一号；银光画报社，鼓楼西丁家胡同二十一号曹启云；天津新生早报社，新生报社；天津惠民通讯社，十区上海道福顺里六十六号；《吾友半月刊》，山东路六十七号；《文叶周刊》，河北路传德里一四〇号

（津 J25 - 3 - 6160）

648. 天津市政府社会局为未便登记事通知太平画报社等六家报刊社

1948 年 2 月 25 日

案奉市政府平闻字第二一九一号训令，以准内政部函为该社资金欠充分，依照《新闻纸杂志及书籍用纸节约办法》第五条之规定，未便登记，检还各该原声请书一份，饬转遵照。等因。奉此，合行检附原件，仰即遵照。

附检还原声请书一份〈佚〉

右通知联合新闻社，一区陕西路一七四号；太平画报社，大沽路九十七号郭牖民；美艺画报社，河北路仁丰里十一号；无线周刊社，罗斯福路二〇九号；人群报社，新泰兴大楼廿四号；庐山摄影通讯社，威尔逊路卅一号

(津 J25－3－6160)

649. 华明画报社为声请登记事呈上海市社会局新闻纸杂志登记声请书

1948 年 4 月 6 日

新闻纸杂志登记声请书							
名　　称	华明画报						
类　　别	杂志		刊　期		每月一次		
发行旨趣	广布宗教慈善文化教育消息						
社务组织	由天主教教务协进委员会主办						
资本数目	一亿五千万元		经济状况		由天主教会支持		
业务状况	每期上千份						
发行所名称	天主教教务协进委员会		地　址		上海岳阳路一九七号		
印刷所名称	美灵登印刷公司		地　址		汉口路一一七号		
发行人及编辑人	姓名	发行人	主　编　人		编　辑　人		
		高思谦	中文沈司铎	英文奥克能		汪济	董世祉	
	籍贯	陕西鄠县	湖北汉阳	爱尔兰		上海	上海	
	年龄	四十三岁	三十二岁	四十九岁		三十二	三十八	
	学历	法国里耳大学社会政治学博士	罗玛传信大学神学博士	爱尔兰首都大学硕士		震旦大学法律系毕业	瑞士福里堡大学硕士	

发行人及编辑人	经历	曾任中央账〔赈〕济委员会委员，西安《益世报》社长	汉阳天主堂本堂	曾任美国天主教新闻学会会员二年		现任上海路透社中文主编	天主教教务协进委员会委员	
	党籍或参加团体	天主教会副主教	天主教神父	天主教神父		无党派	天主教神父	
	住所	上海重庆南路一四一号	五原路二八七号	五原路二八七号		上海林森中路一二七〇弄一号	岳阳路一九七号	

附　注	发行人抗战期间在欧美各国强国民外交，在各国公开讲演一千七百余次并有著作发表
考查意见	该刊系天主教教务协进会主办，以传布宗教为旨趣，经核尚无不合，拟准予转呈
复核意见	

兹因发行《华明画报》，谨依《出版法》第九条及同法施行细则第九条之规定，开具右列事项，声请登记。

谨呈上海市社会局

具声请书人　天主教教务协进委员会

发行人　高思谦

中华民国三十七年四月六日

说明

一、凡为新闻纸或杂志之发行者，应由发行人向地方主管官署领取此项声请书，依式填具四份声请之；

二、类别栏须填明新闻纸或杂志或通讯稿；

三、刊期系指日刊、周刊、旬刊、月刊、季刊等刊期而言，应于本栏内填明之；

四、发行人指主办新闻纸或杂志之人，如有二人以上时，应互推一人具名声请之；

五、编辑人指掌管编辑之人，应于本栏内分别填明；

六、考查意见栏由地方主管官署填写，复核意见栏由市政府填写。

（沪 Q6 - 12 - 112）

650. 红叶画报社为复刊备案事呈天津市政府社会局文

1948 年 5 月 21 日

为呈请事。查敝社自停刊以来经积极整顿，努力筹备，业已全部就绪。订定五月二十八日正式复刊，理合具文呈请鉴核备案，实为公便。

谨呈天津市政府社会局局长胡

天津红叶画报社谨呈

社长　胡以庆

社址　第十区山西路三八八号

（津 J25‐3‐6138）

651. 天津市政府社会局为复刊日期已悉事致红叶画报社代电

1948 年 5 月 29 日

天津红叶画报社鉴：

据报于五月二十八日复刊等情已悉。特电知照。

天津市社会局〇〇印

（津 J25‐3‐6138）

652. 天津中华日报社为《中华画刊》声请登记事呈天津市政府
社会局文（附新闻纸杂志登记声请书）

1948 年 6 月 14 日

查本报发行已阅三年，依照《出版法》增附发行《中华画刊》周刊一种，每星期六日发行，理合遵照定章填具声请书三份，恳请赐予备案登记，并分别函转，至感公便。

谨呈天津市政府社会局

附声请书三份

《中华日报》发行人　齐协民

<table>
<tr><td colspan="11" align="center">新闻纸杂志登记声请书</td></tr>
<tr><td align="center">名　　称</td><td colspan="10" align="center">中华画刊（中华日报股份有限公司出版）</td></tr>
<tr><td align="center">类　　别</td><td colspan="4" align="center">周刊</td><td align="center">刊　期</td><td colspan="5" align="center">每星期六日</td></tr>
<tr><td align="center">发行旨趣</td><td colspan="10">宣扬正义，拥护政府</td></tr>
<tr><td align="center">社务组织</td><td colspan="10">股份</td></tr>
<tr><td align="center">资本数目</td><td colspan="4">国币十亿元</td><td align="center">经济状况</td><td colspan="5">股份</td></tr>
<tr><td align="center">业务状况</td><td colspan="10">商营</td></tr>
<tr><td align="center">发行所名称</td><td colspan="4">中华日报股份有限公司</td><td align="center">地　址</td><td colspan="5">第一区多伦道四十号</td></tr>
<tr><td align="center">印刷所名称</td><td colspan="4" align="center">同上</td><td align="center">地　址</td><td colspan="5" align="center">同上</td></tr>
</table>

	姓名	发行人	主　编　人				编　辑　人			
		齐协民	钮琳	郝梦侯	李宗杰	齐曙霖	王汉章	齐润霖	全陆久	崔凤鸣
发行人及编辑人	籍贯	浙江杭县	江西南昌	河北三河	河北深县	浙江杭县	山东福山	浙江杭县	北平市	北平市
	年龄	五十六	三十一	五十七	十八	二十四	五十七	二十	二十五	二十一
	学历	上海尚贤堂毕业	日本庆应大学毕业	苏州高等工业学校毕业	北平育英中学肄业	北平燕京大学新闻系肄业	青岛德华大学毕业	美国学堂毕业	成都华西大学肄业	北平土木工程学校肄业
	经历	天津《民意报》编辑，北平《民命报》总编辑，天津《中华日报》社长	天津《工人日报》职员，《中华日报》《中华画刊》编辑主任	天津汉文《泰晤士报》总编辑，《中华日报》总主笔			上海《大共和日报》《中华民报》编辑，天津《中华日报》秘书		上海美孚汽油公司服务站经理	
	党籍或参加团体									
	住所	天津十区镇南道一二八号	天津二区寿安街致安里卅八号	天津滨江道北辰饭店	天津十区镇南道一二八号	同上	本社	天津十区镇南道一二八号	同上	本社

附　注	
考核意见	查该刊系中华日报社所办，发行人为国民党党员，实具有《修正出版法施行细则》第八条二款之资格，及编辑人等均无《出版法》第十三、［十］四条所列各款之情形，拟请准予核转
复核意见	

兹因发行，谨依《出版法》第九条之规定开具右列事项，声请登记。

谨呈天津市社会局

具声请书人　中华日报社齐协民

中华民国三十七年六月

（津 J25－3－6125）

653. 天津市政府社会局为《中华画刊》声请登记事呈天津市政府文

1948 年 6 月 22 日

一、据中华日报社发行人齐协民呈附登记声请书三份，声请《中华画刊》登记。

二、检同原书二份，并抄原呈呈送鉴察核转。

附声请书二份〈佚〉、抄呈一件〈佚〉

（津 J25－3－6125）

654. 天津市政府为《中华画刊》等三家报刊社登记查核事致内政部咨

1948 年 6 月 26 日

案据本府社会局呈以《中华画刊》、《学风周刊》、华北儿童通讯社声请登记，检同原声请书请核转。等情。经该局核与《出版法》尚无不合，并由本府加注复核意见。除各抽存一份备查外，相应检同原声请书三份，咨请贵部查核办理，实纫公谊。

此咨内政部

附《中华画刊》、《学风周刊》、华北儿童通讯社声请书各一份〈佚〉

（津 J2－3－8298）

655. 《电影周刊》为声请登记事呈上海市社会局
新闻纸杂志登记声请书

1948 年 6 月 26 日

<table>
<tr><td colspan="8" style="text-align:center">新闻纸杂志登记声请书</td></tr>
<tr><td colspan="2">名　　称</td><td colspan="6">电影周刊</td></tr>
<tr><td colspan="2">类　　别</td><td colspan="2">杂志</td><td>刊　　期</td><td colspan="3">周刊</td></tr>
<tr><td colspan="2">发行旨趣</td><td colspan="6">发扬电影艺术，介绍国产电影</td></tr>
<tr><td colspan="2">社务组织</td><td colspan="6">发行部、编辑部</td></tr>
<tr><td colspan="2">资本数目</td><td colspan="2">五千元</td><td>经济状况</td><td colspan="3">由清华影片公司等津贴</td></tr>
<tr><td colspan="2">业务状况</td><td colspan="6">每期拟印行一万份</td></tr>
<tr><td colspan="2">发行所名称</td><td colspan="2">新生书报社</td><td>地　　址</td><td colspan="3">山东路 209 号</td></tr>
<tr><td colspan="2">印刷所名称</td><td colspan="2">美灵登印刷公司</td><td>地　　址</td><td colspan="3">香港路 117 号</td></tr>
<tr><td rowspan="9" style="writing-mode:vertical-rl">发行人及编辑人</td><td>姓名</td><td>发行人</td><td colspan="2">主　编　人</td><td colspan="3">编　辑　人</td></tr>
<tr><td></td><td>龚之方</td><td>李之华</td><td></td><td>张一苹</td><td>薛志英</td><td></td></tr>
<tr><td>籍贯</td><td>上海</td><td>浙江鄞县</td><td></td><td>江苏松江</td><td>江苏吴县</td><td></td></tr>
<tr><td>年龄</td><td>卅八</td><td>卅七</td><td></td><td>卅八</td><td>卅九</td><td></td></tr>
<tr><td>学历</td><td>江苏省立商专卒业</td><td>敬业中学</td><td></td><td>沪江夜校新闻科毕业</td><td>澄衷学堂</td><td></td></tr>
<tr><td>经历</td><td>山河图书公司经理</td><td>中宣部长春电影制片厂宣传主任</td><td></td><td>《申报》编辑</td><td>《新夜报》编辑</td><td></td></tr>
<tr><td>党籍或参加团体</td><td>无</td><td>无</td><td></td><td>无</td><td>无</td><td></td></tr>
<tr><td>住所</td><td>上海巨鹿路七十四号</td><td>惠民路一五〇弄一三号 A</td><td></td><td>会稽路银河里卅七号</td><td>重庆南路二五六弄五号</td><td></td></tr>
<tr><td colspan="7"></td></tr>
<tr><td colspan="2">附　　注</td><td colspan="6"></td></tr>
<tr><td colspan="2">考查意见</td><td colspan="6">该刊以发扬电影艺术，介绍国产电影为旨趣，经核尚无不合，拟准予核转</td></tr>
<tr><td colspan="2">复核意见</td><td colspan="6">咨部</td></tr>
</table>

兹因发行《电影周刊》，谨依《出版法》第九条及同法施行细则第九条之规定，开具

右列事项，声请登记。

谨呈上海市社会局

具声请书人　中国电影出版社

发行人　龚之方

中华民国卅七年六月廿六日

（沪 Q6 - 12 - 132）

656. 北平明报社为《明报画刊》补行登记事呈北平市政府社会局文（附新闻纸杂志登记声请书）

1948 年 7 月 12 日

为呈请本报画刊准予补行登记事。查本报复刊于民国三十四年八月八日，《明报画刊》创刊于三十五年六月二十二日，原系优待本报直接订户，随日报附送，不另收费，当时业经呈奉钧局备案。顷于本月七日奉钧局崇三（37）字第 1619 号通知内并：案奉市政府交下内政部安肆字第〇九二九六号代电内开：查北平市《明报画刊》已出版全第一〇二期，尚未据向本部声请登记，于法不合。相应电请查照，转饬迅即依法办理见复为荷。等因。奉此，合行通知，仰即依法办理为要。等因。奉此，兹特依法填妥登记声请书五份随呈附上，即祈转呈内政部准予补行登记，实为公便。

谨呈北平市政府社会局

北平明报社谨呈

新闻纸杂志登记声请书			
名　　称	明报画刊		
类　　别	杂志	刊　　期	每星期六出刊
发行旨趣	报道正确消息，发扬中国文化		
社务组织	社长、经理部、编辑部		
资本数目	二亿五千万元	经济状况	收支平衡
业务状况	届至七月十七日共出刊一〇一期，每期三千五百份		
发行所名称	明报画刊社	地　　址	西单北大街一六〇号
印刷所名称	明报社	地　　址	西城新平路三十四号

姓名	发行人	主 编 人			编 辑 人			
	孔效儒	李云子			许鉴秋	陈雨辰		
籍贯	天津市	同			天津	福建长汀		
年龄	三十七	三十四			四一	三十三		
学历	私立平民大学新闻学系毕业	天津育材商科职业学校			天津汇文中学毕业	国立艺专西画系毕业		
经历	天津《大公报》《益世报》记者等职				天津《大中时报》编辑等职	《晨报》及新中国报社编辑		
党籍或参加团体								
住所	北平西单北大街一六〇号	东四头条三十四号			阜内牛八宝胡同北二十二号	内六银丝沟六号		

（左侧竖排标题：发行人及编辑人）

附　注	本画刊原系随日报附送，于出刊时称《明报增刊》，兹奉令依法补请登记
考查意见	查该画刊发行人孔效儒曾办有明报社，业经呈准发给京警平字第二一九号登记证有案。查该画刊原系于每周星期六日增刊，随同日报附送，兹奉令饬依法补呈前来。经查内部组织尚无不合，内容亦无不妥之处，拟请登记给证，可否之处，仍请核定
复核意见	查该画刊原随《明报》增刊附送，兹准代电，已由社会局转饬补呈声明书，并查内部组织等尚无不合，拟请登记给证，可否，仍候核定

　　兹因发行，谨依《出版法》第九条及同法施行细则第九条之规定开具右列事项，声请登记。

　　谨呈北平市政府社会局

具声请书人　明报社

发行人　孔效儒

中华民国三十七年七月　日

（京 J2‑3‑949）

657. 《女人》杂志为声请登记并准先行出版事致上海市社会局 陈科长等人函（附新闻纸杂志登记声请书）

1948 年 7 月 19 日

陈科长吾兄大鉴：久未把晤，殊深系念。兹有恳者，敝社同事孙伯翔兄主办《女人》杂志一种，内容多采取高级趣味，在一般周刊水准之上，今向钧局正式申请登记（申请表已另呈）敬祈协助予以便利，并准先行出版，不胜感戴之至，专此奉恳，即祈大安，履之兄均此。

弟　汤增扬拜上

新闻纸杂志登记声请书					
名　　称	女人				
类　　别	杂志		刊　　期		十日
发行旨趣	介绍各地妇女生活，灌输现代家政常识，提高精神生活水平				
社务组织	编辑部、经理部				
资本数目	三亿		经济状况		集资
业务状况	发行《女人》杂志				
发行所名称	华清出版社		地　　址		吴淞路猛将弄九十三号
印刷所名称	独立印刷所		地　　址		乍浦路一三七号

	姓名	发行人	主　编　人		编　辑　人	
发行人及编辑人	姓名	孙伯翔	杨瑾玲			
	籍贯	江苏无锡	长沙			
	年龄	四三	卅			
	学历	无锡县师毕业	暨南大学毕业			
	经历	《新夜报》印刷部主任	《商报》编辑			
	党籍或参加团体	无	无			
	住所	上海乍浦路一三七号	大通路三百弄七号			

附　注	
考查意见	该刊以介绍各地妇女生活，灌输现代家政常识为旨趣，经核尚无不合，拟准予核转
复核意见	

兹因发行《女人》杂志，谨依《出版法》第九条及同法施行细则第九条之规定开具右列事项，声请登记。

谨呈上海市社会局

具声请书人　华清出版社

发行人　孙伯翔

中华民国卅七年七月

说明

一、凡为新闻纸或杂志之发行者，应由发行人向地方主管官署领取此项声请书，依式填具四份声请之；

二、类别栏须填明新闻纸或杂志或通讯稿；

三、刊期系指日刊、周刊、旬刊、月刊、季刊等刊期而言，应于本栏内填明之；

四、发行人指主办新闻纸或杂志之人，如有二人以上时，应互推一人具名声请之；

五、编辑人指掌管编辑之人，应于本栏内分别填明；

六、考查意见栏由地方主管官署填写，复核意见栏由市政府填写。

（沪 Q6－12－5）

658. 新游艺画报社为发刊日期及检呈画报事致天津市政府社会局函

1948 年 7 月 30 日

敬启者：谨奉钧局三十七年六月十九日成版字第六九〇号批示内开，《新游艺画报》限于本年七月底以前发刊并按期送审。等因。奉此，遵即于本年七月三十日发刊，理合呈送两份，恳祈鉴核，实感公便。

谨呈天津市政府社会局

（附呈第一期《新游艺画报》二份）〈佚〉

天津新游艺画报社社长　梅琥

（津 J25－3－6119）

659. 天津市政府社会局为发刊日期已悉事致新游艺画报社代电

1948 年 8 月 6 日

一、本年七月三十日来呈及附件已悉。

二、应准备查，希即知照。

（津 J25‐3‐6119）

660. 天津中华日报社为具领《中华画刊》登记证事
呈天津市政府社会局文

1948 年 8 月 8 日

案奉贵局成版字第八四三号代电略开：为电知具领登记证并依法送审。等因。奉此，遵即具文呈请核发内政部填发之京警津字第一九〇号《中华画刊》登记证。除将该画刊分呈各局、署、处、馆外，理合备文请领登记证，并呈送出版物，祗祈鉴察。

谨呈天津市社会局

附呈出版物（《中华画刊》）八册〈佚〉

《中华画刊》《中华日报》发行人　齐协民呈

（津 J25‐3‐6120）

661. 李正卿为《黄河画报》改组日报登记事呈天津市政府社会局文

1948 年 8 月 11 日

为呈请天津《黄河画报》改组日报准予登记事。窃社自承蒙钧局核准发行有案，兹鉴于现时国事日殷之需，而新闻纸之报道实与民众间关系甚切，且值此戡乱时期，为配合总动员法令计，拟将原《黄河画报》改组为《黄河日报》，以借收效民众对戡乱建国大策更趋坚定之信念。理合备文呈请鉴核，悬祈钧局准予登记，俾利发行，实为德便。

谨呈天津市政府社会局

天津黄河报社谨具

发行人　李正卿

社址　第六区威尔逊路卅一号

（津 J25‐3‐6138）

662. 天津市政府社会局为变更登记事致黄河画报社代电

1948 年 8 月 18 日

一、来呈已悉。声请变更为《黄河日报》一节已悉。

二、希即提供资金存据，以凭核办。

（津 J25－3－6138）

663. 骆驼画报社为请准予出版事呈天津市政府社会局文

1948 年 8 月 24 日

为呈请准予出版事。窃商民组织骆驼画报社，已呈请贵局备案。本应早日发刊，但因人事问题，未克如期出版。忽奉贵局成版字第六百九十号代电，限七月以前发刊，敝社即行遵令加紧筹备。兹已就绪，并准定于九月一日发刊创刊号，恳请贵局体恤商艰，施仁法外，恩准届期出版，实为德便。特此备文，伏祈鉴核准予出版。

谨呈天津市社会局局长胡

骆驼画报社

陆子尧

陈克宇（代）

七区荣吉大街六十五号大东饭店内三十号

（津 J25－3－6119）

664. 天津市政府社会局为已悉发刊日期及领取登记证事致骆驼画报社电

1948 年 9 月 2 日

一、据呈报定于九月一日发刊，请准予出版一节已悉。

二、应准备查，希即将该社内政部京警津字第一七九号登记证具领为荷。

（津 J25－3－6119）

665. 骆驼画报社为具领登记证事呈天津市政府社会局文

1948 年 9 月 14 日

为呈请具领登记证事。商民为组织骆驼画报社，已由贵局转呈内政部，并蒙批准出版，发予京警津字第一七九号登记证一纸。伏祈发予，以便出版，实为公便。

谨呈天津市社会局局长胡

具领人　骆驼画报社

发行人　陆子尧

陈克宇（代）

南市大东饭店楼上三十号

（津 J25－3－6170）

666. 星期画报社为《星期画报》声请登记事呈上海市社会局文
（附新闻纸杂志登记声请书）

1948 年 9 月 21 日

为筹备出版《星期画报》，谨依《出版法》第九条及同法施行细则第九条之规定，填具声请登记书五份，呈请鉴核，并请准予先行出版，按期送请备案。

谨呈上海市社会局局长吴

具呈人　星期画报社发行人郭兰馨

社址　新闸路六一三弄二三号

新闻纸杂志登记声请书			
名　　称	星期画刊		
类　　别	杂志	刊　期	周刊
发行旨趣	宣扬文化		
社务组织	设社长一人，编辑、广告、会计、发行四部		
资本数目	金圆三百元	经济状况	自筹
业务状况	每期印发四千份		
发行所名称	星期画刊社	地　址	新闸路六一三弄二三号
印刷所名称	中国印书馆	地　址	福州路五一九号

	姓名	发行人	主 编 人		编 辑 人
发行人及编辑人		郭兰馨	朱锵锵	程漫郎	
	籍贯	南汇	余姚	鄞县	
	年龄	四五	卅五	卅五	
	学历	正风学院毕业	余姚国民学校毕业	中华公学毕业	
	经历	立报馆秘书	上海《艺报》编辑	《东方日报》编辑	
	党籍或参加团体	无	无	无	
	住所	山阴路大陆新村五号	新闸路六一三弄廿三号	同上	
附 注					
考查意见		该刊系图画杂志，发行人曾任立报馆秘书职务，经核尚无不合，拟准予转呈			
复核意见		咨部			

　　兹因发行《星期画刊》，谨依《出版法》第九条及同法施行细则第九条之规定开具右列事项，声请登记。

　　谨呈上海市社会局

具声请书人　星期画刊社

发行人　郭兰馨

中华民国卅七年九月

说明

　　一、凡为新闻纸或杂志之发行者，应由发行人向地方主管官署领取此项声请书，依式填具四份声请之；

　　二、类别栏须填明新闻纸或杂志或通讯稿；

　　三、刊期系指日刊、周刊、旬刊、月刊、季刊等刊期而言，应于本栏内填明之；

　　四、发行人指主办新闻纸或杂志之人，如有二人以上时，应互推一人具名声请之；

　　五、编辑人指掌管编辑之人，应于本栏内分别填明；

六、考查意见栏由地方主管官署填写，复核意见栏由市政府填写。

（沪 Q6 - 12 - 79）

667. 《影剧》半月刊为声请登记事呈上海市社会局 新闻纸杂志登记声请书

1948 年 9 月 29 日

<table>
<tr><td colspan="7" align="center">新闻纸杂志登记声请书</td></tr>
<tr><td colspan="2" align="center">名　称</td><td colspan="5" align="center">影剧</td></tr>
<tr><td colspan="2" align="center">类　别</td><td colspan="2" align="center">杂志</td><td align="center">刊　期</td><td colspan="2" align="center">半月刊</td></tr>
<tr><td colspan="2" align="center">发行旨趣</td><td colspan="5">推进影剧知识，发展国产电影艺术</td></tr>
<tr><td colspan="2" align="center">社务组织</td><td colspan="5">社长、主编、编辑、发行、总务</td></tr>
<tr><td colspan="2" align="center">资本数目</td><td colspan="2">五千元</td><td align="center">经济状况</td><td colspan="2">自筹</td></tr>
<tr><td colspan="2" align="center">业务状况</td><td colspan="5">定期发行《影剧》半月刊，分销本市及外埠</td></tr>
<tr><td colspan="2" align="center">发行所名称</td><td colspan="2">影剧出版社</td><td align="center">地　址</td><td colspan="2">康定路四一三弄四一号</td></tr>
<tr><td colspan="2" align="center">印刷所名称</td><td colspan="2">国民出版社</td><td align="center">地　址</td><td colspan="2">河南北路九十五号</td></tr>
<tr><td rowspan="8" align="center">发行人及编辑人</td><td align="center">姓名</td><td align="center">发行人</td><td colspan="2" align="center">主　编　人</td><td colspan="2" align="center">编　辑　人</td></tr>
<tr><td></td><td>马思帆</td><td>马思帆</td><td>龚启锐</td><td>王明安</td><td>傅晔文</td></tr>
<tr><td align="center">籍贯</td><td>广东</td><td>广东</td><td>吴县</td><td>鄞县</td><td>鄞县</td></tr>
<tr><td align="center">年龄</td><td>卅八</td><td>卅八</td><td>四二</td><td>廿五</td><td>廿六</td></tr>
<tr><td align="center">学历</td><td>上海艺术大学</td><td>上海艺术大学</td><td>苏州美专毕业</td><td>立信会计学校</td><td>上海美术专科学校</td></tr>
<tr><td align="center">经历</td><td>民生中学教员，《新夜报》记者</td><td>民生中学教员，《新夜报》记者</td><td>上海教育周刊社编辑</td><td>《青青电影》记者</td><td>《青青电影》记者</td></tr>
<tr><td align="center">党籍或参加团体</td><td>国民党</td><td>国民党</td><td>国民党</td><td>无</td><td>无</td></tr>
<tr><td align="center">住所</td><td>顺昌路受福里六号</td><td>顺昌路受福里六号</td><td>复兴东路南□□弄20号</td><td>浙江中路六〇七号</td><td>康定路413弄41号</td></tr>
</table>

附　　注	
考查意见	该刊以推进影剧知识、发展国产电影为旨趣，可否予以转咨仰祈核夺
复核意见	

　　兹因发行《影剧》半月刊，谨依《出版法》第九条及同法施行细则第九条之规定，开具右列事项，声请登记。

　　谨呈上海市社会局

具声请书人　影剧出版社

发行人　马思帆

中华民国三十七年九月二十九日

说明

　　一、凡为新闻纸或杂志之发行者，应由发行人向地方主管官署领取此项声请书，依式填具四份声请之；

　　二、类别栏须填明新闻纸或杂志或通讯稿；

　　三、刊期系指日刊、周刊、旬刊、月刊、季刊等刊期而言，应于本栏内填明之；

　　四、发行人指主办新闻纸或杂志之人，如有二人以上时，应互推一人具名声请之；

　　五、编辑人指掌管编辑之人，应于本栏内分别填明；

　　六、考查意见栏由地方主管官署填写，复核意见栏由市政府填写。

（沪 Q6 - 12 - 144）

668. 阎恩润为《美丽画报》副刊《政治新闻》周刊声请登记事呈天津市政府社会局文（附新闻纸杂志登记声请书）

1948 年 10 月 4 日

　　谨呈者，恩润自发行《美丽画报》以来，已经两载。兹为配合政府戡乱国策，倡导人民政治常识起见，拟增加副刊一种，定名为《政治新闻》，每周随《美丽画报》同时出版，谨按照《出版法》第九条之规定，开具新闻［纸］杂志登记声请书三份，伏祈鉴核，准予立案，实为德便。

　　谨呈天津市社会局

具呈人　阎恩润

<table>
<tr><td colspan="6" align="center">**新闻纸杂志登记声请书**</td></tr>
<tr><td align="center">名　称</td><td colspan="5" align="center">政治新闻</td></tr>
<tr><td align="center">类　别</td><td colspan="2" align="center">杂志</td><td align="center">刊　期</td><td colspan="2" align="center">周刊</td></tr>
<tr><td align="center">发行旨趣</td><td colspan="5">配合戡乱国策，倡导政治常识</td></tr>
<tr><td align="center">社务组织</td><td colspan="5">编辑、发行二部</td></tr>
<tr><td align="center">资本数目</td><td colspan="2">金圆三千元</td><td align="center">经济状况</td><td colspan="2"></td></tr>
<tr><td align="center">业务状况</td><td colspan="5"></td></tr>
<tr><td align="center">发行所名称</td><td colspan="2">美丽画报社</td><td align="center">地　址</td><td colspan="2">天津胜利路十二号</td></tr>
<tr><td align="center">印刷所名称</td><td colspan="2">中利印刷局</td><td align="center">地　址</td><td colspan="2">天津胜利路八号</td></tr>
</table>

发行人及编辑人		发行人	主　编　人			编　辑　人		
	姓名	阎恩润	卢希鸿			石愚吾	王作孚	张光耀
	籍贯	河北易县	天津			天津	天津	河北通县
	年龄	三六	四二			四六	二二	三四
	学历	北平市立第二中学毕业	天津南开大学毕业			天津汇文中学毕业	天津市立中学毕业	通县潞河中学毕业
	经历	《北平新报》经理，天津《美丽画报》社长	天津《天风报》编辑，《星期五画报》采访主任			天津《国强报》编辑，天津《美丽画报》编辑主任	天津《星期五画报》编辑	天津《民生导报》编辑
	党籍或参加团体							
	住所	天津胜利路十二号	同			同	同	同

<table>
<tr><td align="center">附　注</td><td></td></tr>
<tr><td align="center">考核意见</td><td>查发行人系无党无派，并无政治背景，实具有《出版法施行细则》第八条二款之资格，及编辑人等均无《出版法》第十三、〔十〕四条所列各款之情形，拟请准予核转</td></tr>
<tr><td align="center">复核意见</td><td></td></tr>
</table>

兹因发行，谨依《出版法》第九条之规定开具右列事项，声请登记。

具声请书人　美丽画报社阎恩润

中华民国三十七年十月六日

（津 J25－3－6146）

669. 曹天培为《星期五画报》副刊《中国政治内幕》声请登记事呈天津市政府社会局文（附新闻纸杂志登记声请书）

1948 年 10 月 4 日

谨呈者：天培自发行《星期五画报》以来行将二载，兹为宣传政府国策，报导政治新闻起见，拟另发行副刊一种，定名为《中国政治内幕》，每周随同《星期五画报》同时出版。谨按《出版法》第九条之规定，开具新闻［纸］杂志登记声请书三份，敬祈鉴核，准予立案给照，实为德便。

谨呈天津市社会局

具呈人　曹天培

新闻纸杂志登记声请书						
名　　称	中国政治内幕					
类　　别	杂志		刊　　期	周刊		
发行旨趣	报导政治新闻，宣传政府国策					
社务组织	编辑、发行二部					
资本数目	金圆三千元		经济状况			
业务状况						
发行所名称	天津星期五画报社		地　址	天津胜利路三十九号		
印刷所名称	中利印刷局		地　址	天津胜利路八号		

发行人及编辑人		发行人	主　编　人		编　辑　人		
	姓名	曹天培	高秋岚		高仲融	唐二酉	曹鑫铭
	籍贯	河北通县	北平		北平	河北丰润	河北通县
	年龄	四三	二八		二二	三四	三五
	学历	通县潞河中学毕业	北平师范大学毕业		北平育英中学毕业	天津工商大学毕业	北平四存中学毕业

发行人及编辑人	经历	天津《商报》经理；天津《民生导报》经理；天津《星期五画报》社长	天津《民生导报》编辑			天津《星期五画报》编辑	天津《商报》编辑	天津《星期五画报》编辑
	党籍或参加团体							
	住所	天津二区胜利路三十九号	同			同	同	同
附　　注								
考核意见		查发行人系无党无派，并无政治背景，实具有《出版法施行细则》第八条二款之资格，及编辑人等均无《出版法》第十三．〔十〕四条所列各款之情形，拟请准予核转						
复核意见								

兹因发行，谨依《出版法》第九条之规定开具右列事项，声请登记。

谨呈天津市社会局

具声请书人　星期五画报社曹天培

中华民国三十七年十月六日

（津 J25－3－6146）

670. 孙鸿藻为《大陆画报》改为季刊事呈北平市政府社会局文

1948 年 10 月 4 日

呈为《大陆画报》请准予改为季刊事。查《大陆画报》系以辅导社会教育文化事业为宗旨，发行人孙鸿藻呈报并蒙转呈内政部发给登记证。本报内容纯以辅导教育文化事业，陶冶儿童身心，启发科学思想，发扬固有道德。现因纸价较昂，节约期间，市面纸张缺少，兼之印刷费用开支较增，兹经本社同人议决，本报既系辅导教育文化性质，应呈请准予暂改为季刊，逢一月、四月、七月、十月出刊，一俟纸张充裕时，再呈报恢复原期出刊。事属实在，理合呈报鉴核，惠予核准，以维教育文化事业之进展。

谨呈社会局

具呈人 孙鸿藻

（京 J2－4－494）

671.《影剧天地》为声请登记事呈上海市社会局新闻纸杂志登记声请书

1948 年 10 月 7 日

新闻纸杂志登记声请书						
名　　称		影剧天地				
类　　别		杂志	刊　期		半月刊	
发行旨趣		报导艺术界新闻，提高民众欣赏水准				
社务组织		本社分编辑、经理两部				
资本数目		五百元	经济状况		除广告发行收入外，不足之数由发行人负责	
业务状况		预计每期印销三千份				
发行所名称		影剧天地社	地　址		九江路三七四号	
印刷所名称		和平日报	地　址		和平日报社	
发行人及编辑人	姓名	发行人	主　编　人		编　辑　人	
		张乃敏	秦为沂			
	籍贯	江苏嘉定	江苏嘉定			
	年龄	廿七	廿五			
	学历	沪江大学文学院政治系毕业	光华大学毕业			
	经历	曾任《嘉定民报》总编辑，《东方日报》编辑，现任和平日报上海社记者	曾任《嘉定民报》编辑			
	党籍或参加团体	国民党	无			
	住所	上海南京路一六六号和平日报采访组	上海九江路三七四号			

附　　注	
考查意见	
复核意见	

　　兹因发行《影剧天地》，谨依《出版法》第九条及同法施行细则第九条之规定开具右列事项，声请登记。

　　谨呈上海市社会局

具声请书人　影剧天地社

发行人　张乃敏

中华民国卅七年十月七日

说明

　　一、凡为新闻纸或杂志之发行者，应由发行人向地方主管官署领取此项声请书，依式填具四份声请之；

　　二、类别栏须填明新闻纸或杂志或通讯稿；

　　三、刊期系指日刊、周刊、旬刊、月刊、季刊等刊期而言，应于本栏内填明之；

　　四、发行人指主办新闻纸或杂志之人，如有二人以上时，应互推一人具名声请之；

　　五、编辑人指掌管编辑之人，应于本栏内分别填明；

　　六、考查意见栏由地方主管官署填写，复核意见栏由市政府填写。

（沪 Q6 - 12 - 144）

672. 徐慕曾为《西影》半月刊声请登记事呈上海市社会局文
（附新闻纸杂志登记声请书）

1948 年 10 月 8 日

　　窃思电影事业为推移社会风气、化育广大民众之利器，而欧美各国电影事业突飞猛晋，其可资吾人借镜者良多。爰纠集同志多人组织西影出版社出版定期刊物，旨在尽量介绍欧美电影事业，借以辅助并推进吾国之文化教育，第一种拟定名为《西影》，每半月刊印一次，除移译欧美电影消息外，并聘名家撰写有关电影改革之论文，更选刊欧美文艺名著之原著剧本，借资观摩。现已准备就绪，为特按照定章填具声请书一式四份，送呈钧核，至祈准予登记，实为德便。

　　谨呈上海市社会局

附声请书一式五份

新闻纸杂志登记声请书

名　　称	西影		
类　　别	杂志	刊　期	半月刊
发行旨趣	介绍欧美电影事业，推进吾国文化教育		
社务组织	发行、编辑等部		
资本数目	金圆五千元	经济状况	除广告收入外，不足之数由发行人补足
业务状况	预计每期印行五千册		
发行所名称	西影出版社	地　址	上海北苏州路河滨大厦 117 号
印刷所名称	美灵登	地　址	香港路 117 号

		发行人	主　编　人		编　辑　人	
发行人及编辑人	姓名	徐慕曾	盛琴仙			
	籍贯	上海	上海			
	年龄	卅八	廿八			
	学历	复旦大学商科毕业，雷士德工科	圣约翰大学文学士			
	经历	上海美商电话公司、慎昌洋行、美商环球影片公司经理	历任中英文教员，□□署□□处□员，环球影片公司宣传部主任			
	党籍或参加团体	无	无			
	住所	上海汇山路明华坊 27 号	上海长治路二〇六弄三号			
附　　注						
考查意见	该刊以介绍欧美电影消息，促进国内电影事业之发展为旨趣，发行人任慎昌洋行、美商环球影片公司经理职务，经核尚无不合，可否予以转咨，仰祈核夺					
复核意见						

兹因发行《西影》半月刊，谨依《出版法》第九条及同法施行细则第九条之规定，开具右列事项，声请登记。

谨呈上海市社会局

具声请书人　西影出版社

发行人　徐慕曾

中华民国三十七年十月八日

说明

一、凡为新闻纸或杂志之发行者，应由发行人向地方主管官署领取此项声请书，依式填具四份声请之；

二、类别栏须填明新闻纸或杂志或通讯稿；

三、刊期系指日刊、周刊、旬刊、月刊、季刊等刊期而言，应于本栏内填明之；

四、发行人指主办新闻纸或杂志之人，如有二人以上时，应互推一人具名声请之；

五、编辑人指掌管编辑之人，应于本栏内分别填明；

六、考查意见栏由地方主管官署填写，复核意见栏由市政府填写。

（沪 Q6‑12‑57）

673.《北平图画刊》为声请登记事呈北平市政府社会局
新闻纸杂志登记声请书

1948 年 10 月 11 日

新闻纸杂志登记声请书			
名　　称	北平图画刊		
类　　别	杂志	刊　　期	周刊
发行旨趣	辅助社教之不足，提高人民之警觉，以适建国之理想		
社务组织	发行人下设主编一人、编辑一人		
资本数目	一百元	经济状况	由发行人筹募
业务状况	预计每期出八开一张，以最低之价格而达其文化传播之旨		
发行所名称	北平图画刊社	地　　址	东单八宝胡同十二号
印刷所名称	印刷合作社	地　　址	同上

发行人及编辑人	姓名	发行人	主 编 人		编 辑 人				
		王世中	杨坤明		李世伟				
	籍贯	北平	辽宁		广东				
	年龄	二九	二九		二六				
	学历	师范学校毕业	河北高商毕业						
	经历	时间通讯社编辑	教员						
	党籍或参加团体								
	住所	西城南顺城街八十三号	冰窖胡同五号		东单八宝胡同十二号				
附　　注									
考查意见									
复核意见									

兹因发行，谨依《出版法》第九条及同法施行细则第九条之规定开具右列事项，声请登记。

谨呈北平市政府社会局

具声请书人　北平图画刊社

发行人　王世中

中华民国三十七年十月十一日

（京 J2-3-949）

674. 北平市政府社会局为准予变更登记事批复大陆画报社发行人孙鸿藻

1948 年 10 月 12 日

具呈人大陆画报社发行人孙鸿藻呈一件，呈为《大陆画报》请准予改为季刊由。呈悉。准如所请，仰即按期发刊，送局呈核为要。

此批

局长　温○○

（京 J2‐4‐494）

675. 天津市政府社会局为《星期五画报》副刊《中国政治内幕》周刊登记事呈天津市政府文

1948 年 10 月 14 日

一、案据《星期五画报》填具声请书声请副刊《中国政治内幕》周刊登记。

二、检同原书二份并抄录原呈，呈请鉴察核转。

附声请书二份，抄呈一件〈佚〉

（津 J25‐3‐6146）

676. 天津市政府社会局为《美丽画报》副刊《政治新闻》声请登记事呈天津市政府文

1948 年 10 月 14 日

一、案据《美丽画报》填具声请书声请副刊《政治新闻》周刊登记。

二、检同原声请书二份并抄录原呈，呈请鉴察核转。

附声请书二份，抄呈一件〈佚〉

（津 J25‐3‐6146）

677. 徐慕曾为缴学历及地址证明书事呈上海市社会局文

1948 年 10 月 22 日

谨呈者：兹拟出版《西影》半月刊，预定资金金圆券五千元正，已按章填具登记声请书，请予登记。兹附呈本人学历及地址证明书各一件，其资金证明书因银行方面一时不及赶办手续，请准予日后补缴。专此陈述，伏乞钧察为祷。

此呈社会局第四处袁处长文彰钧鉴

附学历〈略〉及地址证明书各一件

西影出版社徐慕曾谨呈

兹证明西影出版社发行人徐慕曾君，确系本市第十八区第四保第十二甲二十一户居户，地址在上海霍山路明华坊二十七号。

此致上海市社会局第四处袁处长钧鉴

上海市第十八区四保保长　徐成桥

十二甲甲长　乐定海

中华民国三十七年十月二十三日

（沪 Q6－12－57）

678. 上海市社会局为《西影》等四家声请登记事呈上海市政府文

1948 年 11 月 8 日

案据《西影》《剧艺周刊》《电影消息》及《影剧》等四家填具新闻纸杂志登记申请书各一式四份呈送前来，经核填报各项尚无不合。惟查本市影剧刊物先后呈准登记者近二十家，为数已多，最近此类刊物申请登记经呈转核办者，多数奉令依照纸张节约办法第四条规定不予登记，该刊等申请登记可否予以照转未敢擅决，除将各该申请书抽存一份备查外，理合检同《西影》等四家申请书共十二份备文呈送，仰祈鉴核示遵。

谨呈上海市市长吴

附呈《西影》《剧艺周刊》《电影消息》及《影剧》四家申请书共一十二份〈佚〉

（全衔）局长　吴〇〇

（沪 Q6－12－57）

679. 上海市社会局为声请登记事批复《西影》等四家刊物

1948 年 11 月 8 日

具呈人徐慕曾、罗明、姜豪、马思帆呈表一件，为拟发行《西影》《剧艺周刊》《电影消息》《影剧》申请登记由。呈表均悉，已据转上海市政府核办，俟奉指复，再行饬遵，在未经核准前不得先行出版，仰即知照。

此批

（沪 Q6 - 12 - 57）

680. 龚之方为转请内政部准予登记事呈上海市社会局文

1948 年 11 月 10 日

窃查申请人前为出版《电影周报》，叠经依法填具申请表格，备文呈请钧局转呈内政部登记，并呈奉钧局化（37）字第二六四八七号批示，准予先行出版以利文化在案。兹奉钧局化（37）字第二九一九八号通知，以转奉市府训令，以准内政部函，所请登记一节，依照《新闻纸杂志及书籍用纸节约办法》第四条规定不予登记。等由。发还原申请书。等因。除原申请书存销外，转仰知照。等因。惟查申请人所发行之《电影周报》系上海文华、清华等电影制片公司所联合编纂印行，各该公司制片方针纯正，以故《电影周报》之本质，不独有关文化之宣扬，抑且有所裨益于教育。发刊至今已历十有五期，不仅国内读者为数綦众，即国外华侨所聚之处，亦复无远弗届。且查内政部所以未邀核准登记，原由无非以纸张一时供应偶缺之故，但本报篇幅不巨，所需非多，况各支持赞助之电影公司发行本报以后，宣传得以减省，所余纸张移供需要亦可勉济目前之窘。奉令前因，理合沥陈下情，谨祈俯赐鉴准转请内政部准予登记，以利文化，实为德便。

谨呈上海市社会局局长吴、赵

申请人　中国电影出版社龚之方谨具

（沪 Q6 - 12 - 132）

681. 天津市政府为《中国政治内幕》等三家刊物不予登记停止发行事训令天津市政府社会局

1948 年 11 月 17 日

一、前据检呈《中国政治内幕》《政治新闻》《内幕新闻杂志》三家声请书，经转内政部核办，兹准函复，均应依照用纸节约办法第四条规定不予登记。

二、检还《中国政治内幕》等三家声请书各一份，仰即发还并饬知停止发行。

附检还《中国政治内幕》等三家声请书各一份〈佚〉

市长　杜建时

（津 J25 - 3 - 6138）

第一部分　新闻纸、杂志或通讯社声请登记、复刊、备案及变更登记·483

682. 上海市社会局为龚之方恳请内政部准予登记事呈上海市政府文

1948 年 11 月 20 日

案据本市《电影周报》龚之方本年十一月十五日呈称（录原文）。等情。据此，理合据情转呈，仰祈鉴核。

谨呈上海市市长吴

全衔局长　吴〇〇

（沪 Q6 - 12 - 132）

683. 上海市社会局职员孙仲仙为《上海生活》登记申请
审核事签呈领导文

1948 年 11 月 22 日

前据《上海生活》画刊申请登记，因表填各项多有未合，经通知于十一月一日来局谈话，当将该刊申请登记表交由发行人黄也白取回重填，并嘱补具住址及资金未足部分之证件。今为时已久，尚未据补送前来，拟批复仰补具上项书表证件呈候核办，并将原附件发还。

当否乞核。

附呈该刊发行人黄也白取回登记申请书收据一纸备核〈佚〉

职　孙仲仙

（沪 Q6 - 12 - 150）

684. 上海市社会局为登记申请事批复上海生活画刊社黄也白

1948 年 11 月 22 日

具呈人黄也白呈乙件，为拟发行《上海生活》画刊申请登记由。呈件均悉。仰填具新闻纸杂志登记申请书连同该刊发行人资历、住址及资金等证件呈候核办，仰即知照。

此批

发还资历及资金证明书各一件

（沪 Q6 - 12 - 150）

685. 上海市政府为《电影周报》准予登记事训令上海市社会局

1948 年 11 月 24 日

令社会局:

案准内政部（卅七）安三字第一八二四七号公函开: 案准贵府沪新 37 字第二五九〇七号公函, 为据《电影周报》申述理由, 仍恳准予登记, 转请核办。等由。准此, 查该报既经呈奉沪市社会局核准先行出版, 且系上海文华、清华两电影制片公司联合编印, 旨在宣扬文化、辅助社会教育, 似可酌予考虑, 相应函复, 即请查照转饬补具声请书二份再凭核办。等由。查此案前据该局化（37）字第三三一一一号呈请转咨核办准予照转在案, 兹准前由, 合行令仰知照并转饬遵办。

此令

市长　吴国桢

（沪 Q6 - 12 - 132）

686. 李正卿为准予发还《黄河画报》原登记证事
呈天津市政府社会局文

1948 年 11 月 27 日

为呈请《黄河画报》原登记证准予发还事。窃前曾备文呈请改组日报, 变更登记有案。兹为响应勤俭运动、节约纸张办法起见, 拟撤回原意旨, 仍以原周期出版, 理合备文呈请鉴核, 准予将原登记证发还, 实为德便。

谨呈天津市政府社会局

发行人　李正卿具呈

社址　第六区威尔逊路三十一号

电话　八局〇二二一号

（津 J25 - 3 - 6138）

687. 艺声出版社为《艺声周刊》声请登记事呈上海市社会局新闻纸杂志登记声请书

1948 年 11 月 29 日

<table>
<tr><td colspan="8" align="center">新闻纸杂志登记声请书</td></tr>
<tr><td colspan="2" align="center">名　　称</td><td colspan="6">艺声周刊</td></tr>
<tr><td colspan="2" align="center">类　　别</td><td colspan="2" align="center">杂志</td><td align="center">刊　期</td><td colspan="3">周刊</td></tr>
<tr><td colspan="2" align="center">发行旨趣</td><td colspan="6">报导中外影剧、文艺娱乐</td></tr>
<tr><td colspan="2" align="center">社务组织</td><td colspan="6">分发行及编辑两部分</td></tr>
<tr><td colspan="2" align="center">资本数目</td><td colspan="2">五千元</td><td align="center">经济状况</td><td colspan="3">独资</td></tr>
<tr><td colspan="2" align="center">业务状况</td><td colspan="6">用三十二开纸印刷，每期三千元</td></tr>
<tr><td colspan="2" align="center">发行所名称</td><td colspan="2">艺声出版社</td><td align="center">地　址</td><td colspan="3">九江路六六八号二楼</td></tr>
<tr><td colspan="2" align="center">印刷所名称</td><td colspan="2">上海印刷所</td><td align="center">地　址</td><td colspan="3">浙江路六七七号</td></tr>
<tr><td rowspan="8" align="center">发行人及编辑人</td><td align="center">姓名</td><td align="center">发行人</td><td colspan="3" align="center">主　编　人</td><td colspan="2" align="center">编　辑　人</td></tr>
<tr><td></td><td>鲍庚</td><td>刘之璜</td><td></td><td></td><td>张文清</td><td></td></tr>
<tr><td align="center">籍贯</td><td>浙江</td><td>北平</td><td></td><td></td><td>浙江</td><td></td></tr>
<tr><td align="center">年龄</td><td>卅三</td><td>卅三</td><td></td><td></td><td>廿四</td><td></td></tr>
<tr><td align="center">学历</td><td>东吴大学法学院</td><td>燕大肄业，中央军校毕业</td><td></td><td></td><td>长春市立第一中学</td><td></td></tr>
<tr><td align="center">经历</td><td>三和出版社编辑</td><td></td><td></td><td></td><td>东北青年联合剧艺组员</td><td></td></tr>
<tr><td align="center">党籍或参加团体</td><td></td><td></td><td></td><td></td><td></td><td></td></tr>
<tr><td align="center">住所</td><td>东台路 29 弄三号</td><td>长阳路辽阳路口</td><td></td><td></td><td>复兴中路 1218 号</td><td></td></tr>
<tr><td colspan="2" align="center">附　　注</td><td colspan="6"></td></tr>
<tr><td colspan="2" align="center">考查意见</td><td colspan="6"></td></tr>
<tr><td colspan="2" align="center">复核意见</td><td colspan="6"></td></tr>
</table>

兹因发行《艺声周刊》，谨依《出版法》第九条及同法施行细则第九条之规定开具右

列事项，声请登记。

　　谨呈上海市社会局

具声请书人　艺声出版社

发行人　鲍庚

中华民国卅七年　月　日

说　明

　　一、凡为新闻纸或杂志之发行者，应由发行人向地方主管官署领取此项声请书，依式填具四份声请之；

　　二、类别栏须填明新闻纸或杂志或通讯稿；

　　三、刊期系指日刊、周刊、旬刊、月刊、季刊等刊期而言，应于本栏内填明之；

　　四、发行人指主办新闻纸或杂志之人，如有二人以上时，应互推一人具名声请之；

　　五、编辑人指掌管编辑之人，应于本栏内分别填明；

　　六、考查意见栏由地方主管官署填写，复核意见栏由市政府填写。

（沪 Q6‑12‑155）

688. 天津市政府社会局为不予登记停止发行事致政治新闻社等三报刊社代电

1948 年 11 月 30 日

　　一、前据该杂志声请登记一节，业经呈奉市政府本年十一月十七日平闻字第二六三九三号训令，以准内政部函复，应依照用纸节约办法第四条规定不予登〔记〕，检还原声请书，饬转发还，并饬知停止发行。

　　二、检还原声请书一份，希即遵办。

　　附检还原声请书一份〈佚〉

（津 J25‑3‑6138）

689. 天津市政府社会局为准予发还原登记证事致黄河画报社代电

1948 年 12 月 4 日

　　一、据呈拟将变更日报登记原案撤销，仍以周期出版，请发还原登记证等情已悉。

　　二、准将原登记证及声请书一并发还，希即知照。

附发还原登记证件、声请书三份〈佚〉

(津 J25 - 3 - 6138)

690. 上海市社会局为声请书未便核转事批复《艺声周刊》鲍庚

1948 年 12 月 6 日

呈表均悉。查影剧类刊物出版已多，纸张节约期间未便核转，仰即知照。
此批
附表存

(沪 Q6 - 12 - 155)

691. 上海市社会局为补具登记声请书事通知电影周刊社

1949 年 1 月 7 日

案奉上海市政府沪新（37）字第 27670 号训令，以准内政部函，《电影周刊》既系旨在宣扬文化、辅助社会教育，请转饬补具声请书二份，再凭核办。等由。转饬遵照。等因。奉此，合行令仰该刊补具新闻纸杂志登记声请书一式两份，呈候核转。
右通知电影周刊社

(沪 Q6 - 12 - 132)

692. 《周末影剧》为声请登记事呈上海市社会局新闻纸杂志登记声请书

1949 年 3 月 3 日

新闻纸杂志登记声请书			
名　　　称	周末影剧		
类　　　别	影剧	刊　期	周刊
发行旨趣	以发扬中国电影事业为宗旨		
社务组织	编辑部，发行由中国图书杂志公司代理		

		资本数目	二万元		经济状况		三人合股	
		业务状况	八页发行四千份，本埠三千份，外埠一千份					
		发行所名称	周末影剧出版社		地 址		嘉善路二三四号	
		印刷所名称	文明书局印刷所		地 址		小沙渡路新闸路	
发行人及编辑人	姓名	发行人	主 编 人			编 辑 人		
		沙志逮	易缪	蔡孟荪				
	籍贯	江阴	江苏	浙江				
	年龄	二十六	三十七	二十七				
	学历	大同大学毕业	苏州美专毕业	之江大学毕业				
	经历	华侨影片公司总务主任	《大公报》记者，中电导演	《自由论坛报》记者				
	党籍或参加团体							
	住所	嘉善路二三四号	嘉善路二三四号	湖北路二十号				
附 注								
考查意见								
复核意见								

兹因发行《周末影剧》，谨依《出版法》第九条及同法施行细则第九条之规定，开具右列事项，声请登记。

谨呈上海市社会局

具声请书人　周末影剧出版社

发行人　沙志逮

中华民国三十八年三月三日

（沪 Q6 - 12 - 68）

693. 上海市社会局为申请登记谈话事通知沙志遠

1949 年 3 月 7 日

为通知事。查该刊呈请登记事件，本局定于三月十日上午九时召集谈话，仰该当事人即推定负责代表一人，随带本通知书准时报到，听候询问，切勿延误为要。

局长　曹沛滋

局址　林森中路三七五号十科

（沪 Q6－12－68）

694. 上海市社会局为登记声请不予核转事批示沙志遠等人

1949 年 3 月 7 日

呈一件，为拟发行《周末影剧》《人民世纪周刊》申请登记由。呈表均悉。查本市此类刊物出版已多，所请未便核转，仰即知照。

此批

附表存

（沪 Q6－12－68）

695. 西影出版社代表人徐慕曾为准予先行出版事呈上海市社会局文

1949 年 3 月 8 日

呈为呈请准予先行出版由。窃查本刊（《西影》）前经依照《出版法》办理声请登记，并蒙钧局准予核转在案。兹以筹备已久，印刷纸张各费早经预支，且本刊纯系报导中外影片消息及提倡电影教育，毫无政治作用，用特呈请钧局在未奉到内政部登记证前准予先行出版，实为德便。

谨呈上海市社会局

附呈已出版之五期刊物样本各一册〈佚〉

西影出版社代表人　徐慕曾谨呈

中华民国卅八年三月八日

（沪 Q6－12－57）

696. 儿童生活社为发行半月刊声请登记事呈上海市社会局新闻纸杂志登记声请书（附收款证明书及户籍证明书）

1949 年 3 月 15 日

<table>
<tr><td colspan="6" align="center">**新闻纸杂志登记声请书**</td></tr>
<tr><td colspan="2" align="center">名　　称</td><td colspan="4" align="center">儿童生活</td></tr>
<tr><td colspan="2" align="center">类　　别</td><td align="center">杂志</td><td align="center">刊　　期</td><td colspan="2" align="center">半月刊</td></tr>
<tr><td colspan="2" align="center">发行旨趣</td><td colspan="4">发扬儿童文化，启迪儿童知识</td></tr>
<tr><td colspan="2" align="center">社务组织</td><td colspan="4">分编辑、发行两部</td></tr>
<tr><td colspan="2" align="center">资本数目</td><td align="center">五万元</td><td align="center">经济状况</td><td colspan="2">独资</td></tr>
<tr><td colspan="2" align="center">业务状况</td><td colspan="4">预计每期发行七千册，务求收支平衡自给自足</td></tr>
<tr><td colspan="2" align="center">发行所名称</td><td>儿童生活社</td><td align="center">地　　址</td><td colspan="2">上海英士路二一四弄九八号</td></tr>
<tr><td colspan="2" align="center">印刷所名称</td><td>汉文印刷所</td><td align="center">地　　址</td><td colspan="2">上海望平街</td></tr>
</table>

	姓名	发行人	主 编 人			编 辑 人	
发行人及编辑人	姓名	杜佐周	黄幼雄	黄寄萍		鲁少飞	
	籍贯	浙江东阳	浙江上虞	江苏海门		上海	
	年龄	五五	五六	四五		四七	
	学历	美国爱俄华州立大学教育博士	浙江高等铁路学校毕业	国立厦门大学新闻系毕业		上海美术专校毕业	
	经历	曾任国立厦门大学教授、暨南大学教授、国立英士大学校长，现任大夏大学文学院院长	曾任《东方杂志》《申报月刊》《［申报］周刊》编辑，南京《中央日报》经理	《申报》编辑兼社会服务科主任		曾任兰州市社会服务处处长，现任《申报》漫画记者	
	党籍或参加团体	无	无	无		无	
	住所	建国中路一三〇弄二三号	重庆南路三德坊四号	英十路二一四弄九八号		英士路二一四弄七四号	

<table>
<tr><td colspan="2" align="center">附　　注</td><td></td></tr>
<tr><td colspan="2" align="center">考查意见</td><td>该刊以启迪儿童知识为旨趣，经核尚无不合，拟准予转呈</td></tr>
<tr><td colspan="2" align="center">复核意见</td><td></td></tr>
</table>

兹因发行《儿童生活》，谨依《出版法》第九条及同法施行细则第九条之规定，开具右列事项，声请登记。

谨呈上海市社会局

具声请书人　儿童生活社
发行人　杜佐周
中华民国三十八年三月一日

说明

一、凡为新闻纸或杂志之发行者，应由发行人向地方主管官署领取此项声请书，依式填具四份声请之；

二、类别栏须填明新闻纸或杂志或通讯稿；

三、刊期系指日刊、周刊、旬刊、月刊、季刊等刊期而言，应于本栏内填明之；

四、发行人指主办新闻纸或杂志之人，如有二人以上时，应互推一人具名声请之；

五、编辑人指掌管编辑之人，应于本栏内分别填明；

六、考查意见栏由地方主管官署填写，复核意见栏由市政府填写。

证明书

查本庄代收款项项下三月八日存有儿童生活社股款金圆五万元正，特此具书说明。

晋成钱庄襄理胡湛霖、陆纪铭
中华民国三十八年三月九日

户籍证明书

杜佐周年五十五岁，民国前十七年十二月二十一日生，浙江东阳人，上海私立大夏大学文学院院长，现住建国西路 130 弄 23 号，领有卢字第 196449 号国民身份证。

证明人甲长
中华民国卅八年三月十日
（沪 Q6 - 12 - 74）

697.《旅行画报》为声请登记事呈上海市社会局新闻纸杂志登记声请书

1949 年 3 月 18 日

<table>
<tr><td colspan="7" align="center">新闻纸杂志登记声请书</td></tr>
<tr><td colspan="2" align="center">名　称</td><td colspan="5" align="center">旅行画报</td></tr>
<tr><td colspan="2" align="center">类　别</td><td colspan="2" align="center">杂志</td><td align="center">刊　期</td><td colspan="2" align="center">月刊</td></tr>
<tr><td colspan="2" align="center">发行旨趣</td><td colspan="5">阐扬中国名胜，发展旅行事业</td></tr>
<tr><td colspan="2" align="center">社务组织</td><td colspan="5">中国旅行社总社出版科</td></tr>
<tr><td colspan="2" align="center">资本数目</td><td colspan="3">一切开支由中国旅行社供给</td><td align="center">经济状况</td><td></td></tr>
<tr><td colspan="2" align="center">业务状况</td><td colspan="5"></td></tr>
<tr><td colspan="2" align="center">发行所名称</td><td colspan="2">中国旅行社</td><td align="center">地　址</td><td colspan="2">上海四川路四二〇号</td></tr>
<tr><td colspan="2" align="center">印刷所名称</td><td colspan="2">国光印书局</td><td align="center">地　址</td><td colspan="2">上海新大沽路三八三弄四〇号</td></tr>
<tr><td rowspan="9" align="center">发行人及编辑人</td><td align="center">姓名</td><td align="center">发行人</td><td colspan="3" align="center">主　编　人</td><td align="center">编　辑　人</td></tr>
<tr><td></td><td align="center">唐渭滨</td><td colspan="3">赵君豪</td><td></td></tr>
<tr><td align="center">籍贯</td><td align="center">江苏江宁</td><td colspan="3">江苏兴化</td><td></td></tr>
<tr><td align="center">年龄</td><td align="center">五十一</td><td colspan="3">四十七</td><td></td></tr>
<tr><td align="center">学历</td><td></td><td colspan="3"></td><td></td></tr>
<tr><td align="center">经历</td><td>中国旅行社社长</td><td colspan="3">中国旅行社总社出版科主任</td><td></td></tr>
<tr><td align="center">党籍或参加团体</td><td></td><td colspan="3"></td><td></td></tr>
<tr><td align="center">住所</td><td>上海四川路四二〇号中国旅行社</td><td colspan="3">同上</td><td></td></tr>
<tr><td colspan="2" align="center">附　注</td><td colspan="5"></td></tr>
<tr><td colspan="2" align="center">考查意见</td><td colspan="5">该刊以介绍中国名胜、发展旅行事业为旨趣，经核尚无不合，拟准予转呈</td></tr>
<tr><td colspan="2" align="center">复核意见</td><td colspan="5"></td></tr>
</table>

　　兹因发行《旅行画报》，谨依《出版法》第九条及同法施行细则第九条之规定开具右列事项，声请登记。

谨呈上海市社会局

具声请书人　中国旅行社、旅行画报社

发行人　唐渭滨

中华民国三十八年三月十八日

说明

一、凡为新闻纸或杂志之发行者，应由发行人向地方主管官署领取此项声请书，依式填具四份声请之；

二、类别栏须填明新闻纸或杂志或通讯稿；

三、刊期系指日刊、周刊、旬刊、月刊、季刊等刊期而言，应于本栏内填明之；

四、发行人指主办新闻纸或杂志之人，如有二人以上时，应互推一人具名声请之；

五、编辑人指掌管编辑之人，应于本栏内分别填明；

六、考查意见栏由地方主管官署填写，复核意见栏由市政府填写。

（沪 Q6－12－98）

698. 罗震宇为《警察画报》声请登记事呈上海市社会局文（附新闻纸杂志登记声请书）

1949 年 3 月 22 日

敬启者：本报以宣扬警察文化、促进警民合作为发行宗旨，自在南京创刊以来，历时两年，虽在种种困难之下，然发行从未间断。今年一月南京开始疏散在京发行之报纸刊物，因受影响自动停刊者不知凡几，但本报仍勉力维持，并拟设法迁穗出刊。迨抵沪后，经警界同仁之敦促及协助，始决定暂行发行上海版。当时以发行地尚未确定，且以初迁来沪，一切均须重新筹备，工作人员亦感缺少，对于申请登记一事，不及赶办，深引为歉。前因时局好转，且在上海试办发行以来，业务渐见发达，谨遵章填就新闻杂志登记声请书四份，务请准予登记，以利发行。又本报前任编辑姜军，因其行为不检已于本年一月廿六日革职，并经该员亲具接受革职处分书在案。兹据报最近该员竟挟嫌在外滥施恶言，对本报任意攻讦，本报除已登三月十一、十二、十三等日上海《大众》《新申》两报启明，并依法追究外，合并报请鉴核。尚祈明察，毋任企荷。

此呈上海市社会局

警察画报社社长　罗震宇谨上

名　　称		警察画报（上海版）		
类　　别		杂志	刊　期	月刊
发行旨趣		宣扬警察文化，促进警民合作		
社务组织		社长一人、编辑五人、干事八人		
资本数目		金元〔圆〕二万元	经济状况	合伙
业务状况		版面十六开，卅二页，每期印八千份		
发行所名称		《警察画报》发行所	地　址	西藏中路九十号三〇一室
印刷所名称		中国科学公司	地　址	中正中路茂名南路

		发行人	主　编　人			编　辑　人		
发行人及编辑人	姓名	罗震宇	李慕白	童文达	萧家壁	张雄世		
	籍贯	江西	江西	湖南	湖北	浙江		
	年龄	卅八	卅六	卅七	卅九	卅五		
	学历	中央警校正科第一期毕业	燕京大学、美国哈佛大学毕业	中央警校正科第一期毕业	中央警校、美国西北大学□研院毕业	中央警校警政班第三期毕业		
	经历	中央警校警政班教官	大夏大学教授	上海警察学校教官	上海警察学校教育长	北四川路警察局局长		
	党籍或参加团体	无	无	无	无	无		
	住所	上海卡德路警察公寓六〇二号	大夏大学	卡德路警察公寓六〇二号	榆林路警察学校	北四川路		

附　　注	原领有京警国字三〇二号登记证
考查意见	
复核意见	

　　兹因发行《警察画报》（上海版），谨依《出版法》第九条及同法施行细则第九条之规定开具右列事项，声请登记。

　　谨呈上海市社会局

具声请书人　警察画报社

发行人　罗震宇

中华民国卅八年三月廿二日

说明

一、凡为新闻纸或杂志之发行者，应由发行人向地方主管官署领取此项声请书，依式填具四份声请之；

二、类别栏须填明新闻纸或杂志或通讯稿；

三、刊期系指日刊、周刊、旬刊、月刊、季刊等刊期而言，应于本栏内填明之；

四、发行人指主办新闻纸或杂志之人，如有二人以上时，应互推一人具名声请之；

五、编辑人指掌管编辑之人，应于本栏内分别填明；

六、考查意见栏由地方主管官署填写，复核意见栏由市政府填写。

（沪 Q6－12－159）

699. 上海市社会局为不准先行出版事批复西影出版社代表人徐慕曾

1949 年 3 月 28 日

具呈人徐慕曾呈一件，为呈请准予《西影》半月刊先行出版由。呈悉，查前据该刊申请登记经转奉内政部令不予核准登记，并以化（37）字第 36594 号批示知照在案。兹据请先准发行，未便照准，仰即知照。

此批

（沪 Q6－12－57）

700. 徐慕曾为《西影月刊》声请登记事呈上海市社会局文
（附新闻纸杂志登记声请书）

1949 年 3 月 30 日

谨呈者，本刊以提倡电影教育，报导中外影剧消息暨影片剧情之介绍，乃拟创刊《西影月刊》一种，除依照《出版法》填送登记声请书一式四份，敬祈核转内政部发给登记证外，恳请钧局准予先行发行，实为德便。

谨呈上海市社会局

《西影月刊》发行人　徐慕曾谨呈

新闻纸杂志登记声请书				
名 称	西影月刊			
类 别	杂志	刊 期	月刊	
发行旨趣	影剧性，报导中外电影消息等			
社务组织	分发行、编辑、总务三部			
资本数目	十万元	经济状况	自筹	
业务状况	以十六开本印刷，每期印五千，销售本、外埠			
发行所名称	西影出版社	地 址	本市北苏州路四〇〇号一一室	
印刷所名称	艺文印刷所	地 址	嘉善路一〇三弄	

发行人及编辑人	姓名	发行人	主 编 人	编 辑 人	
		徐慕曾	盛琴仙		
	籍贯	上海市	上海市		
	年龄	卅九	廿九		
	学历	雷士德工学院，复旦商学院	圣约翰大学文学士		
	经历	环球影片公司经理，《环球影讯》编辑	环球影片公司宣传部主任		
	党籍或参加团体				
	住所	爱文义路一七一七号	长治路二〇六弄三号		

附 注	
考查意见	该刊以报导中外电影消息为旨趣，经核尚无不合，拟准予转呈
复核意见	

　　兹因发行《西影月刊》，谨依《出版法》第九条及同法施行细则第九条之规定，开具右列事项，声请登记。

　　谨呈上海市社会局

具声请书人　西影出版社

发行人　徐慕曾

中华民国卅八年三月廿四日

说明

一、凡为新闻纸或杂志之发行者，应由发行人向地方主管官署领取此项声请书，依式填具四份声请之；

二、类别栏须填明新闻纸或杂志或通讯稿；

三、刊期系指日刊、周刊、旬刊、月刊、季刊等刊期而言，应于本栏内填明之；

四、发行人指主办新闻纸或杂志之人，如有二人以上时，应互推一人具名声请之；

五、编辑人指掌管编辑之人，应于本栏内分别填明；

六、考查意见栏由地方主管官署填写，复核意见栏由市政府填写。

（沪 Q6 - 12 - 57）

701. 上海市社会局为查核《警察画报》旨趣及发行人情况事致上海市警察局函

1949 年 4 月 25 日

据罗震宇呈请发行《警察画报》上海版，准予核转登记。等情。本局以该画报旨趣既与警察业务有关，而内部人员又大多为贵局职员，用特函达，即希查照转核，见复为荷。

此致上海市警察局

局长　曹○○

（沪 Q6 - 12 - 159）

先断情节大有不同之义显係有意故入

嗣刘云若尔後　小说应详加谨慎检点外

饬令益自惕励切实　善为操副

风气之至意理合遵办情形备文呈请

便　谨呈

會高

第二部分

新闻纸、杂志或通讯社查禁、取缔、停刊及注销

星期五画报

天津星期五画报社曹天培　谨呈

702. 天津市社会局为查禁《讨蒋画报》等八种刊物事致华北工业协会函

1930 年 11 月 6 日

径启者：案奉市政府第三零零号训令内开：案准内政部警字第九零二号咨开：案奉行政院第三六一六号训令内开：案查汉口市政府呈称：案据职府社会局局长杨在春呈称，据邮件检查所先后呈送《讨蒋画报》《山西村政旬刊》《察省日报》《绥定公报》《西南日报》《革命战线画报》《陈逆嘉佑铣日快邮代电》《中国国民党伪中央党部扩大会议代表覃振慰劳前方将士讲话》等八种反动刊物，多系攻击中央，污蔑总座，妄造谣言，冀图反动，似应严密查禁，呈请转呈通令全国一体查禁。等情。据此，除指令外，理合检同该原反动刊物八种，呈请鉴核施行。等情。据此，当经函送中央宣传部审查办理在案。兹准函开：查原送刊物八种均系反动宣传品，除《陈嘉佑铣日快邮代电》《西南日报》《革命战线画报》《绥定公报》四种业已先后令饬各邮检所扣留外，其余《讨蒋画报》《山西村政旬刊》《察省日报》《扩委会代表覃振慰劳前方将士讲话》四种准令各地邮件检查所一律扣留焚毁，以绝流传。即希查照转知为荷。等由。准此，除令汉口市政府知照外，合行令仰该部即便遵照转行各省市政府饬属一体查禁。此令。等因。奉此，除呈复并分行外，相应咨请查照转饬所属一体查禁为荷。等因。准此，除咨复并分行外，合亟令仰该局遵照查禁为要。此令。等因。奉此，除分行外，相应函请贵会查照转饬遵照一体查禁为荷。

此致华北工业协会

天津市社会局

（津 J128 - 2 - 3356）

703. 天津市社会局为查禁《讨蒋画报》等八种刊物事致天津总商会函

1930 年 11 月 6 日

径启者：案奉市政府第三零零号训令内开：案准内政部警字第九零二号咨开：案奉行政院第三六一六号训令内开：案查汉口市政府呈称：案据职府社会局局长杨在春呈称，据邮件检查所先后呈送《讨蒋画报》《山西村政旬刊》《察省日报》《绥定公报》《西南日报》《革命战线画报》《陈逆嘉佑铣日快邮代电》《中国国民党伪中央党部扩大会议代表覃振慰劳前方将士讲话》等八种反动刊物，多系攻击中央，污蔑总座，妄造谣言，冀图反动，似应严密查禁，呈请转呈通令全国一体查禁。等情。据此，除指令外，理合检同该原反动刊物八种，呈请鉴核施行。等情。据此，当经函送中央宣传部审查办理在案。兹准函开：查原送刊物八种均系反动宣传品，除《陈嘉佑铣日快邮代电》《西南日报》《革命战线画报》《绥定公报》四种业已先后令饬各邮检所扣留外，其余《讨蒋画报》《山西村政旬刊》《察省日报》《扩委会代表覃振慰劳前方将士讲话》四种准令各地邮件检查所一律扣留焚毁，以绝流传。即希查照转知为荷。等由。准此，除令汉口市政府知照外，合行令仰该部即便遵照转行各省市政府饬属一体查禁。此令。等因。奉此，除呈复并分行外，相应咨请查照转饬所属一体查禁为荷。等因。准此，除咨复并分行外，合亟令仰该局遵照查禁为要。此令。等因。奉此，除分行外，相应函请贵会查照转饬遵照一体查禁为荷。

此致总商会

天津市社会局

（津 J128 - 3 - 6339）

704. 天津市总商会为查禁《讨蒋画报》等八种刊物事致各同业公会函

1930 年 11 月 8 日

径启者：案准天津市社会局函开：案奉市政府第三零零号训令内开：云云一体查禁。等因。准此，除分行外，合亟函达，即希查照。

此致各同业公会

天津总商会会长张、副会长王

（津 J128 - 3 - 6339）

705. 上海市社会局为禁止刊登向导社及其变相组织广告事训令大沪晚报社等报刊社

1936 年 11 月 3 日

令大沪晚报社、东方日报社、晶报社、华美晚报社、影舞导报社、金钢钻报社、戏剧日报社、上海报社：

查报纸禁登向导社广告一案，业经本局一再函知该报社遵照在案。查连日该报复有登载导舞社、伴舞社、歌舞社、交际服务社、舞研社等种种向导社变相之广告，似此巧立名目，贻害社会，若不严予取缔，何以维风化而伸法纪。除布告勒令各向导社及其变相组织克日解散外，合行令仰该报社遵照，自即日起，不得再行刊登向导社及其变相组织之广告，毋许故违，致干未便，切切。

此令

局长　潘○○

（沪 Q6‑18‑289）

706. 中国国民党上海特别市执行委员会为禁售《健美与艺术》 《健康美》画刊事训令书业同业公会

1937 年 1 月 14 日

令书业同业公会：

　　为密令饬遵事。查有《健美与艺术》及《健康美》等画刊两种，既未依法声请登记，而察其内容完全以裸体照片材料，名为艺术，实系诲淫，其有害于社会风化者甚大，自应严行查禁，以绝流传。除分函中央宣传部及本市市政府查禁外，合行函密仰该会遵照，迅即转饬各书店一律禁售，以维风化，是为主要。切切。

　　此令

常务委员　陶白川、潘公展、童行白

（沪 S313‑1‑148）

707.《首都画刊》暨《青年月刊》编辑部为暂行停刊事致伪北京市工务局函

1939 年 9 月 16 日

　　径启者：本部出版之《首都画刊》暨《青年月刊》，前曾赠呈台端阅览。刻因整理内容起见，暂行停刊。一俟整理就绪后，再行照常奉寄。相应函达，即希查照为荷。

　　此致北京市公务局

新民会首都指导部《首都画刊》《青年月刊》编辑部启

（京 J17‑1‑1920）

708. 伪上海市沪西特别警察总署为查禁抗战报刊事密令伪第四署

1941 年 6 月 19 日

令第四署：

案奉上海特别市政府沪市字第七六七七号密令内开：案据警察局报告称，据侦缉总队长郭绍仪报称，据报重庆政府在沪之抗战言论机关宣传部所指挥，以美商出版公司之《大美晚报》颇占重要地位，是以该报经理高尔德氏曾被南京国民政府下令通缉有案。现该报除每日出版英文版与华文版各四页报纸外，尚有每周出版之周刊及月刊画报，内容亦系充实抗战论调。现高尔德虽已返国，但其所著抗战刊物多种仍将陆续发行，计有《今之重庆》英文版一种，将于六月一日正式发行，定价为国币二元。其节目为《中国自由区的文化》《中国的共党》《战时问题》《香港是否实行抵抗》《英勇的重庆》《现代化的四川》《日本南进》等题旨，尚有铜版插画为《蒋委员长□作者》《空袭的蹂躏》《民国检阅》等篇，极力破坏和运之推进及移转民众的和运思想。查得经售处即在法租界爱多亚路十九号该报印刷所内。等情。据此，除分报外，理合具文密报。等情。据此，除指令外，合行令仰该总署知照，饬属一体查禁报核。此令。等因。自应遵照办理，除呈复暨分令外，合行令仰该署即便遵照转饬所属一体查禁具报。

此令

总署长　潘达

（沪 R19‐1‐1102）

709. 伪上海市沪西特别警察总署为查禁抗日及反和平报纸事应责成日籍巡官负责办理事训令伪第四署

1941 年 9 月 5 日

令第四署：

查取缔抗日及反和平报纸迭令饬遵办理，殊鲜成绩。自令到日起，应责成各该署日籍巡官负责办理。除分令外，合亟令仰遵照办理具报。

此令

总署长　潘达

（沪 R19‐1‐1085）

710. 张长清为取缔违禁刊物事呈何局长文

1945 年 11 月 25 日

呈为呈报事。职巡官张长清奉龙政字第二四一号训令内开：案奉总局沪警政字第四四二号训令内开：案奉淞沪警备司令部第二三八号训令开：据报近日各报摊所售之刊物甚多，均为共党之宣传品，往往披上外衣以博读者取信，如《论联合政府》《新路程之界碑》及其他周刊，希严蜜〔密〕取缔，遵照办理。等因。奉此，职查本辖境并无此项报摊及出品商店。等情。理合备文呈报。

谨呈分局长何

漕河泾分驻巡官　张长清呈

（沪 Q156－4－1）

711. 中央宣传部为转饬更正照片标题事至上海市社会局代电

1946 年 2 月 5 日

上海特别市政府社会局密鉴□□□□秘书处本年一月十七日渝（卅微）文字第二六四号函开：准军事参议院龙院长函，以上海联合画报社舒宗侨主编之三十四年十一月二十日出版《联合画报》第一五五、一五六期合刊，载有照片数帧，上标题"云南叛变敉平"措词殊觉荒谬，有关国体，且于地方事实亦大有出入，请转饬特予注意加以纠正。等由。相应函达，即希查照转饬纠正见复。等由。准此，除分电上海市党部及本部驻沪代表办事处外，特电查照，希即设法转饬更正见复为荷。

中央宣传部子陷印

（沪 Q6－12－149）

712. 上海市社会局为更正照片标题事训令联合画报社主编舒宗侨

1946 年 2 月 15 日

令《联合画报》主编舒宗侨：

案准中央宣传部渝（35）利艺字第一一五一号代电，以该报第一五五、一五六期合刊，载有照片数帧，上标题"云南叛变敉平"措词荒谬，有关国体，且于地方事实亦大有出入，请转饬特予注意纠正。等由。准此，合行仰该报遵照，迅即更正具复，以凭转报为要。

此令

局长　吴开○

副局长　童行○

（沪 Q6‐12‐149）

713. 上海市警察局为取缔诲淫诲盗小型报刊事训令各分局
（附抄发原意见书）

1946 年 6 月 11 日

令各分局长：

案奉上海市政府沪新（三五）字第七○四号训令内开：案准上海市临时参议会函开：
径启者，本会收到本市康定路五四五弄市民石磊意见书一件，除提付本会驻会委员会报
告外，相应抄录原文，送请查照为荷。等由。附抄送意见书一份。准此，合行抄发意见
书乙份，令仰该局对于各小型报及各周刊等详加审核，随时取缔，□□登记者概行禁止，
妥为办理。等因。计附发原意见书一份。奉此，除分令外，合行抄发原附件，令仰该分
局长对于各小型刊物严密注意，如发现载有内容不正或诲淫诲盗等文字应随时呈报核
办。

此令

计抄发原意见书一份

局长　宣铁吾

（抄件）

拟请市政府将专以弯曲言论而借端敲诈，并以猥亵文字博人阅读之小报与类似之刊
物应予取缔禁止案。理由：晚近以来，世风日下，道德沦亡，一般无聊文人美其名曰宣扬
文化，究其实则专以捏造消息，借端敲诈为其生财之道，其为害社会，按之报载已不胜枚
举。自政府《惩治汉奸条例》颁布后，更为若辈索诈之良机，先则在报端恶意宣传，指某
人为汉奸，如本人置之不理，则发表弯曲言论，捏造消息，滥施攻击，故法律尚未判决，
已先加以汉奸罪名，似此颠倒是非，实已失其新闻之价值。此类刊物更利用罪恶文字以
博大众阅读，专采取社会桃色新闻及男女猥亵琐事加以渲染哄传，其扰乱社会、戕贼青
年，为祸之烈奚啻洪水猛兽，应请市政府严厉取缔，予以禁止，实为公便。

（沪 Q155‐4‐77）

714. 上海市政府为取缔《香海画报》事训令社会局

1946 年 6 月 14 日

令社会局：

　　案准中国国民党中央执行委员会宣传部宁三五利字第五一三号公函内开：查上海市发行之《香海画报》，内容多刊载诲淫及低级趣味之文字，不仅浪费物力，抑且有伤风化，该刊如未依法呈请登记，似应予以取缔，兹特检附该报第六期一册函请查明取缔为荷。等由。附《香海画报》第六期一册。准此，查该报并未完成登记手续，且所刊文字有碍风化，应予取缔，并将本市其他未登记之刊物一律禁止发刊，除分令警察局外，合行令仰该局遵办具报。

　　此令

市长　吴国桢

（沪 Q6 - 12 - 83）

715. 上海市警察局为取缔《香海画报》事训令各分局

1946 年 6 月 24 日

令各分局长：

　　案奉上海市政府沪新（三五）字第一五三六号训令略开：案准中宣部宁三五利字第五一三号公函略开：查上海市发行之《香海画报》，内容有伤风化，应予取缔。等由。查该报并未完成登记手续，且所刊文字有碍风化，应予取缔。等因。奉此，除分令外，合行令仰该分局长彻底取缔，严禁发卖具报。

　　此令

局长　宣铁吾

（沪 Q156 - 3 - 2）

716. 上海市警察局为取缔《万花筒》事训令各分局

1946 年 6 月 25 日

令各分局长：

　　案奉上海市政府沪新（三五）字第一八八四号训令内开：案准中国国民党中央执行

委员会宣传部宁（三五）利字第六五九号公函内开：查上海福州路三八四弄七号发行之《万花筒》已出版多期，尚未呈准登记，其内容诲淫诲盗，实属有碍社会风纪，依法应予取缔。相应函达，即请查明核办见复为荷。等由。准此，除分令社会局外，合行令仰该局即予取缔，禁止发刊，并将其他未登记之刊物，一律依照市府议决案，予以禁止具报凭复。此令。等因。奉此，自应遵办，除已饬该刊发行人蔡佩荪具结遵令停刊并分令外，合行令仰该分局长对现在市上出售之《万花筒》概予取缔具报。

　　此令

局长　宣铁吾

（沪 Q156 - 3 - 2）

717. 上海市社会局为派员会同调查取缔未登记刊物事致上海市警察局函

1946 年 6 月 25 日

　　案奉上海市政府沪新（35）字第一五三六号训令，准中央宣传部函，略以本市发行之《香海画报》，内容多刊载诲淫诲盗及低级趣味之文字，且查该报尚未完成登记手续，应予取缔，并将本市其他未登记之刊物一律禁止发刊，除分令警察局外，合行令仰该局遵办具报。等因。奉此，查取缔《香海画报》一案，已据贵局主管处包股长通知，业饬该管分局查照取缔。关于其他未登记刊物禁止发刊一节，除由本局将初步处理办法另函奉告，并经贵局方处长与本局蔡处长会同拟订取缔画报什志原则六项实行取缔外，兹派本局朱视察关泉趋前，尚祈惠赐派员会同调查办理，以便呈复市政府为荷。

　　此致上海市警察局

局长　吴开〇

副局长　李剑〇

（沪 Q6 - 12 - 83）

718. 上海市社会局为派员取缔未登记刊物事训令朱关泉

1946 年 6 月 25 日

令朱视察关泉：

　　兹为奉令取缔未登记刊物一案，派该员前往警察局会同调查办理具复，以凭转报。

此令

附发本市已核准核转之杂志名单一份〈佚〉

局长　吴开〇

副局长　李剑〇

（沪 Q6‐12‐83）

719. 上海市社会局职员朱关泉为报告取缔《香海画报》经过事呈局长文

1946 年 6 月 26 日

奉派会同警局调查取缔《香海画报》一案。查该刊出版地址为虬江路支路三十三号，据称业经令饬虹口分局派员取缔，详情尚未见呈复。惟查该刊确已停刊，然于原址另行出版《香雪海画报》一种，显有意图影戤，业向本局登记，尚在核转。尚未出版之《香雪海周刊》蒙混出版嫌疑，故仍请警局继续取缔。又自渝迁沪之《群众月刊》，思想歪曲且未向本局申请登记，业由警〔局〕令饬各分局随时取缔，并予没收处分，同时并传询负责人禁止出版中，理合将调查取缔经过具报，仰祈鉴核。

谨呈局长吴、副局长李

职　朱关泉谨呈

（沪 Q6‐12‐83）

720. 上海市警察局为取缔未完成登记手续刊物事训令各分局

1946 年 6 月 26 日

令各分局：

案奉市府沪新（三五）第二三九九号训令内开：查业经中央宣传部核准发行而未领得登记证之报纸、杂志、通讯社，着由社会局通知各报社迅向中央洽领登记证，限于本年七月三十一日以前缴验登记证明文件，再嗣后未经中宣部核准登记之报纸刊物不许先行出版，所有未完成登记手续之刊物（指一般黄色新闻刊物），应即依照本府三十五年五月三十一日市政会议决议，凡未登记之杂志，限即日停刊，并列单通知书摊业、报贩业禁止代售，违则严办，除分令社会局遵办外，合行令仰该局会同社会局遵办具报。等因。附件。奉此，自应遵办，除分令外，合行抄发原件，令仰该分局长切实遵照，务于本月二十七日上午九时起，各分局同时执行至二十九日下午六时全部取缔完毕，彻底禁绝并将经过情形报核。

此令

附抄发未经中宣部核准应令即日停刊之杂志名单一份、报告表式一份〈佚〉

局长　宣铁吾

未经中宣部核准应令即日停刊之杂志详单

《七重天》《吉普周刊》《礼拜六》《青光》《海风》《海光》《上海特写》《七日谈》《海潮》《情报》《海燕》《万象》《大光》《快活林》《沪星》《海星周报》《今日电影》《海晶》《海涛》《新天地》《钮司》《香雪海》《辛报周刊》《风光》《戏剧画报》《小西风》《野风》《艺海画报》《东南风》《影剧》《上海滩》《人与地》《秋海棠》《海天》《新上海》《蔷薇画报》《文饭》《天地人》《精华》《周波》《是非》《星光》《泰山》《时代风》《春海》《沪海》《沪光》《晨光》《大观园》《雷达》《无线电》《上海风》《海花》《大光明》《三字经》《万花筒》《飘》《山海经》《民间》《新声》《芝兰画报》《至尊画报》《图画风》《海内外》《吴淞江》《万寿山》《海云》《一乐天》《咖啡》《新闻周报》《鸣风》《大都会》《现世报》《黑白》《原子》《海派》《大沪》《文杯》《逸经》《海滨》《弹性》《扬子江》《开麦拉》《儒性》《青鸟》《海声》

(沪 Q156－3－2)

721. 上海市社会局为改善内容事通知饬芝兰画报社

1946 年 6 月 26 日

查核报第八期第六页刊有小趣味插图一幅，迹近秽亵，有伤风化，以后类似此种材料不得再行刊布，内容应力求改善，以重报格。特此通知。

右通知芝兰画报社

局长　吴〇〇
副局长　李〇〇
(沪 Q6－12－67)

722. 北平市政府社会局为《时代生活》擅行复刊取缔事
致北平市警察局函

1946 年 7 月 24 日

案奉市府交下西安门大街六五号居民高鉴塘呈一件，以《时代生活》三日刊前被勒令停刊，近又复刊，不知其确否核准。以房东有检举之责，不敢隐匿，呈请核夺。等情。查《时代生活》前经勒令停刊，在未奉中央核准前不〈下残〉。

(京 J181 - 14 - 620)

723. 北平市政府社会局为取缔擅行发刊之杂志事致北平市警察局函

1946 年 7 月 29 日

案准办事员李国盛报称：奉派调查杂志出版情形。兹查各种杂志、新闻纸发行近况，未经核准登记而擅行发刊之各社列表，理合随文附呈，恭请鉴核备查。等情。附擅自发刊之杂志调查表一纸。据此，查上列各种杂志，除《时代生活》《影剧日报》两家业经函请取缔在案外，相应抄送调查表一份，函请查照，惠予取缔为荷。

此致警察局

附擅行发刊之杂志调查表一纸〈佚〉

局长　温崇信

(京 J181 - 14 - 620)

724. 北平市政府社会局为依法取缔《国风画报》等三报刊事致警察局函
（附未经核准擅自发行杂志名称表）

1946 年 9 月 7 日

查天津《国风画报》三日刊原准备案，在平分销。兹查该刊竟暗在北平《大同民报》私自印刷发行，殊有不合。又《上海滩》《黄浦滩》两画报亦系在平偷印，假借上海出版名义，私自在平发行，殊属不合。相应抄送该社印刷地址名表一份，函请查照依法取缔，以重法纪为荷。

此致警察局

附表乙纸

局长　温○○

名　称	印刷地点	发行所地址	印刷所地址
国风画报	大同民报	李阁老胡同二号	宣外烂缦胡同
上海滩	福祥印刷局		苏州胡同
黄浦滩	民生公司		宣外永光寺中街 3 号

（京 J2 - 4 - 219）

725. 上海市警察局为注意查报《海风》等刊内容事训令各分局

1946 年 10 月 12 日

令各分局：

案奉市府市机（卅五）字第八八八号训令内开：案准中央宣传部九月卅日宁三五利善字第二七六九号公函内开：案准贵府市机（卅五）字第六七一号函，以《海风》《海光》《海星》《七日谈》等四刊发行人，经查明均无党派关系，并检附各该刊有关及共党宣传文字，嘱核办。等由。准此，查该刊等既准查明尚无若何劣迹，除《七日谈》准继续发行外，余均姑准复刊，仍希随时注意各该刊内容，除分函内政部外，相应复请查照办理为荷。等由。准此，除分令社会局外，合行令仰遵照，随时注意其内容并报核为要。等因。奉此，除分令外，合行令仰该分局遵照，随时注意查报为要。

此令

局长　宣铁吾

（沪 Q156 - 4 - 1）

726. 阎恩润为解释《美丽画报》刊载内容事呈天津市政府
社会局文化礼俗科文

1946 年 10 月 22 日

呈为呈复事。窃以民所发行之《美丽画报》第三期第十一页所载之《名妓富春楼畅谈马皇帝》一文，经查明系转载第二十九期《新上海》周报第五页之原文，谨随文伴呈该《新上海》周报一份，以凭查核。

谨呈天津市政府社会局文化礼俗科

附呈第二十九期《新上海》周报一册〈佚〉

美丽画报社发行人　阎恩润

第二区胜利路十二号

（津 J25－3－6075）

727. 上海市警察局为制止上海漫画作者协会活动事训令各分局所

1947 年 2 月 4 日

令各分局所：

案准社会局化（三六）字第四七二九号公函开：据报"上海漫画作者协会最近动态"一件，查该会并未经本局许可成立，其活动应予制止，相应抄件函达，请烦查照饬属注意为荷。等由。附抄件。准此，除分令外，合行抄发原附件，令仰该分局注意制止为要。

此令

附抄件一件

局长　宣铁吾

上海漫画作者协会最近动态

沪市左倾文化团体漫画作者协会，系由漫画作家丁聪、沈同衡、张正宇、张乐平、麦杆、张文化、尼龙等组成，现有会员二十余人，其主要工作为配合共党宣传策略，经常发表作品及职业活动。该会最近计划有三：一、出版漫画丛书，第一集为《反美暴动》画集；二、出版《中国漫画》杂志，由丁聪、张正宇主编；三、筹备于二月中举行漫画展览。

（沪 Q156－4－1）

728. 天津市政府社会局为报备停刊日期事致星期二画刊社代电

1947 年 5 月 13 日

天津星期二画报〔刊〕社鉴：

据查该社业已停刊，应即将停刊日期具报备查，特电查照。

天津市政府社会局○○印

（津 J25－3－6183）

729. 天津市政府社会局为转发《民国日报》等登记证及
《人人画刊》注销登记事呈天津市政府文

1947 年 5 月 14 日

　　案查前奉钧府上年十月三十一日丙闻字第六五二九号训令：以准内政部函送《民国日报》等十二家登记证，饬转发具报。等因。并附登记证十二件。奉此，自应遵办。除《建国日报》《工商日报》两家登记证因发行人改换，拟俟声请变更登记到局即行随文呈缴转部，及《人人画刊》登记证因发行人已离本市，且未能依法发刊，应予注销登记外，其余《民国日报》《民国晚报》《民国日报画刊》《大华晚报》《服务报》《春雷五日刊》《广播半月刊》《工人周刊》《美丽画报》等九家登记证均已转发具领。奉令前因，理合检同《人人画刊》登记证一件，备文一并呈报，仰祈鉴察咨转。

　　谨呈市长杜、副市长张

　　附呈登记证一件〈佚〉

天津市政府社会局局长　胡梦华

（津 J2 - 3 - 8285）

730. 星期二画刊社为说明停刊原因事呈天津市政府社会局文

1947 年 5 月 17 日

　　案奉钧局长元代电内开：据查该社业已停刊，应即将停刊日期具报备查，特电查照。等因。奉此，查本刊以纸价飞涨，赔累不堪，不得已于二月一日暂行停刊。旋经同人等筹备复刊，甫具端倪，而社址又出枝节，以致延宕迄今。现在该房已经本社依法声请洽购，一俟获有结果，即行复刊。奉电前因，理合具文报请鉴核。

　　谨呈局长胡

星期二画刊社谨呈

（津 J25 - 3 - 6183）

731. 上海市社会局为取缔《越剧画报》事训令郑余德

1947 年 6 月 4 日

令郑余德：

据报《越剧画报》擅自出版，着该员前往切实取缔，仰即遵照。

此令

局长　吴

副局长　李

（沪 Q6 - 12 - 111）

732. 上海市社会局为取缔《越剧画报》事致上海市警察局函

1947 年 6 月 4 日

查《越剧画报》未经核准登记擅自出版，于法不合，应予取缔。兹派本局视察郑余德前往取缔，相应函请贵局派员会办。至纫公谊。

此致上海市警察局

局长　吴〇〇

副局长　李〇〇

（沪 Q6 - 12 - 111）

733. 天津市政府为《人人画刊》登记证函转内政部注销等事指令社会局暨致内政部函

1947 年 6 月 6 日

令社会局：

呈一件，为呈报转发《民国日报》等十二家登记证情形及《人人画刊》应注销登记由。呈件均悉。《人人画刊》登记证已函转内政部注销矣，仰即知照。附件转。

此令

案据社会局呈转《人人画刊》登记证，因发行人已离本市，且未能依法发刊，应予注销登记。理合检同原证呈请鉴察核转。等情。查该刊既负责无人，自应取消登记。相应检同原证，函转贵部查核注销为荷。

此致内政部

附送登记证一份〈佚〉

（津 J2－3－8285）

734. 上海市社会局为限期停刊事通知《越剧画报》

1947 年 6 月 7 日

案据该报申请登记到局，经以资金不足，未便转呈，批饬知照在案。兹查该刊未经核准已先出版，殊有未合，应限于文到日起停刊，在登记证未奉核发前不得再行出版，仰即遵照，特此通知。

右通知《越剧画报》

局长　吴〇〇
副局长　李〇〇
（沪 Q6－12－111）

735. 天津市政府社会局为暂行停刊备案事致星期二画刊社代电

1947 年 6 月 11 日

天津星期二画刊社鉴：

据报于二月一日起暂行停刊。等情。应予备案，特电查照。

天津市政府社会局〇〇印
（津 J25－3－6183）

736. 天津市政府社会局为《星期二画刊》暂行停刊事
呈天津市政府文

1947 年 6 月 11 日

案据《星期二画刊》呈：以纸价飞涨，赔累不堪，不得已于二月一日起暂行停刊。等情。除予备案外，理合具文呈报，仰祈鉴察。

谨呈市长杜、副市长张

天津市政府社会局局长　胡梦华

（津 J2‐3‐8283）

737. 天津市政府社会局为《星期二画刊》暂行停刊事致中国国民党天津特别市党部执行委员会、天津市政府警察局函

1947 年 6 月 11 日

　　案据《星期二画刊》呈：以纸价飞涨，赔累不堪，不得已于二月一日起暂行停刊。等情。除予备案外，相应函达，即希查照为荷。

　　此致市党部、警察局

（津 J25‐3‐6183）

738. 上海市社会局职员为查禁《越剧春秋》事签呈领导文

1947 年 6 月 28 日

　　查本市关于越剧小型报刊计有《越剧报》《越剧画报》《越剧春秋》等三种，除《越剧报》执有内政部登记证，已在发行外，其余两种其中有《越剧画报》一种，前曾奉谕饬令停止出版，经已遵办在案，该报确已停刊。兹又奉交下《越剧春秋》一种，仍饬予以查禁，遵经于六月二十五日已会同警察局予以取缔，同时并已通知该报发行人，已来局谈话，除经面饬即行停止发行外，并拟令饬停刊，理合报请鉴核。

职　任履之

（沪 Q6‐12‐111）

739. 天津市政府为《星期二画刊》停刊日期已悉事指令天津市政府社会局

1947 年 7 月 2 日

令社会局：

　　呈一件，为呈报《星期二画报〔刊〕》停刊日期请鉴察由。呈悉。

此令

市长　杜建时

副市长　张子奇

（津 J25‐3‐6113）

740. 天津宇宙画报社张北侯为本社不再刊登迷信稿件事
呈天津市政府社会局文

1947 年 8 月 13 日

窃查本报二卷四期封面新闻，迹近宣传迷信，曾由钧局出版科朱股长电询稿件来原
〔源〕。等因。查北侯于八月四日因事去平，所有本报发稿事项，统由编辑人王粹林负
责。彼因出版在即，适丰镇来人谈此怪异，彼即认为趣味材料，即行付印。及北侯归来，
该报早已出版。北侯亦认为迹近迷信，当即严厉申斥该王编辑，除着其不再编发是项迷
信稿件外，理合具文呈请鉴核备案。

谨呈天津市政府社会局

天津宇宙画报社　张北侯谨呈

（津 J25‐3‐6113）

741. 上海市政府为查明《戏剧画报》是否停刊逾法定期限事训令上海市社会局

1947 年 9 月 4 日

令社会局：

案准内政部（36）安人字第一三六九八号代电开：据报领有本部京警沪字第二〇六号
登记证之《戏剧画报》周刊，已中途停刊六个月以上。等情。查新闻纸杂志因事暂行停
刊，其发行人应依照《出版法施行细则》第廿四条规定呈报当地主管官署转报本部，且其
停刊日数每年积计，在新闻纸不得逾期三个月，在杂志不得逾六个月，为同条第二项所
明定。该刊有否停刊，其停刊有否逾法定期限，本部未准转报，相应电请查明并依法办
理具复。等由。准此，合行令仰该局查明，依法办理具报凭复。

此令

市长　吴国桢

（沪 Q6‐12‐151）

742. 上海市社会局为《戏剧画报》停刊未逾法定期限事呈上海市政府文

1947 年 9 月 12 日

案奉钧府本年九月四日沪新（36）字第二二六五一号训令，以准内政部电请查明《戏剧画报》周刊有否逾法定期限等由，饬查明依法办理具报凭复。等因。奉此，查该《戏剧画报》前以经济关系曾自动停刊多日，惟据该刊发行人呈缴前后发行之刊物，经详查其间所停时间尚未逾法定期限，奉令前因，理合检同本年一月廿一日及七月十六日该刊两份，备文呈复，仰祈鉴核转报。

谨呈上海市市长吴

附本年一月廿一日及七月十六日《戏剧画报》周刊各一份〈佚〉

（沪 Q6－12－151）

743. 天津市政府社会局为限期缴销登记证并不得再发行事
致宇宙画报社等代电

1947 年 9 月 27 日

案查该社逾期未能复、发刊，前经本局限定于本年七月底以前复、发刊，亦未遵办。除呈转内政部依法注销登记外，限于九月十五日以前将原领登记证缴销，以凭转部。嗣后并不得再行发行为要。

逾期未复刊者

宇宙画报　一区博爱道［荆］华西里五号

国民新闻月刊　正中书局蒋经理代转

明星画报　四区李家台大街卅一号

光华新闻画报　南市东兴大街一百十号任先生转

津华报　十区汉阳道永丰里十七号

民声周报　兴安路一四〇号

逾期未发刊者

福音月刊　一区大沽路九十五号

大天津报　《民国日报》卜社长转

海燕杂志　《自由晚报》任斗南先生

华声报　一区锦州道一三〇号詹幼庭

新二代半月刊　辽宁路二十五号

（津 J25－3－6119）

744. 天津市政府社会局为拟勒令《宇宙画报》停刊三月请令饬警察局执行事签呈天津市政府文

1947 年 10 月 20 日

案奉钧府交下《宇宙画报》以所载《群娇争魁》小说文字近于性史，饬查办具报。等因。奉此，自应遵办。查该画报前曾登载"艳尸还魂□毙乃夫"迷信新闻，曾经予以警告。兹该报复又刊登此项诲淫小说，实属违反《修正出版法》第二十二条之规定，依同法第三十四条规定，得定期停止其发刊。兹拟自十月二十四日起至明年一月二十三日止，予以勒令该社停刊三月之处分，并拟请令饬警察局执行。是否有当，理合签请鉴核示遵。

谨呈市长〔杜〕

（津 J25－3－6117）

745. 天津市政府社会局为北平《一四七画报》所刊《金瓶梅》图画妨害风化应予查禁事致警察局函（附王学良原函）

1947 年 10 月 20 日

案据青年学生王学良来函略称：因看北平《一四七画报》所刊《金瓶梅》连环图画发生手淫致病，并语有男女同学数人看此图画情不自禁，遂到旅馆开房间。等情。据此，经审查该图画状至猥亵，不堪入目，实属有碍风化，应予查禁。相应检抄原函函达，即请贵局对此画报及吴一舸所绘之《金瓶梅》连环图画画集一律严加取缔为荷。

此致警察局

附检抄王学良原函一件

王学良原函

胡局长鉴不私：

贵局设立文化礼俗科作什么有〔用〕？你们应当查一查津市有否不良刊物否。我本是个学生，最爱看《一四七画报》，为最爱看，他们画报上刊有一页《金瓶梅》，但是我看了半年来，看的我夜夜手淫。我过去身体很好，现在身体由壮汉变成病汉，看要有生命的危险。我早就不愿再看《一四七画报》了，但是我看《金瓶梅》成迷，一时亦不能离开它，每期出版后即派仆人到报摊去买。今见《金瓶梅》的本期画页有一女人裸体洗澡，则是夜又犯了二次手淫，今天病更加重了。今见《民国日报》所载《金瓶梅》第一集又出版了（每册一万元），按该画较比《性史》尤甚，《性史》不过是由文字形容，该《金瓶梅》用图照形容，真是害人非〔匪〕浅。盼钧座急速派人，除查禁该《金瓶梅》（单行本）不准发行外，《一四七画报》由今天起亦不准再在天津发行，以为青年学子往下堕落。我知道有男女同学数人，均看《一四七》上的《金瓶梅》，均情不自尽〔禁〕的到旅馆开房间去。今恐再有青年同受我的一样的病，故此请求查禁该刊。如果局长不管，我们联名向督察团告状。不过局长职责〔所〕关，特先函请。

敝人王学良拜

（津 J25‐3‐6117）

746. 天津市政府为《宇宙画报》违反出版法规定勒令停刊三月事指令社会局

1947 年 10 月 23 日

令社会局：

本年十月二十日第 31 号签呈一件，为《宇宙画报》刊登小说违反《出版法》规定，兹拟予以勒令该社停刊三月之处分，请令警察局执行，是否有当，请指示由。签呈悉。应予照准，已令警察局遵照办理矣。仰即知照。

此令

市长　杜建时

（津 J25‐3‐6132）

747. 天津市政府社会局为违反出版法规定停刊三月事通知宇宙画报社

1947 年 10 月 24 日

案奉市长交下以该报所载《群娇争魁》小说文字猥亵，近于性史，饬查办具报。等因。查该画报前曾登载"艳尸还魂掐毙乃夫"迷信新闻，曾经予以警告，复又刊登此项诲淫小说，实属违反《修正出版法》第二十二条之规定，经依同法第三十四条规定呈准，自本年十月二十四日起至明年一月二十三日止，限该报停刊三月之处分，并由警察局执行在案，仰即遵办具报为要。

右通知《宇宙画报》发行人张北侯

二区博爱道［荆］华西里五号

（津 J25 - 3 - 6132）

748. 天津市政府社会局为《一四七画报》及《金瓶梅》画集违反《出版法》请依法查核办理以维纲纪事致北平市政府社会局函

1947 年 10 月 28 日

案据青年学生王学良来函略称：因看北平《一四七画报》所刊《金瓶梅》连环图画，发生手淫致病，并语有男女同学数人看此图画，情不自禁遂到旅馆开房间。等情。据此，经审查该画报状至猥亵，不堪入目，实属有伤风化，违反《出版法》第二十二条规定。本局为维护社会道德及善良风俗起见，除函本市警察局对此画报及吴一舸所绘《金瓶梅》画集单行本一律禁止售卖外，相应检录原函，函请贵局依法查核办理，以维纲纪为荷。

此致北平市政府社会局

附检录原函一件〈佚〉

（津 J25 - 3 - 6117）

749. 天津市政府社会局为不得售卖《一四七画报》及《金瓶梅》画集事训令图书南纸业公会、派报业公会

1947 年 10 月 28 日

令图书南纸业公会、派报业公会：

案据青年学生王学良来函略称：因看北平《一四七画报》所刊《金瓶梅》连环图画，发生手淫致病，并语有男女同学数人看此图画，情不自禁遂到旅馆开房间。等情。据此，经审查该画报状至猥亵，不堪入目，实属有伤风化，应予查禁。除函警察局对此画报及吴一舸所绘之《金瓶梅》连环图画画集一律严加取缔外，仰即转饬各书店、报摊不得售卖为要。

此令

（津 J25 - 3 - 6117）

750. 一四七画报社吴宗祜为恳请准予恢复在津继续发售事
呈天津市政府社会局文

1947 年 10 月 29 日

呈为呈请俯念民营新闻出版事业维持不易，恳请钧局准予恢复在津继续发售事。窃以敝报于十月十四、十七两日第十三〔六〕卷二、三两期中因刊载《金瓶梅》连环图画失检，曾蒙钧局指示予以禁售在案。敝报除遵令自十月二十四日起在津即未发行外，并将该《金瓶梅》图画予以撤销，文字内容亦力加审慎。伏查敝报在平出版以来，已将近两年之久，前后发行将近二百期之多，内容纯以知识、趣味为主，并非纯以黄色徒为号召，此则有目共睹，有出版刊物可稽。此次内容失检，除遵照钧局指示改正外，伏以平津新闻文化事业以百物飞涨、纸价奇昂，维持已感不易，敝报发行又以在津销路较多，如一旦禁售，则即无法维持，势须停刊。钧局扶持文化事业不遗余力，敝报今后当遵示力求改正，庶符钧局惠予扶持之旨。理合具呈苦衷，恳请即日起准予在津继续发售，不胜迫切待命之至。即恳钧示，实感德便。

谨呈天津社会局长胡

具呈人　一四七画报社代表人吴宗祜

（津 J25‐3‐6117）

751. 天津市政府社会局为今后取材加以审慎庶免妨碍风化事通知
《星期五画报》发行人曹天培

1947 年 11 月 10 日

查该画报十三期所载《新鲜杂踏鸡窝》一文味趋低级，合应予纠正。务仰今后取材加以审慎，庶免妨害风化。切切遵照为要。

特此通知

右通知《星期五画报》发行人曹天培

二区胜利路卅九号

（津 J25‐3‐6182）

752. 张明炜为一四七画报社社长吴宗祜赴津面陈一切务祈惠予延见事致天津市政府社会局局长胡梦华函

1947 年 11 月 13 日

梦华吾兄局长勋鉴：

久稽候函，驰系弥殷。比维政躬绥和，百凡迪吉为颂。兹恳者，北平《一四七画报》近以编者一时疏忽，误刊画片，致遭贵局检扣，该报社长吴君宗祜深自引为疚歉，拟即赴津趋谒，面陈一切。为此专函先容，务祈届时惠予延见，并加指示，不胜感祷。专此沥恳，顺颂勋祺。

弟张明炜 拜启

（津 J25‑3‑6117）

753. 吴宗祜为《一四七画报》遭受检扣处分已逾一月恳准在津恢复发行事呈天津市政府社会局文

1947 年 11 月 18 日

呈为呈请因刊载《金瓶梅》图画失检，遭受检扣处分已逾一月，恳请俯念新闻事业维持不易，恳请钧局准予在津恢复发行事。窃以本报于第十六卷二、三期中，因刊载《金瓶梅》图画失检，曾承钧局示知予以检扣在案，迄今已逾时一月。复查北平市社会局亦以该图文失检，除面予警告外，复饬令出具甘结，今后不得再行刊载该项文图在查，并行函请钧局在查。本报今后当力加审慎，在政府指示下努力工作。伏以民营事业艰苦已极，一旦遭此打击，已岌岌自危，行有停刊之虞。伏以法令量刑，期在改悔，本报今后定当革心洗面。理合具呈北平社会局处罚经过，恳请钧局准予恢复在津发行，实感德便。

谨呈天津社会局长胡

具呈人 北平一四七画报社代表人吴宗祜

天津分社 南市广兴大街十八号 二、一六〇六

（津 J25‑3‑6117）

754. 北平市政府社会局为惩戒《一四七画报》事复天津市社会局函

1947 年 11 月 25 日

案准贵局勤版字第一三九八号函，以本市发行之《一四七画报》刊载《金瓶梅》图画

及吴一舸所绘《金瓶梅》画集单行本，取材猥亵，有违《出版法》规定，嘱依法查核办理。等由。准此，除依照《出版法》规定令饬该报停刊一期以示惩戒，由该社出具甘结，不准再行刊载，并将该项《金瓶梅》画集单行本予以禁售外，相应函复查照为荷。

此致天津市社会局

局长　温〇〇

（京 J2－4－464）

755. 北平市政府社会局为报告《一四七画报》惩戒情形事呈北平市政府文

1947 年 11 月 25 日

查本市《一四七画报》于本年十月十四日出版之第十六卷第二、三两期中刊载《金瓶梅》图画，取材猥亵，违反《出版法》第二十二条之规定，应予停刊一期，以示惩戒，并由该社出具甘结，不准再行刊载。除通知该社遵照并函警察局查照外，理合将办理经过情形呈请鉴核。

谨呈市长何、副市长张

局长　温〇〇

（京 J2－4－464）

756. 北平市政府社会局为《一四七画报》停刊一期事致北平市警察局函

1947 年 11 月 25 日

查本市《一四七画报》于本年十月十四日出版之第十六卷第二、三两期中刊载《金瓶梅》图画，取材猥亵，违反《出版法》第二十二条之规定，应予停刊一期，以示惩戒。除呈报并通知该社遵照停刊一期外，相应函请查照为荷。

此致北平市警察局

局长　温〇〇

（京 J2－4－464）

757. 周君起为请查禁《一四七画报》事致北平市长何思源函

1947 年 11 月 25 日

仙槎市长勋鉴：

　　自吾公莅平以来，对市政改进、地方之建设，虽在财政困窘中，尤能多所建树，诚可堪为英明之长官，颇受全体市民之感戴。而公对一般青年学子尤多维护，此自驻鲁省时即留好评。近查本市有公开诲淫刊物《一四七画报》，刊有各种对青年学子影响至大之文字及图画，而主管当局置若罔闻，任其公开销售，诚不胜遗憾之至。今检奉一册送请吾公抽暇参阅，是否应该禁止其出版，以儆其他刊物之效尤？否则此风一开，吾古老文化城中将不堪设想矣。为社会风化及一般青年着想，恳请吾公迅令此种无益社会、有害青年之刊物禁止其出版，并对该画报负责人严为处罚。而天津市当局昨已明令警察局查禁，不准该报售卖。吾公为平市最高长官，对此若置诸不理，实有失市长职责及人民之期望，此□至盼市长责令主管者对青年读物时加注意，万勿使此种不顾道德之图画和文字在全世界知名之文化古城中发现。专此敬颂时祺。

学生周君起　敬启

　　附《一四七画报》一册、《国民新报》一张〈佚〉

（京 J2‑4‑464）

758. 吴宗祜为请准在津恢复发行《一四七画报》事
呈天津市政府社会局文

1947 年 11 月 26 日

　　呈为呈请俯念民艰，请准恢复在津发行事。窃以敝报前因刊登《金瓶梅》图文失检，曾承钧示予以在津禁止发行处分，并函北平社会局查办在案。敝报业奉北平社会局崇三（36）第一九七八号通知罚令停刊一期以示惩戒在案，并以崇三（36）字第一九八一号函，函复钧局在查。伏以敝报在津禁售已为时一月，北平社会局并亦予以警告处分在查。今后除内容力加审慎外，理合具呈钧局附呈平市原令，恳请俯念民艰，准予在津恢复发行，撤销禁令，实感德便。附呈平市原令并请钧示。

　　谨呈天津社会局长胡

具呈人　一四七画报社代表人吴宗祜
天津分社　南市广兴大街八十号　二、一六〇六
（津 J25‑3‑6117）

759. 天津市政府社会局为准予解禁事批复吴宗祜文

1947 年 11 月 29 日

具呈人吴宗祜呈二件，为呈请对《一四七画报》解禁由。呈件均悉。准予解禁，仰即按期呈核。附件发还。

此批

附发还北平社会局通知一件〈佚〉

天津市政府社会局

（津 J25 - 3 - 6117）

760. 天津市政府社会局为《一四七画报》解禁事致天津市警察局函

1947 年 11 月 29 日

案查前以北平《一四七画报》刊载《金瓶梅》淫画，当经函请贵局对此刊物连同《金瓶梅》画集一律严加取缔，并曾函达北平市社会局依法查核办理在案。兹准该局函复，已依法令饬该报停刊一期，以示惩戒，并将《金瓶梅》画集予以禁售。等因。复据该报呈请解禁前来。该报既将违禁部分删除，并经北平社会局予以议处，所请一节依法应予照准。除批示知照外，相应检录原函、呈一并函达，即希查照为荷。

此致警察局

附检录北平社会局函一件〈佚〉、《一四七画报》吴宗祜呈文一件〈佚〉

（津 J25 - 3 - 6117）

761. 天津市政府社会局为《一四七画报》解禁事训令
图书南纸业公会、派报业公会

1947 年 11 月 29 日

令图书南纸业公会、派报业公会：

案查兹以北平《一四七画报》刊载《金瓶梅》淫画，当经予以禁售，并曾函达北平市社会局依法查核办理在案。兹准该局函复，已依法令饬该报停刊一期，以示惩戒，并将《金瓶梅》画集予以禁售。等因。复据该报呈请解禁前来。该报既将违禁淫画删除，所请一节依法应予照准。除批示查照并分行外，合行令仰查照。

此令

天津市政府社会局

（津 J25－3－6117）

762. 天津新世纪画报旬刊社为声请注销登记事呈天津市政府社会局文
（附新闻纸杂志注销登记声请书）

1947 年 12 月 9 日

呈为申请注销登记事。窃本旬刊因筹备欠妥，无力经营，理合填具注销登记申请书三份，及原领登记证一件，备文呈送，敬祈核准注销。

此致社会局

天津市新世纪画报旬刊社　路介白

新闻纸杂志注销登记声请书	
名称	新世纪画报旬刊
发行人姓名	路介白
原登记核准之年月日	三十五年十一月廿五日
登记证号数及发给之年月日	京警津字廿六号；三十六年二月五日
废止发行之原因	无力经营
废止发行之年月日	卅六年十二月九日
附注	

（津 J25－3－6149）

763. 天津市政府社会局为新世纪画报旬刊社声请注销登记事
呈天津市政府文

1947 年 12 月 18 日

案据新世纪画报旬刊社呈称，以无力经营，缴还登记证，并填具声请书三份，请求注销登记。等情。据此，理合检同原登记证及声请书二份，备文呈送，仰祈鉴核咨转。

谨呈市长杜、副市长张

附登记证一件、声请书二份〈佚〉

天津市政府社会局局长　胡梦华

（津 J2－3－8291）

764. 天津市政府为新世纪画报旬刊社声请注销登记事致内政部咨

1947 年 12 月 24 日

案据本府社会局呈，以《新世纪画报旬刊》声请注销登记，请鉴核咨转。等情。据此，相应检同原声请书、登记证咨请贵部查明予以注销，实纫公谊。

此致内政部

附《新世纪画报旬刊》注销登记声请书及登记证各一份〈佚〉

（津 J2－3－8291）

765. 天津市政府为新世纪画报旬刊社声请注销登记已悉并咨转
内政部注销事指令社会局

1947 年 12 月 24 日

令社会局：

三十六年十二月十八日勤版字 2708 号呈一件，为《新世纪画报旬刊》请注销登记请鉴核咨转由。呈件均悉。已咨转内政部注销矣。仰即知照。附件分别存转。

此令

市长　杜建时

（津 J25－3－6115）

766. 天津市政府社会局为转发《中国人报》等四家刊物登记证及注销
《远东画报》登记证等事呈天津市政府文

1947 年 12 月 24 日

案查前奉钧府上年十一月七日闻字第三十一号训令略开：以准内政部函送《中国人

报》等五家登记证，饬转发具报。等因。并附登记证五件。奉此，查内中《远东画报》周刊已逾六月未能发行，登记证未便转发，除将其他四家登记证转发具领外，理合检同《远东画报》周刊登记证，备文呈缴，仰祈咨转注销。

　　谨呈市长杜、副市长张

　　附呈《远东画报》周刊登记证一件〈佚〉

天津市政府社会局局长　胡梦华

（津 J2－3－8291）

767. 天津市政府社会局为取缔所刊登刘云若小说事
通知北戴河画报社等

1947 年 12 月 26 日

　　案据市民李君呈以该报刊登之刘云若所著《烟月楼台》《故国啼鹃》《红粉朱家》小说描写近于性史，请予取缔。等情。合行抄发原函，仰即参阅切实改良，以正社会风气，并将遵办情形呈复为要，特此通知。

　　附抄发原函二件〈佚〉

　　右通知北戴河画报社、星期五画报社、美丽画报社

（津 J25－3－6118）

768. 天津市政府社会局为已饬登载刘云若小说之《北戴河》等画报
切实改善事批复李郁春

1947 年 12 月 26 日

　　具呈人李郁春呈二件，为《北戴河》等画报刊载之刘云若所著小说描写近于性史，请予取缔由。呈悉。已饬该社切实改善矣。仰即知照。

　　此批

（津 J25－3－6118）

769. 天津市政府社会局为转发《天津邮工》等登记证及注销
《周末画刊》登记证事呈天津市政府文

1947 年 12 月 27 日

案查前奉钧府本年五月一日义闻字第二二六七号训令略开：以准内政部函送《天津邮工》等九家登记证，饬转发具报。等因。并附登记证九件。奉此，经查内中《周末画刊》已逾法定期间未能发刊，除将其他各家登记证转发具领外，理合检同《周末画刊》登记证一件，备文呈缴，仰祈咨转注销。

谨呈市长杜、副市长张

附呈《周末画刊》登记证一件〈佚〉

天津市政府社会局局长　胡梦华

（津 J2‒3‒8291）

770. 星期五画报社为改良《故国啼鹃》小说事呈天津市政府社会局义

1947 年 12 月 30 日

案奉钧局勤版字第一一六一号通知内开：案据市民李君呈以该报刊登之刘云若所著《故国啼鹃》小说描写近于性史，请予取缔。等情。合行抄发原函，仰即参阅切实改良，以正社会风气，并将遵办情形呈复为要。等因。奉此，窃敝报发刊以来，恪遵功令，谨慎从事，对于编辑方面尤深注意。所有社会小说，原以奖善罚恶、警惕人心为旨趣。过去发行各期，敝报业经逐期呈奉钧局查阅在案。兹奉前因，当即函询该小说著者刘云若，据其复信解释略云：关于《故国啼鹃》描写汉奸之恶行，甄虎十谋奸女仆，而女仆挟持敲诈，绝无猥亵之行为，更无不堪之描写。如原呈所摘录一节，殊有断章取义，有意周纳之嫌。等语。经查阅该节小说，实与具呈人李君所摘片断情节大有不同之义，显系有意故入人非之嫌。除嘱刘云若嗣后叙述小说应详加谨慎检点外，敝报亦谨遵法令，益自惕励，切实改善，借副钧局肃正社会风气之至意。理合将遵办情形备文呈请鉴核，实为德便。

谨呈天津市政府社会局

天津星期五画报社　曹天培谨呈

（津 J25‒3‒6115）

771. 美丽画报社为改良《红粉朱家》小说事呈天津市政府社会局文

1947 年 12 月 31 日

案奉钧局勤版字第一一六一号通知内开：案据市民李君呈以该报刊登之刘云若所著《红粉朱家》小说描写近于性史，请予取缔。等情。合行抄发原函，仰即参阅切实改良，以正社会风气，并将遵办情形呈复为要。等因。奉此，窃敝报发刊以来，恪遵功令，谨慎从事，对于编辑方面尤深注意。所有社会小说，原以奖善罚恶、警惕人心为旨趣。过去发行各期，敝报业经逐期呈奉钧局查阅在案。兹奉前因，当即函询该小说著者刘云若。据其复信解释略云：关于《红粉朱家》叙及朱其昌人格鄙诈致其妾设计谋产，翡翠以为儿娶妇设计陷人，皆以警世之意，为深醒之文，凡遇男女情事概从简略，绝不作正面之描写，谓为猥亵入骨，似属非当。等语。经查阅该节小说，实与具呈人李君所摘片断情节大有不同之义，显系有意故入人非之嫌。除嘱刘云若嗣后叙述小说应详加谨慎检点外，敝报亦谨遵法令，益自惕励，切实改善，借副钧局肃正社会风气之至意。理合将遵办情形备文呈请鉴核，实为德便。

谨呈天津市社会局

美丽画报社　阎恩润谨呈

（津 J25 - 3 - 6115）

772. 天津市政府为转发《中国人报》等四家刊物登记证及注销
《远东画报》登记证等事致内政部咨暨指令社会局

1948 年 1 月 3 日

案据本府社会局呈，以《远东画报》周刊已逾六月未能发行，检同该刊登记证，请咨转注销。等情。据此，相应检同该刊登记证，咨请贵部查照注销为荷。

此致内政部

附《远东画报》周刊登记证一份〈佚〉

令社会局：

三十六年十二月二十四日勤版字第二七六一号呈一件，为奉令转发《中国人报》等五家登记证，并请咨转注销《远东画报》周刊登记证由。呈件均悉。已咨转内政部注销矣，仰即知照，附件照转。

此令

（津 J2 - 3 - 8291）

773. 上海市警察局为查报违禁书刊事训令各分局

1948 年 2 月 19 日

令各分局：

案准中国国民党上海特别市执行委员会（37）宣编字第二一三号密函内开：密查本市书刊审查委员会决议案，为反动书刊日见增多，应请市警察局随时多加注意，检查书店及书报摊与废纸店有无反动书刊。等由。纪录在案，相应函达，即希查照见复为荷。等由。准此，除分令外，合行令仰该分局密切注意查报为要。

此令

局长　俞叔平

（沪 Q156－4－1）

774. 天津市政府社会局为停止刊登《罗敷艳歌》小说事通知
《星期六画报》发行人张瑞亭

1948 年 3 月 4 日

查该报第九十三期《罗敷艳歌》小说文字有诲淫之嫌，仰即停止刊登，以维风化，并具报为要。

特此通知

右通知《星期六画报》发行人张瑞亭

（津 J25－3－6117）

775. 《星期六画报》发行人张瑞亭为停止刊登《罗敷艳歌》
小说事呈天津市政府社会局文

1948 年 3 月 8 日

为呈报事。案奉钧局成版字第二三八号通知内开：查该报第九十三期《罗敷艳歌》小说文字有诲淫之嫌，仰即停止刊登，以维风化，并具报为要。等因。奉此，除遵行外，理合具文呈报，伏乞鉴核示遵。

谨呈天津市政府社会局

天津《星期六画报》发行人　张瑞亭呈

（津 J25－3－6117）

776. 天津市教育局为查禁扣押华东画报社印发之
《生路》事训令私立兴贤小学

1948 年 4 月 3 日

令私立兴贤小学：

　　案奉市政府平秘三字第六五八六号训令开：案准内政部三十七年三月八日（卅七）安肆字第三一九三号公函内开：案准江苏省政府丑支代电，以据报查获共匪印发之《生路》，内容荒谬，除饬属严予查禁外，检送原刊一册，嘱查照备考。等由。准此，查共匪华东画报社印发之《生路》既未据依法申请登记，其内容复荒谬已极，依照《出版法》第二十六条及第三十二条之规定，应予查禁扣押，相应函请查照办理为荷。等由。除分行外，合行令仰该局遵照饬属查禁扣押并具报为要。等因。奉此，除分行外，合行令仰该校遵照查禁扣押并具报为要。

　　此令

局长　郝任夫

（津 J110 - 3 - 3696）

777. 北平市政府社会局为逾期未发行应予撤销登记事通知
黄河画报社等四报刊社

1948 年 4 月 21 日

　　案查前据该社呈送登记声请书，请转呈登记一案，业经转奉内政部核准登记，并经通知在案。惟该社已逾规定期间，迄今尚未发行，依照《出版法》第十五条之规定视为废止发行，应予撤销登记。除公告并呈报外，特此通知。

　　右通知《科学知识》《新路》《黄河画报》《每周评论》

局长　温○○

（京 J2 - 4 - 664）

778. 天津市政府社会局为饬停止刊登《窥浴记》
小说事致星期日画报社代电

1948 年 5 月 3 日

天津星期日画报社鉴:

查该报第十九期所载《窥浴记》小说文字污秽, 实属有违反《出版法》第二十二条"出版物不得有妨害善良风俗之记载"之规定。望即将该小说停止刊登, 以重法规, 并将遵办情形具报为要。

天津市社会局○○印

(津 J25 - 3 - 6138)

779. 天津午报社为上缴《天津午报》及《星期二画刊》
登记证事致天津市政府社会局函

1948 年 7 月 26 日

接奉贵局成版字第 727 号通知, 以本报及《星期二画刊》停刊逾期, 应即缴销登记证。等情。当即检同京警津字第十九号《天津午报》登记证乙纸及京警津字第六二号《星期二画刊》登记证乙纸, 呈请鉴核查照。

此致天津市社会局

附《天津午报》及《星期二画刊》登记证二只〔纸〕〈佚〉

天津午报社

(津 J25 - 3 - 6120)

780. 礼拜日画报社为缴销登记证事呈天津市政府社会局文

1948 年 8 月 4 日

一、成版字 727 号通知敬悉。

二、遵即检同京警津字一一九号登记证一份, 恳乞赐收注销。

附呈登记证一份〈佚〉

具呈人　礼拜日画报社

(津 J25 - 3 - 6120)

781. 上海市社会局职员任履之为取缔《电影周报》等
违法刊物事签呈领导文

1948 年 9 月 6 日

　　兹据《东南日报》记者康正平君来局查询正在发行之《越剧坛》《电影周报》及《书坛周刊》等是否登记有案，否则值兹节约期间依法应予取缔。等情。经查明，以上三种刊物均未依法申请登记，擅自发行，且内容多系黄色文字，殊有未合，拟函警察局派员协同取缔，并令派报业工会不得代为派售各报贩，是否有当，敬祈鉴核。

　　附呈违法发行刊物三种〈佚〉

职　任履之

（沪 Q6 - 12 - 132）

782. 天津市政府社会局为咨转注销《宇宙画报》等十二家报刊
登记证事呈天津市政府文（附应注销登记证之报刊社清单）

1948 年 9 月 8 日

　　一、查《宇宙画报》等十二家或停刊逾期或逾期未能发刊，均应依法注销登记证。

　　二、除饬各该社限期缴销登记证并函警局禁止各该社发行外，谨抄附各刊社名单及《现代春秋周刊》登记证一件，呈请鉴察咨转注销。

　　（附抄报刊社名单一份、登记证一件〈佚〉）

应注销登记证之报刊社清单

名　　称	发行人	登记证字号	应注销之原因	地　　址
宇宙画报	张北侯	京警津字 118	停刊逾期	二区博爱道［荆］华西里五号
民生周报	李灵石	京警津字 130	同	兴安路一四〇号
国民新闻月刊	蒋慕钧	京警津字 80	同	八区单街子十四号
明星画报	郝伯珍	京警津字 125	同	四区李家台大街三十一号
光华新闻画报	刘壮飞	京警津字 131	同	南市东兴大街一百十号
津华报	赵公望	京警津字 160	同	十区汉阳道永丰里十七号
福音月刊	罗继明	京警津字 124	逾期未发刊	一区大沽路九十五号
大天津报	贺　泳	京警津字 146	同	《民国日报》卜社长代转

名　　称	发行人	登记证字号	应注销之原因	地　　址
海燕杂志	任斗南	京警津字 158	同	自由晚报社任斗南
华声报	詹幼庭	京警津字 173	同	一区锦州道一三〇号
现代春秋周刊	杜　凯	京警津字 16	停刊逾期	一区郑州道三十三号
新二代半月刊	高　澄	京警津字 151	逾期未发刊	辽宁路二十五号

（津 J25－3－6156）

783. 上海市社会局为不得派售《电影周报》等三种刊物事
训令派报业职业工会

1948 年 9 月 10 日

令派报业职业工会：

　　查本市最近出版之《越剧坛》《电影周报》及《书坛周刊》三种刊物均未依法声请登记，擅自发行，殊有未合。除函请警察局予以取缔外，合行令仰该会遵照，并转饬各会员不得代为派售。

　　此令

局长　吴〇〇

（沪 Q6－12－132）

784. 上海市社会局为取缔《电影周报》等三种刊物事致上海市警察局函

1948 年 9 月 10 日

　　查本市最近出版之《越剧坛》《电影周报》及《书坛周刊》三种刊物均未依法声请登记，擅自发行，殊有未合。除令饬本市派报业工会不予派售外，相应函请查照饬属取缔为荷。

　　此致上海市警察局

局长　吴〇〇

（沪 Q6－12－132）

785. 龚之方为《电影周报》先行发刊并撤销取缔事呈上海市社会局文

1948 年 9 月 15 日

案准上海市派报业职业工会转咨钧局化（37）字第 25231 号训令内开:《电影周报》等刊物均未声请登记，擅自发行，殊有未合。除函请警察局予以取缔外，合行令仰该会转饬各会员不得代为派售。等因。窃查本社发行之《电影周报》纯以介绍中国电影动态、发扬电影艺术为宗旨，曾于本年六月间向钧局呈请登记。业蒙钧局于本年九月二日化（37）字第 24331 号批示内开，已据转上海市政府鉴核等因在案。兹拟恳请于呈请登记期中，按一般杂志向例准予先行出版发行，以利文化，并请撤销取缔，以维商艰。仰祈俯准，实为德便。

谨呈上海市社会局钧鉴

中国电影出版社发行人龚之方谨呈

（沪 Q6－12－132）

786. 上海市社会局为准予《电影周报》先行出版事批复龚之方

1948 年 9 月 25 日

具呈人《电影周报》发行人龚之方本年九月十五日呈一件，为《电影周报》恳请准予先行出版以利文化由。呈悉。所请姑予照准，惟将来内政部如果不准登记时，仍应随时停刊，仰即遵照。

此批

（沪 Q6－12－132）

787. 北平一四七画报社代表人吴宗祜为请依法保障合法版权事呈天津市政府社会局文

1948 年 9 月 25 日

呈为呈请不法书商侵害版权，私行翻印本报出版《粉墨筝琶》第一、二集小说大量发售，请依法保障合法版权，恳予查禁取缔售卖事。窃以本报于民国三十五、三十六年先后出版刘云若著之《粉墨筝琶》第一、二集小说，并于三十七年呈请内政部登记，执有内审字第一一一一九号注册执照为凭。近突发现被不法商人大量偷印，由天津励力出版社代发，在津各书报摊均大量发售，本报不堪损失。除依法向警局呈请查办，依法追诉外，理合具呈钧局，请保障合法版权，转请警察局饬知天津书业公会、派报业公会，转令各书报社、报摊禁止发售该翻版第一、二集《粉墨筝琶》小说（该翻版书特征：并无出版处所、版权各项，且印刷极劣），俾本报得受政府合法保障，而维著作出版之权。附呈该翻版书第一、二集各一册及本报内政部登记执照照片为凭。

谨呈天津社会局

附翻版《粉墨筝琶》小说第一、二集各一册〈佚〉，内政部注册版权执照照片一张〈佚〉

具呈人　北平一四七画报社代表人吴宗祜

天津分社广兴大街八十号

（津 J25‑3‑6167）

788. 天津市政府社会局为《宇宙画报》等十二家报刊登记证应予注销禁止发行事致警察局函

1948 年 9 月 27 日

一、查《宇宙画报》等十二家或停刊逾期或逾期未能发刊，均应依法注销登记证。

二、除呈请市政府咨转内政部注销并追缴各该社登记证外，兹特抄附各该社名单，函请查照禁止发行。

（附抄名单一份）〈佚〉

（津 J25‑3‑6156）

789. 北平市政府社会局为发行逾期予以撤销登记事通知新东方画报社等五报刊社

1948 年 9 月 27 日

查该社成立迄今尚未发行，已逾规定期限，依照《出版法》第十五条之规定，视为废止发行，应予撤销登记。除公告并呈报外，特此通知。

右通知《建国评论》《经济导报》《新东方画报》《小学生》《建国杂志》

（京 J2‑4‑664）

790. 天津市政府社会局职员为翻版《粉墨筝琶》小说侵害版权事签呈领导文

1948 年 9 月 29 日

查根据《出版法》第八条及第十八条之规定，出版品于发行时应呈缴主管官署，并应于末幅记载著作人、发行人之姓名，发行年月日等项。违反上述规定者，得处以罚锾（《出版法》第三十九条）。今该书既未登记，本局似可限制其发行。至其侵害著作权方面，则应归司法机关办理。如何之处，祈鉴核。

职

（津 J25－3－6167）

791. 天津市政府社会局为停止发行《内幕新闻》事通知星期六画报社、星期五画报社

1948 年 9 月 30 日

一、该社出版之《内幕新闻》应即依法声请登记；

二、在未奉内政部发给登记证以前，着即停止发行以符法令，不得有误。

（津 J25－3－6167）

792. 天津市社会局为取缔翻版小说《粉墨筝琶》事批复一四七画报社

1948 年 10 月 9 日

一、据请取缔翻版小说《粉墨筝琶》等情已悉。

二、除饬图书南纸业及派报业公会转饬所属会员禁止售卖外，仰即知照。

（津 J25－3－6167）

793. 天津市政府为查禁《联美杂志》及《星期五画报》事
致天津市社会局代电

1948 年 10 月 23 日

一、近查有《联美杂志》革新号第一卷第一期（社址及发行处：北平安福胡同六十七号）及《星期五画报》第六二期（编辑部地址：天津二区胜利路三十九号；发行部地址：天津二区胜利路十二号）均有抨击此次逮捕学生之言论，不啻为匪张目，经提交本市十月廿二日党政军干部联席会议决议"通知社会局及北平社会局严予查禁"记录在卷。

二、除分电外，合行电仰严予查禁为要。

（津 J25 - 3 - 6146）

794. 星期五画报社为本报第六十二期新闻内容自觉有不当之处
申述事实报告事呈天津市社会局文

1948 年 10 月 26 日

谨呈者，窃敝报第六十二期"新闻评论"版内，刊有《学校里为什么有职业学生》一文，敝报发行人曹天培因事在平逗留多日，事先并未检点，并因负责编辑人彼时因病精力欠佳，以致未加审阅，即行付印，迨经敝人看阅后，认为内容失当，殊属非是，当将编辑者深加申斥，并嘱今后关于此种言论不当文字，决不可采用，一面并将未发售之报悉数销毁。凤仰钧局对于新闻事业力为维护，惟恐因此文字失检，将对敝报态度发生误解，谨将经过事实，理应备文呈请鉴核祗遵，不胜惶恐待命之至。

谨呈天津市社会局

星期五画报社发行人　曹天培谨呈

（津 J25 - 3 - 6170）

795. 天津市社会局为查禁《星期五画报》及《联美杂志》事
呈天津市政府文

1948 年 11 月 3 日

一、钧府本年十月廿三日机特字第一〇四六号代电敬悉。

二、除遵即限令星期五画报社迅将发出之第六十二期刊物扫数收回，且严予警告，并分饬图书南纸业及派报业公会，转知所属会员连同《联美杂志》革新号一卷一期遵照禁售以杜流传外，谨报请鉴察。

（津 J25－3－6146）

796. 天津市社会局为查禁《联美杂志》及《星期五画报》事致图书南纸业公会、派报业公会代电

1948 年 11 月 3 日

一、案奉市政府本年十月廿三日机特字第一〇四六号代电（抄原电）。

二、除饬星期五画报社迅将发出之第六十二期刊物扫数收回外，仰即分知所属会员连同《联美杂志》革新号一卷一期一体禁售为要。

（津 J25－3－6146）

797. 天津市社会局为将发出之第六十二期刊物扫数收回事致星期五画报社代电

1948 年 11 月 3 日

一、案奉市政府本年十月廿三日机特字第一〇四六号代电（抄原电）。

二、除饬图书南纸业及派报业公会转饬所属会员一体禁售外，仰即迅将发出之第六十二期刊物扫数收回。

（津 J25－3－6146）

798. 天津市政府为《中国政治内幕》等勒令停刊并限期收回事训令天津市政府社会局

1948 年 12 月 1 日

一、查《中国政治内幕》《政治新闻内幕》等二家，前据检呈声请登记书，经转内政部核复不予登记，并经本府以平闻字第二六三九三号发还原件，训令转知停刊在案。

二、据查该刊等竟违法发行，殊属不合，仰即查照勒令停刊。其已发行或在市面销售刊物并应限期收回，毋许流传。

三、将办理情形具报。

市长 杜建时

（津 J25－3－6138）

799. 天津市政府社会局为停刊并限期收回刊物事致《中国政治内幕》及《内幕新闻杂志》代电

1948 年 12 月 8 日

一、案奉市政府本年十二月一日平闻字第二七三七二号训令，以该刊登记业奉部令驳回，竟违法发行，殊属不合，饬查照勒令停刊，其已发行或在市面销售刊物并应限期收回，毋许流传。等因。

二、希即遵办具复为要。

（津 J25－3－6138）

800. 天津市政府社会局为已转饬《中国政治内幕》等停刊并限期收回刊物事呈天津市政府文

1948 年 12 月 8 日

一、钧府本年十二月一日平闻字第二七三七二号训令敬悉。

二、除遵即转饬《中国政治内幕》等二家即日停刊并收回刊物外，谨报请鉴察。

（津 J25－3－6138）

801. 上海市社会局职员任履之为《香雪海》等三周刊内容诲淫应取缔事签呈领导义

1949 年 3 月 12 日

查《香雪海》《凌霄》《洋场猎艳》三种周刊内容文字极尽诲淫，伤风败俗，依照《出版法》第卅四条之规定，应分别予以停刊处分并注销登记证，拟呈报市府转咨内政部并函警察局予以取缔，并令饬停刊缴销登记证，当否乞核。

职　任履之

（沪 Q6‑12‑170）

802. 上海市社会局为取缔《香雪海》《凌霄》两刊事致上海市警察局函

1949 年 3 月 18 日

查在本市发行之《香雪海》（京警沪字第二三六号登记证）及《凌霄》（京警沪字第二九九号登记证）两种周刊，内容文字极尽诲淫，伤风败俗，依照《出版法》第卅四条之规定，应予以永久停刊处分，注销其登记。除呈报市府并令饬各该刊缴销登记证外，相应函请查照转饬各分局严予取缔为荷。

此致上海市警察局

局长　曹○○

《香雪海》发行社：虬江支路卅五号；《凌霄》发行社：同上

（沪 Q6‑12‑170）

803. 上海市社会局为《香雪海》等三周刊内容诲淫应取缔事呈上海市政府文

1949 年 3 月 18 日

查在本市发行之《香雪海》（京警沪字第二三六号）及《凌霄》（京警沪字第二九九号）两种周刊内容文字极尽诲淫，伤风败俗，依照《出版法》第卅四条之规定，应予以永久停刊之处分，除将各该刊登记证注销并函警察局取缔外，理合备文呈报，仰祈鉴核转咨内政部，实为公便。

谨呈上海市市长吴

全衔局长　曹○○

（沪 Q6‑12‑170）

804. 上海市社会局为停刊并注销登记证事通知《香雪海》《凌霄》两刊

1949 年 3 月 19 日

查该刊内容文字极尽诲淫，伤风败俗，依照《出版法》第卅四条之规定，应予以永久停止发行之处分。除呈报市府并函请警察局取缔外，合行通知仰即停刊并缴销原登记证。

右通知《香雪海》周报发行人陶元琳、《凌霄》周刊发行人廉风（《上海滩》周刊业经注销在案不发）

通讯处：虹江支路卅五号收转

（沪 Q6－12－170）

805. 上海市政府为准予注销《香雪海》《凌霄》登记证事指令上海市社会局

1949 年 3 月 28 日

令社会局：

卅八年三月十九日呈一件，为呈报《香雪海》《凌霄》两周刊违法刊载诲淫文字，依法予以永久停刊处分，祈鉴核由。呈悉。准予转咨内政部注销该两刊登记证，仰即知照

此令

吴国桢

（沪 Q6－12－170）

第三部分

主管官署对新闻纸、杂志或通讯社出版发行
管理措施和相关法律规定

806. 大总统申令公布《出版法》

1914 年 12 月 4 日

参政院议决《出版法》，兹公布之。

此令

大总统印

国务卿徐世昌

出版法

第一条　用机械或印版及其他化学材料印刷之文书图画出售或散布者均为出版。

第二条　出版之关系人如左：

一、著作人；

二、发行人；

三、印刷人。

著作人以著作者及有著作权者为限；发行人以贩卖文书图画为营业者为限，但著作人及著作权承继人得兼充之；印刷人以代表印刷所者为限。

第三条　出版之文书图画应将左列各款记载之：

一、著作人之姓名、籍贯；

二、发行人之姓名、住址及发行之年月日；

三、印刷人之姓名、住址及印刷之年月日，其印刷所有名称者并其名称。

第四条　出版之文书图画应于发行或散布前禀报该管警察官署，并将出版物以一份送该官署，以一份经由该官署送内务部备案。

官署或国家他种机关及地方自治团体机关之出版，应送内务部备案，但其出版关于职权内之记载或报告者不在此限。

第五条　前条之禀报应由发行人及著作人联名行之，但非卖品得由著作人或发行人一人行之。其不受著作权保护之文书图画得由发行人申明理由行之。

第六条　以学校、公司、局所、寺院、会所之名义出版者，应用该学校等名称禀报。

第七条　以无主之著作发行者，应预将原由登载官报，俟一年内无人承认方许禀报。

第八条　编号逐次发行或分数次发行之出版物，应于每次发行时禀报。

第九条　已经备案之出版于再版时如有修改、增减或添加注释、插入图画者，应依第四条规定重行禀报备案。

第十条　凡信柬、报告、会章、校规、族谱、公启、讲义、契券、凭照、号单、广告、照片等类之出版不适用第三条、第四条之规定，但遇有违反第十一条、第十二条之规定时，仍依本法处理之。

其仿刻照印古书籍金石载在四库书目或经教育部审定者，适用前项之规定。

第十一条　文书图画有左列各款情事之一者，不得出版：

一、淆乱政体者；

二、妨害治安者；

三、败坏风俗者；

四、煽动曲庇犯罪人、刑事被告人，或陷害刑事被告人者；

五、轻罪、重罪之预审案件未经公判者；

六、诉讼或会议事件之禁止旁听者；

七、揭载军事、外交及其他官署机密之文书图画者，但得该官署许可时不在此限；

八、攻讦他人阴私，损害其名誉者。

第十二条　在外国发行之文书图画违犯前条各款者，不得在国内出售或散布。

第十三条　依第十一条禁止出版之文书图画，及依第十二条禁止出售或散布之文书图画，有出版或出售散布者，该管警察官署认为必要时，得没收其印本及其印版。

第十四条　违反第三条、第四条、第八条、第九条之规定者，处发行人以五十元以下、五元以上之罚金。

第十五条　违反第十一条第一款、第二款者，除没收其印本或印版外，处著作人、发行人、印刷人以五等有期徒刑或拘役。

第十六条　违反第十一条第三款至第七款者，除没收其印本或印版外，处著作人、发行人以一百五十元以下、十五元以上之罚金。

第十七条　违反第十一条第八款，经被害人告诉时，依刑律处断。

第十八条　违反第十二条者，依第十五条、第十六条、第十七条处罚。

第十九条　依第十三条、第十五条应没收之印本或印版，依其体裁可为分别时，得分割其一部分没收之。

第二十条　应受本法之处罚者，不适用刑律累犯罪、俱发罪暨自首之规定。

第二十一条　关于本法之公诉期间，自发行之日起以一年为限。

第二十二条　本法所定属于警察官署权限之事项，其未设警察官署地方，以县知事处理之。

第二十三条　本法自公布日施行。

（京 J2 - 1 - 603）

807. 上海市社会局为禁止出版淫秽刊物事训令上海书业公会

1930 年 5 月 12 日

令上海书业公会:

为令遵事。案查淫秽刊物足以妨碍风化,贻害青年,节经本局会同公安、教育两局布告严查在案。兹准汉口特别市政府教育、社会两局函开: 查汉市书商贩卖淫刊多由上海发行,欲禁贩卖,必先查禁出版,除会同查禁外,相应抄送应行查禁淫刊名目一纸,函请转饬各书坊一律禁止出版,以绝根株。等由。并附应禁淫刊名单一纸到局。准此,除函复外,合行抄发应禁淫刊名单一纸,令仰该会转饬各该业一体遵照为要。

此令

附发应禁淫刊名单一纸〈略〉

局长 潘公展

(沪 S313‑1‑148)

808. 天津市政府为抄发《出版法》事训令社会局 (附《出版法》)

1931 年 1 月 24 日

令社会局:

为令行事。案奉河北省政府第二一六号训令内开: 案奉行政院第四五六九号训令内开: 现奉国民政府第六九零号训令内开: 查《出版法》业经制定明令公布,亟应通饬施行。除分行外,合行抄发原条文,令仰知照并转饬所属一体知照。此令。等因。计抄发《出版法》一份。奉此,除分令外,合行抄发原条文,令仰知照,并转饬所属一体知照。此令。等因。计抄发《出版法》一份。奉此,除呈复并分行外,合行抄发原条文,令仰该府知照,并转饬所属一体知照。等因。计抄发《出版法》一份。奉此,除呈复并分令外,合行抄发原条文,令仰该局知照。

此令

计抄发《出版法》一份

臧启芳

出版法

第一章 总则

第一条 本法称出版品者,谓用机械或化学之方法所印制而供出售或散布之文书图画。

第二条　出版品分左列三种：

一、新闻纸：指用一定名称每日或隔六日以下之期间继续发行者而言；

二、杂志：指用一定名称每星期或隔三月以下之期间继续发行者而言；

三、书籍及其他出版品：凡前二款以外之一切出版品属之。

新闻纸或杂志之号外或增刊视为新闻纸或杂志。

第三条　本法称发行人者，谓主管发售或散布出版品之人。

第四条　本法称著作〔人〕者，谓著述或制作文书图画之人。笔记他人之演述登载于出版品或令人登载之者，其笔记人视为著作人，但演述人对于其登载特予承诺者，应同负著作人之责任。

关于著作物之编纂，其编纂人视为著作人，但原著作人对其编纂特予承诺者，应同负著作人之责任。

关于著作物之翻译，其翻译人视为著作人。

关于用学校、公司、会所或其他团体名义著作之出版品，其学校、公司、会所或其他团体之代表人视为著作人。

第五条　本法称编辑人者，谓掌管编辑新闻纸或杂志之人。

第六条　出版品由官署发行者，应以二份送中央党部宣传部及内政部。

<h2 style="text-align:center">第二章　新闻纸及杂志</h2>

第七条　为新闻纸或杂志之发行者，应于首次发行期十五日前以书面陈明左列各款事项，呈由发行所所在地所属省政府或隶属于行政院之市政府转内政部声请登记：

一、新闻纸或杂志之名称；

二、有无关于党义党务或政治事项之登载；

三、刊期；

四、首次发行之年月日；

五、发行所及印刷所之名称及所在地；

六、发行人及编辑人之姓名、年龄及住所，其各版之编辑人互异者并各该版编辑人之姓名、年龄及住所。

新闻纸或杂志在本法施行前已开始发行者，应于本法施行后二个月内声请为前项之登记。

新闻纸或杂志有关于党义或党务事项之登载者，并应经由省党部或等于省党部之党部向中央党部宣传部声请登记。

第八条　前条所定应声请登记之事项有变更者，应于变更后七日内为变更登记之声请。

第九条　前二条登记不收费用。

第十条　左列各款之人不得为新闻纸或杂志之发行人或编辑人：

一、在国内无住所者；

二、禁治产者；

三、被处徒刑或一月以上之拘役在执行中者；

四、褫夺公权尚未复权者。

第十一条　新闻纸或杂志废止发行者，原发行人应按照登记时之程序声请注销登记。

新闻纸逾所定刊期已满二个月、杂志逾所定刊期已满四个月尚未发行者视为发行之废止。

第十二条　新闻纸或杂志应记载发行人及编辑人之姓名，发行年月日，发行所、印刷所之名称及所在地。

第十三条　新闻纸或杂志之发行人，应于发行时以二份寄送内政部，一份寄送发行所在地所属省政府或市政府，一份寄送发行所在地之检察署。

新闻纸或杂志有关于党义或党务事项之登载者，并应以一份寄送省党部或等于省党部之党部，一份寄送中央党部宣传部。

第十四条　新闻纸或杂志登载之事项，本人或直接关系人请求更正或登载辩驳书者，在日刊之新闻纸，应于接到请求后三日内依照更正或登载辩驳书之全部，在其他新闻纸或杂志，应于接到请求后第二次发行前为之。但其更正或辩驳之内容显违法令或未记明请求人之姓名住所，或自原登载之日起逾六个月而始行请求者不在此限。

更正或辩驳书之登载，其地位及字之大小应与原文所登载者相当。

第三章　书籍及其他出版品

第十五条　为书籍或其他出版品之发行者，应于发行时以二份寄内政部，改订增删原有之出版品而为发行者亦同。

前项出版品，其内容涉及党义或党务者并应以一份寄送中央党部宣传部。

第十六条　书籍或其他出版品应于其末幅记载发行人之姓名、住所，发行年月日，发行所及印刷所之名称及所在地。

第十七条　通知书、章程、营业报告书、目录、传单、广告、戏单、秩序单、各种表格、证书、证卷及照片不适用前二条之规定。

第十八条　有关政治之传单或标语，非经该管警察机关许可，不得印刷或发行。

第四章　出版品登载事项之限制

第十九条　出版品不得为左列各款之记载：

一、意图破坏中国国民党或三民主义者；

二、意图颠覆国民政府或损害中华民国利益者；

三、意图破坏公共秩序者；

四、妨害善良风俗者。

第二十条　出版品不得登载禁止公开诉讼事件之辩论。

第二十一条　战时或遇有变乱及其他特殊必要时，得依国民政府命令之所定，禁止或限制出版品关于军事或外交事项之登载。

第五章　行政处分

第二十二条　不为第七条或第八条之声请登记，或就应登记之事项为不实之陈述而发行新闻纸或杂志者，省政府或市政府得于其为合法之声请登记前停止该新闻纸或杂志之发行。

第二十三条　内政部认出版品载有第十九条各款所列事项之一，或违背第二十一条所定禁止或限制之事项者，得指明该事项禁止出版品之出售及散布，并得于必要时扣押之。

依前项规定扣押之出版品，如经发行人之请求，得于除去该事项后返还之。

第一项所定其情节轻微者，得由内政部予以纠正或警告。

第二十四条　国外发行之新闻纸或杂志受前条第一项处分者，内政部得禁止其进口。

依前项规定禁止进口之新闻纸或杂志〔者〕，省政府或市政府得于其进口时扣押之。

第二十五条　违背第四十一条第一项之禁止而发行新闻纸或杂志者，省政府或市政府得扣押之。

第二十六条　扣押书籍或其他出版品时，如认为必要者，得并扣押其底版，依前项规定扣押之底版准用第二十三条第二项之规定。

第六章　罚则

第二十七条　不为第七条或第八条之声请登记而发行新闻纸或杂志者，处二百元以下之罚金。

第二十八条　第十条各款所列之人发行或编辑新闻纸或杂志者，处二百元以下之罚金。

第二十九条　发行人违反第十一条第一项之规定者，处百元以下之罚金。

第三十条　出版品无第十二条或第十六条所定之记载，或记载不实者，处发行人二百元以下之罚金。

第三十一条　发行人违反第十三条之规定，不寄送新闻纸或杂志者，处百元以下之罚金。

第三十二条　编辑人违反第十四条之规定者，处二百元以下之罚金。

第三十三条　发行人违反第十五条之规定，不寄送书籍或其他出版品者，处百元以下之罚金。

第三十四条　印刷人或发行人违反第十八条之规定者，处百元以下之罚金。

第三十五条　违反第十九条之规定者，处发行人、编辑人、著作人及印刷人一年以下有期徒刑、拘役或一千元以下之罚金，但其他法律规定有较重之处罚者，依其规定。

第三十六条　违背第二十一条所定之禁止或限制者，处发行人、编辑人、著作人及印刷人一年以下有期徒刑、拘役或一千元以下之罚金。

第三十七条　出版品为新闻纸或杂志时，著作人受第三十五条之处罚者，以对于其事项之登载署名负责者为限，受第三十六条之处罚之著作人，亦同。

第三十八条　违背第二十二条所定之停止发行命令，发行新闻纸或杂志者，处二百元以下之罚金。

第三十九条　发行人违背第二十三条所定之禁止者，处一年以下有期徒刑、拘役或千元以下之罚金；其知情而出售或散布该项出版品者，处六月以下有期徒刑、拘役或五百元以下之罚金。

违背第二十四条第一项所定之禁止，及知情而输入、出售或散布该项出版品者，准用前项规定分别处罚。

第四十条　妨害第二十三条第一项、第二十四条第二项、第二十五条或第二十六条所定扣押处分之执行者，处六月以下有期徒刑、拘役或五百元以下之罚金。

第四十一条　因新闻纸或杂志所载事项，依第三十五条所定之处罚而其情节重大者，得禁止其新闻纸或杂志之发行。

发行人违背前项所定之禁止者，处一年以下有期徒刑、拘役或千元以下之罚金；其知情而出售或散布该项新闻纸或杂志者，处六月以下有期徒刑、拘役或五百元以下之罚金。

第四十二条　本法所定各罪不适用刑法累犯及并合论罪之规定。

第四十三条　本法所定各罪之起诉权逾一年而不行使者，因时效而消灭。

第三十五条、第三十六条之罪，其起诉权之时效期限自发行日起算。

附则

第四十四条　本法自公布日施行。

（津 J25－3－54）

809. 天津市政府为抄发《出版法施行细则》事训令社会局

1931 年 11 月 16 日

令社会局:

为令知事。案奉河北省政府第五四九一号训令开: 案准内政部警字第一零七八号咨开: 查《出版法》制定公布后, 经于十九年十二月间咨达查照在案。嗣遵令会同中央宣传部拟订《出版法施行细则》, 呈请行政院鉴核施行。兹奉指令内开: 呈件均悉。查该部与中央宣传部会同拟订《出版法施行细则》及登记表格式, 大致均尚妥适, 应准备案。仰即以部令公布施行, 并候呈报国民政府鉴核。等因。奉此, 除遵令公布外, 相应抄送本细则全份咨请查照, 并转饬所属一体知照。等因。计抄《出版法施行细则》一份。准此, 除分行外, 合行抄发原细则令仰知照, 并转饬知照。等因。计抄发《出版法施行细则》一份。奉此, 除分令外, 合行抄发原细则, 令仰该局知照。

此令

计抄发《出版法施行细则》一份

张学铭

出版法施行细则

第一条　内政部与中央党部宣传部为依据《出版法》办理出版品之登记及审查, 特订定本施行细则。

第二条　左列性质之文书图画均属有关党义、党务事项之出版品, 适用《出版法》第七条、第十三条及第十五条之规定:

一、引用或阐发中国国民党义者;

二、记载有关中国国民党党务或党史者;

三、所载未直接涉及中国国民党党义、党务、党史, 但与中国国民党党义、党务、党史有理论上或实际上之关系者;

四、涉及中国国民党主义或政纲、政策之实际推行者。

第三条　新闻纸或杂志发行人依照《出版法》第七条之规定声请登记时, 应照规定格式填具声请书及各项登记表, 呈由发行所所在地之省政府或隶属行政院之市政府向内政部声请登记。

声请登记之新闻纸或杂志并应依照同条第三项办理者, 其发行人并应另具声请书及登记表各一份, 呈由该省省党部或特别市党部向中央党部宣传部声请登记。

第四条　各省政府或隶属于行政院之市政府, 对于依照《出版法》第七条规定之声请事项, 应于接到声请登记文件后五日内拟具初审意见, 转向内政部声请登记。

声请登记之新闻纸或杂志并应依照同条第三项之规定办理者，省党部或特别市党部与省政府或隶属于行政院之市政府应先会同拟具初审意见，于接到声请登记文件七日内，分别转向中央党部宣传部及内政部声请登记。

第五条　各省政府或隶属于行政院之市政府与各省党部或特别市党部，对于依照《出版法》第七条第三项规定之声请事项，如审核时双方意见未能一致，应各将所拟意见及理由与根据分呈内政部及中央党部宣传部。

第六条　内政部对于依照《出版法》第七条之声请事项自行审核之声请登记之新闻纸或杂志，并应依照同条第三项之规定办理者，应送中央党部宣传部备案审核之。

第七条　中央党部宣传部对于依照《出版法》第七条第三项规定之声请事项审核完竣后，除自行批复外，并将审核意见连同内政部所送并案审核之同项案件送还内政部办理之。

第八条　内政部对于依照《出版法》第七条规定声请事项，于核准后填发登记证。

声请登记之新闻纸或杂志并应依照《出版法》第七条第三项之规定办理者，其登记证由中央党部宣传部及内政部分别填制，中央党部宣传部填制之登记证送由内政部合并发给之。

第九条　登记证如有遗失或损坏时，其发行人除应登报声明作废外，并呈请原发给机关补发之。

第十条　书籍之著作人或发行人应以稿本呈送内政部声请许可出版，此项声请须以书面陈明左款事项：

一、名称及内容概要；

二、稿本页数及其附件；

三、著作人或发行人之姓名、住所。

书籍之有关党义、党务者，应以稿本依前项手续径向中央宣传部声请之。

第十一条　未经许可出版而擅行出版之书籍，概行扣押。若其内容有违反《出版法》第十九条或第二十一条之规定者，照《出版法》第三十五条或第三十六条处罚。

第十二条　凡经许可出版之书籍，于发行时仍应依照《出版法》第十五条、第十六条之规定办理之。

第十三条　凡经许可出版之书籍，如有所增补或修正，其著作人或发行人应向原许可机关陈明，经核准后方得印行。

第十四条　有关党义、党务出版品审核之标准，除依照《出版法》第四章各条规定者外，并适用中央关于出版品之各项决议。

第十五条　内政部依照《出版法》第二十三条之规定，对于有关党义、党务之出版品执行警告、禁止、扣押或退还等行政处分之前，应送经中央党部宣传部审核。

第十六条　有关党义、党务出版品之应纠正者，由中央党部宣传部直接或转饬所属办理之。

第十七条　凡应经内政部纠正之书籍，应于修正后以二份寄送内政部备查。

凡应经中央党部宣传部纠正者，应于修正后以二份寄送中央党部宣传部，一份寄送内政部备查。

第十八条　凡经许可出版之书籍，如出版后与核准之原稿不符，内政部得予以禁止或扣押之处分。

第十九条　新闻纸或杂志之发行人不以新闻纸或杂志寄送于《出版法》第十三条所规定之任何一机关者，应以违反该条论，准用《出版法》第三十一条之规定处罚之。

第二十条　书籍或其他出版品之发行人不以书籍或其他出版品寄送于《出版法》第十五条所规定之任何一机关者，应以违反该条之规定论，准用《出版法》第三十三条之规定处罚之。

第二十一条　有关党义、党务之出版品，其所载事项如违反中央关于出版品之各项决议时，准用《出版法》第三十四条及二十五条规定之处分分别处罚之。

第二十二条　出版品由各级党部发行者，准用《出版法》第六条之规定，以二份送中央党部宣传部及内政部。

第二十三条　有关政治之传单或标语由各级党部或官署发行者，得免除《出版法》第十八条之规定手续。

第二十四条　本细则如有未尽事宜，由内政部与中央党部宣传部会同修正之。

第二十五条　本细则自公布日施行。

附书表及登记证格式：一、新闻纸杂志登记声请书格式；二、新闻纸杂志登记表格式；三、内政部甲种登记证式样；四、内政部乙种登记证式样；五、中央党部宣传部登记证式样。

新闻纸杂志登记声请书

具声请书人　　　社，兹因发行　　　　，谨遵《出版法》第七条之规定，并填具登记表格声请登记。

此呈某某政府或某某党部转内政部或中央党部宣传部

具声请书人　　　社

负责人姓名

（盖章）

中华民国　年　月　日

<h1 style="text-align:center">新闻纸杂志登记表</h1>

1	名　称			
2	有无关于党义党务或政治事项之登载			
3	刊期		4　首次发行之年月日	
5	发行所	名称		
		地址		
6	印刷所	名称		
		地址		
7	发行人及编辑人姓名年龄及住址	姓名		
		别号		
		职别		
		年龄		
		住址		
8	备考			

内政部

中央党部宣传 [部] 制

中华民国　年　月　日填（盖章）

<h2 style="text-align:center">说明</h2>

1. 此表应由声请登记者照填二份，随附于声请书后一并呈送以备分存；

2. 填第二项有无关于党义党务事项之登载时应参照《出版法施行细则》第六条之规定；

3. 第三项系指日刊、周刊、旬刊、月刊等类；

4. 第七项内职别一目系指属于发行人或各版编辑人。

<h1 style="text-align:center">新闻纸杂志登记考查表</h1>

1	名称	
2	内容概略	

3	平日言语态度			
4	初审意见	甲、声请登记人所填各项是否属实		
		乙、发行人及各版编辑人有无违《出版法》第十条各项之规定		
5	终审意见			
6	初审日期	年	月	日
7	终审日期	年	月	日
	备考			

初审机关

终审机关

说明

1. 此表1、2、3、4、6各项应由初审机关填具，如新闻纸或杂志系未发行前声请登记者，第三项自毋庸填载；

2. 此表由初审机关填写后随附登记表一并转送。

封面

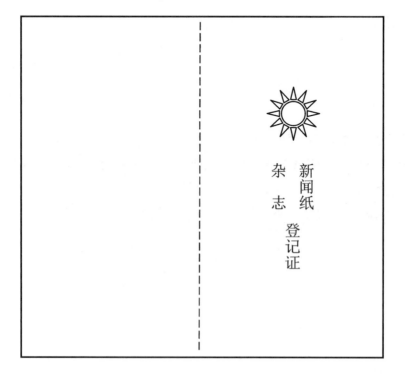

新闻纸

杂志

登记证

内页

登记证字　第　号

案据　省　市　县　依法声请登记，业经审核准予登记。此证。

右给　发行人　收执

中华民国　年　月　日内政部发给

登记证字　第　号

查　省　市　县　为有关于党义党务事项记载之　，业据其依法声请登记前来，经审核准予登记。此证。

右给　发行人　收执

中华民国　年　月　日　中国国民党　中央执行委员会　宣传部发给

封面

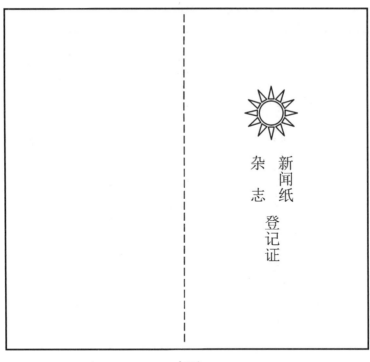

新闻纸
杂　志　登记证

内页

中华民国　年　月　日内政部发给

右给　发行人　收执

请登记，业经审核准予登记。此证。

案据
省　县　依法声
市

登记证字　第　号

810. 天津市政府为公告《出版法施行细则》及报社换发
新登记证事训令社会局

1931 年 12 月 22 日

令社会局：

案奉河北省政府第六零三七号训令内开：案准内政部警字第二八九号咨开：查《出版法施行细则》业经本部遵令公布，曾于十月间抄同该细则全份咨请查照，并希转饬所属一体知照在案。兹准中央宣传部函开：为关于曾经中宣部核准登记之新闻纸，拟不必重新登记，应令各报社将登记证缴由原呈之省市政府转送贵部换发新登记证，以完手续，并请咨行各省市政府出示布告抄粘该细则，俾各地书肆及新闻社一体咸知，即便遵照。各等由到部。事属可行，除函复外，相应检同该项细则印本一册，咨请查照办理见复为荷。等因。准此，查此案前准该部咨送《出版法施行细则》请查照饬知一案，业经转饬知照在案。兹准前因，除咨复并分行外，合再令仰遵照办理。此令。等因。奉此，除分令外，合亟令仰该局知照。

此令

代理市长　周龙光

(津 J25－3－54)

811. 天津市政府为新闻纸或杂志违反《出版法》情节轻微者应予
纠正或警告情节重大者不得再登记事训令社会局

1933 年 8 月 4 日

令社会局：

为训令事。案奉河北省政府第四零七五号训令内开：为令行事。案准内政部警字第一九九六号咨开：案准湖北省政府咨，以关于报社、通讯社因违反《出版法》而注销登记者，数月后复以原名声请登记是否仍认为合法之声请，如此辗转，则注销登记似将成为具文，对此有无救济，请解释见复。等由到部。查新闻纸或杂志违反《出版法》，其情节轻微者应依该法第二十三条第三项予以纠正或警告，若因情节重大经注销其登记者，自不得再为登记之声请，以杜流弊而重法令。除咨复并分行外，相应咨请查照，并转饬知照。等因。准此，除分行外，合行令仰该市政府知照。此令。等因。奉此，除分行外，合行令仰该局知照。

此令

于学忠

(津 J25－3－54)

812. 天津市政府为准内政部咨解释《出版法》疑义七项事
训令社会局（附内政部原咨）

1934 年 1 月 19 日

令社会局：

案奉河北省政府第一九六号训令开：案准内政部警字第三一七七号咨开：案准江苏省政府秘字第八五四号咨略开：据铜山县长呈，以对于《出版法》及同法施行细则，关于新闻纸及杂志部分颇多疑义，详陈意见七项，咨转查核解释，并请于修正《出版法》时详为厘定，俾资补救。等由。计附抄原呈一件。准此，查该铜山县长所陈七项疑义，关系新闻纸或杂志监督管理，至为重要，兹分别解释于后：

（一）（二）两项，凡隶省之新闻纸或杂志为登记之声请或变更登记之声请时，依照《出版法》第七条及第八条，虽无呈由所在地县政府核转之明文，惟为便于监督管理起见，自应适用一般行政系统，呈由县政府转呈省政府，再咨内政部办理，以符程序。

（三）新闻纸或杂志为变更登记之声请，在未奉到地方政府核准以前，所有一切责任仍应由原发行人负之。

（四）《出版法》第十三条所称"发行所在地之检察署"系指所在地之法院检察机关而言，如新闻纸或杂志违反该条规定时，自可依照同法第三十一条之规定处罚之。

（五）无基金而专事敲诈之报纸，可依照《取缔不良小报暂行办法》严行取缔，其业经核准登记之报纸或杂志，如有故意侵害他人私权或妨害他人名誉、信用等情事，并应依照二十二年十一月三日司法院训字第二九八号训令办理，以重法令。

（六）（七）两项，《出版法》第五章行政处分，应由县政府呈准省政府核定后执行。其第六章所定罚则，则应由司法机关处理。

准咨前由，除咨复饬知并将原呈意见存备修正《出版法》时参考外，相应抄同原咨及原附抄呈咨请查照，并饬属一体知照。等因。准此，除分行外，合行抄发原附件，令仰知照。此令。等因。计抄发原咨及原呈各一件。奉此，除分别函令外，合行抄发原附件，令仰该局知照。

此令

抄发原咨及原呈各一件

市长　王韬

抄原咨

案据铜山县长呈，以对于《出版法》及施行细则颁行以来，关于新闻纸杂志部分颇多疑义，详陈意见七项请予核示等情。事关法令解释，相应抄同原呈，咨请查核解释见复。至原呈内附述报纸种类复杂情形，恐不仅铜山一县为然，拟请于修正《出版法》时详为厘定，俾资补救，并希查照为荷。

此咨内政部

计抄原呈一件

照抄原呈

案查自奉颁《出版法》及施行细则遵行以来，关于新闻纸杂志部分颇出疑义，谨详呈所见恭请核示，俾资遵循：

（一）依本年一月钧府第二十三号训令转行内政部之解释，凡新闻纸之请求登记未经县府呈转时，应饬提出已向该管省政府声请之收文条据，以资证明。设有一新闻纸请求登记时未经县府呈转，自己扣算至十五日后即遵行出版，则该新闻纸于自行出版以前是否应向县府预行呈报备案？庶县府依法可查验其径呈条据，否则市上突然发现一种新报，在未经查明确实或竟查得其日期与法定不合以前，是否可直接令行先行停止发行，仰仍须请示省政府，抑或姑任发行而照《出版法》第二十七条予以处罚？

（二）《出版法》第八条之变更登记手续，依二十一年十月钧府第五八九四号训令转行内政部之解释，有"转送"及"呈由所在地各省市政府咨部"之规定。设有已发行之新闻纸，中途发生第八条之情事，其变更登记之声请应由县政府呈转，抑即径呈省政府？如不由县府呈转时，应如何取得其证明？若新闻纸之负责人突于报纸上声明脱离，而并未依第八条之规定转移于人，或未为合法之变更登记者，县府是否即可令其暂行休刊，听候后令，或仍须请示省政府？

（三）《出版法》第二十二条所称之"合法声请登记前"如为第八条之变更声请，则受转移人于七日内将登记声请表发出即认为"合法"，抑须候换发登记证领到（因原登记证已随变更登记表缴销）始为"合法"？在此变更登记未奉批准以前，若该新闻纸仍继续出版，则其责任是否自声请表发出后即由新发行人担负，抑原领登记证之发行人仍未能即时脱离关系？

（四）《出版法》第十三条所称之"发行所所在地之检察署"是否即为县政府？若新闻纸之发行人不照章寄送时，是否可径依第三十一条之规定处罚？

（五）因晚近印刷盛行，新闻纸出刊甚易，往往二三无聊文人毫无基金，共捐得开办费若干，向一印刷所商得同意即可发行一种小报，恃"有闻必录"之护符，不免造谣生事。如有人指出谬妄，则据《出版法》第十四条之规定以为"登载失实仅仅只负来函更正之责任，在刑法上绝不受任何处分"。受害者如请其更正，则此中大可任意伸缩，难免有从中敲诈情事，影响于社会人心者实大可虑！按第三十五条之但书本有"其他法律规定有较重之处罚者，依其规定"之语，若受害人提起刑事诉讼，而此辈新闻记者又以为国府解释"新闻纸非个人行动，只受《出版法》之处置不得引用他法律以为制裁"用以规避，究竟一涉新闻纸之言动，是否即可不受刑法之处分而灭却一切？实有应请明白解释之必要。又查第十四条所定更正只限"登载之事项"，若新闻纸于评论及类似批评之文字中有所诋毁论列，是否亦可援引十四条而只负更正之责任，请求明示。

（六）关于第六章之罚则，县政府是否可以径自执行，抑须预为请示省政府？

（七）关于第五、六章之行政处分及罚则，如县政府必须先为请示省政府然后处分执行，则在此往返呈请核示期间，若该新闻纸已自知其必停刊而利用此时间益肆为轶出范围或违返〔反〕《出版法》之言论与纪载，则当地之县政府有无可以救济或制止之方法？

以上七者，皆所迟疑审慎未敢遽为决定者，深恐稍一不谨，不被摧残舆论之恶名即将受放任恶化之罪咎。实缘迩来反动分子思所以暗布主义者几于无微不至，如右倾普罗各派，皆利用文字散布于各种刊物——尤其新闻纸——中，以冀于不知不觉中灌注思想于民众，期成普遍的恶化。文字则表面上又不显露若何激烈之语句，若欲摘其一二单句以绳其罪，则又圆滑两可，转以执法者为深文周纳，讽为违法。此实今日最大之隐患，似较据地顽抗之匪可用武力摧灭者尤难消除。复以各都市新闻既有检查机关，难于混过，而《出版法》所指定之执行机关亦近在咫尺，不敢轻于尝试，颇闻以转移方向致力于内地，作下层之宣传。以各县政府在《出版法》上明白赋予之权实微之又微之故，无论基金之有无、社址之定否，觅得三五同志，暗向省府为一纸之声陈，十五日后遂自行出版，俨然"无冕皇帝"，遂自谓其言动，除《出版法》外已不受任何法律之裁处矣。

对于施政果作正当之建议、公正之批评，亦何尝不足引为借镜？而彼辈既意有所归，乃故作讥诮诋毁轻薄之词，使行政者失其尊严，直接令失民众之信仰，间接即堕政府之威信。欲加以纠正，彼又知县府无权，必须经过请示之步骤，益肆其锋，使受侮者无可救止。若再拼其已将停版之余息，作越轨之宣传，行政机关亦只有徒唤奈何，无能制止，迨请示之裁决已下，彼辈或早闻风远避。印刷系属代印，社址及个人住所皆出于租赁，欲求追查已难于为力，稍缓时日又易别号，再拟"报"名，一纸声请书发出，依然又复出版，此实内地处理新闻事业最感困难之一点。即如最近《徐州晚报》一案，以其纪载言论实有未妥，故于奉查登记表即陈述其不可，私意不久或即奉令不准其登记，故一切均予宽容。出版之始尚按送报，后即置不再送（因彼知县府不能径予处分），并肆为诽诋。及奉到钧府第一三一九号指令，于十一月一日依法令其休刊，不意翌日仍依旧悍然出版，并向县府喧闹。以依法办理之件尚且如是，若出县府之意径予制止，则其情形可以揣想。

徐州刻下已有大小报纸八九种之多，闻近日呈请继续出版者尚有二三种，在筹办中者更多，《出版法》第十条所规定之二、三、四各款普通人违反者甚少，只登记之初，临时赁得一二间住所即无甚不合，一经出版即管理为难。徐属久称匪区，近来尤为赤匪注意，时思利用，迭有破获，尚恐未尽。设者〔有〕不良分子混入新闻界中，希冀以文字暗输其主义，而江北一带民众知识本较闭陋简单，若假以时日，则浸润无形，其贻患将来殆有不堪设想者。心所谓危，不敢缄默，仅不避所〔琐〕屑，缕述经过之困难，以期未来之补救。伏乞明示方针，不胜万幸。

谨呈江苏省政府主席陈、江苏省民政厅厅长辜

铜山县县长　佘念慈

（津 J25－3－54）

813. 天津市政府为奉省政府令准内政部咨送《取缔发售业经查禁出版品办法》事训令社会局（附《取缔发售业经查禁出版品办法》）

1934 年 8 月 2 日

令社会局：

案奉河北省政府第五一七七号训令内开：案准内政部警字第一四五八号咨开：案查《取缔发售业经查禁出版品办法》经由本部拟具办法草案，呈请行政院鉴核在案。兹奉行政院第一八九七号指令略开：据呈为拟具《取缔发售业经查禁出版品办法》呈请鉴核一案，经提出本院第一六六次会议决议通过，准予备案，仰即遵照。此令。等因。奉此，相应抄同前项办法咨请查照，并转饬所属一体知照。等因。准此，除分行外，合行抄发原办法，令仰该市政府知照，并转饬知照。此令。等因。计抄发《取缔发售业经查禁出版品办法》一份。奉此，除分行外，合行抄同原办法，令仰该局知照。

此令

附抄《取缔发售业经查禁出版品办法》一份

市长　王韬

取缔发售业经查禁出版品办法

第一条　凡取缔发售业经中央通行查禁之出版品，应依本办法行之。

第二条　各地主管行政机关如据报告或发觉有前项出版品发售时，应即警告该发售处所，禁止其发售。

第三条　该发售处所按得前项警告后，如仍发售该项出版品，应由当地主管行政机关转行警察机关，从速依法扣押其出版品。

第四条　曾受前条处分之发售处所，再发售同前之出版品，应由当地主管行政机关转行警察机关，依法拘罚该发售处所之负责人。

第五条　执行警告须以书面行之。

第六条　执行检查、扣押或拘罚须出示证明文件，否则该发售人得扭送警察机关依法处理。

第七条　本办法自呈准公布之日施行。

（津 J25 - 3 - 54）

814. 上海市教育局为转发《取缔发售业经查禁出版品办法》事训令上海市书业同业公会

1934 年 8 月 3 日

令上海市书业同业公会:

案奉市政府第一〇三八六号训令内开：案准内政部警字第一四五八号咨开：案查《取缔发售业经查禁出版品办法》，经由本部拟具办法草案，呈请行政院鉴核在案。兹又奉行政院第一八九七号指令略开：据呈为拟具《取缔发售业经查禁出版品办法》呈请鉴核一案，经提出本院第一六六次会议决议通过，准予备案，仰即遵照。此令。等因。奉此，相应抄函前项办法咨请查照，并转饬所属一体知照。等由。并附件。准此，除分令外，合行抄发原附件令仰该局知照，并转饬本市书业同业公会知照。此令。等因。计抄发《取缔发售业经查禁出版品办法》一份。奉此，除登《晨报》公告外，合行抄发原办法一份，令仰该会知照，并转行知照。

此令

计抄发原抄《取缔发售业经查禁出版品办法》一份

局长　潘公展

取缔发售业经查禁出版品办法

第一条　凡取缔发售业经中央通行查禁之出版品，应依本办法行之。

第二条　各地主管行政机关如据报告或发觉有前项出版品发售时，应即警告该发售处所，禁止其发售。

第三条　该发售处所接得前项警告后，如仍发售该项出版品，应由当地主管行政机关转行警察机关，从速依法扣押其出版品。

第四条　曾受前条处分之发售处所，再发售同前之出版品，应由当地主管行政机关转行警察机关，依法拘罚该发售处所之负责人。

第五条　执行警告须以书面行之。

第六条　执行检查、扣押或拘罚须出示证明文件，否则该发售人得扭送警察机关依法处理。

第七条　本办法自呈准公布之日施行。

（沪 S313－1－142）

815. 中国国民党上海特别市执行委员会为禁止播放淫曲禁止印售淫邪图书事训令书业同业公会

1934 年 10 月 5 日

令书业同业公会：

为令遵事。案准中央执行委员会宣传委员会公函第四九一五号内开：准新生活运动促进总会函开：顷接湖北省新生活运动促进会呈称，窃查播音台之播放音乐、戏曲，原为增进人民常识，提倡正当娱乐，其意至善。乃一般不肖之徒竟迎合下层社会心理，播放淫词艳曲，淆乱视听，遗羞社会，莫此为甚。又查市井小贩迎合儿童心理，绘画多种神怪邪淫小说贩卖于僻街陋巷之间，儿童脑筋稚弱，争相购买，诲盗诲淫，为害尤烈，当兹厉行新运之际，均应严加取缔，以正风纪。兹经本会第四次干事会议议决，呈请钧会鉴核转函政府，对于全国各播音台应严加检查，凡属淫词艳曲，一概不准播放。对于各省市之书肆小贩之绘图神怪邪淫小说，应严予取缔，违者重惩，以免流毒社会，为害青年，实为公便。等由。准此，查淫曲邪书确属有碍风化，当兹厉行新运之际，尤应从严取缔。兹准前由，相应函达，即希查照办理。等因。准此，查播送淫曲，印售邪淫图书，均应严禁，以符厉行新生活运动之旨意。除分函外，用特函请贵部查照，从严取缔为荷。等由。准此，除函交通部国际电信局严禁各广播、无线电台播送淫曲并函复外，合亟令仰该会遵照严饬所属各会员书店不得印售淫邪图书，以维风化，毋得玩忽。切切。

　　此令

常务委员　吴醒亚、潘公展、童行白

（沪 S313－1－148）

816. 上海市社会局职员陆东亚为鉴核审查上海市社会局审查新闻纸办法事签呈张科长、潘局长文

1936 年 10 月 27 日

窃查《上海市取缔报纸登载诲淫及不良广告暂行规则（草案）》，业经局务会议修正

通过在案。兹又拟定《上海市社会局审查新闻纸办法》即便笺函稿，及大小日夜报调查表、大小日夜报广告或文字审查表各一份，以便施行。是否有当，仰祈鉴核示遵。

　　谨呈科长张转呈局长潘

职　陆东亚签呈

上海市社会局审查新闻纸办法

　　一、上海市社会局审查中外大小日报登载诲淫及不良广告或文字时，适用本办法。

　　二、本局施行报纸广告及文字之审查，其程序如左：

　　（一）制定大小报调查表，函请各报馆自行填送到局，以资参考；

　　（二）派员密查未经声请主管官署登记之大小日报及晚报负责人及其发行地点，以便取缔；

　　（三）派员尽量搜集现在市面销售之各种报纸，并将其所登有关风化及不良之广告与文字，加以分类统计；

　　（四）制定大小报广告及文字审查表，交由审查人依式填报，以凭核办；

　　（五）由审查人员逐日将大小报中所登载之诲淫及不良广告或文字，加以剪贴，并下评语，以凭取缔；

　　（六）凡有时间性必须于当日处理者，应即随时签请局长核定，致函各该报馆请分别注意纠正，同时函请新闻检查所协助纠正；

　　（七）凡性质比较重要，必须请示者，则将原广告或文字连同审查人意见，呈请局长核示办理。

　　三、大小报如有登载诲淫及不良广告或文字，则依据《出版法》《修正新闻检查标准》《上海市取缔［报纸杂志登载］诲淫及不良广告暂行规则》办理。

　　四、本办法自呈奉局长核准后施行。

　　查　　年　　月　　日，贵报第　　张第　　版　　登有（广告、图画或文字）一（则、幅或篇），核与《出版法》第　　条第　　项及《上海市取缔报纸杂志登载诲淫及不良广告暂行规则》第　　条第　　项不合，相应函请贵报馆自明日（　　月　　日）起，将前项（广告、图画或文字）停止登载，是为至要。

　　此致　　报馆

　　附原登　　一件

启
年　　月　　日

查　　年　　月　　日,本市　　报第　　期第　　版　　登有图画、广告、文字一则，核与《出版法》第　　条第　　项及《上海市取缔报纸杂志登载诲淫及不良广告暂行规则》第　　条第　　项不合，除函请该报馆自　　月　　日起将该项广告拒绝刊载外，相应函请贵所协助办理，至纫公谊。

　　此致上海市新闻检查所

年　　月　　日

报纸广告或文字审查表

1	报纸名称	
2	广告或文字内容	
3	发行日期	
4	登载版次	
5	审查意见	
6	备　　考	

报纸调查表

1. 报纸名称						
2. 报馆地址				电话		
3. 经理人姓名			发行部主任		广告部主任	
4. 编辑人姓名	总编辑		本埠新闻编辑		副刊编辑	
	总主笔		外埠新闻编辑			
	国内电讯编辑		经济新闻编辑			
	国际电讯编辑		教育新闻编辑			
5. 开办年月						
6. 登记年月	中宣部					
	内政部					
7. 登记证号数	中宣部					
	内政部					
8. 资本总额						
9. 每日出版张数						
10. 每日行销数量						
11. 推销地点						

12. 售价	全年	
	按月	
	每份	
13. 登载广告收入		
14. 备考		

年　月　日　　填表人

（沪 Q6－18－285）

817. 上海市公安局、社会局为出版刊物应依法声请登记事训令书业同业公会（附上海市书业同业公会通告）

1936 年 12 月 11 日

令书业同业公会：

　　案奉市政府第二一〇八八号训令内开：案准内政部警廿四 2 廿五年十一月二日发〇〇六四五四号咨开：案准中央宣传部二十年十月二十四日诚字第三五一三号函开：查新闻纸杂志之发行，依照《出版法》第七条第一项之规定，应于首次发行期十五日前声请登记，不为第七条之声请登记者，应受同法第二十二条及第二十七条之处分。乃近来各地出版之刊物，多未切实遵照上述规定办理，殊有未合。除函各省市党部随时检查当地出版品，转饬切实遵照办理外，请查照转咨各省市政府切实检查当地出版品是否依法声请登记，并饬遵照法定手续办理。等因到部。除分别咨令并函复外，相应咨请查照办理见复为荷。等因。准此，除分令公安局外，合行令仰该局会同查核办理具报，以凭转复。此令。等因。奉此，除登报公告外，合行令仰该会知照，迅即转饬各书局一体遵照办理，是为至要。

　　此令

局长　蔡劲军
局长　潘公展

上海市书业同业公会通告二二七号为出版物应申请登记由

　　案奉上海市社会局海字第三九二八号训令内开：案奉市政府第二一〇八八号训令内开：案准内政部警廿四 2 廿五年十一月二日发〇〇六四五四号咨开：案准中央宣传部二

十年十月二十四日诚字第三五一三号函开：查新闻纸杂志之发行，依照《出版法》第七条第一项之规定，应于首次发行期十五日前声请登记，不为第七条之声请登记者，应受同法第二十二条及二十七条之处分。乃近来各地出版之刊物，多未切实遵照上述规定办理，殊有未合。除函各省市党部随时检查当地出版品，转饬切实遵照办理外，请查照转咨各省市政府切实检查当地出版品是否依法声请登记，并饬遵照法定手续办理。等因到部。除分别咨令并函复外，相应咨请查照办理见复为荷。等因。准此，除分令公安局外，合行令仰该局会同查核办理具报，以凭转复。此令。等因。奉此，除登报公告外，合行令仰该会知照，迅即转饬各书局一体遵照办理，是为至要。此令。等因。奉此，相应饬令奉达，即希查照办理为荷。

　　此致

上海市书业同业公会

十二月廿三日

（沪 S313‐1‐142）

818. 上海市书业同业公会通告第二五四号为新闻杂志应照章登记由

1937 年 2 月 1 日

　　案奉上海市社会局海字第三九二八号训令内开：奉市政府第二一〇八八号训令内开：案准内政部警廿四 2 廿五年十一月二日发〇〇六四五四号咨开：案准中央宣传部二十年十月二十四日诚字第三五一三号函开：查新闻纸杂志之发行，依照《出版法》第七条第一项之规定，应于首次发行期十五日前声请登记，不为第七条之声请登记者，应受同法第二十二条及二十七条之处分。乃近来各地出版之刊物，多未切实遵照上述规定办理，殊有未合。除函各省市党部随时检查当地出版品，转饬切实遵照办理外，请查照转咨各省市政府切实检查当地出版品是否依法声请登记，并饬遵照法定手续办理。等因到部。除分别咨令并函复外，相应咨请查照办理见复为荷。等因。准此，除分令公安局外，合行令仰该局会同查核办理具报，以凭转复。此令。等因。奉此，除登报公告外，合行令仰该会知照，迅即转饬各书局一体遵照办理，是为至要。此令。等因。奉此，相应录令通告，即希查照办理为荷。

　　此致

（沪 S313‐1‐142）

819. 上海市书业同业公会通告第二五五号密为新闻纸及
杂志不声请登记应予取缔由

1937年2月2日

案奉上海市社会局市字一一二六号密令内开：案奉市府第五四四九号密令内开：案准内政部警第七八三一号密咨开：案准中央宣传部二十五年十二月二十二日齐字第六九五号密函：查近来反动刊物每有发见，为正本清源计，除由本部分令严密查扣外，并拟（一）新闻纸或杂志之发行应饬依照《出版法》第七条之规定办理，在未领到登记证前，发行者应于出版品名称之上下或左右刊明"本社已遵检，某月某日呈请登记"字样，以资识别而便审核。（二）凡新闻纸或杂志不依照《出版法》第七条及二十八条之规定办理者，应转行各省市政府依照《出版法》第二十二条之规定办理，借以防杜反动刊物之印发，请查照办理。等由。准此，查原函第一项规定早经本部通行办理有案，只以阅时既久，新闻纸或杂志之发行者多有未经遵办，致正当刊物与反动刊物不易识别，审核极感困难。至第二项规定，原属省市政府应有之职权，值此国家多难之秋，对于未经声请登记之新闻纸类，自应依法从严取缔，以重法令而杜流弊。准函前因，除分行并函复外，相应咨请查照办理见复为荷。等由。准此，除分令外，合行令仰该局查照办理具报。此令。等因。奉此，除分行外，合亟令仰该公会迅即转饬各会员一体知照，嗣后发行新闻纸或杂志如不遵照上项规定办理，本局当依法从严取缔，仰即遵照，毋违。此令。等因。奉此，相应录令通告，即希查照办理为要。

此致

(沪 S313‐1‐142)

820. 上海市政府为撤销新闻纸杂志审查委员会事训令上海市社会局

1937年5月7日

令社会局：

查关于新闻纸杂志之审查登记事项，嗣后改由本府秘书处第二科宣传股直接办理，所有新闻纸杂志审查委员会应即撤销。除分令外，合行令仰知照。

此令

代理市长　俞鸿钧

(沪 Q6‐18‐285)

821. 中国国民党上海特别市执行委员会为查禁解禁书刊
程序事致上海市社会局函

1937 年 6 月 10 日

径启者：查各种反动书刊、广告之查禁、解禁应由本会转知新闻检查所执行，历经照办在案。近以贵局对于书刊之查禁、解禁，事前未能与本会取得联络，单独函知该所执行，事实上每难一致，而该所亦颇有依违两难之苦。兹为避免此项情形起见，此后关于本市书刊、广告之查禁、解禁，统由本会负责处置，以免纷歧。如行政机关认为某种书刊应予解禁或查禁，务先通知本会，再由本会转知新闻检查所执行，俾一事权。除分函外，相应函达，至希查照办理为荷。

此致上海市社会局

常务委员　陶百川、潘公展、童行白

（沪 Q6－18－289）

822. 上海市政府为规范各报刊刊载登记信息事训令上海市社会局

1937 年 7 月 2 日

令社会局：

案准内政部警廿四 2 廿六年五月廿七日发○○三七六四号咨内开：案准中央宣传部二十六年五月十五日诚字第五八一九号函开：查各省市发行之报纸、通讯稿，其将登记证字号，发行人及编辑人之姓名，发行年月日，发行所、印刷所之名称及所在地刊载明白者固属多数，其遗漏、错误者亦复不少，相应函请贵部查照转咨各省市政府分饬各社注意。等由。准此，除函复并分行外，相应咨请查照转饬各报社、通讯社注意为荷。等由。准此，合行令仰该局即便遵照转饬各报社、通讯社注意为要。

此令

俞鸿钧

（沪 Q6－18－289）

823. 上海市社会局职员周寒梅为组织非常时期新闻纸杂志审查委员会事签呈潘秘书、潘局长文

1937 年 9 月 12 日

窃查《修正出版法》，业经国府明令公布，所有办理登记事宜，依法由本局主管，由内政部作最后之决定，所有中宣部及各地党部完全成为幕后指挥之机关，并不负正面之责任。该项《修正出版法》之案卷，业已归档，复印之本，因沪战关系，迄未印竣，但职处有报纸剪贴，刻已油印，明日即可印竣呈阅。值兹非常时期，刊物登记审查事宜，颇关重大，倘由本局单独负责，不独与本市各有关系机关缺少联系，即办事宜亦必感到不便。职因于今晨九时访晤市府宣传股主任朱维瑶先生，商定之原则如次：

一、组织一非常时期新闻纸杂志审查委员会办理登记及审查事宜。

二、该会系秘密性质，对外对内均不行文，登记及审查结果之行政事宜，仍依照《出版法》规定手续核办。

三、该会组成之机关如次：

甲、市党部；乙、市政府；丙、社会局；丁、警察局；戊、戒严司令部；己、新闻检查所。

右列六机关，各派代表一人，为该会审查委员，另设审查员若干人，由各机关指派之。

四、该会每星期开常会二次，将市上所有刊物（约有十种）分配审查，并于会议席间公开报告。

五、该会每月经常费二百元，作为购置刊物及车费之用，由市府核拨之。

六、审查标准除由本局拟定后，提请委员会核议外，应随时请示中宣部暨内政部核示办理。

右列六项办法，除由朱维瑶君签请市长核示外，理合备文报告，仰祈鉴核祗遵，实为公便。

谨呈秘书潘转呈局长潘

职　周寒梅谨签

（沪 Q6－18－285）

824. 上海市社会局为组织非常时期新闻纸杂志审查委员会事密呈上海市政府文

1937 年 9 月 14 日

窃查《修正出版法》，业奉明令公布，所有新闻纸与杂志之登记事宜，依法由本局主管，自应当遵照办理。仅值兹非常时期，工作进行必较困难与繁重，本市各党各派之文化人均出版日报或期刊，对于抗战论调，尚属一致，但对于中央之国策，必难深切了解，且恐不能完全遵行，故办理登记时之调查工作，固属重要，而经常之审查，亦断不能稍加松懈。为此因拟联合本市党政机关组织本市非常时期新闻纸杂志审查委员会，以收通力合作、密切联系之效。此项委员会系秘密性质，专负新闻纸杂志之调查及审核工作，对外仍依照《修正出版法》之规定，由本局主持办理。兹谨拟具该委员会组织规则乙份，及经费预算乙份，仰祈鉴核，并恳迅予批示，俾便遵行，实为公便。

谨呈市长俞

附呈本市非常时期新闻纸杂志审查委员会组织规则乙份、经费预算乙份

社会局局长　潘〇〇

本市非常时期新闻纸杂志审查委员会组织规则

第一条　本委员会系秘密性质，对外并不公开，协助本市办理出版物登记事宜之主管官署，专负调查及审核工作。

第二条　本委员会由左列六机关各指派代表一人或二人组织之，均为义务职：

甲、市政府；乙、市党部；丙、社会局；丁、警察局；戊、淞沪戒严司令部；己、新闻检查所。

第三条　本委员会设常务委员三人，委员会中互推之。

第四条　本委员会为办事便利起见，分设左列三股：

甲、总务股；乙、审核股；丙、调查股。

第五条　各股设主任一人，干事若干人，主任由委员兼任之，干事由参加之各机关职员中调派之。

第六条　本委员会每星期举行常会两次，会议结果由各出席代表分别呈报各主管机关备核。

第七条　本委员会之经常费，由市政府拨给之。

第八条　本规则由市政府核准后密行之。

本市非常时期新闻纸杂志审查委员会每月经费预算

甲、办公费

一、车费　五十元

二、杂费　五十元

乙、购置费

一、刊物　六十元

二、新闻纸　四十元

共计二百元

（沪 Q6－18－285）

825. 上海市社会局职员为拟定上海市新闻纸杂志及书籍
用纸节约办法等事签呈领导文

1937 年 9 月 15 日

审查意见

（一）上海市新闻纸杂志及书籍用纸节约办法

1. 第七条似可删，条文性质为审查其内容是否合式与否，非为节约本身规定。

2. 第二条杂志为发展文化之刊物，似不宜加以数额之限制，盖此项节约办法，系求纸张之节约，并非限制文化之发展，各国文明程度多由杂志、书籍□□为衡，杂志似不宜限制数量。

（二）上海市不正当娱乐取缔办法

1. 第五条如庙会系宗教性之集会，龙舟为纪念先贤之有意义时令游乐行为，其他灯会等亦均有时令意义。业余农暇，庆欢令节正有鼓舞民众欢娱之意，似未可视为不正当娱乐。

当否，谨候钧裁。

职　夏庚宇谨签

（沪 Q6－13－619）

826. 上海市政府为组织非常时期新闻纸杂志审查
委员会事指令上海市社会局

1937 年 9 月 18 日

为拟联合党政机关组织本市非常时期新闻纸杂志审查委员会，拟具组织规则及经费预算书，仰祈鉴核示遵由。呈件均悉。即由该局主持办理，至经费一项，准予每月核拨一百元，仰即另拟预算书呈核可也。

此令

件存

市长　俞鸿钧

（沪 Q6－18－285）

827. 上海市社会局为非常时期新闻纸杂志审查委员会经费预算等事
密呈上海市政府文暨致上海市党部等密函

1937 年 9 月 19 日

案奉钧府特字第一〇四三号指令略开：本市非常时期新闻纸杂志审查委员会即由该局主持办理，至经费一项，准予每月核拨一百元，仰即另拟预算书呈核。等因。奉此，兹谨另拟预算书一份，仰祈鉴核。再前呈奉市非常时期新闻纸杂志审查委员会组织规则第三条之文，拟修正为"本委员会设常务委员三人，由委员会中互推之"，该委员会规则敬祈准予备案。按照该项规则第二条之规定，拟请钧府核派代表一人或二人，为该会委员，并祈核示祗遵。

谨呈市长俞

附呈本市非常时期新闻纸杂志审查委员会经费预算书一份

社会局局长　潘〇〇

案查淞沪抗战开始后，本市文化人纷纷出版日报或期刊，关于登记审查事宜，亟待妥慎办理。本局为谋本市党政机关通力合作起见，呈准市府组织本市非常时期新闻纸杂志审查委员会，所有登记审查工作，概归该委员会秘密办理，对外行政事项，仍按照《修正出版法》之规定由本局行文。兹检奉该委员会组织规则一份，即希察核，并请指派代表一人或二人为该委员会委员，相应密达，即希查照办理为荷。

此致中国国民党上海特别市执行委员会、警察局、淞沪戒严司令部、新闻检查所

附本市非常时期新闻纸杂志审查委员会组织规则一份〈佚〉

局长　潘○○

上海市社会局经常费支出预算书

科　　目	支出预算数	备　考
第一款本市非常时期新闻杂志审查委员会经费	一○○○○	
第一项购置费	六○○○	
第一目报纸	三○○○	
第二目杂志	三○○○	
第二项办公费	四○○○	
第一目文具	五○○	
第二目旅途费	三○○○	
第三目杂支	五○○	

（沪 Q6 - 18 - 285）

828. 上海市社会局职员周寒梅为指派非常时期新闻纸杂志审查委员会委员事签呈领导文

1937 年 9 月 19 日

窃查本市非常时期新闻纸杂志审查委员会组织规则业已呈准市府，并经令饬由本局主持办理。所有经费预算，亦已按月准拨一百元。按照该会组织规则第二条之规定，应由本局指派代表二人，为该委员会委员，仰祈核派，俾便进行。

谨呈主任蒋、周转呈秘书潘、局长潘

职　周寒梅谨签

（沪 Q6 - 18 - 285）

829. 上海市党部为指派非常时期新闻纸杂志审查委员会
委员事致上海市社会局函

1937 年 9 月 20 日

　　径密复者：案准贵局密函特字第六八五号略开：为组织本市非常时期新闻杂志审查委员会，希查照指派代表为该会委员。等由。准此，兹派本会职员朱敦春代表参加该审委会组织，相应密函奉复，即希查照为荷。

　　此致上海市社会局

常务委员　童行白、潘公展、姜怀素

（沪 Q6 - 18 - 285）

830. 上海市社会局为指派非常时期新闻纸杂志审查委员会
委员事密令周寒梅、黄敬斋

1937 年 9 月 21 日

令周寒梅、黄敬斋（分缮）：

　　兹派该员为本市非常时期新闻纸杂志审查委员会委员。

　　此令

局长　潘○○

（沪 Q6 - 18 - 285）

831. 上海市政府为核准非常时期新闻纸杂志审查委员会
经费预算书等事指令上海市社会局

1937 年 9 月 22 日

令社会局：

　　特字第六八五号密呈，为遵令呈送本市非常时期新闻纸杂志审委会经费预算书，并请核派委员由。呈暨预算书均悉。应予照准，仰候令财政局遵照核拨。至该委员会本府委员，即由该局长代表，并仰遵照。

　　此令

件存

市长　俞鸿钧

（沪 Q6 - 18 - 285）

832. 上海新闻检察所为指派非常时期新闻纸杂志审查委员会
委员事致上海市社会局函

1937 年 9 月 22 日

案准贵局特字第六八五号密函：略以组织本市非常时期新闻纸杂志审查委员会，请指派代表为该委员会委员。等由。准此，本所准由主任陈克成、副主任陈训惫二人为代表，相应函达，即希查照为荷。

此致上海市社会局

上海新闻检查所启

（沪 Q6 - 18 - 285）

833. 上海市警察局为指派非常时期新闻纸杂志审查委员会
委员事复上海市社会局密函

1937 年 9 月 27 日

案准贵局特字第六八五号密函：以办理登记审查日报或期刊事宜，为谋本市党政机关通力合作起见，呈准市政府组织本市非常时期新闻纸杂志审查委员会，检送该会组织规则一份，嘱指派代表一人或二人为该委员会委员。等由。并附件。准此，除派本局职员金杰臣为该会委员代表出席外，相应函复，即请查照为荷。

此致社会局

局长　蔡劲军

（沪 Q6 - 18 - 285）

834. 上海市社会局为召开非常时期新闻纸杂志审查委员会
第一次会议事致朱敦春等人笺函

1937 年 9 月 27 日

径启者：兹定于九月卅日上午九时，假座辣斐德路五百号中国文化建设协会会议室举行本市非常时期新闻纸杂志审查委员会第一次会议，函希准时出席，共襄进行为要。

此致朱敦春先生、潘公展先生、陈克成先生、陈训念先生、周寒梅先生、黄敬斋先生

（局戳）启

（沪 Q6－18－285）

835. 上海市社会局为召开非常时期新闻纸杂志审查委员会
第一次会议事致淞沪戒严司令部及上海市警察局函

1937 年 9 月 27 日

查本市非常时期新闻纸杂志审查委员会业经市府核准设立，并经函请贵部、贵局派员参加在案。兹定于九月卅日上午九时，假座辣斐德路五百号中国文化建设协会会议室举行第一次会议，函希推派代表一人或二人为该项委员会委员，并请准时出席为荷。

此致淞沪戒严司令部、警察局

局长　潘○○

（沪 Q6－18－285）

836. 淞沪警备司令部为派员参加非常时期新闻纸杂志审查委员会
第一次会议事致上海市社会局函

1937 年 10 月 2 日

案准贵局二十六年九月二十七日特字第八七八号公函开：查本市非常时期新闻纸杂志审查委员会，业经市府核准设立，并经函请贵部派员参加在案。兹定于九月三十日上午九时，假座辣斐德路五百号中国文化建设协会会议室举行第一次会议，至希推派代表一人或二人为该项委员会委员，并请准时出席为荷。等由。准此，兹派本部陈秘书巨来前往参加，相应函达，即希查照为荷。

此致上海市社会局

司令　杨虎

（沪 Q6－18－285）

837. 上海市社会局为报送非常时期新闻纸杂志审查委员会第一次会议情况事呈上海市政府文暨致潘公展等笺函

1937 年 10 月 3 日

案查上海市新闻纸杂志登记审查事宜，本局正依法积极进行中，并组织上海市非常时期新闻纸杂志审查委员会，所有组织规则，业经呈报钧府鉴核并奉指令在案。兹据该委员会第一次会议议决，该会组织规则第三条原文为"本委员会设常务要员三人，由委员会中互推之"，拟请修正为"本委员会设主任委员一人，由委员会中互推之"。又据议决，在《修正出版法》未公布前所有新闻纸杂志登记案卷，应呈请市府克日发下，俾便整理。等语。理合一并呈报钧府，仰祈鉴核备案，并将有关新闻纸杂志之声请登记案卷，全部发下，以利进行，实为公便。

谨呈市长俞

附呈新闻纸杂志审查委员会第一次会议记录一份

社会局局长　潘○○

兹检奉本市非常时期新闻纸杂志审查委员会第一次会议记录一份，即希查照为荷。

此致潘主任委员公展、陈委员克成（新闻检查所）、陈委员训念（新闻检查所）、朱委员敩春（市党部）、黄委员敬斋、金委员杰臣（警察局）、周委员寒梅、上海市戒严司令部、蒋科长建白、潘秘书忠甲

（局戳）启

本市非常时期新闻纸杂志审查委员会首次会议

时间：九月卅日上午九时

地点：教育组

出席委员：陈克成（陈签代）、陈训念、周寒梅、朱敩春（周代）、黄敬斋、潘公展（蒋代）、蒋建白、主席潘局长（蒋科长代）

记录：陈东白

一、行礼如仪

二、主席报告

三、周委员寒梅报告

四、讨论事项

甲　依照本会组织规则设常务委员三人，应如何分配案

议决：修正原定规则，常务委员三人改设主任委员一人，并推潘局长为主任委员。

乙　各股工作应如何分担案

议决：总务股周寒梅，审核股陈克成、陈训念、黄敬斋，调查股朱敩春、金杰臣、司令部代表。

丙　本会为工作便利起见，应设秘书一人，干事若干人案

议决：聘请陈东白为本会秘书，各股干事由担任股主任之各机关调派之。

丁　在《修正出版法》未公布前，所有新闻纸杂志登记案卷应如何整理案

议决：请社会局呈请市政府将过去有关新闻纸杂志声请登记案卷发下，以便整理，并限于十日内办竣。

戊　请社会局公告，凡本市各新闻纸杂志一律于五日内呈送本会审查一案

议决：通过。

己　确定审查办法案

议决：本会于收到声请登记一表后，由总务股即日送调查股，于五日内调查完竣后迁送审核股，于三日内审查完竣送总务股，召开会议复核或先由主任委员核定后提会追认。

庚　总务、审核、调查三股应制定表格以便工作案

议决：统由总务股拟定。

辛　确定审查标准案

议决：推周寒梅、陈训念、黄敬斋三委员会同拟订。

壬　确定会址案

议决：暂设社会局教育组。

潘公展（蒋建白代）

（沪 Q6 - 18 - 285）

838. 上海市政府为非常时期新闻纸杂志审查委员会第一次会议
记录准予备案事指令上海市社会局

1937 年 10 月 6 日

令社会局：

特字第一〇三九号密呈一件，为呈送非常时期新闻纸杂志审查委员会第一次会议录由。呈件均悉。应准备案。至关于《修正出版法》未公布前所有新闻纸杂志登记案卷，因沪战突起，大都散失，无从检发，并仰知照。

此令

件存

市长　俞鸿钧

（沪 Q6‑18‑285）

839. 伪行政部为修正《出版法》议决通过并遵照办理事致伪
天津特别市公署函（附《出版法》）

1938 年 7 月 25 日

径启者：承准行政委员会函开：查五月五日本会第三十五次会议法部提出，《出版法》草案由各部签注意见后再提会讨论。当经分函各部签注去后，嗣准先后签注送会，复经六月十六日本会第四十七次提请公决，议决由行政部、教育部、法部会同整理，再行提出。等因。复分函接洽办理在案。旋准法部整理送会，提交六月二十七日本会第五十次会议，当经议决：本案第八条第一款"一、行政部"下加第二款"二、教育部"，以下各款递推，余照原案通过，送议政委员会审议。兹准议政委员会函复：本案于七月二日经本会第二十六次会议议决，照修正案通过。等因。业于七月十四日奉明令公布。除分函外，相应函达查照。等因到部。除本法施行细则由部另订续颁并分行外，相应检同《出版法》一册，函达贵公署查照转饬遵照办理为荷。

此致天津特别市公署

附《出版法》一册

总长　王克敏

出版法

中华民国二十七年七月十五日公布

第一章　总则

第一条　凡以机械、化学或其他任何方法所印制而供出售或散布之文书图画，均为出版品。

以出售或散布之目的而以机器收音复制之音片，视为出版品。

第二条　出版品分左列三种：

一、新闻纸：指用一定名称，其刊期每日或隔六日以下之期间继续发行者；

二、杂志：指用一定名称，其刊期每星期或隔三月以下之期间继续发行者，但其内容以登载时事为主者仍视为新闻纸；

三、书籍及其他出版品：凡前二款以外之一切出版品均属之。

新闻纸或杂志之号外或增刊、副刊等视为新闻纸或杂志。

第三条　主办出版品之人为发行人。

第四条　著作文书图画之人为著作人。

笔记他人之演述登载于出版品或令人登载之者，其笔记之人视为著作人，但演述人予以承诺者，应同负著作人之责任。

编纂著作物之人视为著作人，但原著人予以承诺者，应同负著作人之责任。翻译著作物之人视为著作人。

以学校、公司、会所或其他团体名义著作之出版品，其学校、公司、会所或其他团体之代表人视为著作人。

新闻纸登载之广告、启事以委托登载人为著作人，如委托登载人不明或无负民事责任之能力者，以发行人为著作人。

以机器收音复制音片之收音人视为著作人，但发音人应同负著作人之责任。

第五条　掌管编辑新闻纸或杂志之人为编辑人。

第六条　代表印刷所之人为印刷人。

第七条　本法称地方主管官署者，在省为县公署或市公署，在特别市为警察局。

第八条　出版品于发行时，应由发行人分别呈缴左列机关各一份，改订增删原有之出版品而为发行者亦同：

一、行政部；

二、教育部；

三、省公署或特别市公署；

四、地方主管官署；

五、法部图书室；

六、国立图书馆。

出版品由官署发行者，应依前项规定分别寄送。

第二章　新闻纸及杂志

第九条　为新闻纸及杂志之发行者，应由发行人于首次发行前填具登记声请书，呈由发行所在地之地方主管官署，于十五日内转呈省公署或特别市公署核准后始得发行。

省公署或特别市公署接到前项登记声请书后，除特别情形外，应于四周内核定之，并转请行政部发给登记证，登记声请书应载明之事项如左：

一、新闻纸或杂志之名称；

二、社务组织；

三、资本数目及经济状况；

四、刊期，发行新闻纸者并应载明其版数；

五、发行所及印刷所之名称及所在地。

六、发行人及编辑人之姓名、年龄、经历及住所。其各版之编辑人互异者，并各该版编辑人之姓名、年龄及住所。

新闻纸或杂志在本法施行前已开始发行者，应于本法施行后二个月内声请为前项之登记。

第十条　前条所定应声请登记之事项有变更者，其发行人应于变更后七日内，按照登记时之程序声请变更登记。

前项变更登记之声请，如系变更新闻纸或杂志之名称或发行人者，应附缴原领登记证，按照前条之规定重行登记。

第十一条　前二条登记不收费用。

第十二条　新闻纸中专以发行通讯稿为业者，地方主管官署于必要时得派员检查其社务组织及发行状况。

第十三条　具有左列情形之一者，不得为新闻纸或杂志之发行人或编辑人：

一、国内无住所者；

二、现役军人；

三、未成年人、禁治产人；

四、被处徒刑或一月以上之拘役在执行中者；

五、褫夺公权者。

第十四条　具有左列情形之一者，得禁止其为新闻纸或杂志之发行人或编辑人：

一、因违反第二十一条之规定，受刑事处分者；

二、因诈欺、背信或重利行为，受刑事处分者。

第十五条　新闻纸或杂志废止发行者，原发行人应按照登记时之程序声请注销登记。新闻纸逾所定刊期已满二个月、杂志逾所定刊期已满四个月尚未发行者，视为废止发行。

第十六条　新闻纸或杂志应记载发行人之姓名，登记证号数，发行年月日，发行所、印刷所之名称及所在地。

第十七条　新闻纸或杂志登载之事项，本人或直接关系人请求更正或登载声辩书者，在日刊之新闻纸，应于接到请求后三日内依照更正，或登载声辩书之全部；在其他新闻纸或杂志，应于接到请求后第二次发行前为之。但其更正或辩明书之内容显违法令，或未记明请求人之姓名、住所，或自原登载之日起逾六个月而始行请求者不在此限。

更正或辩明书之登载，其地位及字之大小应与原文记载者相当。

第三章　书籍及其他出版品

第十八条　书籍或其他出版品，应于其末幅或前幅记载著作人、发行人之姓名、住所，发行年月日，发行所、印刷所之名称及所在地。

第十九条　通知书、章程、营业报告书、目录、传单、广告、戏单、秩序单、各种表格、证书、证券及照片不适用第八条之规定。

第二十条　有关政治之传单或标语，非经地方主管官署许可不得印刷发行。

第四章　出版品登载事项之限制

第二十一条　出版品不得为左列事项之登载：

一、意图颠覆政府或损害中华民国利益者；

二、意图煽惑他人而宣传共产主义者；

三、因蔑视国家之制度或政府之行为，明知其事实系属虚诬或附会而竟公然主张之或揭载之者；

四、意图破坏公共秩序者；

五、诋毁外国元首或驻在本国之他国外交官者。

第二十二条　出版品不得为妨害善良风俗之记载。

第二十三条　出版品不得登载禁止公开诉讼事件之辩论。

第二十四条　出版品不得有妨害他人名誉及信用之记载。

第二十五条　战时或遇有事变及其他特殊必要时，得依政府命令，禁止或限制出版品关于政治、军事、外交、财政或地方治安事项之记载。

第二十六条　以广告、启事等方式登载于出版品者，应受前五条规定之限制。

第五章　行政处分

第二十七条　不为第九条之声请登记或就应登记之事项为不实之陈述而发行新闻纸或杂志者，得停止该新闻纸或杂志之发行。不为第十条之声请变更登记而发行新闻纸或杂志者，得于其为合法之声请登记前停止该新闻纸或杂志之发行。

第二十八条　前条所定之处分，其出版品在县公署或省辖市公署所在地发行者，由该县公署或市公署执行，并呈请省公署备案；在省公署或特别市公署所在地发行者，由该省公署或市公署执行，并呈请行政部备案。

第二十九条　行政部认出版品载有第二十一条所列事项之一，或违背第二十五条所禁止或限制之事项者，得指明该事项，禁止出版品之出售或散布，并得于必要时扣押之。

依前项规定扣押之出版品，如经发行人之请求，得于删除该事项之记载或禁令解除时返还之。

第一项所定其情节轻微者，得由地方主管官署呈准该管省公署或特别市公署予以警告，并由该省公署或特别市公署转报行政部。

第三十条　地方主管官署查有前条第一项之出版品，如认为必要时，得暂行禁止该出版品之出售、散布或暂行扣押，同时呈由省公署或特别市公署转报行政部核办。

第三十一条　前条所定处分，其出版品如为新闻纸或杂志，在县公署或市公署所在地发行者，应由该县公署或市公署呈请省公署核办；在省公署或特别市公署所在地发行者，应由该省公署或市公署转报行政部核办。

第三十二条　国外发行之出版品，有应受第二十九条第一项处分之情形者，行政部得禁止其进口。

依前项规定禁止进口之出版品，省公署或特别市公署得于其进口时扣押之。

第三十三条　因新闻纸或杂志所载事项，依第二十九条第一项所定之处分，而其情节重大者，行政部得定期或永久停止其新闻纸或杂志之发行。

违背前项禁止而发行之新闻纸或杂志，地方主管官署应扣押之。

第三十四条　扣押书籍或其他出版品，于必要时得并扣押其底版。

依前项规定扣押之底版，准用第二十九条第二项之规定。

第三十五条　出版品之记载，除有触犯刑法规定应依法办理外，其有违反第二十二条之规定，情形较为重大者，行政部或地方主管官署呈经行政部核准，得禁止其出售、散布，并得于必要时扣押之。

前项出版品如为新闻纸或杂志，并得定期停止其发行。

第三十六条　发行人违反第八条第一项之规定不呈缴出版品者，处三十元以下之罚锾。

第三十七条　发行人不为第九条或第十条之声请登记而发行新闻纸或杂志者，处一百元以下之罚锾。

第三十八条　第十三条所列各款之人或因第十四条各款情形之一而受禁止之人发行

或编辑新闻纸或杂志者，处一百元以下罚镑。

第三十九条　发行人违反第十五条第一项规定者，处二十元以下之罚镑。

第四十条　出版品不为第十六条或第十八条所定之记载或记载不实者，处发行人一百元以下罚镑。

第四十一条　编辑人违反第十七条之规定者，处一百元以下罚镑。

第四十二条　新闻纸因受本章所定之行政处分，向处分机关之上级官署诉愿时，该官署于接受诉愿后，如无特别情形当于十日内予以决定。

第六章　罚则

第四十三条　发行人或印刷人违犯第二十条之规定者，处一百元以下罚金。

第四十四条　违犯第二十一条之规定者，处发行人、编辑人、著作人及印刷人一年以下有期徒刑、拘役或一千元以下罚金，但其他法律规定有较重之处罚者依其规定。

第四十五条　违犯第二十二条或第二十三条之规定者，处编辑人或著作人拘役或二百元以下罚金。

第四十六条　违犯第二十四条经被害人告诉时依刑法处断。

第四十七条　违犯第二十五条所定之禁止或限制者，处发行人、编辑人、著作人及印刷人一年以下有期徒刑、拘役或一千元以下罚金。

第四十八条　出版品为新闻纸或杂志时，著作人受第四十四条处罚者，以对于其事项之登载具名负责任者为限，受第四十七条处罚之著作人亦同。

第四十九条　违犯第二十七条所定之停止发行命令发行新闻纸或杂志者，处二百元以下罚金。

第五十条　妨害第三十条所定扣押处分之执行者，处二百元以下罚金。

第五十一条　发行人违犯第二十九条第一项所定之禁止者，处一年以下有期徒刑、拘役或一千元以下罚金，其知情而出售或散布该项出版品者，处六月以下有期徒刑、拘役或五百元以下罚金。

违犯第三十二条第一项所定之禁止及知情而输入、出售或散布该项出版品者，准用前项规定分别处罚。

第五十二条　妨害第二十九条第一项、第三十二条第二项、第三十三条第二项、第三十四条所定扣押处分之执行者，处六月以下有期徒刑、拘役或五百元以下罚金。

第五十三条　发行人违犯第三十三条第一项之禁止者，处一年以下有期徒刑或一千元以下罚金。

第五十四条　本法所定各罪不适用刑法累犯数罪并发及自首之规定。

第五十五条　本法所定各罪之追诉权逾一年而不行使者，因时效而消灭。

第四十四条、第四十七条之罪，其追诉权之时效期限自发行日起算。

第七章　附则

第五十六条　本法施行细则由行政部定之。

第五十七条　本法自公布日施行。

（津 J1 - 2 - 245）

840. 伪天津特别市公署为伪行政部函送《出版法》一册转饬
遵照事训令伪天津市警察局

1938 年 8 月 18 日

令警察局：

　　为训令事。案准行政部内字第五七三号公函内开：承准行政委员会函开，查五月五日本会第三十五次会议，法部提出《出版法》草案云云，相应检同《出版法》一册函达贵公署查照，转饬遵照办理为荷。等因。除分令外，合行抄发《出版法》一册，令仰该局遵照办理。

　　此令

　　附抄发《出版法》一册〈佚〉

（津 J1 - 2 - 245）

841. 伪天津特别市公署警察局为已令饬所属一体遵照《出版法》事
呈伪天津特别市公署文

1938 年 8 月 26 日

　　呈为呈复事。案奉钧署市字第一九四八号训令，以准行政部函送议决修正《出版法》，至本法施行细则由部另订续颁，转令遵照办理。等因。附抄发《出版法》一册。奉此，遵已令饬所属一体遵照。除俟奉到续颁《出版法施行细则》即行实行办理外，理合具文呈请鉴核。

　　谨呈天津特别市市长潘

天津特别市公署警察局局长　周思靖

（津 J1 - 2 - 245）

842. 伪中华民国临时政府内政部为送上新闻纸杂志登记声请书及登记表事致伪天津特别市公署函

1938 年 11 月 11 日

径启者：查关于出版物登记检阅事项，依照组织大纲第四条之规定，现归本部管理，所有《出版法》原定之"行政部"字样，亦经修正为"内政部"字样各在案。兹特印制新闻纸杂志登记声请书及登记表二种，相应送上该项表纸百张，即希查收备用并见复为荷。

此致天津特别市公署

附新闻纸杂志登记声请书登记表一百张

总长　王揖唐

新闻纸杂志登记声请书

字第　　号

具声请书人　　　　　社，兹因发行　　　　　，谨遵《出版法》第九条之规定，并填具登记表声请登记。

此呈　　局
　　　　公署（即地方主管官署）转呈　　公署（即省公署或特别市公署）转呈内政部

具声请书人	盖章
负责人	盖章
保证人	盖章

中华民国二十　　年　　月　　日填

此处请贴负责人
二寸半身像片

新闻纸杂志登记表

1	名　　称		
2	社　　址		
3	社务组织		
4	资本数目及经济状况		
5	刊　　期		
6	发行所	名称	
		地址	

7	印刷所	名称							
		地址							
8	社长及各职员姓名年龄经历及住址	职别							
		姓名							
		别号							
		年龄							
		经历							
		住址							
9	备　考								

年　　月　　日填

说明：1. 此表应由声请登记者照填三份，随附于声请书后一并呈送，以备分存；

2. 第五项刊期系指日刊、周刊、旬刊、月刊、季刊（不定期刊）等类，其发行新闻纸者并应载明其版数。

（附注）此表得由各省市署照式仿制应用。

（津 J1－2－283）

843. 伪天津特别市公署为新闻纸杂志登记声请书及登记表已令发本市新闻事业管理所事致伪内政部函

1938 年 11 月 20 日

敬复者：案准大部本月十一日第二二一号公函，略以关于出版物登记检阅事项，依照组织大纲之规定，现归本部管理，兹特印制新闻纸杂志登记声请书及登记表二种，检送百张，嘱查收备用并见复。等因。准此，除已检同书表令发本市新闻事业管理所遵照备用外，相应函复查照为荷。

此致临时政府内政部

（津 J1－2－283）

844. 伪天津特别市新闻事业管理所新闻纸杂志声请书及登记表已
转发各报社查照填报事呈伪天津特别市公署文

1938 年 11 月 30 日

呈为呈复事。本月二十六日奉钧署市字第二九八二号训令，转发新闻纸杂志登记声请书及登记表九十六张，仰即遵照核办，备用具报。等因。奉此，除将书表分发本市各报社，于五日内分别填报来所，以凭转请登记外，理合将办理情形呈复鉴核备查。

谨呈天津特别市公署

天津特别市新闻事业管理所所长 阎家统

(津 J1‑2‑283)

845. 伪天津特别市公署为据呈复新闻纸杂志声请书及登记表已转发
各报社查照填报事指令伪新闻事业管理所

1938 年 12 月 6 日

令新闻事业管理所：

呈一件，为奉发新闻纸杂志声请书及登记表已转发各报社查照填报呈复鉴核由。呈悉。仰仍从速办理汇报，以凭核转。

此令

(津 J1‑2‑283)

846. 伪天津特别市新闻管理所为各报社先后填具登记声请书及
登记表到所事呈伪天津特别市公署文

1939 年 1 月 30 日

呈为汇呈事。案查前奉钧署转发新闻纸杂志登记声请书及登记表，当经转发各报社查照填报，并呈奉钧署字第八七四一号指令，仰仍从速办理汇报各在案。兹据各报社先后填报到所，复查尚无不合。除抽存一份备查外，理合检同各报社登记声请书及登记表各四份呈请鉴核，转请填发登记证，以便转给祗领，实为公便。

谨呈天津特别市公署

附呈登记声请书及登记表十四张各四份〈佚〉

天津特别市新闻事业管理所所长　阎家统

(津 J1－2－283)

847. 伪河北高等法院为抄发《出版法施行细则》事训令伪天津地方法院（附《出版法施行细则》及登记声请书表证）

1939 年 3 月 2 日

令天津地方法院院长、首席检察官：

　　为训令事。案奉法部二十八年二月十八日训字第七七号训令内开：兹本部承准行政委员会咨开：查《出版法施行细则》及登记声请书、登记表、登记证业经行政会议及议政会议先后议决修正通过，该项细则并于二月九日奉明令公布。相应照录该项细则，连同登记声请书表一并咨送查照。等因。除分令外，合即印发该项细则及所附书表等件，令仰遵照并转饬所属一体遵照。此令。等因。附发《出版法［施行］细则》及登记声请书、表、证各一份。奉此，除遵照并分令外，合行抄发《出版法［施行］细则》及登记声请书、表、证各一份，令仰该院一体遵照。

　　此令

　　附抄发《出版法［施行］细则》及登记声请书、表、证各一份

院长　李栋

首席检察官　马彝德

出版法施行细则

　　第一条　内政部依据《出版法》第五十六条之规定，特订定本施行细则。

　　第二条　新闻纸或杂志发行人依照《出版法》第九条之规定声请登记时，应照规定格式填具声请书及各项登记表，呈由发行所所在地之地方主管官署转呈省公署或特别市公署向内政部声请登记。

　　第三条　内政部对于依《出版法》第九条规定之声请事项，自行审核之。

　　第四条　内政部对于依《出版法》第九条规定之声请事项，于审核后填发登记证。

　　第五条　登记证如有遗失或损坏时，其发行人除应登报声明作废外，并呈请原发机关补给之。

　　第六条　书籍之著作人或发行人，应以稿本呈送内政部声请许可，出版项声请应以书面陈明左列事项：

一、名称及内容概要；

二、稿本页数及其附件；

三、著作人或发行人之姓名、住所。

第七条　未经许可出版而擅行出版之书籍，不得享有版权。若其内容有违反《出版法》第二十一条或第二十五条之规定者，照《出版法》第四十四条或第四十七条处罚。

第八条　凡经许可出版之书籍，于发行时仍应依照《出版法》第八条及第十八条之规定办理之。

第九条　凡经许可出版之书籍，如有增补或修正其著作人或发行人，应向原许可机关陈明，经核准后方得印行。

第十条　凡经许可出版之书籍，如出版后与核准之原稿不符者，内政部得予以禁止或扣押之处分。

第十一条　出版品之发行人不以出版品寄送于《出版法》第八条第一项所规定之任何一机关者，应以违反该条之规定论，准用《出版法》第三十六条之规定处罚之。

第十二条　有关政治之传单或标语，由官署或已经官署许可设立之会社发行者，得免除《出版法》第二十条规定之手续。

第十三条　本细则如有未尽事宜，由内政部修正之。

第十四条　本细则自公布日施行。

新闻纸杂志登记声请书

字第　　号

具声请书人　　　　社，兹因发行　　　　　　，谨遵《出版法》第九条之规定，并填具登记表声请登记。 　　此呈　局 　　　　公署（即地方主管官署）转呈　　公署（即省公署或特别市公署）转咨内政部

具声请书人　　　　社盖章
负责人　　　　盖章
保证人　　　　盖章
中华民国　　　年　　月　　日填

此处请贴负责人
二寸半身像片

新闻纸杂志登记表

1	名　称								
2	社务组织								
3	资本数目及经济状况								
4	刊　期								
5	发行所	名称								
		地址								
6	印刷所	名称								
		地址								
7	发行人及编辑人姓名年龄经历及住址	职别								
		姓名								
		别号								
		年龄								
		经历								
		住址								
8	备　考								

年　月　日填

说明：1. 此表应由声请登记者照填三份，随附于声请书后一并呈送，以备分存；

　　　2. 第四项刊期系指日刊、周刊、旬刊、月刊、季刊等类，其发行新闻纸者并应载明其版数；

　　　3. 第七项内职别系指属于发行人或各版编辑人。

（附注）此表得由各省市署照式仿制应用。

新闻纸杂志登记证书存根	**内政部登记证书存根**
	兹有　　　省　　　县　　　依法声请登记，业经审核，准予登记。此证。 　　市 　　　　　　　　　　　　　　　中华民国　　年　　月　　日

·········· 字第 ·········· 号 ··········

	内政部登记证书
案据	省　　　县　　　依法声请登记，业经审核，准予登记。此证。 市 　　　　　　　　　右给发行人　　　　收执 　　　　　　　　　中华民国　　年　　月　　日 　　　　　　　　　总长 　　　　　　　　　民政局长 　　　　　　　　　　　字第　　号

（津 J44－1－576）

848. 伪天津特别市公署社会局为禁售思想不纯内容荒诞书籍画刊事呈伪行政委员会情报处处长转呈委员长文

1939 年 6 月 2 日

天津特别市公署社会局谨将中华民国二十八年六月二日时所得各方面情报一件，理合填具事由表恭呈处长转呈委员长鉴核。

天津特别市公署社会局局长兼行政委员会情报处参议　祝惺元

情报来源	件　数	事　由	备　考
天津特别市公署社会局	一	禁售思想不纯内容荒诞书籍画刊	

（一）禁售思想不纯内容荒诞书籍画刊

查图书、典籍、画片、报刊，虽品类各殊，要皆研讨义理，启发智识，为纠正人心、纳民轨物之用，其有思想不良或内容荒谬、迹近诲淫诲盗之书籍、画刊，自应严予查禁，以免淆惑观听。兹特通告各书商，凡上述之印刷书画一概不许售卖，以息邪僻。

(津 J1－3－5)

849. 伪宣传部为规范新闻纸杂志登记事致伪上海市政府咨

1941 年 1 月 25 日

案查《出版法》及施行细则业经分别修正公布，所有新闻纸什志登记应用各种书表，亦经本部分别订定。兹将印就新闻纸什志登记声请书表及审查意见表各三千份，随文咨送，即希查照转发所属警察局，以备人民领用。至于贵市境内已发行之新闻纸什志《中华日报》《平报》《国民新闻》《新申报》《新中国报》《大英夜报》《大陆新报》《上海每日新闻》《支那情报》《申报》《新闻报》《神州报》《大晚报》《中美日报》《大美报》《华美晚报》《正言报》《晶报》《社会日报》《东方日报》《文讯月刊》《新科学》《三民周刊》《天下事杂志》《更生周刊》《上海周报》《上海半月刊》《宇宙风什志》《社会月刊》《奋斗月刊》《中西画报》《中美周报》《中国杂志》《青年良友画报》《青年什志》《日用经济月刊》《国际间什志》《日本评论什志》《时代文选什志》《兴建月刊》《金融导报》《银行周报》《小主人周报》《劳动月刊》等，并希饬属分别督促，克日依法补行或重新登记，以符法令，而重宣传。至纫公谊。

此咨上海市政府

附新闻纸什志登记声请书表、审查意见表各三千份

部长　林柏生

新闻纸杂志登记声请书

具声请书人 ，兹因发行 ，谨遵《出版法》第九条之规定，并填具登记表格声请登记。

此呈警察局呈转 省 府转国民政府行政院宣传部
市

具声请书人 （盖章）

中华民国 年 月 日

登记表

1	名　称					
2	刊载稿件之种类及性质					
3	社务组织					
4	资本数目来源及经济状况					
5	刊　期					
6	首次发刊之年月日					
7	发行所	名称			所在地	
8	印刷所	名称			所在地	
9	发行人印刷人编辑人履历	发行人	姓名	年龄	经历	住所
		印刷人				
		编辑人				
10	备　考					
说明	一、此表由声请登记者照填四份呈送以备分存； 二、第五项系指日刊、周刊、旬刊或月刊等类，发行新闻纸者并应注明其版数； 三、第六项指未发行之新闻纸杂志拟定创刊日期，至于已发行之新闻纸杂志其首次发刊日期应于备考栏内注明； 四、已发行之新闻纸或杂志补行登记时，应将最近三期附呈并在备考内填注； 五、此表由宣传部以纵二八公分、横三七公分白色道林纸印发领用，如各地一时尚未领到，得依式自行制用					

宣传部制

新闻纸杂志登记审查意见表

新闻纸杂志名称：　　　　　　　　　所在地：

地方主管官署审查意见	发行人性行资格	编辑人性行资格	社务组织是否健全	资本来源是否纯正	刊载稿件是否正确	地方主管官署长官具名盖章
省或市政府审查意见						省政府主席 市市长 中华民国　年　月　日 官印

宣传部事业司审查意见	发行人性行资格	编辑人性行资格	社务组织是否健全	资本来源是否纯正	刊载稿件是否正确	拟办	负责人签名盖章	
							司长	
							管理科科长	

宣传部长批示	

登记证发给日期		登记证号码	

宣传部制

　　此表由宣传部以纵二八公分、横三七公分白色道林纸印发领用，如各地一时尚未领到，得依式自行制用。

（沪 R1–18–661）

850. 伪行政院为转发修正《出版法》事训令伪上海市政府

1941年2月1日

令上海市政府:

现奉国民政府一月二十四日第十号训令开: 查《出版法》现经修正, 明令公布, 应即通饬施行。除分令外, 合行抄发该修正《出版法》, 令仰知照, 并转饬所属一体知照。等因。附修正《出版法》一份。奉此, 除分令外, 合行抄发原附件, 令仰该市府知照, 并转饬所属一体知照。

此令

抄发修正《出版法》一份

院长　汪兆铭

出版法

三十年一月二十四日修正公布

第一章　总则

第一条　本法称出版品者, 谓用机械印版或化学之方法所印制而供出售或散布之文书图画。

第二条　出版品分左列三种:

一、新闻纸: 指用一定名称, 其刊期每日或隔六日以下之期间继续发行者而言;

二、杂志: 指用一定名称, 其刊期每星期或隔三月以下之期间继续发行者而言, 但其内容以登载时事为主要者, 仍视为新闻纸;

三、书籍及其他出版品: 凡前二款以外之一切出版品属之。

新闻纸或杂志之号外或增刊、副刊等视为新闻纸或杂志。

第三条　本法称发行人者, 谓主办出版品之人。

第四条　本法称著作人者, 谓著作文书图画之人。

笔记他人之演述登载于出版品或令人登载之者, 其笔记之人视为著作人, 但演述人予以承诺者, 应同负著作人之责任。

关于著作物之编纂, 其编纂人视为著作人, 但原著人予以承诺者, 应同负著作人之责任。

关于著作物之翻译, 其翻译人视为著作人。

关于专用学校、公司、会所或其他团体名义著作之出版品, 其学校、公司、会所或其他团体之代表人视为著作人。

新闻纸所登载广告、启事, 以委托登载人为著作人, 如委托登载人不明或无负民事责任之能力者，以发行人为著作人。

第五条　本法称编辑人者，谓掌管编辑新闻纸或杂志之人。

第六条　本法称印刷人者，谓主管印刷事业之人。

第七条　本法称地方主管官署者，为各地警察机关。

第八条　出版品于发行时应由发行人分别呈缴左列机关各一份：

一、宣传部；

二、警政部；

三、地方主管官署；

四、国立图书馆及立法院图书馆。

改订增删原有之出版品而为发行者亦同，党政机关之出版品，应依前二项规定分别寄送。

第二章　新闻纸及杂志

第九条　为新闻纸或杂志之发行者，应由发行人于发行前填具登记声请书，呈由发行所所在地之地方主管官署，于十五日内呈转省政府或行政院直辖市政府审查。

省政府或行政院直辖市政府，于接到前项登记声请书后，应于十五日内连同审查意见转请宣传部核定发给登记证。宣传部于发给登记证后，应将核准登记经过咨达警政部。

登记声请书应载明左列事项：

一、新闻纸或杂志之名称；

二、刊载稿件之种类及性质；

三、社务组织；

四、资本数目、来源及经济状况；

五、刊期，发行新闻纸者并载明其版数；

六、发行所及印刷所之名称及所在地；

七、发行人、编辑人、印刷人之姓名、年龄、经历及住所。

第十条　第九条所定应声请登记之事项有变更者，其发行人应于变更后十日内，按照登记时之程序声请变更登记。

前项变更登记之声请，如系变更新闻纸或杂志之名称或发行人者，应附缴原领登记证，按照第九条之规定重行登记。

第十一条　第九条及第十条之登记不收费用。

第十二条　新闻纸中专以发行通讯稿为业者，地方主管官署于必要时得派员检查其社务组织及发行状况。

第十三条　有左列情形之一者，不得为新闻纸或杂志之发行人或编辑人：

一、国内无住所者；

二、禁治产者；

三、被处徒刑或一月以上之拘役在执行中者；

四、褫夺公权尚未复权者。

第十四条　有左列情形之一者，得禁止其为新闻纸或杂志之发行人或编辑人：

一、因违反第二十一条之规定受刑事处分者；

二、因贪污或诈欺行为受刑事处分者。

第十五条　新闻纸或杂志废止发行者，原发行人应按照登记时之程序声请注销登记，新闻纸逾所定刊期已满三个月、杂志逾所定刊期已满六个月尚未发行者，视为废止发行。

第十六条　新闻纸或杂志应记载发行人之姓名，登记证号数，发行年月日，发行所、印刷所之名称及所在地。

第十七条　新闻纸或杂志登载之事项，本人或直接关系人请求更正或登载辩驳书者，在日刊之新闻纸，应于接到请求后三日内更正或登载辩驳书；在其他新闻纸或杂志，应于接到请求后第二次发行前为之。但其更正或辩驳之内容显违法令或未记明请求人之姓名、住所，或自原登载之日起逾六个月而始行请求者不在此限。

更正或辩驳书之登载，其地位应与原文所登载者相当。

第三章　书籍及其他出版品

第十八条　书籍或其他出版品，应于其末幅记载著作人、发行人之姓名、住所，发行年月日，发行所、印刷所之名称及所在地。

前项书籍或其他出版品应向警政部登记。

第十九条　通知书、章程、营业报告书、目录、传单、广告、戏单、秩序单、各种表格、证书、证券及照片不适用第八条之规定。

第二十条　有关政治之传单或标语，非经地方主管官署许可，不得印刷发行。

第四章　出版品登载事项之限制

第二十一条　出版品不得为左列各款言论或宣传之记载：

一、意图破坏三民主义或违反国策者；

二、意图颠覆国民政府或损害中华民国利益者；

三、意图破坏公共秩序者；

四、经宣传部命令禁止登载者。

第二十二条　出版品不得为妨害善良风俗之记载。

第二十三条　出版品不得登载禁止公开诉讼事件之辩论。

第二十四条　战时或有变乱及其他特殊必要时，得依国民政府命令之所定，禁止或限制出版品关于政治、军事、外交或地方治安事项之登载。

第二十五条　以广告、启事等方式登载于出版品者，应受前四条所规定之限制。

第五章　行政处分

第二十六条　未经核准登记之新闻纸、杂志不得发行，印刷人并不得承印。

就应登记之事项为不实之陈述而发行新闻纸或杂志者，经发觉后得停止该新闻纸或杂志之发行。

不为第十条之声请变更登记而发行新闻纸或杂志者，得于其为合法之声请登记前，停止该新闻纸或杂志之发行。

第二十七条　前条所定处分，其出版品在县政府或市政府所在地发行者，应呈转省政府核准；在省政府或行政院直辖市政府所在地发行者，应呈转宣传部核准方得执行。省政府核准执行者，应咨报宣传部备案。

第二十八条　出版品载有第二十一条所列事项之一，或违背第二十四条所定禁止或限制之事项者，得禁止出版品之出售及散布，并得于必要时扣押之。

依前项之规定扣押之出版品，如经发行人之请求，得于删除该事项之记载或禁令解除时返还之。

第一项所定其情节轻微者，得由地方主管官署呈准该省政府或市政府予以警告，并由该省政府或市政府转报宣传部及警政部。

第二十九条　地方主管官署查有前条第一项之新闻纸、杂志或书籍及其他出版品，如认为必要时，得暂行禁止出版品之出售、散布或暂行扣押，同时呈由省政府或行政院直辖市政府分别转报宣传部或警政部核办。

第三十条　前条所定处分，其出版品如为新闻纸或杂志，在县政府或市政府所在地发行者应呈转省政府核办，在省政府或行政院直辖市政府所在地发行者应呈转宣传部核办。

第三十一条　国外发行之出版品，有应受第二十八条第一项或第三十四条第一项处分之情形者，宣传部得禁止其进口。

依前项规定禁止进口之出版品，省政府或市政府得于其进口时扣押之。

第三十二条　因新闻纸或杂志所载事项，依第二十八条第一项所定之处分，而其情节重大者，宣传部得定期或永久停止其新闻纸或杂志之发行；违背前项禁止而发行之新闻纸或杂志，地方主管官署应扣押之。

第三十三条　扣押书籍或其他出版品，于必要时得并扣押其底版。

依前项规定之底版，准用第二十八条第二项之规定。

第三十四条　出版品之记载，有违反第二十二条之规定，情形较为重大者，警政部或地方主管官署呈经警政部核准，得禁止其出售、散布并得于必要时扣押之。

前项出版品如为新闻纸或杂志，宣传部或地方主管官署呈转宣传部核准，得禁止其出售、散布，并得定期停止其发行。

第三十五条　发行人违反第八条第一项或第二项之规定，不呈缴出版品者，处十元以下罚款。

第三十六条　发行人不为第九条或第十条之声请登记而发行新闻纸或杂志者，处三十元以下罚款。

第三十七条　第十三条各款所列之人或因第十四条各款情形之一而受禁止之人，发行或编辑新闻纸或杂志者，处三十元以下罚款。

第三十八条　发行人违反第十五条第一项之规定者，处二十元以下罚款。

第三十九条　出版品不为第十六条或第十八条所定之记载或记载不实者，处发行人三十元以下罚款。

第四十条　编辑人违反第十七条之规定者，处三十元以下罚款。

第四十一条　新闻纸因受本章所定之行政处分，向处分机关之上级官署诉愿时，该官署应于接受诉愿后十日内予以决定。

第六章　罚则

第四十二条　发行人或印刷人违反第二十条之规定者，处一百元以下罚金。

第四十三条　违反第二十一条之规定者，处发行人、编辑人、著作人及印刷人一年以下有期徒刑、拘役或一千元以下罚金。

第四十四条　违反第二十二条或第二十三条之规定者，处编辑人或著作人拘役或三百元以下罚金。

第四十五条　违反第二十四条所定之禁止或限制者，处发行人、编辑人、著作人及印刷人一年以下有期徒刑、拘役或一千元以下罚金。

第四十六条　出版品为新闻纸或杂志时，著作人受第四十三条处罚者，以对于其事项之登载具名负责任者为限，受第四十五条处罚之著作人亦同。

第四十七条　违反第二十六条第一项之规定，处发行人、编辑人及印刷人二百元以下之罚金。

违反第二十六条第二项或第三项所定之停止发行命令发行新闻纸或杂志者，处发行人、编辑人、印刷人一百元以下之罚金。

第四十八条　妨害第二十九条所定扣押处分之执行者，处二百元以下罚金。

第四十九条　发行人违背第二十八条第一项所定之禁止者，处一年以下有期徒刑、拘役或一千元以下罚金；其知情而出售或散布该项出版品者，处六月以下有期徒刑、拘役或五百元以下罚金。

违背第三十一条第一项所定之禁止及知情而输入、出售或散布该项出版品者，准用前项规定分别处罚。

第五十条　妨害第二十八条第一项、第三十一条第二项、第三十二条第二项、第三十三条所定扣押处分之执行者，处六月以下有期徒刑、拘役或五百元以下罚金。

第五十一条　发行人违背第三十二条第一项之禁止者，处一年以下有期徒刑、拘役或一千元以下罚金；其知情而出售或散布该项新闻纸或杂志者，处六月以下有期徒刑、拘役或五百元以下罚金。

第五十二条　本法所定各罪之追诉权逾一年而不行使者，因时效而消灭；第四十三条、第四十五条之情形，其追诉权之时效期间，自发行日起算。

第五十三条　本法所定各罪不适用刑法累犯及数罪并罚之规定，其数罪并发者从一重处断。

第七章　附则

第五十四条　本法施行细则由宣传部、警政部会同定之。

第五十五条　本法自公布日施行。

（沪 R1 - 18 - 661）

851. 伪上海市政府为转发修正《出版法》事训令伪上海市教育局、警察局

1941 年 2 月 11 日

案奉行政院行字第一六〇〇号训令内开：现奉国民政府云云叙至并转饬所属一体知照。此令。等因。附抄件。奉此，除分令警察局、教育局饬属知照外，合行抄发原附件，令仰该局知照，并转饬所属一体知照。

此令

抄发修正《出版法》一份〈佚〉

市长　陈〇〇

（沪 R1 - 18 - 661）

852. 伪上海市政府为转发新闻纸杂志登记各项表格事训令伪上海市
警察局暨复伪宣传部咨

1941 年 2 月 15 日

令警察局：

案准宣传部咨事字第五号咨开：案查《出版法》及施行细则云云叙至，至纫公谊。等

由。准此，合行将新闻纸杂志登记声请书及审查意见表各三千份，随令附送，仰即查照办理。

此令

附新闻纸杂志登记声请书表、审查意见书各三千份〈佚〉

案准贵部咨送新闻纸杂志登记声请书表及审查意见表各三千份，请查收分发，并请饬属督促；当地已发行之新闻纸杂志，克日依法登记，以符法令。等由。业经本府检同表格令行本市警察局查照办理，一俟各新闻纸杂志登记审查竣事，再行咨复。即请查照为荷。

此咨宣传部

市长　陈○○

（沪 R1‑18‑661）

853. 伪河北高等法院为抄发修正《出版法》事训令伪天津地方法院（附修正《出版法》）

1941 年 3 月 3 日

河北高等法院训令第一四五三号。　令天津地方法院院长、首席检察官：为训令事。案奉司法行政部总训字第一二五号训令开：案奉行政院行字第一六零零号训令内开：现奉国民政府一月二十四日第十号训令开：查《出版法》现经修正明令公布，应即通饬施行。除分令外，合行抄发该修正《出版法》令仰知照，并转饬所属一体知照。等因。附修正《出版法》一份。奉此，除分令外，合行抄发原附件令仰该部知照，并转饬所属一体知照。此令。等因。附发修正《出版法》一份。奉此，除分令外，合行抄发修正《出版法》一份，令仰知照，并转饬所属知照。此令。等因。附发修正《出版法》一份。奉此，除呈报并分令外，合行抄发修正《出版法》令仰知照。

此令

附发修正《出版法》一份〈略〉

院长　李栋

首席检察官　熊兆周

（津 J44‑1‑576）

854. 伪宣传部为依照修正《出版法》规范新闻纸杂志登记事致伪上海市政府咨

1941年3月19日

案查修正《出版法》及施行细则业经于本年一月二十四日、同月二十五日分别明令公布施行在案。依照《出版法》规定，所有《出版法》修正前出版之新闻纸、杂志及通讯社等，应于公布日起两个月内依法补行登记。本部曾于一月二十五日将印就之新闻纸杂志登记声请书表及审查意见表咨送贵府，查照分发所属各县市警察局以备领用在案。兹因限期已迫，除由本部通令各新闻纸、杂志、通讯社等依限依法办理登记外，并希贵府迅即饬属分别督促当地未曾声请登记之新闻纸、杂志、通讯社等限于三月二十六日前依法补行声请登记，至依法声请登记之各报均须于三月二十六日起在报端刊明"本报已声请登记"字样以符法令。至纫公谊。

此咨上海市政府

附修正《出版法》〈佚〉及《施行细则》各一份

部长　林柏生

修正出版法施行细则

第一条　本细则依《出版法》第五十三条之规定订定之。

第二条　《出版法》及本细则关于地方主管官署之规定，于特区行政公署或设治局准用之。

第三条　出版品审核标准，除依《出版法》第四章各条规定者外，并适用行政院会议关于出版品各项决议。

第四条　《出版法》第二条第一项第二款所称认为新闻纸者，以通常登载时事新闻地位在全部篇幅三分之二以上为标准；依前项标准计算时，应将登载之广告除去。

第五条　同一新闻纸或杂志另在他地出版发行者，视为独立之新闻纸或杂志。

第六条　《出版法》第九条第二项第三款所定登记声请书应载明之资本数目，如系刊行新闻纸者，得依照左列规定其额数：

一、在人口百万以上之省政府或市政府所在地刊行报纸者一万元以上，刊行通讯稿者三千元以上；

二、在人口未满百万之省政府或市政府所在地刊行报纸者六千元以上，刊行通讯稿者一千元以上；

三、在特区行政公署、县政府或设治局所在地刊行报纸者一千元以上，刊行通讯稿者二百元以上；但该地向无报社或通讯社之设立，而创刊报纸者得减低至五百元以上，创刊通讯稿者得减低至一百元以上。

新闻纸在前项第一款至第三款所定区域以外之地方刊行者，其资本额数得由省市政府或特区行政公署酌定，分别咨呈宣传部查核备案。

第七条　《出版法》修正施行前已登记、未登记之新闻纸、杂志应于《出版法》修正施行后两个月内，依照《出版法》及本细则之规定重新或补行登记。

不依前项规定期限重新或补行登记者，得依《出版法》第二十六条之规定停止该新闻纸或杂志之发行。

第八条　《出版法》第九条第二项第六款所定登记声请书应载明之经历，如为新闻纸之发行人时，以具有左列资格之一者为合格：

一、在教育部认可之国内外大学或专科学校毕业得有证书者；

二、在教育部认可之高级中学毕业并服务新闻事业三年以上、有证明书者；

三、在新闻事业之主管机关服务三年以上、有证明文件者；

四、服务新闻事业五年以上、有［相］当证明文件者。

第九条　新闻纸或杂志之发行人依《出版法》第九条声请登记时，应照规定格式填具登记申请书四份，并附缴本人最近二寸半身照片一张为之。

第十条　地方主管官署于依《出版法》第九条第一项呈转新闻纸或杂志之登记声请时，应于审查意见表内加具意见，以一份存查，三份呈送省政府或行政院直辖之市政府。

第十一条　省政府或行政院直辖之市政府于依《出版法》第九条第二项审查新闻纸或杂志之登记声请后，除不予核转登记者，径行饬知并咨报宣传部外，其准予核转登记者，于登记声请书内加具意见，一份备查，二份兹送宣传部。

第十二条　前三条规定，于新闻纸或杂志变更登记或注销登记时准用之。

第十三条　新闻纸或杂志因转让发行而声请变更登记者，应由前发行人与新发行人共同具名声请之。

第十四条　地方主管官署于依《出版法》第十二条检查通讯社之社务组织及发行状况时，应将检查结果呈报省政府或行政院直辖之市政府转□宣传部，并由宣传部函达警政部。

第十五条　登记证因故遗失或损坏时，其发行人应即登报声明作废，并检同所登声明报纸，呈请地方主管官署转请补发之。

违反前项规定者，准用《出版法》第三十八条之规定处罚之。

第十六条　《出版法》第八条第一项第四款所称国立图书馆，以国立中央图书馆及国立北平图书馆为限。

第十七条　发行人依《出版法》第八条第一项或第二项呈缴出版品时，应缴备出版品呈缴簿，盖用邮政机关或呈缴机关之递寄或收受戳记以备查考。

第十八条　宣传部如发见新闻纸或杂志有应受《出版法》处分之情形，于执行处分时应函知警政部备查，并得咨请协助办理之。

第十九条　《出版法》第二十六条第二项所定陈述不实之停止处分，地方主管官署或省、市政府于依《出版法》第二十七条规定程序办理前，应令该发行人呈复并派员查明之。

第二十条　地方主管官署依《出版法》第二十八条第三项得予警告之出版品，以新闻纸及杂志为限。

前项警告应以书面行之。

第二十一条　新闻纸及杂志因事暂行停刊时，其发行人应呈报地方主管官署转报宣传部，并由宣传部函达警政部。

前项停刊日数每年积计，在新闻纸不得逾三个月，在杂志不得逾六个月，违者得注销其登记。

发行人违反第一项规定者，准用《出版法》第三十八条之规定处罚之。

第二十二条　有关政治之传单或标语经宣传部核准者，得免除《出版法》第二十条规定之手续。

第二十三条　《出版法》及本细则所规定之声请书、登记证等格式另定之。

第二十四条　本细则如有未尽事宜，由宣传部、警政部会同修正之。

第二十五条　本细则自《出版法》施行之日施行。

（沪 R1‐18‐661）

855. 伪上海市政府为新闻纸杂志遵章办理登记事训令伪上海市警察局

1941 年 3 月 26 日

令警察局：

案准宣传部咨（事）字第十七号咨节开：本部曾于一月二十五日云云叙至，至纫公谊。等由。准此，合行令仰该局参照前案，分别督促当地未曾声请登记或依法声请登记之新闻纸、杂志、通讯社等遵章办理，并将办理情形迅即具报，以便咨复为要。

此令

市长　陈○○

（沪 R1‐18‐661）

856. 伪上海市警察局为函催各社馆补行登记事呈伪上海市政府文

1941 年 5 月 20 日

案奉钧府沪市字第四四零五号训令：以准宣传部咨，为本市已发行之新闻纸、杂志、通讯社等，应依限声请登记一案，饬即督促办理具报，以凭核转。等因。奉此，查新闻纸杂志登记声请书表一项，前奉钧府沪市字第二六零八号训令颁发下局，遵经分别函送指定各社馆填报有案。兹奉前因，除再函催迅速遵办外，理合备文呈复，仰祈鉴核核转。

謹呈市长陈

上海市政府警察局局长　卢英

中华民国三十年五月二十日

（沪 R1－18－661）

857. 伪上海市政府为函催各社馆补行登记事指令
伪上海市警察局暨致伪宣传部咨

1941 年 5 月 20 日

令警察局：

呈一件，为遵令转催本市各社馆迅速填报新闻纸杂志登记声请书表一案情形，祈鉴核核转由。呈悉。

此令

案准贵部咨送新闻纸杂志登记声请书表及审查意见表各三千份，嘱查收分发，并饬属督促当地已发行之新闻纸杂志克日依法登记以符法令。等由。业经本府检同表格令行本市警察局查照办理，并咨复在案。顷据警察局呈略称：遵经分别函送指定各社馆填报，并再催促迅速遵办。等情。据此，除俟该局于各新闻纸杂志登记审查竣事呈报到府再行咨复，相应先行咨请查照。

此咨宣传部

市长　　〇〇〇

（沪 R1－18－661）

858. 伪上海市警察局为函催各社馆补行登记事呈伪上海市政府文

1941 年 6 月 16 日

案查关于新闻纸杂志登记声请书表一项，迭奉钧府令饬转催本市各社馆填报有案。兹据平报社等十家先后填送是项书表各四份，并附送该发行人照片各二张前来。经分别审查后，于《出版法》暨修正《出版法施行细则》之规定，尚无不合。除将书表各抽一份存查外，理合检同原书表各三份，照片各二张，并由本局加具审查意见表各三份，一并备文，呈请仰祈鉴核存转，并赐转请核发登记证，以便转给。

谨呈市长陈

计呈送新闻纸杂志登记声请书、审查意见表各三十份（每家各三份），照片二十张（每发行人二张），附件存科〈佚〉

上海特别市警察局局长　卢英

（沪 R1‒18‒661）

859. 伪宣传部为送《新闻纸社及杂志社图记刊制规程》事致伪上海市政府咨

1941 年 12 月 10 日

案查《新闻纸社及杂志社图记刊制规程》业经本部拟具修正草案，呈奉行政院本年十一月二十四日行字第五七七三号指令核准，并饬由本部以部令公布施行。除遵即公布暨分别咨行外，相应检同上项修正规程一份，咨请查照为荷。

此咨上海特别市政府

附送《新闻纸社及杂志社图记刊制规程》一份

部长　林柏生

新闻纸社及杂志社图记刊制规程

（民国二十三年三十一日行政院公布、三十年十一月二十六日呈奉核准修正公布）

第一条　新闻纸社及杂志社图记须依照本规程刊制。

第二条　新闻纸社及杂志社图记，其文为各报社名称之全文，如某某社图记。

第三条　新闻纸社及杂志社图记，以公尺长五分六厘、宽三分八厘之长方木质制成。

新闻纸社及杂志社如有分社者，其分社之图记以公尺长五分二厘、宽三分四厘之长方木质制成。

第四条　新闻纸社及杂志社图记由各该社于核准登记后，依本规程自行刊制。

第五条　新闻纸社及杂志社启用图记时，应将模形及启用日期呈报当地主管官署呈转宣传部备案。

第六条　新闻纸社及杂志社图记因故失效时，应呈报当地主管官署呈转宣传部注销。

第七条　本规程自修正公布日施行。

附图

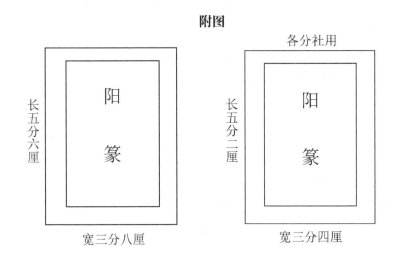

各分社用

长五分六厘　阳篆　宽三分八厘

长五分二厘　阳篆　宽三分四厘

（沪 R1－18－661）

860. 伪上海市政府秘书处为抄送《新闻纸社及杂志社 图记刊制规程》事致各报社笺函

1941 年 12 月 23 日

案准宣传部咨事字第二六零号咨内开：案查新闻纸云云叙至查照为荷。等由。附件。准此。除分函外，相应抄送原附件，即希查照办理为荷。

此致《中华日报》《平报》《新申报》《上海时报》《国民新闻》《新中国报》《上海国报》《儿童新报》《新崇明报》《宝山新报》《新奉贤报》《锡报》《浦南新报》《川沙周报》《翔报》《嘉定新报》《南汇民报》

附送《新闻纸社及杂志社图记刊制规程》一份〈佚〉

（秘书处戳）启

（沪 R1－18－661）

861. 伪行政院为转饬知照修正《出版法》事训令伪上海市政府

1942 年 4 月 20 日

令上海特别市政府：

奉国民政府第一零三号训令开：查《出版法》第八条、第九条、第十八条、第二十八条、第二十九条、第三十四条、第五十四条条文，现经修正，明令公布，应即通饬施行。除分令外，合行抄发该修正条文，令仰该院知照，并转饬所属一体知照。等因。计抄发修正《出版法》第八条、第九条、第十八条、第二十八条、第二十九条、第三十四条、第五十四条条文一份。奉此，除该项修正条文经刊登公报不再抄发并分行外，合行令仰该市府知照。并转饬知照。

此令

院长　汪兆铭

（沪 R1－18－661）

862. 伪内政部为《出版法施行细则》修正条文转饬知照事致伪上海市政府咨（附修正《出版法施行细则》各条文）

1942 年 6 月 22 日

案查《出版法施行细则》，前经会同宣传部，业将第十四条等各条文修正会呈在案。兹准宣传部咨事字第一六三号咨开：案查《出版法施行细则》第十四条等各条文，前经本部修正，咨请贵部会同呈报行政院鉴核备案，并咨达各在案。兹奉行政院三十一年六月一日行字第七八八零号指令内开：呈件均悉。准予备案。此令。附件存。等因。奉此，相应录令，咨请查照。等由。准此，除分行外，相应抄同《出版法施行细则》修正条文一份，咨请查照，并希饬属知照为荷。

此咨上海特别市政府

抄送《出版法施行细则》修正条文一份

部长　陈群

修正《出版法施行细则》各条文

第十四条

原条文：地方主管官署于依《出版法》第十二条检查通讯社之社务组织及发行状况时，应将检查结果呈报省政府或行政院直辖之市政府转报宣传部，并由宣传部函达警政部。

修正条文：地方主管官署于依《出版法》第十二条检查通讯社之社务组织及发行状况时，应将检查结果呈报省政府或行政院直辖之市政府转报宣传部，并由宣传部函达内政部。

理由：查公布修正《出版法》已将警政部改为内政部，故将警字改为内字。

第十八条

原条文：宣传部如发见新闻纸或杂志有应受《出版法》处分之情形，于执行处分时应函知警政部备查，并得咨请协助办理之。

修正条文：宣传部如发见新闻纸或杂志有应受《出版法》处分之情形，于执行处分时应函知内政部备查，并得咨请协助办理之。

理由：同上。

第二十一条

原条文：新闻纸及杂志因事暂行停刊时，其发行人应呈报地方主管官署转报宣传部，并由宣传部函达警政部。

前项停刊日数每年积计，在新闻纸不得逾三个月，在杂志不得逾六个月，违者得注销其登记。

发行人违反第一项规定者，准用《出版法》第三十八条之规定处罚之。

修正条文：新闻纸及杂志因事暂行停刊时，其发行人应呈报地方主管官署转报宣传部，并由宣传部函达内政部。

前项停刊日数每年积计，在新闻纸不得逾三个月，在杂志不得逾六个月，违者得注销其登记。

发行人违反第一项规定者，准用《出版法》第三十八条之规定处罚之。

理由：同上

第二十四条

原条文：本细则如有未尽事宜，由宣传部、警政部会同修正之。

修正条文：本细则如有未尽事宜，由宣传部、内政部会同修正之。

理由：同上。

（沪 R1‑18‑661）

863. 伪宣传部为严格核准新闻纸杂志登记事致伪上海市政府函

1943 年 1 月 19 日

查本部现鉴于时值非常，物力维艰，为谋积极完成兴复中华、保卫东亚宣传之伟大使命起见，对于报社登记决采取严格管理方针。嗣后关于新设各报，非有特别需要均以不核准为原则，除分函外，相应函请查照为荷。

此致上海特别市政府

部长　林柏生

（沪 R1－18－661）

864. 伪上海市政府为严格核准新闻纸杂志登记事训令伪上海市警察局及伪沪西警察局

1943 年 1 月 21 日

案准宣传部函事字第十一号公函开：查本部现鉴于时值非常云云叙至，查照为荷。等由。准此，除分令外，合行令仰该局知照。

此令

市长　陈○○

（沪 R1－18－661）

865. 伪华北政务委员会内务总署为抄发修正《出版法》事致伪天津特别市公署咨（附修正《出版法》）

1943 年 8 月 20 日

案奉华北政务委员会本年八月九日秘文字第一零二六号训令内开：本年七月十五日，本会第二九三次常务会议主席提出，据内务总署遵拟修正《出版法》暨其施行细则一案，经议决通过。除于八月六日由会公布修正，并分令教育总署知照外，抄同原件令仰该总署知照，并转行各省市暨有关各机关知照。等因。奉此，除分咨外，相应检同修正《出版法》暨施行细则条文各一件，咨请查照并转饬所属知照为荷。

此咨天津特别市公署

附抄修正《出版法》暨施行细则〈佚〉条文并附表〈略〉各一件

督办　齐燮元

出版法

三十一年四月十三日公布　　　八月六日由华北政务委员会公布修正

第一章　总则

第一条　本法称出版品者，谓用机械印版或其他化学之方法所印制，而供出售或散布之文书图画。

第二条　出版品分左列三种：

一、新闻纸：指用一定名称，其刊期每日或隔六日以下之期间继续发行者而言；

二、杂志：指用一定名称，其刊期每星期或隔三月以下之期间继续发行者而言，但其内容以登载时事为主要者，仍视为新闻纸；

三、书籍及其他出版品：凡前二款以外之一切出版品属之。

新闻纸或杂志之号外或增刊、副刊等视为新闻纸或杂志。

第三条　本法称发行人者，谓主办出版品之人。

第四条　本法称著作人者，谓著作文书图画之人。

笔记他人之演述登载于出版品或令人登载之者，其笔记之人视为著作人，但演述人予以承诺者，应同负著作人之责任。

关于著作物之编纂，其编纂人视为著作人，但原著作人予以承诺者，应同负著作人之责任。

关于著作物之翻译，其翻译人视为著作人。

关于专用学校、公司、会所或其他团体名义著作之出版品，其学校、公司、会所或其他团体之代表人视为著作人。

新闻纸所登载广告、启事，以委托登载人为著作人，如委托登载人不明或无负民事责任之能力者，以发行人为著作人。

第五条　本法称编辑人者，谓掌管编辑新闻纸或杂志之人。

第六条　本法称印刷人者，谓主管印刷事业之人。

第七条　本法称地方主管官署者，为各地警察机关。

第八条　出版品于发行时，应由发行人分别呈缴左列，改订增删原有之出版品而为发行者亦同：

一、内务总署；

二、教育总署；

三、省公署或特别市公署；

四、地方主管官署；

五、司法图书馆；

六、国立图书馆。

出版品由官署发行者，应依前项规定分别寄送。其具有一般新闻纸、杂志性质不仅为宣布法令事项者，仍应照第九条规定办理，但得径向内务总署声请登记。

第二章　新闻纸及杂志

第九条　为新闻纸或杂志之发行者，应由发行人于首次发行前填具登记声请书，呈由发行所所在地之地方主管官署，于十五日内转呈省公署或特别市公署核准后，始得发行。

省公署或特别市公署接到前项登记声请书后，除特别情形外，应于四周内核定之，并转请内务总署发给〔登〕记证。

登记声请书应载明之事项如左：

一、新闻纸或杂志之名称及宗旨；

二、社务组织；

三、资本数目及经济状况；

四、刊期，发行新闻纸者并应载明其版数；

五、发行所及印刷所之名称及所在地；

六、发行人、编辑人之姓名、年龄、籍贯、经历及住所。其各版之编辑人互异者应分别详列。

新闻纸或杂志在本法施行前已开始发行者，应于本法施行后二个月内声请为前项之登记。

第十条　第九条所定应声请登记之事项有变更者，其发行人应于变更后十日内，按照登记时之程序声请变更登记。

前项变更登记之声请，如系变更新闻纸或杂志之名称或发行人者，应附缴原领登记证，按照第九条之规定重行登记。

第十一条　第九条及第十条之登记不收费用。

第十二条　新闻纸中专以发行通讯稿为业者，地方主管官署于必要时得派员检查其社务组织及发行状况。

第十三条　有左列情形之一者，不得为新闻纸或杂志之发行人或编辑人：

一、国内无住所者；

二、禁治产者；

三、被处徒刑或一月以上之拘役在执行中者；

四、褫夺公权尚未复权者。

第十四条　有左列情形之一者，得禁止其为新闻纸或杂志之发行人或编辑人：

一、因违反第二十一条之规定受刑事处分者；

二、因贪污或诈欺行为受刑事处分者。

第十五条　新闻纸或杂志废止发行者，原发行人应按照登记时之程序声请注销登记，新闻纸逾所定刊期已满三个月、杂志逾所定刊期已满六个月尚未发行者，视为废止发行。

第十六条　新闻纸或杂志于其标名处或封面上或其他之显著处，记载发行人之姓名，登记证号数，发行年月日，发行所、印刷所之名称及所在地。

第十七条　新闻纸或杂志登记之事项，本人或直接关系人请求更正或登载辩驳书者，在日刊之新闻纸，应于接到请求后三日内更正或登载辩驳书；在其他新闻纸或杂志，应于接到请求后第二次发行前为之。但其更正或辩驳之内容显违法令或未记明请求人之姓名、住所，或自原登载之日起逾六个月而始行请求〔者〕不在此限。

更正或辩驳书之登载，其地位应与原文所登载者相当。

第三章　书籍及其他出版品

第十八条　书籍或其他出版品，应于其末幅记载著作人、发行人之姓名、住所，发行年月日，发行所、印刷所之名称及所在地。

前项书籍或其他出版品应向内政部登记。

第十九条　通知书、章程、营业报告书、目录、传单、广告、戏单、秩序单、各种表格、证书、证券及照片不适用第八条之规定。

第二十条　有关政治之传单或标语，非经地方主管官署许可，不得印刷发行。

第四章　出版品登载事项之限制

第二十一条　出版品不得为左列各款言论或宣传之记载：

一、意图破坏三民主义或违反国策者；

二、意图颠覆国民政府或损害中华民国利益者；

三、意图破坏公共秩序者；

四、经宣传部命令禁止登载者。

第二十二条　出版品不得为妨害善良风俗之记载。

第二十三条　出版品不得登载禁止公开诉讼事件之辩论。

第二十四条　战时或有变乱及其他特殊必要时，得依国民政府命令之所定，禁止或限制出版品关于政治、军事、外交或地方治安事项之登载。

第二十五条　以广告、启事等方式登载于出版品者，应受前四条所规定之限制。

第五章　行政处分

第二十六条　未经核准登记之新闻纸、杂志不得发行，印刷人并不得承印。

就应登记之事项为不实之陈述而发行新闻纸或杂志者，经发觉后，得停止该新闻纸或杂志之发行。

不为第十条之声请变更登记而发行新闻纸或杂志者，得于其为合法之声请登记前，停止该新闻纸或杂志之发行。

第二十七条　前条所定处分，其出版品在县政府或市政府所在地发行者，应呈转省政府核准；在省政府或行政院直辖市政府所在地发行者，应呈转宣传部核准方得执行。省政府核准执行者，应咨报宣传部备案。

第二十八条　前条所定之处分，其出版品在县公署或省辖市公署所在地发行者，由该县公署或市公署执行，并呈请省公署备案；在省公署或特别市公署所在地发行者，由该省公署或市公署执行，并报请内务总署备案。

第二十九条　地方主管官署查有前条第一项之新闻纸、杂志或书籍及其他出版品，如认为必要时，得暂行禁止其出售、散布或暂行扣押，同时呈由省政府或行政院直辖市政府分别转报宣传部或内务总署核办。

第三十条　前条所定处分，其出版品如为新闻纸或杂志，在县政府或市政府所在地发行者，应呈转省政府核办；在省政府或行政院直辖市政府所在地发行者，应呈转宣传部核办。

第三十一条　国外发行之出版品，有应受第二十八条第一项、第三十四条第一项处分之情形者，宣传部得禁止其进口。

依前项规定禁止进口之出版品，省政府或市政府得于其进口时扣押之。

第三十二条　因新闻纸或杂志所载事项，依第二十八条第一项所定之处分，而其情节重大者，宣传部得定期或永久停止其新闻纸或杂志之发行。违背前项禁止而发行之新闻纸或杂志，地方主管官署应扣押之。

第三十三条　扣押书籍或其他出版品，于必要时得并扣押其底版。

依前项规定之底版，准用第二十八条第二项之规定。

第三十四条　出版品之记载，有违反第二十二条之规定，情形较重大者，内务总署或地方主管官署呈经内务总署核准，得禁止其出售、散布并得于必要时扣押之。

前项出版品如为新闻纸或杂志，宣传部或地方主管官署呈转宣传部核准，得禁止其出售散布，并得定期停止其发行。

第三十五条　发行人违反第八条第一项或第二项之规定，不呈缴出版品者，处十元以下罚锾。

第三十六条　发行人不为第九条或第十条之声请登记而发行新闻纸或杂志者，处三十元以下罚锾。

第三十七条　第十三条各款所列之人或因第十四条各款情形之一而受禁止，发行人或编辑新闻纸或杂志者处三十元以下罚锾。

第三十八条　发行人违反第十五条第一项之规定者，处二十元以下罚锾。

第三十九条　出版品不为第十六条或第十八条所定之记载或记载不实者，处发行人三十元以下罚锾。

第四十条　编辑人违反第十七条之规定者，处三十元以下罚锾。

第四十一条　新闻纸因受本章所定之行政处分，向处分机关之上级官署诉愿时，该官署应于接受诉愿后十日内予以决定。

第六章　罚则

第四十二条　发行人或印刷人违反第二十条之规定者，处一百元以下之罚金。

第四十三条　违反第二十一条之规定者，处发行人、编辑人、著作人及印刷人一年以下有期徒刑、拘役或一千元以下之罚金。

第四十四条　违反第二十二条或第二十三条之规定者，处编辑人或著作人拘役或三百元以下之罚金。

第四十五条　违反第二十四条所定之禁止或限制者，处发行人、编辑人、著作人及印刷人一年以下有期徒刑、拘役或一千元以下罚金。

第四十六条　出版品为新闻纸或杂志时，著作人受第四十三条处罚者，以对于其事项之登载具名负责者为限，受第四十五条处罚之著作人亦同。

第四十七条　违反第二十六条第一项之规定，处发行人、编辑人及印刷人二百元以下之罚金。

违反第二十六条第二项或第三项所定之停止发行命令发行新闻纸或杂志者，处发行人、编辑人、印刷人一百元以下之罚金。

第四十八条　妨害第二十九条所定扣押处分之执行者，处二百元以下罚金。

第四十九条　发行人违背第二十八条第一项所定之禁止者，处一年以下有期徒刑、拘役或一千元以下罚金，其知情而出售或散布该项出版品者，处六月以下有期徒刑、拘役或五百元以下罚金。

违背第三十一条第一项所定之禁止及知情而输入、出售或散布该项出版品者，准用前项规定分别处罚。

第五十条　妨害第二十八条第一项、第三十一条第二项、第三十二条第二项、第三十三条所定扣押处分之执行者，处六月以下有期徒刑、拘役或五百元以下罚金。

第五十一条　发行人违背第三十二条第一项之禁止者，处一年以下有期徒刑、拘役或一千元以下罚金；其知情而出售或散布该项新闻纸或杂志者，处六月以下有期徒刑、拘役或五百元以下罚金。

第五十二条　本法所定各罚之追诉权逾一年而不行使者，因时效而消灭；第四十三条、第四十五条之情形，其追诉权之时效期间，自发行日起算。

第五十三条　本法所定各罪不适的〔用〕刑法累犯及数罪并罚之规定，其数罪并发者从一重处断。

第七章　附则

第五十四条　本法施行细则由宣传部、内政部会同定之。

第五十五条 本法自公布日施行。

(津 J1－3－9498)

866. 伪华北政务委员会为将所辖区内新出版品分别寄赠事训令
伪天津特别市政府

1945 年 5 月 18 日

令天津特别市政府:

为训令事。前据教育总署呈请转饬各省市,对于所辖区内新出版品应以一份送交国立北京图书馆一案,业经如请分饬遵办各在案。兹复据该总署呈,略以查前呈准令饬遵办者仅限于一般普通之出版品,而对于官署发行者未包括在内,拟请准予按照修正《出版法》第八条之规定,通饬所属一体依照分别寄赠,请鉴核施行。等情。应准照办,除指复并分行外,合行令仰该市遵照并案办理。

此令

华北政务委员会委员长　王荫泰

(津 J1－3－9679)

867. 伪天津特别市政府宣传处为检发本市《整理杂志刊物大纲》事
通知游艺画刊社等

1945 年 6 月 8 日

为通知事。案奉华北政务委员会令发《办理刊物停止登记及取缔调整暂行办法》九条,复经关系方面表示主张对津市出版杂志刊物分别予以整理各等因,自应遵办。除经核定本市每月科学及天津赛马二社仍准继续发行外,其余刊物凡本身贫弱、无协力政府宣传文字,或根本无存在必要者,均应一律废刊,借以撙节物资,增强战力。惟查整理刊物废止发行,在撙节物资上固属当务之急,而增强战力宣传尤关重要。本处为兼筹并顾计,除将不必要之刊物一部予以废刊外,其《游艺画刊》《商钟半月刊》《银线画报》内部组织尚称健全,销行区域较广,拥有读者至多,故对以上三社暂予保留,并准备尽量利用,以协力政府实行宣传工作。其附带出版之不定期出版物,因与时局无补,即日起限制发行。该三社主干者应自动负起时代责任,发挥报道天职,缩小纸型,减少篇幅,并充分增添协力政府文字,对本处发表宣传纲要及每月实施计划彻底协力刊布。至于其他游艺文字，尤须极力择选，务期成为战时下提倡正当娱乐、促进精神修养之读物，以符当局保留爱护之旨趣。除分行外，合行检发《整理杂志刊物大纲》一纸一并通知该社参照办理，勿得玩忽，是为至要。特此通知。

右通知《每月科学》、游艺画刊社、商钟杂志社、《银线画报》

附《整理杂志刊物大纲》一纸

整理杂志刊物大纲

甲、关于整顿方面

一、本处顷奉政会令及关系方面之指示，对津市所有杂志刊物分别予以整理。

二、以撙节物资、增强战力为原则。

三、凡津市出版之杂志，除每月科学、天津赛马二社外，其无存在必要者一律废去。

四、标准：

1. 刊物本身贫弱者；

2. 无协力政府宣传文字者；

3. 无存在必要者。

以上均在废刊之列。

五、废刊者计《大天津月刊》《新国民运动特刊》《天津杂志》《爱路旬刊》《天声半月刊》《中华海员检验月刊》。

六、暂予保留者计游艺画刊、商钟、银线画报三社。

七、以上保留三社，须自五月一日起缩小纸型，减少篇幅，以期撙节物资。

八、保留各社均为暂时的，本处如认为不必要时，得随时通知废刊。

九、本处试行上列办法以来，考核保留各社实行情形，尚称良好，今后希望本乎当局增强战力、撙节物资之旨趣，努力作去。

十、复查北京各杂志，除废刊者外，其保留各社亦多充实内部。惟尚有一二社（如《立言画刊》）未能即时改正，此点或为该社准备限期结束，或对协力政府文字尚在筹备中，亦未可知。总之，凡属刊物，其不能协力政府者均不能存在，当可断言。请诸君不可妄加猜疑，借以效法。

乙、关于改善内容方面

一、各杂志社内容采取材料时，须依照本处所规定之下列诸项原则编辑之：

1. 灌输战时中心思想，昂扬民众战意；

2. 解说时局情势，使市民对时局有深刻认识；

3. 激励尊孔理念，发扬东方文化道德；

4. 褒扬民间美德，养成良好民风;

5. 指导市民锻炼生活技能，谋群体生活之安定;

6. 倡导市民革新生活;

7. 设立文艺战线，强化战时文学;

8. 介绍现代常识、科学知识;

9. 倡导家庭增产运动;

10. 指导青年课业方针。

二、下列性质之文字一律禁载:

1. 违反时代，足以引起不良思想者;

2. 含有诱惑性之伶人生活记事;

3. 臆造神话式无益于实际的小说;

4. 出于理想式恋爱文艺;

5. 宣布各校歪曲事实之女学生恋爱史;

6. 介绍妇女之奢侈化装文字;

7. 含有诲淫意义之民间桃色案件以招读者;

8. 宣传各种引人入歧途之魔术;

9. 妄造电影女演员之不确消息以吸引读者;

10. 使人心志颓弱之清谈式文艺。

（津 J1－3－9681）

868. 行政院为抄发《管理收复区报纸通讯社杂志电影广播事业暂行办法》事训令天津市政府（附《管理收复区报纸通讯社杂志电影广播事业暂行办法》）

1945 年 9 月 27 日

令天津市政府:

奉国民政府三十四年九月二十日处字第三二八号训令开: 宣传部拟订之《管理收复区报纸通讯社杂志电影广播事业暂行办法》，业经中央执行委员会常务委员会第九次会议、国防最高委员会第一百六十九次常务会议联席会议决议修正通过。合行抄发该项办法，令仰遵照并转饬遵照。此令。等因。除分行外，合行抄发该项办法，令仰遵照并转饬遵照。

此令

计抄发《管理收复区报纸通讯社杂志电影广播事业暂行办法》一份

院长　宋子文

管理收复区报纸通讯社杂志电影广播事业暂行办法

甲　敌伪报纸、通讯社、杂志及电影、广播事业之处置

（一）敌伪机关或私人经营之报纸、通讯社、杂志及电影制片、广播事业，一律查封其财产，由宣传部会同当地政府接收管理。但其中原属未附逆之私人及非敌国人民财产而由敌伪占用，经查明确实并经中央核准后，得予发还。

（二）附逆报纸、通讯社、杂志及电影事业之处置：

（1）凡自国军撤退后（其在收复区各地利用外商名义掩护经营者，则在太平洋战争发生后）继续在沦陷区公开出版或摄制，附逆有据者，概依本办法处理之。

（2）附逆之报纸、通讯社、杂志、电影事业，先由宣传部通知当地政府查封，听候处置。

（3）敌伪及附逆之报纸、通讯社、图书、杂志等印刷品，凡其内容含有敌伪宣传之毒素，违反抗战利益者，经宣传部审查后，应由地方政府予以销毁。

（三）中央宣传部为便利推进宣传计，前项没收查封之敌伪或附逆报纸、通讯社、杂志、电影制片、广播等事业所有之印刷机器、房屋建筑、工作用具及其他财产，经中央核准后，得会同当地政府启封利用。

乙　报纸、通讯社复员办法

（一）宣传部、政治部，各级党部、政府原在收复区各地沦陷前所办之报纸、通讯社，应在原地迅即恢复出版，以利宣传。

（二）各地沦陷前之商办报纸、通讯社，照下列优先程序，经政府核准后，得在原地恢复出版：

（1）原在该地发行之报纸、通讯社，于该地沦陷后随政府内移继续出版，致力抗战宣传者。

（2）原在该地发行之报纸、通讯社，因地方沦陷，以致遭受牺牲，无力迁地出版，但其发行人及主持人仍保持忠贞，或至内地服务抗战工作有案可稽，由原发行人申请复业者。

（三）凡自收复区因战事内移继续出版之报纸、通讯社，应以各返原地恢复出版为原则，非经政府特许，不得迁地出版。

（四）各级地方政府或军师政治部请求在收复区办理报纸、通讯社时，应依法声请登记后，始得出版。

（五）新请设立之报纸、通讯社依实际情形，另定限制办法。

（六）收复区报纸、通讯社，自政府正式接收日起，一律重新登记。

（七）经政府核准出版之报纸、通讯社，在一年之内不得作变更登记之请求。

（八）杂志之登记由政府斟酌各地情形办理。

丙　新闻检查及电影检查之处理

（一）收复区出版之报纸及通讯社稿在地方尚未完全平定以前，应由当地政府施行检查。

（二）各地新闻检查工作应受宣传部之指导，并由宣传部派员协助地方政府办理之。

（三）电影检查办法另定之。

（津 J25 - 3 - 397）

869. 天津市政府为抄发《管理收复区报纸通讯社杂志电影广播事业暂行办法》事致天津市党政接收委员会函

1945 年 10 月 31 日

径启者：案准中国国民党中央执行委员会宣传部密字第五三号代电内开：各省市党部、各省市政府、台湾行政长官公署、各区特派员均〔钧〕鉴云云。除分电外，用特检附原办法一份，即希查照办理为荷。等因。附《管理收复区报纸通讯社杂志电影广播事业暂行办法》一份。正办理间，复准该部渝 34 明新字第五四四二号代电内开：顷准中央秘书处函开：兹经中央第十次常务委员会决议，所有敌伪报纸财产，一律由政府予以没收云云。相应电达查照为荷。等因。准此，相应抄同《管理收复区报纸通讯社杂志电影广播事业暂行办法》一份随函附送，即希查照办理为荷。

此致天津市党政接收委员会

附抄《管理收复区报纸通讯社杂志电影广播事业暂行办法》一份〈略〉

（津 J2 - 3 - 8258）

870. 中央宣传部平津区特派员办公处为检送《管理收复区报纸等事业暂行办法》事致天津市政府函

1945 年 11 月 24 日

径启者：案准贵府乙字第一一一号公函，以中常会通过之管理报纸等办法尚未奉到，嘱予抄送以资依据。等由。准此，相应检附《管理收复区报纸等事业暂行办法》一份，函送贵府查照为荷。

此致天津市政府

计送办法一份〈略〉

特派员　张明炜

（津 J2 - 3 - 2817）

871. 中国国民党中央执行委员会宣传部为检送《管理收复区报纸通讯社杂志电影广播事业暂行办法》事致各省市党部各省市政府等电

1945 年 11 月 24 日

各省市党部、各省市政府、台湾行政长官公署、各区特派员均〔钧〕鉴：

顷准中央秘书处函，以本部拟具《管理收复区报纸通讯社杂志电影广播事业暂行办法》，业经陈奉中央常务委员会第九次会议决议修正通过，并函行政院即日公告施行，希查照办理。等由。除分电外，用特检附原办法一份，即希查照办理为荷。

中央宣传部申虞印

附抄件乙件〈略〉

（津 J2 - 3 - 8258）

872. 天津市政府为抄发《增订管理收复区各文化事业补充办法》事训令卫生局（附《增订管理收复区各文化事业补充办法》两项）

1945 年 11 月 25 日

令卫生局：

案奉行政院平陆字第二四二六三号训令内开：奉国民政府卅四年十月二十七日处字第四七四号训令略开：查《管理收复区报纸通讯社杂志电影广播事业暂行办法》业经令饬遵照在案，惟该项办法对于出版部分未经列入。兹为便利接收敌伪出版业务起见，复增订补充办法两项，令仰遵照并转饬遵照。等因。除分行外，合行抄发该项补充办法令仰遵照并转饬遵照。此令。等因。抄发《增订管理收复区各文化事业补充办法》两项。奉此，除分行外，合行抄发原件，令仰该局遵照。

此令

附抄发《增订管理收复区各文化事业补充办法》两项

市长　张廷谔

副市长　杜建时

增订管理收复区各文化事业补充办法

（一）敌伪机关或敌伪私人经营之书店、出版社、印刷厂等，得适用《管理收复区报纸通讯社杂志电影广播事业暂时〔行〕办法》甲项第一条之规定办理。

（二）收复区民营书店、出版社曾接受敌伪命令，代敌伪编印或印行教科书及敌伪宣传书刊，经查明附逆情节重大者，呈准中央宣传部后，得适用《管理收复区报纸通讯社杂志电影广播事业暂行办法》甲项第二条之规定办理。

（津 J116‑1‑232）

873. 国民党中央执行委员会宣传部为《英文北平时事日报天津分版》应予备案及经准复刊之报社依法登记事致天津市政府函

（附《修正出版法》及《修正出版法施行细则》）

1945 年 12 月 29 日

准贵府乙字秘第六号公函，为据《英文天津时事日报》改名为《英文北平时事日报天津分版》，呈定于十二月一日出版。等情。咨请查照。等由。准此，应准予备案，相应函复，即希查照，并希转饬该分版暨经准复刊之各报社，各依法填具登记声请书，重新登记为荷。附《修正出版法》一份备参考。

此致天津市政府

附《修正出版法》一份

部长　吴国桢

修正出版法

二十六年七月八日国民政府公布

第一章　总则

第一条　本法称出版品者，谓用机械印版或化学之方法所印制而供出售或散布之文书图画。

第二条　出版品分左列等三种：

一、新闻纸：指用一定名称，其刊期每日或隔六日以下之期间继续发行者而言；

二、杂志：指用一定名称，其刊期每星期或隔三月以下之期间继续发行者而言，但其内容以登载时事为主要者仍视为新闻纸；

三、书籍及其他出版品：凡前二款以外之一切出版品属之。

新闻纸或杂志之号外或增刊、副刊等视为新闻纸或杂志。

第三条　本法称发行人者，谓主办出版品之人。

第四条　本法称著作人者，谓著作文书图画之人。笔记他人之演述登载于出版品或令人登载之者，其笔记之人视为著作人，但演述人予以承诺者，应同负著作人之责任。

关于著作物之编纂，其编纂人视为著作人，但原著人予以承诺者，应同负著作人之责任。

关于著作物之翻译，其翻译人视为著作人。

关于专用学校、公司、会所或其他团体名义著作之出版品，其学校、公司、会所或其他团体之代表人视为著作人。

新闻纸所登载广告、启事以委托登载人为著作人；如委托登载人不明或无负民事责任之能力者，以发行人为著作人。

第五条　本法称编辑人者，谓掌管编辑新闻纸或杂志之人。

第六条　本法称印刷人者，谓主管印刷事业之人。

第七条　本法称地方主管官署者，在省为县政府或市政府，在直隶于行政院之市为社会局。

第八条　出版品于发行时，应由发行人分别呈缴左列机关各一份：

一、内政部；

二、中央宣传部；

三、地方主管官署；

四、国立图书馆及立法院图书馆。

改订增删原有之出版品而为发行者亦同。

党政机关之出版品，应依前二项规定分别寄送。

第二章　新闻纸及杂志

第九条　为新闻纸或杂志之发行者，应由发行人于首次发行前填具登记声请书，呈由发行所所在地之地方主管官署，于十五日内转呈省政府或直隶于行政院之市政府，核准后始得发行。省政府或直隶于行政院之市政府，接到前项登记声请书后，除特别情形外，应于二十八日内核定之，并转请内政部发给登记证。

内政部于发给登记证后，应将登记声请书抄送中央宣传部。

登记声请书应载明之事项如左：

一、新闻纸或杂志之名称；

二、社务组织；

三、资本数目及经济状况；

四、刊期，发行新闻纸者并应载明其版数；

五、发行所及印刷所之名称及所在地；

六、发行人及编辑人之姓名、年龄、经历及住所。

第十条　第九条所定应报请登记之事项有变更者，其发行人应于变更后七日内，按照登记时之程序报请变更登记。

前项变更登记之报请，如系变更新闻纸或杂志之名称或发行人者，应附缴原领登记证，按照第九条规定重行登记。

第十一条　第九条及第十条之登记不收费用。

第十二条　新闻纸中专以发行通讯稿为业者，地方主管官署于必要时，得派员检查其社务组织及发行状况。

第十三条　有左列情形之一者，不得为新闻纸或杂志之发行人或编辑人：

一、国内无住所者；

二、禁治产者；

三、被处徒刑或一月以上之拘役在执行中者；

四、褫夺公权者。

第十四条　有左列情形之一者，得禁止其为新闻纸或杂志之发行人或编辑人：

一、因违反第二十一条之规定受刑事处分者；

二、因贪污或诈欺行为受刑事处分者。

第十五条　新闻纸或杂志废止发行者，原发行人应按照登记时之程序报请注销登记。新闻纸逾所定刊期已满三个月、杂志逾所定刊期已满六个月尚未发行者，视为废止发行。

第十六条　新闻纸或杂志应记载发行人之姓名，登记证号数，发行年月日，发行所、印刷所之名称及所在地。

第十七条　新闻纸或杂志登载之事项，本人或直接关系人请求更正或登载辩驳书者，在日刊之新闻纸，应于接到请求后三日内更正或登载辩驳书；在其他新闻纸或杂志，应于接到请求后第二次发行前为之。但其更正或辩驳之内容显违法令，或未记明请求人之姓名、住所，或自原登载之日起逾六个月而始行请求者，不在此限。

更正或辩驳书之登载，其地位应与原文所登载者相当。

第三章　书籍及其他出版品

第十八条　书籍或其他出版品，应于其末幅记载著作人、发行人之姓名、住所，发行年月日，发行所、印刷所之名称及所在地。

第十九条　通知书、章程、营业报告书、目录、传单、广告、戏单、秩序单、各种表格、证书、证券及照片不适用第八条之规定。

第二十条　有关政治之传单或标语，非经地方主管官署许可不得印刷发行。

第四章　出版品登载事项之限制

第二十一条　出版品不得为左列各款言论或宣传之记载：

一、意图破坏中国国民党或违反三民主义者；

二、意图颠覆国民政府或损害中华民国利益者；

三、意图破坏公共秩序者。

第二十二条　出版品不得为妨害善良风俗之记载。

第二十三条　出版品不得登载禁止公开诉讼事件之辩论。

第二十四条　战时或遇有变乱及其他特殊必要时，得依国民政府命令之所定，禁止或限制出版品关于政治、军事、外交或地方治安事项之登载。

第二十五条　以广告、启事等方式登载于出版品者，应受前四条所规定之限制。

第五章　行政处分

第二十六条　不为第九条之报请登记，或就应登记之事项为不实之陈述而发行新闻纸或杂志者，得停止该新闻纸或杂志之发行。

不为第十条之报请变更登记而发行新闻纸或杂志者，得于其为合法之报请登记前停止该新闻纸或杂志之发行。

第二十七条　前条所定之处分，其出版品在县政府或市政府所在地发行者，应同时由该县政府或市政府呈请省政府核准；在省政府或直隶于行政院之市政府所在地发行者，应同时由该省政府或市政府咨请内政部核准方得执行。省政府核准执行者，应咨报内政部备案。

第二十八条　内政部认为出版品载有第二十一条所列事项之一，或违背第二十四条所定禁止或限制之事项者，得指明该事项，禁止出版品之出售及散布，并得于必要时扣押之。

依前项规定扣押之出版品，如经发行人之请求，得于删除该事项之记载或禁令解除时返还之。

第一项所定其情节轻微者，得由地方主管官署呈准该管省政府或市政府予以警告，并由该省政府或市政府转报内政部。

第二十九条　地方主管官署查有前条第一项之出版品，如认为必要时，得暂行禁止该出版品之出售、散布或暂行扣押，同时呈由省政府或直隶于行政院之市政府转报内政部核办。

第三十条　前条所定处分，其出版品如为新闻纸或杂志，在县政府或市政府所在地发行者，应由该县政府或市政府呈请省政府核办；在省政府或直隶于行政院之市政府所在地发行者，应由该省政府或市政府咨请内政部核办。

第三十一条　国外发行之出版品，有应受第二十八条第一项或第三十四条第一项之处分情形者，内政部得禁止其进口。

依前项规定禁止进口之出版品，省政府或市政府得于其进口时扣押之。

第三十二条　因新闻纸或杂志所载事项，依第二十八条第一项所定之处分，而其情节重大者，内政部得定期或永久停止其新闻纸或杂志之发行。违背前项禁止而发行之新闻纸或杂志，地方主管官署应扣押之。

第三十三条　扣押书籍或其他出版品，于必要时并扣押其底版。依前项规定扣押之底版，准用第二十八条第二项之规定。

第三十四条　出版品之记载，除有触犯刑法规定应依法办理外，其有违反第二十二条之规定情形较为重大者，内政部或地方主管官署呈经内政部核准，得禁止其出售、散布并得于必要时扣押之。

前项出版品如为新闻纸或杂志，并得定期停止其发行。

第三十五条　发行人违反第八条第一项或第二项之规定，不呈缴出版品者，处三十元以下罚锾。

第三十六条　发行人不为第九条或第十条之声请登记而发行新闻纸或杂志者，处一百元以下罚锾。

第三十七条　第十三条各款所列之人或因第十四条各款情形之一而受禁止之人，发行或编辑新闻纸或杂志者，处一百元以下罚锾。

第三十八条　发行人违反第十五条第一项之规定者，处二十元以下罚锾。

第三十九条　出版品不为第十六条或第十八条所定之记载或记载不实者，处发行人一百元以下罚锾。

第四十条　编辑人违反第十七条之规定者，处一百元以下罚锾。

第四十一条　新闻纸因受本章所定之行政处分，向处分该机关之上级官署诉愿时，该官署应于接受诉愿后十日内予以决定。

第六章　罚则

第四十二条　发行人或印刷人违反第二十条之规定者，处一百元以下罚金。

第四十三条　违反第二十一条之规定者，处发行人、编辑人、著作人及印刷人一年以下有期徒刑、拘役或一千元以下罚金；但其他法律规定有较重之处罚者依其规定。

第四十四条　违反第二十二条或第二十三条之规定者，处编辑人或著作人拘役或三百元以下罚金。

第四十五条　违反第二十四条所定之禁止或限制者，处发行人、编辑人、著作人及印刷人一年以下有期徒刑、拘役或一千元以下罚金。

第四十六条　出版品为新闻纸或杂志时，著作人受第四十三条处罚者，以对于其事项之登载具名负责任者为限，受第四十五条处罚之著作人亦同。

第四十七条　违反第二十六条所定之停止发行命令发行新闻纸或杂志者，处二百元以下罚金。

第四十八条　妨害第二十九条所定扣押处分之执行者，处二百元以下罚金。

第四十九条　发行人违背第二十八条第一项所定之禁止者，处一年以下有期徒刑、拘役或一千元以下罚金；其知情而出售或散布该项出版品者，处六月以下有期徒刑、拘役或五百元以下罚金。

违背第三十一条第一项所定之禁止及知情而输入、出售或散布该项出版品者，准用前项规定分别处罚。

第五十条　妨害第二十八条第一项、第三十一条第二项、第三十二条第二项、第三十三条所定扣押处分之执行者，处六月以下有期徒刑、拘役或五百元以下罚金。

第五十一条　发行人违背第三十二条第一项之禁止者，处一年以下有期徒刑、拘役或一千元以下罚金；其知情而出售或散布该项新闻纸或杂志者，处六月以下有期徒刑、拘役或五百元以下罚金。

第五十二条　本法所定各罪之追诉权逾一年而不行使者，因时效而消灭。第四十三条、第四十五条之情形，其追诉权之时效期间，自发行日起算。

第七章　附则

第五十三条　本法施行细则由内政部定之。

第五十四条　本法自公布日施行。

修正出版法施行细则

二十六年七月二十八日内政部公布

第一条　本细则依《出版法》第五十三条之规定订定之。

第二条　《出版法》及本细则关于地方主管官署之规定，于特区行政公署或设治局准用之。

第三条　出版品审核标准除依《出版法》第四章各条规定者外，并适用中央关于出版品之各项决议。

第四条　《出版法》第二条第一项第二款所称视为新闻纸者，以通常登载时事新闻地位在全部篇幅三分之二以上为标准。

依前项标准计算时应将登载之广告除去。

第五条　同一新闻纸或杂志另在他地出版发行者，视为独立之新闻纸或杂志。

第六条　《出版法》第九条第二项第三款所定登记声请书应载明之资本数目，如系刊行新闻纸者，得依照左列规定其额数：

一、在人口百万以上之省政府或市政府所在地刊行报纸者一万元以上，刊行通讯稿者三千元以上；

二、在人口未满百万之省政府或市政府所在地刊行报纸者六千元以上，刊行通讯稿者一千元以上；

三、在特区行政公署、县政府或设治局所在地刊行报纸者一千元以上，刊行通讯稿者二百元以上；但该地向无报社或通讯社之设立而创刊报纸者得减低至五百元以上，创刊通讯稿者得减低至一百元以上。新闻纸在前项第一款至第三款所定区域以外之地方刊行者，其资本额数得由省、市政府或特区行政公署酌定，分别咨呈内政部查核备案。

第七条　《出版法》修正实施前已登记之新闻纸，应于《出版法》修正实施后六个月内，依照前条规定补行资本额数登记之声请。

不依前项规定限期补行资本额数登记之声请者，得依《出版法》第二十六条之规定，停止该新闻纸之发行。

第八条　《出版法》第九条第二项第六款所定登记声请书应载明之经历，如为新闻纸之发行人时，以具有左列资格之一者为合格：

一、在教育部认可之国内外大学或专科学校毕业，得有证书者；

二、在教育部认可之高级中学毕业，并服务新闻事业三年以上有证明书者；

三、在新闻事业之主管机关服务三年以上有证明文件者；

四、服务新闻事业五年以上有相当证明者。

第九条　新闻纸或杂志之发行人依《出版法》第九条声请登记时，应照规定格式，填具登记声请书四份为之。

第十条　地方主管官署于依《出版法》第九条第一项呈转新闻纸或杂志之登记声请时，应送当地同级党部审查同意后，于登记声请书内加具意见，以一份存查，三份呈送省政府或直隶于行政院之市政府。

第十一条　省政府或直隶于行政院之市政府，于依《出版法》第九条第二项核定新闻纸或杂志之登记声请书时，应送当地同级党部审查同意后，除不予核转登记者，得径行饬知并咨报内政部外，其准予核转登记者，于登记声请书内加具意见，以一份存查，二份咨送内政部。

第十二条　内政部接到前条登记文件，应送中央宣传部审查，同意后发给登记证。

第十三条　前四条规定，于新闻纸或杂志变更登记或注销登记时准用之。

第十四条　新闻纸或杂志因转让发行而声请变更登记者，应由前发行人与新发行人共同具名声请之。

第十五条　地方主管官署于已核准登记之新闻纸或杂志，应将登记声请书抄送该管警察机关，其变更登记或注销登记时亦同。

第十六条　地方主管官署于依《出版法》第十二条检查通讯社之社务组织及发行状况时，应将检查结果呈报省政府或直隶于行政院之市政府转报内政部，并由内政部函达中央宣传部。

第十七条　新闻纸或杂志依《出版法》第十六条应记载之登记证号数，在声请核准后未领到登记证前，应记载声请核准之年月日。

不为前项所定之记载或记载不实者，准用《出版法》第三十九条之规定处罚之。

第十八条　登记证因故遗失或损坏时，其发行人应即登报声明作废，并检同所登声明报纸，呈请地方主管官署转请补发之。

违反前项规定者，准用《出版法》第三十八条之规定处罚。

第十九条　《出版法》第八条第一项第四款所称国立图书馆，以国立中央图书馆及国立北平图书馆为限。

第二十条　发行人依《出版法》第八条第一项或第二项呈缴出版品时，应制备出版品呈缴簿，盖用邮政机关或呈缴机关之递寄或收受戳记，以备查考。

第二十一条　中央宣传部如发见出版品有应受出版法处分之情形，得函请内政部办理之。

第二十二条　《出版法》第二十六条所定陈述不实之停止处分，地方主管官署或省、市政府，于依《出版法》第二十七条规定程序办理前，应令该发行人呈复并派员查明。

第二十三条　地方主管官署依《出版法》第二十八条第三项得予警告之出版品，以新闻纸及杂志为限。

前项警告应以书面行之。

第二十四条　新闻纸及杂志因事暂行停刊时，其发行人应呈报地方主管官署转报内政部，并由内政部函达中央宣传部。

前项停刊日数每年积计，在新闻纸不得逾三个月，在杂志不得逾六个月，违者得注销其登记。

发行人违反第一项规定者，准用《出版法》第三十八条之规定处罚之。

第二十五条　有关政治之传单或标语由党政机关发行者，得免除《出版法》第二十条规定之手续。

第二十六条　《出版法》及本细则所规定之声请书、登记证等格式另订之。

第二十七条　本细则如有未尽事宜，由内政部修正之。

第二十八条　本细则自《出版法》施行之日施行。

新闻纸或杂志之发行人依《出版法》第九条及同法施行细则第九条声请登记者适用之。

新闻纸杂志登记声请书						
名　　称						
类　　别			刊　　期			
社务组织						
资本数目			经济状况			
发行人〔所〕名称			地　　点			
印刷所名称			地　　点			
发行人及编辑人	姓名	发行人	编　辑　人			
	籍贯					
	年龄					
	学历					
	经历					
	是否党员及党证字号					
	住所					
附　　注						
考查意见						
复核意见						

兹因发行　　　　，谨依《出版法》第九条及同法施行细则第九条之规定，开具右列事项，声请登记。

谨呈某某省某某县（市）政府、〔某某〕市社会局；某某特区行政公署、〔某某〕省设治局

具声请书人　某某社

发行人　某姓某名（盖章）

中华民国　年　月　日

说明

一、凡为新闻纸或杂志之发行者，应由发行人向地方主管公署领取此项声请书，依

式填具四份声请之；

　　二、类别栏须填明新闻纸或杂志或通讯社；

　　三、刊期系指日刊、周刊、旬刊、月刊、季刊等刊期所言，应于本栏内填明之；

　　四、发行人指主办新闻纸或杂志之人，如有二人以上时，应互推一人具名声请之；

　　五、编辑人指掌管编辑之人，应于本栏内分别填明；

　　六、考查意见栏由地方主管官署填写，复核意见报由省政府或直隶行政院之市政府填写。

声请书式（二）

　　新闻纸或杂志之发行人依《出版法》第十条及同法施行细则第十四条声请变更登记者适用之。

新闻纸杂志变更登记声请书

名　　称		
发行人姓名		
原登记核准之年月日		
登记证号数及发给之年月日		
首次发行之年月		
声请变更事项	原登记者	
	现变更者	
变更之原因		
变更之年月日		
附　　注		
考查意见		
复核意见		

　　兹依《出版法》第十条及同法施行细则第十四条之规定，开具右列事项声请变更登记。

　　谨呈某某省某某县（市）政府、[某某] 市社会局；某某特区行政公署、[某某] 省设治局

具声请书人　某某社某姓某名（盖章）

说明

　　凡新闻纸或杂志因登记事项变更，声请变更登记者，应由发行人向地方主管公署领取此项声请书，依式填具四份声请之。

声请书式（三）

新闻纸或杂志之发行人依《出版法》第十五条第一项声请注销登记者适用之。

新闻纸杂志注销登记声请书

名称	
发行人姓名	
原登记核准之年月日	
登记证号数及发给之年月日	
废止发行之原因	
废止发行年月日	
附注	

兹依《出版法》第十五条第一项之规定，开具右列事项声请注销登记。

谨呈某某省某某县（市）政府、〔某某〕市社会局；某某特区行政公署、〔某某〕省某某设治局

具声请书人　某某社发行人某姓某名（盖章）

说明

凡新闻纸或杂志因废止发行声请注销登记者，应由发行人向地方主管公署领取此项声请书，依式填具四份，连同原领登记证声请之。

新闻纸登记证式

内政部依《出版法》第九条第二项发给登记证时适用之。

封面（红色）

新
闻
纸
登
记
证

里面

内政部新闻纸登记证

警字第　号

兹据　　社依法声请登记，业经

审核相符，除登记外，合给登记证，此证。

右给

发行人　收执

中华民国　年　月　日

杂志登记证式

内政部依《出版法》第九条第二项发给登记证时适用之。

封面（蓝色）

杂志登记证

里面

里面（表格内容，竖排）：

内政部杂志登记证

兹据

社依法声请登记，业经

审核相符 除登记外，合给登记证 此证。

右给

发行人 收执

警字第 号

中华民国 年 月 日

（津 J2－2－470）

874. 内政部为检送《管理收复区报纸通讯社杂志电影广播事业暂行办法》事致天津市政府函

1946 年 1 月 2 日

层奉国民政府三十四年九月二十日处字第三二八号训令开：中央宣传部拟订之《管理收复区报纸通讯社杂志电影广播事业暂行办法》业经中央执行委员会常会第九次会议、国防最高委员会第一百六十九次常务会议联席会议决议修正通过。抄发该项办法，令仰遵照并转饬遵照。等因。除分行外，检送该项办法函请查照，并转饬遵照为荷。

此致天津市政府

附送《管理收复区报纸通讯社杂志电影广播事业暂行办法》一份〈略〉

部长 张厉生

（津 J2－3－8258）

875. 天津市政府为抄发《管理收复区报纸通讯社杂志电影广播事业暂行办法》事训令社会局

1946 年 1 月 14 日

令社会局:

案准内政部渝警字第二九三六号公函内开: 层奉国民政府三十四年九月二十日处字第三二八号训令开: 中央宣传部拟订之《管理收复区报纸通讯社 [杂志] 电影广播事业暂行办法》业经中央执行委员会常会第九次会议、国防最高委员会第一百六十九次常务会议联席会议决议修正通过。抄发该项办法, 令仰遵照并转饬遵照。等因。除分行外, 检送该项办法函请查照, 并转饬遵照为荷。等由。附送《管理收复区报纸通讯社杂志电影广播事业暂行办法》一份。准此, 除分令教育、警察两局遵照外, 合行抄同原办法, 令仰该局即便遵照为要。

此令

附抄发原办法一份〈略〉

市长　张廷谔

副市长　杜建时

(津 J25 - 3 - 397)

876. 中央宣传部平津区特派员办公处为继续办理新闻纸杂志登记事致天津市政府函 (附《新闻纸杂志登记声请书》式)

1946 年 1 月 21 日

径启者: 查本处奉令结束所有经办事宜, 除广播、电影事业分别交由中央广播事业管理处、平津区广播电台接收专员办事处及中央电影服务处北平分处继续管理外, 至关新闻纸、杂志申请登记事项, 遵照中央规定, 应由当地政府继续办理。相应检同新闻纸杂志登记声请书式一份, 备函送请查照办理为荷。

此致天津市政府

附件如文

特派员　张明炜

新闻纸杂志登记声请书											
名　称											
类　别					刊　期						
社务组织											
资本数目					经济状况						
发行所	名　称					地　址					
印刷所	名　称					地　址					
发行人及编辑人	姓名	发行人				编　辑　人					
	籍贯										
	·年龄										
	学历										
	经历										
	是否党员及党证字号										
	住所										
附　注											
考查意见											
复核意见											

〈下残〉

（津 J2－3－8258）

877. 天津市政府为调整限制报纸通讯社登记及新闻检查事训令社会局

1946 年 2 月 26 日

令社会局：

　　案准内政部本年二月十三日渝警字第〇六〇六号公函内开：奉行政院三十四年十二月十一日平陆字第二七五〇八号训令内开：准国防最高委员会秘书厅本年十一月二十八日公函内开：准中央执行委员会秘书处本年十一月二十三日渝（卅五）机字第二九一四号函开：查《管理收复区报纸通讯社杂志电影广播事业暂行办法》业经公布施行，其中关于限制报纸及通讯社之登记暨新闻检查，有认为应再加以考虑之必要，兹经中央第十四次常会讨论，以《出版法》正在修订中，其中对于报纸及通讯社之登记当另有规定，爰经决议，《修正出版法》公布后，本办法中关于登记限制之规定自失效力。如《修正出版法》在短期内未能公布，应俟还都之后，现〔视〕收复地区社会秩序恢复之情况，分区递渐停止实施新闻检查及登记限制办法在案。除函中央宣传部外，相应函达，即希查照转陈。等由到厅。经陈奉批：由厅分函行政、立法两院查照。除函立法院外，相应函请查照为荷。等由。准此，合行令仰该局知照。

此令

市长　张廷谔

副市长　杜建时

（津 J25‑3‑397）

878. 天津市政府社会局为抄发《修正出版法》第八条条文事致天津各报社杂志社代电（附《修正出版法》第八条条文）

1946 年 3 月 15 日

天津各报社、杂志社鉴：

案奉市政府训令略开：以奉行政院准立法院函请转饬发行人于出版品发行时，依法呈缴立法院图书馆一份。等因。兹抄附《修正出版法》第八条条文，电希查照迅将首次发行之报纸、杂志分别呈缴法定机关各一份，以符功令，并予见复。

附抄发《修正出版法》第八条条文

天津市政府社会局〇〇印

《修正出版法》第八条条文

第八条　出版品于发行时，应由发行人分别呈缴左列机关各一份：

一、内政部；

二、中央宣传部；

三、地方主管官署；

四、国立图书馆及立法院图书馆。

改订增删原有之出版品而为发行者亦同。

党政机关之出版品应依前二项规定分别寄送。

附注：第一项第四款所称国立图书馆，以国立中央图书馆及国立北平图书馆为限。

照附单分缮：天津中华日报社、天津民国日报社、天津大公报社、天津青年日报社、天津益世报社、北平英文时事日报天津分版社、天津建国日报社、河北新闻社、小学生杂志社、华北劳动月刊社、经济半月刊社

（津 J25 - 3 - 6182）

879. 中国国民党天津特别市执行委员会为请转饬未重行登记各复刊报社通讯社依法补办手续事致天津市政府社会局函

1946 年 5 月 15 日

案准中央宣传部渝 35 利新字 2082 号函开：查天津市经准复刊之报社、通讯社，尚有未据呈请重行登记者，即希转饬依法补办登记手续。等由。准此，相应函达，即希转饬未据呈请重行登记各复刊报社、通讯社，从速依法补办登记手续为荷。

此致天津市政府社会局

卞仟委员　邵华

（津 J25 - 3 - 397）

880. 天津市政府社会局为关于新闻纸杂志登记案件究应如何办理事呈天津市政府文

1946 年 6 月 22 日

案查前奉钧府本年五月十七日丙秘叁字第二九四七号训令，以准国民党天津市执行委员会函，为新闻纸或杂志登记案件应先送新闻处审核，再送同级党部会核盖章后，仍送还政府机关咨转核办，饬遵照办理。等因。正拟遵办间，复奉钧府丙秘叁字第四〇九八号指令，以新闻处虽尚未成立，但应送同级党部会核盖章，此项手续应由该局办理，手续完毕呈府核转各等因。奉此，自应遵办。惟查市党部系与钧府同级，若由职局将登记案件径送该党部会核，于手续上似恐未合。奉令前因，究应如何办理之处，理合具文签请，伏祈鉴察指示祗遵。

谨呈市长张、副市长杜

社会局长　胡〇〇

（津 J25 - 3 - 6072）

881. 上海市社会局为禁止代售未经核准之报刊杂志事训令书商业同业公会

1946 年 6 月 24 日

令书商业同业公会：

　　案奉上海市政府沪秘二字第一四一五号训令，略以第三十二次市政会议临时动议第四案，警察局局长提凡未领得登记证之报纸什志应如何处理案，决议凡未登记之什志限即日停刊并列表通知书摊业及报贩业禁止代售，违则严办。至已登记之什志，不得刊载诲淫诲盗之文字及图画，一经查出，即依法严予处分。等因。奉此，查报纸什志须呈经核准方得发行，兹将本市已经中央核准及呈经本局准予核转什志名称列单通知，凡未经单内列入者，各该书摊及报贩等一律禁止代售。其已登记之什志如有刊载诲淫诲盗之文字及图画并须随时注意检举，除分行并函警察局外，合亟令仰遵照并转饬所属一体遵照为要。

　　此令

　　附发本市已核准核转之什志名单一份〈略〉

局长　吴开先

副局长　李剑华

（沪 S313‐1‐156）

882. 天津市政府社会局为新闻纸等登记核查程序事呈天津市政府文

1946 年 6 月 25 日

　　案查前奉钧府本年五月十七日丙秘叁字第二九四七号训令，以准国民党天津市执行委员会函，为新闻纸或杂志登记案件应先送新闻处审核，再送同级党部会核盖章后，仍送还政府机关咨转核办，饬遵照办理。等因。正拟遵办间，复奉钧府丙秘叁字第四零九八号指令，以新闻处虽尚未成立，但应送同级党部会核盖章，此项手续应由该局办理，手续完毕呈府核转各等因。奉此，自应遵办。惟查市党部系与钧府同级，若由职局将登记案件径送该党部会核，于手续上似恐未合。奉令前因，究应如何办理之处，理合具文签请，伏祈鉴察指示祗遵。

　　谨呈市长张、副市长杜

社会局局长　胡梦华谨签

（津 J2‐3‐8257）

883. 上海市警察局为查禁未经核准登记擅自发行刊物事训令各分局

1946 年 7 月 20 日

令各分局长：

　　查各种刊物凡未经中央登记核准擅自发行，皆应依法严禁，前经通令饬遵在案。兹查市上仍有改头换面私自印制销售于书报摊者，实属故违功令，目无法纪。合亟重申前令，仰该分局长遵照，逐日派员至管区各书报摊严密检查，务期彻底禁绝，毋得违误。

　　此令

局长　宣铁吾

（沪 Q156 - 4 - 58）

884. 天津市政府社会局为陈明办理新闻纸杂志登记案件
审查核定权限事呈天津市政府文

1946 年 7 月 22 日

　　查关于办理新闻纸、杂志登记案件，本局为初核机关，对于声请人依据《出版法》第九条规定所为之登记事项，负调查审核之责，呈候钧府及市党部即以核定。惟为防范共党报刊登记起见，对于发行人、编辑人之思想、背景等均须加以详细调查，此项工作关于党务，似应由市党部专门负责。除函请市党部查照办理外，理合呈报，仰祈鉴核备查。

　　谨呈市长张、副市长杜

天津市政府社会局局长　胡梦华

（津 J2 - 3 - 8257）

885. 天津市政府为准天津市党部改善报纸杂志登记办法事训令社会局

1946 年 7 月 29 日

令社会局：

　　案准天津市党部本年七月十九日宣字第〇五八五号公函内开：案准中央宣传部宁（35）利新字第一一四二号代电内开：查报纸、杂志之登记受《非常时期报社通讯社杂志社登记管制暂行办法》之限制，以及各省市党部及政府间采积案汇转办法，不无稽延时日。兹以前项限制办法既经废止，为期以后报纸、杂志登记办理迅速起见，爰本部会同内政部决定改善办法二项：

（一）凡声请登记之新闻纸、杂志，经省政府或直辖于行政院之市政府核转后即可准许发行，但有特别情形或以《出版法》第廿一条所列情形为立场者，应不予核转，限制其发行并咨报内政部备查。

（二）各级党部及政府对于新闻纸及杂志之登记案件应随时办理，不得积案汇转。

以上两项办法，除由内政部咨行各省市政府并分函外，用特电达，即希贵处会同遵办为荷。等由。准此，合行令仰该局知照。

此令

市长　张廷谔

副市长　杜建时

（津 J25‑3‑397）

886. 内政部为未经呈准登记擅行发行之新闻纸杂志应即依法严行取缔事致天津市政府函

1946 年 8 月 13 日

查新闻纸、杂志声请登记，依法应呈经省政府或直隶行政院之市政府核准后始得发行，同时并应由省政府或直隶行政院之市政府转请本部给证，方为登记手续之完成，历经分行查照办理在案。惟自抗战胜利结束后，各地报社、通讯社、杂志社纷纷设立，多未经呈准登记擅自发行，而不良分子更乘机歪曲事实，制造谣言，煽惑人心，阻挠建国工作之进行，应即严行查禁，以杜流弊。嗣后凡未经呈准登记擅行发行之新闻纸、通讯社、杂志，应依照《出版法》第二十六条之规定停止其发行。如依同法第九条核转登记时，并请于原声请书复核意见栏详加考语，加盖印信。相应函请查照，切实办理见复为荷。

此致天津市政府

部长　张厉生

（津 J2‑3‑8261）

887. 天津市政府为未经呈准登记擅行发行之新闻纸杂志应即依法严行取缔事训令社会局

1946 年 8 月 13 日

令社会局：

案准内政部本年八月十三日警字第六三九号函称：查新闻纸、杂志声请登记，依法应呈经省政府或直隶行政院之市政府核准后始得发行云云。相应函请查照，切实办理见复为荷。等因。准此，自应遵办。除函复外，合行令仰该局遵照切实办理。

此令

（津 J2 - 3 - 8261）

888. 天津市政府为未经呈准擅行发行之新闻纸杂志应即依法取缔事复内政部函

1946 年 8 月 28 日

案准贵部本年八月十三日警字第六三九号函略开：未经呈准登记擅行发行之新闻纸、杂志应即依法严行取缔，函请查照办理见复。等因。准此，自应遵办。除转饬社会局遵照办理外，相应函复查照为荷。

此致内政部

（津 J2 - 3 - 8261）

889. 天津市新闻纸检讨委员会限制本市游艺刊物及画报措置办法

1946 年 11 月 13 日

窃查游艺画报内中文字，除描述剧艺人生活及粉色新闻而外，殊少有价值论著。兹查此项刊物登记日多，而上海出版者更纷来本市销售，充满书坊报摊，于社会风气不无影响。据报载，青岛当局现已禁止黄色刊物，实不无见地。为此谨拟措置办法，可否施行恭祈核示：

一、限制本市游艺刊物登记；

二、对本市已发刊之画报内容饬加改正；

三、对外埠流入之画报、杂志等加以调查，凡有伤风化者及思想不良者，不论有无登记证，概函警察局予以禁止。

〈略〉

（津 J25 - 3 - 6056）

890. 天津市政府为准天津市党部函嘱新闻纸或杂志之发行应遵照《出版法》之规定层转核办事训令社会局

1946 年 11 月 15 日

令社会局：

　　案准中国国民党天津特别市执行委员会公函内开：案准中国国民党中央执行委员会宣传部宁（35）利新字第三一七九号公函内开：查为新闻纸或杂志之发行者，应呈由发行所所在地之地方主管官署，转呈省政府或直隶于行政院之市政府核准后始得发行，《出版法》第九条已有明白规定。至党政双方应办之手续，《出版法施行细则》第十条至第十二条亦有明白规定。其不予核转登记者，省政府或直隶于行政院之市政府得径行饬知，并咨报内政部，《出版法施行细则》第十一条亦有明白规定，自应切实遵行，并应于声请书内加具意见，盖用印信，以昭郑重。他如：（一）声请人所具声请书亦用墨笔填写者，应予退回。（二）凡经核准登记之新闻纸或杂志，应遵照《出版法》第八条之规定送审，并应遵照《出版法》第十六条之规定，记载发行人之姓名，登记证号数，发行年月日，发行所、印刷所之名称及所在地，违者应依法分别予以纠正。等因。准此，相应函达，即请查照并转饬遵办为荷。等由。准此，除函复外，合行令仰该局遵照，并转饬遵照为要。

　　此令

市长　杜建时

副市长　张子奇

（津 J25 - 3 - 371）

891. 天津市政府社会局为开会审查各游艺画刊内容函请届时派员出席事致市政府新闻处等函

1946 年 11 月 29 日

　　兹订于十二月三日上午十时，在本局开会审查各游艺画刊内容，相应函达，即希查照，届时派员出席为荷。

此致新闻处、教育局、中国国民党天津特别市执行委员会、三民主义青年团天津支团部、第二军政治部、警察局、市参议会

（津 J25－3－6065）

892. 天津市教育局职员曹明贤为报告参加社会局审查各游艺画刊会议情形事签呈科长转呈局长文

1946 年 12 月 3 日

窃职奉派至社会局参加审查各种游艺画刊会议，遵即于十二月三日上午十时出席。主席为该局文化礼俗科陈嘉祥科长，参加单位为社会、警察、教育三局暨市府新闻处、支团部五单位。兹将开会经过情形签报如左：

一、发刊问题——登记后三个月未发刊者暨停刊已过三个月者，不准再行发刊。

二、试稿问题——未经登记而试稿者一概禁止。

三、游艺刊物登记问题——尚可继续登记，然内容以有助社教工作为原则。

四、审查出版物内容问题——组织天津市出版物检讨委员会，每两星期开会一次，借资检讨。本市现有之出版物之内容，如有妨碍社会进展、诲盗诲淫之刊物，即令其停刊。并规定每隔两星期之星期二上午十一时为开会时间。

以上开会情形，理合签报鉴核。

谨呈科长曹转呈局长郝

职　曹明贤签呈

（津 J110－3－2177）

893. 内政部为规定新闻纸杂志清查换证办法请查照公告转饬办理事致天津市政府函

1946 年 12 月 3 日

查各地经本部核准登记之新闻纸、杂志，前因抗战军事影响，迁徙转进，变动颇大，加以本部在战时所发登记证限于物力，其纸质容有陋劣，持用自难耐久。际兹文化复员，亟宜从事清查，换发新证，以保障其发行，并明了其实际分布之情况。特规定清查换证办法四点：

一、凡三十五年七月以前经核准登记给证，而现在继续发行之新闻纸、杂志，应一律

换领新登记证。

二、换领新登记证，应由各该新闻纸社、杂志社将原领登记证连同最近出版之该项新闻纸或杂志一份，呈由地方主管官署层转本部办理。

三、地方主管官署及省、市政府核转前项换领登记证案件，应随到随办，送部换发新证，仍应迅速转给，俾利发行。

四、前经核准登记给证，已逾《出版法》规定刊期尚未发行之新闻纸、杂志，应由地方主管官署负责查明，缴同原领登记证转部注销。

相应函请查照，登报公告，转饬办理并见复为荷。

此致天津市政府

部长　张厉生

（津 J2‐3‐8257）

894. 上海市社会局为召开报刊审核小组会议事致上海市政府新闻处函

1946 年 12 月 16 日

查本局办理各报刊登记，因转送会核费时甚多，为求迅速起见，曾拟订审核小组简则，经派本局卢科长就商修订后，已呈奉上海市政府令准备案。兹定于本月十七日（星期二）下午三时在本局会议室召开第一次会议，相应检件函达，即希查照派员莅临参加，以利进行为荷。

此致市政府新闻处

附送《上海市各报刊审核小组会议简则》一份

局长　吴开先

副局长　李剑华

上海市各报刊审核小组会议简则

一、本简则参照《出版法施行细则》第十条及中央宣传部渝（35）利新字第三六三五号公函之规定订定之。

二、本小组由上海市党部、市府新闻处及社会局等三机关各派代表一人组织之。

三、凡人民申请发行报刊由社会局依法核转，但须经本小组共同审核决定。

四、本小组审核事项暂定如左：

（一）发刊旨趣及计划；

（二）资金数目及来源；

（三）发行人、编辑人之资历及背景；

（四）发行所地址及设备状况；

（五）印刷所地址及订约内容。

五、本小组于每周开会一次，必要时得由社会局随时召集之。

六、本简则经有关机关会商同意，呈报中央备案后施行。

（沪 Q431－1－341）

895. 天津市政府为内政部规定新闻纸杂志清查换证办法事公告

1946 年 12 月 19 日

案准内政部安四字第三六二三号函开：规定新闻纸杂志清查换证办法四点：（一）凡三十五年七月以前经核准登记给证，而现在继续发行之新闻纸、杂志，应一律换领新登记证。（二）换领新登记证，应由各该新闻纸社、杂志社将原领登记证连同最近出版之该项新闻纸或杂志一份，呈由地方主管官署层转本部办理。（三）地方主管官署及省、市政府核转前项换领登记证案件，应随到随办，送部换发新证，仍应迅速转给，俾利发行。（四）前经核准登记给证，已逾《出版法》规定刊期尚未发行之新闻纸、杂志，应由地方主管官署负责查明，缴同原领登记证转部注销。等由。除饬社会局遵照办理外，合行登报公告，仰各新闻报社、杂志社迅即遵照前往本府社局登记换证，勿稍迟延为要。

特此公告

（津 J2－3－8257）

896. 天津市政府为转发新闻纸杂志清查换证办法事训令社会局

1946 年 12 月 20 日

令社会局：

案准内政部安四字第 3623 号公函内开：查各地经本部核准登记之新闻纸、杂志，前因抗战军事影响，迁徙转进，变动颇大，加以本部在战时所发登记证限于物力，其纸质容有陋劣，持用自难耐久。际兹文化复员，亟宜从事清查，换发新证，以保障其发行，并明了其实际分布之情况，特规定清查换证办法四点：

一、凡卅五年七月以前经核准登记给证，而现在继续发行之新闻纸、杂志，应一律换领新登记证。

二、换领新登记证，应由各该新闻纸社、杂志社将原领登记证连同最近出版之该项新闻纸或杂志一份，呈由地方主管官署层转本部办理。

三、地方主管官署及省、市政府核转前项换领登记证案件，应随到随办，送部换发新证，仍应迅速转给，俾利发行。

四、前经核准登记给证，已逾《出版法》规定刊期尚未发行之新闻纸、杂志，应由地方主管官署负责查明，缴同原领登记证转部注销。

相应函请查照，登报公告，转饬办理并见复为荷。等由。准此，除登报公告外，合行令仰该局遵照办理具报为要。

此令

市长　杜建时

副市长　张子奇

（津 J25‑3‑6181）

897. 天津市政府为关于限制新闻纸杂志之发行法无规定
应审慎处理事训令社会局

1947 年 1 月 21 日

令社会局：

案据该局三十五年十一月二十七日签呈，为请咨内政部准予限制游艺刊物暂缓登记一案，当经据情咨转并指令在案。兹准内政部安四字第四七五〇号函复内开：准贵市政府本年十二月四日勇闻字第六五号函云云，相应函复查照为荷。等由。准此，合行令仰该局遵照。

此令

（津 J2‑3‑8258）

898. 天津市政府社会局为颁发新闻纸杂志变更登记声请书及
著作物注册申请书事呈市政府文

1947 年 2 月 7 日

窃查关于新闻纸杂志变更登记声请书及著作物注册申请书，本局尚无此种格式，拟请钧府赐予转咨内政部颁发，俾资遵循。是否有当，理合具文呈请，伏祈鉴核示遵。

谨呈市长杜、副市长张

职　胡梦华

（津 J2－3－8281）

899. 天津市政府为颁发新闻纸杂志变更登记声请书及著作物注册声请书格式事致内政部咨暨指令社会局

1947 年 2 月 15 日

案据社会局局长胡梦华签呈略称：为关于新闻纸杂志变更登记声请书暨著作物注册声请书格式请转请颁发，俾便遵循。等情前来。相应据情咨请贵部查核颁发为荷。

此咨内政部

令社会局：

签呈一件，为转请颁发新闻纸杂志变更登记声请书及著作物注册声请书格式由。签呈悉。已转咨内政部查核颁发矣，仰即知照。

此令

（津 J2－3－8281）

900. 内政部为新闻纸杂志之声请登记应依照《出版法》层转核办事致天津市政府函

1947 年 2 月 20 日

查为新闻纸或杂志之发行者，应呈由发行所所在地之地方主管官署，转呈省政府或直隶于行政院之市政府核准后始得发行，《出版法》第九条已有明白规定。至党政双方应办之手续，《出版法施行细则》第十条至第十二条亦有明白规定。其不予核转登记者，省政府或直隶于行政院之市政府得径行饬知，并咨报内政部，《出版法施行细则》第十一条亦有明白规定，自应切实遵行，并应于声请书内加具意见，盖用印信，以昭郑重。他如：（一）声请人所具声请书亦用墨笔填写者，应予退回。（二）凡经核准登记之新闻纸或杂志，应遵照《出版法》第八条之规定送审，并应遵照《出版法》第十六条之规定，记载发行人之姓名，登记证号数，发行年月日，发行所、印刷所之名称及所在地，违者应依法分别予以纠正。除分函外，相应函请查照，饬属注意办理为荷。

此致天津市政府

部长　张厉生

901. 上海市社会局为规范刊物承印事训令上海市彩印工业同业公会

1947年3月1日

近查本市常有违禁刊物发现，亟应予以取缔。自后凡有违反《出版法》第二十一条及第二十二条各项规定之刊物，该业概不得代为承印，以重法纪。合行仰遵照办理并转饬各会员遵照为要。

此令

照抄《出版法》第二十一条、第二十二条条文一份

局长　吴开先

副局长　李剑华

出版法

第二十一条　出版品不得为左列各款言论或宣传之记载：

一、意图破坏中国国民党或违反三民主义者；

二、意图颠覆国民政府或损害中华民国利益者；

三、意图破坏公共秩序者。

第二十二条　出版品不得为妨害善良风俗之记载。

902. 天津市政府为新闻纸杂志之声请登记应依照《出版法》
层转核办事训令社会局

1947年3月3日

令社会局：

案准内政部（36）安四字第二二八三号公函内开：查为新闻纸或杂志之发行者云云，相应函请查照，饬属注意办理为荷。等由。准此，合行令仰该局遵照注意办理为要。

此令

（津 J2－3－8258）

903. 天津市政府为修正新闻纸杂志登记声请书事训令社会局

1947 年 5 月 9 日

令社会局：

案准内政部（36）安四字第四八六六号公函内开：查《宪法》业经明令公布，行宪瞬忽即届，现行《出版法施行细则》新闻纸杂志登记声请书中"是否党员及党证字号"一栏，由于时势推移，自应参酌实际情况，修正为"党籍或参加团体"，同时为加强出版业辅导起见，另行增加"业务概况"一栏，并将"编辑人"一栏分为"主编人""编辑人"两栏。又全国各地出版业实际情形本部拟力求了然，借作参考，兹复关于"考查""复核"两栏，应请尽量详细填具意见。举凡该新闻纸、杂志社之政治关系、社会背景，发行人、编辑人品性、有无嗜好、曾否受过处分等有关事项，均应详查填列（如空白不敷应用，可加浮条如上）。其如前此登记案件，则利用清查时间，于文到三个月内将上述有关事项分别列表送部。除呈报并分行外，相应检附修正登记声请书式函请查照办理，并转饬所属遵照为荷。等由。附修正新闻纸杂志登记声请书式一份。准此，合行抄发修正书式，令仰该局遵办为要。

此令
附抄发修正新闻纸杂志登记声请书式一纸

市长　杜建时
副市长　张子奇

新闻纸杂志登记声请书			
名　　称			
类　　别		刊　　期	
发行旨趣			
社务组织			
资本数目		经济状况	
业务状况			

发行人及编辑人		[发行人]	主编人		编辑人	
	姓名					
	籍贯					
	年龄					
	学历					
	经历					
	党籍或参加团体					
	住所					
附注						
考查意见						
复核意见						

发行所名称 ＿＿＿ 地址 ＿＿＿
印刷所名称 ＿＿＿ 地址 ＿＿＿

说明: 照《出版法施行细则》声请书式抄

（津 J25－3－6182）

904. 中国国民党天津特别市执行委员会为检送修正新闻纸杂志登记声请书式样事致天津市政府函

1947 年 5 月 27 日

案准中央宣传部京（36）宪三字第一八四一号函: 准内政部（36）安四字第四八六六号函开: 查《宪法》业经明令公布，行宪瞬息即届，现行《出版法施行细则》新闻纸杂志登记申请书中"是否党员及党证字号"一栏，由于时势推移，自应参酌实际情况，修正为"党籍或参加团体"，同时为加强出版业辅导起见，另行增加"业务状况"一栏，并将"编辑人"一栏分为"主编人""编辑人"两栏，期能适合实际。除通行外，相应检同修正表式函请查照。等由。附表式一份。准此，除分函社会局外，相应检同修正表式，函请查照办理为荷。

此致天津市政府

附表式一份〈略〉

主任委员　邵华

（津 J2－3－8285）

905. 中国国民党天津特别市执行委员会为修正新闻纸杂志登记声请书事致天津市政府社会局函

1947 年 5 月 27 日

案准中央宣传部京（36）宪三字第一八四一号函，准内政部（36）安四字第四八六六号函开：查《宪法》业经明令公布，行宪瞬息即届，现行《出版法施行细则》新闻纸杂志登记申请书中"是否党员及党证字号"一栏，由于时势推移，自应参酌实际情况，修正为"党籍或参加团体"。同时为加强出版业辅导起见，另行增加"业务状况"一栏，并将"编辑人"一栏分为"主编人""编辑人"两栏，期能适合实际。除通行外，相应检同修正表式函请查照。等由。附表式一份。准此，除径函市政府外，相应检同修正表式，函请查照办理为荷。

此致天津市政府社会局

附表式一份〈略〉

主任委员　邵华

（津 J25－3－6182）

906. 上海市社会局警察局为未经核准登记之新闻纸杂志不得承印事训令彩印工业同业公会

1947 年 6 月 26 日

令彩印工业同业公会：

查《出版法》第九条规定，新闻纸或杂志之发行人应于首次发行前填具登记申请书，呈由发行所所在地之地方主管官署转呈省政府或直隶于行政院之市政府核准后始得发行。又同法第十六条规定，新闻纸或杂志应记载发行人之姓名，登记证之号数，发行年月日，发行所、印刷所之名称及所在地等语，自应遵照办理。据查本市未经核准擅自发行之新闻纸、杂志近来时有发现，其已经核准各新闻纸、杂志亦多未能依照《出版法》第十六条之规定办理，除另行通饬依法改正并切实取缔外，合行令仰该会遵照，即便转饬所属各印刷所遵照，以后对于未经核准登记及并未依照《出版法》第十六条之规定逐项填明者，一概不得承印，违干严处，切切。

　　此令

警察局局长　宣铁吾

副局长　俞叔平

社会局局长　吴开先

副局长　李剑华

（沪 S103 - 1 - 34）

907. 内政部为取消全国新闻纸杂志登记与各级党部会核制度事致天津市政府函

1947 年 6 月 27 日

　　查关于全国新闻纸、杂志登记给证事宜，本部及各省、市、县政府向系依照《出版法施行细则》第十、第十一、第十二、第十三等条，与中央宣传部及各该同级党部会核办理。兹值准备行宪时期，现行会核制度自无存在必要。顷准中央宣传部函请取消该项会核办法，嗣后关于该项新闻纸、杂志登记事宜，应即由政府机关单独办理。除呈请行政院核备外，相应函请查照，并转饬所属遵照办理为荷。

　　此致天津市政府

部长　张厉生

（津 J2 - 3 - 8283）

908. 内政部为已奉核准登记之新闻纸杂志尚未发行者其计算期间应如何办理事致天津市政府电

1947 年 6 月 28 日

　　准广东省政府函开：现据广州市政府本年四月十四日府社四甲字第 0308 号呈称，查本市奉准登记之新闻纸、什志，逾三个月以上尚未发行者为数甚多。关于上项新闻纸或什志之废止发行，《出版法》第十五条有如下之规定：新闻纸或什志废止发行者，原发行人应按照登记时之程序声请注销登记，新闻纸逾所定刊期已满三个月、什志逾所定刊期已满六个月尚未发行者，视为废止发行。上条第二项规定之"新闻纸逾所定刊期已满三个月、什志逾所定刊期已满六个月尚未发行者"一节，如系指奉准发行中途因事停刊者，自可依据原定刊期计算，但奉准登记尚未发行者是否以发行人具领登记证之日期起计，抑如何依据，事关法令解释，本府不敢擅专，理合备文呈请签核，仍候指令祗遵。等情。据此，查所陈确有疑问之处，相应函请查照解释见复为荷。等由。

查现时交通尚未畅达，为顾及实情及培植文化事业起见，关于已奉核准而尚未发行之新闻纸、杂志视为废止发行期间，应以各该发行人具领登记证之日起计算，但如系贵省、市政府依照《出版法》第九条后半段规定准予先行发行者，自应从核准之日起计算。相应复请查照，转饬所属知照为荷。

此致天津市政府

部长　张厉生

（津 J2－3－8284）

909. 内政部为调查全国各地出版业实际情形事致天津市政府代电

1947 年 7 月 12 日

天津市政府公鉴：

查本部为明了全国各地出版业实际情形起见，经于本年四月十四日以（36）安四字第 4886 号函达在案，应由核转机关于新闻纸、杂志社声请登记时，将各该新闻纸、杂志社之政治关系、社会背景、发行人、编辑人品性、有无嗜好、曾否受过处分等有关事项，详细查填于声请书"考查""复核"两意见栏内（如空白不敷应用，可加浮条于上），其于通行前之登记案件，则利用清查时间于文到后三个月内，分将上述各项列表一并送部，借供参考。迄今数月，各省、市政府按照上述规定饬属办理核转者固属甚多，而迄无复文或虽复文而未照规定办理者亦殊不少，查核参考不无困难。为此特再电请查照前案惠予迅办，并希见复为荷。

内政部

（津 J2－3－8284）

910. 天津市政府为取消全国新闻纸杂志登记与各级党部会
核制度事训令社会局暨致市党部函

1947 年 7 月 16 日

令社会局：

案准内政部（36）安四字第〇八七八号公函内开：查关于全国新闻纸、杂志登记给证事宜云云，并转饬所属遵照办理为荷。等由。准此，除函知市党部外，合行令仰该局知照为要。

　　此令

　　案准内政部（36）安四字第零八七八号函内开：查关于全国新闻纸、杂志登记给证事宜云云，并转饬所属遵照办理为荷。等由。准此，除令社会局知照外，相应函达查照为荷。

　　此致中国国民党天津特别市执行委员会

（津 J2－3－8283）

911. 天津市政府为已奉核准登记之新闻纸杂志尚未发行者其计算期间应如何办理事训令社会局

1947 年 7 月 21 日

令社会局：

　　案准内政部（36）安四字第九九九五号公函内开：准广东省政府函开，云云。相应函请查照，转饬所属知照为荷。等由。准此，合行令仰该局遵照为要。

　　此令

（津 J2－3－8284）

912. 天津市政府为内政部调查全国各地出版业实际情形事训令社会局暨复内政部函

1947 年 8 月 1 日

令社会局：

　　查前准内政部（36）安四字第四八八六号函，关于调查全国各地出版业实际情形一案，曾于本年五月九日令饬该局遵办在案。兹复准该部（36）安四字第一一〇二二号函开：查本部为明了全国各地出版业实际情形起见，云云。并希见复为荷。等由。除函复外，合行令仰该局迅即查照前案，切实遵办具报，以凭核转为要。

　　此令。

案准贵部（36）安四字第一一〇二二号函，为明了全国各地出版业实际情形，嘱查照前案迅为办理。等由。除令社会局迅即遵照办理具报外，相应复请查照为荷。

此致内政部

（津 J2 - 3 - 8284）

913. 天津市政府社会局为抄发《新闻纸杂志及书籍用纸节约办法》事训令图书南纸商业同业公会

1947 年 11 月 7 日

令图书南纸商业同业公会：

查奉令厉行节约消费，关于《新闻纸杂志及书籍用纸节约办法》一案，有关该会业务，合亟抄发原办法一份，令仰分饬切实遵照为要。

此令

附发《新闻纸杂志及书籍用纸节约办法》一份〈佚〉

局长　胡梦华

（津 J129 - 3 - 1386）

914. 行政院为《新闻纸杂志及书籍用纸节约办法》修正事训令天津市政府（附《新闻纸杂志及书籍用纸节约办法》）

1947 年 12 月 31 日

令天津市政府：

查《新闻纸杂志及书籍用纸节约办法》自经颁行以来，有关各方面金以实施困难，兹特将该办法第一条条文修正公布，并定三十七年元月一日起实行，以期适应。除分令外，合行抄发该项修正办法全文，令仰遵照。

此令

附抄《新闻纸杂志及书籍用纸节约办法》一份

院长　张群

新闻纸杂志及书籍用纸节约办法

第一条　各地报纸关于新闻及广告之编排，应力求节约篇幅。原在一张以上者，均应于本办法公布后自动缩减为一张；其原在二张以上者，不得超过二张；原在三张以上者，不得超过两张半。

第二条　各地杂志篇幅应依照下述规定：

一、周刊每期以十六页为度；

二、半月刊每期以卅二页为度；

三、月刊以上以六十四页为度。

前项页数均以单面计算，封皮可另加四页。

第三条　新闻纸、杂志及书籍应尽量采用国产纸张。

第四条　内政部得根据事实需要，酌量调剂各地新闻纸、杂志之数量，期于节约之中并收均衡文化发展之实效。

第五条　无充分资金、固定地址之新闻纸、杂志并应严格限制其登记。

（津 J2 - 2 - 788）

915. 天津市政府为《新闻纸杂志及书籍用纸节约办法》修正事训令社会局、新闻处

1948 年 1 月 12 日

令社会局、新闻处：

案奉行政院（卅六）四防字第五五一一三号训令内开：查《新闻纸杂志及书籍用纸节约办法》云云，除分令外，合行抄发该项修正办法全文，令仰遵照。等因。奉此，除分令新闻处、社会局外，合行抄发原附件，令仰该局、处遵照办理。

此令

附抄发《新闻纸杂志及书籍用纸节约办法》一份〈略〉

天津市政府

（津 J2 - 2 - 788）

916. 天津市政府社会局为遵办关于新闻纸杂志及书籍用纸节约意见情形事呈天津市政府文

1948 年 3 月 20 日

案奉钧府本年一月十五日平秘叁字第一一五四号训令略开：以准内政部代电，为抄

发上海市节约运动委员会常务委员会关于新闻纸、杂志及书籍用纸节约意见三项，饬参照办理具报。等因。奉此，遵经照抄原件，转饬印刷业公会及通讯社公会分令所属遵照办理。理合呈复，仰祈鉴察。

谨呈市长杜、副市长张

天津市政府社会局局长　胡梦华

（津 J2－2－788）

917. 天津市政府为遵照新闻纸杂志及书籍用纸节约意见办理情形事指令社会局

1948 年 3 月 30 日

令社会局：

本年三月廿日成版字第 573 号呈一件，奉令发上海市节约运动委员会常务委员会关于新闻纸、杂志及书籍用纸节约意见三项，饬参照办理等因，呈复遵办情形请鉴察由。呈悉。

此令

（津 J2－2－788）

918. 行政院新闻局为各省市新闻纸杂志审查登记之职权划分事致各省市新闻处代电

1948 年 4 月 13 日

各省市政府新闻处览：

案查前准行政院秘书处三十六年十二月五日服八字第九九一一五号通知，奉交核复江西省政府呈请核示关于新闻纸、杂志之审查登记事宜，究宜由民政厅掌理抑由警保处办理一案。当经本局议以"关于新闻纸、杂志之登记审查，在县以由民政科主办，在省以由民政厅主办，在院辖市以由社会局主办，仍较一致且甚相宜。惟省级及院辖市之设有新闻处者，并应由民政厅或社会局与之会商，或征询其同意以资联系，至于执行取缔工作，自可由警察机关协助办理，以利政令之推行"等语。函准行政院秘书处本年四月七日 37（八）字第一九四六二号通知，右案奉院长谕"依议办理"。等由。准此，除函内政部查照并分电外，特电知照。

行政院新闻局印

（津 J2－3－4662）

919. 内政部为新闻纸杂志之资本额以及《出版法》有关罚金数额部分改依新办法事致天津市政府代电

1948 年 9 月 20 日

天津市政府公鉴:

查自币制改革后，关于新闻纸、杂志之资本额以及《出版法》各条有关罚金数额部分，原有提高标准计算办法已不适用，今后应即改依下列办法处理:

（一）新闻纸及通讯社之资本额，依照《出版法施行细则》第六条规定之数额改以金圆券计算，杂志资本额则按照各该地区新闻纸资本额之半数，以金圆券计算之。

（二）《出版法》各条有关罚金数额部分，应依《整理财政补充办法》第四条乙款之规定，按照金圆券计算。

以上二项，除分电外，相应电请查照并饬属知照为荷。

附抄《整理财政补充办法》第四条乙款条文一件

内政部

抄《整理财政补充办法》第四条乙款条文

凡规定罚金罚锾之法律，原适用罚金罚锾提高标准条例之规定者，一律依各该法律之原定金额，改以金圆处罚。关于易服劳役及易科罚金之标准亦同。

（津 J2 – 2 – 1524）

920. 天津市政府为新闻纸杂志之资本额及罚金数额部分改依新办法事致天津市报业公会等函

1948 年 10 月 2 日

案准内政部本年九月二十日（三十七）安叁字第 14363 号代电，附抄《整理财政补充办法》第四条乙款条文一件，请查照转知。等因。准此，相应抄附原件，函请查照并转知为荷。

此致天津市报业公会、天津市新闻通讯社公会、天津市杂志联合会

附抄《整理财政补充办法》第四条乙款条文〈佚〉

天津市政府

（津 J2 – 2 – 1524）

921. 天津市社会局为新闻纸杂志资金实有改为
金圆之必要事呈天津市政府文

1948 年 11 月 3 日

查关于新闻纸、杂志登记资金，曾奉钧府本年一月二十九日平闻字第二三六〇号训令，以准内政部函，奉行政院令，应照《出版法施行细则》第六条规定提高为五万倍、杂志折半有案，即新闻纸资金应为五亿元，杂志二亿五千万元。现币制改革，自应折算金圆，计新闻纸资金法币五亿合金圆一百六十余元，杂志资金折半合金圆八十余元，衡诸实际情形，数目似嫌太少。究应如何核定新闻纸等资金数目之处，拟请鉴核，咨转内政部核示遵行。

社会局内部签呈

查自币制改革后，关于新闻纸、杂志登记资金，似应遵照二十六年七月二十八日内政部颁布之《修正出版法施行细则》第六条规定（新闻纸资金一万元，通讯社三千元）办理。因过去所定之法币资金数目（新闻纸五亿元，杂志二亿五千万元，通讯社一亿五千万元）已不适合实际。考本市小型报纸每月赔款均在六七万金圆左右，合法币二十上下亿元，如按新闻纸五亿法币资金计算，仅能出版数日。斟酌实际，实有将新闻纸等登记资金恢复前项细则规定之必要。除拟即日施行，并拟呈府咨部核示。可否，请示。

（津 J25 - 3 - 6146）

922. 内政部为各地主管官署对于报刊应行负责办理事项事
致天津市政府代电

1948 年 11 月 5 日

天津市政府公鉴：

查本部为使全国新闻纸、杂志一体协力动员戡乱起见，经以（卅七）安三字第 13871 号代电规定办法六项，电请查照办理在案。兹鉴于戡乱事业之日益艰巨，愈有赖于舆论力量之积极配合，各地主管官署对于报刊之辅导工作殊有依法积极推进之必要，特将各地主管官署应行负责办理事项，依照《出版法》规定择要开列于下：

（一）各地主管官署依《出版法》第七条规定，在省为县政府或市政府，在院辖市为社会局，对于当地新闻纸、杂志之言论、记载，应经常责成专员详加审查。

（二）审查发现有《出版法》第二十一条所列事项之一，或违反第二十四条所定禁止或限制之事项，或触犯动员戡乱国策，或破坏《财政经济紧急处分令》者，如其情节尚属轻微，地方主管官署应依同法第二十八条第三项规定，呈准省（市）政府予以警告纠正，并由省（市）政府转报本部备查。如其情节重大并认为必要时，得依同法第二十九条及第三十条规定，一面暂行禁止该出版品之出售、散布或暂行扣押，一面层报本部核办。

（三）审查发现有违反《出版法》第二十二条规定者，应依同法第三十四条处理，并层报本部核办。

（四）新闻纸（包括通讯社）停刊积计逾三个月、杂志停刊积计逾六个月者，应依《出版法施行细则》第二十四条第二项规定吊缴其登记证，层报本部注销其登记。

（五）各地主管官署对于出版品之审查工作，如感人员不敷时，得商请当地有关机关并饬由警察机关遴派妥员协同办理。

以上各项除分行外，特电查照，即请饬属一体遵照，切实负责办理，并将办理情形层报本部为荷。

内政部

（津 J2 - 3 - 8280）

923. 天津市政府为请核定新闻纸杂志资金事致内政部代电

1948 年 11 月 9 日

南京内政部公鉴：

案据本市社会局呈称：以新闻［纸］、杂志登记资金应照《出版法施行细则》第六条规定提高为五万倍，即新闻纸资金应为五亿元，杂志二亿五千万元。现币制改革，自应折算金圆，计新闻纸法币五亿合金圆一百六十余元，杂志资金折半，合金圆八十余元，衡诸实际情形，数目似嫌太少，拟请鉴核咨转核示。等情。特据情电请核办见复，俾饬遵行。

天津市政府印

（津 J2 - 3 - 8280）

924. 天津市政府为各地主管官署对于报刊应负责办理事项事训令天津市社会局

1948 年 11 月 15 日

令社会局:

一、准内政部本年十一月五日代电,以戡乱事业日益艰巨,舆论力量之积极配合殊属重要,对于报刊之辅导工作应依法予以推进。特将各地主管官署应行负责办理事项依照《出版法》规定择要开列于下:

(一)各地主管官署依《出版法》第七条规定,在省为县政府或市政府,在院辖市为社会局,对于当地新闻纸、杂志之言论、记载,应经常责成专员详加审查。

(二)审查发现有《出版法》第廿一条所列事项之一,或违反第廿四条所定禁止或限制之事项,或触犯动员戡乱国策,或破坏《财政经济紧急处分令》者,如其情节尚属轻微,地方主管官署应依同法第廿八条第三项规定,呈准省(市)政府予以警告纠正,并由省(市)政府转报本部备查。如其情节重大并认为必要时,得依同法第廿九条暨第卅条规定,一面暂行禁止该出版品之出售、散布或暂行扣押,一面层报本部核办。

(三)审查发现有违反《山版法》第廿二条规定者,应依同法第卅四条处理,并层报本部核办。

(四)新闻纸(包括通讯社)停刊积计逾三个月、杂志停刊积计逾六个月者,应依《出版法施行细则》第廿四条第二项规定吊缴其登记证,层报本部注销其登记。

(五)各地主管官署对于出版品之审查工作,如感人员不敷时,得商请当地有关机关并饬由警察机关遴派妥员协同办理。等由。

二、仰遵照切实负责办理,并将办理情形报府凭转。

市长　杜建时

(津 J25 - 3 - 6138)

925. 天津市社会局为奉令办理报刊审查事呈天津市政府文

1948 年 11 月 27 日

一、钧府本年十一月十五日平闻字第二六二五〇号训令敬悉。

二、除遵即派员对各报刊言论逐期按日切实审查,并分饬报业及通讯社、杂志各公会转知所属会员勿为违法言论外,谨报请鉴察。

天津市社会局

(津 J25 - 3 - 6138)

第四部分

新闻纸、杂志或通讯社相关统计表格及其他

926. 京师警察厅为查禁《浅说画报》所载奇装异服事训令内外二十区警察署（附抄《三角钱大毁活人》一则）

1913 年 8 月 21 日

令内外二十区警察署：

八月十九日《浅说画报》载《三角钱大毁活人》一则。据称仁丹铺雇用中国人三十余名，穿着五彩花衣裤，戴尺余高帽游行街市。等语。查奇装异服有碍风化，警律载有明条，亟应禁止，以维风纪而重国体。合即抄录原报，令仰该区署转饬巡官长警，遇有前项情事严重干涉，倘有不听禁止，即行带署，按违警律罚办。切切。

此令

计抄报一纸

抄《浅说画报》　三角钱大毁活人

仁丹一物，本就发达。新近又想出一个特别的法子来，雇了中国人三十余名，均穿五彩花背心、花裤、一尺多高的帽子，打着花仁丹的幌子围绕九城。猛然一看，仿佛吊死鬼一般。听说每人每日只得小洋三角云。

（京 J181‑18‑11）

927. 京师警察厅为严密查察《浅说画报》刊载有碍风化情形事训令内右四区警察署（附抄《矮屋藏娇》一则）

1913 年 8 月 21 日

令内右四区警察署：

八月二十日《浅说画报》载《矮屋藏娇》一则。据称西城大沟沿拣果厂胡同住户大赵有两个妇女作秘密生涯。等语。如果属实，殊属有碍风化，亟应查禁，以重人道。合即抄录原报，令仰该区署严密查察，并将查察情形呈复本厅，以凭核办。

此令

计抄报一纸

矮屋藏娇

西城大沟沿拣果厂胡同有个看街兵大赵，不知近日他由何处弄了两个娘们来，在堆子房作些个秘密生涯，笑谑胡闹，实在不成官事啦。

（京 J181‐18‐10）

928. 内右四区警察署为查明《浅说画报》刊载有碍风化情形事呈京师警察厅文

1913 年 8 月 24 日

为查明《浅说画报》载有《矮屋藏娇》一则情形呈复事。接奉训令内开：八月二十日《浅说画报》载《矮屋藏娇》一则。据称西城大沟沿拣果厂胡同住户大赵有两个妇女作秘密生涯。等语。如果属实，殊属有碍风化，亟应查禁，以重人道。合亟抄录原报，令仰该署严密查察，并将查察情形呈复本厅，以凭核办。等因。奉此，当派巡官关崇秀严密访查去后。兹据复称：查得该拣果厂西口路北有正红旗五甲堆拨一间，屋内分为二间，一住看街兵赵祥，年五十二岁，伊妻董氏，年六十二岁；附居邵氏，年七十四岁，在外佣工。每值下午，时有邻近住户老妇带领幼孩在彼乘凉，该堆房内并无妇女往来，亦无秘密生涯及笑谑胡闹情事。等情前来。除饬该段巡官长警随时严密查察外，理合将查明报载情形呈复鉴核。

谨呈京师警察厅总监

内右四区警察署署长　张树荃

（京 J181‐18‐10）

929. 京师警察厅为严察《浅说画报》载有《四害俱全》情形事训令外右二区

1913 年 10 月 23 日

令外右二区：

本月二十二日《浅说画报》载有《四害俱全》一则，事关风纪，果有其事亟应惩办。合行抄录原文令知该区，仰即饬警严密侦察，并将办理情形具复。

此令

计抄件〈下残〉

（京 J181‐18‐26）

930. 外右二区警察署为调查《浅说画报》刊载《四害俱全》
情形事呈京师警察厅文

1913 年 10 月 27 日

外右二区警察署为呈复事。窃本月二十三日接奉令开：本月二十二日《浅说画报》载有《四害俱全》一则，事关风纪，果有其事亟应惩办。合行抄录原文令知该区，仰即饬警严密侦察，并将办理情形具复。等因。奉此。遵即遴派巡长崑禄按照报载各节详查去后。兹据呈称：查得安仁里小胡同内住有上海人刘阿大，系在长春小班佣工。连日至该户侦察，并无报载情事。等情呈报前来。除仍饬警随时注意侦察外，理合备文呈复。

谨呈京师警察厅总监

外右二区警察署署长　何绪振

（京 J181‐18‐26）

931. 京师警察厅为查办《黄钟画报》所载打骂儿媳事
训令内右二区警察署

1913 年 11 月 25 日

令内右二区警察署：

查本月二十四日《黄钟画报》载有《虐待子媳》一则，内称大盆儿胡同某妇终日打骂儿媳，并且不给饭食。等情。合亟抄录原报令知该区，仰即饬警密查。如有其事，应详加开导，务令改此恶习。倘情节较重，不听劝谕，即行带案送交检察厅起诉可也。切切。

此令

计抄单〈略〉

（京 J181‐18‐26）

932. 北京画报社顾毓清为刊登广告事致交通银行北平支行陈受之函

1932 年 6 月 23 日

受之经理大鉴：

敬启者：久耳大名，无由识荆，仰慕之私无时或释。照现接办《北京画报》，销路亦不恶。兹值贵行新屋落成，广告情宜普及。昨挽大陆银行何筱湘乡兄代达一切，已荷清听。敝社报纸每期寄奉，想已入览。兹特专函奉渎，希将广告底赐下，以便照登，告费多寡毫无问题。肃此。致颂公绥。

乡晚顾毓清拜启

附最末 233 期画报一纸〈佚〉

（京 J32 - 1 - 1036）

933. 世界日报社为赠送日晚画报事致伪北平市商会函

1937 年 9 月 6 日

径启者：敝社改组以来，积极筹备，赶将日、晚画报于最近期内先后复刊。兹特将敝社发行之日、晚画报按日赠送一份，另差投递，即祈收览，随时指导，期尽美善。至殷感祷。

此上北平市商会

世界日报 ［社］ 启
（京 J71 - 1 - 159）

934. 康德画报社关于援助推销及宣传事致伪北京特别市公署社会局函

1938 年 2 月 17 日

径启者：东亚和平端赖日、满、华三国协力，方今华北明朗，新政出现，我满洲王道政治正宜输达于中国民众之间。敝报为满洲政府宣传机关，兹派孔庆祥、松崎治角在北京设立办事处，担任推销本报及宣传事宜，相应函请援助以利进行。

此致社会局长殿

大满洲帝国康德画报社
社址北京西城兵马司四十一号
（京 J2 - 1 - 234）

935. 奉天康德画报总社为成立北京支局备案援助事致伪北京市商会函

1938 年 11 月 10 日

径启者：本报为满洲国王道政治之宣传品，亦即日满华提携共同防共、确立东亚和平之工具。当去岁华北明朗、新政府成立之时，本报即在北京成立办事处，宣扬我满洲国王道政治及友邦皇军圣战之真正目的。现在武汉及广州相继陷落，蒋政权消灭在即，中国统一政府已将成立。本报有见及此，特再设立北京支局一处，一并努力宣传，使本报普及民间，俾国民人人尽知皇军战事，目的是求中国更生，是谋东亚永久和平。于北京支局成立之始，相应函请贵会协助，并加指导，至希鉴核。

此致北京市商会殿

（京 J71－1－162）

936. 伪北京市特别市公署卫生局为送《新中国画刊》事
致第三卫生区事务所函

1939 年 2 月 14 日

径启者：案准市公署秘书处函送《新中国》第八期三十册，嘱为分发阅览。等因。准此，除函复并分送外，相应检同原刊物一册，函请查收存阅为荷。

此致第三卫生区事务所

附《新中国画刊》第八期一册〈佚〉

北京特别市公署卫生局第一科启

（京 J5－1－449）

937. 伪行政委员会情报处各种报纸刊物调查表

1939 年 5 月

《新天津画报》

行政委员会情报处各种报纸刊物调查表		二十八年五月二十七日
项　目	新闻纸	说　明
报（刊）社名称	新天津画报	原名《天风画报》，经二次整理新闻纸改为今名
成立年月	昭和五年二月	
资本额数	一万元	

项　目	新闻纸	说　明
每月收入	五千五百元	
每月开支	五千三百元	
盈绌情形及维持方法	少有盈余	
设备情形	各种铅字全副，平面机一架，发动机一架	
组织概况	编辑、营业	
曾在何处登记立案	内政部登记	
有无背景	无	
发行份数	一万二千份	
日（晚）（旬）或（月）（季）刊	日刊（星期日、星期三增刊附）	
大（小）张或每册页数	日刊四开纸二张，星期日、星期三各增刊一张	
内容性质	分电影、戏剧、跳舞、文艺、美术、家庭、善业各版	
主办人姓名略历	沙大风，曾任参政院秘书	
发行人姓名略历	主办人兼	
主编人姓名	魏病侠	
编辑人姓名	宋上达、戴玉璞、刘炎臣、辛莲子、曹公豫	

《大华北画报》

行政委员会情报处各种报纸刊物调查表

二十八年五月　日

项　目		说　明
报（刊）社名称	大华北画报社	
成立年月	民国二十八年三月	
资本额数	二千元	
每月收入	二百五十元	
每月开支	二百五十元	
盈绌情形及维持方法	出入相抵	

项　目		说　明
设备情形	由复兴印刷局代印，此处并无设备	
组织概况	管理部、编辑部、营业部、广告部	
曾在何处登记立案	天津特别市新闻事业管理所批准	
有无背景	无	
发行份数	二千份	
日（晚）（旬）或（月）（季）刊	每星期三、星期日出版	
大（小）张或每册页数	四开纸一张	
内容性质	宣传戏剧、电影、画刊为主旨	
主办人姓名略历	李枕流，历任《全闽新日报》主报、天津《大生报》经理、《大北报》社长	
发行人姓名略历	同上	
主编人姓名	高扬	
编辑人姓名	宋雪农、储荣显、张吉人、丁素忍	

（津 J1－3－3424）

938. 伪天津特别市公署为协助推销《奉天晶画报》事训令伪天津市警察局暨批复奉天晶画报总社

1941 年 6 月 9 日

令警察局：

　　为令行事。案据奉天晶画报总社函称：本报负有宣扬国策、提倡文化之使命，为普及文化、开通商民报国知识起见云云，务希勿阻，实为感荷之至也。等情。据此，除批示外，合行令仰该局查核办理。

　　此令

　　原具呈人奉天晶画报总社呈一件，关于派员往贵地推销本报请备案协助由。呈悉，除令警察局查核办理外，仰将该刊物按期检呈二份，径寄本署宣传股备查，并即知照。

此批

939. 驻华晶画报总支社为请市商会协助推销工作事呈伪天津特别市公署文

1941 年 6 月 18 日

康德八年六月十八日驻华晶画报总支社呈。天津特别市公署殿：为请求转函市商会援助工作事。径启者：窃查敝报由满来贵市设立分社事宜公函略开，蒙经贵署业已批准在本市施行工作，敝报因有诸多困难所阻，恳请贵署转函市商会援手敝报在市内工作及推销等情，然敝社文章报国之使命即能达到目的。伏乞贵署转函市商会予以协助，实为感荷之至也。

（津 J1 - 3 - 4708）

940. 伪天津特别市公署为协助《晶画报》推销工作事致伪天津市总商会函

1941 年 6 月 23 日

径启者：顷据驻华晶画报总支社函称：窃查敝报由满来贵市设立分社事宜云云，伏乞贵署转函市商会予以协助。等情。据此，相应函达，即希查照办理为荷。

此致天津市总商会

（津 J1 - 3 - 4708）

941. 伪上海市教育局为《民众画报》征稿事训令第八中学校

1941 年 9 月 17 日

令市立第八中学校：

查民众教育对于国家社会关系殊重，本局有鉴于斯，故亟谋推进之道，所有应兴应革之民教事业，均在陆续举办中。兹为普及民智起见，每月刊行《民众画报》一种，创刊号定于十月十日出版，凡在中小学任职之劳美教师，均须为本刊担任义务撰稿，每月至少寄两篇以上之作品以资选择。除分令外，合行检发征稿简则一份，令仰该校遵照将稿件在本月二十日前送局，以便付刊，勿稍稽延为要。切切。

（沪 R48‑1‑1471）

942. 伪上海市政府为《民众画报》编绘出版事指令伪上海市教育局

1941 年 11 月 11 日

令教育局：

呈一件，为呈报出版《民众画报》情形，仰祈鉴核备案由。呈件均悉。查《民众画报》之编绘出版事宜，可由民众教育馆主持办理，一俟市立民教馆正式成立后，饬着由该馆作为固定事业之一种，仰即遵照。

此令

附件存

市长 陈○○

（沪 R1‑8‑22）

943. 国民画报社为派员指导支援及订阅画报事致伪北京市商会函

1943 年 3 月 20 日

北京市商会长殿：

关于请对本刊特派员指导支援之件。首题之件，本刊在满洲帝国政府弘报处统制下，并治安部指导支援下，已为政府军事慰问品之一。当兹歼灭英美、完成解放、建设世界新秩序之今日，扩大普及宣传使命为当务之急，用特派员出张华北地区，实施宣传派销工作。素仰贵会长爱护舆论，尚祈依据初衷予以指导支援，更祈转饬所属各同业公会一体订阅，以广宣传而期文章报国使命早日达成。至纫公谊。

此致

（京 J71‑1‑171）

944. 伪北京特别市公署秘书处为订阅《国民画报》事
致伪北京市自来水局函

1943 年 3 月 27 日

径启者：奉市长交下国民画报社来函，大致谓本刊在满洲帝国政府弘报处统制之下，已为政府军事慰问品之一。当兹歼灭英美、完成建设世界新秩序之今日，用特派员出张华北，实施宣传，嘱予指导支援，转饬所属各局处一致订阅，以广宣传。等因。奉此，并奉谕函知各局处。除分函外，相应函达，查照为荷。

此致自来水局

北京特别市公署秘书处

（京 J67 - 1 - 263）

945. 伪上海市立实验民众教育馆为《民众画报》
经费概算事呈伪上海市教育局文

1943 年 4 月 23 日

案奉钧局训令社字第二三八号内开：案查本局前为推行民教，每月编行《民众画报》一种，惟该画报本属民众教育馆中心事业之一，以后出版事宜自三月份起应移交该馆办理。兹随令附发已发行之画报十份，令仰该馆遵照为要。等因。附发《民众画报》十份。奉此，自应遵办，第十二期画报业已编竣付印，于五月一日出版。惟近一月以来，报纸印刷工资等价格飞涨，尤以报纸腾贵达一倍有奇，致画报经费亦应重行订定，谨特拟具《民众画报》经常费概算书一份，备文呈请仰祈鉴核赐准，实为公便。

谨呈局长林
附民众画报经常费概算书乙份〈略〉

上海特别市市立实验民众教育馆馆长　顾纪伦

（沪 R48 - 1 - 1067）

946. 伪上海市政府为《民众画报》发行防疫运动专刊
事训令伪上海市教育局

1943 年 5 月 10 日

令教育局：

　　查本市防疫运动业已开始，除由卫生局组织防疫注射队，分班实施普通注射外，兹为增强宣传力量起见，仰该局迅即转饬本市实验民众教育馆，就原有《民众画报》地位，发行"防疫运动专刊"，以利宣传。

　　此令

市长　陈公博

（沪 R48－1－1067）

947. 伪上海市教育局为《民众画报》发行防疫运动专刊事
训令伪上海市立实验民众教育馆

1943 年 5 月 17 日

令市立实验民众教育馆：

　　案奉市府训令沪市五字第五二九一号内开：（全叙）。等因。奉此，仰即遵照办理。

　　此令

局长　林○○

（沪 R48－1－1067）

948.《银线画报》调查表

1943 年 12 月

《银线画报》组织概况书

名　　称	银线画报	社　　址	天津第十一区兴隆街九十五号
创立年月	民国二十五年四月十八日	登　　记	内务总署政字第九十七号
报　　型	四开纸型	发行数	每期四千五百份

页　数	一页	分销处	北京、唐山、上海、古冶、塘沽、青岛、济南
资本金	一万元	印刷处	本社印刷代办部负责印刷
资本来源	独资	内容类别	政治 30%，地方 10%，文艺 10%，经济 10%，社会 10%，副刊 10%，社论 10%，科学 5%，其他 5%
经营情形	每月收入皆以报费及广告费为主体，故经营方式甚简，但如遇广告跌落时则感拮据	稿件来源	日本杂志节译及中华新闻社之资料，尚有本社撰述者
报社宗旨	本报以提倡东方道义精神，发扬固有高尚文化，对现代青年阶层供给各种新的社会、科学、经济、政治、国际、文艺等知识并盟邦之新兴姿态，在精神上引领彼等步入新中国建设之途径	报　史	本报于民国二十五年四月十八日创刊，为八开洋纸周刊画报，二十六年五月底一度停刊，至同年十二月又以日刊新姿发行，改为四开报纸。后因销路日畅，改为两张半，同时增米色道林纸周刊，后以当局整顿新闻纸关系，于二十八年秋季废刊。至二十九年二月八日又以三日刊新姿态第三次与读者相见，并竭力倡导新国民运动，使之得到每个青年的信赖心，而达到理想之地步
编辑方针	根据本报之固定宗旨及动向，采选各种新颖有趣、有益之资料供给读者，注重大东亚共荣圈内盟邦各地域之风土人情、社会、经济及军事政治上之重要性等实况之介绍	读者对象	本报读者多皆系青少年男女、学生及一般知识阶层、现代家庭人士

职员略历

职　别	姓　名	年　龄	籍　贯	出　身	经　历
社长	张圭颖	三十五岁	天津市	民国大学	《国货日报》编辑部长
总编辑	李　木	三十三岁	湖南	南开大学	《沙漠画报》编辑
编辑主任	冯贯一	三十一岁	奉天	工业学院	《民教月刊》主编
外勤主任	张琨图	三十岁	遵化	铁路学院	正言通信社编辑主任
总务主任	侯燕琦	二十四岁	浙江	圣功女中	
营业	郭敬之	四十四岁	天津	天津省一中学	河北邮政局职员
广告	李　通	三十岁	静海	市立师范	《新天津报》广告部
文书	张琳芝	二十一岁	江宁	贝满女中	

职　别	姓　名	年　龄	籍　贯	出　身	经　历
庶务	黄志新	四十二岁	天津	天津省一中学	河南焦作福公司职员
经理	何书云	五十八岁	天津		光明工厂经理

三十三年度编辑计划书

三十三年度之《银线画报》将加强编辑方式，使之普遍的深入各知识阶层，对新中国未来之建设更深一层的了解，而收到参战体制下之宏大宣传效果。

一、充实军事政治要闻、国际动态、盟邦协力之表现及社会新趋向，加强阐明撰述。

二、本着参战体制下之合理的介绍大东亚共荣圈内之盟邦妇女家庭常识，青少年应有之军事科学常识及现代文艺资料。

三、在可能范围内缩小广告地位，多容纳有益社会及新国民生活之稿件。

四、分期举办妇女家庭及青少年等笔谈会，使读者更彻底了解国民政府参战之意义及大东亚共荣圈之现状，击灭英美、剿灭共匪之重要性。

报社组织

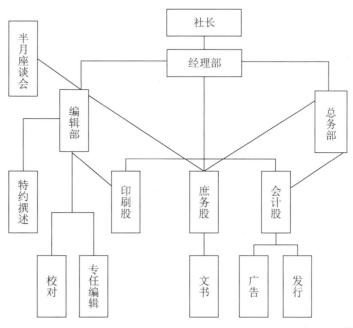

（津 J1－2－868）

949. 伪天津特别市公署新闻纸杂志调查表（节选）

1943 年

《新天津画报》

名　称	新天津画报				社　址		兴亚一区福岛街 3/95
创立年月	民国十九年二月二十日				电　话		二五二三八
种类	报型	四切型	售价	零售	登记	机　关	内务总署
	页数	四页		批发		号　数	政字第九十五号
报社宗旨	本报向以鼓吹中日亲善，发扬东方文化、道义精神为宗旨				员工人数	社长及经理	正副社长各一人，经理一人
						编辑及记者	六人
						事务会庶员	六人
						印刷排字工人	十五人
报　史	本报原名《天风报》，为现在社长沙大风所创办。为四开型日报，昭和十二年九月当局整理报纸，本报奉命改为《天风画报》。昭和十四年四月当局再度整理报纸，本报奉命改为《新天津画报》，以迄于今					其　他	杂役五人
						共　计	三十五人
					显著动向	本报为华人提倡中日亲善、东亚和平最早之日报，随两次之更名，对建设大东亚、宣扬政府国策更进一步。鼓吹与努力内容方面，为与各报分工合作起见，除尽量刊载要闻外，特注重于文艺、游艺性文字，更利用此种文字作侧面之宣传	

内　容				编辑方针	本报基于协助当局推进国策之最大目标下，担负起报纸为国家社会公器之使命。取材方面于尽量刊载前线战果、国内政治建设各项要闻，对读者作正面之启发，并利用文艺、游艺文字作侧面宣传
类别	比例量	稿件来源	主编人姓名		
社论	5%	自撰	沙咏钊		
政治	25%	通讯社稿	刘子密		
经济	%			读者	多数为文化界人士，工商界之智识阶级、士绅，其他学生界亦占不少
社会	5%	同上	刘子密		
地方	5%	同上	刘子密		
科学	5%	外稿	沙咏钊		
体教	%			备考	
副刊	5%	自撰及外稿			
文艺	25%	同上	吴云心		
剧影	20%	同上	阎朋鸟、潘侠风		

照片	5%	自摄及外稿	郭文彬	附注
专刊	%			
其他	%			

经济状况					发行数	本市	六〇八〇份	总计六九五二份
资本额	一万二千元	财产	设备	一六五九三九四元		外埠	六五〇份	
资本来源	自资		动产及不动产	三五八六九九元		义务	一四二份	
经营情形	盈	尚能支持		其他	一六二四一八五元		广告	八〇份	
				总额	三六四二一〔二〕七八元	分销处	本省	北京、天津、唐山、古冶、昌黎
	亏		津贴	机关	无			
				金额	无		外省	青岛、济南
				附注	无			
附属事业	出版物	无				印刷设备	轮转机	平版十六页机一架
	其他	无					其他	铸版机一架、铸字机一架，六号字铜模全副，各号铅字全副
每月收入		每月支出					代印处	名称	自印
广告	三〇〇〇元	薪金	二五六七元					地址	本社
报费	四五〇〇元	印刷	九〇〇元						
津贴	无	纸费	二〇〇〇元						
附属事业	无	事务费	一八〇〇元编辑费在内						
总计	七五〇〇元	总计	七二六七元						

职 别	姓 名	年龄	籍	出 身	经 历	任职年月	月薪	现在住址
社长	社长沙大风 副沙咏钊	四十四 二十九	浙江 镇海	法政专科毕业 大学毕业	创办本报十四年	民国十九年二月	五百元 ·百元	本社
经理	张幼丹	四二	天津	高中毕业	中南报社社长	三十年八月	二百元	南门外崔家大桥
总编辑	社长							
编辑主任	副社长兼职							

职 别		姓 名	年龄	籍	出 身	经 历	任职年月	月薪	现在住址
外勤主任		阎朋鸟	三三		高中毕业	《银线画报》编辑	三十一年九月	六十元	西门外联兴里东胡同
营业主任		经理兼职							
事务员	文书	郭文彬	三八		高中毕业	文牍会计	三十年四月	六十元	本社
	会计	王绍基	三四		大学毕业	会计师	同上	一百元	兴亚二区东康里
	庶务	沙临镐	二七		同上	文牍	三十一年六月	六十元	法界普爱里
其他职员									
总计	职员	计	十五						
	工人	计	十五						

《银线画报》

名 称	银线画报社				社 址	天津特二区兴隆街95号
创立年月	民国二十五年四月十八日				电 话	
种类	报型	四开纸型	售价	零售	登记	机 关	内务总署
	页数	一页		批发		号 数	政字第九十七号

报社宗旨	本报以提倡东方道义精神，发扬固有高尚文化，对现代青少年阶层供给各种新的社会、科学、经济、政治、国际、文艺等知识，在精神上引领彼等步入新中国诞生之途径	员工人数	社长及经理	二人
			编辑及记者	十二人
			事务会庶员	五人
			印刷排字工人	
			其 他	报差一人
			共 计	二十人
报 史	本报于民国二十五年四月十八日创刊，为八开洋纸，三周刊画报。二十六年五月底一度停刊，至同年十二月一日又以日刊新姿态刊行，改为四开报纸。后因销路奇畅，改为两张半，同时加增米色道标纸周刊。后以当局整顿新闻纸关系，于二十八年秋季废刊，至二十九年二月八日又以三日刊之新姿第三次与读者相见，并于三十一年四月三日改洋纸色墨，以达到画报之理想地步	显著动向	本报趋向获取津市一般大中学校学生、一般青少年男女及高尚家庭中读者之爱好（批评） 此报在学术界、游艺界占有双方势力，为一般学界青年所乐读，惜为三日刊，故其成绩较《新天津画报》稍逊一筹（阅者反响） 由于该报致力于新闻、文艺之提导，颇能把握青年读者之心理，一般极为爱好。限于经济，在画面上稍感不足，但遇有特刊、专刊之印行，阅者亦感满意	

内　　容				编辑方针	根据本报固定宗旨及动向，采选各种新颖有趣、有益之资料供给读者，尤注重大东亚共荣圈内各地域之风土人情、社会、经济等实况之介绍
类别	比例量	稿件来源	主编人姓名		
社论	10%	本社	冯贯一		
政治	20%	中华社及日本杂志	同上		
经济	％			读者	多皆青少年男女学生，一般智识阶层及现代家庭人士
社会	10%	市公署及新民会等	李一		
地方	10%	本社	同上		
科学	5%	日本科学杂志等	宋昆		
体教	5%	本社	朋弟	备考	
副刊	5%	本社特约作家	杨鲍		
文艺	5%	特约撰述	王伯龙		
剧影	10%	特约采访	朱韦尼		
照片	10%	本社拍摄	朱韦尼	附注	
专刊	5%	本社	初晓东		
其他	5%	本社	王敏		

经济状况						发行数	本市	二千七百份	总计四千份
资本额	一万元			设备			外埠	八百份	
资本来源	独资	财产	动产及不动产		万元		义务	三百份	
			其他				广告	二百份	
经营情形	盈	每月收入皆仰赖广告及报费，故经营方式其简，但如遇广告跌落时则感亏损矣		总额		分销处	本省	北京、秦皇岛、唐山、古冶、塘沽	
			津贴	机关					
	亏			金额			外省	青岛、济南、山东、南京	
				附注		印刷设备	轮转机		
附属事业	出版物						其他		
	其他								
每月收入		每月支出							
广告	一千四百元	薪金	五百元				代印处	名称	救济院印刷所
报费	九百元	印刷	八百元						
津贴		纸费	八百元					地址	西头
附属事业		事务费	二百元						
总计	二千三百元	总计	二千三百元						

职别		姓名	年龄	籍	出身	经历	任职年月	月薪	现在住址
社长		张圭颖	卅五	天津	民国大学	《国货日报》编辑部长		七十元	特二区兴隆街95号
经理		张国材	卅八	天津	省一中学	《评报》编辑	卅一年十二月	五十元	城内南大水沟十号
总编辑		李木	卅三	湖南	南开大学	《沙漠画报》编辑	廿五年八月	五十元	兴亚二区广东路一〇二号
编辑主任		冯贯一	卅一	奉天	工业学院	《民教月刊》主编	同上	四十元	特二区金汤大马路87号
外勤主任		朱韦尼	廿八	天津	南开大学	周刊记者	卅一年六月	三十元	兴亚二区十一号路一一三号
营业主任		郭敬之	四四	天津	省一中学	邮局职员	廿九年五月	同	西头皇姑庵
事务员	文书	张琳芝	廿一	江宁	北京贝满女中		卅一年十月	同	法界义德里六十五号
	会计	侯燕琦	廿四	浙江	天津圣功女中		卅一年六月	同	兴亚二区松寿里卅号
	庶务	黄致新	四二	天津	省一中学		卅一年十一月	同	法界安宁里十七号
其他职员									
总计	职员	计	十九名						
	工人	计	一名						

《每月科学画报》

名 称	每月科学画报	社 址	天津兴亚二区盛茂道90号
创立年月	民国三十年五月	电 话	三三四四八

种类	报型	杂志型	售价	零售		登记	机关	内务总署
	页数	三十四页		批发			号数	政字九十八号

报社宗旨	普及科学知识，倡导科学作业，促进农艺增产，发扬工艺生产	员工人数	社长及经理	二人
			编辑及记者	四人
			事务会庶员	七人
			印刷排字工人	六人
			其他	
			共计	十九人

报史	在民国三十年由电气机械工程各专家联合创刊发行以来，颇受社会欢迎，读者日增，销路益广。并为读者服务起见，由民国三十一年三月添设代办部，专代各地读者购办中日科学书籍，解答小工艺在实际作业上之困难问题	显著动向	以爱国家、爱东亚之精神普及科学知识，使中国成为一现代国家，与友邦同甘共苦、共存共荣（批评）此纸为十六开小型杂志，以研究科学知识为主干，对世界各国科学发展之介绍极为积极，兼亦作为世界战局之报道，为华北学术界有力之参考物。惜每期页数甚少，未能满足读者之需求，物资所限不得已也（阅者反响）读者皆为学术界，各教育机关、图书馆皆其需要，中国各地订阅极多

内　容				编辑方针	以通俗有趣为主，专门介绍科学知识，启导一般青年，使对科学上发生兴趣
类别	比例量	稿件来源	主编人姓名		
社论	3%	摘录及自撰	孔赐安		
政治	%				
经济	%			读者	中小学生占大数，此处工厂从业员及店员亦多爱读
社会	%				
地方	%				
科学	70%	友邦各种科学刊物译出	朱祖贤、李念慈、张君孚		
体教	5%	译自青少年修养书报	李念慈	备考	
副刊	%				
文艺	3%	多译友邦杂志报章	吴如伦		
剧影	%				
照片	10%	有关各杂志转载	朱祖贤		
专刊	5%	侧重应用科学，多由专家撰著	步恒毅	附注	
其他	4%	随时由杂志报章摘录			

经济状况

经济状况						发行数	本市	九四〇〇份	总计二三〇〇〇份
资本额		万元		设备			外埠	一三〇〇〇份	
资本来源		股份公司公开募集	财产	动产及不动产	万元		义务	四三〇份	
							广告	一七〇份	
经营情形	盈			其他		分销处	本省	天津、北京、保定、唐山、古冶、邯郸、顺德、元氏、丰润、昌黎、山海关、秦皇岛	
				总额	三万元				
	亏		津贴	机关			外省	济南、青岛、胶州、烟台、济宁、威海、开封、彰德、太原、运城、大同、宣化、包头、张家口、上海、南京、汉口、广州、苏州、杭州、宁波等地书店共四十四处	
				金额					
				附注					
附属事业		出版物	袖珍计算器使用模型、飞机做法并代办中日图书			印刷设备	轮转机		
		其他					其他	三十二页印刷机一台，另活印刷机一台，铅字全套，并有五号铜模一副	

每月收入		每月支出		代印处	名称	东方印刷局
广告	三二〇〇元	薪金	二〇〇〇元		地址	法界卅一号路效康里
报费	一三四四〇元	印刷	七六〇〇元			
津贴	无	纸费	五三〇〇元			
附属事业	一二〇〇元	事务费	一六〇〇元			
总计	一七八四〇元	总计	一六五〇〇元			

职别	姓名	年龄	籍	出身	经历	任职年月	月薪	现在住址
社长	孔赐安	四六	沙河	美国留学	《益世报》编辑	卅九年十一月	三百元	兴二区十九路九六号
经理	步恒毅	二七	枣强	工业学院	志达教员	卅一年四月	二四〇元	特一区双顺里九十六号
总编辑	李念慈	三四	上海	光华大学	职业学校教员	卅一年七月	二八〇元	兴二区五九路二四号
编辑主任	朱祖贤	三十	海宁	沪江大学	《申报》编辑	卅一年五月	二〇〇元	兴二区五三路信福里十八号
外勤主任	李通	三十	静海	师范学校	《新天津报》广告主任	卅年六月	一二〇元	大王庄至元里八号
营业主任	步恒毅							

职　别		姓　名	年龄	籍	出　身	经　历	任职年月	月薪	现在住址
事务员	文书	吴如伦	三四	大兴	育才中学	《华北明星》职员	卅一年五月	一四〇元	兴二区顺和里五一号
	会计	何乐臣	三十	天津	私立高业	函授学校会计	卅二年三月	一二〇元	大直沽周家胡同九号
	庶务	景欣博	二十	天津	第一中学	钟纺公大职员	卅二年一月	一〇〇元	小刘庄大街百号
其他职员									
总计	职员　计		十三名						
	工人　计		六名						

《游艺画刊》

名　称	游艺画刊			社　址		天津法界五十六号路荣兴里
创立年月	民国二十九年三月十一日			电　话		无
种类	报型	十六开	售价　零售	登记	机　关	内务总署
	页数	三十页	批发		号　数	政字第二十二号
报社宗旨	借游艺以宣传大东亚战争，阐扬圣战意义，而使社会人士深切了解时势，寓宣传于娱乐			员工人数	社长及经理	一人
					编辑及记者	六人
					事务会庶员	四人
					印刷排字工人	
					其　他	
					共　计	十一人
报　史	本刊于民国二十九年三月十一日成立，当年四月十五日发行，创刊号最初内容为综合编法，计有戏剧、文艺、电影等数栏。嗣应读者之要求，于民国三十年元旦改为纯游艺性质，故销路骤增，自大东亚战争勃发，为宣传圣战，更增辟时事解说一版于卷首，俾使民众对大东亚战争有深切之认识。出版迄今已逾三载，计已发行七十五号			显著动向	（批评）此纸为十六开小型之刊物，月出两册，内容着重游艺方面，对现代伶人之起居指导甚为有力。该刊每期之首篇亦刊登世界战局诸般重要新闻选材，多无时间性，故无明日黄花之感。惟此项新闻专刊一页之上似甚呆板，拟指导该刊将宣传文字爽杂游艺之间，其收效当更宏大（阅者反响）因该刊文字体裁多用"大众语"，普通读者感觉明快易读，故其销路极广	

内　容				编辑 方针	提倡艺术，改良戏剧，指导伶人， 革新生活
类别	比例量	稿件来源	主编人姓名		
社论	%				
政治	5%	各机关供给及采访	潘侠风		
经济	%			读者	学界约百分六十，商界约百分之 十，梨园界约百分之十五，其他各 界约百分十五
社会	%				
地方	%				
科学	%				
体教	%			备考	本刊为半月刊，每半月出版一次， 每逢一日、十五日发行
副刊	%				
文艺	%				
剧影	80%	自访及投稿	潘侠风、李逊梅		
照片	15%	自摄及各方供给	陆侠光	附注	
专刊	%				
其他	%				

经济状况					发行数	本市	四千余份	总计两期共 一万一千余 份
资本额	一万元		设备			外埠	六千一百份	
资本来源	独资	财产	动产及 不动产	万元		义务	三百份	
						广告	一百份	
经营情形	盈		其他		分销处	本省	天津、北京、保定、德县、石门	
			总额					
	亏	津贴	机关			外省	上海、济南、青岛、汉口、烟台、太原、彰德	
			金额					
			附注					
附属事业	出版物				印刷设备	轮转机		
	其他					其他		
每月收入		每月支出						
广告	六百余元	薪金	一千三百余元					
报费	五千余元	印刷	一千一百余元			代印处	名称	东方印刷局
津贴	无	纸费	三千元					
附属事业	无	事务费	百余元				地址	天津法界三十号路效康里
总计	五千六百余元	总计	五千四〔五〕百余元					

职 别		姓 名	年龄	籍	出 身	经 历	任职年月	月薪	现在住址
社长		潘侠风	卅	北京	华北学院	《平津晓报》游艺主编	二十六年三月	六百元	法界荣兴里三十号
经理									
总编辑		潘侠风							
编辑主任		李逊梅	卅九	天津	北京大学	《天风报》文艺主编	三十年一月	一百卅元	法界仁丰里卅一号
外勤主任		陆侠光	廿九	北京	华北中学	《平津晓报》记者	廿九年三月	一百元	北京光明殿八号
营业主任		张宗炜	廿六	天津	觉民中学	天津《晶报》营业主管	三十年四月	二百六十元	河北律纬路善因里
事务员	文书	何希远	五三	北京			卅二年十一月	四十元	法界世昌里二十九号
	会计	张宗炜							
	庶务	修庆五	四一	北京			卅二年十一月	六十元	特一区恒安里十六号
		韩文桐	廿四	天津	法汉中学		卅一年九月	四五元	本社
其他职员									
总计	职员 计		十一名						
	工人 计		名						

（津 J1 - 3 - 12377）

950. 新闻纸杂志外埠分销情况调查表

1943 年

《每月科学画报》

本市出版新闻纸杂志各社外埠分销情形调查表			
报社名称	社长姓名	外埠分销数	备 考
每月科学画报	孔赐安	一三〇〇〇份	

外 埠 分 销 情 形				
本 省		外 省		
地 区	部 数	地 区	部 数	
北京	二二五〇	济南	一五〇〇	
保定	一四五〇	青岛	五五〇	
唐山	一二〇〇	胶州	三五〇	
青〔秦〕皇岛	五〇〇	烟台	五〇〇	
古冶	二〇〇	开封	二五〇	
邯郸	二〇〇	彰德	三五〇	
顺德	一五〇	太原	五〇〇	
元氏	二五〇	宣化	三〇〇	
丰润	二〇〇	张家口	二〇〇	
昌黎	一〇〇	上海	三〇〇	
山海关	一五〇	南京	四〇〇	
		汉口	四五〇	
		广州	一五〇	
		福州	一〇〇	
		苏州	一五〇	
		杭州	五〇	
		济宁	一〇〇	
		威海	一〇〇	
		大同	五〇	

《新天津画报》

本市出版新闻纸杂志各社外埠分销情形调查表			
报社名称	社长姓名	外埠分销数	备 考
新天津画报	沙大风	一九五〇〇份	一月累计数

外 埠 分 销 情 形				
本 省		外 省		
地 区	部 数	地 区	部 数	
北京	一〇五〇〇			一月累计数
唐山	九〇〇〇			一月累计数

《银线画报》

本市出版新闻纸杂志各社外埠分销情形调查表				
报社名称	社长姓名	外埠分销数	备 考	
银线画报社	张圭颖	一千四百三十份		
外 埠 分 销 情 形				
本 省		外 省		
地 区	部 数	地 区	部 数	
北京	六百份	济南	七十份	
唐山	二百份	青岛	二百三十份	
秦皇岛	一百份	满洲国	一百五十份	
塘沽	八十份			

《游艺画刊》

本市出版新闻纸杂志各社外埠分销情形调查表				
报社名称	社长姓名	外埠分销数	备 考	
游艺画刊社	潘侠风	三千八百八十份	每期售数	
外 埠 分 销 情 形				
本 省		外 省		
地 区	部 数	地 区	部 数	
北京	二五〇〇部	济南	六五〇部	
保定	一一〇部	青岛	一八〇部	

外 埠 分 销 情 形				
本 省		外 省		
地 区	部 数	地 区	部 数	
德县	五〇部	秦皇岛	三〇部	
石门	一二〇部	烟台	三〇部	
		彰德	二〇部	
		徐州	六〇部	
		上海	五〇部	
		南京	四〇部	
		汉口	四〇部	

(津 J1－2－868)

951. 伪天津特别市政府宣传处登记刊物现状调查表

1944 年 3 月

《银线画报》

登记各刊物现状调查表	
名　　称	银线画报
类　　别	杂志类
登记证号数	内务总署政字九十七号
登记年月日	民国三十一年十二月九日
每次发行日期	每三日出版一次
负责人姓名	张圭颖
社　　址	第二区兴隆街九五号
备　　考	

盖章　社　　　章　银线画报社（印）
　　　负责人姓名章　张圭颖（印）

中华民国三十三年三月廿九日

《游艺画刊》

登记各刊物现状调查表	
名 称	游艺画刊
类 别	杂志
登记证号数	内务总署登记，政字二十二号
登记年月日	三十年三月廿二日
每次发行日期	每月一日、十五日
负责人姓名	潘侠风
社 址	天津兴亚三区五十六号路荣兴里四十六号
备 考	
盖章 社 章 负责人姓名章	天津游艺画刊社（印） 潘侠风（印） 中华民国三十三年三月二十八日

（津 J1－3－9614）

952. 伪日华宣传机关基本调查表

1945 年 2 月

《游艺画刊》

日华宣传机关基本调查表				
			昭和 年 月 日调制 调制者	
名称	游艺画刊		日华别	华文
所在地	天津第一区西开二经路荣兴里四十六号			
设立 并经过	设立于民国廿九年三月十一日		种别	半月刊
	民国廿九年三月十一日经前天津特别市新闻事业管理所许可，准予试办，后于当年四月十五日发行创刊号，民国卅年三月廿二日蒙华北政务委员会内务总署民政局颁给政字第二十二号正式新闻纸杂志登记证，迄今将及五载，已发刊一〇六次			
（长）宣传 主任	职名	社长	经历	北京华北学院
	氏名	潘侠风	电话番号	三局三一七八、一五七三
宣传团体加入有无	无			

年额经费	资本金	最初资金三千元，陆续增加两万元	宣传关系经费	无	（　%）

宣传方针	本刊虽系游艺性质，但对宣传工作亦尽最大努力，于稿件中加以宣传大东亚战争、激发国民昂扬战意之文字，以收寓宣传于娱乐之效果

对象	对象种别	以商、学及艺术三界为多				
	日华别人员	日		华	两万六千人	计	两万六千人
	男女别人员	男	一万五千人	女	一万一千人	计	两万六千人

系统机构	宣传关系担当人员	潘侠风、李逊梅、高日升、张宗炜
	社长一人、编辑二人、记者四人、业务三人、广告三人，特约各地通讯记者十二人	

宣传业务二関スル特记事项	宣传战时体制下增产、节约，指导读者自肃自励，节省物资，推行新国民运动

摘要	

《银线画报》

日华宣传机关基本调查表

昭和　　年　　月　　日调制
调制者

名称	银线画报	日华别	华文
所在地	河北省天津市第一区西开三经路义德里二十号		
设立并经过	设立民国廿五年四月十八日	种别	三日画刊
	敝报创刊于民国廿五年四月，为一中型画报。至二十六年十二月以日报新姿态刊行，为四开纸型，逐渐增至两张半，同时加赠周刊。至廿九年二月又以三日画报发行，直至今日		
（长）宣传主任	职名	社长	经历	《国货日报》编辑部长，华北交通株式会社中央特务班驻津主任，同社总裁室嘱托
	氏名	张圭颖	电话番号	三一七七三
宣传团体加入有无	无			
年额经费	资本金	十万元	宣传关系经费	中外兴信所年助经费五万元　（　%）
宣传方针	敝报以提倡东方道义精神、发扬决战增产重要意义、唤起青少年奋起勤劳奉公为宗旨，并供给各种增产节约方式及提倡勤劳奉公等常识，在精神与实际上引领一般大中学校学生及一般青少年男女步入决战体制下共同迈进			

对象	对象种别	天津、北京、青岛等各大学校及中学校学生及一般青少年智识阶层					
	日华别人员	日	三〇〇	华	五五〇〇	计	五八〇〇
	男女别人员	男	四五〇〇	女	一三〇〇	计	五八〇〇
系统机构	宣传关系担当人员	李木、王伯龙、高而恭、祁斐、张琨图、乔荫桐					
	社长 — 经理 ┬ 总务部 —— 会计、交际、文书 │ ├ 编辑部 —— 采访、编校、美术 编审 └ 营业部 —— 印刷、广告、发行 委员会						
宣传业务二关スル特记事项	敝报根据实施战时体制运动下努力宣传并秉承中外兴信所之战时经济意旨，灌输一般经济智识，使一般青少年共同协力调整经济机构						
摘要							

《每月科学社》

日华宣传机关基本调查表

昭和二十年二月十八日调制
调制者每月科学社（印）孔赐安（印）

名称	每月科学社		日华别	华文
所在地	天津第六区南经廿三路三十四号			
设立并经过	设立民国廿九年十一月　日		种别	月刊
	民国廿九年十一月创设，民国三十年五月开始发行《每月科学》杂志，迄今已出至第四卷			
（长）宣传主任	职名	社长	经历	前直隶省立工业专门学校机械科毕业
	氏名	孔赐安	电话番号	三局三四四八
宣传团体加入有无	华北作家协会评议员			
年额经费	资本金	资本两万元	宣传关系经费	无　　（　%）
宣传方针	介绍现代科学知识，促进全国科学作业			
对象	对象种别			
	日华别人员	日	华 两万五千人	计 两万五千人
	男女别人员	男 两万二千人	女 三千人	计 两万五千人

系统机构	宣传关系担当人员	共十九人
	社长一人，编辑长一人，编辑二人，特约编辑六人，总务一人，事务员二人，广告员四人，代办部事务员二人	
宣传业务二関スル特记事项	对于增产增□及建设东亚极为注意，每自动拟定增产标语与迭次上方发下之标语刊登于极醒目之地位，唤起读者奋起	
摘要	文字与图画并重	

（津 J1‐3‐11424）

953. 一四七画报社为组织成立消费合作社请派员指导并准予登记事呈北平市政府社会局文

1946 年 3 月 30 日

呈为呈请组织消费合作社，拟定于四月一日上午十时，假前外梨园公会大礼堂举行成立会，恳请届时派员莅临指导，并准登记由。窃以敝报为推进收复区文化事业，呈准出版以来，报社员工已达百人。兹为安定社员生活起见，拟依法组织成立消费合作社，除拟具消费合作社社章及社员名册各一份呈请备查外，理合具呈钧局，谨定于四月一日上午十时假前外樱桃斜街梨园公会礼堂举行成立会，敬恳钧局派员莅临指导，并准予登记，实为公便。

谨呈北平市社会局

外附社章及名册各一份〈佚〉

具呈人 一四七画报社、戏世界报社代表人吴宗祜

（京 J2‐5‐87）

954. 北平晴雨画报社为请协力推销事致北平市商会函

1946 年 8 月 12 日

本社为发扬文化、提倡艺术并加强党国宣传力量起见，特创办《晴雨画报》三日刊，已于八月一日发行，颇博各界人士嘉评。惟以出版日浅，商民容有未尽周知。拟请贵会转知各业公会协力推销，以饷〔飨〕读者之热盼。尚希指正一切，益深感荷。

此致北平市商会

北平晴雨画报社

（京 J71‑1‑544）

955. 北平市商会为《经济导报》《晴雨画报》推介订阅事致各公会函

1946 年 8 月 15 日

案准第十一战区司令部政治处函开：本处主办之民生出版公司发行《经济导报》，以研究改良经济设施及报道经济消息为宗旨，请广介绍订阅。又据晴雨画报社函称：本社发行《晴雨画报》，以发扬文化、提倡艺术、加强党国宣传力量为宗旨，请广为介绍订阅各等由。相应函达，即希查照介绍为荷。此颂公绥。

经济导报报社地址：十一战区司令长官司令部党政处转。订价：无。

晴雨画报社地址：宣外椿树上三条 28 号。订价：每册 200 元。

会启

（京 J71‑1‑544）

956. 上海市刊物发行相关表格汇总（节选）

1946 年 8 月

<table>
<tr><th colspan="4">上海市经内政部核定准予发行之报刊清单</th></tr>
<tr><td>计开</td><td></td><td></td><td align="right">三十五年八月二十一日</td></tr>
<tr><th>名　称</th><th>发行人</th><th>登记证字号</th><th>备　考</th></tr>
<tr><td>前线日报</td><td>马树礼</td><td>警字第一〇一七二号</td><td>四川路 215 号</td></tr>
<tr><td>时代日报</td><td>匝开莫</td><td>警字第一〇四七三号</td><td>斜桥弄 60 号</td></tr>
<tr><td>英文每日新闻</td><td>匝开莫</td><td>警字第一〇四七七号</td><td>斜桥弄 60 号</td></tr>
<tr><td>中央日报</td><td>冯有真</td><td>警字第一〇五二四号</td><td>圆明园路 149 号</td></tr>
<tr><td>和平日报</td><td>万德涵</td><td>警字第一〇五二五号</td><td>南京路 166 号</td></tr>
<tr><td>中华时报</td><td>左舜生</td><td>警字第一〇六五二号</td><td>南京路 241 号</td></tr>
<tr><td>东南日报</td><td>胡健中</td><td>京警沪字第 1 号</td><td>长春路 410 号</td></tr>
</table>

名　称	发行人	登记证字号	备　考
今报	周斐成	京警沪字第 2 号	中正中路 838 号
诚报	李浮生	京警沪字第 3 号	南京路□□□□□
远东观察者月刊	邹任之	京警沪字第 105 号	狄思威路 705 号
会闻月刊	蔡蔚文	京警沪字第 106 号	极司非而路 43 号
上海特写周刊	李嵩寿	京警沪字第 108 号	四川中路 223 号
电影话剧半月刊	姜星谷	京警沪字第 109 号	劳勃生路 3235 号
上海画报	金有成	京警沪字第 110 号	福州路 432 号
观察周刊	储安平	京警沪字第 111 号	牯岭路 34 号
今日电影周刊	何酩生	京警沪字第 113 号	胶州路 192 号
学生半月刊	李〔束〕祐新	京警沪字第 114 号	中正路 160 号
海晶周刊	李嵩寿	京警沪字第 115 号	四川中路 223 号
机会半月刊	陈守中	京警沪字第 117 号	贵州路 72 弄 12 号
周播周刊	何西亚	京警沪字第 118 号	海南路 190 号
电世界月刊	赵曾珏	京警沪字第 134 号	中正中路 649 号
金融周报	中央银行经济研究处	京警沪字第 136 号	中正东路 15 号
智慧周刊	陶百川	京警沪字第 137 号	北四川路东宝兴路 232 号
中外影讯周刊	林泽苍	京警沪字第 139 号	南京路 138 号
摄影画报	林泽苍	京警沪字第 140 号	南京路 138 号
小学生半月刊	唐孝纯	京警沪字第 141 号	福煦路明德里 38 号
中国评论周报	陆梅僧	京警沪字第 142 号	山东路 255 号
健康生活月刊	刘邦琛	京警沪字第 144 号	广东路 93 号
卿云画刊	蒋孝游	京警沪字第 145 号	福建路 305 弄 18 号
联声半月刊	上海基督教学生团体联合会	京警沪字第 146 号	四马路 339 弄 5 号
书报杂志月刊	刘邦琛	京警沪字第 147 号	广东路 93 号
中国妇女月刊	钱剑秋、朱素萼	京警沪字第 148 号	爱棠路 80 号
上海学生杂志	方田	京警沪字第 164 号	亚尔培路 572 弄 1 号
科学画报月刊	杨孝述	京警沪字第 165 号	福煦路 649 号
胜利文摘月刊	顾宗诉	京警沪字第 166 号	南京路 220 号

名　　称	发行人	登记证字号	备　　考
子不语半月刊	郑友灯	京警沪字第 167 号	圆明园路 169 号
侨讯月刊	郑友灯	京警沪字第 168 号	圆明园路 169 号
中国少年周刊	郑友灯	京警沪字第 169 号	圆明园路 169 号
学生杂志月刊	王云五	京警沪字第 170 号	河南路 211 号
东方杂志半月刊	王云五	京警沪字第 171 号	河南路 211 号
法令周刊	王秋泉	京警沪字第 173 号	河南路 325 号
东方副刊月刊	苏寄〔继〕廙	京警沪字第 172 号	河南路 211 号
工程界月刊	杨臣勋	京警沪字第 174 号	亚尔培路 533 号
特写图画杂志月刊	屠诗聘	京警沪字第 175 号	福州路 384 弄 4 号
文章月刊	孙以方	京警沪字第 176 号	福州路 380 号
妇婴卫生月刊	杨元吉	京警沪字第 177 号	戈登路 293 号
中国建设月刊	王艮仲	京警沪字第 178 号	北京路 106 号
咪咪集月刊	张元贤	京警沪字第 179 号	莱市路三让坊 7 号
国民公论半月刊	陈志、孟鹏	京警沪字第 180 号	北京路 159 号
中西周刊	谢章浙	京警沪字第 182 号	山阴路 133 弄 65 号
大华图书杂志半月刊	林显章	京警沪字第 183 号	南京路 422 号
东方经济周刊	邓葆光	京警沪字第 184 号	外滩 74 号
好莱坞电影画报	钟经奇	京警沪字第 185 号	青海路 7 号
小朋友半月刊	姚戟眉〔楣〕	京警沪字第 186 号	福州路中华书局
中华少年月刊	姚戟眉〔楣〕	京警沪字第 187 号	中华书局
新中华半月刊	姚戟眉〔楣〕	京警沪字第 188 号	中华书局
戏剧画报周刊	林逸云	京警沪字第 206 号	汉口路 457 弄 121 号
小西风周刊	黄嘉音	京警沪字第 207 号	亚尔培路 235 弄 18 号
小说世界月刊	应启元	京警沪字第 210 号	四马路启明书局
新儿童半月刊	张中钧	京警沪字第 209 号	平凉路平凉村 27 号
艺海画报周刊	沈琪	京警沪宁第 211 号	牛庄路 704 号
东南风周刊	何成〔戌〕君	京警沪字第 212 号	江西路 40 号
幸福周刊	刘同缜	京警沪字第 213 号	忆定盘路 99 号
影剧周刊	顾亚凯	京警沪字第 219 号	金陵西路 23 弄 45 号
上海滩周刊	罗斌	京警沪字第 220 号	南京路 119 号三楼 B2 号

名　　称	发行人	登记证字号	备　　考
人与地月刊	蔡华	京警沪字第 221 号	马浪路 464 号
中国电影周刊	程良	京警沪字第 224 号	虬江支路 80 号
健美画刊旬刊	洪莲笙	京警沪字第 226 号	成都路 884 弄 3 号
青年与妇女月刊	陈景光	京警沪字第 227 号	成都北路 1019 弄 12 号
海天周报	俞仲铭	京警沪字第 228 号	九江路 150 号 413 室
新女性月刊	孙士钦	京警沪字第 229 号	中正中路 687 弄 30 号
芝兰画报旬刊	李维	京警沪字第 267 号	江西路 367 号 501 室
民众什志月刊	郑焰	京警沪字第 271 号	愚园路 668 弄 129 号
蔷薇画报	茅晏〔冥〕家	京警沪字第 272 号	狄思威路长乐里 805 号

已核准尚未通知之报刊名单

计开

名　　称	发行人	登记证字号	备　　考
市民日报	葛福田	京警沪字第 8 号	未通知（已停刊）
大英夜报	翁率平	京警沪字第 10 号	未通知（已改《大众夜报》）
影剧日报	叶惠勋	京警沪字第 14 号	未通知（暂未出版）
中美日报	吴任沧	京警沪字第 15 号	未通知（已停刊）
商业新闻	李方华	京警沪字第 18 号	筹备未就绪（泗泾路 24 号）
上海夜报	郑子良	京警沪字第 25 号	筹备未就绪
民报	陈孝威	京警沪字第 26 号	筹备未就绪
民主周刊	王丰年	京警沪字第 68 号	
五金半月刊	徐梦华	京警沪字第 77 号	
海风周刊	龚芝〔之〕方	京警沪字第 79 号	部令禁止复刊，姑准复刊
吉普周刊	周曹裔	京警沪字第 85 号	曾为刊载万元券事被取缔
麦籽月刊	蔡文〔元〕晧	京警沪字第 86 号	部令调查
两路旬刊	施裕寿	京警沪字第 99 号	已改《京沪旬刊》重行登记
辛报周刊	黄自新	京警沪字第 102 号	已停刊
海星周刊	沈哲民	京警沪字第 112 号	部令禁止复刊，天津路二九三号四六室
海涛周刊	李嵩寿	京警沪字第 116 号	内容欠妥，已补发，四川中路 223 号

名　称	发行人	登记证字号	备　考
是非周刊	童襄	京警沪字第 119 号	已停刊，福州路 33 号
七日谈周刊	唐云旌	京警沪字第 122 号	部令禁止复刊，派克路 21 号
图文周刊	沈秋雁	京警沪字第 125 号	已停刊，宁波路 47 号 112 室

内政部核发登记证之各报刊清单
市政府三十五年十二月二日沪新（35）字第一四九八〇号训令

名　称	发行人	登记证字号	备　考
青年知识半月刊	曾德培	京警沪字第 343 号	
儿童知识月刊	张一渠	京警沪字第 355 号	
生活月刊	赵培荣	京警沪字第 356 号	
四海月刊	黄嘉音	京警沪字第 357 号	
家庭医药杂志月刊	陈炎冰	京警沪字第 358 号	
经济文摘半月刊	张可文	京警沪字第 359 号	
小上海人半月刊	何永果	京警沪字第 360 号	
社会画报半月刊	姜豪	京警沪字第 361 号	
上海话周刊	吴毅堂	京警沪字第 362 号	
大众知识半月刊	郑昭明	京警沪字第 363 号	
现代妇女月刊	曹孟君	京警沪字第 364 号	
图画世界旬刊	谢劼刚	京警沪字第 365 号	
今日妇女月刊	傅晓峰	京警沪字第 366 号	
改造论坛月刊	陆久之	京警沪字第 367 号	
改造画报月刊	陆久之	京警沪字第 368 号	
改造评论月刊	陆久之	京警沪字第 369 号	
工程报道月刊（日文）	茅冰尘	京警沪字第 370 号	
青年中国周刊	刘东严	京警沪字第 371 号	前经中宣部核准先行发行
人民戏剧月刊	周信芳	京警沪字第 372 号	
生产管理月刊	王慕陶	京警沪字第 373 号	
华侨通讯社	陈玉湖	京警沪字第 374 号	图记不合，应饬更改
改造通讯社	陈久之	京警沪字第 375 号	

(续表)

名　　称	发行人	登记证字号	备　　考
世界通讯社	苏天纪	京警沪字第 376 号	
自由通讯社	严以霖	京警沪字第 377 号	
时中通讯社	王师曾	京警沪字第 256 号	前经抄送登记证号码补发新证

内政部核发登记证之各报刊清单
市政府三十五年十二月二日沪新（35）字一四九八一号训令

名　　称	发行人	登记证字号	备　　考
苏报	金濂泉	京警沪字第 331 号	
建设通讯社	俞墉	京警沪字第 332 号	
晨光通讯社	吴英	京警沪字第 333 号	
新声通讯社	严谔声	京警沪字第 334 号	
中华联合新闻	章昌平	京警沪字第 335 号	
国文月刊	范洗人	京警沪字第 336 号	
英文月刊	范洗人	京警沪字第 337 号	
开明少年月刊	范洗人	京警沪字第 338 号	
国际社会问题周刊	罗伟	京警沪字第 339 号	
大侦探月刊	吴永〔承〕达	京警沪字第 340 号	
中国国民周刊	吴绍澍	京警沪字第 341 号	
天风周刊	吴耀宗	京警沪字第 342 号	
上海游艺半月刊	谭雪莱	京警沪字第 344 号	
现代新闻周刊	蔡力行	京警沪字第 345 号	
现代文摘周刊	蔡力行	京警沪字第 346 号	
新闻评论周刊	章昌年	京警沪字第 347 号	
沪剧周刊	叶峰	京警沪字第 348 号	
中坚月刊	赵循	京警沪字第 349 号	
玫瑰半月刊	沈立虎	京警沪字第 351 号	
论语半月刊	邵询〔洵〕美	京警沪字第 350 号	
达风月刊	张耀辰	京警沪字第 352 号	
西洋医学什志月刊	朱云达	京警沪字第 353 号	
健力美双月刊	赵竹光	京警沪字第 354 号	

登记证号数	名称	刊期	分类	发行人	地 址	呈转批数	备 注
京警沪 4	风光	周刊		郭永熙	白克路同春坊 35 号	5	
京警沪 58	宇宙	月刊		冯保善	南京路慈淑大楼 528 号	2	
京警沪 62	大都会画报	月刊		张元贤	菜市路三让坊十八号	2	
京警沪 66	春秋	月刊		冯保善	南京路慈淑大楼 528 号	2	
京警沪 106	会闻季刊	季刊		蔡蔚文	极司非而路 43 号	2	
京警沪 108	上海特写	周刊		李嵩寿	南京路 400 号；四川中路 223 号；吴江路 66 号	2	仍出版
京警沪 109	电影话剧	半月刊		姜星谷	劳勃生路 3235 号	2	
京警沪 111	观察周刊	周刊		储安平	北四川路一九七二号内一号；牯岭路 34 号	5	注销登记
京警沪 113	今日电影	周刊		何酩牛	四川北路虬江支路 35 号张芝转；胶州路 192 号	5	注销
京警沪 115	海晶	周刊		李嵩寿	四川中路 223 号	5	
京警沪 116	海涛	周刊		李嵩寿	四川中路 223 号	5	
京警沪 117	机会	半月刊		程守中	贵州路 77 弄 12 号	5	
京警沪 118	周播	周刊		何西亚	河南路 190 号	5	注销
京警沪 122	七日谈	周刊		唐云旌	派克路 21 号	6	注销
京警沪 123	海潮	周刊		梅无瑕	新昌路 345 弄 38 号	6	有伤风化，饬停刊一月，自卅六年十月十日起
京警沪 130	中外春秋沪版	周刊		章苍萍	北四川路虬江支路 80 号	6	
京警沪 131	海燕周报	周刊		顾戈	金陵路笃行里 16 号三楼	6	
京警沪 132	读者文摘	半月刊		张泉生	福州路 650 号	8	
京警沪 135	沪风周报	周刊		李永祥	牯岭路 132 号	8	
京警沪 139	中外影讯	周刊		林泽苍	南京路 138 号	8	注销
京警沪 140	摄影画报	周刊		林泽苍	南京路 138 号	8	注销
京警沪 144	健康生活	月刊		刘邦琛	广东路 93 号	3	

登记证号数	名称	刊期	分类	发行人	地　址	呈转批数	备　注
京警沪 147	书报杂志	月刊		刘邦琛	广东路 93 号	3	注销
京警沪 148	中国妇女	月刊		钱剑秋	爱棠路 80 号	3	注销
京警沪 164	上海学生什志	月刊		方田	亚尔培路 572 弄 1 号	3	注销
京警沪 165	科学画报	月刊		杨孝述	福煦路 649 号	3	
京警沪 170	学生什志	月刊		王云五	河南路 211 号	3	停刊
京警沪 175	特写图书什志	月刊		屠诗聘	福州路 384 弄 4 号	3	注销
京警沪 177	妇婴卫生月刊	月刊		杨元吉	戈登路 293 号	3	
京警沪 178	中国建设	月刊		王艮仲	北京路 106 号	3	
京警沪 179	咪咪集	月刊		张元贤	菜市路三让坊 7 号	3	
京警沪 180	国民公论	半月刊		陈志鹏	北京路 159 号	3	注销
京警沪 182	中西周刊	周刊		谢章浙	山阴路 133 弄 65 号	3	注销
京警沪 190	旅行什志	月刊		唐渭滨	四川路 420 号	3	
京警沪 193	青年界	月刊		李小峰	福州路 254 号	3	
京警沪 202	泰山周刊	周刊		易大立	威海卫路 357 弄 6 号	3	注销
京警沪 206	戏剧画报	周刊		林逸云	汉口路 457 弄 121 号	3	

（沪 Q6 - 12 - 200）

957. 北平市政府社会局第四科科长萧志超为大陆画报社验资事签呈领导文

1947 年 1 月 5 日

　　查大陆画报社声请登记，经提交第十七民运会报决议"由社会局派员验资后准予转呈"等语。遵经派员验资，并取得北平市银行等三家证明，经核属实。理合检同单据并拟叙稿转呈。是否可行，签请鉴核示遵。

第四科科长　萧志超呈

（京 J2 - 4 - 494）

958. 新闻纸杂志出版情况调查表（节选）

1947 年 1 月

《廿世纪科学画报》

出版状况调查表

中华民国三十六年元月十四日廿世纪科学社填发

名称	廿世纪	类别	科学画报	社址	大津第十区南京道二十号	电话	——
出版日期	三十五年十二月十五日创刊，拟每月十五日出版	创刊或复刊	创刊	登记资本	五十万元	增加资本	五十万元
资本来源	发行人程树元私人资本	经济状况	尚能维持现状，欲求发展仍需巨资	篇幅及每日发行数量	十六开纸，创刊四页，二期八页，每期约四千份		

重要职员	职别	姓名	籍贯	略历	住址
	发行人	程树元	江苏武进	天津耀华中学毕业，曾任《华北汉英报》编辑	第十区南京道二十号
	编辑	周家骅	南京市	天津工商学院毕业	第一区营口道四二八号
	编辑	卢哲	湖北宜昌	北平中国大学	第十区长沙路永安里五号
	编辑	窦树宝	天津市	河北省立天津中学毕业	西头梁家嘴后洼胡同七号
	编辑	张伯洪	河北高阳	天津耀华中学校	第十区成都道延寿里二十一号
备考	本社于登记时有编辑吴端祥、冯瑞苹两名，已于三十五年十二月三十一日辞职，由周家骅、卢哲代替，又增聘编辑一名窦树宝，特此备注				

附注：一、登记资本指登记时之资本而言；

二、增加资本指登记以后因发行不足，用另外增加之资本而言；

三、资本来源指资来自何处、何人，应详细填明；

四、重要职员指发行人、编辑或采访记者而言；

五、填表之报刊或通讯社，应于年月日下书明名称并加盖图记；

六、如已停刊，应于备考栏将停刊日期注明并说明停刊原因，如尚未发刊，亦应在备考栏注明；

七、接到本表应即填报，幸勿迟延。

《星期二画刊》

出版状况调查表

中华民国三十六年一月十日《星期二画刊》填发

名称	星期二画刊	类别	周刊	社址	第一区嫩江路二十九号		电话	二局一一五〇
出版日期	三十五年九月三日		创刊或复刊	复刊	登记资本	一百万元	增加资本	在筹备中
资本来源	同人集资	经济状况	入不敷出		篇幅及每日发行数量	每周出一本,计十二开纸六篇,每期发行约三千本		

重要职员	职别	姓名	籍贯	略　历	住　　址
	发行人	刘铁庵	天津	前天津特别市党部执委	本社
	总编辑	刘钟望	天津	前《天津午报》主编	本社
	编辑	杨莲因	新会	天津特别市党部执委	第一区嫩江路三十号

备考	

附注: 一、登记资本指登记时之资本而言;

二、增加资本指登记以后因发行不足,用另外增加之资本而言;

三、资本来源指资来自何处、何人,应详细填明;

四、重要职员指发行人、编辑或采访记者而言;

五、填表之报刊或通讯社,应于年月日下书明名称并加盖图记;

六、如已停刊,应于备考栏将停刊日期注明并说明停刊原因,如尚未发刊,亦应在备考栏注明;

七、接到本表应即填报,幸勿迟延。

《艺威画报》

出版状况调查表

中华民国三六年元月十一日《艺威画报》填发

名称	艺威画报	类别	周刊	社址	东南城角糖房胡同3号		电话	
出版日期	三十五年十月十六日		创刊或复刊	创刊	登记资本	五十万	增加资本	一百万

资本来源	股东		经济状况			篇幅及每日发行数量	十二开十二页，每周三千册
重要职员	职别	姓名	籍贯	略　历		住　址	
	社长	张林溪	天津	天津《益世报》编辑		南斜街郭家大院	
	总编辑	王喆夫	天津	天津《新时报》编辑，《自由晚报》编辑		大营门全升里三十二号	
	经理	王允中	天津	河北企业公司职员		北平西四马市大街七十二号	
	编辑	陈家章	天津	天津《建国日报》《新时报》编辑		东南城角糖房胡［同］三号	
	采访主任	张晓可	北平	锦州《新生命报》、沈阳《工商日报》、天津《青年日报》、《新时报》记者		第一区林森路新时报社	
备考							

附注：一、登记资本指登记时之资本而言；

二、增加资本指登记以后因发行不足，用另外增加之资本而言；

三、资本来源指资来自何处、何人，应详细填明；

四、重要职员指发行人、编辑或采访记者而言；

五、填表之报刊或通讯社，应于年月日下书明名称并加盖图记；

六、如已停刊，应于备考栏将停刊日期注明并说明停刊原因，如尚未发刊，亦应在备考栏注明；

七、接到本表应即填报，幸勿迟延。

《星期六画报》

出版状况调查表										
中华民国三十六年一月十一日星期六画报社填发										
名称	星期六画报		类别	综合杂志	社址	天津一区罗斯福路一八九号		电话	二局七三二三	
出版日期	每逢星期六出版一次		创刊或复刊	三十五年五月十八日创刊	登记资本		一百万元	增加资本		九百万元
资本来源	由李仲华、张瑞亭、郑启文合资经营	经济状况		收支平衡		篇幅及每日发行数量		十六开共二十页，每期发行一万二千册		

	职别	姓名	籍贯	略 历	住 址
重要职员	发行人	张瑞亭	天津	市立第六十六小学校教务主任，天津《中华日报》记者	天津第一区罗斯福路一八九号
	总经理	郑启文	湖北	国立北大助教，天津《中华日报》记者	天津第一区罗斯福路一八九号
	采访主任	李伍文	天津	海风社编辑，天津《中华日报》记者	天津大胡同内蓝家胡同一号
	编辑	王立臣	太原		天津罗斯福路一八九号
	编辑	黄冰	广东	《青年魂》编辑	天津第六区恒余里十六号
	记者	刘大中	天津	《青年魂》编辑	天津罗斯福路一八九号
备考					

《美丽画报》

天津市政府社会局代电

勤文字第7号

中华民国三十六年元月九日

《美丽画报》鉴：

本局为调查各报刊社状况起见，特制定调查表随电送达，即希查照，克日填送为要。

天津市政府社会局子佳印

附调查表一件

监印张学梅

校对刘应隆

出版状况调查表

中华民国三十六年一月十一日美丽画报社填发

名称	美丽画报	类别	七日刊	社址	第二区胜利路十二号	电话	
出版日期	三十五年十月三日创刊，每逢星期四出版一次	创刊或复刊	创刊	登记资本	一百万元	增加资本	
资本来源	发行人自己动产	经济状况	自给自足	篇幅及每日发行数量	十二开共六篇，每次发行七千		

	职别	姓名	籍贯	略　　历	住　　址
重要职员	发行人	阎恩润	北平市	前北平新北平报社营业主任	第二区胜利路十二号
	编辑	李逊梅	辽宁铁岭	前《天津商报》编辑	第一区河北路仁丰里十一号
	记者	梅文虎	北平市	北平《一四七画报》记者	第二区建国道十三号
备考					

附注：一、登记资本指登记时之资本而言；

二、增加资本指登记以后因发行不足，用另外增加之资本而言；

三、资本来源指资来自何处、何人，应详细填明；

四、重要职员指发行人、编辑或采访记者而言；

五、填表之报刊或通讯社，应于年月日下书明名称并加盖图记；

六、如已停刊，应于备考栏将停刊日期注明并说明停刊原因，如尚未发刊，亦应在备考栏注明；

七、接到本表应即填报，幸勿迟延。

《北戴河》杂志
天津市政府社会局代电

勤文字第 7 号

中华民国三十六年元月九日

北戴河杂志社鉴：

　　本局为调查各报刊社状况起见，特制定调查表随电送达，即希查照，克日填送为要。

天津市政府社会局子佳印

　　附调查表一件

监印张学梅

校对刘应隆

出版状况调查表

中华民国三十六年一月十一日北戴河杂志社填发

名称	《北戴河》杂志	类别	七日刊	社址	第二区胜利路十二号		电话	
出版日期	三十六年一月五日创刊,每逢星期日出版一次	创刊或复刊	创刊	登记资本	一百万元		增加资本	
资本来源	发行人自己动产	经济状况	自给自足		篇幅及每日发行数量	十二开共六篇,每次发行六千		

重要职员	职别	姓名	籍贯	略　历	住　址
	发行人	曹养田	河北通县	前天津商报社营业主任	第一区教堂后康定路二十九号
	编辑	李逊梅	辽宁铁岭	前《天津商报》编辑	第一区河北路仁丰里十一号
	记者	王新民	天津市	天津《中南报》记者	第二区十字街
备考					

附注：一、登记资本指登记时之资本而言;

二、增加资本指登记以后因发行不足, 用另外增加之资本而言;

三、资本来源指资来自何处、何人, 应详细填明;

四、重要职员指发行人、编辑或采访记者而言;

五、填表之报刊或通讯社, 应于年月日下书明名称并加盖图记;

六、如已停刊, 应于备考栏将停刊日期注明并说明停刊原因, 如尚未发刊, 亦应在备考栏注明;

七、接到本表应即填报, 幸勿迟延。

《新生画报》

天津市政府社会局代电

勤文字第 7 号

中华民国三十六年元月九日

《新生》杂志鉴:

　　本局为调查各报刊社状况起见, 特制定调查表随电送达, 即希查照, 克日填送为要。

天津市政府社会局子佳印

附调查表一件

监印张学梅
校对刘应隆

出版状况调查表

中华民国 36 年 1 月 10 日天津新生画报社（印）填发

名称	新生画报	类别	旬刊	社址	天津一区大沽路三十三号	电话	
出版日期	三十五年四月一日	创刊或复刊	创刊	登记资本	五十万元	增加资本	二百万元
资本来源	刘金亭	经济状况	收支适合	篇幅及每日发行数量	12 开，五千册		

重要职员	职别	姓名	籍贯	略　历	住　址
	发行人	刘金亭	天津	《上海日报》编辑，重庆华南公司董事会秘书	天津一区大沽路三十三号
	主编	陈书田	天津	上海《晶报》采访，《新闻画报》副刊编辑	同上
	助编	柳行	上海	上海《青青电影》《联华影坛》主编	同上
	采访	张瞻荪	天津	同兴印刷局会计主任	第十区芝罘路三十四号
	采访	刘步云	天津	金山摄影社摄影	第一区旧六号路利华公司内
备考					

附注：一、登记资本指登记时之资本而言；

二、增加资本指登记以后因发行不足，用另外增加之资本而言；

三、资本来源指资来自何处、何人，应详细填明；

四、重要职员指发行人、编辑或采访记者而言；

五、填表之报刊或通讯社，应于年月日下书明名称并加盖图记；

六、如已停刊，应于备考栏将停刊日期注明并说明停刊原因，如尚未发刊，亦应在备考栏注明；

七、接到本表应即填报，幸勿迟延。

《银都画报》

天津市政府社会局代电

勤文字第 7 号

中华民国三十六年元月九日

《银都画报》鉴：

　　本局为调查各报刊社状况起见，特制定调查表随电送达，即希查照，克日填送为要。

天津市政府社会局子佳印

　　附调查表一件

监印张学梅

校对刘应隆

出版状况调查表

中华民国 36 年 1 月 10 日天津银都画报社（印）填发

名称	银都画报	类别	旬刊	社址	天津一区大沽路三十三号	电话	
出版日期	三十五年十月十日	创刊或复刊	创刊	登记资本	五十万元	增加资本	二百万元
资本来源	刘金亭	经济状况	收支预计适合	篇幅及每日发行数量		16 开，五千册	

重要职员	职别	姓名	籍贯	略　　历	住　　址
	发行人	刘金亭	天津	《上海日报》编辑，重庆华南公司董事会秘书	天津一区大沽路三十三号
	编辑	陈书田	天津	上海《晶报》采访记者，《新闻画报》副刊编辑	同上
	采访	李金传	天津	北平《戏剧界》采访	天津河东大王庄福和里四号
	采访	柳行	上海	上海《青青电影》、《联华影坛》主编	天津一区大沽路三十三号
备考					

附注：一、登记资本指登记时之资本而言；

　　　二、增加资本指登记以后因发行不足，用另外增加之资本而言；

　　　三、资本来源指资来自何处、何人，应详细填明；

四、重要职员指发行人、编辑或采访记者而言；

五、填表之报刊或通讯社，应于年月日下书明名称并加盖图记；

六、如已停刊，应于备考栏将停刊日期注明并说明停刊原因，如尚未发刊，亦应在备考栏注明；

七、接到本表应即填报，幸勿迟延。

《国风报》

天津市政府社会局代电

勤文字第 7 号

中华民国三十六年元月九日

《国风报》画刊鉴：

本局为调查各报刊社状况起见，特制定调查表随电送达，即希查照，克日填送为要。

天津市政府社会局子佳印

附调查表一件

监印张学梅

校对刘应隆

出版状况调查表
中华民国三十六年一月十一日填发

名称	国风报	类别	画刊	社址	广兴大街	电话	二五八五八
出版日期	七月十四号		创刊或复刊	复刊	登记资本	一百万元	增加资本	
资本来源	集资	经济状况	平庸		篇幅及每日发行数量	四千份		

	职别	姓名	籍贯	略　历	住　　址
重要职员	社长	张化南	天津	《中南报》记者	南市建物大街瑞福里 11 号
	总理	张宗炜	天津	《晶报》记者	本社
	经理	韩世琦	天津	《中南报》记者	本社
	记者	陆侠光	天津	《晓报》采访主任	本社
	编辑	王玠	天津	《平津晓报》编辑	本社
备考					

附注：一、登记资本指登记时之资本而言；

二、增加资本指登记以后因发行不足，用另外增加之资本而言；

三、资本来源指资来自何处、何人，应详细填明；

四、重要职员指发行人、编辑或采访记者而言；

五、填表之报刊或通讯社，应于年月日下书明名称并加盖图记；

六、如已停刊，应于备考栏将停刊日期注明并说明停刊原因，如尚未发刊，亦应在备考栏注明；

七、接到本表应即填报，幸勿迟延。

《新世纪画报》

天津市政府社会局代电

勤文字第 7 号

中华民国三十六年元月九日

《新世纪画报》鉴：

本局为调查各报刊社状况起见，特制定调查表随电送达，即希查照，克日填送为要。

天津市政府社会局子佳印

附调查表一件

监印张学梅

校对刘应隆

出版状况调查表

中华民国三十六年一月十一日填发

名称	新世纪画报	类别	三日刊	社址	第六区东亚里二号	电话	二五八五八
出版日期			创刊或复刊	创刊	登记资本	五百万元	增加资本	二千万元
资本来源	由发行人自行筹措	经济状况	自给自足	篇幅及每日发行数量			

重要职员	职别	姓名	籍贯	略　历	住　址
	发行人	路介白	天津	天津《直言报》编辑	同社址

重要职员	职别	姓名	籍贯	略　　历	住　　址
备考			因筹备未臻完善，故尚未发刊		

附注：一、登记资本指登记时之资本而言；

　　　二、增加资本指登记以后因发行不足，用另外增加之资本而言；

　　　三、资本来源指资来自何处、何人，应详细填明；

　　　四、重要职员指发行人、编辑或采访记者而言；

　　　五、填表之报刊或通讯社，应于年月日下书明名称并加盖图记；

　　　六、如已停刊，应于备考栏将停刊日期注明并说明停刊原因，如尚未发刊，亦应在备考栏注明；

　　　七、接到本表应即填报，幸勿迟延。

（津 J25‑3‑6112）

959.《联美画刊》出刊状况调查审核表

1947 年 4 月 1 日

北平市新闻社通讯社杂志社出刊状况调查审核表						
					三十六年四月一日 调查者　王立勋	
类别	杂志	名称	联美画刊	刊期	周刊	
已否登记	已登	登记日期字号		三十五年九月十二日，京警平字第七六号		
职别	姓名	籍贯	年龄	简历	附注	
发行人	陈白雪	北平	三十九岁	北平《现代日报》编辑、北平《晨报》编辑		
经理	迟万里	沧县	四十一岁	北平小本借贷处会计主任		
内部组织情形	编辑部、营业部			职员人数	三人	工人人数	
发刊宗旨	发扬文化，提倡艺术			发行日期	三十五年十月十二日	

发行所名称	联美画刊社发行所		地址	地安门外前马厂四八号（电话）		
印刷所名称	《国民日报》印刷所		地址	宣外烂缦胡同六三号（电话）南局五一四一号		
采用通讯稿社名称						
出刊状况	内容	评论、诗文、科学、影剧、艺术、小说	销售区域	北平、天津、保定、唐山、廊坊、长春		
	页数	十二页	销售份数及价格	每期售价七百元，销售三千五百份		
经济概况	资本数目	一百万元	来源	自筹		
	广告收入		报费收入	每期约一百四十万元		
	其他收入		补助津贴			
	支出数目	薪给	月计五十万元	印刷	印刷四十万元，□□六十万元	盈亏情形
		租金		其他	稿费十万元	
背景	查该杂志系一民营刊物，并无任何背景					
调查意见	其发行人为陈白雪，并自兼编辑，仅用一经理，故开支较少，而不致亏损资本。惟其刊物内容偏重于软性文字及黄色新闻，实有消沉青年之意志可能，拟饬其迅改作风，充实内容，多以文艺、科学为题材。是否有当，请核定				处理意见	拟饬整理内部，充实内容，并将刊物送局凭核
第　次民运会报决议						
最后核定	社会局局长	如拟。四月四日	秘书主任		秘书	技正
	市党部主任委员		书记长		秘书	科长

960. 《晴雨画报》出刊状况调查审核表

1947年4月1日

<table>
<tr>
<td colspan="9" align="center">北平市新闻社通讯社杂志社出刊状况调查审核表</td>
</tr>
<tr>
<td colspan="9" align="right">三十六年四月一日
调查者</td>
</tr>
<tr>
<td align="center">类别</td>
<td align="center">新闻纸</td>
<td align="center">名称</td>
<td colspan="2" align="center">晴雨画报</td>
<td colspan="2" align="center">刊期</td>
<td colspan="2" align="center">三日</td>
</tr>
<tr>
<td align="center">已否登记</td>
<td align="center">已</td>
<td colspan="2" align="center">登记日期字号</td>
<td colspan="5" align="center">三十五年八月三十日，京警平字第八二号</td>
</tr>
<tr>
<td align="center">职别</td>
<td align="center">姓名</td>
<td align="center">籍贯</td>
<td align="center">年龄</td>
<td colspan="4" align="center">简历</td>
<td align="center">附注</td>
</tr>
<tr>
<td align="center">发行人</td>
<td align="center">买希天</td>
<td align="center">河南开封</td>
<td align="center">三九</td>
<td colspan="4">上海伊斯兰高师毕业，现任平汉线北段护路司令部参议</td>
<td></td>
</tr>
<tr>
<td align="center">副社长</td>
<td align="center">王树声</td>
<td align="center">北平</td>
<td align="center">廿六</td>
<td colspan="4">建华建筑公司襄理</td>
<td></td>
</tr>
<tr>
<td align="center">内部组织情形</td>
<td colspan="3">社长、副社长下设分社经理、编辑、营业、印刷四部</td>
<td align="center">职员人数</td>
<td align="center">十五人</td>
<td align="center">工人人数</td>
<td colspan="2" align="center">廿余人</td>
</tr>
<tr>
<td align="center">发刊宗旨</td>
<td colspan="4">介绍科学文艺及一般常识</td>
<td colspan="2" align="center">发行日期</td>
<td colspan="2">卅五年七月</td>
</tr>
<tr>
<td align="center">发行所名称</td>
<td colspan="4">晴雨画报社</td>
<td align="center">地址</td>
<td colspan="3">宣外椿树上三条廿八号（电话）〇七八七</td>
</tr>
<tr>
<td align="center">印刷所名称</td>
<td colspan="4">晴雨画报社</td>
<td align="center">地址</td>
<td colspan="3">宣外椿树上三条廿八号（电话）〇七八七</td>
</tr>
<tr>
<td colspan="2" align="center">采用通讯稿社名称</td>
<td colspan="7"></td>
</tr>
<tr>
<td align="center" rowspan="2">出刊状况</td>
<td colspan="2" align="center">内容</td>
<td colspan="3">□□□刊物多偏重于影剧消息之报导</td>
<td colspan="2" align="center">销售区域</td>
<td>平津区</td>
</tr>
<tr>
<td colspan="2" align="center">页数</td>
<td colspan="3">十六开，十八页</td>
<td colspan="2" align="center">销售份数及价格</td>
<td>每期约四千份，零售六百元，批发价四百元</td>
</tr>
<tr>
<td align="center" rowspan="5">经济概况</td>
<td colspan="2" align="center">资本数目</td>
<td colspan="3">一千五百万元</td>
<td colspan="2" align="center">来源</td>
<td>集资</td>
</tr>
<tr>
<td colspan="2" align="center">广告收入</td>
<td colspan="3"></td>
<td colspan="2" align="center">报费收入</td>
<td></td>
</tr>
<tr>
<td colspan="2" align="center">其他收入</td>
<td colspan="3"></td>
<td colspan="2" align="center">补助津贴</td>
<td></td>
</tr>
<tr>
<td rowspan="2" align="center">支出数目</td>
<td align="center">薪给</td>
<td colspan="2"></td>
<td align="center">印刷</td>
<td colspan="2"></td>
<td rowspan="2" align="center">盈亏情形</td>
<td rowspan="2">每月约亏四五十万元</td>
</tr>
<tr>
<td align="center">租金</td>
<td colspan="2"></td>
<td align="center">其他</td>
<td colspan="2"></td>
</tr>
<tr>
<td align="center">背景</td>
<td colspan="8">发行人买希天现任平汉路北段护路司令部参议，为本党同志</td>
</tr>
</table>

调查意见	该刊自发行后，去年九月一度因经费支绌停刊，至今年三月改组后复刊，原定三日刊已改出周刊，且内部人事多已变迁，社内实际由该社副社长王树声负责，已通知其办理变更登记	处理意见	拟通知依法办理变更登记
第　次民运会报决议			
最后核定	社会局局长	如拟。四、十二	秘书主任		秘书		技正	
	市党部主任委员		书记长		秘书		科长	

（京 J2 - 4 - 332）

961. 沈敦厚广告社为大陆画报社开具保证书

1947 年 5 月 8 日

具保证书沈敦厚广告社。今保大陆画报社发行人孙鸿藻在本市发行并由北平市社会局领到京警平字第一七零号登记证，此后切实遵照《出版法》之规定及声请书填载事项按期出刊，如有任何问题发生，概由本保人负完全责任。所具保结是实。

具保证商号：沈敦厚广告社

经理：沈幼臣

被保证人：大陆画报社　发行人孙鸿藻

（京 J2 - 3 - 955）

962. 福顺德银号北平总号为燕京五日画报社出具存款证明书

1947 年 7 月 9 日

为出具证明书事。查敝号乙种活期存款第一一一七号账户燕京五日画报社，结至本月九日实存国币三千万元。特此证明，敬希鉴照。

此上北平市政府社会局

福顺德银号北平总号启

（京 J2 - 4 - 479）

963. 外交部驻沪办事处为调查中国画报社组织情形事
致上海市政府新闻处代电

1947 年 8 月 6 日

上海市政府新闻处公鉴，顷奉外交部本年七月卅一日情□字第 15772 号代电开：顷收到上海中国生活画报社来函一件，内称该社宗旨为增进外人对我国之认识，拟编《现代中国》一书，函请部长或指定之人员为该书特约编辑等语。用特电仰该处即于上海出版界查明该社为何人所创办，何人所主持，背景如何，作一详细调查报部。等因。用特电请查照并烦查明见复为荷。

外交部驻沪办事处未鱼

（沪 Q431－1－326）

964. 上海市政府新闻处为中国画报社组织情形事复外交部
驻沪办事处代电

1947 年 8 月 8 日

外交部驻沪办事处公鉴：准贵处沪情□字第○一七四五号代电，以奉外交部代电，调查中国生活画报社创办人及其背景。等因。嘱查照见复等由。查该画报社社长金有成现任三一印刷厂经理，系国民党党员，发行人丁星五现任职于中国文化信托服务社，曾在后方工作有年，亦系国民党党员。准电前由，相应电复查照为荷。

上海市政府新闻处

（沪 Q431－1－326）

965. 北平市商会为介绍订阅《中国生活画报》事致各公会函

1947 年 9 月 8 日

顷有中国文化信托服务社特派员兼中国生活画报社采访主任王光朗来会出示《中国生活画报》全年定价国币十万六千四百元（邮费在内），社址上海东大名路七三七弄仁兴里十五号，请转知广为介绍。等由。查该画报内容丰富，印刷精良，洵为近代之唯一画报，除本会已订阅外，特函介绍，即请查照广为介绍订阅为荷。

此致各公会

966. 北平市第十七区区长曲福乐为曲濯缨毕业于
日本政法大学出具证明书

1947 年 9 月

兹证明曲濯缨系民国十九年三月二十五日毕业于东京日本法政大学法文学部。因其证件现置于哈尔滨，无法取得，特此证明。

北平市第十七区区长曲福乐

967. 上海市政府秘书处为征集抗战建国资料及照片事致上海市民政局函
（附《抗战建国画刊资料征集办法》）

1947 年 10 月 3 日

奉交下国防部新闻局本年九月廿五日（卅六）秋慰字第一三七三号公函一件内开：径启者：本局为表扬我国抗战八年之奋勇精神及我政府从事建国工作之筹划与努力，兹拟汇编《抗战建国画刊》一种，于行宪前发行，惟有关各项资料及照片亟待搜集。除分别办理外，兹检附《抗战建国画刊资料征集办法》一份，凡有关资料及照片尚希惠赠一份，兹派本局专员洽商，请予洽助为荷。等由。附《抗战建国画刊资料征集办法》一份。准此，自应照办，除分函外，相应抄附征集办法一份，函请查照，将有关抗战建国图画、照片等资料于本年十月十日前搜集过处，以便汇转为荷。

此致民政局

抄附《抗战建国画刊资料征集办法》一份

上海市政府秘书处启

抗战建国画刊资料征集办法

（一）凡有关抗战建国之资料及照片，抗战时期日寇之残暴行为及我军英勇抗战之事迹，并各级政府历年来对建国工作之筹划与所获之成就，共匪破坏抗战、摧毁建国、涂炭人民之事实，我军民合作对抗战建国工作之努力情绪及事实等项均可应征。

（二）征集各件以照片图画为主、文字为辅，有特殊价值之统计资料，当不受此限。

（三）应征各件务请注明真实姓名、通讯处及本件出处，并于稿尾签名盖章；为系机关团体应征者，请加盖官章。

（四）本件一经采用当致薄酬，未经采用负责退还。

（五）应征各件统限十月十五日以前寄南京国防部新闻局第二处收，并请注明"应征"字样。

（沪 Q119 - 5 - 144）

968. 樊剑刚为送《大众抗战画报》事呈上海市社会局文

1947 年 10 月 9 日

为呈送《大众抗战画报》请训令各校学生采用宣传以利抗敌事。窃查过去里巷书滩〔摊〕之上，每多思想悖谬之连环图画，下层民众与一般小学生争相租阅，实属有碍身心。故钧局曾一再通令，严行禁止，无如替代此项刊物之书报，各书局大都阙如，故过去之连环图画，未能实行禁绝。商人有鉴于此，早有出版一种合理化连环图画之计划，惟未实行。兹者，暴日侵我，凡我同胞，均当敌忾同仇。商人鉴于市上所出抗日之书报，为数虽然甚多，但皆为供一般知识阶级所阅读者，至于下层民众及小学生阅读之刊物，惟付阙如。为此将过去预备出版合理化连环图画之计划，使之实现，编印《大众抗战画报》一种，现在第一期已经出版，兹上呈一百册，恳请钧局严加指正，并乞转送各小学，一面再训令各校学生采用宣传，使下层民众深切了解抗战意义，增加抗敌力量，实为公便。

谨呈上海市社会局局长潘

附呈《大众抗战画报》一百册〈佚〉

具呈人　上海大众书局总经理樊剑刚

（沪 Q6 - 18 - 288 - 63）

969. 安琪儿妇女画报社天津分社为成立事致天津市长杜建时函

1947 年底至 1948 年初*

杜市长：

我们最近在天津成立了分社，希望市长对我们鼓励并指教！呈上玉版宣纸一张，请赐给我们一些文字的纪念。您虽然忙，希望拨冗为感。专此祝公绥。

970. 星期日画报社为备案员役清册事呈天津市政府社会局文

1948 年 1 月 12 日

查本社员役清册业于上年十二月十七日呈报在案，刻因业务开展，所有工作人员不敷分配，于本年一月一日增添员役，以利工作。除分别呈报粮食管理科外，理合检同原册一份，报请鉴核备案。

谨呈天津市政府社会局

附呈员役清册一份

天津星期日画报社呈

星期日画报社员役清册

三十七年一月一日

职　别	姓　名	籍贯	性别	到差年月日	备考
社　长	宋晋璠	黄县	男	三十六年十一月一日	
总编辑	王霞村	保定	男	三十六年十一月一日	
编　辑	张溪萍	天津	男	三十六年十一月一日	
采访主任	郑汇东	天津	男	三十六年十一月一日	
记　者	陈文源	光山	男	三十六年十一月一日	
记　者	张　纲	邹县	男	三十七年一月一日	
事务员	田赞珠	唐山	女	三十六年十一月一日	
事务员	列作贞	天津	女	三十六年十一月一日	
事务员	王德墉	保定	男	三十六年十一月一日	
事务员	金　陵	天津	男	三十六年十一月一日	
事务员	赵光庭	天津	男	三十六年十一月一日	
事务员	辛懋宏	天津	男	三十七年一月一日	
事务员	徐惠之	黄县	女	三十七年一月一日	
事务员	徐脉珩	北平	男	三十七年一月一日	
事务员	张瑞芝		女	三十七年一月一日	

职　别	姓　名	籍贯	性别	到差年月日	备考
事务员	杨家骐		男	三十六年十一月一日	
工　役	王金生	天津	男	三十七年一月一日	
工　役	张风奎	武清县	男	三十六年十一月一日	
报　差	王松龄	天津	男	三十六年十一月一日	

以上共计十九员名

（津 J25 - 3 - 6169）

971. 天津市政府社会局为员役清册备案事批示星期日画报社

1948 年 3 月 12 日

具呈人星期日画报社。呈一件，为呈报员役清册请鉴核备案由。呈件均悉。准予备案。

此批

（津 J25 - 3 - 6169）

972. 天津红叶画报社为举行同乐会备案事呈天津市政府社会局文

1948 年 5 月 20 日

为呈请事。查本刊定于五月二十八日复刊，为联系新旧同人感情，并作复刊纪念起见，特于五月二十五日假励志社（即文化会堂）举行同乐会并作话剧表演，理合备文呈请鉴核，赐准备案。

谨呈天津市政府社会局局长胡

天津红叶画报社社长　胡以庆谨呈

社址　第十区山西路三八八号

（津 J25 - 3 - 5287）

973. 红叶画报社为举行话剧表演以纪念复刊事呈天津市政府教育局文

1948 年 5 月 20 日

为呈请事。查本刊自停刊后，经积极整顿，尽力筹划，准于五月二十八日正式复刊。兹为联络新旧同人感情，并作复刊纪念起见，订于五月二十五日假励志社（即文化会堂）邀请艺华剧团表演话剧《结婚交响乐》，早晚两场，以资联欢而作纪念。理合备文呈请鉴核，俯赐协助，实为公便。

谨呈天津市政府教育局

天津红叶画报社谨呈

社长　胡以庆

社址　第十区山西路三八八号

（津 J110‐3‐771）

974. 天津市政府教育局为复刊纪念义演准予备案事批复红叶画报社

1948 年 5 月 25 日

具呈人天津红叶画报社呈一件，为复刊纪念订于本月二十五日假文化会堂（旧励志社）公演话剧《结婚交响乐》，请鉴核备案由。呈悉。准予备查，仰即知照。

此批

（津 J110‐3‐771）

975. 天津市政府社会局为准予举办同乐会事批复红叶画报社

1948 年 6 月 1 日

原具呈人胡以庆呈一件，为在励志社举行同乐会请核备由。呈悉。准予举办，仍需呈报警备司令部及警察局备案为要。

局长　胡○○

（津 J25‐3‐5287）

976. 一四七画报社为印刷厂发生工潮不能如期出版事通知基本订户

1948 年 7 月 23 日

敬启者：本报工厂印刷工人于七月二十二日因工人生活指数问题，突发生工潮，以致本月二十四日、二十七日及八月一日之报不能如期出版。刻正积极整理工厂，恢复出版。贵户为本报基本订户，合行先行通知，尚乞鉴宥是荷，专此即颂时祺。

一四七画报社谨启

（京 J2-4-666）

977.《大陆画报》出刊状况调查审核表

1948 年 10 月 9 日

北平市新闻社通讯社杂志社出刊状况调查审核表

三十七年十月九日
调查者

类别	杂志	名称	大陆画报	刊期	季刊		
已否领登记证	已	登记日期字号		三十六年四月一日，京警平字第一七〇号			
职别	姓名	籍贯	年龄	简历		附注	
发行人	孙鸿藻	北平	三八	教育界			
主编	魏隐儒	河北束鹿	三十	中华书局职员			
编辑	曹树嵩	北平	二九	新闻界			
内部组织情形	编辑、印刷、发行、业务四部			职员人数	六人	工人人数	三人
发刊宗旨	辅导教育，启迪文化事业，发扬艺术及固有道德			开始发行日期	三十六年四月一日	出版物已否呈局	已呈
				最近发行日期	三十七年六月一日		
发行所名称	大陆画报社			地址	宣外校场三条四〇号（电话）（三）五五六七		
印刷所名称	大陆画报社			地址	宣外校场三条四〇号（电话）		
采用通讯稿社名称							
出刊状况	内容	偏重文化		销售区域	本市各小学校		
	页数	八开一张		销售份数及价格	约五千份		

经济概况	资本数目	自购印刷机，按现值约计金圆五千元		来源	独资	
	广告收入	金圆二十元		报费收入	金圆三十元	
	其他收入	无		补助津贴	无	
	支出数目	薪给	车资二十元	印刷	十五元	盈亏情形
		租金	无	其他	十五元	平
背景						
调查意见	查该刊发行人孙鸿藻现为下斜街小学校长，该刊内容尚无不合。现以物价迭涨，原为半月刊，现改为季刊，已呈准本局备查有案。本件拟存				处理意见	拟存
最后核定	社会局局长			秘书主任	秘书	科长
第　次民运会报决议						

（京 J2‐4‐494）

978. 国际书店为明报画刊社开具保证书

1948 年 10 月

　　具保证书国际书店。今保明报画刊社发行人孔效儒在本市发行并由北平市社会局领到京警平字第二四一号登记证，此后切实遵照《出版法》之规定及声请书填载事项按期出刊，如有任何问题发生，概由本保人负完全责任。所具保结是实。

　　具保证商号：国际书店

　　经理：杨彭寿

　　被保证人：《明报画刊》孔效儒

（京 J2‐3‐955）

979. 上海市社会局关于社会文化管理的报告（节选）

1948 年

　　甲、书报杂志

上海市社会局遵照规定，自三十四年十一月起，办理新闻纸什志暨通讯社之登记，以上海乃全国文化中心，故声请与核准之数量均属可观，几占全国总登记数之半。自三十四年十一月起至三十七年五月十九日止，分类统计有如下表。

类　别	新　闻　纸		通讯社	杂　志	总　计
	中　文	外　文			
核准登记	一四一	一四	七四	五四二	七七一
查禁注销	三〇	二	七	一一三	一五二
不准登记	二五	二	一一	五八	九六
转呈核办	一〇	一	一七	三七	六五
总　计	二〇六	一九	一〇九	七五〇	一〇八四

上表所列核准登记者中，久未出版者颇多，约占半数，本局正依《出版法》之规定予以调查，分别注销其登记。三十六年九月二十日起，遵照中央节约政令，新闻纸凡在一张半以上者，一律缩减半张，并严格限制登记，并依上海市节约督导委员会之决议，对新闻纸之声请登记，暂停一年。

乙、影剧

上海的戏院共有一一五家，另外尚有书场、游艺场等，各种戏剧几乎是应有尽有，也可算是集中外戏剧之大成。兹分别列表如左：

民国三十四年十一月起至三十七年五月十九日止。

类　别	戏院	书场	票房	剧团	俱乐部	音乐团体	合计
核准数	一一五	二三	八〇	一六三	二八	九	四一八

（沪 Q6‑12‑224）

980. 上海市民俞文虎为禁止《警察画报》发行事呈上海市社会局文

1949 年 4 月 14 日

查南京《警察画报》罗震宇近在沪未经合法登记，擅自设立上海分社，招拉大批广告，全市市民不明真假（按《警察画报》人皆意为市警局主办者），受骗者数以千计。然查该《警察画报》在沪发行及印刷（中国科学图书仪器公司印刷部承印），以十三期该报计，全书共计九十余面，而广告竟占七十余面强，且对外发行则将广告抽掉，显见其为实行欺骗商人达诈财之目的，长此以往，本市市民将不胜负担并有影响社会商人安宁，故特请钧座调查其：

（一）南京内部登记证三〇二号发行人罗震宇是否可考？

（二）三十七年如否已超过法定停刊期积逾在六月以上？

（三）在沪如否有确实社址？（按罗某以西藏中路九十号远东饭店作为办公处而社址一再变更，十期注卡德路六十号，十二期无地址，十三期注黄埔分局，又声称由四川北路一六四九弄十五号迁出，十四期又无地址）

（四）该社广告费一律先收款子而不定期出版，对商家或有欺诈之事发生，将来如否可能追返损失？（因该社在沪并未登记又无确实地址，内部收入并无会计可查）

（五）窃思该社发行人罗震宇倘凭身穿警服而一切可不依法令继续在沪公开活动，贵局理应公开强制执行并登报公告全市商家，以免继续受骗，保护人民业权，实为公德两便。

谨呈上海市社会局曹局长沛滋公鉴

市民　俞文虎谨呈

住址　襄阳南路五五八弄四号

（沪 Q6‑12‑159）

图书在版编目(CIP)数据

中国近代画报大系. 公牍档案卷 / 周雅男,周利成
主编;天津市档案馆,上海市档案馆,北京市档案馆编
. --上海:上海书店出版社,2024.4
ISBN 978 - 7 - 5458 - 2347 - 9

Ⅰ. ①中… Ⅱ. ①周… ②周… ③天… ④上… ⑤北
… Ⅲ. ①期刊-史料-中国-近代 Ⅳ. ①G239.295

中国国家版本馆 CIP 数据核字(2023)第 231360 号

责任编辑 徐矜婧 时 韵
封面设计 汪 昊

中国近代画报大系·公牍档案卷

周雅男 周利成 主编

天津市档案馆 上海市档案馆 北京市档案馆 编

出 版 上海书店出版社
　　　　(201101 上海市闵行区号景路 159 弄 C 座)
发 行 上海人民出版社发行中心
印 刷 苏州市越洋印刷有限公司
开 本 787×1092 1/16
印 张 51.25
字 数 400,000
版 次 2024 年 4 月第 1 版
印 次 2024 年 4 月第 1 次印刷
ISBN 978-7-5458-2347-9/G.192
定 价 380.00 元